獨立革命的
世界史
一百個民族解放運動故事

楊碧川 編著

第四章

歐洲被壓迫民族的解放

第五章

一次大戰後的民族解放運動高潮

第六章

從抗戰到獨立

第七章

二戰後亞洲獨立形勢

第八章
冷戰下

第九章

風起雲湧的非洲獨立運動

第十章

走向恐怖主義

第十一章
20 世紀非洲最後的獨立解放

第十二章
蘇聯帝國的瓦解

序論

民族解放的新世紀

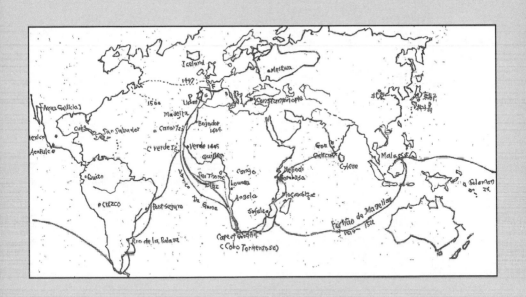

　　1990 年代隨著美、蘇兩大陣營長達半個世紀的冷戰局勢的暫告休兵，一種新型的民族解放運動 —— 從大國分裂（分離）出來的分離主義，如捷克和斯洛伐克分離、南斯拉夫解體與隨即而來的戰爭、加拿大的魁北克、英國的北愛爾蘭、蘇格蘭、法國的科西嘉、西班牙的巴斯克、卡達隆尼亞、中東的庫德族等、中國的維吾爾人……，都出現要求分離的呼聲或運動；另一種類型則是宗教主義與民族分離主義結合，如中亞高加索和獨聯體內的格魯吉亞、摩爾多瓦、塔吉克斯坦、亞美尼亞、阿塞拜疆、俄聯邦境內的車臣、印古什等地的宗教加上民族問題引發的武裝鬥爭，這些衝突與獨立運動將在 21 世紀繼續發展。

　　民族主義做為一種歷史現象，儘管其定義概念相當含糊，理論十分鬆散，卻是兩百年來一再以各種面貌呈現，一再改變世界歷史發展的最大動力。要理解民族主義與民族解放運動，就必須回到歷史。

　　本書以「解放運動」為主軸，回顧被壓迫民族的解放歷程，並非蔑視各種後設性理論，而是堅持民族解放是做為被壓迫民族「恁爸不願再被外來政權統治」的信念，更是一種義務，不是什麼天賦的權利！

1. 什麼是民族？

　　要給「民族」下一個「真正科學的定義」，幾乎是不可能的。[1]

民族（nation）形成之前先有「族群」（ethnicity），再往前推則有部族（tribe），人種（race）的狹義定義是以人的體質形態上所具有的共同遺傳特徵——膚色、眼色、髮質、血型、眼鼻唇的結構、骨骼等為標誌，即人類在生理和基因方面的不同，將一群人與另一群人區分開來。但是人類的發展是朝向族外婚，與其他族群混居、混血，再也沒什麼「純種」雅利安人或什麼「龍的傳人」那樣狂妄的種族主義了。

族群（ethnic group）指的是一個較大社會中的一部分，其成員被其他人認為有一個共同文化，共同源流，如台灣被區分為福佬（Holo）、客家（Hakka）、原住民、外省人加上新住民。

勉強把民族（nation）定義為：一群人在一定客觀條件，經歷歷史發展過程中，逐漸產生「我們」、「我族」的主觀條件，而形成一種共同體（Community/Gemeinschaft），以別於其他民族。因此民族的客觀因素（條件）包括血緣、地緣、語言、文化、宗教信仰和社會經濟所形成的共同體，或如史大林（J. Stalin, 1878-1953）粗陋的定義：「民族是歷史上形成的一個具有共同語言、共同地域、共同經濟生活以及表現於共同文化上的共同心理素質的穩定的共同體。」[2]

1　Hugh Seton-Watson，《民族與國家》（*Nations and States*, 1977），吳洪英、黃群譯（北京：中央民族大學出版社，2009），第一章。

2　史大林（J. Stalin），《馬克思主義和民族問題》（1913），載於《史大林選集》（北京：人民出版社，1979）。

|血緣共| 民族的客觀因素，首先是最混淆甚至站不住腳的
|同　體| 血緣共同體，這只是構成一個民族的一個因素，
而非絕對一成不變的因素，我們「台灣人」就是福佬、客家
與原住民、平埔族或者高砂族混血的「雜種仔」，更遑論
20 世紀末以來一再增加的越南、菲律賓、印尼等母親生下
的新一代台灣人。

|地域共| 同一族群的人居住在同一個地域，才能形成經濟
|同　體| 活動、文化、風俗習慣，乃至形成一個社會、國
家（政治共同體），才會產生心理狀態的共同體。猶太人散
居世界各地，甚至講不同的語言，卻不能被定義成一個「民
族」。相對地，中東庫德族不幸被分割住在土耳其、伊拉克、
敘利亞和伊朗，但仍是一個民族（儘管宗教信仰上分為伊斯
蘭教的遜尼派、什葉派及其他）。

|語言共| 一個民族必須有一種共同的語言，才能使其內部
|同　體| 互相溝通、傳播思想與建構歷史與文化，瓦解前
的蘇聯有 100 多個民族和歐、亞各種語言。

|政治經濟| 英、法民族由於王權統一，國內經濟互通，才
|共　同體| 形成近代國家。德意志各邦由經濟共同體（關
稅同盟）的基礎，歷經戰爭而由普魯士邦領導統一成一個德
意志國家和民族。國內市場與國際市場的交換與競爭過程，
促使這種從原始的土地與生產原料的經濟共同體，一直發展

到全族群、全民族，乃至全國的經濟共同體。隨著資本主義的發達，國際競爭造成民族資本對抗外來國際資本的矛盾，導致民族對外擴張，一面掠奪其他民族的資源，一面對被掠奪民族產生殖民與奴役的殖民主義和後來的帝國主義，先進國（英、法、美、德、俄、奧匈加上日本）傾銷本國商品至落後的亞、非、拉美，挾其武器、產品及文化、思想上的優勢而奴役被殖民民族。後者也在被壓迫、被剝削中，向殖民母國學習文明與科技生產，才逐漸形成自己的民族產業與自己的政治經濟共同體，才誘發出自我肯定的民族意識。

命運共同體　上述各種客觀條件外，必須加上一個共同的「命運共同體」（community of common destiny/ Schicksalsgemeinachaft）的主觀意識，即在主觀上認定「我們」的命運是一體的，並以此形成對內團結，對外捍衛本族免於他族的壓迫的共同體。

　　但這個主觀條件必須有一個「文化共同體」為前提，民族必須有表現在文學、音樂、美術、服飾、生活禮儀、風俗習慣，有著共同的歷史記憶以及共同道德、思想價值觀和世界觀為前提。法國人 J.E. Renan 提出：種族、語文、利益、宗教或地理因素尚不足構成民族；構成一個民族的基本因素在於一種無形的力量——共同精神、共同心理，「一個民族，是一個靈魂，一項精神原理，構成此一靈魂，此一精神原理者，乃是兩件事情之使然……一件事乃在過去之中，另一件則在現在之中，前者指共同具有一大堆豐富的記憶；後者指

確實同意,企求共同生活,並志願繼續發揚其共同遺產」。[3]
英雄的過去、偉大的人物、昔日的光榮,所有的這一切都是
民族思想所賴以建立的主要基礎。大家擁有過去的共同光榮
和現在的共同意志;一起完成了偉大的功績,並希望完成更
偉大的功績──這些就是形成一個民族的基本條件。總之,
主觀因素是一種心理現象,亦即認同感與歸屬感。左派當然
否定這個心態,但是史大林在二次大戰(尤其 1941 年納粹
德國入侵蘇聯後)卻忘了無產階級專政,大倡「大斯拉夫主
義」,公開讚頌伊凡雷希、彼得大帝、蘇沃洛夫、羅曼諾夫、
普希金和托爾斯泰,恢復對東正教及基督教派的尊重。此
外,大元帥更鼓勵各國共產黨必須充分利用各自帶有強烈民
族主義色彩的英雄、各種象徵物、詩篇及歌曲來宣揚自己。
當然,這是一時的權宜之計。

2. 民族與國家

「nation」這個字源自拉丁文「natio」。沿襲古希臘人
將外國人視為蠻族,羅馬帝國更是征服眾多異邦、蠻族,把
它們納入帝國的版圖。公元 476 年,日耳曼蠻族輕易地推倒
了西羅馬帝國,從英格蘭到中歐、南歐建立了大大小小的封
建王國。芬人、斯拉夫人、保加爾人也向東羅馬帝國邊境衝
下來,在往後幾個世紀內形成了黑海和巴爾幹半島之間的大

---

3   Homi Bhabha, ed., *Nation and Narration* (London: Routledge, 1990).

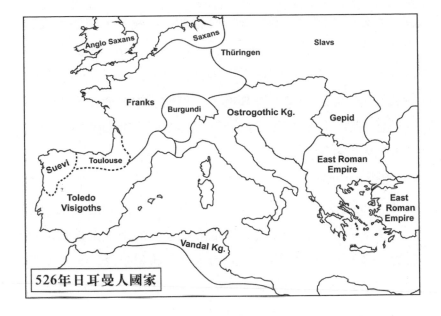

526年日耳曼人國家

小國家。

　　歐洲原住民與蠻族融合，如今只剩下在愛爾蘭、北愛爾蘭、威爾斯、蘇格蘭一帶的克爾特人；蠻族消滅了古希臘羅馬文明，卻被基督教征服，斯拉夫族與日耳曼人成為基督教文明的新世代。

　　歐洲新社會按照封建主義原則，土地從國王開始一級一級往下分封，由貴族到騎士的統治者集團，最後是被壓榨的農民、佃農、奴隸的生產者。封臣向封主（領主）宣誓效忠。做為「國家」象徵的國王不是封臣效忠的對象，「國家」（state）成為一個空洞的抽象概念。一個騎士可以同時有兩個以上的封主，封主有可能是另一個封主的封臣。所以說：「我的附庸的附庸，不是我的附庸。」領地不具有任何「民

族」的意義，例如諾曼人征服英格蘭（1066），許多英國的土地落入法國及諾曼地貴族的手裡；反之，12-13世紀的英國國王擁有大片的法國領地，但他自己又同時是法國國王的封臣。農奴也隨著領主換來換去，但他們被釘死在土地上不得任意走動，他們的義務是向莊園領主服役納糧，不管領主是本地人或外國人。

歐洲中世紀人們效忠的對象不是什麼國家或民族，而是封地上的領主。如此情況下，所謂英格蘭、法蘭西、德意志和波希米亞等等，主要是一種地理概念，而不是做為政治實體的「國家」。英格蘭人、波希米亞人也只是標誌，他們是出生或居住在那一塊土地上的人。當時巴黎大學根據學生的法蘭西、諾曼地、俾卡第和英格蘭等不同籍貫，劃分為四個區域，稱為「nations」。15世紀的宗教例會上，也把教士分為義大利人、法蘭西人、英吉利人和德意志人等四個「nation」。

國家必須是具備主權、土地、人民與政府的一個自主的政治單位，這是近代歐洲才有的概念。

11世紀以來，西歐出現了以城市為中心的城市市場與新興的市民階級（bourgeois citoyen），這個獨特的權利共同體從其經濟利益出發，反對封建領主和教會對城市的控制和干預。這種趨勢符合了各國君主掃除封建諸侯割據，擺脫教會控制，加強中央集權的需要，於是市民階級與王權在鬥爭中結盟，推動了西歐英吉利、法蘭西和西班牙等現代民族及其民族國家的形成。

列寧（V. Lenin, 1870-1924）提出，建立最能滿足現代資本主義這些要求的民族國家，是一切民族運動的趨勢，民族國家對整個文明世界而言，都是資本主義時期典型的國家形式。[4]

至 16 世紀前後，英、法、西三國終於完成了民族國家與君主專制統治，但是同一時代的德意志和義大利還由於缺乏這樣一個強大王權，仍舊四分五裂。在東歐，俄羅斯人擺脫蒙古人的統治，逐漸形成新興的俄羅斯民族國家。以王權做為國家的象徵，把民族和國家結合為一，逐漸形成了「民族國家」（nation-state）。

從此反對封建割據、宣揚王權至上、要求教會民族化本土化、推廣民族語言、崇尚民族文化蔚為風潮，在 14-16 世紀西歐文藝復興和宗教改革兩大歷史性的社會文化運動中得到了明顯具體的陳述，為近代民族主義的誕生奠定了思想基礎。

不可忘記，一個民族並不只形成一個國家，日耳曼人（德意志人）有德奧、盧森堡、列支敦士等國，再往上推更有北歐四國及英、荷、比、美、加、紐、澳等堂兄弟或表兄弟國家。瑞士由法、德、義及少數民族等四族構成。

14-15 世紀，西歐只有英吉利和法蘭西可以準確地描繪成「民族國家」，在這兩國內，國家的產生和民族的形成齊

4　列寧（V. Lenin），《論民族自決》（1914），載於《列寧全集》（北京：人民出版社，1988）。

頭並進，民族在國土內形成，國土外的人則不屬於這個民族。不可將「主權國家」和「民族國家」混爲一談，前者代表一國對外有其獨立的主權，對內行使政治法律統治。蘇格蘭、荷蘭、瑞典不僅是主權國家而且還是民族國家，但西班牙王國則不那麼精確，義大利和德意志的一些強大邦國也有其對外主權，但不見得是什麼民族國家。（參見 Hugh Seton-Watson，第二章）

一個單一的民族國家只是一種理想，當前只有波蘭、日本和蒙古國可算「最純」。這種「一國一族」主義已證明導致大民族壓迫其他少數民族的可怕悲劇：俄羅斯帝國與蘇聯、現代中國的歷史證明大國大族沙文主義的斑斑血跡。

但無法否認一個「民族國家」內的確存在著一個占主體地位的大族群，如中華人民共和國內由占人口 95% 的漢族統治著其他 56 個少數民族。號稱「民族熔爐」的美國，仍是以歐洲裔白人爲主，非洲裔（黑人）、亞裔及拉美移民仍受歧視。至於我們台灣，蔣記流亡政權儘管占少數，但以軍隊、特務加上意識形態的絕對優勢，製造二二八、白色恐怖，分化台灣人爲靠攏派、買辦財團、買辦政客，並打擊台灣獨立派，孤立中間無所適從的大多數中產階級及廣大勞苦大眾與原住民，儘管政黨兩次輪替，他們照樣坐享各種特權。

3. 民族意識

民族國家最重要的是向憨百姓灌輸「民族意識」

（national consciousness），即把語言、地域、歷史記憶、神話（加上宗教）等凝聚成一個共同體——B. Anderson 所講的「想像的共同體」（*Imagined Communities*, 1991），使國民產生自我同一性，認同這個共同體的意識。

　　一旦這個民族意識同其他民族相撞，自然而然地會形成以「我族」為中心，全面排斥他族的民族情緒。這種排外情緒一再被統治集團操縱，形成大中華帝國主義、大斯拉夫主義、納粹—法西斯主義。

　　西歐在 18 世紀法國大革命（1789）後形成現代意義的民族國家，做為政治組織共同體的現代國家，以法律、道德、信仰所構成的文化結構，透過教育、媒體和宗教的洗腦，導引國土內外生活的國民認同國家，效忠「國家」這個符號，共同的歸屬感招募集體認同的情感符號，如國歌、國旗、儀式、英雄紀念碑，這是「我們」這一國獨有而不同其他的共同體的象徵，它將我們融入了共同的生活，並將我們與其過去和未來聯繫起來。它們當然是一種煽動政治感情的操作，使國民效忠國家，產生愛國主義。[5]

　　國籍是認同的第一要務，在國家的政治程序中，民族身分表現為國籍（nationality）。但國籍又不一定表明文化身分或文化認同。德意志人不是一個統一的德國人，而泛指德國人、奧地利人乃至散居中歐和東歐、俄羅斯境內的德意志

5　Bhikhu Parekh，〈多元文化中社會民族身份的界定〉，引自《人民‧民族‧國家》（*People, Nation and State*），Edward Mortimer 主編，劉泓、黃海慧譯（北京：中央民族大學，2009），第七章。

人（列寧的母親就是德意志人，但不是政治意義上的「德國人」）。路德教使北德、丹麥、瑞典、挪威的人有別於天主教的法國人、西班牙人、葡萄牙人、義大利人、波蘭人、愛爾蘭人、奧地利人；東正教形成了俄羅斯人、烏克蘭人、塞爾維亞人、保加利亞人的民族意識。弗拉芒人在語言、文化、血緣上和荷蘭人一樣，卻因信天主教而和信喀爾文教（新教）的同胞分離，與講法語的天主教徒瓦隆人另組比利時國家。前南斯拉夫成為「六個共和國、五個民族、四種語言、三種宗教、兩種文字」，即塞爾維亞人、蒙德尼哥羅人（黑山人）講塞語，信塞爾維亞正教；斯洛文尼亞人講自己的語言，信天主教；克羅地亞人信天主教；波斯尼亞—黑塞哥維那有塞爾維亞人、克羅地亞人和信伊斯蘭教的穆斯林；馬其頓人信希臘正教；塞爾維亞境內的阿爾巴尼亞人（主要在科索沃）則是穆斯林。1988 年狄托（Tito）去世後，各國分崩離析，1990 年終告分家，但是大族對小族的種族淨化（大屠殺）成為 20 世紀末的大悲劇。

有了民族一體的共識，始能凝聚成民族主義（nationalism）。Ernest Gellner 指出：「民族主義基本上是一種原則，它堅持政治的和民族的單位必須一致。」[6]

在民族國家建立的過程中，不只大國，被壓迫民族的小資產階級和知識分子也發展到研究本族歷史、文化與語言，創造更加凝固的本族語言、文學、藝術創作，尤其歷史與語

6　E. Gellner, *Nations & Nationalism* (Ithaca: Cornell University Press, 1983).

言是凝聚民族共識的第一步，這才會引導「同胞」向未來的民族國家的認同與嚮往。本書將反覆敘述並強調這種思想建構的重要性，以反觀我們台灣人對這方面的思想貧乏，只顧選舉的病態「台獨」。

4. 民族主義

　　法國大革命掀起了法國人民對三色旗、國歌、國民服飾的狂熱崇拜。馬志尼（G. Mazzini）組織「青年義大利」（1831）追求義大利的統一與獨立建國，要通過建立共和國來形成義大利民族。19 世紀 20-40 年代，歐洲弱小民族爭取民族獨立的狂潮幾乎撼搖了土耳其、奧地利等老大帝國的根基，儘管紛紛失敗，但影響了 1821-29 年希臘獨立戰爭的勝利。下一波是在 1848 年 1 月義大利號角下，法國、德意志、奧地利、匈牙利、波蘭、捷克、羅馬尼亞到處點燃革命怒火，雖敗猶榮。正是在這個基礎上，1860 年代才有義大利和德意志民族統一運動的再度昂揚，1871 年兩國最終獨立建國。

　　到了 20 世紀，亞、非、拉美等「第三世界」的東洋民族主義則是以殖民母國為師，再由民族資產階級、知識分子與少壯軍官領導的反殖民統治，其手段除了叩頭哀求自治外（我們台灣人至今百年一貫如此），只有集結反抗力量，以暴力反抗殖民政權。而那些西洋文化思想、價值，只不過是隨機運用的權宜之計。台灣知識分子至今還在死抱西洋文化、價值觀的大腿不放，只能慨歎他們「唔識字閣兼無衛生」。

5. 馬克思主義對民族自決的迷失

馬克思（K. Marx, 1818-83）和恩格斯（F. Engels, 1820-95）太關心民族的結構成分和社會階級方面，把一切都寄望在階級鬥爭，直到 1860 年代波蘭的民族解放鬥爭，才迫使他們不得不正視民族問題。1863 年 9 月的「國際工人協會」（第一國際）成立時，馬克思起草的宣言上強調：必須強調國際無產階級在戰鬥中的兄弟團結，並把揭露沙俄與歐洲列強宰割波蘭的野蠻罪行，支持被壓迫民族的民族解放運動做為「爭取工人階級解放鬥爭的一部分」。在 1848 年的《共產黨宣言》及其他著作中，馬、恩認為社會的主要區分，不是水平的而是垂直的，並非在民族之間而是在階級之間的。國籍是無足輕重或是幻想之物，「工人無祖國」：「工人的國籍既非法國的，也非英國的或德國的，而是勞工的、自由奴隸的、自我販售的。他的政府既不是法國，也不是英國或德國的，而是資本的。」（*Critique of List*）工人沒有理由要以國家的方式來認同他們那些同胞。相反地，工人的利益是普遍的，能穿越日益無關緊要的國家邊界。恩格斯指出：「所有國家的無產階級都擁有同一項利益、同一位敵人以及同一場鬥爭。本質上無產階級的廣大群眾即不具國家偏見，而且他們的整體性格與運動本來就是人道主義、反民族主義的。」（"The Festival of Nations in London"）

總之，馬、恩對民族問題的觀點相對抽象，也因時因地而異，但又打造出一句名言：「任何壓迫其他民族的民族，

都鍛造了自身的枷鎖。」然而 1870 年普法戰爭爆發後，第一國際呼籲法國工人必須堅決反對拿破崙三世的侵略戰爭，德國工人必須把戰鬥嚴格限制在民族防衛範圍以內，不能變成反對法國人民的戰爭。普、法兩國工人有聽沒有懂，他們在愛國主義和民族情緒的蠱惑下互相厮殺，導致第一國際的瓦解（1876）。

波蘭猶太人革命女傑露莎・盧森堡（Rosa Luxemburg, 1871-1919）在 1896 年指出：重建波蘭獨立、脫離俄國的反動口號，也是一個烏托邦與無望的教條。波蘭已經分裂成三個部分，每一個部分的政治經濟和其外來政權的利益有機地結合。因此俄屬波蘭的無產階級必須和俄國無產階級共同鬥爭，推翻沙皇體制；奧屬波蘭（西利西亞）的無產階級要同奧國兄弟共同爭取普選權；德屬波蘭（波森）的無產階級要和德國社會民主黨共同鬥爭。

盧森堡太天眞，以爲馬克思的國際主義可以徹底否定波蘭資產階級的民族解放運動。她的導師、德國社會民主黨理論大師考茨基（Karl Kautsky, 1854-1938），這位德國人與捷克人混血的「馬克思主義沙皇」則認爲，在有民族壓迫的情況下，

忽視民族解放的任務是絕對錯誤的。1896 年 7 月，第二國際倫敦大會通過了肯定考茨基的觀點，承認一切民族都有完全的自決權；同時，又號召工人建立階級鬥爭的國際團結，聯合起來打倒國際資本主義。

所謂「民族自決」（national self-determination），即各民族自主的決定自己的政治命運，在多民族國家，是各民族保有自己文化、傳統、語文的權利；在異族殖民下，被壓迫民族有爭取獨立自主的權利。但這只是一個有良心的原則，到頭來仍是強權大國可以任意否決的（例如美國就不會支持台灣獨立的民族自決權）。第二國際諸公，吵吵鬧鬧，誰也無法真正解決這個燙手山芋的難題。

19 世紀，奧匈帝國面臨境內各種壓迫民族，尤其斯拉夫人各族的反抗，幾乎瀕臨瓦解了。1899 年，奧國社會民主黨在布隆大會上提出民族文化自治綱領，主張廢除歷史上的州，改為各民族的自治行政機關，再形成各民族的聯合體，各民族保存各自的民族語言、文化，完全充分自治。但在選舉期間，捷克人和統治大族的德意志人唱對台，匈牙利人雖然和奧地利人聯合，仍屈居第二地位，還繼續壓制境內的克羅地亞人，如此錯綜複雜的困境下，猶太人鮑威爾（Otto Bauer, 1881-1938）在 1905 年發表《民族問題和社會民主黨》。他主張民族就是一群有著共同命運（歷史）及共同性格（文化、語言）的人的集合體；民族就是一個命運共同體，這個共同體一方面是建構於命運共同體所孕育的傳承的資質；另一方面則是承繼著由民族前途所繫的文化傳承來

決定的。他指出，正是文化共同體的差異區分了民族，民族只有先成為勞動共同體，才能成為完全的、真正的自主的文化共同體。工人階級只有在反對一切民族的有產階級的鬥爭中，並且和各民族工人階級結成緊密聯盟下，各民族的工人階級才能得到經濟上和政治上的解放，才能加入本民族的文化共同體。（可悲的是，「命運共同體」一再被台灣的政客濫用成和外來政權命運一體，乃至擁抱勢必統一台灣的中華人民共和國的「兩岸」命運共同體濫調！）

　　不論鮑威爾提出的民族自決方案如何，終究證明寄望德、奧匈兩個統治民族的善心施捨根本是烏托邦幻想。1912-13 年的巴爾幹戰爭，他終於看到所謂「弱小民族」希臘、保加利亞、羅馬尼亞、塞爾維亞、蒙德尼哥羅的兩大陣營為瓜分土耳其的歐洲失地而互相廝殺，因而改變想法，宣稱各民族應該追求建立自己的獨立國家之路。

　　俄國布爾什維克領袖列寧是俄羅斯、韃靼、德意志混血，對他而言，民族自決是加速瓦解羅曼諾夫王朝統治下俄羅斯帝國的強大武器，他主張被壓迫民族在政治上有同壓迫民族自由分離的權利，以做為反對一切民族壓迫的徹底表現，和實現民族平等及聯合的手段。因此，「所謂民族自決就是民族脫離異民族集體的國家分離，就是成立獨立的民族國家」。（《論民族自決》，1914）不過他一再辯稱「承認」與「支持」是兩碼子事，而強調「民族自決和民族獨立的要求」，只能在完全服從無產階級鬥爭的利益條件下，才承認民族獨立的要求。

　　1917年十月革命（西曆11月7日）勝利後，11月15日列寧和民族事務委員會主席史大林簽發的《俄國各族人民權利宣言》提出：（1）俄國各民族人民享有平等和自決權；（2）俄國各民族享有自決乃至分立並組織獨立國家的權利；（3）廢除任何民族和民族宗教的一切特權的限制；（4）居住在俄國領土上的各少數民族和民族集團的自由發展。

　　列寧主張民族自決的基礎是建立在各民族平等的基礎上，但又堅持只有以民族的無產階級為主體，以及代表無產階級的共產黨才能主張民族分離。

　　1917 年 12 月 18 日，新生的蘇維埃政權承認芬蘭獨立，此後又繼續承認烏克蘭獨立，亞美尼亞有自決權，立陶宛、拉脫維亞也相繼獨立，至於少數民族自決，也隨著紅軍控制

那些地區以來就不再提了。列寧始終維持一個集中的黨，絕不允許它成為各民族黨的鬆散聯盟。他認為，維護民族自決權並不意味著主張分離主義；相反地，可以預期，一旦俄國的專制政權垮台，那些行使分離權的民族將會自願回到羊圈來。（〈列寧給邵武勉的信（1913 年 12 月 6 日）〉）

面對 1918-20 年有 14 個帝國主義軍隊支持白俄軍對蘇維埃政權的武裝干涉與侵略，列寧在 1919 年 5 月起草了《中央關於軍事統一的指示草案》，提出：為了戰勝強大的敵人，確保蘇維埃共和國的生活，在整個社會主義自衛戰爭期間，必須把各兄弟蘇維埃共和國的軍事供應事宜和其境內的鐵路運輸交由俄羅斯聯邦統一領導和指揮。儘管他在 1918 年起草的《被壓迫勞動人民宣言》中，信誓旦旦地保證，俄羅斯蘇維埃共和國是建立在各自由民族的自由聯盟的基礎上的聯邦共和國，但是布爾什維克控制了政權，紅軍過境，碾碎了他的宣言。

內戰結束前，前沙俄領土上和俄羅斯蘇維埃聯邦社會主義共和國並存的，還有烏克蘭、白俄羅斯、格魯吉亞、阿塞拜疆、亞美尼亞等五個蘇維埃共和國，1920-21 年間蘇俄和其他四國簽訂了各種雙邊協定，表面上是平等國家之間的協定，但各蘇維埃共和國的共產黨在組織上仍完全服從俄共（1918 年 6 月列寧把俄國社會民主工黨改為俄國共產黨（布））中央的領導。1918 年「七大」以來，按照蘇維埃形式組織起來的各個國家實行聯邦制的聯合，以做為「走向完全統一的一種過渡形式」；在宣告在每個具體情況下誰是

民族分離意志的代表者這一問題，應該「根據該民族處於歷史發展的那一個階段來決定」。換句話說，顯然這個決定有待莫斯科的黨的領導人來決定。[7] 內戰結束後，1921 年 3 月俄共（布）「十大」通過的《關於黨在民族問題方面當前任務的決議》，認為各個蘇維埃共和國孤立存在是不穩固不牢靠的，因為它們備受資本主義國家威脅其生存。基於各共和國國防、恢復生產力及調配糧食等需要，要求各蘇維埃共和國建立聯盟。至此，列寧把民族自決、分離口號，做為一個過渡的權宜之計完全用完了，再來他就要求其他各國加入蘇維埃聯盟。

格魯吉亞人史大林的老戰友兼老鄉奧爾忠尼啟則（G. Ordzhonikidze）在紅軍開進故鄉時，硬是把格魯吉亞納入蘇維埃聯盟。史大林 1921 年 9 月草擬的《關於俄羅斯聯邦各獨立國的相互關係草案》，規定烏克蘭、白俄羅斯、阿塞拜疆、格魯吉亞和亞美尼亞做為自治共和國加入俄羅斯聯邦，不理「老頭子」說他操之過急。1922 年 12 月 30 日，俄聯邦與外高加索（三國被史大林納為一個「國家」）、烏克蘭、白俄羅斯四個蘇維埃社會主義共和國聯合組成蘇維埃社會主義共和國聯盟（蘇聯 /Union of Soviet Socialist Republic, USSR）。

列寧已經中風，無力挽回史大林的粗暴，尤其痛斥那幫

7　L. Schapiro, *The Communist Party of The Soviet Union* (NY: Random House, 1971), p. 226.

俄羅斯化的異族人，在大俄羅斯沙文主義方面表現得總比俄羅斯人還糟糕。1923 年 5 月，史大林總書記（1922 年 4 月當選）下令國家政治保衛局（GPU）逮捕韃靼共和國的黨領導人 Sultan Galiev（1880-1940），扣上「民族主義傾向」罪名，流放十年，1939 年以後就永遠消失。1924 年 1 月列寧逝世前後，史大林的特務全面清除了各加盟共和國的領導人。列寧打破了沙俄「民族大囚牢」，史大林又把民族解放的鐘擺擺回去，蘇聯再度淪爲更加恐怖的民族大監牢，直到1990 年 3 月立陶宛宣布獨立，蘇聯開始解體爲止。

6. 民族解放運動

　　被壓迫民族的民族自決，從爭取自治到以武裝鬥爭來反抗殖民統治，建立自己的主權國家的革命過程，即「民族解放運動」（National Liberation Movement）。

　　19 世紀拉丁美洲獨立革命，東歐斯拉夫民族掙脫俄、土、奧匈帝國統治的民族革命運動以來，20 世紀前半葉先有土耳其凱末爾革命（1920-23）、印度第一次非暴力不合作運動（1919-22）、朝鮮三・一獨立運動（1919）、阿富汗獨立戰爭（1919）、埃及獨立運動等等，只有土耳其成功；布爾什維克十月革命勝利，鼓舞了殖民地民族解放運動的新高潮；1930 年代印尼、西非及北非也出現一定程度的反殖民運動，拉丁美洲則有尼加拉瓜桑地諾領導抗美游擊戰（1926）。

第二次世界大戰（1939-45，更可追溯到1931年日本侵略滿洲開始），中國、衣索比亞、西班牙內戰掀開了反法西斯、反納粹的戰爭。在此基礎上，中國、朝鮮、越南各國共產黨取得了民族主義革命的初步戰果，東南亞各國也先後走上建立人民武裝鬥爭的革命道路。在非洲，為殖民母國打仗的工人、貧農、土著知識分子及士兵們開始覺醒，蔚成要求民族解放的社會力量。

1945-50年，亞洲及北非陸續解放，越南、寮國、朝鮮、印尼（1945）、菲律賓（1946）、巴基斯坦、印度（1947）、緬甸、以色列（1948）、利比亞（1951）、埃及（1952）、柬埔寨（1953）各國紛紛獨立；毛澤東領導的中共更在1949年10月推翻中華民國，建立中華人民共和國，迫蔣介石的中國國民黨敗逃台灣，卻殖民台灣至今。1956年埃及抗擊英、法、以色列侵略勝利，阿爾及利亞等北非各國民族解放鬥爭，1957年加納首先成為二戰後黑色非洲第一個獨立國家，1958年幾內亞在法屬黑非洲率先獨立。1960年號稱非洲年，先後有17個非洲國家獲得獨立。此外，馬來西亞（1957）、塞浦路斯（1960）、南非（1961）、新加坡（1965）等大英聯邦國家紛紛獨立，中東阿拉伯各國也正式獨立自主。

1970年代，帝國主義殖民體制已告瓦解，安哥拉、莫桑比克（1975）、所羅門群島（1978）、阿富汗（1979）、津巴布韋（1980）等國終告獨立。1945年10月聯合國成立時，會員國有51國，至1993年1月已達180國。

1980-90 年代初，第三次民族解放浪潮在全球再次昂揚。在民族分離主義狂飆的席捲下，蘇聯、南斯拉夫、捷克斯洛伐克分別在 1991 年、1992 年及 1993 年相繼解體，形成 20 多個新的獨立國家，20 世紀末少數民族獨立運動，包括西藏、維吾爾（東土耳其斯坦）、西班牙巴斯克人、中東庫德族……，都成爲 21 世紀民族解放運動的新一波。

拉丁美洲長期掙脫美國帝國主義專制，推翻國內勾結外國資本的獨裁政權，以墨西哥、古巴、智利（1970）爲主。蘇聯控制下的東歐，從 1956 年匈牙利起義、1968 年捷克自由化運動、1970-80 年波蘭新民族運動，蔚成反蘇霸權的民族民主革命。菲律賓馬可仕被推翻、伊朗革命、尼加拉瓜革命則是反美帝的另一種民族民主革命。巴勒斯坦解放運動、巴斯克、北愛爾蘭、科西嘉、庫德族則走向恐怖攻擊行動，更大的恐攻則是伊斯蘭教基本教義派的聖戰。

總之，民族和民族主義是一定歷史發展中的一個過程與階段的產物。

7. 民族解放革命的主力

被壓迫的民族資產階級和知識分子接受母國的文明與教育、語文的洗禮後，傾向西洋社會的民主、自由、法治與生活模式，19 世紀印度中間階級成爲具有印度人血統，有著英國人品味、觀點的「紳士」；1930-50 年代台灣知識分子、小市民幾乎已完全「日本化」了。

外來殖民政權統治集團下，附和它們的本土買辦階級（資本家、地主、豪商）和台奸、韓奸，再下面則是執行殖民集團利益、壓迫本民族的軍、警、特務，第三層是本土的（土著的或民族的）資本家、中產階級和自由業，最低層則是廣大被壓迫被剝削的無產階級（工人）、農民與少數民族，這就是殖民地社會的階級結構。外來政權壟斷政治、經濟特權與全部資源，透過法院、軍隊、警察、特務、教育、媒體，強迫被壓迫者接受他們的歷史觀、道德、信仰理念等價值觀與世界觀，使被壓迫被殖民者從肉體到精神上徹底的屈服。[8] 儘管如此，至少教育出一大批冷漠、自私、沾沾自喜的殖民地中產階級和「假洋鬼子」。他們不是民族叛徒，但只追求一己的利益乃至權位，在我們台灣多的是這種「冷漠的大多數」。百年來中產階級幻想通過改革與自治，出於善意地順便爭取被壓迫大眾的改善生活條件，當然主要是志在為自己爭取更多的利益。1930 年代，台灣民眾黨和地方自治聯盟終究出賣了台灣勞苦大眾，以換取日本帝國主義者恩賜的一點點政治、經濟利益，1947 年二二八後，半山、靠山及日本時代遺留的灰色紳士、民主人士，又向蔣政權跪拜而換取個人的榮華富貴。民主進步黨又如何？愛爾蘭民主人士的議會路線，證明只是被英國統治者當猴子耍。

只有覺悟的知識分子、學生、少壯軍人才會往下和其他

8　Gramsci, *The Modern Prince & Other Writings* (1929-35/1971); Frantz Fanon, *Black Skin, White Mask* (1965), *Les Damnés de la Terre* (1961).

被壓迫大眾站在一起，並且集結同志，形成革命先鋒隊，向被壓迫者灌輸階級意識與民族意識，胡志明、卡斯特羅、格瓦拉乃至革命時期的毛澤東都經歷這一個歷程。革命政黨在經歷外來政權的迫害、鎮壓、處刑的英勇鬥爭過程中，鍛鍊出被壓迫階級的民族解放革命意識，並培育出一批革命幹部。由革命黨領導被壓迫大眾形成民族解放運動的主體，進行推翻外來政權或本土傀儡政權的民族解放大業。中共、越共、尼加拉瓜、阿爾及利亞、古巴各次革命，都印證了這樣的論證。

　　但是，建國後也未必能完全擺脫對帝國主義的政治、經濟、文化上的依賴，被壓迫大眾的社會矛盾更無法迅速解決。孫中山不得不把權力拱手交給反革命的袁世凱，至死仍慨歎「革命尚未成功」。埃及表面上在 1922 年「獨立」，三十年後才有納瑟領導的自由軍官團發動政變奪權，加上 1956 年收回蘇伊士運河主權戰爭，埃及才真正獨立。美國早在 1898 年就出兵支持古巴脫離西班牙統治而獨立，卻從此控制古巴的甘蔗種植園、製糖及外貿，挾持買辦政客、軍人獨裁，直到 1959 年 1 月卡斯特羅發動革命推翻巴蒂斯塔，才建立古巴真正的獨立國家。

　　新國家不會解決農民的土地分配、改善勞工條件，更不會有效地推行本土化教育與文化建設，因為大多數新統治集團是半吊子的「假洋鬼子」。他們最多只給予憨百姓形式上的一人一票政治平等，卻操控電視、新聞洗腦，窮人、少數族群的民意代表在議會內只是提供娛樂的猴子。

因此不必長篇大論「不斷革命」（Permanent revolution）。總之，民族解放就是不斷革命，直到被壓迫大眾成為國家的主體力量；否則只能像中共的三反、五反、文化大革命或者非洲一再挫敗的「民主 vs 軍事獨裁」那樣，一再沉淪與惡性循環。

8. 民族獨立的形式與過程

民族解放運動從領導權來看，又可分為五種類型：

（1）民族資產階級領導的民族民主革命，如印度甘地、巴基斯坦真納、印尼蘇卡諾、伊朗穆薩迪克、迦納恩克魯瑪、塞內加爾桑戈爾、坦尚尼亞尼雷爾等等。

（2）小資產階級領導，如阿根廷裴隆、古巴卡斯特羅等等。

（3）王公貴族領導的民主改革，如柬埔寨施亞努、伊朗巴勒維、科威特的薩巴赫等等。

（4）無產階級政黨（尤其共產黨）領導，如越南胡志明、中國毛澤東、北韓金日成、尼加拉瓜桑地諾人民解放陣線、安哥拉、莫桑比克革命等等。

（5）軍人領導，如土耳其凱末爾、埃及納瑟、利比亞格達費等等。

爭取獨立之道多樣化，又可分為六種形式：

（1）與宗主國談判：其先決條件是人民堅持獨立鬥爭，才有甘地不合作運動、迦納非暴力不合作運動，推向宗主國讓步。

（2）武裝鬥爭：阿爾及利亞八年鬥爭（1954-62）、胡志明堅持「一面抗戰、一面建國」（1945-75）。

（3）內戰：非洲是建國後又開始族群分裂，如剛果。

（4）政變：第三世界軍人不滿買辦政客腐敗，政府喪權辱國，才有納瑟發動自由軍官團政變奪權，收復蘇伊士運河主權。

（5）革命：伊朗霍梅尼推翻親美獨裁的巴勒維、尼加拉瓜桑地諾人民解放陣線。

（6）公民投票：蒙古國（1945.10）、東帝汶（1999），但其先決條件必須先有獨立鬥爭。

9. 少數民族問題

多數民族對少數民族屬行同化、統一及差別待遇乃至種族滅絕層出不窮，如土耳其消滅非穆斯林、屠殺亞美尼亞人和希臘人、迫害庫德族；俄羅斯人迫害少數民族；中國血腥鎮壓屠殺西藏人及維吾爾族；南斯拉夫的塞爾維亞人、克羅地亞人對波斯尼亞穆斯林及科索沃阿爾巴尼爾裔穆斯林的種族滅絕；印尼對東帝汶人的屠殺；蘇丹穆斯林政權對南部基督徒的迫害；南非白人對黑人的種族歧視等等。

蘇聯解體前，中亞五國有三千萬穆斯林爭取獨立，反對

再被俄羅斯同化與統一。波羅的海三國（立陶宛、拉脫維亞、愛沙尼亞）爭取獨立建國；車臣穆斯林展開恐怖攻擊，爭取獨立；西班牙的卡達隆尼亞人拒絕自治，以公投指向獨立；巴斯克人「祖國與自由」（ETA）以恐攻及武裝鬥爭爭取獨立；北愛爾蘭天主教徒的共和軍（IRA）；印度錫克教徒志在建立自己的國家；菲律賓南部穆斯林的 Moro 民族解放運動；斯里蘭卡塔米爾人（印度教徒）反對僧迦羅人（佛教徒）的統治；印尼亞齊人的獨立鬥爭、法國科西嘉獨立運動、加拿大魁北克獨立運動、夏威夷人反對美國統治、庫德族獨立運動、格魯吉亞的南奧塞梯及阿布哈茲等等。

21 世紀將是這些少數／弱小民族爭取獨立（何必用大國所謂的「分裂」、「分離」主義？）的大時代，也是大國分裂的引爆點。中國人至今還死抱大漢沙文主義，堅持中華民族這個孫中山捏造的「國族」，肆無忌憚地壓制西藏、東土耳其斯坦獨立，乃至毫無根據地否定台灣獨立運動。

歷史證明，大國反動地壓制殖民地獨立運動，結果是自己大崩瓦解。大英帝國的昔日光榮何在？大法蘭西的光榮何在？美帝何嘗不是被古巴及越南搞得焦頭爛額？南斯拉夫又如何？少數民族只有靠自己，由革命的民族政黨（包括民族主義共產黨）領導，通過武裝鬥爭才能建立自己的國家，而不是幻想大國的支持或聯合國的仲裁。

民族解放或階級解放並非兩個階段，而是齊頭並進的，民主自由是所有階級都必須爭取的基本條件，人的尊嚴不只於投票，遑論在外來政權下虛偽的民主與人權，鬥爭地主、

豪商、買辦資產階級、買辦政客的同時，豈能忘了鬥爭這些人背後的外來殖民政權？

世界各民族解放運動歷史是我們的一面鏡子，台灣民族解放運動百年來一直止於「爭取自治」的階段，儘管 1930 年代台灣共產黨一度發動台獨運動，但至今仍在資產階級與外來政權「共治」的悲情與倒退 lu。台灣獨立不是脫離從未統治過台灣的中華人民共和國，而是由被壓迫大眾與原住民共同肩負推翻支那難民統治的建國大業。總之，「恁爸不願乎你爸管」，還要什麼偉大的理論根據？

第一章

近代殖民主義的發展

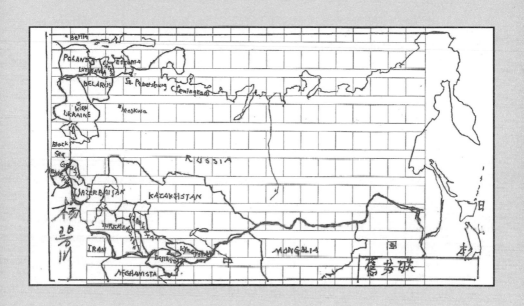

1. 發現新航路

　　1500-1815 年間是歐洲向全世界擴張，同時也是古老的中國、印度及伊斯蘭世界開始沒落的大時代。

　　| 黃金與
香　料 |　歐洲人吃肉，然而入冬前必須宰殺牲畜儲存起來，儲存日久的肉味腥臭，必須添加香料（東洋的胡椒、肉桂、丁香、生薑、肉豆蔻等）才能下嚥和保鮮。歐洲在 15 世紀每年耗盡 65,000 公斤的白銀換取東洋的香料；[1] 加上東洋的絲綢、瓷器，非洲的黃金、象牙，幾乎吸盡了歐洲的白銀；各國為維持軍隊、官僚集團和王室貴族的開銷，國庫空虛。波希米亞和薩克森的銀礦枯竭，歐洲人只能另找一條不經過土耳其人、阿拉伯人控制的陸路，另闢航路去東洋尋找香料和黃金。

　　西班牙人柯蒂斯（Cortés, 1485-1547）坦承，西班牙人受一種心病的折磨，「只有黃金才能治癒」。1500 年，1 斤胡椒在印度產地才 1-2 克白銀，在歐洲各地漲至 20-30 克白銀。出海冒險是為了「3G」——為上帝、為黃金和為榮耀（for God, for gold and for glory）。歐亞大陸從太平洋到大西洋沿岸，最長的陸地距離約 11,000 公里，1489 年以前歐洲人根本無法找到一條貫通印度洋和大西洋的直通航路；阿

1　Braudel，《15-18 世紀的物質文明、經濟和資本主義》（*Civilization and Capitalism, 15th-18th Century*），顧良、施康強譯（北京：三聯書店，1992）。

拉伯船隻也限於在北印度洋之間穿梭印度、波斯及阿拉伯；中國明朝的大船在鄭和七次下西洋（1405-33），最遠抵達波斯灣和霍爾木茲、紅海的亞丁、吉達和東非的海岸，但也只是曇花一現，1433 年後隨著明國的海禁，中國人再也跨不出世界了。

葡萄牙帝國　葡萄牙是歐洲一個小國，面積才 92,000 平方公里（人口剛過 1,000 萬）。14 世紀，葡萄牙王權伸張，1415 年他們占領北非休達（Ceuta），1482 年到達剛果河口，從東非沿岸、印度洋及太平洋沿岸及島嶼，建立 50 多個殖民據點和商站。1488 年，迪亞士（Diaz）繞過非洲南端到達風暴角（葡王改名為「好望角」）；十年後，達伽馬（Vasco da Gama, 1469-1524）又繞過好望角進入印度洋西岸的卡利庫特。1499 年 9 月，他花一個月時間就返抵里斯本，帶回 60 倍香料販售的暴利。

　　由王室主導（若望一世征服休達），加上王室鼓勵海外冒險，葡萄牙人在 1500 年進入印度洋後，順便占領了東非的布拉瓦、莫桑比克、印度的果阿（1511）、錫蘭和馬六甲（1511）以及盛產丁香的印尼摩鹿加群島，1533 年葡人獲得在明國澳門的居留權。航海王子亨利建立航海學校，葡萄牙水手從穆斯林學習地圓學說、精確的經度算法及高等儀；有了中心舵、指南針、海港圖集，駕駛能夠迎風行駛、掛有三角橫帆和三角帆的大三桅帆船（貨運量為 400-600 噸），使歐洲原有的窄條划槳單層平底船、中國人的平底船和阿

拉伯人的獨桅三角帆船都相形見絀。葡萄牙人的三桅帆船，船尾上可以架設銅鑄重砲，使用威力較大的火藥射擊，所向披靡。里斯本和波爾圖的船主們聯合成立共同基金的船運公司，受到王室的保護及義大利商人的投資。1509 年，葡萄牙砲艦把阿拉伯人打得落荒而逃，奪占了印度洋的霸權。1501-03 年，義大利人亞美利哥・維斯普奇（Amerigo Vespucci）在南緯 18 度之間，建立巴西的第一個葡萄牙殖民據點。他向世人證明這塊新土地絕不是亞洲，後人才以他的名字命名新大陸爲 America。

　　1422 年，葡萄牙人首次用歐洲的小麥、金屬、布匹、床單、珊瑚等和白銀，在非洲換取黃金。1500-20 年間，非洲平均每年流失 700 公斤黃金，幾乎都落入葡萄牙人的手裡。整個 16 世紀，葡萄牙人搶走非洲黃金達 270 噸以上，三百年內又從巴西搶走價值六億美元黃金和三億美元鑽石。15 世紀末至 16 世紀初，葡人壟斷亞洲香料總量的 1/10，利潤爲 13-16 倍。

　　| 西班牙征
服 美 洲 |　1492 年立國的西班牙王國，伊莎貝拉女王毅然賣掉自己的首飾，加上聖兄弟會的 114 萬馬拉維德基金（maravedis）撥給義大利熱內亞人哥倫布（Christoforo Colombo, 1451-1506），湊足 200 萬馬拉維德鉅款，橫渡大西洋。

　　1492 年 10 月 12 日，哥倫布駛抵大安地列斯島的一個小島，命名爲 Salvador（解放）。1493 年 3 月他回到歐洲

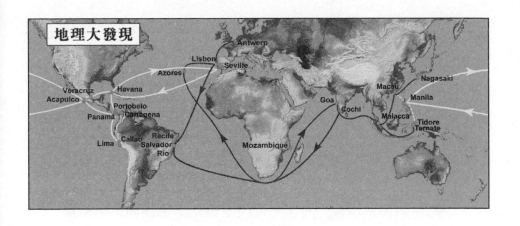

後被女王封爲總督，陸續又「發現」了瓜特羅普、古巴、牙買加、波多黎各及巴拿馬各地。哥倫布堅信他已抵達印度，而把土著當作「印度人」（Indians）。由於他的殘暴和斂聚令人眼紅，在第四次航行美洲後，哥倫布貧困潦倒以終。

　　哥倫布以後，又有達伽馬繞過南非好望角，西、葡開始稱霸美洲。1494 年教皇亞歷山大六世（西班牙人）仲裁，劃定通過大西洋的子午線（佛得角群島以西 370 里加，約2,280 公里）以東屬於葡萄牙（巴西），以西歸西班牙。1519 年西班牙王室又資助葡萄牙人麥哲倫（Magellan, 1470-1521）先抵達南美東岸，沿海航行，第二年通過太平洋與大西洋之間的麥哲倫海峽，1521 年 3 月駛抵呂宋島（菲律賓）。麥哲倫被土人打死，其他人繼續航行印度洋到好望角，1522年 9 月回到西班牙，只剩下 18 人及一艘船，完成了人類第一次環繞地球一周的壯舉。1529 年西、葡兩國又在薩拉哥薩訂約，在摩鹿加群島以東 17 度地方另劃出一條分界線，

西班牙幾乎占了巴西以外的整個美洲，葡萄牙則獨占了亞洲與非洲的貿易。

柯蒂斯也滿懷尋找黃金的心病，1519 年從哈瓦那出發，墨西哥土著阿茲特克人以為歐洲人是他們神話傳說中的生命之神克查爾科特（羽蛇神）騎著像房子般高大的「鹿」（其實是馬）降臨，而不敢抵抗，乖乖地獻出黃金和珠寶。西班牙強盜的大砲和騎兵懾服了阿茲特克人，喬魯拉地方「兩個小時內殺掉六千人」，大火焚燒整整兩天。鐵諾第蘭淪陷後，柯蒂斯打開王宮的寶庫，搶走 630 萬美金的財寶，當場屠殺三千多人，並殺掉末代阿茲特克皇帝馬祖馬。西班牙人太過殘暴，被阿茲特克人趕走。1521 年柯蒂斯捲土重來，終於征服了土著。阿茲特克人死於歐洲人帶來的天花、陣亡或渴死達 24 萬人。1528 年，柯蒂斯在廢墟上以土著的戰神 Mextitle 命名，建立墨西哥城。

皮薩羅（Pizarro, 1504-48）率領 1,800 名傭兵闖入內亂中的祕魯。1532 年他誘捕阿塔華爾巴，強迫印加人交出裝滿 9 乘 22 乘 77 英尺房間的整間黃金後，立刻翻臉殺掉印加皇帝。他扶植一個傀儡，再把庫斯庫洗劫一空。西班牙人繼續征服中美洲、加州灣（1540）、密西西比河流域和加利福尼亞（1565）。

15 萬西班牙貴族、教士及商人湧進美洲（1574），柯蒂斯坐擁 25,000 平方英里土地及 11,500 個印地安奴隸，皮薩羅則有 10 萬奴隸。西班牙人強迫土人種棉花、甘蔗和採金銀礦。不堪被奴役的印地安人先殺死自己的兒女，然後集

體自殺。印地安人下半身浸在水中淘金，或彎腰背負沉重的農具耕田，或在礦山中毒、遭遇塌陷，死傷無數。歐洲人帶來的天花、破傷風、肺病、性病、瘋癲病，使一億印地安人銳減為 500 萬人。

馬克思沉痛地指出：「美洲金銀產地的發現，土著的被殲滅、被奴役和被埋葬於礦井，對東方開始進行的征服和掠奪，非洲變成了商業性獵捕黑人的場所。這一切標誌著資本主義生產時代的曙光。這些田園牧歌式的過程，是原始積累的主要原因。」

印地安土著幾乎被征服者趕盡殺絕，1520 年起歐洲人從非洲引進第一批黑奴補充美洲勞動力的不足。四百年內，非洲喪失 2,100 萬青壯人口。葡萄牙人是近代奴隸販子的老祖宗，荷蘭人、英國人和法國人也群起獵捕黑奴。歐洲人把黑奴運到美洲，再用黑奴交換美洲的原料和金銀運回歐洲，16 世紀 50 年代，每年從美洲流入西班牙的黃金有 5,500 公斤、白銀 246,000 公斤，歐洲人再用廉價的產品交換黑奴。

荷蘭帝國　尼德蘭在 1581 年擺脫天主教西班牙帝國的統治後，工商業迅速發達，其商船噸位占全歐洲總噸位的 75%，1595 年荷蘭船隊繞過好望角，抵達爪哇和摩鹿加群島，找到了香料。這個新興的迷你小國，由於資產階級的活潑與進取，商業和造船業突飛猛進，並由荷蘭東印度公司、阿姆斯特丹銀行及商船隊三大支柱建立了資本主義力量。1602 年，六個商會聯合成立了「荷蘭東印度公司」

（Vereenigde Oost-Indische Compagnie, VOC），由國會授權獨占了好望角以東到麥哲倫海峽之間的航運和貿易特權，並擁有對占領地的統治、駐軍、發行貨幣、任免殖民地官員的權力，對外有宣戰、媾和、締約的特權，公司在印度的基地就有一支 10,000-12,000 人的軍隊，海軍有 40-60 艘船隻。

荷蘭人在 1600 年到達日本，1601 年到明朝的中國，1605 年在印尼安汶島建立堡壘，1623 年被英國人趕走。1619 年荷蘭人又在爪哇建立巴達維亞（雅加達）做為東印度公司的亞洲總部，在印尼只剩下帝汶島一地而已。在美洲，荷蘭占領了伯南布哥、蘇里南、加拉加斯（1630）、庫拉索（1632），在巴西卻失敗（1653），1626 年荷人在北美建立新阿姆斯特丹（即 New York），1664 年被英國買去，可是荷蘭人死咬著遠東航路不放，在巴達維亞定居下來後，殺死安汶的英國人（1624），從葡萄牙人手中奪取了好望角（1652），在馬六甲建立了據點（1641），在日本長崎附近的平戶大島建立商館（1638），又在亞丁、馬斯喀特、科欽（1633）、新加坡和塔斯馬尼亞建立據點（1642），別忘了公司曾在 1624-62 年占領我們台灣（Formosa），並且殖民了錫蘭（1658-1796）。

大英帝國　英國通過 16 世紀末對西班牙及 17 世紀對荷蘭和 18 世紀對法國的殖民地爭奪戰爭，確立了它的海上霸權和第一殖民強國的地位。16 世紀起，英國海盜（以 Drake 為首）就縱橫美洲，搶掠來往的西班牙船隻。英國支持尼德

蘭獨立，1588 年 7 月英船在朴利茅斯港外擊潰西班牙無敵艦隊。1600 年，英國東印度公司（British/English East India Company）成立，1601 年第一批英國商船到達印度，被葡萄牙人阻撓而無法獲取莫臥兒帝國的貿易特權，直到 1613 年才獲得在蘇拉特建立商館的權利，莫臥兒皇帝想利用英國人的力量來對付葡萄牙勢力；1634 年又允許公司在孟加拉設商館。1662 年，英王查理二世娶了葡萄牙公主，獲得了葡國在印度的貿易據點當作嫁妝。1668 年，英王將孟加拉租給了東印度公司。東印度公司又買下了加爾各答、蘇塔奴及戈文達浦三個村莊，修建威廉堡，開始一步步鯨吞蠶食印度。在美洲，英國從 17 世紀至 1773 年，先後建立了 13 個殖民地。1788 年英國人又在澳洲的雪梨建立殖民地；1769 年庫克船長登陸紐西蘭的北島。1756-63 年的七年戰爭期間，法國在北美洲的殖民地全部被英國奪占。

法國　法國漁夫也大概在 14 世紀抵達了加那利群島，15 世紀再進出幾內亞海岸。1524 年，為法國效力的韋拉札諾駛抵北卡羅萊納，再沿海岸航行到紐芬蘭。雅克・卡蒂埃在 1534-41 年間駛抵聖勞倫斯灣，發現了加拿大（Canada，土語「小屋」）。法國人又到海地、馬提尼島、摩洛哥及塞內加爾創立據點。在印度，法國人占領了本第治里、昌都爾和那戈第等據點。

　　1700-13 年英法爭奪西班牙殖民地戰爭，英國奪占西班牙的直布羅陀（1704）及地中海西部的梅諾卡島。在北美，

英軍進攻魁北克（1711）及蒙特婁都告失敗。七年戰爭中，英國逐步攻占魁北克及蒙特婁（1759-60）；在印度，英國奪占法國最後一個據點本第治里（1761）。1763年2月的巴黎和會上，英國奪取了加拿大、全部俄亥俄河流域、密西西比河左岸以及西印度的多明尼加、聖文森特、格拉納達、多巴哥各島的法國殖民地，一躍成為海上霸主，奠定了大英帝國的基礎。

總之，從15世紀到1789年法國大革命前，全美洲（美國除外）、西印度、印度的1/3、印尼的大部分、非洲西岸及南岸，加上一部分的澳洲以及我們台灣，都淪為英、法、荷、西、葡各國的殖民地了。

2. 中華帝國

中國人（尤其漢人）一再誇耀秦始皇統一六國（221 BC）及大漢（202 BC-AD 220）和大唐帝國（618-907）與元朝（蒙古帝國，1206-1368），這些盛世控制了中國本部及中亞，只有蒙古人殖民統治過俄羅斯（1240-1480）、西亞（伊兒汗國在伊朗及高加索，1258-1393）及中亞。滿洲人入主中原前，先征服朝鮮、蒙古，並逐漸征服東土耳其斯坦（1758，後改稱「新疆」）。中國一直努力壓制朝鮮與越南這兩個屬國。漢人關心的是以中原的天朝自居，一統內部各民族，才有餘力對外征戰，這和西方帝國的殖民統治不一樣，但也算是一種侵略性的帝國主義。

3. 俄羅斯帝國的擴張

15 世紀末俄國掙脫蒙古的統治以來，1547 年伊凡四世以羅馬帝國繼承者自居，以拜占庭帝國（1453 年被土耳其消滅）的雙頭鷹爲國徽，自稱沙皇（Tsar/ 凱薩），從此俄國的大陸政策，向西對歐洲擴張打通出海口，在東方向亞洲擴張，最終建立一個橫跨歐亞的殖民帝國。1552 年沙俄首先兼併了喀山汗國，1556 年再兼併阿斯特拉罕汗國，把疆域推進到裏海與烏拉爾山。16 世紀再越過烏拉爾山，1588 年終於征服了西伯利亞的失必兒汗國，征服西伯利亞西部。17 世紀，沙俄終究鯨吞了西伯利亞的大部分領土。在西方，17 世紀中葉兼併了烏克蘭。

彼得一世終其一生與瑞典征戰 21 年（北方戰爭，1700-21），打敗瑞典而奪占波羅的海東南岸的里加灣、芬蘭灣、卡累利阿、愛沙尼亞及拉脫維亞的大部分，獲得了波羅的海的出海口。

女沙皇葉卡捷琳娜二世時期，向西勾結普魯士，和奧地利三次瓜分波蘭（1772、1793 及 1795），俄國分得 46.2 萬平方公里及 550 萬人，包括白俄羅斯地區、烏克蘭、拉脫維亞的一部分與立陶宛、庫爾蘭、西白俄羅斯、沃倫西部直到涅曼河與布格河一線。

葉卡捷琳娜二世又於 18 世紀下半葉發動兩次俄土戰爭（1768-74, 1787-92），奪占了亞述夫、刻赤等地，取得了在黑海海峽的自由航行權，對克里米亞的合併也得到了承

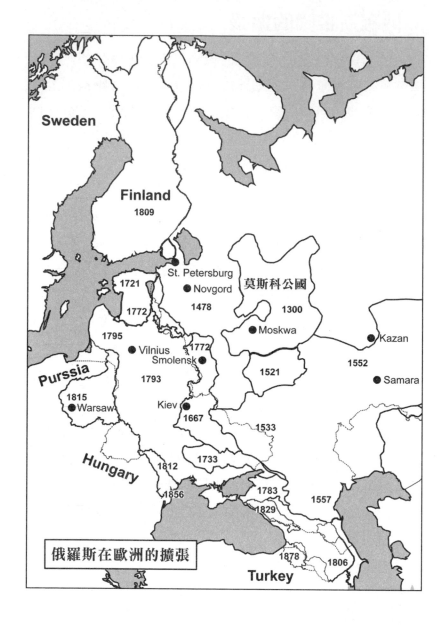

Sweden

Finland
1809

St. Petersburg
1721
Novgord
1478

莫斯科公國
1300

Moskwa
1521

Kazan
1552

Samara

1795

Vilnius
Smolensk
1772
1793

Purssia

1815
Warsaw

Kiev
1667

1533

Hungary
1812
1733

1783
1856
1829
1557

1878
1806

Turkey

俄羅斯在歐洲的擴張

認。在遠東，葉卡捷琳娜二世最終征服了西伯利亞北部，1780 年代越過了白令海峽，占領了北美的阿拉斯加和太平洋上的阿留申群島。1808 年 2 月，沙俄挑起了對瑞典的戰爭，兵分三路攻入芬蘭，年底占領了芬蘭全境。1809 年，沙俄操縱芬蘭脫離瑞典而獨立，沙皇亞歷山大一世（1801-25）自兼芬蘭大公，併吞了芬蘭。

1806-12 年俄土戰爭，迫土耳其割讓位於德涅斯特河與普魯特河之間的比薩拉比亞。1813 年沙俄侵占高加索的格魯吉亞與阿塞拜疆，1828 年占領亞美尼亞，1878 年占領加爾斯。在中亞，沙俄最終征服了吉爾吉斯、阿拉爾斯克（1849）、土耳其斯坦（1864）、塔什干（1865）、浩罕（1866）、布哈拉（1868）、基發（1873）。1858 年又通過《璦琿條約》奪占大清黑龍江左岸大片土地，1860 年再以《北京條約》占領了烏蘇里江以東大片土地。至 1914 年爲止，沙俄擁有 2,280 萬平方公里土地及 16,940 萬人，橫跨歐、亞兩洲，而占了 43% 的俄羅斯人統治了其他 120 個民族。

4. 從阿拉伯帝國到鄂斯曼帝國

四大哈里發　先知穆罕默德（Muhammad, 570-632）於 610 年創立了伊斯蘭教，這位自幼失去雙親的文盲，25 歲娶了富裕的寡婦卡迪亞（Khadija）。他自稱在山洞冥思時受到上帝的啓示，以眞主（Allah）的使者和阿拉伯人的先知自居，開始向親友宣揚宇宙間只有一位眞主，世人應敬

畏袘，皈依（順從 /Islam）阿拉，信眾後來被稱為「順從的人」——穆斯林（Muslim）。622 年 9 月 24 日，麥加的權貴把穆罕默德一家及其追隨者（遷士，muhajirun）趕出城，迫他們逃到幾百公里外的麥地那（先知之城），這一年是伊斯蘭教（回教）紀元開始的「聖遷」（hijira）。先知備受當地居民（輔士，ansar）的歡迎，建立了烏瑪（Ummah）教團。八年後（630.9.20），麥加人歡迎穆罕默德凱旋歸來，先知的追隨者搗毀城內所有的偶像，只留下一塊黑色隕石的克爾白（Kaaba/ 天房）做為新宗教的中心。

632 年 6 月 7 日，先知升天，他有許多妻妾和女兒，卻沒有兒子，由他的岳父之一的艾依克繼承為代理人（khalifa/哈里發），頭一代哈里發平定各部叛亂，一統阿拉伯半島，進出巴勒斯坦。第二任哈里發歐邁爾（Omar, 634-44）利用波斯與東羅馬兩大帝國長期戰爭而兩敗俱傷之機，先後征服了拜占庭統治的敘利亞（636）、巴勒斯坦（637）及埃及（641），並於 642 年大敗波斯軍，占領了從波斯灣到高加索、從伊拉克到波斯本土的廣大地區。

644 年，歐邁爾被波斯祆教徒刺死，倭馬亞家族的第三任哈里發奧斯曼（Osman, 644-56）向東征服了呼羅珊、吐火羅斯坦（阿富汗）、部分的阿塞拜疆和亞美尼亞、東滅波斯薩珊王朝（651），西達北非昔蘭尼加。但他用人唯親，又不發糧餉給戰士，終究死於亂兵刀下。第四任哈里發阿里（Ali, 656-61）是先知的堂姪，娶了先知唯一髮妻的女兒法蒂瑪（Fatima）。他撤換許多政要和總督，引發新仇舊恨，

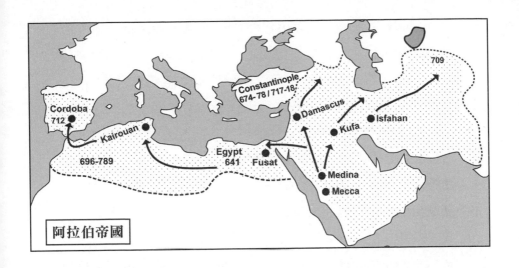

阿拉伯帝國

只能在庫法發號施令，敘利亞總督穆阿維葉（Muawiya）藉口他的堂兄奧斯曼之死與阿里有關，拒不承認他的地位。

657 年 7 月 26 日，雙方在 Siffin 河谷決戰，戰敗的穆阿維葉叫敘利亞士兵用槍尖挑起《古蘭經》，要求阿拉仲裁。阿里中計被迫接受，反對派憤而出走，出走者號稱「哈瓦利吉派」（al-Khawarij），始終追隨阿里的「同黨」叫「什葉派」（Shia）。什葉派堅持只有阿里和法蒂瑪後代才能當哈里發，否定前三位哈里發，什葉派盛行於伊拉克和伊朗。主張承認四大哈里發為正統，遵循「聖訓」（Sunna）的，叫「遜尼派」（Sunni 習慣），如今占伊斯蘭教的絕大多數。

659 年 7 月，阿里下令殲滅不肯回頭的哈瓦利吉派，661 年 1 月阿里被哈瓦利吉派的刺客用毒刀砍死。他的兒子昏庸無能，卻有 90 個妻妾，繼位幾個月，就被穆阿維葉用錢勸退。穆阿維葉自己登上哈里發寶座，建立倭馬亞王朝

（Umayya dynasty, 661-750），定都大馬士革，把哈里發改為世襲制，以白旗爲幟。倭馬亞王朝鎮壓什葉派，再陸續征服了北非西部的突尼斯、阿爾及利亞、摩洛哥（698），7-8世紀征服中亞、阿富汗及印度西部。751年阿拉伯軍在怛羅斯河畔擊敗大唐的高仙芝（朝鮮人），把大唐勢力趕出中亞。711年阿拉伯人越過直布羅陀海峽，占領了汪達爾之地（安達盧西亞，即西班牙和葡萄牙）。至8世紀中葉，阿拉伯帝國橫跨亞、非、歐三大洲。

| 伊斯蘭教 | 《古蘭經》（*Quran*）原意爲「朗讀或講道」，是阿拉通過先知傳給世人的啓示。先知是文盲，他逝世19年後，才由信徒憑記憶和蒐集，整理成114章、6,211節，共323,621個字符。每個穆斯林必須天天口誦「最偉大眞主……」，謹奉《古蘭經》及《聖訓》（前訓），加上信阿拉、信天仙、信經典、信使者、信末日、信前定的「六訓」。

Allāhu akbar

偉大的眞主，

ašhadu 'an lā ilāha illā-llāh

我作證，除眞主外別無他神。

ašhadu 'anna Muhammadu' ras ū lu-llāh

我作證，穆罕默德是眞主的使者。

'alā'l-salāh

祈禱吧，

hayyā 'alā'l-falāh

快來獲得拯救！

Allāhu akbar

偉大真主，

ašhadu 'an lā ilāha illā-llāh

我作證，除真主外別無他神。

每個穆斯林必須過著正直、清醒的生活，嚴守「五功」：
（1）念功：每日五次祈禱，口誦「Allahu akbar...」；（2）
拜功：每天黎明、正午稍過、午後、日落及睡前，需朝向
麥加和阿克伯清真寺方向禮拜，每週五中午在清真寺集體
禮拜；（3）齋功：不得食腐肉、血、豬肉、不得飲酒，每
年回曆9月的齋月（Ramadan）期間，日出至日落前禁食、
禁菸、不接觸異性一個月；（4）課功（天課）：教徒每年
捐出財產的2.5%，充當社會救濟和興建寺院、支付政府開
支等用途；（5）朝功：教徒一生必須至少一次去麥加朝聖
（Hajj）。

烏瑪（al-Ummah 公社）以凡穆斯林皆兄弟的平等思想，
主張男女平等；卻嚴格規定婦女出門必須戴面紗，入夜後不
得出門。為了救濟陣亡將士遺孀，男人可以娶四妻，統治者
妻妾成群，但一般人仍是一夫一妻。穆斯林必須以生命來
捍衛宗教，向異教徒發動聖戰（Jihad），即必須用心，通
過自身的反省和邪惡鬥爭，以淨化心靈，更加虔信；用口
和用手來宣揚、規勸、辯論和以身作則來傳道；用劍、以

生命和財產來捍衛宗教，不惜犧牲一己生命。每個聖戰士（Mujihadin）隨時無畏地準備以自己的鮮血和生命向異教徒進攻。

12 世紀以來，蘇菲教團到處設立大小修道場網絡，向各地異教徒宣教，13-14 世紀使外高加索、中亞、非洲內陸、印度西海岸及內陸、斯里蘭卡、印度洋諸島及東南亞（馬六甲海峽周邊與菲律賓南部）逐漸伊斯蘭化。

分裂 747 年，奴隸出生的伊朗人阿布・穆斯林在呼羅珊起義，750 年攻陷大馬士革，阿布・阿拔斯（Abu al-Abbas）攫取了革命成果，在庫法建立阿拔斯王朝（Abbasids, 750-1258），殺盡前朝王室及遺老，只有希沙姆的孫子阿布杜・拉赫曼逃走，經過北非到西班牙，建立後倭馬亞王朝（756-1031），定都科多華。阿拔斯朝以黑旗為幟，在底格里斯河畔營建新都巴格達，762 年遷都至此。波斯人取代敘利亞人成為宮廷的主流。9 世紀 40 年代，帝國東部動盪不安，各地總督割據自立。10 世紀間，土耳其一支的 Ogbuz 部落在 Seljuk 率領下，被欽察人從錫爾河下游趕到布哈拉，接受遜尼派而進入伊斯蘭世界。他的兩個孫子圖格里勒和沙格里於 1055 年進入巴格達，被哈里發封為「東西之王」和「蘇丹」（Suldan/ 權威），建立塞爾柱王朝（1055-1194）。

馬立克時代囊括了整個伊朗、伊拉克、敘利亞大部分的小亞細亞、高加索，加上鹹海與阿姆河以外的中亞地區。

1091 年，馬立克遷都巴格達，把哈里發當作裝飾門面的傀儡。12 世紀，塞爾柱人在小亞細亞只剩下羅姆塞爾柱國（Rum/ 羅馬）。但他們湧入中東，使波斯東部和伊拉克北部、阿塞拜疆大部分及小亞細亞都逐漸土耳其化了。遜尼派也因此收復了在西南亞的主要宗教地位。中亞從布哈拉到花剌子模的伊朗族也逐漸土耳其化了。

10 世紀，阿富汗的土耳其人建立伽茲尼朝（Gbazni, 999-1186），持續侵略印度西北部，接受推翻它的廓爾人建立廓爾朝，阿富汗士兵陸續征服了印度的旁遮普和信德，占領德里（1192），1206 年再有德里蘇丹王朝征服了印度北部（1206-1526），這些地區逐漸穆斯林化。接著由中亞來的巴布爾征服了印度，建立莫臥兒王朝（1526-1858）。

在西亞，蒙古人消滅了阿拔斯朝，後來在伊朗建立伊兒

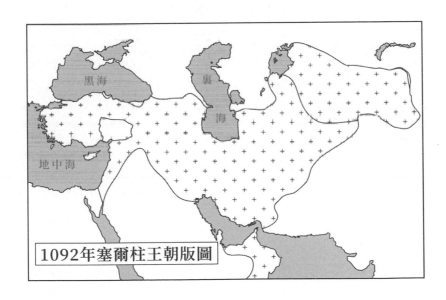

1092年塞爾柱王朝版圖

王朝（1258-1393）。13 世紀，土耳其人一支烏古斯部在小亞細亞西北部落腳，鄂斯曼開始侵吞拜占庭的領土，穆拉德一世（1360-89）進軍東南歐，占領色雷斯和馬里查河流域，定都埃迪爾內，後又在科索沃（1389）大敗塞爾維亞、保加利亞、匈牙利聯軍。巴耶濟德一世征服了多瑙河以南的巴爾幹地區。1453 年，穆罕默德二世攻滅拜占庭帝國，定都伊斯坦堡（君士坦丁堡）。謝利姆一世征服伊朗（1514）。蘇萊曼一世先後六次進攻匈牙利，1534 年奪取巴格達。鄂斯曼帝國鼎盛時囊括歐亞非三大洲，近 40 個國家和地區，土地面積 600 萬平方公里。

5. 奧匈帝國

歐洲中南部有一個內陸大帝國 Dual Monarchy of Austro-Hungary，統治了斯拉夫人、匈牙利人、捷克人、克羅地亞人乃至一些波蘭人、義大利人。976 年，巴本家族被德意志皇帝封為邊疆伯爵以來，逐漸強盛。1237 年，神聖羅馬帝國帝位空懸，來自瑞士鷹堡哈布斯堡家族（House of Habsburg）的魯道夫一世被選為皇帝，從此與奧地利結合。1438 年，從阿爾布雷希特二世起世襲帝位。馬克西米連娶了勃艮第公主（1477），公主死後，再娶米蘭公主。他的兒子腓力浦娶了西班牙阿拉貢公爵的女兒 Juana，女兒嫁給西班牙王位繼承人 Juan。Juan 死後，腓力浦和 Juana 成為西班牙王位繼承人。最終是皇帝查理五世成為勃艮第公爵和西班

牙國王，哈布斯堡王朝靠聯婚而擁有弗蘭德爾（比利時、荷蘭、盧森堡）、勃艮第、拉丁美洲大部分、米蘭、西西里、薩丁尼亞、葡萄牙，1526 年又加上波希米亞（捷克）與匈牙利。查理五世退位後，把奧地利交給兄長，西班牙交給弟弟，家族一分爲二。1438 年起，除了 1742-45 年外，直到1806 年，奧地利哈布斯堡家始終是德意志皇帝和神聖羅馬帝國皇帝，1699 年又兼併了匈牙利。1804 年弗蘭次二世放棄羅馬帝國皇帝稱號，1866 年普奧戰爭奧地利戰敗。1867年與匈牙利權貴妥協，成立奧匈雙元帝國。1914 年奧國皇儲被暗殺，引爆第一次世界大戰，1918 年帝國瓦解，宣布成立共和國。

奧匈帝國各民族

6. 殖民地大浩劫

　　西班牙強盜在西印度群島把孕婦肚子用刀剖開，把婦女和小孩趕進圈欄裡，互相比賽誰殺的人多。墨西哥的 400 多座神廟及四萬居民，一夜之間毀於強盜手裡。尤加坦半島的馬雅文明被摧毀（1540），印加帝國被毀滅，歐洲人帶給美洲人士的 Omiyage（禮物）就是天花、破傷風、肺病和性病，使半數土人死於傳染病。

　　16 世紀起，西班牙當局推行「監護制」（Encomienda），把印地安人以區域爲單位，「委託」白人監護，監護主有責任教化印地安人皈依天主教，並在自己的監護區內收取貢賦及使喚「自由的」土人服勞役（每年 160 天，祕魯和玻利維亞則長達 300 天）；菲律賓土人每年服役 60 天，直到 1884年才減爲 15 天。印地安人不堪勞累與重稅，他們寧可殺掉自己的妻兒後再自殺。1720 年取消監護制，代以大種植園制，根本是換湯不換藥，地主仍是地主，農奴仍是農奴。在西印度群島及中南美洲，主要的勞動力來自非洲的黑奴。

　　天主教會扮演殖民帝國的教化腳色，安撫土著的靈魂；但同時又占有拉美 1/3 以上土地的大種植園。荷蘭人在爪哇強迫土人種咖啡、甘蔗、藍靛、菸草；在西爪哇只能種棉花與咖啡；安汶人只能種丁香，班達人只能種豆蔻，稱作「強迫供應制」。東印度公司強迫印尼土人每年服勞役 66 天，因爲他們太懶散、太愚昧，必須強迫他們去種植出口作物。

　　1502 年，第一批非洲黑奴遠抵聖多明尼加島，以補充

勞力的大量缺乏。17世紀，一個黑奴的身價爲25英鎊，賣到美洲則爲150英鎊。從1680-1786年，輸入西印度英屬殖民地的黑奴超過200萬人，形成歐洲與美洲、非洲之間的三

① GUATEMALA
② BELIZE
③ HONDURAS
④ EL SALVADOR
⑤ NICARAGUA
⑥ COSTA RICA
⑦ PANAMA

角貿易，非洲黑奴平輸至美洲，交換新大陸的原料與財富，再運回歐洲；歐洲再製造商品售回非洲與美洲。

四百年內，黑色非洲至少損失 2,100 萬青壯人口，即 12-35 歲的男性，或 25 歲以下的婦女與兒童。每運一個黑奴來美洲，至少有 5 個死於途中或被獵捕過程中。18 世紀末，西印度有 90 萬黑奴，北美 13 州有 46 萬，巴西獨立前有 18 萬。奴隸創造了美洲種植園的發達，資本主義的邪惡，就是馬克思所指出的：「從頭到腳，每個毛孔都滴著血和骯髒的東西。」

7. 美國獨立

北美洲本是印地安人的棲息之地，16-18 世紀淪為歐洲列強爭霸的獵場；法國人建立了新法蘭西（聖勞倫斯河流域下游大湖區及密西西比河流域等地），西班牙人建立了新西班牙（包括墨西哥和美國西南部）。1607-1733 年，英國在北美洲大西洋沿岸陸續建立了 13 個殖民地，英國清教徒踏上麻州後，John Winthrop 立刻宣布這塊土地在法律上屬於「荒地」，印地安人並未「征服」過這裡，因此他們只擁有「自然權利」，而沒有「公民權利」，而「自然權利」在法律上是無效的。所以清教徒引用《聖經》〈羅馬書〉13：2 說：「所以抗拒掌權的就是抗拒上帝的旨意，抗拒者必自取刑罰。」憨番當然抵不過白人的狡詐和分化離間，被各個擊破，淪為白人的奴隸。

| 宗主國與殖民地的矛盾 | 英王限令殖民地人民只能住在阿帕拉契山脈以東，山脈以西則歸印地安人。英國打敗法 |

國後，爲彌補戰爭造成的虧空，政府越來越加緊剝削北美殖民地，1673 年規定，13 州內從一個殖民地運輸商品到另一個殖民地，必須繳納與運輸到英國相等的關稅額，以杜絕走私。1730 年禁止殖民地輸出帽子，1750 年禁止殖民地製造鐵器、煉鐵，但又鼓勵殖民地生產生鐵、鐵塊輸往英國。1773 年的《糖蜜條例》，對殖民地從西印度群島、法國及荷蘭殖民地輸入的蘭姆酒及糖蜜課以重稅。1760 年代起，又限制殖民地製造業和宗主國競爭，不顧殖民地蓬勃發展的農業與手工業生產。

北美殖民地陸續有了 Harvard 學院（1636），弗吉尼亞州 William & Mary College；幾年後，再有康乃迪克州的 Collegiate School；1683 年賓州有了第一個學院。隨著法國啓蒙主義思潮由移民傳入，弗州種植園大少爺杰弗遜（Thomas Jefferson, 1743-1826），主張以自然權利爲基礎，「我們有權利要求承認自然法賦予我們的權利，而不是長官的恩賜」。他後來起草《獨立宣言》，更闡述道：「我們認爲下列這些眞理是不言而喻的：人類生而平等，造物主賦予他們若干不能讓渡的權利，其中如生命、自由和幸福的追求。」人們可以自由地選擇任何他們認爲最適宜的代理人來執行有關公共福利的事務。「爲了保障這些權利，所以才在人間形成政府。政府的正當權利來自被治者的同意。如果遇有任何形式的政府變成損害這些權利，那麼人們就有權利改

變它或廢除它，以建立新的政府。」

托馬斯・潘恩（Thomas Paine, 1737-1809）在 1774 年從英國來到費城，協助編輯《賓文法尼亞雜誌》。1776 年初，他發表小冊子《常識》（*Common Sense*），立刻暢銷 50 萬冊。他痛斥英王喬治三世的罪行，宣傳天賦人權觀點，主張北美殖民地有權脫離英國而獨立，用武器這個最後手段來解決爭議；英國屬於歐洲，美洲屬於它自己，「英國政府的暴政已經扭斷了它和我們的關係，如今只有一種可能，就是拿起武器，這就是常識」。他力辯：「調和是一種錯誤的夢想。所有正確的或合理的事情都認為獨立才是正道。遇難者的鮮血和造物主的淚水都在強烈呼籲：獨立的時候到了！」

另一位弗吉尼亞議員亨利（Patrick Henry），早在 1775 年 4 月 20 日就在州議會上高聲宣布：「不自由，毋寧死！」（I know not what course others may take; but as for me, give me liberty, or give me death!）杰弗遜也宣稱，為獨立而戰，就是為天賦人權而戰，「這些聯合起來的殖民地從此成為，而且名正言順地應當成為自由獨立的合眾國」。

英國當局開征糖蜜稅（1764）、印花稅（1765）及《駐營條例》（Quartering Act，要求殖民地必須支付維持駐軍開銷）和 1767 年的進口稅，每項新稅都引起殖民地民眾巨大的仇視，尤其惹怒了資產階級。這些惡法沉重地打擊了北部商人的利益，出口的食品、木材、馬匹、魚類因為只能直銷母國，加上擴大外國商品初次入口稅、嚴禁甜酒輸入等，而使商品滯銷，價格暴跌；而糖精、甜酒價格暴漲。新英格蘭

商人尤其不滿，商人、議會、市鎮會議紛紛提出抗議。律師在《糖稅法》前言中，首先發現了「納稅但無代表權」（taxation without representation）的正式條文，引起許多人反對英國。1764 年的《貨幣法》（Currency Act）「阻止今後在王室殖民地內發行的信貸紙幣轉成法定貨幣」。各殖民地由於貿易逆差加上一直缺乏硬通貨，這個惡法更是雪上加霜，而 1765 年的《駐營條例》又規定殖民地向當地常駐英國皇家軍隊提供給養和住宿。

　　《印花稅法》成了積怨已久的美洲人反抗母國的導火線，亨利促使弗吉尼亞州議會在 1775 年 5 月通過一系列決議，譴責英國「納稅但無代表權」的條文，構成了對殖民地自由的威脅。下議院（the House of Burgesses）宣布：弗吉尼亞人擁有和居住在英國的公民同等的權利，只有代表他們的人才能向他們征稅（... and hence could be taxed only by their own representatives.）。

　　1767 年財政大臣起草的《湯森（Townshend）稅法》，一面加強對美洲殖民地關稅的管理，又同時對紙張、玻璃、鉛、茶葉課徵進口稅。1770 年 3 月 5 日，波士頓人故意向駐軍丟雪球，導致英軍開槍打死 3 人，英國議會才匆匆撤銷了茶稅以外的《湯森稅法》，但已經太遲了。1773 年英國為了挽救東印度公司的困境，授予公司對其所出口殖民地茶葉的壟斷權，禁止北美人喝「私茶」和販售茶葉。1773 年12 月 16 日，一群波士頓人化妝成印地安人，跳上三艘茶船，把茶葉拋進港口的大海，英議會立刻祭出《強制法或不可容

忍法》，關閉波士頓港口，直到它賠償所有茶葉損失爲止；未經總督特准，不准召開市鎮會議。又以《魁北克法》把西北大湖區劃歸加拿大魁北克省，阻止麻州人向西北發展。

不自由
毋寧死　1774 年 9 月 5 日，除了喬治亞州以外的 12 州，代表 55 人，在費城召開第一次大陸會議，通過決議，溫和地向母國請願，要求取消高壓措施；並聲明沒有義務受《不可容忍法》的束縛，他們有生命權、自由權及財產權。地方議會有權利制定「各種稅收政策及內務政策」。反英資產階級進而爲自身的利益與母國展開抗爭，通過恐嚇威脅手段，脅迫猶豫不決者加入革命運動，懲罰反革命者，暗中招募軍隊，散播反英情緒。

英王喬治三世毫不讓步。1775 年 4 月 18 日，Gage 將軍派兵搜捕麻州人在 Concord 積聚的火藥和軍需品。第二天清晨，英軍在 Lexington 遭遇 70 個老百姓沉默阻擊，英軍撤退時突然被人開槍而反擊，打死 8 人，打傷 10 人。英軍繳獲東科特的一些軍火，在回波士頓途中，一路上被 Middlesex 郡村民伏擊，死傷 250 人，民兵折損 39 人。1776 年 5 月 10 日，第二屆大陸會議召開，15 日決議成立正規軍，由弗吉尼亞州的陸軍上尉華盛頓（George Washington, 1732-99），這位擁有 300 公頃土地的大種植園主，出任美軍總司令。7 月 4 日，大陸會議通過《獨立宣言》，宣布 13 州獨立。

開戰以來，兩萬烏合之眾，不敵九萬英國精兵，加上德意志黑森傭兵攻占紐約。1776 年底及次年初，華盛頓終於

在普林斯頓重挫英軍，英軍孤軍深入，在紐約薩拉托卡棄械投降。由於法軍支援，又有西班牙及荷蘭的加盟以抗宿仇，美軍逐漸逆轉勝。1781 年 10 月迫英軍在康沃利斯投降。1783 年 9 月 3 日，英國在《巴黎和約》上正式承認美國獨立。反對獨立的 50 萬人，約有 10 萬人離開，包括開國元勛富蘭克林的兒子威廉及畫家 John S. Copley，大多移居加拿大；有些人又回來，但一些州政府不許他們擔任公職。

8. 拉丁美洲獨立戰爭

殖民地 社 會｜1800 年左右，西班牙帝國的 1,690 萬美洲殖民地居民中，只有 230 萬白人，其中「半島人」（Peninsalar）只有 3 萬人（號稱 15 萬），他們盤據拉美社會高層與高位，抱著過客心態，能撈就撈，能搶就搶，只為上帝和國王服務。歐洲移民後代的「土生白人」（Creole），只能在「半島人」之下，屈居中下級軍官、官吏、醫生、律師及教師，三百年間只有四個 Creole 當過總督。絕大多數白人和印地安人的私生混血種，叫「Mestizo」；黑白混血的，叫「Mulato」；黑、印混血的，叫「Zambo」。這些「雜種仔」至少有 530 萬人。為了彌補印地安人口的下降，西班牙美洲在 1518-1870 年間引進 150 多萬非洲黑奴，巴西則引進 370 萬黑奴。解放者玻利瓦爾（Simon Bolivar, 1783-1830）憤怒地指出：「當局總是把我們當作無知的兒童看待，就社會地位而言，美洲人只是幹活的農奴，充其量也只不過是單純的

消費者罷了。」

西班牙當局不准任何船隻自由進出美洲殖民地港口，例如商品只能用船運到巴拿馬地峽的波托貝略，再轉運到祕魯的利瑪，然後再用騾子馱運翻過安地斯山脈，行程 3,000 公里才能抵達布宜諾斯艾利斯，來回耗盡兩年時間，成本增加八倍。

海盜還先後騷擾貝略、巴拿馬、哈瓦那、馬拉開波、韋拉托克魯斯及卡塔赫納等幾十個城市，一直鬧到 18 世紀中葉，持續兩百多年。

英國對西班牙發動戰爭，陸續占領巴哈馬群島（1578）、巴貝多（1624）、牙買加（1670）、貝里斯（1786，英屬宏都拉斯）、千里達（1797）、英屬奎亞納（1814）。荷蘭人則在 1634 年占領西印度群島中的庫拉索島，接著占領蘇里南（1667）。法國則陸續占領馬提尼克和瓜德羅普（1635）、法屬圭亞那（1676）和海地（1697）。古巴和巴西東北部地區一度淪為英、法、荷各國激烈爭奪之地，法國海盜於 1515 年占領過哈瓦那，英國於 1762 年占領古巴，荷蘭在 1630 年占領巴西東北部 24 年。

独立
戰爭　1713 年西班牙波旁王朝取代了哈布斯堡王朝以來，總算在拉美殖民地做了深遠的行政改革。增設總督轄區（格拉納達及拉普拉塔兩大區）；以監政官（Intendant）直接向國王而不再向總督負責，取代了一向令人憎恨的地方行政長官（Corre idores/ 行政及司法官員），本土白人的地

位也逐漸提升。由於本土人士兵的增加，例如 1800 年新西班牙總督轄區有 6,000 名西班牙正規軍，相對地殖民地民兵卻有 23,000 人，他們成為獨立戰爭軍隊的基礎，令統治者始料未及。（當過阿兵哥的台灣人，將來會這樣嗎？）

直到 1778 年，當局才通過《自由貿易法》，開放拉美 24 個港口可直通任何一個母國的港口，但不得與西班牙境外的任何港口進行貿易，這才使關稅收入增加，並且等於承認開放前走私貿易的合法化。

巴西的黑奴首先在 17 世紀集體逃亡，1650 年建立短暫的「棕櫚國」（Palmares），1695 年才被當局鎮壓，數個黑人寧可自殺也不肯投降。1780 年，祕魯印加帝國統治者後裔圖帕克‧阿馬魯（Tupac Amaru, 1742-81）率八萬人起義，兩年內席捲祕魯及玻利維亞南部，並號召白人響應，然而土生白人出賣他，反過來聯合當局將他逮捕。當法官逼問誰是庫斯科城內的「共謀」時，圖帕克大義凜然地回答說：「參與同謀的只有你和我，是你，壓迫了我的人民；而我是想把他們解放出來！」

土生白人開始思考自己和土地的關係，祕魯神父胡安‧巴布‧洛比斯卡在《致西班牙美洲人的信》（1797）中強調：「新大陸就是我們的家園，它的歷史就是我們的歷史。我們應該到這段歷史中去尋找我們目前處境的原因。」

土生白人痛恨半島人的粗暴與高人一等，渴望和他們平起平坐卻一再失望，回過頭來開始讚頌自己生長的土地，反覆使用「祖國」、「家園」、「民族」、「我們的美洲」、

「我們美洲人」等詞彙。法國啓蒙主義在 18 世紀風靡了美洲土生白人社會，但人人平等、宗教自由等理念，已不再滿足他們的胃口了，行動才是解放的第一步。

海地　1790 年，海地的混血種文森特・奧熱，率領 250 人到處焚燒莊園，但一般黑人袖手不支持，他終究被當局五馬分屍。1792 年 8 月黑奴起義；10 月，種植園與車伕的奴隸杜桑・盧維杜爾（Toussaint Louverture, 1746-1803），這位赤腳醫生率領 1,000 多名奴隸響應，大打游擊戰，法國人敬佩他「打開」局面，盛讚爲「盧維杜爾」（即法文「開」、「打開」的意思）。1793 年英、西向法國宣戰，奪回海地。西班牙人要求杜桑攻打法軍，勝利後卻食言，不肯解放奴隸，杜桑又回過頭來和法國人合作，1794 年幾個月內收復西班牙占領區。1795 年，西班牙把聖多明尼加割地給法國，但仍有 8,000 英軍盤據海地西部及南部海邊，終究被杜桑及黃熱病趕走而投降（10 月）。1795 年，杜桑成爲海地的副總督。1801 年直搗東部聖多明尼加，解放黑奴；1801 年 6 月，頒布憲法，規定自己爲終身總督，永遠廢除奴隸制。1802 年 2 月，三萬法軍入侵；6 月，他出面談判，卻被捕押，解送阿爾卑斯山中的茹烏堡，1803 年 4 月含恨以終。1803 年 11 月，法軍被趕走，1804 年 1 月 1 日，海地宣布獨立。這場海地黑奴的獨立革命，揭開了拉美獨立戰爭的序幕。

墨西哥

1807 年，四萬法軍賴在墨西哥不走。1808 年，拿破崙一世的哥哥約瑟夫成爲西班牙王以來，殖民地土生白人再也不聽命於舊體制了，但獨立運動迅速在 9 月間被半島人粉碎。中部小鎮 Dolores 的土生白人神父伊達爾戈（Miguel Hidalgo y Costilla, 1753-1811），在 9 月 16 日敲響教堂的鐘聲，號召印地安人起義，奪回三百年前被西班牙人搶走的土地。他迅速攻占瓜那華托、瓦利阿多利德，進逼墨西哥城；10 月 30 日，他卻下令撤退，導致一部分土生白人軍官動搖而逃走。11 月，伊達爾戈在瓜達拉哈建立革命政權，不幸卻在蒙爾馬河沿岸 Calderon 橋戰敗，加上土生白人的伏擊，伊達爾戈等四人被俘後梟首，人頭懸掛在瓜那華托城四周長達十年。他的混血種學生 Jose Maria Morelos（1756-1815）繼續領導起義，解放南部廣大地區，嚴禁搶奪白人的土地。1813 年 9 月，他在奇潘辛戈宣布墨西哥獨立，廢除奴隸制，取消社會等級差別，最終又被土生白人出賣，1815 年 11 月被俘犧牲。

西班牙式姓名排序爲本名、父姓、母姓，如 Miguel de Cerrantes Saave Dra。

曾經打敗過伊達爾戈的土豪 Augustin de Iturbide（1783-1824），卻在追剿革命軍途中，1821 年 2 月突然主張墨西哥獨立，請一位歐洲王子來當國王。1821 年 9 月 27 日，在他 38 歲生日當天，他騎馬進入墨西哥城。1822 年 5 月 18 日晚上，策動軍隊擁立他爲皇帝奧古斯都一世，7 月登基，十個月內被推翻，流亡歐洲。他在英國聽到西班牙大軍將進

攻墨西哥的消息，又搭船回來，一上岸就被捕槍決（1824
年 7 月）。1823 年 11 月 7 日，維多里亞當選墨西哥聯邦共
和國首任總統，西班牙直到 1836 年才承認墨西哥獨立。第
一階段的西班牙美洲獨立運動也告停擺。

聖馬丁與 | 1810 年拿破崙占領大半西班牙以來，委內瑞拉
玻利瓦爾 | 土生白人在 4 月 19 日召開加拉加斯省的最高執
政委員會（洪達/junta），1811 年 7 月宣布建立委內瑞拉共
和國。

　　富商之子米蘭達（Francisco de Miranda, 1750-1816），
曾參加美國獨立戰爭和法國大革命，1793-95 年兩度被誣入
獄，1798-1805 年流亡英國。1806 年，他從紐約兩度進軍委
內瑞拉失敗，1811 年才掌兵權，1812 年被來自波多黎各的
西班牙軍擊敗被俘，解送西班牙，1816 年去世。玻利瓦爾
二歲喪父，九歲喪母，一直在歐洲揮霍，1807 年才回加拉
加斯，暗中加入「愛國社」。1813 年 1 月，他率領 400 人
越過麥地斯山，8 月，凱旋進入加拉加斯。1814 年，委內瑞
拉第二次獨立，7 月被西班牙軍擊潰，玻利瓦爾流亡到海地。
1816 年 3 月，海地總統佩翁蒂支持他反攻失敗，6 月又退回
海地。

　　1810 年 5 月 25 日，布宜諾斯艾利斯的土生白人發動五
月革命，建立「拉普拉塔臨時執政委員會」。6 月 19 日，
巴拉圭的弗朗西亞領導臨時政府。1811 年，烏拉圭人阿蒂
加斯也領導起義。聖馬丁（José de San Martín, 1778-1850）

12 歲入伍，1811 年以騎兵上校退伍，回布宜諾斯艾利斯訓練騎兵，吸收官兵加入反西班牙統治的 Lautaro 社，1813 年他擊退西軍，1814 年 8 月去安地斯山下當庫約省省長。他刻苦自律，睡軍床，忍受胃痛、神經痛、風濕和喀血。1817年 1 月 18 日，率領奧希金斯及 5,000 人越過風雪下的安地斯山，18 天後下山，2 月 12 日攻下智利的卡布科，直奔聖地牙哥。聖馬丁婉拒智利人迎他當元首，由奧希金斯出任。自己悄悄地回到門多薩。1818 年 4 月 5 日，他在聖地牙哥以南的梅普平原以 5,000 騎兵擊敗六萬西班牙軍。1820 年 8月 20 日，他率兵艦登陸秘魯，對利馬圍而不攻。1821 年 7月 6 日，迫西班牙總督退入山區。28 日，秘魯宣布獨立，聖馬丁被授予「保護者」，遭到反動派的敵視。9 月，3,000保皇軍進犯卡亞俄。1822 年 7 月 25 日，聖馬丁與玻利瓦爾在厄瓜多爾的瓜亞基會晤後兩天，帶著六歲的女兒退隱巴黎。

1823 年奧希金斯被政客推翻。玻利瓦爾於 1819 年 2 月15 日宣布成立委內瑞拉第三共和國，自任總統。1819 年 6月，玻利瓦爾率兵越過安地斯山進入哥倫比亞，12 月 7 日宣布建立「大哥倫比亞共和國」，包括哥倫比亞、委內瑞拉和厄瓜多爾。1821 年 6 月，他在卡拉博擊潰西班牙軍主力，8 月 1 日解放加拉加斯。1822 年 6 月，蘇克雷（Sucre,1795-1830）解放厄瓜多爾。1823 年，玻利瓦爾進兵秘魯。1824 年 12 月，蘇克雷在 Ayacucho 擊敗保皇派。1825 年 4 月，玻利瓦爾進入上秘魯，為紀念他，改稱玻利維亞共和國，尊

他爲終身總統。1826 年 1 月 23 日，秘魯軍攻下卡亞俄港，南美洲完全解放。

玻利瓦爾的大國夢，很快被各國的地主、財閥、商人和權貴唾棄，大家都想各自割據，誰要什麼同文同種的「大一統」？加拉加斯人罵他是騙子、叛徒、暴君；秘魯人罵他是「雜種」；哥倫比亞人嘲笑他是「乾癟的香腸」。他在1822 年差點被暗殺，1830 年下台，12 月 17 日死於流亡途中，生前喃喃自語：「我怎樣才能走出這個迷宮啊？」[2]

巴西 1807 年，葡萄牙王室流亡至此。1816 年，若昂六世建立了「葡萄牙、巴西、阿爾加維聯合王國」。1817 年 3 月，一群下級軍官醞釀獨立運動，5 月 20 日革命失敗，2,000 多人被捕或遇害。1820 年 8 月，葡萄牙爆發革命。1821 年 4 月，若昂六世留下佩德羅王子攝政，各方不服，叛亂四起。國王回里斯本前交代王子，如果形勢惡化，就宣布巴西獨立。1822 年 5 月，佩德羅才勉強接受代表團所敬獻的「巴西永遠的保護者」稱號，10 月 12 日登基「建國」。1826 年，他又兼爲葡萄牙國王，不久遜位給幼女瑪利亞爲巴西女王一陣子。1825-28 年，巴西與阿根廷爭奪烏拉圭失敗，激起 1831 年的民變，佩德羅遜位給 5 歲的幼子佩德羅

2　參考 J.L. Salcedo-Bastardo，《玻利瓦爾》（*Bolivar: Un Continente y un Destino*），楊恩瑞、趙銘賢譯（北京：商務印書館，1983）；G. Marquez，《迷宮中的將軍》（*El general en su laberinto*），尹承東等譯（台北：允晨，1991）。

二世。1889 年 11 月 5 日，豐塞卡將軍率領軍隊和共和黨聯手推翻王室，1891 年 2 月建立巴西共和國。至此只剩下波多黎各和古巴還未獨立。

從 1790 年至 1826 年，整個拉丁美洲一氣呵成地展開洲際民族獨立運動，先後建立 17 個國家，這是土生白人不滿半島人及反動貴族、大地主的殊死鬥爭的結果。但獨立後，各國土生白人把持政、經特權，近 150 年拉美人民仍在政客、官僚、軍閥、買辦商人的壓制下繼續痛苦呻吟。如今拉美各國卻淪為美國的後花園，受美國資本及 CIA 隨時干預，政客、官僚及軍頭不惜勾結美帝以自肥，被壓迫者的反抗從未停止。

第二章

歐洲征服世界

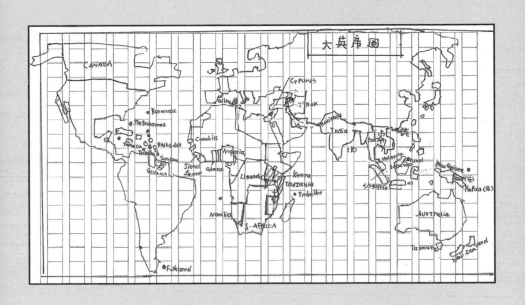

1. 西力東漸下的亞洲

葡萄牙人繞過南非好望角進入印度洋以來，亞洲門戶洞開。16-19 世紀將近三百年，亞洲逐漸淪爲歐美各國的殖民地或半殖民地，列強侵略亞洲的途徑分爲三個集團：（1）葡、西、荷、英、法從海路入侵亞洲；（2）俄羅斯從陸路侵入中亞（與大清共同瓜分中亞），再侵入西洋，伸向印度洋；（3）19 世紀末至 20 世紀初，美國從海上進出太平洋。

在西力東漸前，小亞細亞、兩河流域、巴勒斯坦及阿拉伯半島屬於鄂斯曼土耳其帝國統治（其他還包括北非、巴爾

1844 年於英國出版的中國與日本的地圖

幹半島）；在北、中印度是日落西山的莫臥兒帝國微弱的統治；在東南亞有大越國（1428-1644）、緬甸國（1546-19世紀）等；中國則有明朝（1368-1644）、清朝（1644-1911）；東北亞有日本及大清屬國的朝鮮。除了俄羅斯帝國征服烏拉爾山以東的西伯利亞以外，從海路來的西方列強在17-18世紀間，只占領了印度沿岸的一些據點，加上爪哇摩鹿加群島、菲律賓、孟加拉、馬六甲和錫蘭等地。

18世紀，亞洲各國正處於封建體制全面衰落，民族資產階級尚未壯大，工業遲遲落後於歐洲的動盪時代。歐洲人乘虛而入，以船堅砲利，挑撥土著統治集團的矛盾對立，利用各地民族叛徒出賣民族，拉一個打一個，再各個擊破，逐步併吞；最後則以赤裸裸的暴力與巧取豪奪，將亞洲淪為白人的殖民地。歐洲列強打敗了土耳其、中國、波斯及印度，進而瓜分亞洲，只有日本僥倖未被波及。

2. 英國征服印度

莫臥兒帝國的衰落 英國在1776年失去北美13州殖民地以來，大西洋貿易的黃金時代褪色，加勒比海殖民地種植園經濟也漸漸沒落；大英帝國的殖民利益重心，開始從西印度轉向印度，英國東印度公司終究併吞了印度這一「英國王冠上最璀璨的明珠」。

印度在16世紀被來自中亞費爾干納的察合台汗國後裔巴布爾（Babur, 1482-1530）及其子孫陸續征服了中部與北

部。這位自稱爲蒙古成吉思汗後裔，實際上是土耳其人的巴布爾，逐漸擊敗統治印度的阿富汗的土耳其奴隸建立的德里蘇丹王朝及各自獨立的小王朝（1206-1526）。穆斯林王以蒙古人的幹勁，土耳其人的勇猛，征服了懶散無力的印度教徒。他的孫子 Akbar Shah（1542-1605）14 歲即位，進一步征服印度次大陸的各地，卻被自己的兒子「世界獵犬」賈汗季（Jahangir）毒死。這一年，荷蘭東印度公司在東南沿海的馬蘇利帕達姆建立第一個商館，1609 年又在普利凱特設另一個商館，與葡萄牙人爭霸。另一方面，英國東印度公司也在 1611 年在馬蘇利帕達姆建立商館，1613 年在蘇拉特建立另一個商館。

賈汗季的波斯人王后 Nur Jahan 控制朝政，把軍隊交給兒子沙賈汗（Shah Jahan）指揮。沙賈汗曾叛變。1627 年自立爲「世界皇帝」（-1658）。他的孔雀王座用 1,000 萬盧比的黃金寶石，花七年才製成。皇帝擁有 5,000 名後宮，卻獨鍾爲他生下 14 個孩子的 Mumtaz。1631 年，39 歲的王妃難產而死，沙賈汗爲她動員兩萬人建造泰姬陵，歷經兩年才完工。1657 年沙賈汗病危，四個兒子爲爭權而交戰。1658年，他的第三子奧朗則布（Aurangzeb, 1618-1707）攻占阿格拉，囚禁父王八年。他即位後，殺掉兩個哥哥及其他異母兄弟。這位偏執的遜尼教徒，嚴禁歌舞、飲酒，破壞印度教及異教寺廟，免除穆斯林商人的稅收，轉嫁給印度教徒。他更激起了土著貴族拉杰普特（Rajput，希臘與中亞人後裔）的反抗，1678-81 年他們退入山區抗戰，再打 30 年的戰爭。

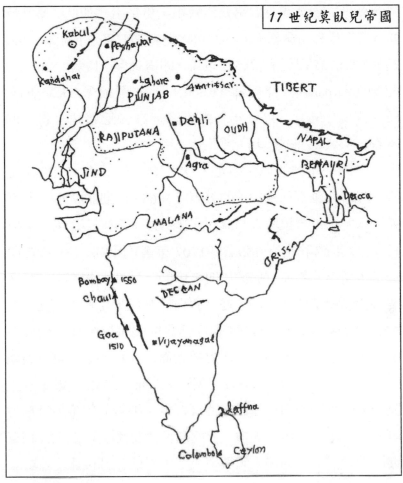

作者親繪手稿圖

　　一些印度人信奉號稱「弟子」（Sikha，錫克教）的新宗教，它吸收了伊斯蘭教蘇菲派的神秘主義，主張業報輪迴和眾生平等；廢除種姓，反對祭祀、崇拜偶像及苦行。17世紀，錫克教在阿姆利則活躍，在喜馬拉雅山建堡壘。1675

年奧朗則布處死錫克教第九代教祖，更加引起他們的激烈反抗。第十代教祖辛格（1675-1708）把教團改爲「卡薩爾」（公社），要求弟子履行「五K」教規，即蓄長髮、長鬍（Kesh）、配劍（Kirpan）、穿短褲（Kachcha）、戴梳子（Kangha）及手鐲（Kara）。1765 年，錫克教徒在旁遮普建立自己的國家，形成 12 個聯盟。

　　奧朗則布被波斯人搶走了坎大哈和巴爾克，又向南征戰，先擊敗維查耶那加爾的大軍（1665）。他的大砲、騎兵和大象，都被馬拉塔人 Shivaji 的輕騎兵游擊戰切斷供應線，打了 19 年戰爭，不分勝負。1707 年奧朗則布以 89 歲高齡去世，留下的是流行於德里與軍中的一種波斯語與阿拉伯語混合的烏爾都語（Urdu，通行於白沙瓦與德里）；封建領主與官員的柴明達（Zamindars）成爲世襲特權階級。由於無法臣服馬拉塔人，加上波斯人乘虛而入（1739），莫臥兒朝與馬拉塔人兩敗俱傷，便宜了英國人。難怪馬克思慨嘆：「大莫臥兒的無限權力被他們的總督打倒，總督們的權力被馬拉塔人打倒，馬拉塔人的權力被阿富汗人打倒；而在大家這樣混亂的時候，不列顛人闖進來，把所有的人都征服了。」[1]

征服孟加拉　英國東印度公司（British East India Company，1600 年設立）由於盛產香料的摩鹿加群島已被荷蘭人控制，英國人只好轉向印度，陸續建立商館（當然要取

---

[1]　馬克思，〈不列顛在印度統治的未來結果〉（1853）。

得莫臥兒王朝輕率的特許），從蘇拉特（1612）、馬德拉斯（1640）、孟買（1668）、加爾各答（1690），加上英國查理二世娶葡萄牙公主而獲得的印度據點當嫁妝。法國人則以本第治里（1671）據點，再擴向馬蘇利帕達姆、加利庫特、馬埃、昌德那哥等地。英、法爭霸印度，不惜兵戎相見。18世紀以來，法屬印度總督杜布雷招募印度傭兵去打其他的印度人，並利用德干各土侯的紛爭，拉一個打一個。1740年後，英、法各自爲印度人訓練軍隊，雙方都宣稱「一個劍鞘插不下兩把劍」。

1751年9月，26歲的克萊武（Robert Clive）率200名歐洲人和600名印度傭兵，攻下了阿爾科特堡，接著大敗法國人，再乘歐洲七年戰爭（1756-63）之際，陸續攻下海德拉巴等地。法國在印度只剩下五個據點。

東印度公司把目標指向印度最富庶的孟加拉地區。當地總督阿拉瓦迪汗無子，指定小女兒之子西拉杰—烏德—朵拉（Siraj-ud-Daulah）爲繼承人，引起另外兩個大女兒的不滿。英國人在背後搧風點火，又擅自在加爾各答築砲台。1756年，18歲的西拉杰—烏德—朵拉繼位後，一再要求英國人拆除砲台被拒，英國人反而收容他的政敵。1756年6月4日，年輕的總督派兵攻占卡錫姆巴扎爾的英國商館（東印度公司在孟加拉省有150個貿易站及15個大商館），20日又攻占加爾各答，迫英人退到海上。馬德拉斯（Madras，1996年改稱Chennai）的英國總督派海軍上將沃森和克萊武率3,000人（其中2,000名士兵）登陸孟加拉。1757年1月

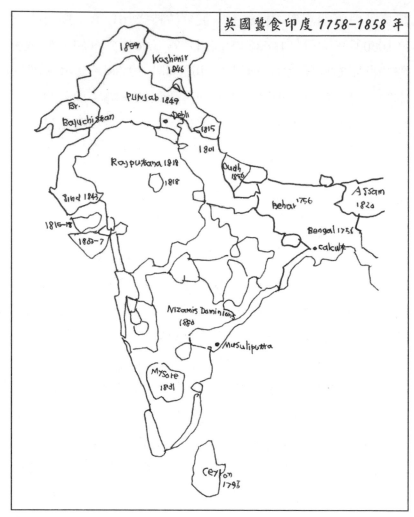

作者親繪手稿圖

2 日重占加爾各答，年輕的孟加拉總督與英國人在 2 月 9 日
議和，答應恢復公司原有的一切權利，賠償損失，克萊武收
買富商阿米昌德及銀行家謝特，並勾結軍區司令賈法爾（Mir

Jafar）開放防區。6 月 23 日，英、孟兩軍在普拉西交戰，賈法爾按兵不動，7 萬孟加拉軍及前來馳援的法軍大敗，英方只傷亡 72 人，西拉杰幾天後被俘。賈法爾不滿英國人貪求無饜的需索而被趕下台，新的傀儡卡西姆也終究受不了外來主子，1763 年 6 月舉兵反抗失敗。

莫臥兒皇帝沙・阿拉姆二世，聯合奧德的納瓦布蘇查—烏德—朵拉，於 1764 年 10 月 22 日應卡西姆之請出兵，卻在布克薩爾被英軍擊潰，皇帝投降。公司寬待他們，進一步取得駐軍奧德（索取 500 萬盧比賠款）及在孟加拉、比哈爾、奧里薩的財政管理權（1765）。1772 年，公司進一步接管了孟加拉的統治權，把首府由穆希達巴德遷至加爾各答。被控貪污 20 萬英鎊的克萊武總督，受不了國會的質詢（他回國後當議員），50 歲就自殺。下一個總督 Hasting，在 14 年內更加殘暴，恢復世襲地主的柴明達制（原為印度政府通過中間商或領主向農民徵收田賦），強迫地主交出 90%（241 萬英鎊）的地租給公司，再把土地以低於市價的一半賠賣給公司。

分而治之　東印度公司的職員普遍貪污，每年無法上繳國庫 40 萬英鎊，1784 年公司被小庇特首相改組，改由英政府直接管理，但表面上仍維持公司的治理。

英國人不忘羅馬帝國的「分而治之」（divide et impera）策略，一面繼續侵略印度各地，同時不忘拆散南印度各邦聯盟。55 年內（1763-1818），英國人在印度直接發

動 30 次戰爭；52 年內（1766-1818），公司同各地土邦簽訂 23 次割地條款；又在 50 年內（1765-1815），將絕大多數歐洲各國勢力趕出印度。公司驅使印度教徒去打穆斯林，或讓印度人互相火拼。邁索爾統治者以法國為靠山，但四度被英國人分化離間而失敗，1799 年邁索爾首相普爾納亞及輕騎兵司令卡馬爾・烏德・丁叛變通敵，開門迎接英軍，使提普蘇丹遇害亡國。馬拉塔統治者一再抵抗莫臥兒軍的入侵，1758 年 4 月古拉特・拉奧率軍進入旁遮普，趕走入侵德里的阿富汗人。1761 年馬拉塔軍 4 萬人被俘，直到 1770 年才恢復力量，重占德里，迎向流亡的莫臥兒皇帝沙・阿拉姆二世，兩年後馬拉塔人內訌，叛徒拉古納特・拉奧投靠孟買的英國殖民者，1775 年助公司進攻馬拉塔。至 19 世紀初，馬拉塔人各自為政，互相攻伐，被東印度公司逐步各個擊破，1817-18 年將馬拉塔併入孟買管區。馬拉塔人引狼入室，嚐到亡國的苦果。

由於久攻阿富汗不下，英國人在 1843 年輕易地拿下北印度的信德，再攻打印度最後一個獨立王國錫克教國家。錫克人互鬥，封建領主暗通英國人，1845-46 年眼看錫克軍打敗英印軍，不料軍隊司令拉爾・辛格倒戈，使英印軍轉敗為勝。1848-49 年，英印軍攻占了木爾坦，把旁遮普併入印度。

391 萬平方公里的印度，淪為英國東印度公司的直轄地占 2/3，人口有 3/4；其餘土地及人口分賞給 500 個土侯統治，他們接受公司的「保護」。有了印度這塊基地，東印度公司才得以發動兩次英緬戰爭（1824-26, 1852），併吞勃固（下

緬甸），勢力擴張至薩爾溫江沿岸，控制了孟加拉灣東岸。英印政府又在 1811 年一度占領荷屬爪哇；1814-16 年征服尼泊爾；1826 年瓜分不丹；1835 年占領錫金的大吉嶺。1838-42 年，英國在第一次侵略阿富汗戰爭時慘敗，卻在 1840-42 年的鴉片戰爭中，擊敗東洋紙老虎的大清帝國，奪取了香港（-1997）。1862 年，英印政府把緬甸併入印度。這一切的征服戰爭，都是公司付錢，叫印度傭兵和尼泊爾人去為他們賣命。

3. 英國征服緬甸

從東吁到雍籍牙王朝，緬甸（撣國、驃國、蒲甘）有緬人、克倫人、撣人、克欽人、克耶人、孟人和勃歐等大小 50 多個民族，緬人占 65% 以上。最早有干漾人在阿拉干建立不當城，驃人在下緬甸卑繆建立室利差咀羅國，孟人在直通建立蘇勿吒蒲迷國。3 世紀起，印度佛教和印度教已傳入緬甸（Myan Ma，源自梵文 Brahma）。832 年，驃國亡於中國雲南的南詔國，居民逃入蒲甘。當地盛行小乘佛教，使用巴利文及孟文。1287 年蒙古消滅蒲甘王朝後，東吁王朝（Taungoo dy., 1537-1732）在錫當河山谷一個山丘要塞崛起；東北部的撣人則於 1364 年在阿瓦建立王朝。

莽應龍（Tabinsbweti, 1531-50 在位）及莽應里（Bayinnaurg, 1550-81 在位）重振國家，但入侵暹羅（泰國）失敗，反被暹王納黎萱占領丹那沙林沿海地區。清邁、卑繆、勃生各地

群雄並起，1599 年合攻勃固的東吁軍，生擒了莽應里，再趕走暹軍，入侵東吁。莽應里被殺後，他弟弟良淵在阿瓦重振，其子阿拉華龍（1605-28 在位）征服各邦，遷都勃固，他弟弟他農（1629-48 在位）再遷都至阿瓦。達平力捲入中國和暹羅的衝突，暹軍肆虐下緬甸。達平力被廢，其弟白莽即位，東吁已四分五裂了。1740 年，孟人在勃國擁立斯彌陶佛陀吉爲王，重建勃固王朝。

英、法各自支持緬甸人，1747年孟人擁立大功臣莽噠刺爲勃固王，法國人答應支援他而獲得通商特權。英國東印度公司則同時提供緬人與孟人急需的武器。孟族北上，1752年消滅東吁朝，派王儲（王弟）般多羅統治上緬甸。上緬甸土酋雍籍牙（Aung Zeya），聯合附近407村莊，1754年4月進入阿瓦，建立雍籍牙王朝，定都貢楊（1752-1885），三年內征服勃固，打到Dagon，改爲「戰爭結束」（仰光/Rangoon）。

　　法國人因爲支持孟人，得以在勃固的港口沙廉建立貿易基地，英國人要求勃固王割讓內格雷斯島未遂，1753 年強占該島。1756 年雍籍牙進攻沙廉時，英國支援緬人武器，法國則支援孟人。雍籍牙攻占沙廉後，捕殺法國代表保爾諾，把法國人趕走。英國人乘機於 1757 年與雍籍牙訂約，占有內格雷斯島的通商免稅權。後來英國人出爾反爾，又繼續向孟人提供武器，1759 年雍籍牙下令搗毀商站，驅逐英國人。緬軍一度兵臨（泰）阿瑜陀耶城下（1760），雍籍牙中砲而退，死於歸途中。孟駁壓制暹羅，1776 年死後王室奪權鬥爭，其弟孟云（1782-1819 在位）奪位，一再入侵暹羅，又調十萬民夫，耗盡十年，興建 150 公尺高的明恭佛塔，導致國敝民窮，只好向大清朝貢，又與英國恢復通商關係（1795）。

淪亡　英國人在 1754-59 年重占內格雷斯島，1760 年占領吉大港；1796 年公司派柯克斯爲仰光駐紮統監。歷經 1824-86 年的三次英緬戰爭，迫緬甸割讓丹那林沙、阿薩姆、阿拉干。儘管王弟敏東（Mildon, 1814-73）於 1853 年 2 月廢王兄蒲甘敏而奪位，進行一些改革，但兩個兒子反叛，他只能更加依賴英國人，把關稅降至 5%。1885 年法國又取得修建曼德勒至東吁的鐵路、設立銀行、開採煤礦與石油的權利。英國人豈肯善罷甘休，1885 年 10 月 20 日向緬甸政府下最後通牒沒得到答案，緬甸人幻想法國和義大利的支援幻滅，11 月 14 日英國第三次入侵緬甸。兩週後攻占曼得勒，

把錫袍流放到印度洋上的一個小島。1886年1月1日至2月，英國宣布將緬甸併入英屬印度的一個省。

4. 法國征服印度支那

中華帝國殖民下的安南　直到19世紀法國征服印度支那以前，越南兩千年來備受中華帝國的統治或淪爲中國的藩屬國。公元前111年，漢武帝征服趙陀在番禺建立的南越國，置九郡，其中北圻、中圻爲交趾（東京）、九眞（清化）及

日南（廣平、廣治）。公元40年，土著徵側、徵貳姊妹率駱族反抗中國統治，三年後遭馬援鎮壓。此後越南各朝向中國各王朝稱臣納貢，679年大唐在河內設置「安南都護府」，從此交州改稱「安南」。唐又陸續消滅了丁建（679）、梅叔鸞（722）及馮興（791）的造反。接著又有鴻州土豪曲承裕父子三代（904-23）、

吳權的吳朝（939-63）。「十二使君」並立，968 年始由丁部領一統天下，建立「大瞿越」，向北京稱臣，973 年被冊封爲「交趾郡王」，從此安南向中華帝國稱臣納貢近一千年。

蒙古帝國曾三次侵略安南（1257、1284 及 1287）。1284 年，忽必烈汗之子脫歡南下，陳仁宗率領手臂上刺著「殺韃」的士兵反抗，兵敗求和。1287 年，脫歡又入侵，陳國峻在白藤江上栽木樁，上面舖草，乘漲潮而進攻，退潮而逃走，並拿掉草，使元軍船隻碰到木樁而撞壞。越南老鼠擊敗了蒙古大象。

陳朝被華人外戚胡季犛奪權，陳朝遺臣向明成祖告狀，20 萬明軍攻入安南，1407 年活捉胡氏父子，明朝設置安南布政使司，厲行漢化政策，不准越人剪髮，婦女需穿唐裝。1418 年，土豪黎利在傣族協助下，趕走明軍，建立大越國（後黎朝，1428-1527）。1527 年，權臣莫登庸奪權，大臣阮淦挾持莊宗與他對峙，形成了南北朝。阮淦的女婿鄭檢及鄭松父子擊敗莫氏，他的兒子阮潢卻在順化稱廣南王（1600），雙方相爭奪半世紀。安南形成河內、順化、歸仁三面對峙，互相殘殺，人民苦不堪言。

1771 年，阮文岳、阮文侶及阮文惠三兄弟，在阮氏治下的歸仁府（義平省）西山邑舉事，1773 年占歸仁。1775 年，北鄭乘機南下占富春（順化），阮王阮福淳率侄子阮福映逃往嘉定、柴棍（西貢）各地。1776 年，阮文侶占柴棍。不久被阮氏奪回。1777 年 3 月，阮文惠再奪柴棍，阮福淳逃到嘉定西南的龍川，9 月被西山軍殺掉；1778 年，阮文惠

稱帝。

　　15 歲的阮福映，經由法國傳教士百多祿（Pierre-Joseph-Georges Pigneau de Behaine）協助，逃至土珠（布羅班洋）的島上，1780 年即位；1782 年，西山軍又攻柴棍，迫他流亡到富國島。1784 年，他把四歲的兒子阮景交給百多祿，求法國支援。但 1789 年法國大革命爆發，百多祿率傭兵回到已被暹羅支援阮福映攻占了的西貢。1784 年兩萬暹軍攻柴棍，被阮文惠擊退，阮福映逃入暹羅，西山軍一舉北上直搗昇龍（河內），一統天下。然而阮文岳嫉妒阮文惠，率兵趕到昇龍，扶植黎昭統爲王，立刻被阮文惠趕走，黎王逃入中國。阮氏三兄弟各自稱王稱帝，1788 年清乾隆帝派兩廣總督孫士毅率 20 萬清軍入越，被阮文惠的大象部隊擊退，阮在富春即帝位。阮福映由泰王拉瑪一世支持，1787 年潛回交趾支那，翌年 9 月攻柴棍，百多祿也在 1789 年回來助他。

　　1792 年阮文惠死後，十歲的兒子阮光纘繼位，次年攻占歸仁，氣死了阮文岳，西山朝內訌。1801 年阮福映占領順化，稱安南國王，翌年入昇龍，稱嘉定帝，1803 年受大清冊封爲「越南國王」，定都富春；1806 年又自稱「越南皇帝」。阮朝嚴禁民間使用字喃，堅持中華文化正統，自比爲「中國」，以別於滿洲人的清朝；對內又壓制工商業發展，獨占重要礦產及資源，屬行閉關鎖國政策。然而官吏貪污，土豪橫征暴歛，民不聊生。

　　阮朝皇帝排斥洋教，1825 年明命帝迫害天主教徒，

1836 年處死 7 名西洋傳教士。阮朝拒絕 1784 年與法國簽訂的《凡爾賽條約》，拒不交出峴港和崑崙島。1843-45 年法艦兩度侵入峴港，1847 年嗣德帝（1847-83 在位）的反應就是殺傳教士。

阮朝末日 1856 年法艦第二次砲擊峴港，1858 年法、西班牙聯合艦隊攻峴港失敗，1859 年 2 月轉攻西貢，1860 年法軍結束對付中國的英法聯軍，翌年全力攻打越南，1862 年 6 月 5 日迫越南簽《第一次西貢條約》，割讓南圻東部的邊和、嘉定、定祥三省及崑崙島，賠款 400 萬西班牙幣，開放峴港、巴助及廣安等三個港口，准許傳教自由；未得法國允許，越南不得向其他國家割地。1863 年，法國又「保護」柬埔寨；1867 年，又強占南圻西部的永隆、昭篤、河仙三省，完全占領了南圻。

法國人又藉口走私商人 Jean Dupius 在 1872 年溯紅河而上被越軍盤查而起糾紛，1873 年出兵攻占河內及海防。阮朝向在城外的中國土匪黑旗軍的劉永福求救，劉在 12 月擊退法軍。法國因為普法戰爭（1870-71）剛敗，無力擴張，下令交趾支那總督迪普雷停止行動。1874 年 3 月 15 日，法、越簽訂《第二次西貢條約》。法國原則上承認安南為獨立國家，但占領交趾支那，並可自由進出紅河流域。

嗣德帝暗中向大清求援，正逢法國人溯紅河而上，在老開附近被劉永福阻止。法軍再以此為藉口，1882 年底再占河內，又被劉永福擊敗。不久嗣德帝去世，一連四個皇帝都

是小孩子，朝政紊亂。1883 年 8 月法軍攻略順化，迫 12 歲的協和帝簽下《第一次順化條約》，越南淪爲法蘭西的保護國，交出海關及外交大權。老大哥大清也在 1885 年 6 月與法國簽訂《中法會訂越南條約》，承認越南被法國保護。法國如願以償，把越南分爲東京、安南（中圻）和交趾支那（南圻）三部，交趾支那由法國直轄，以西貢爲首府。1874 年，法國再把東京劃入直轄地。

印度支那聯邦　寮國古稱「眞臘」（6-8 世紀），後來分裂爲南部的「水眞臘」和北部（今寮國中心部）的「陸眞臘」（文單國）。9 世紀初，眞臘統一，成爲中南半島強國之一，10 世紀又出現了泰佬人在琅勃拉邦的孟斯瓦強國，1353 年一統寮國全境，建立佬族爲主體的瀾滄王國，奠定了今天寮國的疆域，從柬埔寨引進小乘佛教。15 世紀時，由於內部鬥爭及越南入侵，寮國一度衰落。波提薩拉臘王及塞塔提臘王時代，寮國與暹羅、緬甸多次衝突，1575 年緬甸第三次入侵，洗劫萬象一空。蘇里亞旺薩繼位後（1633）才重振國威。1707 年又因王位之爭，琅勃拉邦脫離萬象。1713 年下寮的占巴塞也宣告獨立，形成三國鼎立局勢，萬象與琅勃拉邦勢不兩立。萬象王翁隆（1735-60 在位）攻打不肯臣服的川壙，川壙向越南順化朝廷求援而得救，從此川壙每年對越南入貢一次，對萬象三年一貢。1776 年以後，暹羅控制寮國，越南控制川壙。

　　1885 年法國在琅勃拉邦設領事館，1893 年以武力迫暹

羅簽下《法暹曼谷條約》，把寮國併入法屬印度支那聯邦。

柬埔寨古稱「扶南」。3世紀范王時代，擁有今天的柬埔寨和越南南圻。4世紀末或5世紀初，再有憍陳如二世用天竺法、婆羅門教壓倒佛教，成爲國教。6世紀中，高棉人宣告脫離扶南而獨立（眞臘）。8世紀末，這個國家被來自印尼的夏連特拉國侵占。9世紀初，再由闍耶跋摩二世重振國威，802年定都吳哥。9-13世紀出現輝煌的吳哥文化。

1432年暹羅陷吳哥，兩年後柬埔寨定都百囊奔（金邊）。爲了復國，薩塔王向侵入東南亞的西班牙人求助，1569年西班牙遠征軍開進柬埔寨，次年扶立薩塔王的幼子巴隆・拉嘉二世（1597-99在位）。他的叔叔索里約波由暹羅協助奪取王位，稱巴隆・拉嘉四世（1603-18在位）。此後至1648年，王位22次易位。17世紀時，吉・哲塔二世娶了越南公主，越南乘勢逐步蠶食柬埔寨領土，與暹羅爭霸柬埔寨。烏迭二世（1758-75在位）割讓上得朗（塑莊）及波列塔龐（茶榮）兩省，以換取順化朝廷的封爵和保護，1771年順化軍再助他趕走暹軍，奪回烏東，但柬埔寨淪爲越南的保護國。這年，越南西山農民軍起義，暹羅扶植的安農二世（1775-79在位）把國家改爲暹羅的保護國。

但其兄弟安桓勾結烏迭二世及大臣斯雷密謀篡位，被安農處死。1779年，安農攻打德良太守牟氏兵敗被俘，連同四個兒子一起被殺。牟氏與卡氏、蘇斯，立烏迭二世的兒子安英（1779-96在位）爲王，三巨頭只顧爭權奪利，互相廝殺而三敗而亡。卡氏帶幼主逃到暹羅加冕，暹羅出兵護送安

英回烏東,並乘機併吞了馬德望、吳哥、蒙托比里、詩梳風和呵叻等西都各省。至 18 世紀末,柬埔寨只剩下吳哥時代的一半領土。安英死後,王位空懸十年,安贊二世(1806-34在位)即位,被越南嘉隆帝阮福映強迫稱臣納貢;但又同時向暹羅朝貢。1811 年,安贊二世被入侵的暹軍趕到西貢。兩年後,由越南助他復國,但仍將扁擔山到蓬・泰普地區及姆呂佩、雷布河、斯棟德朗等地割給暹羅。1829 年,又被暹軍趕到越南的永隆,兩年後才回國。1834 年安贊死後,越南強迫柬埔寨貴族、大臣擁立安眉公主為女王(1834-41在位),將她幽禁深宮,越南大將張明講成為太上皇;強制柬埔寨全面越南化,穿越服,講越語;又把安眉女王及王妹一起流放西貢。安眉最後發瘋,被姊姊安貝帶到永隆,投河自盡(1842)。

各地柬人反抗不止,1841 年暹王拉瑪三世派兵護送安贊二世之弟安東回國,趕走越軍而即位(1841-60)。1844

年,暹軍攻金邊,越軍攻烏東,都告失敗,1845 年兩國停戰,承認安東為柬埔寨國王。越南同意暹羅保留在柬埔寨奪占的領土 50 年,柬埔寨同時向兩國

納貢，對暹一年一貢，對越三年一貢。

　　安東懇請法國人來助他振興未來，1860 年去世。諾羅敦（Norodom）繼位。不久法國人不請自來。1861 年，諾羅敦之弟西伏塔叛變，諾羅敦逃到曼谷，另一個弟弟西索瓦在法國人支持下，擊敗了西伏塔。暹軍護送諾羅敦回國，但法國要求保護柬埔寨，遭支持暹羅人的英國人拒絕。1863 年 3 月，法軍占烏東王宮。4 月，交趾支那總督博納德迫諾羅敦接受他委派的海軍中尉杜達爾·德·拉格里爲駐柬駐紮官。8 月 11 日，新交趾支那總督格朗蒂耶壓迫諾羅敦簽署早已寫好的《法柬條約》，將柬埔寨做爲法蘭西的保護國。1867 年，暹羅退回馬德望及吳哥省（暹粒），接著法國又藉口南圻人反抗，進占越南的永隆、昭篤、河仙三省，一舉控制了全部南圻六省，成爲法屬交趾支那殖民地。1887 年，法國將印支半島的越南、柬埔寨併爲「印度支那聯邦」，1899 年又併入了寮國。

　　泰國則夾在英、法兩帝國之間，成爲兩霸的緩衝國而保持獨立。但它也在 1896 年被迫把馬德望等三省割給印支（法國）；又被英國強迫把吉蘭丹、丁加奴、吉打三邦併入英屬馬來亞殖民地。

5. 印尼的淪亡

| 古國 | 印度尼西亞（Indonesia）由大小 3,000 多個島嶼組成，主要民族有爪哇族、巽他族、馬都拉族和馬來 |

族。最早在公元前 2 世紀下半葉，出現了葉調國家。公元
3-7 世紀，受印度文化影響的，有西爪哇的達魯曼、中爪哇
的訶陵和東加里曼丹的古泰國家。5 世紀，佛教傳入，新興
地主階級以佛教對抗傳統權貴的婆羅門教勢力。歷經三百
年，佛教取代了婆羅門教。7 世紀，蘇門答臘有巨港的強國
室利佛逝（Crivijaya）。後來爪哇的印度教的珊闍耶王國與
佛教的夏連特拉王朝（山帝王朝，Sailendrady，8-9 世紀興
起於中爪哇）爭霸。856 年，夏連特拉亡國，王子逃往蘇門
答臘，繼承室利佛逝王位。13 世紀末，室利佛逝滅亡。

　　1222 年，爪哇又有新柯沙里王朝（Singhasari Kingdom,
1222-92），在格爾塔納加拉時期（1268-92）成為跨島強國。
1293 年，他的女婿羅登・韋查耶，聯合元軍，擊敗復辟勢
力，次年又趕走元軍，建立麻諾巴歇王國（Majapahit, 1293-
1478），囊括印尼和馬來半島。13 世紀末，伊斯蘭教傳入，
各地王公和爪哇海岸長官紛紛皈依伊斯蘭教，脫離王國而自
立。1478 年，東爪哇軍消滅麻諾巴歇王國。

　　16 世紀末，印尼較強的國家有爪哇的馬打藍和萬丹、蘇
門答臘的亞齊，以馬打藍最強。17 世紀，馬打藍致力一統爪
哇，征服內陸的印度教王國。1511 年 7 月 1 日，阿爾布凱特
率葡萄牙船侵入印尼。1596 年，荷蘭商船也接踵而來。

英荷爭霸　1619 年，Jan P. Coen 在爪哇島的廢墟中建立了巴
下的印尼　達維亞（Batavia），做為荷蘭東印度公司的東
洋大本營。公司利用爪哇各土邦的矛盾，拉一個打一個，逐

步併吞爪哇島。馬打藍和萬丹兩國，也因為王位繼承問題而動盪不安，東印度公司巧妙的介入。馬打藍於 1675-77 年各地反亂，向東印度公司求援。公司要求阿莽古拉特一世支付所有費用，並賦予公司免徵關稅等特權，而把叛軍趕出泗水，但另一支叛軍又攻陷 Jogiakarta，阿莽古拉特帶王儲逃亡。他死後，阿莽古拉特二世（1677-1703 在位）完全依賴荷蘭公司，給公司各種特權。荷蘭人逐步趕走其他地方的歐洲人。

1656 年，萬丹軍劫掠巴達維亞，荷蘭人利用萬丹蘇丹與王儲間的鬥爭，支持王儲囚禁其父，1682 年再扶植王儲為萬丹蘇丹，同時保護了井里汶王國。17 世紀末，公司推行 leveringen 的強制輸送制，強迫地方土侯以固定價格賣給公司固定數額的產品，否則嚴懲不貸。爪哇農民被強迫種植咖啡、甘蔗、靛青（indigo）等外銷作物，並嚴格限制豆蔻與丁香的產量不得過剩。中國勞工不斷湧入印尼，之後被公司課徵人頭稅而大批離開。1670-1739 年，公司才取消巴達維亞鄉間華人的人頭稅，但又把許多「無用」或「過剩」的

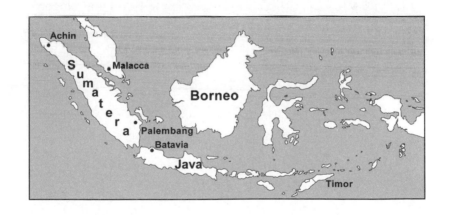

華人遣送錫蘭或好望角當契約勞工。1740 年 9 月下旬，華人黃班準備反抗，10 月初入城打死一名荷蘭軍官，10 月 5 日有近萬人被屠殺，血染紅溪。

1795 年拿破崙攻占荷蘭，建立法國保護下的巴達維亞共和國，荷王威廉五世逃至英國，下令東印度公司把所有公司財產交給英國人。巴達維亞共和國反對此命令，1800 年 1 月 1 日宣布公司解散，全部財產移交給共和國。英國人已於 1795 年首先奪占蘇門答臘的巴東及馬來半島的馬六甲，1811 年 8 月 4-26 日攻占巴達維亞，迫荷蘭總督開城投降。英國暫時統治了爪哇和蘇門答臘，1824 年才把大多數殖民地歸還荷蘭，以換取荷蘭退出馬來半島的承諾，確定蘇門答臘為荷蘭的殖民地。

蒂博尼格羅反抗　荷蘭人在爪哇倒施逆行，任意判定土地價格，地稅占土著農民收入的 1/2 或 1/3。1823 年，公司又禁止梭羅及日惹的領主把土地出租給歐洲人，又干涉日惹內政，引起布沃塔二世兒子蒂博尼格羅（Dipo Negoro, 1785-1855）率眾反抗，而被農民視為救世馬赫迪。1825 年，荷蘭當局修建的公路要穿越蘇丹的祖墳被抗拒，當局準備抓人。7 月 20 日，蒂博尼格羅號召起義。10 月，在日惹附近建立伊斯蘭國家，自稱爪哇正義之蘇丹兼宗教最高領袖。1826 年 10 月，蒂博尼格羅攻打梭羅受傷而退兵。

1827 年起，荷蘭人開始碉堡政策，以圍困和孤立各地叛軍，並迫使日惹芒庫布米王子及梭羅的阿訇基阿伊‧莫佐

等在一年內陸續投降。1830 年 3 月，蒂博尼格羅赴馬吉冷與荷人談判，拒絕投降而被捕，流放蘇拉威西島的萬鴉老及望加錫長達 20 多年才去逝，留下 700 頁的自傳。這場戰爭使公司喪失 15,000 人（包括 800 名歐洲人），爪哇人在戰爭及瘟疫下死去 20 萬人。公司負債累累，唯有加緊強迫印尼土著以 1/8 土地耕種甘蔗、藍靛、菸草、咖啡等經濟作物，一舉奪走九億盾的純利，拿來建設本國的鐵路網和運河網，穩固了紡織工業，一向不如英國紳士的荷蘭工業資產階級，也開始抬頭挺胸了。

至善社 　荷蘭人愛德華・德克爾用筆名寫小說《馬格斯・哈弗拉爾》，批判和反對強迫種植制。1871 年 11 月英荷協定，英國同意荷蘭占領北蘇門答臘，荷人向亞齊蘇丹國宣戰（1873）。1881 年蘇丹死後，其他領主紛紛投降。東固・迪羅號召聖戰，1890 年初死後，他兒子和杜固・烏瑪爾爭權惡鬥，1893 年杜固向公司投降，之後又反抗，1899 年陣亡。20 世紀，公司保留了 300 萬蘇丹和酋長為首的「自治王國」。

　　儘管爪哇島只占全印尼面積的 1/5，卻占人口的 2/3。爪哇人要求普及教育，由貴族千金卡蒂妮（Raden Ajeng Kartini, 1879-1904）掀開民族主義的啓蒙序幕。這位中爪哇薩巴攝政官之女，從小受荷蘭教育，不准去荷蘭留學。1903年她嫁給一名土著領主，翌年難產而死。卡蒂妮留下數十封和荷蘭朋友的通信，1911 年出版爲《通過黑暗到達光明，關於爪哇人的思想》，推動了爪哇人的民族思想。另一位退休的醫官 Waidin Sudria Usada 也受卡蒂妮影響，1908 年 5 月 20 日成立民族啓蒙運動的「至善社」，他的朋友德凱是荷、印混血，1912 年也成立印尼黨，主張印尼才是祖國，印尼要獨立。

　　1911 年，爪哇商人在梭羅成立「伊斯蘭教商業聯合會」，抵制外國貨的傾銷，以合作方式保護本土商業。1912年改爲伊斯蘭教聯盟，四年後發展成一個政黨。而印尼人及荷蘭人急進派也在 1914 年 5 月成立「東印度社會民主聯盟」於三寶瓏，向工農大眾傳播馬克思主義。伊斯蘭教聯盟也在 1917 年出現了民族主義派和馬克思主義派的對立，大會通過前者的觀點，主張爭取自治，但又反對「不要的資本主義」。

6. 殖民主義在非洲的擴張

早期的
殖　民　

1415 年葡萄牙人占領摩洛哥的休達，開啓了歐洲人對非洲殖民侵略的序幕。葡萄牙人在 15 世紀

70 年代，略過非洲兩岸向南航行，1498 年進入印度西南部的卡利庫特，1510 年占領果阿，1511 年南下馬六甲，進入澳門（1533），北上抵達日本的種子島。16 世紀初，葡人侵入剛果及安哥拉以東海岸線一些主要城市。1580-1640 年葡萄牙被西班牙兼併後，它在非洲的勢力漸衰。接踵而來的是西班牙人，首先在 1510 年把黑奴運到西印度群島。1598 年荷蘭人在西非建立據點，至 1637 年已達 16 處。1642 年，荷人把葡人趕出西非，又在好望角建立荷蘭東印度公司的據點（1652），並屠殺土著科伊桑人，強占土地。1618 年，英國人在甘比亞河口建立第一個據點，1651-74 年的三次英荷戰爭，英國取得海上霸權，奪占荷蘭在西非的傳統優勢，並擊敗法國勢力獨霸西非。

法國人在 1817 年收回了塞內加爾河口的聖路易，通過威迫利誘，同西非沿岸一些小國國王、酋長簽約，逐漸在塞內加爾河口、象牙海岸、幾內亞及貝寧等沿海地帶，以及加彭河口站穩腳根。英國除了占有甘比亞河口據點並殖民委拉利昂之外，又於 1861 年在拉各斯（奈及利亞境內）建立了殖民地。1795 年，又占領荷人在南非的開普殖民地。1869 年，又通過談判，取得荷蘭在西非的全部殖民據點。1806 年，英國強占好望角，迫荷蘭人後裔（波爾人）向北遷徙去搶土著的土地。1848 年，巴蘇陀蘭（賴索托）面臨波爾人的威脅，只好接受英國的保護。

北非除了摩洛哥以外，都從 16 世紀起，相繼成為鄂斯曼帝國的一部分。後來帝國衰落，這些地區的總督（Bey）

紛紛割據自立，英、法乘勢介入。1830 年，法國藉口領事被辱，強占阿爾及利亞。1876 年，英、法兩國乘埃及開鑿蘇伊士運河導致破產之機，迫埃及接受歐洲人監督其財政，並讓歐洲人入閣（1878），間接控制了埃及。在紅海沿岸，法國於 1862 年買下了奧博克港，義大利人在 1869 年買下了阿薩布。至 19 世紀 70 年代，各殖民主義國家已強占非洲的

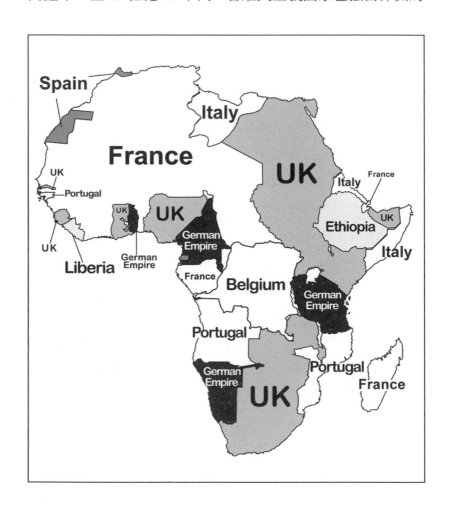

1/10 土地。

19 世紀最後 25 年，帝國主義在非洲激烈爭霸。英國從非洲南北兩端，向大陸內部擴張。由於發現了黃金與礦石，羅得斯（Cecil J. Rhodes, 1853-1902）等湧至南非，他竭力鼓吹大英帝國占領鑽石與黃金的礦區。1880-81 年第一次英波戰爭，英國兵敗。在北部，英國干涉埃及，置於大英帝國統治下。此外，英國又在非洲之角及尼羅河三角洲奪占一些土地。

20 世紀初，非洲已被歐洲列強瓜分殆盡，除了美國黑人建立的賴比瑞亞及古國衣索比亞除外。

英國占有埃及、南非、蘇丹、黃金海岸（加納）、英屬索馬利亞、奈及利亞、塞拉利昂、甘比亞、烏干達、肯亞、尼亞薩蘭（馬拉威）、北羅得西亞（尚比亞）、南羅得西亞（津巴布韋）、貝納專（博茨瓦納）、斯威士蘭、巴蘇陀蘭（賴索托）、桑給巴、塞舌爾群島、毛利西斯群島、聖赫勒那島等，面積共 8,860,020 平方公里，約占非洲總面積的 29%，為英國本土面積的 36.3 倍。

法國占有突尼斯、摩洛哥、阿爾及利亞、毛里塔尼亞、塞內加爾、蘇丹（馬里）、法屬幾內亞、象牙海岸（科特迪瓦）、達荷美（貝寧）、上沃爾特（布其納法索）、尼日等地區；法屬赤道非洲，包括加彭、法屬剛果、烏班吉沙立（中非）、查德；以及馬達加斯加、法屬索馬利亞（吉布提）、科摩羅群島和留尼旺群島等地，總共 10,795,520 平方公里，約占非洲總面積的 35.6%，為本土面積的 19.6 倍。

　　德國占有喀麥隆、多哥、德屬東非（包括坦噶尼喀、盧旺達、布隆迪）和德屬西南非，面積共 2,347,034 平方公里，占非洲總面積的 7.7%，爲德國本土的 6.6 倍。

　　義大利占有厄里特利亞（在今衣索比亞）、義屬索馬利亞及利比亞，面積共 2,339,540 平方公里，約占非洲總面積的 7.7%，爲本土的 7.8 倍。

　　比利時占有比屬剛果，面積達 2,345,800 平方公里，占非洲總面積的 7.7%，爲本土的 76.9 倍。

　　西班牙占有西屬撒哈拉、伊夫尼、加那利群島、西屬幾內亞（赤道幾內亞）、摩洛哥北部的休達及沿海一些小島，面積共 308,355 平方公里，約占非洲總面積的 1%，爲本土的 60%。

　　葡萄牙占有莫桑比克、安哥拉、葡屬幾內亞（幾內亞比紹）、佛得角群島、馬德拉群島、聖多美及普林西比等地，面積共 2,089,089 平方公里，約占非洲總面積的 7%，爲本土的 22.7 倍。[2]

　　列強任意人爲地劃定非洲的新疆界，巴剛果族被法屬剛果、比屬剛果和葡屬安哥拉所分割；索馬利亞被英、法、義三國瓜分。歷史上彼此相殘的烏干達和布尼奧羅，被列入同一個殖民地。在撒哈拉沙漠以南的 Sabel 建立了新殖民地的蘇丹、查德和奈及利亞，橫跨沙漠與南方熱帶森林之間。將

2　引自中國大百科全書《世界歷史》（1990），第一卷〈非洲史〉，頁 304-305。

穆斯林及非穆民族硬撮合在一起，西非愛維人地區一分爲四；約魯巴人地區分別被併入奈及利亞與尼日兩國；豪薩人地區分屬奈及利亞與尼日；曼丁戈人地區被四分五裂；隆達國被分割爲比屬剛果、北羅得西亞和安哥拉三個部分；馬紹爾人被分割成南羅得西亞和莫桑比克兩部分。帝國主義對非洲的人爲分割，種下了今天非洲國家邊界紛爭與民族對立的禍根。[3]

7. 非洲人早期的反抗

　　非洲人豈肯坐以待斃？衣索比亞歷經長期反抗而維護獨立地位；馬達加斯加人反抗 300 多年；南非科薩人反抗 99 年；西非奧爾馬和馬赫迪父子堅持 39 年；阿散蒂人堅持 95 年的鬥爭。剛果國王恩津加（Nzinga Mvemba, 1506-43 在位）寫信懇求葡萄牙王，不要再讓奴隸販子來剛果，但被拒絕。1665 年 10 月，剛果王恩扎拉死於 350 名白人及 3,000 名非洲傭兵的槍下。剛果以南，姆本杜族的恩東戈國王（Ndongo），在 16 世紀時抗拒葡萄牙人入侵，他死後，女婿恩津加（1551-1633）與國王私生子姆班迪聯手抗敵。後者準備投降而被恩津加殺掉，恩津加率族人抗戰 30 年。西非的穆斯林在薩豪地區掀起「聖戰」（1804），19 世紀

3　Alex Thomson，《非洲政治導論》（*Introduction to African Politics*, 2010），周玉淵、馬正義譯（民主與建設出版社，2015），頁 19-20、37。

屢敗法軍，索科托王國一直屹立不搖。

南非　被英國人逼得走投無路的荷蘭人後裔波爾人（Boer，農民），1830 年代大肆侵入奧蘭治河以北地區，遭到土著科薩人的拼死抵抗。祖魯人在恰卡（Chaka）領導下，在納塔爾地區建立祖魯王國；蘇陀人、斯威士人、恩塔具萊人也成立三個小國。1838 年英軍北上，與祖魯人對峙於烏姆齊姆庫盧河畔。1836 年，數千波爾人侵入恩塔貝爾，姆齊利卡齊率 5,000 人浴血抗戰，1857 年 11 月退入馬紹納蘭（津巴布韋）重建王國。從此奧蘭治河與瓦爾河流域被波爾人占領。1838 年，雷提夫（Retif）率 71 騎闖入祖魯首都，強迫丁剛（恰卡之弟）割讓土地，恰卡下令將雷提夫處死，迫波爾人撤往德蘭斯瓦。11 月，另一支波爾人在比利陀利烏斯率領下，重新侵入納塔爾。12 月，在恩康姆河畔，用優勢砲火及牛車隊屠殺祖魯人，後來這條河流改稱「血河」（Blood River）。丁剛戰敗，波爾人收買其弟姆潘達叛離，1840 年 2 月扶植他為祖魯王，迫他獻出土地。不久丁剛遇害，波爾人建立納塔利亞共和國。

阿爾及利亞　1827 年 4 月 24 日，阿爾及利亞德伊·侯賽因向法國領事德瓦爾追討法國積欠的糧食舊帳（至 1815 年已達 1,380 萬法郎），當場被領事粗暴地拒絕，德伊大怒，叫法國人滾蛋，領事聞風不動，德伊用大團扇柄敲他的頭。法國要求德伊賠禮謝罪不成，1830 年 6 月出兵，7 月

迫德伊投降。法軍毀約，見人就殺，搶走 5,500 萬法郎的財寶。1834 年 7 月，法國宣布併吞阿爾及利亞。克德爾（Abd-el-kader, 1803-83）在西部反抗法國，一再重挫法軍（1835-37），迫法國求和。

法軍轉向東邊攻占君士坦丁。1840 年底，畢諾總督殘酷地圍困阿爾及利亞人，在哈拉山區，一次就用火薰死躲在山洞裡的 1,000 多人，包括死在母親懷裡的嬰兒。克德爾敗退入摩洛哥，1845 年捲土重來，1847 年 12 月投降，被囚禁四年（1848-52），1883 年去世。

第三章

民族解放運動的第一波

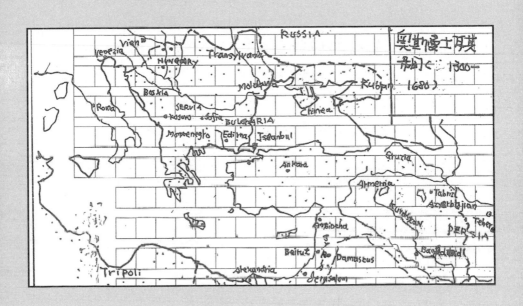

1. 帝國主義時代

殖民地、半殖民地淪爲宗主國資本主義的原料供應地，只能生產工業原料及經濟作物、糧食，形成單一栽培生產。先進國則相對地破壞了印度、波斯、東南亞、埃及的傳統手工業，透過先進的技術與優越資本，在船堅砲利下，威迫利誘亞洲、非洲各國開放港口及自由傳教，進而控制了次殖民地的財政、商務、鐵路、公共工程，乃至外交，取得治外法權與關稅自主權。

殖民者又極力維持殖民地的封建生產關係，允許當地的地主、領主繼續剝削佃農及勞工；並扶植新興土著買辦（洋奴），縱容殖民地官僚貪污，形成一個以買辦、官僚及警察三位一體的特殊統治階級，買辦成爲封建勢力與外來殖民者之間的橋樑，左右逢源而發財。

亞、非舊封建社會解體，階級矛盾和民族對立，加上反抗外來殖民侵略的民族解放，都日趨尖銳化，終於掀起了近代亞非反殖民主義、反帝國主義的民族解放高潮。從印尼蒂博尼格羅起義（1825-30）、波斯巴布教起義（1848-52），到印度士兵起義（1857-59），都沉重地打擊了英、荷帝國主義的威信。

在中國則爆發太平天國革命（1850-63）、日本明治維新（1868）、朝鮮甲午農民戰爭（1894）、印度支那越南勤王抗法運動（1887-1913）、菲律賓獨立運動（1872-99）、阿富汗抗英戰爭（1838-81），在非洲有埃及奧拉比、蘇丹

馬赫迪、衣索比亞堅持獨立抗戰、南北土著乃至波爾人的反抗殖民侵略。

黑皮膚 民族主義完全是近代西方列強本身所創造出來的
白面具 意識形態，而東南亞一些新國家的政治疆界，完全是殖民時代的產物。西方資本主義與殖民，實際削弱了東南亞人民的經濟福祉；法律、教育、貨幣經濟、科技發展不全，削弱農村社會的傳統結構與價值，也破壞了經濟與生活方式。城市知識分子愈來愈多人失業，成為推翻外來殖民統治的火苗。受殖民者教育的土著精英，也嚮往追求自治與新聞、集會、出版、言論自由。包括法、美大革命、個人自由主義，乃至馬克思主義，都引進了東南亞。受西洋教育的土著知識分子，要嘛就迎合外來統治者的遊戲規則，成為「黑皮膚、白面具」的半個假洋鬼子，或成為買辦商人、官僚；要嘛就成為反抗者與追求民族獨立的先驅。

　　現代化對亞、非知識分子而言，是一種屈辱與進步的辯證過程：「以敵（宗主國、西洋）為師」，講一口流利的英、荷、法、德語，但被本族、本國人表面上尊敬、仰慕的虛榮下，也逐漸看到了族人、同胞的卑微、無奈但又不屑的一面。他們可以被西洋同化，又同時可以反過來反抗這個老師。當洋奴、買辦，也許可以一輩子風光，五世其昌（如鹿港辜家那樣）；相對地，不爽被老外踏在頭上的文武知識分子，未必有什麼崇高的理想，甚至想著追求個人的榮耀與權力，卻在 20 世紀推動了民族解放的進程。1905 年日本擊敗俄國，

更加鼓舞了亞洲民族運動（如印尼尼赫魯、土耳其凱末爾、中國共產黨等）。但是別忘了，苦勞大眾只是自發的反抗、暴動，以響應知識分子或民族資產階級的號召，還未形成自覺的階級，所以難免被前者出賣。[1]

帝國主義時代 然而土耳其、波斯乃至中國（清末）的政治改革都紛紛失敗，帝國主義列強更加穩固。19 世紀最後 30 年（1870-1900），是歐美各先進資本主義突飛猛進的年代，也是工業化帶來資本的集中與生產的壟斷，形成金融資本主義年代；金融資本又透過銀行和殖民侵略茁壯起來。它需要安全和更加有利可圖的投資環境，促使帝國主義急速向全球擴張，落後地區的經濟發展被扭曲為出口服務——馬

大英帝國全盛時期版圖

1　列寧，〈亞洲的覺醒〉，引自《列寧選集》第二卷（北京：人民出版社，1972），頁 448。

來亞等於橡膠和錫，巴西是咖啡的代名詞，智利即硝酸鹽，烏拉圭是肉類，古巴則是糖和雪茄。

　　地球上大約 1/4 的土地，被六、七個大國分配或再分配，印度、土耳其、伊朗、中國也進一步淪爲半殖民地。

2. 英國統治印度的祕密武器

建立法制與
英語教育

英國政府最終於 1858 年取消了東印度公司，除股本外，其餘公司的財產收歸國有；內閣設置印度事務大臣。印度總督爲英王駐印度直接代表的印度副王。英國人首先在印度制定一套有效的行政管理體制。土侯沒有直系後裔，死後其土地併入東印度公司。公司與土侯簽訂《補貼金聯盟條約》，利用土邦的經濟來供養英國駐軍，導致土邦紛紛破產，割地抵債。土地允許自由買賣，地租高達 50%。

　　黑斯廷建立 18 個新法庭，力圖改革民事訴訟和向上級法院上訴的程序。民事審判一向是根據世俗的程序進行，由其特殊的法官，而非僅根據《古蘭經》做出裁決的 kadi 來處理。英國人修訂民事訴訟程序，一舉蓋過了伊斯蘭法，儘管訴訟費很高，印度人卻趨之若鶩。每個年輕的英國官員都必須熟悉印度法律的傳統，否則如何裁判印度人的訴訟案件。穆斯林的審理一向由地方軍事長官的納瓦布主審，伊斯蘭教法沒有公訴人，只有罪犯受到被害一方投訴時，才會去懲戒罪犯，而證據法受太多條件的限制。英國人努力提高刑

事裁判的效率，將許多伊斯蘭教法下本來不會宣判有罪的罪犯迅速處置。英國人儘量避免殘害罪犯的肢體，但卻樂得保存死刑。任何侵犯財產的事情，都被當作危及不可侵犯的公共秩序來處理。

1793 年，Lord Cornwallis 總督（任期 1786-93）下令重修孟加拉的地稅，一勞永逸地固定了徵稅數額，並將土地可以繼承和轉讓的私有產權，授予那些按此方式徵稅的人，形成了英國法律中的新地主階級。如此一來，一旦柴明達地主沒按時納稅，他的土地將被拍賣。

下一任總督 Wellesley 更加野心勃勃地征服各地，並且清楚意識到，如果沒有更多的文官，就無法有效地控制新征服地，因而成立了加爾各答的威廉堡（Fort William）學院，公司新進職員到印度後，首先進入該校學習印度語。1857 年起，加爾各答、孟買和馬德拉斯三間大學陸續開辦，有五萬印度人接受英語教育，主持教育改革的歷史學者麥考萊（Thomas Macaulay, 1800-59）指出：

「人民群眾是用不著教育的，但我們應該努力在英國人和他們所統治的億萬印度人之間，培養出一個中間階層。這個階層具有印度人的血統和膚色，而有著英國人的觀點和品味。」

未來的印度第一任總理尼赫魯（J. Nehru），就是在這樣的英國式生活環境培養成長的。尼赫魯一家來自克什米爾的高山，遷至阿拉哈巴德（Allahabad），父親莫蒂拉爾‧尼赫魯是個努力學會英文，把自己和家人打扮成英國紳士、

淑女的成功律師，他的兒女都接受英國人家庭教師的教導，尼赫魯更被送往「母國」念哈羅公學及劍橋大學。

印度新一代知識分子就在英語教育下成長。英國工業產品，尤其是毛織品，沉重地打擊了印度的手工棉布，「不列顛侵略者打碎了印度的手織機，毀掉了它的紡車。英國起先是把印度的棉織品擠出歐洲市場，然後是向印度輸入棉紗，然後就使這個棉織品的祖國充滿了英國的棉織品……不列顛的蒸氣和不列顛的科學，在印度斯坦全境把農業和手工業的結合徹底摧毀了。」（馬克思，〈不列顛在印度的統治〉，1853）

資本主義在印度瓦解了封建體制。1850 年代起，印度有了鐵路、郵電，也促進了新興印度資產階級的崛起。印度紡織資產階級從英國人的買辦，一躍成爲本土的富翁，泰戈爾家族早先幫英國人收稅，孟買的袄教徒吉吉拜、印度教徒吉吉拉特起先賣鴉片。

1820 年代資產階級中，拉姆莫漢·羅伊（Raja Rammohan Roy, 1772-1833）出身孟加拉的婆羅門世家，精通波斯文、阿拉伯文、梵文和英文，曾在稅關工作，1814 年退休後，致力印度文化的復興，1817 年成立「印度學院」。他迫使本廷克總督在 1829 年禁止印度寡婦殉葬。

達達拜·瑙羅吉（Dadabhai Naoroji, 1825-1917）生於孟買，1854 年成爲第一個印度人教授，教數學及自然科學。1852 年，他創立了「孟買協會」，主張印度人參與行政管理，參加立法機關，減低土地稅及鹽稅，興辦教育，修建水利、

道路，嚴懲警察貪污。1850 年代，穆吉拉指出：「異族統治是印度貧困的原因。」另外，有些人則痛斥一些盲目模仿英國紳士作風的自由派，「只不過是歐洲式的吃、喝、穿而已」。

印度高等文官（ICS）1931 年，印度人口 3.53 億人，英國人占 16.8 萬人，其中 9 萬是有產者，包括 4,000 名公務員與 6 萬軍警。相對於 100 萬公務員，英國公務員只有 4,000 人。英印比率為 1：250。統治印度的印度高等文官（ICS），定額才 120 名而已，他們先派去各邦幾年，再升為省督或省長，成為大英帝國的耳目，並且幾乎壟斷了中央、地方政府的主要職務（除了極少數從國內派來的），在中央成為總督行政參事會議的成員。馬德拉斯及孟買管區，則由英國國王任命貴族統治為慣例。Indian Civil Service 文官根本就是印度的地方總督（proconsul），一個 20 多歲的青年就統治幾十萬人。[2]

他們參加公開考試前，先由公司的理事推薦，進入東印度公司經營的 Haileybury 大學受基本教育，通過公開甄試後，再進入牛津或劍橋大學進修 1-2 年，攻讀印度歷史、印度法、當地語言等等課程。ICS 一掃過去公司貪瀆，甚至公開拍賣官職的陋習，初任職者的年薪 300 鎊，退休俸年金要達 25 年勤務（包括 4 年的休假），每年 1,000 鎊，其遺孀

2　浜渦哲雄，《英國紳士の植民地統治》（中公文庫，1991）。

為 300 鎊。

　　1813 年以來，由公司的大學選拔的叫做誓約社員（CCS）；1855 年以後，公開甄選的也叫 CCS；1861 年公務員法改正後，改稱 ICS。這些人按順序先擔任見習書記、書記（writer）、館長到各種高級職務。他們 15 歲前後就到海外見習，唯一例外的，是 14 歲就進入公司、後來新加坡的建立者萊弗士。公司在 1694 年停止見習制，直接採用書記（一開始只有十人，畢業於商業學校），把 15-18 歲的入選者送去印度。黑斯廷總督注重莫臥兒帝國的公用語，要求公司社員必須研究波斯語，想請牛津大學來教導，但被公司否決而作罷。直到 1790 年，公司才對新進社員進行波斯語教學（一年）。威廉堡學院接受英國來的大學研究生，培訓三年，每年兩次考試，完全是實用教育：包括古典學、歐洲近代史、地理、數學、政治經濟學，加上印度史、印度法及伊斯蘭法、東洋各種語言（阿拉伯語、波斯語、梵文、興度斯坦語、孟加拉語等）。

　　大學正副校長由國內迎來的神職者擔任，指導學生基督教教義及修身。大學講師必須向英王宣誓效忠，不得發表反基督教教義或反國教會教義的授課。校長年薪 1,000 多英鎊，教授 500 鎊，當時大多數人的年收入才 60 鎊上下。學生的學費每年 100 鎊，不是所有人都負擔得起。半個世紀以來（1806-58），教授陣營優秀，有寫《人口論》的馬爾薩斯和梵文專家的莫里亞‧威廉斯等人。大學分為「東洋」與「歐洲」兩大課程，前者以梵文、波斯語及興度斯坦語為三大語

言，當然最實用的是波斯語和印度語；歐洲課程包括古典語言、數學、法律、印度法等，加上政治經濟學和歐洲近代史等。

公司的大學開校三年後，又另立一個士官學校，他們的士官薪俸比 ICS 還低，後來的英國首相邱吉爾，就在畢業於聖哈斯特士校後第二年，以哈薩爾第四連隊騎兵官赴印度三年（1896-99），還利用其父親當印度大臣的特權，以特派員身分兩次赴西北邊境。他的年薪 300 鎊，母親每年給他 500 鎊。士校畢業生極少數為文官，但後來有越來越多的保障名額。學生入學資格在 15-22 歲上下，有 50-60% 出身三代在印度的公務員家庭。

印度有 562 個土邦受英國直接統治，占全印度總面積的 2/5 和人口的 1/5 以上，由有別於 ICS 的印度政治文官（Indian Political Service, IPS）擔任駐土邦的外交官（他們由 ICS、軍警中選拔），成為印度副王的代理人（viceroy's agent），一共才 124 人（定員為 170 人），其中只有 17 名是印度人。

殖民者必須了解被殖民者的語言、風俗習慣，這一點，日本人從英國殖民統治印度的經驗學到了，而國民黨至今仍完全無視台灣人的存在，形成一大強烈對比的諷刺！

印度士兵起義　印度人士兵（Sepoy）一共 28 萬，一向被當作侵略亞洲、鎮壓印度人的工具，由 45,000 名英國軍官帶領，分駐在孟買、馬德拉斯和孟加拉三地。其中 17 萬人駐在孟加拉，有 1/3 的士兵來自破產的拉杰普特家庭。

1857 年，殖民當局決定採用恩菲爾德來福槍，它的子彈用豬油及牛油混合的油脂包裝。這使印度士兵激起了宗教的憤怒。印度教士兵捧恆河河水，伊斯蘭士兵面對《古蘭經》，一致發誓要消滅英國人。「彈藥落在這種易燃物上，真如一顆火星落在乾柴上一樣。」印度士兵拒絕使用塗油子彈，很快被鎮壓下去。5 月 6 日，德里當局逮捕 85 名士兵，處以 8-10 年徒刑。9 日，這 85 人被剝掉軍裝，帶上手銬腳鐐押往監獄，引起士兵的憤慨。10 日，密拉特（Meerut）的士兵乘星期日英國軍官上教堂時發動起義，打開監獄。11 日，士兵攻進德里，16 日宣布解放。82 歲的莫臥兒老皇帝巴哈杜爾沙二世被扶上台，7 月建立十人組成的政權。

5 月 21 日，駐白沙瓦（Peshāwar）的士兵起義；30 日，駐奧德首府勒克瑙（Lucknow）的士兵譁變；6 月 4 日，印度教聖城貝拿勒斯（現稱瓦拉納西 Varanasi）的士兵起義，坎普爾（Kanpur）士兵也控制該城。占西土邦也起義響應。6 月起，英國人從旁遮普、加爾各答、馬德拉斯、孟買和尼泊爾調來幾路大軍，集中進攻德里。8-9 月，德里軍民奮勇抵抗，9 月 14 日城破，領導者巴克特汗在 19 日撤離。老皇帝被俘，械送仰光，死於 1862 年。

《泰晤士報》叫囂著：「要以 100 座印度廟來抵一所被毀的基督教堂，殺 1,000 個人來抵一條歐洲人的命，對老人、婦女和兒童也不放過。」其他各地的抵抗逐漸失敗，占西女王拉尼·拉克什米·巴伊最後死於 23 歲。直到 1859 年，印度民族大起義才被消滅。

　　士兵群龍無首，各自爲政，土侯地主又暗中勾結英國人，以致外來政權得以從容地分化瓦解各個起義隊伍，終於各個擊破。1858 年，英國撤廢了東印度公司，維多利亞女王成爲印度女王，1876 年又成爲印度女皇。印度總督成爲副王，第一批被欽點的印度人議員也參加了立法議會；土侯也重新被禮遇，只要他們向英皇效忠。1861 年，英國開始有了地方自治。

印度國民大會黨與穆斯林聯盟

　　印度有些溫和的中產階級受到英國人的鼓勵，讓他們去參與政治和立法，免得把他們逼到「去領導人民運動」，導致印度人的覺醒和反抗。1885 年 12 月 28 日，「印度國民大會黨」（Indian National Congress，國大黨）在孟買成立，具有諷刺意味的是，它是由退休的英國文官阿蘭‧奧‧休姆所倡導，他邀請了 72 位講英語的印度人，各個穿戴整齊，戴大禮帽和晨禮服、條紋褲，集合在孟買學院的禮堂裡。這像是紅十字會的年會，而不是什麼政治集會。

　　第一次代表大會主席班納吉在致開幕詞時說：「英國對印度造福無窮，全國都爲此表示感激。英國給了我們鐵路，而更重要的是，給了我們歐洲教育的無價之寶。」

　　許多年來，國大黨一直對大英帝國表現忠誠不渝。但是他們逐漸「大膽地」要求當局改革，在立法議會中增設民選代表。戈卡萊（Gopal Krishna Gokhale, 1866-1915）承認英國的統治太過強大而難以推翻，把目標限制在爭取印度

自治的範圍內。極端的印度教徒提拉克（B.G. Tilak, 1856-1920），一方面承認印度極端落後的根源是英國統治，但又反對暴力而採取「消極抵抗」。

英印政府在 1898 年頒布《武器取締法》，規定印度人必須向當局登記並申請持有武器執照；同時又不忘限制印度文的報紙，隨時取締反英言論。1893-99 年世界白銀市價暴跌，英印政府悍然關閉印度人的私鑄製幣廠，提高英鎊對盧比的匯率，使盧比脫離銀本位，把原來能換 100 盧比的白銀貶值 1/3（30 盧比），嚴重打擊印度民族資本。1899 年一場瘟疫，饑民達 5,500 萬人，1896-1908 年又奪走 600 萬條人命。

1905 年 10 月 16 日，寇松總督（Curzon，任期 1898-1905）悍然宣布孟加拉分割案。當時孟加拉有 8,000 萬人，東孟加拉（包括阿薩姆）的上層人士多數是印度教徒，一般人為穆斯林（回教徒）；西孟加拉的情況則正好相反。英國人企圖利用孟加拉地區錯綜複雜的宗教與種族矛盾，玩弄「分而治之」伎倆，來瓦解印度的民族民主運動。

整個孟加拉地區爆發嚴重抗議及暴動，除了病人和兒童以外，人人禁食，同時「自產」（Swadeshi）和「自治」（Swaraji）的戰鬥口號響徹雲霄。印度民族派號召愛用土貨，抵制英國商品；甚至婦女的嫁妝、宴會的茶點都拒用英貨。提拉克把自治、自產、抵制英貨和推展民族教育做為四大綱領，以自治為目標。

1906 年國大黨年會上，80 歲的瑙羅吉（Naoroji, 1825-1917）呼籲說：「既然俄國農民不僅準備著，而且還能夠從

世界上最強大的專制制度裡贏取了自治；既然東亞的中國、西亞的波斯正在覺醒；既然日本已經覺醒了，那麼我們這些所謂印度——不列顛帝國的自由公民，怎麼能夠仍舊是專制主義的無權利的犧牲品呢？」

他的結論是：整個印度人民的要求，可以用一個字來概括，「自治或司瓦拉吉」。大會通過提拉克的四大綱領。然而，被壓迫人民的激烈反抗，超過了紳士們的預想。1907年春天，孟加拉的農民反對地主和高利貸；旁遮普的農民在拉日帕特·羅易的領導下，拒納水費和地租，5月進攻拉瓦爾品第，搗毀銀行和官廳，鐵路工人也罷工，拒絕載運前往鎮暴的英軍。11月，孟加拉的鐵路工人又罷工10天。1908年2-3月間，馬德拉斯省提濕維里及提科林市的工人高呼「向祖國印度致敬」口號。

新總督明托（Lord Minto）指出：「現在，在我們以歐洲思想栽培出來的一批體面人中，出現了在某種程度上想參加管理印度的自然願望。另一方面，現在又有一股無政府和革命的暗潮……必須堅決擋住革命的道路，同時把第一股潮流納入正軌。」

明托一方面宣布擴大印度立法議會的名額，邀請國大黨溫和派參加立憲；另一方面他又允許印、穆分別成立大會，以分化國大黨，1906年12月底，「穆斯林聯盟」（All-India Muslim League）成立。

1907年2月，在蘇特杭年會上，國大黨溫和派主張放棄四大綱領，停止反抗，迫急進派退出，另立「民族主義

黨」。明托乘勝追擊，1907 年底相繼頒布了《危害治安條例》和《新聞出版法》，禁止示威遊行。1908 年 4 月，一對英國夫婦在孟加拉被炸死，提拉克在 6 月 23 日被捕，判刑六年。7 月 23-29 日，孟買工人為此罷工抗議，卻慘遭當局血腥鎮壓。

　　明托讓穆斯林有更大的權利，使地主可以按照選民比例獲得更多的議會席次，讓他們公然支持孟加拉獨立，與印度教徒更加對立。1911 年，迫於印度人的反抗，英印政府才取消孟加拉分割案。為了討好穆斯林，英印政府把總督府從加爾各答遷到德里。

3. 波斯流產的革命

巴布教

五千年文明古國波斯，在 19 世紀時已成為一個垂死的老人了。卡扎爾王朝害怕俄羅斯南下，時而聯法（1807），時而聯英（1800 及 1812），反被英、法巧妙利用它來抵擋俄國南進的野心。英印政府更四次強迫波斯政府簽訂不平等條約，開放貿易與免關稅。1801 年，俄國兼併高加索小國格魯吉亞，1804 年入侵阿塞拜疆，挑起九年戰爭，土耳其支持波斯（1809），1812 年土耳其戰敗；1813 年 10 月《古利斯坦條約》，波斯被迫失去高加索山脈以南的 12 個省，並承認俄國干預內政。1826-28 年，俄國得寸進尺地入侵，終究迫波斯再割讓埃里溫汗國及希瓦汗國，完全失去了裏海地區的控制權。波斯連年喪權辱國、割

地賠款且門戶洞開，英國紡織品幾乎占進口總值的 90%（土布每匹 9 盧布，洋布才 3 盧布）。

什葉派的謝赫教派，宣傳阿里的第 12 代後裔馬赫迪將降臨，拯救世人。1844 年，色拉多的小棉布商之子賽義德‧阿里‧穆罕默德（Sayyid Ali Muhammad, 1802-50）自稱「巴布」（Bab，門），他是人民與救世主之間的媒介；一旦馬赫迪降臨，波斯將成為「正義王國」，人人平等，他就是這個新時代的先知。巴布教徒已發展到 10 萬多人（1849 年），不再向統治者納稅服役。

政府軍開進別達什特大肆逮捕巴布教徒，激起 1848 年 9 月巴布教徒在北部馬贊德省的暴動（正值國王穆罕默德死去）。10 月，2,000 信眾以塔巴西教長的陵墓為基地，掘壕據守，在基地內實行原始共產主義，平分財產，共同進餐。1849 年 5 月，反抗者只剩下 250 人，投降的也被政府軍殺光。1850 年 5 月，巴布教徒又在贊詹起義，波斯王下令處死教祖賽義德‧阿里‧穆罕默德，更加引起激烈的反抗。15,000 名教徒在城內拒守，宣布建立正義王國，婦女與兒童都加入反抗行列。12 月，大砲炸平了贊詹城，所有巴布教徒，不分大人小孩，統統被屠殺。1852 年，巴布教徒企圖行刺國王失敗，運動終告式微。

反政府與反帝 鎮壓巴布教的劊子手密爾扎‧塔吉汗（Mirza Takikhan），是宮廷御廚之子，曾任駐土耳其武官，目睹了土耳其改革盛況，心嚮往之。他成為年輕國王納

綏爾·丁·沙赫的宰相及妹婿。1848年起，塔吉汗改造軍隊，節省財政支出，裁汰冗員，取消王子們在各省的直接收入，改由國庫支付。他鼓勵發展槍枝、被服、毛毯、披巾、玻璃等輕工業，派學生赴俄國留學，籌辦高等學校和辦報紙。太后和反動派都視他為眼中釘，1851年國王將他趕走，1852年初下令處死他。

波斯淪為英、俄兩頭猛虎追逐的小鹿。英國人扶植波斯王，俄國則為波斯訓練一支哥薩克騎兵。20世紀初，英國掌握波斯石油資源的3/4，只付給國王16%的石油利益。王室以出賣各種特權來滿足驕奢淫逸的宮廷生活和龐大軍費。英、俄爭相在波斯取得各種政、經特權。俄國人堅持，波斯王位繼承及高官、北方各省官員的任命，要經俄國的同意。

波斯人喝茶喜歡加點俄國砂糖。1905年12月，糖商不肯降價，政府下令逮捕阿訇和商人，引起罷工罷市，民眾要求罷免宰相，宣布立憲。1906年8月，懦弱的國王迫於形勢，下詔立憲，卻遲遲不履行。10月，才召開立憲議會，但是西洋民主制與伊斯蘭傳統完全格格不入，一切權力仍被教長、貴族、豪商奪占。1907年9月31日，英、俄議定瓜分波斯南北勢力範圍，只留下中間地帶給波斯政府。

1907年起，南亞塞拜然、吉朗、俾路支、伊斯發罕各省農民暴動，城市也出現市民委員會——「恩楚明」，管制物價，維持秩序。俄國訓練的哥薩克騎兵和禁衛軍支持穆罕默德·阿里·夏，於1907年12月揮師搗毀國會，更激怒了人民。1908年，國王下令解散國會，指派自己人為國務代

表會議。反抗中心轉到南亞塞拜然首府大不里士（Tabriz），由薩塔爾汗領導，要求恢復憲法、召開國會、推翻國王、趕走外國人，苦戰六個月。1909 年 4 月，英、俄同時出兵，共同粉碎了波斯人的反抗。革命又轉到鄰近的吉朗省。吉朗人進攻德黑蘭，英軍也支持南方的巴赫蒂爾族向首都挺進。1909 年 7 月，兩支大軍同時夾擊德黑蘭，國王逃往俄國。革命勢力召開第二次國會，改立 12 歲的新君阿曼德（1909-24 在位）。

革命派武裝迅速被新政府下令繳械與解散。1911 年 12 月，俄軍突然發動兵變，解散國會，扶植親俄政權，扼殺了革命。

4. 太平天國革命

大清帝國
的沒落　1840 年以前的中國，面積為 1,250 萬平方公里，等於整個歐洲的面積；人口有 41,000 萬，占全世界總人口的 1/4。盛世中國，文恬武嬉，官僚貪污，上下其手，皇帝吃一頓飯等於 5,000 個貧民一天的伙食費。大量土地、良田被官紳霸占，租佃率高達 50% 以上。全中國到處充滿被壓迫民眾與被壓迫民族的反抗與暴動。天地會在華中、華南，白蓮教在華北及四川、陝西、湖北、湖南起義；我們台灣也有三年一反，五年一亂，使清廷疲於奔命，屢鎮不平。

1840 年，因為取締鴉片而引發鴉片戰爭，英國打敗大

清。1842 年 8 月 29 日（道光 22 年 7 月 24 日）《南京條約》以來，西洋列強一再強迫腐敗的大清簽訂割地賠款的不平等條約，門戶洞開，一步步淪爲歐美列強的半殖民地。

清朝每年負擔賠款和戰費約 9,000 萬兩（占歲入的 2.5 倍），只能加重對浙江、廣東、安徽各省的重稅，鴉片每年吸走了中國二、三千萬兩白銀，造成銀價高漲，錢價暴跌，土地納稅者負擔加重三倍，工資暴跌，洋布打垮了中國土布。1830-40 年代，水、旱、蝗災不斷，農民抗稅暴動，少數民族起義，廣西、湖南失業士兵湧進廣州與上海，失業苦力滿街跑，社會動盪不安；湖北、四川、陝西的白蓮教徒反亂，西北回民起義，西南苗瑤起義，東南沿海的海盜猖獗。

1843 年，落第的客家人知識分子洪秀全（1814-64，廣東花縣人），在廣州大病 40 天，夢見各種幻象，開始自奉上帝天命下凡救世。他拿梁發的《勸世良言》加以附會，宣傳天下人盡是兄弟姊妹，罵滿人是妖人，滿人改變漢人的衣冠和姦淫婦女，「三千粉黛皆爲羯狗所污，百萬紅顏，竟與騷狐同眠」。1844 年，他和好友馮雲山（塾師）等在廣西紫荊山向客家人礦工、農民傳拜上帝教。洪秀全號召被壓迫群眾起來消滅皇帝、貪官、地主這些妖魔鬼怪，建立天下一家、共享太平的社會。

1850 年 11-12 月間，洪秀全的部眾在金田村附近和平南縣的思旺墟先後擊退官兵的進剿。1851 年 1 月 25 日，洪秀全 38 歲生日當天，拜上帝會在金田村「恭祝萬壽起義，正號太平天國元年」。洪秀全自稱「天王」，立幼主、設百官、

蓄髮、易服。9月，太平軍攻占永安，大封諸王——東王楊秀清、西王蕭朝貴、南王馮雲山、北王韋昌輝、翼王石達開等，俱受東王節制。太平軍受困永安斷糧，突圍北上，進攻桂林。1852年5月，衝出湖北，經全州時，南王中砲陣亡。6月，太平軍入湖南。9月，攻長沙時，西王陣亡。11月出洞庭，1853年1月初占武昌，再沿江而下，20多天內攻克九江、安慶；3月17日攻占南京後，改為天京；再分兵攻克鎮江、揚州。從金田村起義，沿途吸收天地會、三合會、白蓮教及流民，殺貪官、地主，毀田契、債券，平分土地給貧農，短短27個月內就席捲了東南，截斷大清的漕運。

太平天國強調倒滿興漢的漢民族主義，在《天朝田畝制度》中，把天下土地平均分配給16歲以上的男女，各家生產除個人消費外，其餘一律歸公納入「國庫」。洪秀全主張「有田同耕，有飯同食，有衣同穿，有錢同使」的原始共產主義，又規定男女平等，廢除奴隸制。

太平天國以西洋《聖經》為聖典，禁止孔孟書籍，向中國舊文化挑戰。中國士大夫不知排滿（民族主義）為何物，只知太平天國破壞傳統；曾國藩在《討賊檄文》上罵洪秀全：「舉中國數千年禮義人倫，詩書典則，一旦掃地蕩盡，此豈獨我大清之變？乃開闢以來，名教之奇變。我孔子、孟子之痛哭於九泉，凡讀書識字者，又豈能袖手坐觀，不思一為之所也？」正反映出士大夫維護舊禮教和一己階級利益大於民族大義的一面。

曾國藩（1811-72，湖南湘鄉人）在北京當閒差，從滿

人倭仁學程朱理學，又靠依附滿人穆彰阿而升官，不以自己被批判爲虛僞爲過，自稱「我生平以誠自信」。他在 1852 年回家服母喪，1853 年奉命幫湖南巡撫辦理本省團練，下令民兵濫捕匪徒，鼓勵殺人要快、捕人要多，不必一一報官，人稱「曾剃頭」。他把湘軍建立成私人部隊，只聽他一個人指揮，每營只聽一個營官，彼此互不統屬，成爲近代中國軍閥的祖師爺，李鴻章（淮軍）是大徒弟，袁世凱又師承李鴻章。每次殘殺太平軍，曾國藩就以「痛快」來形容勝利心情，俘虜一概「剮目凌遲」、「凌遲梟首」。湘軍更是屠城三天，燒殺姦淫後再恢復正規，人人爲財富、女人而拚命殺敵。曾國藩保舉三品以上軍官不下數萬人，湘軍靠「貪」、「殘」來維持戰鬥力。這位理學大師放縱湘軍屠城，「城邑一經湘軍所謂克復，借搜緝捕匪爲名，無良莠皆膏之於鋒刀，乘勢淫擄焚掠，無所不至，捲東南數省之精髓，悉數入於湘軍，或至逾三四十年，無能恢復其元氣」。

洪秀全被勝利衝昏了頭，諸王開始腐化，各自營建宮室，享受美女。客家人排斥「天地會」等「非我族類」。天王早就痛斥三合會、天地會拜魔鬼邪神，比拜上帝會微不足道。楊秀清獨攬大權，逼天王到東王府封他爲「萬歲」，因爲他也大搞天王被附身的那一套，叫天王下跪聽命。林鳳祥、李開芳、羅大全等天地會眾 1853 年 5 月北上，入河南、山西，10 月進逼天津，楊秀清坐視不馳援，北伐軍在 1855 年被清軍殲滅，無一人投降。

太平軍再回溯長江攻占安慶、武昌，深入宜昌及長沙；

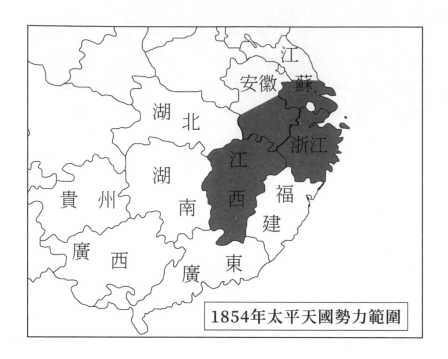

1854年太平天國勢力範圍

石達開又大敗湘軍於九江、湖口。1856年，湘軍圍南昌，石達開回師，大敗長期屯兵於天京城下向榮的江南大營。1853年5月黃德美在福建海澄，9月劉麗川在上海起義；1854年7月又有陳開在佛山；1855年張秀眉在貴州台拱廳率苗民起義；張樂行在安徽亳縣雉河集（渦陽）率捻軍起義；1856年10月杜文秀在雲南大理率回民起義，都和太平軍遙相呼應。

內訌　然而權力使人腐化，東王逼壓洪秀全，天王密召北王韋昌輝帶兵回天京，屠殺楊秀清一族及兩萬多人，將東王分屍投入油鍋煮成肉糜，分給將士吃。北王開始擅

權。石達開從湖北趕回來責備他，雙方火拼，石逃出天京，全家被韋昌輝誅滅，最後逃至安慶。洪秀全責備北王濫殺，韋昌輝率 3,000 人攻天王府，被客家女兵擊退，韋逃到內橋柵口被捕，遭五馬分屍。天王召回石達開提理政務，卻又叫自己的兩個哥哥牽制他。1856 年 12 月，武昌失守，石達開心灰意懶。1857 年 6 月，率 10 萬多人去安慶，轉戰江西、浙江、福建至雲、貴、川等九省，共 7 年。1863 年，兵敗於大渡河，全軍覆沒，2,000 多人被殺，其餘 5,000 人分別遣散，陸續被殺。石達開五歲的兒子也被湘軍駱秉章（四川總督）毒死，可見漢人殺漢人，毫不手軟。

1856 年 12 月，武昌、漢陽因糧盡而撤守，湘軍兵臨九江；在東線，清軍重建江北、江南兩大營。1857 年 12 月攻陷鎮江，進逼天京。1858 年 4 月，石達開放棄江西。洪秀全這時提拔青年將領李秀成、陳玉成等人。9 月，他們發動浦口戰役，攻破江北大營（鎮江）。11 月，太平軍再殲滅 6,000 湘軍於舒城三河鎮，解除天京之圍。1860 年 3 月，李秀成等奇襲杭州，再回軍與陳玉成於 5 月攻陷江南大營，天京解圍，乘勢攻克常州、蘇州和嘉興。1861 年太平軍入浙江，12 月克杭州，攻占江蘇南部及全部浙江省。

曾國藩包圍安慶，1861 年夏，太平軍南北兩路會攻武昌，3 月李秀成慢到，陳玉成回師救安慶。9 月安慶失守，陳玉成退駐廬州，再出兵河南、陝西，孤軍被圍，1862 年 5 月突圍至壽州，因叛徒出賣而被俘犧牲（26 歲）。至此太平軍已無力在江北。江南太平軍由杭州分五路攻上海。美國

人華爾（Ward）在上海招募外國傭兵組成「洋槍隊」；俄國也送給大清一萬支槍和 50 門大砲。曾國藩派李鴻章率淮軍乘英商輪船馳援上海，又派他弟弟曾國荃率湘軍由安慶攻天京，同時派左宗棠從衢州進逼浙江。1862 年 5-6 月，太平軍擊退洋槍隊，立刻回援天京。6 月，曾國荃攻天京。10 月，李秀成的蘇、浙大軍回京，20 萬太平軍在雨花台猛攻曾國荃的 3 萬多湘軍 40 多天，未得後援而撤。天王怒而將李秀成革爵，命他北上誘湘軍回援。軍機大臣肅順指出：「滿族沒有一個中用，國家大事非重用漢人不可！」漢人軍機大臣祁寯藻提醒咸豐帝說：「曾國藩以侍郎在籍，猶匹夫也。匹夫居閭里，一呼崛起，從者萬人，恐非國家之福！」可見漢奸咬漢奸的嘴臉。

　　1863 年 3 月，李秀成轉戰皖北不下，5 月回師至江浦渡江，被湘軍伏擊，此次共折損 10 萬多兵力。6 月，雨花台要塞失陷。1864 年 4-5 月間，太平軍喪失蘇南、浙江、皖南各地。李秀成勸天王「讓城別走」，被洪秀全怒斥：「朕奉上帝聖旨，天兄耶穌聖旨下凡，作天下萬國統一眞主，何懼有之？……朕鐵桶江山，爾不扶，有人扶，爾說無兵，朕之天兵，多過於水，何懼曾妖者乎？」英法聯軍反過來助清軍攻陷寧波，左宗棠和他們在紹興會師，進攻杭州。1864 年 3 月，杭州失陷。5 月，李鴻章和戈登的「常勝軍」攻陷蘇、常。不久，天堡城失陷，天京對外交通斷絕，太平軍只能從蘇、浙開赴江西。6 月 1 日，洪秀全病逝，16 歲的兒子洪天貴福即位。

湘軍久圍天京而斷糧，開始變成土匪，四處搶掠。曾國藩命令曾國荃，不准李鴻章派洋槍隊助攻天京，寧可退掉洋船（損失 120 萬兩），以免被洋人箝制。海關稅務總司李國泰向奕訢提議，由英艦攻天京，所得財富 30% 歸清廷，70% 賞洋兵；若與湘軍合破南京，則洋、湘各得 35%。一切都被曾國藩斥退。曾國荃堅持獨自攻天京，拒絕李鴻章的馳援。7 月 19 日，湘軍用火藥炸毀天京城牆，湘軍入城屠殺。三萬老孺，無一倖免，湘軍強劫財富、婦女而互相火拼，日夜用船運走戰利品回湖南，「萬目共睹」。

李秀成與幼主失散（後者逃到湖州），藏匿民間，最後被出賣落入曾國荃手裡。曾國藩從安慶趕來審訊，李秀成親供中寫出太平天國的敗亡歷史，並要求投降後由他召降數十萬殘部，甚至想分化曾國藩反清。曾竄改這份供詞，當晚將李秀成凌遲。太平軍一直抵抗到 1868 年。侍王李世賢轉戰江西、福建、廣東三省，1866 年他死後，殘部在廣東嘉應州（梅縣）全殲。在江北，遵王賴文光改編安徽蒙、亳的捻軍，縱橫華北八省。1866 年 10 月，捻軍在河南分兩路，賴文光的東路軍留在中原，張宗禹的西路軍入西北，聯結陝甘回民。捻軍在山東曹州擊殲僧格林沁，在湖北鍾祥俘擄淮軍將領郭松林，在西安灞橋殲滅陝西巡撫劉蓉部湘軍，在湖北安陸大敗淮軍的劉銘傳，在湖北蘄水擊殺湘軍大將彭毓橘。

清廷冊封曾國藩為太子太保，世襲一等侯，他感激涕零上奏答謝天恩說：「我朝酬庸之典，此次最隆，愧悚戰兢，何以報稱？」曾國荃為太子少保、一等伯。清廷再讓左宗棠、

李鴻章、沈葆楨等與曾國藩平起平坐，全面壓制曾氏兄弟，追查天京金銀的下落。曾國藩自動奏請裁掉 25,000 名湘軍，把弟弟帶回家「養病」。他追剿捻軍師老無功，一年內五次被御史彈劾，1867 年 3 月回江寧，1869 年調任直隸總督，正月 16 日入宮，列爲漢官之首。

　　捻軍東路在山東壽光覆滅（1867.12），1868 年 1 月賴文光被俘就義；8 月，西捻軍在山東駭河覆敗，張宗禹不知所終。1869 年 5 月，陝西的捻軍全滅。清廷終於在 1872 年鎮壓貴州苗民，1873 年鎮壓陝甘回民，1874 年鎮壓雲南回民。漢人官僚替外來主子勉強保住了半個世紀的政權，誰是漢奸呢？

5. 日本明治維新

| 藩幕體制 |
| 的 動 搖 |

19 世紀 30 年代，日本連年欠收，農作物收穫量不足常年的 40%，各地農民暴動，攻擊米店、當鋪及布莊，越級向官府強訴（百姓一揆）；幕府以暴力回應，抓暴民釘上十字架。1837 年，當過大阪奉行「與力」（警察）的陽明學者大鹽平八郎（1792-1837），賣盡家產藏書救濟貧民，號召徒眾起義。2 月 19 日，由於弟子密告而被迫升起「救民」大旗，燒毀自宅，率眾衝向大阪，沿途飢民加入，搗毀 3,000 多家店。第二天，官兵出動鎮壓，大鹽父子躲藏 40 天後，3 月 28 日於追捕中自焚身亡。這個事件波及各地，敲響了幕府的喪鐘。

十二代將軍德川家慶時代，首席大老水野忠邦改革失敗（1841-43），反而是長州毛利藩和鹿兒島薩摩藩不顧禁令，靠走私與外國交易而致富。各藩培養藩士，進行殖產興業和教育，私塾大盛，伊藤仁齋有三千弟子，吉田松陰（Yoshida Shoyin, 1830-59）的松下塾（長州）、三宅石庵（大阪）、緒方洪庵（大阪）都培養出未來的維新志士。日本本土國學力圖擺脫中國儒佛的影響，加茂眞淵（1697-1769）痛斥佛儒兩道者爲狡智和教人僞善的道學；本居宣長（1730-1801）強調天照大神（太陽）的神國日本；平田篤胤（1776-1834）反對崇拜中國，強調「復古神道」。

荷蘭人傳來的西洋學問（蘭學/Rangaku），由青木昆陽的弟子前野良澤和杉田玄白（1734-1817）第一次進行屍體解剖，譯出德文的《解體新書》。新井白石寫《西洋紀聞》（1724），不免斷言西洋人「彼地之學，只精於其形與器，只知所謂形而下者」。1823年，德人醫生西博爾（P.F. von Siebold, 1796-1866）到長崎荷蘭商館行醫，培養出高野長英（1804-50）、小關三英等「蘭學者」。1828年，西博爾被發現挾帶日本地圖而遭驅逐，40多名日本人被流放或監禁。高野長英和渡邊華山（1793-1841）在江戶成立「蠻社」，致力翻譯介紹西洋學問。渡邊批判鎖國政策，1839年被軟禁自宅，兩年後自殺。高野長英在1844年縱火逃獄，流亡時拒捕自殺（蠻社之獄）。

佐久間象山（1811-64）受1840-42年鴉片戰爭的衝擊，關心海防及兵學，1851年起在江戶授徒。但他又認爲西洋

學問只注重科技一面,而強調「東洋道德西洋藝,匡廓相依完圈模」。他的摯友橋本左內(1834-59)也主張「器械藝術取於彼,仁義忠孝存於我」的中國人那一套「中學為體,西學為用」。但是佐久間的弟子吉田松陰主張「草莽崛起」,即中下人士奮起救國。他被幕府下令切腹後,松下塾弟子高杉晉作成立農民部隊的「奇兵隊」。高杉在 1862 年至上海,目睹帝國主義侵略的危機,警覺到日本將步隨中國後塵而遭列強侵略。

開國　1840 年,荷蘭王寫信勸江戶幕府開港被拒。1853 年 7 月 8 日,美國遠東艦隊司令培里(M. Perry)率四艘漆黑色、冒黑煙的蒸氣船,闖入江戶灣的浦賀,把日本武士嚇得雞飛狗跳。老中阿倍正弘只有向閒置的孝明天皇上奏,並徵詢諸藩大名、武士的意見。天皇堅持「迅速攘夷」,有的藩主主戰,有的主和,幕府上下不知所措。8 月 22 日,俄船突然駛入長崎。培里走後,第二年 2 月又率九艦闖入浦賀,滿意地拿走《日美修好條約》。日本被迫開放下田及箱館(北海道函館),英、荷、俄也接踵而來,要求日本開港。1858 年 7 月 29 日,美國再迫日本開神奈川、兵庫、長崎、新潟港。

66 歲的家慶將軍憤死(1853),皇國日本誠如馬克思所說的:「像小心保存在密封棺材裡的木乃伊那樣,一接觸新鮮的空氣便必然要解體。」[3] 幕府迫於現實,一連串安政改革(1856-60),1853 年廢除各藩造大船的禁令,在江戶

開辦鑄砲場，責成長崎奉行向荷蘭商館訂購軍艦、槍砲及軍事書籍；1855 年成立洋學所、長崎海軍傳習所（培養出勝海舟、五代友厚、榎本武揚、川村純義等）；1858 年「咸臨丸」第一次橫渡太平洋；1862 年第一批留學生去歐洲，「千歲丸」駛入上海；1864 年幕府建立橫須賀兵艦造船廠，各藩也比幕府更加積極地研發洋槍洋船、煉鐵，製作玻璃、陶瓷、農具、火砲。

　　開國以來，日本的生絲、茶葉、生髮油、水產品等大量外銷，茶園、桑園、棉田激增，稻田銳減，嚴重影響幕府的年貢米收入。日本的金價比國際價格偏低，銀價則較高，日本的金銀價比為 1：5，國際市場為 1：15-16，引起白銀大量流入，黃金大量流出，僅半年流出 100 萬兩黃金，物價暴漲，1859-67 年間，三大都市物價比 1860 年漲 2-10 倍。開港九年，日本的輸出額增加 14 倍，進口額猛增 35.9 倍；原料缺乏且昂貴，外貨氾濫（英國毛織品及棉織品，加上外國的鉛、錫、銅、棉線等），沉重打擊日本的絲織、棉織等手工業。日本喪失關稅自主權，列強又有領事裁判權，各國勢力紛紛進出，攘夷派開始醞釀反幕運動。各藩紛紛全面洋化，例如薩摩藩從 1855-68 年就舉債 185 萬餘，採購 17 艘洋船（112 萬洋元）。

　　1858 年，十三代將軍家定死後無嗣，彥根藩主井伊直弼成為幕府大老，強行和美國簽訂通商條約，8 月再扶立紀

3　馬克思，〈中國和歐洲的革命〉（1858.6.14）。

州藩主 13 歲的兒子德州家福（改名家茂）爲十四代將軍，排斥了越前藩主松平慶永力薦的一橋慶喜，並下令慶喜的生父水戶藩主德川齊昭、一橋慶喜、島津齊彬、松平慶永等大名「自重退隱」，再派人去京都砍殺梅田雲浜、賴三樹三郎等 40 多人，下令橋本左內、吉田松陰（29 歲）等七個藩士切腹（安政大獄）。1860 年 3 月 3 日，井伊在櫻田門外被 18 名水戶、薩摩浪士刺死。幕府立刻抬出天皇的權威，要求孝明天皇把 15 歲的妹妹和宮下嫁家茂將軍，達成「公武合體」。和宮成爲政治聯婚的犧牲品，1866 年家茂死後出家。

尊王攘　29 歲切腹身亡的吉田松陰，讀了清人魏源的《聖
夷倒幕　武記》，頓悟到「只知中華，未知寰宇」，「夫欲制馭外夷者，必先洞察夷情」。他企圖脫藩搭培里的船去海外不成，被押回國坐牢和軟禁，1857 年開辦松下塾，弟子有妹婿久坂玄端及高杉晉作、桂小五郎、山縣有朋、伊藤博文等人。他主張不必寄望幕府和諸侯，寄望「草莽崛起」，「獨不羈三千年之大日本，一朝受人羈縛，令血性男兒不堪忍耐。如使拿破崙起而高唱自由，則腹悶難受」。他不忘與美、俄保持友好關係，「乘隙富國強兵，開拓蝦夷（北海道），奪取滿洲，占領朝鮮，合併南地（東南亞），然後挫美折歐，則無事不克」。

　　西鄉隆盛（Saigo Takamori, 1827-77）是薩摩藩下級武士，和小他三歲的大久保利通（Ōkubo Toshimichi, 1830-78），加上童伴大山巖、東鄉平八郎、新田村八及表弟川村

純義等從小一起玩耍。西鄉當過十年的基層公務員。1854年到江戶管理藩邸兼藩主秘書，負責聯絡水戶藩及嫁給家定將軍的島津養女篤姬，奔走擁立一橋慶喜為將軍失敗。安政大獄時，西鄉奉命切腹，與月照和尚相擁跳水，月照淹死，他被救起。島津齊興把他藏到奄美大島。1861年，他捨棄妻兒回到鹿兒島，1862年又受讒言而流放德之島。他一輩子謹守愚忠。幕府叫齊興引退（1851），由43歲的齊彬繼位（他生於江戶，嗜洋學成癖，40歲前尚未回藩），齊彬娶了一橋家的長女，大姑媽又是家齊將軍的正室，家世顯赫。他死前把權力傳給和他爭權的異母弟久光之子忠義，久光實際上掌權。

20多歲的下級武士們急躁地想擁立天皇攘夷，受盡西方資本主義壓迫的地主和豪商也支持他們。1861年1月15日，美國公使館翻譯官休斯肯被浪人刺死；6月，水戶藩士突襲品川東禪寺的英國公使館，打死兩名英國人；對馬島也發生抗擊俄船事件，日本陷入中國義和團式的狂熱仇外運動。

豪商子弟坂本龍馬（Sakamoto Ryuma, 1836-67），是迫使織田信長自裁的明智光秀的後代，祖上歷代侍奉土佐藩家老的福岡家。他從小被嘲笑「愛哭鬼」，回家後又受已離婚的二姐嚴格管教。1853年，他去江戶學劍道，目睹了黑船叩關的亂象。他本來想狙殺幕臣勝海舟，反而被後者的開國論折服，拜他為師。1863年6月25日，一橋慶喜等宣布攘夷，當晚長州的久坂玄端砲擊通過下關海峽的美船彭布羅克號，兩週後又砲擊法、荷兵艦，引起美、法出兵登陸，長州

武士丟盔棄甲而逃，但奇兵隊力抗外國軍隊。1863 年 8 月，英艦再藉口島津藩主的隨扈在橫濱生麥村砍殺兩名騎馬而不知退避的英國人（1862.9），鹿兒島大半街市毀於砲火，西鄉又被藩主流放離島。

會津藩主松平容保坐鎮京都，召集浪人近藤勇成立「新撰組」，伺機暗殺聚集的攘夷派。孝明天皇在 1863 年 8 月 18 日（西曆 9 月 30 日）突然下令鎮壓攘夷派，會津、薩摩、淀各藩武士攻占九座宮門，趕走長州兵，三條實美等公卿冒雨隨長州兵撤離。島津久光率薩軍進駐京都，大名們反過來控制天皇。天皇則聯合德川家茂將軍，但只維持了幾個月。1864 年 2 月底，大久保利通勸久光赦免西鄉，西鄉至京都指揮薩軍，不久，久光回鹿兒島。7 月 8 日，新撰組狙殺 7 名長州人，桂小五郎僥倖逃走。長州兵慢吞吞地進攻京都慘敗，久坂玄端、入江九一等拔刀切腹，眞木等 17 人被圍困，狂飲狂歌後從容集體切腹（禁門之變）。8 月 24 日，天皇下詔討伐「朝敵」長州藩。

長州人禍不單行，1864 年 9 月 25 日遭英、美、荷、法四國砲擊下關而求和。勝海舟勸西鄉，與其愚昧地追隨幕府，不如聯合四、五雄藩，藉反擊外國船隻而再武裝，打擊幕府奸臣，從而打開困境，奮起建立天下大政。西鄉先通知長州藩（荻、山口）交出三個家老切腹，逐走三公卿。1865年 1 月退兵。長州留學生伊藤博文、井上馨也乘勢奪取權力，趕走保守派，力促毛利藩主同意倒幕。可惜高杉病死（1867）。幕府財政窘迫，1866 年 9 月向法國貸款 3,500 萬

法郎，由法國人壟斷生絲貿易及改造軍隊。

　　長州人恨死薩摩人，把「薩賊」兩字寫在木屐，踩在腳上洩憤。坂本龍馬勸服西鄉，他用船運走薩摩軍火去長州，長州人也提供薩人糧食。1866 年 3 月 7 日，薩長建立同盟，共擁抽象的「皇國」而志在倒幕。7 月，家茂將軍奏請天皇下令第二次討伐長州，9 月慘敗，大阪、江戶各地人民反抗米價暴漲而暴動，幕府首尾不能相顧。8 月 29 日，21 歲的家茂去世，代理將軍一橋慶喜 9 月 28 日下令停止征伐長州。英國人支持長州，法國公使 Roches 支持幕府。1867 年 1 月，慶喜爲征夷大將軍兼內大臣。30 日，36 歲的孝明天皇死

幕末時期倒幕強藩

安藝藩

長州藩

肥前藩

土佐藩

薩摩藩

後，岩倉具視擁立 14 歲的睦仁即位，翌年改元明治（Meiji, 1868-1912）。

王政復古 西鄉、大久保等仍對幕府抱持幻想，主張由雄藩建立共和制，被慶喜拒絕。坂本龍馬又促成薩土（土佐）、薩長、安藝結盟。10 月，討幕派弄到天皇密詔：「不討此賊，何以報先帝之先靈，下報萬民之深仇耶？」慶喜以退爲進，表面上請辭將軍，奉還大政，但又迫朝廷委以政務。

1867 年 6 月 9 日，坂本龍馬與後藤象二郎從長崎搭「夕顏丸」出發，在船中討論改造日本的〈船中八策〉：（1）應將天下大政奉還朝廷，朝令出自朝廷；（2）設立上下議政局，萬機應決於公論；（3）以有才之公卿、諸侯及天下人才爲顧問，賜與官爵，廢除原來有名無實之官；（4）與外國之交際，應廣召公議，新訂至當之規約；（5）參照古來之律令，重新編訂長久實行之大典；（6）擴充海軍；（7）設置親兵，守衛京都；（8）在金錢與物價方面制定與外國均衡之法。龍馬構想建立一個中央集權政府來統一日本，建立兩院制議會，但不必以武力對幕。

7 月 27 日，薩、長、安藝三藩結盟。12 月 8 日，薩、長兩藩主會於長防的三田尻，共同誓盟「於京師舉兵，實現倒幕，王政復古」。不料 12 月 10 日，33 歲的坂本在京都河原町池田屋旅館被會津人暗殺，西鄉大罵：「慶喜小兒，你死定了！」12 月 9 日（1 月 3 日），西鄉發動宮廷政變，解除會津、桑名藩兵武裝，包圍朝廷。當晚三名皇族、八公

卿、五大名及 15 名武士共同擁立小天皇問政。慶喜從大阪出兵要「清君側」，15,000 幕兵在伏見及鳥羽之間被 5,000 政府軍擊潰。1868 年 1 月 6 日，駐山崎的士兵倒戈，慶喜搭船回江戶，德川 260 年天下，亡於三日之間。

天皇下令討逆，點名慶喜及會津、桑名等 27 個「逆賊」。2 月 5 日，慶喜到上野寬永寺蟄居。3 月中旬，西鄉包圍江戶。天皇的姑媽、前將軍夫人靜寬院及篤姬等都寫信為慶喜求饒。西鄉堅持將軍切腹，但又被勝海舟折服，5 月 13 日兵不血刃入江戶城。江戶改稱東京，政府軍繼續討伐東北地區奧羽越藩軍，尤其會津若松的 17 歲少年「白虎隊」死傷慘重，9 月東北各藩投降。8 月，幕府前海軍總督榎本武揚（1836-1908）由法國軍官陪同，率八艦及 2,800 人，攜帶 18 萬兩黃金攻占北海道，在函館的五陵廓建立蝦夷共和國（1869.1.27），後來兵敗。西鄉奔走使他免於一死，1875 年為駐俄公使。

戊辰戰爭　雙方投入 20 萬兵力，8,200 人陣亡，在內戰的血泊中建立明治國家。當時天皇才 16 歲，西鄉 41 歲、副島種臣 40 歲、大久保利通 38 歲、木戶孝允（桂小五郎）35 歲、坂垣退助 31 歲、大隈重信 30 歲、三條實美 29 歲、伊藤博文 27 歲、井上馨 30 歲……。然而這是一場由下級武士、公卿推翻幕府，擁立天皇的革新，而非由下而上的革命。薩、長兩藩控制新政府，互相猜忌。1869 年 1 月，薩、長帶頭向天皇奉還版籍，6 月明治政府統一全日本。天皇早已

頒布《五條誓文》（1868.4.6），要「廣興會議，萬機取決
於公議」，「破舊來之陋習，立機於天下之公道」，「求知
識於世界，大振皇基」，仍是天皇統治。新政府由太政大臣
三條實美、左大臣島津久光、右大臣岩倉具視主政。

　　1871 年，各地農民暴動，奇兵隊也造反。政府乘勢把
280 多個藩改為 3 府 72 縣，廢藩置縣。各藩主仍成為地方
知事，公卿、大名一律改為「華族」，武士為「士族」，賤
民升為平民，四民平等。佃農還不了債而把土地賣給地主，
地租改為 3%，用貨幣繳納，農民不堪壓迫，唯有暴動。

西南
戰爭　武士失去特權，大久保利通有 40-50 名下人，山縣
　　　有朋挪用公款給商人，井上馨賤賣銅礦給商人
……。士族的公債很快落入資本家手中，不滿他們的俸祿
（2,640 元）只有過去的一半。政府一面裁軍又徵兵（1872），
鼓勵武士當軍官、官吏、教師和警察，或去北海道拓荒。位
列三大功臣之首的西鄉隆盛，辭退正三位侯爵，1870 年辭
官回家，由於岩倉具視和大久保利通、木戶等去歐美考察，
他才再回東京留守內閣，7 月升為陸軍大將，建立近代日本
警察（從鹿兒島招募 2,000 人，加上其他 1,000 人）。

　　由於朝鮮朝廷拒絕日本國書用「皇上」、「奉敕」，把
倭館改為「日本公使館」（1873）；西鄉想辭官去朝鮮交涉，
一旦遇害，日本就師出有名。10 月，西鄉和坂垣退助、江
藤新平、副島種臣等「征韓」派，被反對派的大久保、大隈、
岩倉等擊敗而下野，大久保組閣，強化中央集權和警察（兼

特務）力量，鼓勵殖產興業。農民不滿有錢人可出錢270元叫人代役，他們納重稅又要當兵，引發「血稅暴動」。1874年，江藤新平在佐賀造反。1876年，熊本的神風連反抗禁止帶刀令。

西鄉回鹿兒島，1874年6月成立私學校，控制了全縣，仍用陰曆，租稅不上繳東京，而且海軍省、警視廳、北海道廳仍充斥薩人，木戶孝允豈能安眠？大久保受不了長州人的譴責，派警察潛入鹿兒島偵察，把當地的陸海軍武器彈藥移至大阪。1877年1月29日深夜，30多名私學校學生酒醉後闖入草牟田隆盛院，搶走了三萬多發子彈。30日，學生逮捕密探中原等人拷訊，迫他們招供要破壞私學校，乘亂暗殺西鄉，出兵進攻鹿兒島。

西鄉憤而在2月6日宣布上京質問大久保，18日山縣有朋（長州人）下令出兵，由天皇下詔平亂。2月17日，西鄉率領鹿兒島子弟及佐土原、飫肥、延岡、熊本各地趕來的武士，一共3萬兵力，打著「新政厚德」旗號，冒雪出兵。他弟弟西鄉從道及愛徒黑田清隆、堂弟大山巖、堂妹婿川村純義（海軍司令）、愛徒樺山資紀加上警察頭子川路利良等鹿兒島人，出兵鎮壓自家師長與兄弟。西鄉久攻熊本不下，終究敗退回鹿兒島。8月17日，他下令解散軍隊，叫他們投降官兵。9月6日，官兵進攻城山。24日，西鄉中彈後由別府晉介砍頭。薩軍及九州各地4萬多人死傷過半。大久保利通在1878年5月14日被兩名刺客殺死於道旁，臉上還貼著「爲西鄉先生報仇」字條，刺客從容自首。木戶孝允早死，

末代武士時代結束，酷吏、貪官、軍閥與財閥等三流腳色統治日本這個「臣民社會」。

| 明治維新 | 明治維新以來，日本政府推動富國強兵、殖產興業與文明開化；1871 年 12 月起，由岩倉具視率領大久保利通、木戶孝允、伊藤博文等，及 60 多名學生，赴歐美各國考察，並廢除不平等條約；1872 年強迫琉球王室宣稱是日本的琉球藩主，1879 年將琉球藩改為沖繩縣。

對外侵略使軍人抬頭：1874 年確立軍部大臣為武官制；1878 年又參照普魯士成立了參謀本部，指揮陸軍省。1872 年，政府採用西洋服為正式禮服，廢陰曆改用陽曆；洋式磚瓦樓房、大馬路、林蔭大道、瓦斯燈、雙層馬車、人力車、電報、電話使日本人耳目一新。1883 年政府設「鹿鳴館」，外交人員穿洋服，上流社會男女在這裡跳西洋交際舞。

由明治政府主導的殖產興業，則是鼓勵民間資本開辦銀行、發行貨幣，使高利貸資本轉化為官商勾結的銀行資本。電信、郵政、交通、國營工廠、製鐵所、兵工廠、礦山一律國有化，至 1880 年才下放軍需工業以外的工廠、礦山給民間經營。1880-90 年間，日本人口由 3,500 萬增至 4,500 萬人，大量農村人口流入城市，田稅從歲入比重的 80% 降至 60%，鹽、酒、糖等消費稅增加。19 世紀最後 25 年，生絲出口占總出口值的 42%，農村更提供廉價的勞動力。小自耕農只能向大地主借貸，無力償還債款則失去土地，引發暴動。日本進入近代資本主義社會。

　　明治政府強迫兒童受義務教育，卻要農民負擔每個月五角的學費（當時米價一升爲七分錢），至少 2,000 所學校遭人民搗毀。但 1908 年日本男生入學率達 98%，女生達93%。1877 年，第一所國立綜合大學 —— 東京大學開校，聘請外國人任教，同時開放西洋教會興辦明治學院大學、青山學院大學、立教大學、神戶女大等；日本人也有新島襄的同志社英文學校（1875）、大隈重信的東京專門學校（1882，早稻田大學前身）、東京法學校、明治法律學校等。

　　自由主義、個人主義、民主主義等洋玩意蔚爲風氣。生於大阪的中津藩窮武士之子福澤諭吉（1834-1901），念過蘭學並苦學英文，1859 年隨咸臨丸至美國舊金山，5 月回國後在江戶教英文，11 月在外國方當文書翻譯。1862 年他又隨使節團出洋，1867 年再赴美國。1868 年，當西鄉隆盛圍攻江戶時，他叫慶應義塾的學生照常安心上課，不管外面世界如何，簡直是冷靜又自私。1872 年，他寫了《勸學篇》（共 17 集），後來再寫《文明論概略》。他抨擊日本人的卑屈風氣，主張培養獨立自主的精神，才能建立獨立的國家；要捨棄無益的學問，學習厚生利用的實學，打破迷信，進行理性思考。他更強調掃除以往輕視商業及金錢的封建時代風氣，鼓勵實業家經營致富。然而他卻是個冷血的功利主義者，把日本人導向追逐功利、不問國家暴力壓制的卑屈臣民和「經濟動物」。

　　森有禮（1847-89）和西周、津田眞道、加藤弘之、福澤諭吉等在 1873 年 11 月成立「明六社」，介紹及翻譯西洋

學問,並呼籲政府開放民選議會,「使人民參與國是,是振興國家元氣之途徑」。反動派的島津久光多次上書天皇,痛斥三權分立「將使已衰之國運日衰,萬古不易之皇統陷入共和政府之惡弊,終究使皇國淪爲洋夷之屬國」。不過明治政府上下終究衝破禁忌,全面文明開化。

自由民權運動 報紙、雜誌開始鼓吹民主政治:中村敬宇翻譯穆勒的《論自由》;中江兆民(1847-1901)翻譯盧梭的《民約論》;植木枝盛鼓吹言論自由,建立立憲政體,人民有革命權去推翻肆意違憲、蹂躪民權的政府。坂垣退助(1837-1919)、江藤新平、副島種臣等要求建立民選議院;坂垣在土佐成立「立志社」,鼓吹自由民權運動,1880 年有 7,000 人連署,組織「國會期成同盟」。明治政府立刻祭出《新聞法》、《出版法》、《讒謗律》,禁止報紙攻擊政府(1875),1878 年再嚴禁公眾集會(須先取得警視廳的許可),禁止士兵、警察、教師及學生參加政治行動,賦予警察鎮壓、取締的暴力權力。

1880 年,自由民權運動蔚爲風潮,伊藤博文堅持先鞏固政府機關及元老院,大藏卿大隈重信(1839-1922)堅持英國君主立憲制,太政官與軍人不得干政。1881 年 7 月發生黑田清隆將 1,400 萬國有財產以 38 萬和 30 年償還的條件賣給薩摩同鄉五代友厚的關西貿易商會,引起輿論譁然,大隈下台。1882 年,大隈成立「立憲改進黨」,吸收城市工商企業主及慶應義塾師生,並有三菱財團(岩崎彌太郎)的

支持。急進派成立「自由黨」，主張國民大會決定政體。4月，坂垣在岐阜演講時遇刺，仍高喊：「坂垣雖死，自由不死！」11月，坂垣被勸出國，自由黨立刻分裂。1884年9月，茨城縣加波山有 16 人激烈反抗通貨膨脹政策，嚇得自由黨在 10 月自行宣布解散。

1885 年 12 月，伊藤博文成立內閣取代國務院，1889 年 2 月公布《大日本帝國憲法》，以普魯士專制爲藍本，規定年繳 15 円以上國稅的男子才有參政權。薩、長兩閥控制政府，至 1924 年的 23 屆內閣中，薩、長組閣 16 次，伊藤四次連任樞密院議長，朝鮮總督和台灣總督也由軍人包辦。

6. 日清甲午戰爭

朝鮮 東學 19 世紀朝鮮李朝危機乍現：文武兩班貴族、士大夫、官僚兼併土地，以書院爲中心的士大夫集團勢力壯大，黨爭日趨激烈，沒人管天下興亡，只求自己派系的死活，皇后、太后（太妃娘娘）又與派系掛鉤，玩弄皇上於股掌之間。1863 年哲宗死後無嗣，趙太妃迎立江華島的沒落王孫興宣君李昱應的兒子李命福繼位爲高宗（12 歲）。高宗生父大院君攝政十年，打破派閥，平均啓用老論、少論、南人、北人各派，1871 年廢 650 多個書院。他厲行鎖國政策，1867 年擊退法、美兵艦，立碑宣稱：「洋夷侵擾，非戰則和，主和賣國，戒我萬年子孫。」

大院君迎立夫人娘家姪女閔氏爲王妃（1863），閔妃終

究策動大臣要求 22 歲的高宗親政，迫大院君下野（1873）。日本急於和朝鮮建交被拒。1875 年 1 月，黑田清隆、井上馨率八艦登陸江華島，要求朝鮮開港。閔氏集團屈服，簽下《日朝修好條約》，開放釜山等三港，日本貨免稅，日本得在漢城設使館。歐美各國也接踵而來，強迫朝鮮簽訂不平等條約。高宗熱心改革，1881 年聘日本教官訓練「別技軍」。崔益鉉、洪在鶴等「衛正斥邪」派，因反對日本進出朝鮮而失勢。

親中國（事大黨）的閔氏集團和主張學習日本明治維新的青年貴族洪英植、金玉均等「開化派」對立。1882 年 6 月，漢城士兵反對別技軍，加上兵曹判書閔謙鎬苛扣軍餉，發動「壬午軍變」，攻進日本使館殺人，又闖入王宮，閔妃逃往忠州，閔謙鎬等被殺。李鴻章派 5,000 清軍鎮壓，將大院君帶回保定囚禁。

閔妃又得勢，1884 年 12 月 4 日開化派藉慶祝郵局落成宴會，勾結日本公使竹添進一郎發動政變，殺閔台鎬等人，次日宣布組閣，並宣布朝鮮脫離大清而獨立。6 日下午，閔妃由清軍援助反撲，開化派三日天下瓦解（甲申政變），洪英植被殺，金玉均流亡日本。事後日本強索 30 餘萬元賠償金。1885 年日、清談判，李鴻章要求兩國同時撤軍，但又允許雙方對朝鮮有同等派兵權，等於承認清、日共同保護朝鮮。

袁世凱以總理名義駐軍朝鮮，態度傲慢，形同太上皇。德國人穆麟德（P.G. von Möllendorff）受李鴻章委託，替朝

鮮辦理外交事務；他暗中策動朝鮮政府聯俄制日並排華。1885 年，英俄戰爭於阿富汗，俄艦聚集海參崴，英艦占領朝鮮巨文島，以防俄艦南侵香港。李鴻章卻認爲「英暫據此備戰，與朝鮮中國均無損」，在倫敦條約上擅自承認英國占領巨文島，盜賣朝鮮領土。俄國開始奪占朝鮮一些港口，日本也出聲，各國壓力迫使朝鮮取消朝俄密約，1886 年英艦終於退出巨文島。美國人 Owen Denny 成爲朝鮮的新外交買辦（駐美公使），以示朝鮮外交「獨立」，引日軍攻台灣牡丹社的李仙得，也成爲二品銜的辦理朝鮮外交大臣。

日本商品傾銷朝鮮，日商又放高利貸收購大豆、大米、棉花、皮革，一步步控制朝鮮的經濟和外貿。1894 年（甲午）1 月 15 日，東學道的全琫准（1854-95）率全羅道古阜郡農民起義，殺官放囚，開倉分米，號召人民逐滅倭夷，驅兵入京，盡滅權貴。7 月 6 日，清、日兩國同時出兵。23 日，日軍入王宮，擄走高宗，迫他請大清撤走牙山的清軍。25 日，日軍不宣而戰，砲擊牙山口外的兩艘兵船，溺死千餘人。9 月，葉志超逃到平壤，謊稱清軍在牙山大捷，沿途屢敗倭兵。清廷下令犒賞士兵兩萬銀。清軍入朝鮮只顧姦淫擄掠，9 月 15 日日軍占平壤，清軍敗退回國。10 月 20-26 日，日軍占九連、安東。11 月，日軍輕易攻下大連灣時，清軍早已逃光了。22 日，日軍占領旅順。

全琫准 10 月進攻忠清道的公州，與日軍激戰六天，11 月在論山戰敗南逃，12 月 9 日因叛徒密告而被俘，1895 年 3 月 11 日遇害。2 月，日本海軍在黃海殲滅大清的北洋艦隊。

朝鮮高宗（光武帝）

3月，連下牛莊、營口，26日占澎湖；同時日軍集結遼東、
大連，破山海關，進逼北京。

　　日方指定李鴻章為全權代表，3月19日在下關（馬關）
春帆樓跟伊藤博文、陸奧宗光等展開談判。4月17日上午
10點，李鴻章簽下《馬關條約》，承認朝鮮獨立，割讓台灣、
澎湖、遼東半島，賠款兩億兩。23日，俄、德、法三國駐
日公使勸日本政府放棄遼東。日本求助英國無效，5月被迫

向三國屈服，10 月 19 日向大清索取 3,000 萬兩，退還遼東。

1895 年 7 月，閔妃聯合俄國公使趕走親日派。10 月 8 日，日本公使三浦梧樓取得大院君的同意，公然派日本守備隊、公使館警察及日本浪人攻進景福宮，殺死閔妃；大院君也死於 1898 年 2 月，堂堂文明大國竟然白晝殺掉小國的國母（明成皇后）。1896 年 2 月 9 日，俄艦登陸仁川；10 日，將高宗及世子挾持到俄國公使館內一年。親日派的金弘集、魚允中等大臣被人民打死，李朝在 1897 年 10 月改爲「大韓帝國」，高宗即皇位稱皇帝（光武帝）。

日本眼看俄國在滿洲勢力膨脹，1904 年 2 月強迫大韓簽訂《日韓議定書》，承認日軍在其境內有權使用戰略要地。10 月 21 日，長谷川好道率日本陸軍駐箚漢城。1904-05 年日俄戰爭後，日軍大勝，迫俄國承認日本保護朝鮮，割讓庫頁島（樺太）南半部，讓出南滿洲（旅順、大連的租借權），及長春至旅順的鐵路（南滿鐵路）所屬的一切特權和財產。

1904 年 8 月《第一次日韓保護條約》規定，韓國政府必須聘請日本人爲財政及外交顧問，韓國對外交涉須先獲得日本同意。1905 年 11 月，樞密院議長伊藤博文又強迫大韓簽下《第二次日韓合併條約》，今後一切外交須交日本指揮，在韓國設統監府，由伊藤出任統監，迫光武帝讓位給世子。1910 年 6 月，日本再強迫韓國交出警察權。8 月 22 日，日本統監寺內正毅與韓國總理李完用簽訂《日韓合併條約》，隆熙帝李坧退位，韓國至此完全被日本併吞，恢復舊名朝鮮。9 月，日本設朝鮮總督府，寺內正毅爲第一任朝鮮總督。

7. 阿富汗抗英戰爭

杜拉尼
王　朝　阿富汗（Afghanistan）即古波斯語「山上人之國」，蘇里曼山脈東南斜坡有印度部族與原住民，蘇里曼山脈西北和南麓有塔吉克人住在富庶的喀布爾、坎大哈與赫拉特。當今興都庫什山脈南側大多是普什圖人（Pushtus），講波斯語與印度語的混合話，山北住的是波斯人和土耳其族，山上住的是講波斯語的哈扎拉人及塔吉克人。塔吉克人分布在荷拉特省及北部各省（約占總人口的20%）。烏茲別克人（占 9%）分布在北部的巴爾赫省。其他還有艾馬克人、土庫曼人、努里斯坦人、吉爾吉斯人、吉奇爾巴人、猶太人及錫克人等。

　　歷經波斯薩菲王朝、印度莫臥兒帝國、中亞烏茲別克汗

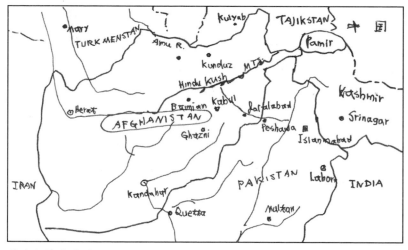

作者親繪手稿圖

國的占領和爭霸後（1510-1747），1709 年普什圖人吉爾扎伊部的米爾‧瓦伊斯汗，在坎大哈領導反抗波斯統治而獨立。1716 年，另一支阿卜達利部，在赫拉特又另立一國。1730 年，波斯納迪爾沙驅逐阿富汗人而復國，1732 年奪占赫拉特，1738 年占坎大哈，再攻印度，攻占伽茲尼及喀布爾等莫臥兒屬地，占領了全阿富汗。

1747 年納迪爾沙遇刺身亡，阿卜達利部 25 歲的薩多查伊族長艾哈邁德回師，在坎大哈被阿富汗人各部擁立為國王（shah/沙，1747-72 在位）。他採用「珠寶中的珠寶」，改族名為「杜拉尼族」（Durani），建立杜拉尼王朝（1747-1818）。此後三代開始衰微，內戰不止。馬茂德汗（1800-18 在位）只知追求肉欲，大權旁落，1803 年被貴族聯手推翻，改立其弟 Shah Shuja（1803-10 在位），1804 又被馬茂德汗奪回王位，但馬茂德汗受制於助他復辟的伊朗什葉派巴拉先查伊人法特什汗及其 20 位兄弟，最小的弟弟多斯特‧穆罕默德（Dost Mohammad）為王室衛隊司令。1819 年，多斯特‧穆罕默德汗奪取喀布爾，由母舅的克澤爾巴什人支持，1836 年建立 Barakzai 王朝（1837-1973）。

抗英三戰　1837 年，沙俄慫恿伊朗圍攻赫拉特，英國派伯恩斯至喀布爾，阿富汗王要求大英協助收復被錫克人占領的白沙瓦遭拒。阿富汗轉向俄國，英國以此為藉口，1838 年 11 月入侵阿富汗，1839 年 4 月占領坎大哈，阿富汗王越過興都庫什山後向英軍投降。

　　1841 年 11 月，「阿富汗之星」阿克巴汗王子（1816-45）由巴米揚進入喀布爾，隔年 1 月英軍被迫撤離，沿途遭阿富汗人截擊，16,500 人幾乎全滅，耗盡 15,000 萬英鎊。1845 年，阿克巴汗遇害，多斯特在 1855 年承認「以英國東印度公司的朋友爲朋友，以它的敵人爲敵人」。多斯特有 16 個兒子，生前指定第三子希爾‧阿里爲王儲。阿里即位後，其他 11 個兄弟就展開爭奪王位鬥爭。希爾‧阿里一一消滅異母兄弟（1863-64）。他的兒子穆罕默德‧阿里打死叔父坎大哈總督阿明，希爾‧阿里大吼：「扔掉這條死狗！」侍衛又抬來阿里的屍體，他又大叫：「那條死狗又是誰？」才發現自己的兒子也死了。1869 年，希爾‧阿里終於靠英國支持而擺平各地叛亂。他創建正規軍，將英文軍事書籍翻譯成普什圖文；用貨幣稅代替土地稅中的實物稅；開辦郵局；創刊波斯語報紙《旭日》。1870 年，他的兒子亞庫布汗和阿尤布逃入伊朗的錫斯坦，1871 年 5 月攻占赫拉特。希爾‧阿里誘騙亞庫布汗回喀布爾囚禁起來，1873 年 11 月立阿布杜拉‧賈恩爲王儲。阿尤布反叛失敗，逃入伊朗。

　　1878 年 8 月，沙俄爭取阿富汗王成爲反英的盟友，拒絕接見英使。11 月 19 日，俄使斯托萊伊夫要求阿富汗和英國講和；20 日，英軍侵入阿富汗。1879 年初，希爾‧阿里在絕望中過世；5 月，他的兒子亞庫布汗向英國投降，規定阿富汗不得與其他國家直接交往，把庫拉姆、比辛及西北地區交給英國管理；英國控制開伯爾山口和契尼山口。

　　路易‧卡瓦納里（Sir Louis Cavagnari）成爲阿富汗的

太上皇，1879 年 9 月 3 日，好幾個月沒發餉的阿富汗軍和市民進攻英國使館，亞庫布汗袖手旁觀，英國使節死於烈火中。英國人羅伯茨又成為喀布爾的主人，10 月 12 日在官邸前絞死四名阿富汗人，宣布市區戒嚴。退役砲兵軍官阿利姆等人轉戰喀布爾周圍，羅伯茨倉皇逃入希爾浦爾要塞，英國人收買帕恰汗和索哈布倒戈，迫起義軍撤出喀布爾；另一支英軍攻占迦茲尼。1880 年 8 月，英國人將流亡歸來的阿布杜爾·拉赫曼扶上埃米爾寶座，他的兄弟阿尤布 7 月與英軍決戰於梅旺德大勝，但又撤回赫拉特。1881 年 4 月，英國損兵三千及兩億英鎊物資損失，退出阿富汗。

8 月，阿尤布在坎大哈被拉赫曼擊敗，流亡伊朗及印度，靠領取英印政府的養老金了卻殘生。1888 年 6 月，拉赫曼的堂弟伊沙克汗叛變，幾乎成功，9 月底在塔什庫爾干戰敗，逃入布哈拉，他的部下被綁在砲口上炸飛，士兵被挖掉雙眼。拉赫曼建立財政、教育、商業、司法、公共工程、警察等部門，規定八個村民中徵一人當兵，但又用特務控制國家。阿富汗開始近代化，有了工廠，但軍隊開銷占收入的 78%。1901 年拉赫曼死後，由長子 Habibullah 汗繼位（1901-19 在位）。1907 年，英、俄協約，阿富汗被劃為英國勢力範圍，人民極度憤慨，Habibullah 汗拒絕承認這個條約。

1905 年，受過歐洲教育的知識分子開始辦報宣傳民族主義，發展「青年阿富汗」運動，1909 年遭國王鎮壓。Habibullah 汗利用英、德矛盾，不斷尋求抗衡英國的力量。

不滿國王親近英國和宮廷歐化的「老年阿富汗派」，以王弟納斯魯拉與王子伊拉雅圖拉爲首，與青年阿富汗派對立。馬赫邁德·塔爾齊（Mahmud Tarzi, 1865-1933）創刊《光明新聞》，抨擊英、俄帝國主義，喚醒阿富汗人的民族自尊心。

8. 黎薩的菲律賓

19 世紀，菲律賓出現大學生追求民主自由與改革的運動，以及本土傳教士的改革運動。1872 年 1 月 20 日，在馬尼拉以南 30 公里的甲米地（Cavite），兵工廠工人及兵營土著士兵因不滿新總督伊斯基爾免除他們的免稅、免勞役特權，爆發反抗，卻事洩失敗，馬尼拉方面的暴動流產。甲米地的 200 名工人及 500 名農民攻占菲利浦要塞失敗（2 月 21 日），41 人被處死（包括 3 名神父）。

白色恐怖下，人人自危。1880-95 年間，留學西班牙的知識分子發起「宣傳運動」，旨在促使西班牙同化菲人，兩國人民一律平等，教區本土化、教育世俗化，但絕不是獨立運動。何塞·黎薩（José Rizal y Mercado, 1861-96）具有中國人血統（姓「柯」），八歲就會寫詩和劇本，1885 年獲馬德里中央大學的醫學、哲學和文學博士學位，精通 21 國語言，1887 年在柏林發表《不許犯我》小說，痛斥殖民地官員腐敗、神父荒淫、法官貪贓枉法、軍官仗勢欺人的黑暗面而被查禁。1887 年 8 月，黎薩回故鄉，很快被迫流亡香港、日本、美國再回歐洲。1892 年 7 月，他在馬尼拉召開

「菲律賓同盟」大會，四天後被捕，流放民答那峨島上的達比丹。他並不追求獨立，只是溫和地要求西班牙人寬容與開放。（台灣反對運動應以他爲祖師爺！）

波尼法秀（A. Bonifacio, 1836-96），這位貧窮的孤兒打零工扶養弟妹，深受黎薩的啓發，1892 年 7 月 7 日在馬尼拉工人區發起「人民兒女最高尚尊嚴聯合會」（katipunan），主張通過暴力革命爭取民族獨立，入會者互相結拜爲兄弟，至 1896 年已有三萬祕密成員。乘 1895 年西班牙大軍調赴古巴鎮壓何塞・馬蒂及古巴獨立運動，兵力不足 1,500 人（駐馬尼拉才 600 人）之虛，1896 年 8 月 24 日在巴林塔瓦克召開大會，宣布「菲律賓獨立萬歲！」8 月 30 日，800 人進攻馬尼拉附近的聖胡安德爾蒙特鎮，不幸失敗。與世隔絕的黎薩，向當局要求到古巴當軍醫，獲准，卻在 9 月 27 日由蘇伊士運河進入地中海途中，在船上被押回馬尼拉，35 歲被槍決（1896 年 12 月 30 日），罪名是「叛亂、顛覆與非法結社」。

1897 年 2 月，西班牙大軍進攻甲米地。革命陣營鬧分裂，卡雅特鎮長阿奎那多（Emilio Aguinaldo, 1869-1964），這位老奸巨猾的政客，先與波尼法秀達成協議而成爲總統，4 月 28 日卻突然逮捕內政部長波尼法秀，5 月 10 日將他槍決。阿奎那多退據布拉干省的破石洞打游擊。11 月 1 日《破石洞宣言》，宣布菲律賓獨立。

1897 年 12 月，阿奎那多向西班牙當局妥協，當局答應分三期支付起義費 170 萬披索。阿奎那多拿了 1/3 的錢，流

亡到香港去享福。

　　1898 年 4 月，美西戰爭爆發。5 月初，喬治‧杜威率艦從香港進入馬尼拉。阿奎那多赫然現身，6 月 21 日宣布菲律賓「獨立」，然而獨立宣言卻寫著，獨立是「在強大而仁慈的美國保護下」。23 日，革命政府成立，1899 年建立共和國。1898 年 8 月 13 日，美軍突然闖進馬尼拉；12 月，在《巴黎條約》上，西班牙放棄古巴，把菲律賓以 2,000 萬美元的代價賣給美國。憤怒的菲律賓人開始反抗（1899.2-11），抗戰派的盧那被暗殺。

　　阿奎那多一味仰賴新主子。1900 年，反動的「聯邦黨」大叫要加入美國。1901 年，阿奎那多被捕，向「阿啄仔」宣誓效忠，呼籲人民停止反抗；菲人陣亡 16,000 人，20 萬平民遇害。1907 年，美國允許菲律賓成立眾議院，只給土著微弱的自治權。美國產品傾銷，沉重打擊了土著的手工藝業；但也提供醫療與根治傳染病，使菲人的平均壽命從 1900 年的 14 歲，提高到 1940 年的 40 歲。教育在表面上有所進步，除日本外，菲律賓成為亞洲第二大免費公共教育大國，英語擴大了影響力。

9. 非洲的反抗

波爾戰爭｜南非 10 萬波爾人，在 30 年內奪占 30 萬平方公里土地，奴役 100 萬土著。1867 年，在班圖人世居的瓦爾河及哈斯特河交界的奧蘭治及德蘭斯瓦，發現鑽石礦；

1869 年，又在慶伯利發現鑽石礦；1886 年，更在威特沃斯
特蘭發現了金礦。英國人加緊腳步，併吞金剛石礦區的西格
里夸蘭（1871），1877 年併吞波爾人的德蘭斯瓦共和國；
1878 年又奪占了東格里夸蘭。1878 年 12 月 11 日，英方向
祖魯王 Cexywayo（1826-84）下最後通牒，限祖魯人在 30
天內繳械，接受英國駐紮官的統治。1879 年 1 月，13,000
英軍及大批土人、36 門大砲，分三路進攻 Ulundi；21 日，
被祖魯人殲滅 16,000 人。可惜祖魯人求勝心切，貿然強攻
防守嚴固的坎布拉等英軍陣地，反而節節敗退。7 月，英軍
俘擄祖魯王，把祖魯分為 13 個酋長國，分而治之，並刻意

1890 年左右時的德蘭斯瓦共和國位置

挑起連續三年的部落混戰。南非的經濟中心，從開普頓轉移到德蘭斯瓦，波爾人大發金礦的關稅暴利。

歐洲人（主要是英國人）大批湧入德蘭斯瓦，1899 年已近 7 萬人；其中達到有選舉權的成人數目超過波爾人，二者的比例爲 7：3，他們強力要求有選舉權。波爾人把外來人（Outlanders）獲得選舉權的期限，由 1 年延長至 5 年，1890 年又延長爲 14 年。1880 年 12 月，克魯格（Kreuger）宣布德蘭斯瓦獨立，次年 8 月英國承認它完全自治。羅得成爲開普殖民地總理（1890），1895 年征服 Bechuanaland，改爲羅得西亞。1895 年 12 月，他派詹姆遜率 500 人侵入德蘭斯瓦，克魯格以逸待勞，1896 年 1 月殲滅 134 人，並一網打盡在約翰尼斯堡匆匆成軍，由外來人組成的「改革委員會」，使羅得丟臉而下台。1899 年 10 月 9 日，德蘭斯瓦向英國提出最後通牒，11 日攻擊英軍，奧蘭治共和國也同時向英國宣戰。至 1900 年 1 月，波爾軍分三路切斷英國鐵路幹線，圍攻慶伯利，擊退 15 萬英軍。3 月，25 萬英軍壓境對付 8 萬波爾軍，占領奧蘭治首府。紀律鬆弛的波爾軍紛紛自行解散回家，守衛自己的農場。9 月，克魯格流亡歐洲。1900 年 9 月至 1902 年 5 月，波爾人打游擊戰，甚至遠襲開普頓。費時兩年七個月的戰爭，英軍消耗 2.5 億鎊，戰死 21,942 人；波爾人死去 3,990 人，死於集中營的有 27,927 人；波爾人終於投降。1902 年 5 月，波爾人繳械，承認兩國併入英帝國，英方支付 300 萬鎊用來恢復他們的家園（5 月 31 日）。波爾人則得到了英國給予他們繼續壓迫剝削非洲土人

的地位的保證。1909 年，英國議會頒布南北聯邦憲法，確立英、波雙方聯合統治南非的合作關係，規定了對白人及黑人的差別待遇。1910 年，英國將開普頓、納塔爾、德蘭斯瓦及奧蘭治四個自治州組成南北聯邦。博塔—史末資政府執政期間（1910-23），波爾人制訂了許多壓迫非洲人的種族歧視法律。1914 年一次大戰後，南非當局以參加協約國作戰爲名，1915 年 7 月出兵占領納米比亞。1920 年 12 月 17 日，國際聯盟委任南非統治納米比亞。1949 年，南非議會通過西南非洲事務修正法，併吞納米比亞。

埃及

自稱「解放者」的拿破崙，1798 年 5 月侵略埃及。拿破崙擊潰馬木路克人，立刻撕下假面具，下令屠殺歡迎他的埃及人。1800 年 3 月，開羅市民浴血抗敵 40 天而敗，法軍也在 1801 年撤離埃及。

法軍撤走後，阿爾巴尼亞人的後備軍官阿里趕走土耳其總督，1805 年迫鄂斯曼蘇丹承認他爲埃及總督（Pasha）。阿里勵精圖治，興建近代工業。他的兒子先後入侵阿拉伯（1811-18）、蘇丹（1819-23）。1825 年，阿里出兵助鄂斯曼帝國鎮壓希臘獨立運動，乘勢奪占敘利亞及克里特島，又在 1833 年進占黎巴嫩與巴勒斯坦。1839 年，俄、奧、普魯士支持土耳其，擊敗了阿里，1840 年迫他退回埃及，交出艦隊。從此埃及淪爲歐洲商品傾銷的市場，棉花被歐洲人買走，再製成棉布銷回埃及。英、法取得在埃及境內修鐵路、航行及開辦銀行、工廠的特權，把埃及降爲次殖民地。

伊斯梅爾帕夏（1868-79）時期，外債達 9,400 萬英鎊（1876），1875 年被迫以低於 400 萬鎊價格，賤賣蘇伊士運河股權；1876 年，埃及接受英、法對財政的「雙重監督」；1878 年，組成英、法代表參加的「歐洲內閣」。1879 年，青年軍官奧拉比（Ahmed Arabi, 1839-1911）創立「祖國黨」，強調「埃及是埃及人的埃及」，1881 年 9 月發動兵諫包圍王宮，1882 年 2 月出任陸軍部長。9 月，英軍占領埃及，奧拉比被俘解送錫蘭，1901 年遇赦，後死於開羅。英國以「隱蔽性保護國」形式控制埃及，名義上它仍屬於鄂斯曼帝國。

蘇丹　1881 年，蘇丹的努比亞人木匠之子馬赫迪（Mahdi M. Ahmed, 1843-85）領導人民反抗大英。他自稱「救世主」，要重建宗教與正義，發動聖戰把叛徒（埃及人與土耳其人）及異教徒（英國人）趕出蘇丹。這場聖戰逐漸成為蘇丹民族意識的政治運動。1881 年 8 月 12 日，馬赫迪痛擊 200 名政府軍於大本營的阿巴島。1883 年 1 月，馬赫迪攻陷阿比特，11 月又擊退埃及軍，打死希克斯將軍，再向西、南各地挺進，1884 年 2 月抵達紅海沿岸。

在中國鎮壓太平天國革命的劊子手戈登（Charles G. Gordon, 1833-85），出任蘇丹總督，奉命執行一場有秩序的撤離。戈登向馬赫迪建議，由他統治北蘇丹，把南蘇丹（加扎勒河省及赤道省）劃歸英屬東非。馬赫迪拒絕這種招降，集結 4 萬兵力，圍攻喀土木五個月。1885 年 1 月，戈登被長矛刺死，英軍全滅。1885 年 6 月，馬赫迪病逝，他的繼

承人無力抵擋衣索比亞人的壓迫（-1889）。馬赫迪教團日趨沒落。1896 年，英軍捲土重來；1898 年 9 月，在恩圖曼戰役征服了馬赫迪教團。1899 年 1 月 18 日，英、埃協議共管蘇丹，英國人利用蘇丹南北民族不同，實行南北分隔政策，擴大民族矛盾，分而治之。

衣索比亞獨立　出身岡達爾西部邊陲的卡薩，從小生活坎坷，意志堅強，自認身負天命，很快成為民眾領袖，1855 年 2 月自立為狄奧多爾二世（1855-68 在位）以應天命。他聘請英國人訓練軍隊，沒收基督教會的財產，把解放的奴隸送去學習生產技能。他的改革觸怒了舊勢力和殖民者，加上為改革而抽重稅，也引起農民的不滿。英國人為了確保蘇伊士運河開通後在紅海通行的安全，極力挑撥衣索比亞伊斯蘭、基督兩教派的矛盾對立。1866 年 1 月，狄奧多爾二世扣押英國領事拉斯瑪，英國藉此而出兵，受到當地舊勢力的歡迎。1868 年初，狄奧多爾二世率 3,000 主力退據山寨，最後只剩下 16 人，他舉槍自盡。1872 年，提格雷的卡薩自立為約翰四世（1872-89 在位），被英國人唆使去攻打蘇丹馬赫迪而陣亡。

法國人從紅海沿岸的奧博客出發，建立法屬索馬利亞殖民地，向西滲入衣索比亞。義大利人在 1882 年占據厄里特利亞的阿薩布以來，企圖西侵尼羅河谷地的道路已被英國阻遏，反過來力圖併吞衣索比亞，並有英國支持以抵制法國。義軍在 1887 年入侵提格雷失敗，轉而挾持孟納利克爭奪皇

位。1889 年約翰四世陣亡後，孟納利克搶先即位（孟納利克二世，1889-1913 在位），和義大利簽訂《烏查理條約》，義大利片面宣布「保護」衣索比亞，遭到孟納利克二世拒絕。1895 年義軍入侵，孟納利克二世抗戰勝利（1896.3），迫義大利承認衣索比亞的主權和獨立，使該國成爲非洲大陸唯一的獨立國家。1913 年孟納利克二世死後，其外孫埃雅蘇採取親伊斯蘭教和親德國政策，1916 年被宮廷政變廢黜。孟納利克二世的女兒佐迪圖公主於 1917 年 2 月即位，塔德里·馬康南公爵攝政。1930 年 4 月女皇去世，11 月馬康南即位爲海爾·塞拉西一世（Haile Selassie I, 1892-1975）。

西非　　1784 年，英國人將 400 名被解放的黑奴送到西非獅子山，以 59 鎊又 1 先令 5 便士的商品，和托姆王交換一塊 200 平方英里的土地，給這些黑人居住。1821 年，再宣布此地爲殖民地。1844 年，英國人又強迫黃金海岸各部落酋長簽約效忠，保護這塊土地。英國人巧妙地分化阿散蒂人和芳蒂人，迫阿散蒂人屈服。1873-74 年，英軍攻陷其首府 Coomassie，迫他們交出 14 公斤黃金及沿海土地權利。1874 年，英國正式宣布成立黃金海岸殖民地，與獅子山分開。

尼日河三角洲各土邦山頭對立，英國人在 1870 年代併吞拉加斯，1871 年再併吞了丹麥人、荷蘭人在非洲西岸的據點，做爲入侵尼日的前奏。法國人看得眼紅，伸手插入塞內加爾。早在 1840 年代，法國勢力就深入象牙海岸（1838）、

加彭（1840）了。1849 年，法國「保護」了幾內亞，1862
年攻占加彭沿岸。至此，法國殖民統治西蘇丹的廣大土地
（面積超過本土的一半）。

10. 土耳其革命

東方
病夫

伊斯蘭教遜尼派的鄂斯曼土耳其帝國（Ottoman
Turkey Empire），13 世紀崛起於中亞與小亞細亞，
1453 年攻滅東羅馬（拜占庭帝國）。17 世紀，帝國領土北
從奧地利邊界直至俄國境內，西界非洲摩洛哥，東迄亞洲高
加索和波斯灣，南入亞洲內地，囊括今天歐、亞、非近 40
個國家和地區，面積達 600 萬平方公里。歷經俄土及埃土戰
爭（1828-41）；法國奪占阿爾及利亞（1830）；俄國控制
多瑙河下游；埃及、伊拉克、敘利亞幾近半獨立狀態。1856
年克里米亞戰爭後，土耳其負債累累，1896 年國庫破產。
1865 年 6 月，納梅克、凱末爾等暗中成立「新鄂斯曼黨」，
吸收 20-30 歲的青年、軍官，鼓吹立憲革命，失敗（1867）。
1876 年，米哈德宰相力圖改革。5 月 22 日，新鄂斯曼黨在
首都發動萬人示威，包圍王宮。米哈德二世（1876-1909 在
位）冷血殘暴，大開殺戒。他趕走改革派，屠殺 6 萬亞美尼
亞人（1894-96），鎮壓克里特叛亂（1896）和馬其頓
（1903）。密探到處抓人，凡帶有「憲法」、「國會」、「自
由」、「革命」等字眼，一律在刊物上刪除。

　　1889 年，幾名軍醫學校學生暗中組織「進步與統一委

員會」，仿效馬志尼的「青年義大利」，又稱「青年土耳其」
（The Young Turks）。1897 年，青年土耳其在宮廷前示威，
慘遭鎮壓，處死 13 人。1905 年俄國第一次革命後，亞美尼
亞、阿爾巴尼亞、葉門各地民族起義；安那托利亞和馬其頓
的農民暴動不休。1907 年，青年土耳其和亞美尼亞、馬其
頓等民主主義者在巴黎集會，主張保持帝國土地完整，各民
族在法律前一律平等、信仰自由、恢復憲法，廢除米哈德二
世。1905 年日本擊敗俄國，鼓舞了少壯軍官的雄心。1908
年 7 月 3 日，第三兵團駐雷士那的阿爾巴尼亞人尼齊亞率部
起義，馬其頓人立即響應，駐埃迪爾內的第二兵團也加入革
命。米哈德二世下令駐伊茲密的安那托利亞兵團開赴馬其頓
鎮壓，這支部隊拒絕向叛軍開槍。23 日，叛軍開進薩洛尼

鄂斯曼土耳其帝國最大疆域

卡，要求蘇丹恢復憲法。24 日，狡詐的蘇丹宣布恢復 1876
年憲法。

　　1908 年底，國會重新開幕。10 月，保加利亞獨立。不久，
奧匈併吞波斯尼亞─黑塞哥維那；帝國境內少數民族紛紛要
求自立。青年土耳其黨反過來要求游擊隊交出武器。1909
年 4 月 12 日深夜，米哈德二世策動第一兵團發動政變，青
年土耳其黨則發動第二、第三兵團的「行動軍」進攻首都。
26 日，革命軍攻占伊斯坦堡，廢除米哈德二世，擁立馬赫
麥德五世爲新蘇丹，結束革命。然而青年土耳其黨執政九年
（1909-18），既無法改變老大帝國的腐朽與衰敗，反而一
再鼓吹大鄂斯曼主義，鎮壓阿爾巴尼亞人和阿拉伯民族。恩
維爾一頭栽進德國的懷抱，靠德國顧問改造軍隊。猶太人的
財政大臣謝爾瑪引進德國資本。1913 年，恩維爾把親英派
的國防大臣謝夫凱特將軍清除出軍隊，土耳其終究被德國拖
入第一次世界大戰而兵敗。

11. 越南文紳勤王運動

　　殘暴的法國殖民者在越南抽人頭稅、地租、鴉片、鹽、
酒稅，越南人出門、就業、婚嫁、宴會也要付稅。四人以上
的集會被絕對禁止，家裡有客人必須向警察報備；越南人不
得私自釀酒，一批越奸卻享有販賣鴉片的特權。越南人從未
停止反抗。張定在南圻反抗（1862-64），被叛徒出賣而犧牲；
1867-70 年，潘三、潘五及阮有勛起義；漁民阮文歷領導抗

法八年（1861-68），就義前慷慨疾呼：「只要大地還長著青草，越南人就不會停止反抗法國。」

1887 年 5 月，皇族尊室說率人突襲順化的法國使館，把咸宜帝帶到廣治，號召全國知識分子（文紳）起義勤王，歷經三年而敗，小皇帝也被流放到南非的小島。不久，又有潘廷逢在河靜義安一帶的叢林打游擊。1896 年潘廷逢去世後，法國人挖他的墳墓以洩憤。地處北部邊陲的安世，土地被法國人大量奪占，農民黃花探（1857-1913，本名張文深）從 1887 年起反抗法國人，1892 年退入森林，1894 年順化朝廷招撫一批起義者，黃花探不肯投降，在河內及諒山一帶打游擊，活捉大地主謝斯奈，迫法國人在 10 月妥協，贖回謝斯奈，並將雅南、牧山、安禮、友尙四地交給他治理。1895-97 年，黃花探抵抗法軍攻擊，1901 年 10 月在郎山被擊敗，由人民掩護，躲藏三年，1913 年被叛徒暗殺，結束 30 年的農民游擊戰。

清法戰爭後，滿清帝國在 1885 年的《天津條約》放棄對安南的宗主權，越南文紳開始對大清喪失信心。1905 年日本擊敗俄國，越南人再度燃起反法的信心。潘佩珠（Phan Boi Chau, 1867-1940）34 歲中解元，18 歲就已參加文紳勤王運動，1900 年起奔走獨立運動。1904 年，他和潘同周等成立「越南光復會」，指向民族獨立；擁立皇室阮疆柢爲會長。1905 年，潘流亡至日本，嚮往明治維新。梁啓超引介他見了日本政要犬養毅、大隈重信、後藤新平等人。他要求日本人提供武器，沒有成果。他在梁的鼓勵下，寫了《功遊

學文》，傳入國內。20 世紀初，一批越南青年潛至日本，進入軍校或東亞同文館學習，阮疆柢也在 1906 年流亡日本。潘口述，由梁啓超筆錄的《越南亡國史》、《海外血淚書》等，鼓吹民族意識，號召青年赴日留學，展開「東遊運動」。1905-08 年，有 200 多人赴日本。1907 年，根據日法協約，這批人被日本政府遣返，潘、阮又流亡異國。

禮部尚書潘周楨爲首的另一批文紳，主張在法國統治下完成民主國家。1905 年潘周楨回國後，力倡「民智」（啓蒙）與「民權」（民主）。潘佩珠批判他的構想是「既無民、何來主？」1907 年，潘周楨、梁于文等在河內開設「東京義塾」（北越古稱「東京」，不是日本的東京），模仿日本人福澤諭吉的「慶應義塾」，提倡新式教育，又到處演講。1908 年，中圻廣南、廣義省一帶農民抗稅，河內又發生 200 名法軍集體食物中毒事件。法國人把潘周楨等解送外島囚禁。

潘佩珠和王子流亡中國廣州（1911），辛亥革命建立中華民國後，大批越南人潛入廣州。不料 1912 年孫中山被袁世凱取代，國民黨一敗塗地，新的廣東都督龍濟光解散越南光復會，囚禁潘佩珠四年。1924 年 6 月 19 日，印支總督麥爾林訪問日本後，回程路過廣州法租借沙面，在歡迎會上被范鴻泰引爆炸彈未命中，范憤而投珠江自盡。1925 年，潘佩珠在上海被法國秘探綁架，11 月在河內被判終身監禁，1940 年病逝順化監獄內，象徵著越南文紳的民族資產階級民族運動的式微。

12. 蒙古第一次獨立的幻滅

蒙古（Mongols）泛指居住在蒙古高原的人，北接西伯利亞，東至大興安嶺，西抵阿爾泰山、準噶爾盆地，南鄰長城的寧夏、甘肅一帶。戈壁沙漠把蒙古分為漠北（外蒙）與內蒙（內蒙自治區，包括一部分滿洲），東滿的熱河、察哈爾、綏遠、鄂爾多斯等游牧民族，以及貝加爾湖畔的布里雅特人、伏爾加河下游的土爾扈特人、青海的和碩特人。

匈奴、鮮卑、突厥、柔然、回紇各族都曾經在蒙古高原活動，建立許多大帝國，並與中原的漢人展開 1,000 年以上的爭霸戰。1206 年成吉思汗自立，20 年內征服西夏、大金及中亞；他的子孫陸續征服了南宋、俄羅斯，建立元朝（1271-1368）及四大汗國。14 世紀元順帝逃回漠北；15 世紀，瓦剌族崛起，1449 年也先汗俘擄明英宗。16 世紀，俺達汗征服青海，同時皈依西藏喇嘛教。四世達賴喇嘛就是他的曾孫。

17 世紀，滿洲人征服蒙古各部，蒙古成為大清帝國的一部分。統治蒙古的，是政教合一的「哲布尊丹巴呼圖克圖」（最大活佛）。從第三世哲布尊丹巴起，都至西藏找轉世靈童。至 20 世紀，第八代哲布尊丹巴又稱為「博克多格根」（1870-1924），即「活佛中的最高者」。

俄羅斯
的野心

1860 年英法聯軍攻陷北京，俄國藉口調停，迫清廷簽《中俄北京條約》，搶走烏蘇里江以東 40 多

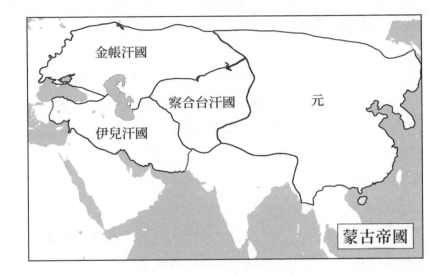

萬平方公里土地，並使俄國在蒙古地區享有免稅及自由貿易等特權，增設領事館。1864年，俄國又藉著《塔城條約》，一舉奪走巴爾喀什湖以東，唐努烏梁海為主的44萬平方公里土地。

1905年日俄戰爭後，日、俄在1907及1910年分別簽訂兩個密約，主要承認日本在朝鮮及南滿洲、俄國在外蒙及北滿的特殊利益。布里雅特人巴德瑪耶夫（1894-?）唸過彼得堡大學東方語言學系，在外交部亞洲司工作，當過兵，更成為沙皇亞歷山大二世的御醫。尼古拉二世支持巴德瑪耶夫侵略蒙古及西藏的計劃，訓練喇嘛做為間諜，潛入蒙、藏，最有名的是十三世達賴喇嘛的心腹阿旺・德爾智（也是布里雅特人）。他鼓吹十三世達賴建立西藏獨立國家，傾向沙俄。

巴德瑪耶夫更訓練「黑桃皇后」柳芭（那仁高娃）成為

蒙古活佛哲布尊丹巴（1896 年才 16 歲）的情婦。

從獨立
到自治 1911 年辛亥革命爆發。在此之前，8 月間，哲布尊丹巴已經派遣杭達多爾濟爲欽命外交大臣，率團抵彼得堡，尋求俄國支持蒙古獨立。沙皇尼古拉二世下令伊爾庫茨克軍區撥交步槍 15,000 支、騎兵軍刀 15,000 把、彈藥 750 萬發給活佛，並增派一營步兵及幾百名哥薩克騎兵進入庫倫。

1911 年 12 月初，清朝駐庫倫的大臣三多及其隨員被驅逐。12 月 28 日，哲布尊丹巴以成吉思汗三十世孫的資格宣誓登極，宣布外蒙自治，自稱「大蒙古國日光皇帝」，國號「共戴」。1912 年 11 月，《俄蒙協約》規定沙俄保護外蒙「自治」，代外蒙訓練軍隊，指導外蒙的外交。

中華民國臨時大總統孫中山，代表大漢沙文主義，宣稱要組織 50 萬大軍，「反擊沙俄的侵略，收復失地」。在北京的蒙古王公、貴族們，也聯合聲明贊成共和，「協同漢、滿、回、藏人民建立新中國」。

沙俄與袁世凱新政府展開談判，1913 年 10 月，雙方同意蒙古成爲中國的一個「自治國家」，但外蒙實際上淪爲沙俄的禁臠。1915 年 10 月，北洋政府派陳籙爲中國駐庫倫辦事大員。1916 年 7 月，根據《恰克圖條約》，中國總統黎元洪冊封哲布尊丹巴爲呼圖克圖汗。外蒙又淪爲中國的一個「地方」了。

獨立的
幻　滅

1917 年俄國十月革命後，羅曼諾夫王朝瓦解，哲布尊丹巴失去了靠山。日本一方面在 1918 年利用西伯利亞遠東區的白俄謝苗諾夫，建立大蒙古國；同時，3 月 25 日，日本又和北京政府議定《共同防敵換文》，使日軍進出北滿和外蒙。

1919 年 5 月，向西伯利亞推進的紅軍進駐恰克圖，潰敗的一部分白俄軍退入外蒙。7 月 30 日，紅軍進入庫倫追剿白軍。博克多格根政府只好向北京求援。北京政府派邊防軍一部進駐庫倫。1919 年夏天，駐庫倫鎮撫使陳毅與外蒙簽訂《改善蒙古未來地位的 64 條》，取消外蒙自治，外蒙由北京派來的將軍管轄。

1919 年 11 月，段祺瑞政府派徐樹錚進入庫倫，包圍活佛的宮殿及大臣邸宅，強迫巴爾馬多爾濟政府放棄自治，並請求把外蒙古併入中國版圖。11 月 17 日，外蒙向徐樹錚屈服，徐樹錚在 22 日公布：「鑒於外蒙古自治政府聲明，願無條件放棄自治，歸回中華民國的領導，本大總統（徐世昌）深感歡欣，並誠意接受，同時，滿足外蒙古原政府首腦哲布尊丹巴及各王公的要求，把外蒙古重新歸入中國的版圖。」

徐樹錚以西北籌邊使的地位，不費一槍一彈，就接收了外蒙的 9,000 支步槍，成為外蒙的太上皇。1920 年 7 月，中國爆發直皖軍閥內戰，皖系大敗，徐樹錚也下台。北京對庫倫的影響力再度鬆弛。

13. 美利堅帝國的擴張

膨脹　1803 年，美國以 1,500 萬美金，向法國購買 210 萬平方公里的路易斯安那，一舉擴大兩倍領土。1819 年，美國又用 500 萬美元，向西班牙收購佛羅里達。1823 年 12 月 2 日，門羅總統（J. Monroe, 1758-1831）發表《門羅宣言》國情咨文：「任何歐洲列強都不得干涉西半球的事務，否則就是對美國安全的威脅與不友好的行動。」他打著「美洲是美洲人的美洲」旗號，實際上把拉丁美洲看做美國自己的後花園，只許由它插手。1830 年代，大量美國人湧入新墨西哥。1835 年，美國策動德克薩斯搞「獨立」，建立「孤星共和國」，脫離墨西哥統治。接著，美國要求墨西哥把德克薩斯以西的新墨西哥和加利福尼亞賣給美國，遭墨西哥拒絕，1846 年，發動兩年美墨戰爭，迫墨西哥割讓領土的 55%（238 萬平方公里），以 1,000 萬美元賣給美國。此後美國一再向西、向上擴張。1867 年向俄國購買阿拉斯加（720 萬美元），1898 年奪占西班牙的夏威夷群島。歷經 125 年，1912 年亞利桑那州加入聯邦，至今有 51 個州。

獨立後，美國政府以 460 英畝為一個單位，每英畝一美元（1796 年提高為兩美元），三個月內付清。1820 年起的 30 年內，有 400 多萬人從東部向西部遷徙，把印地安人趕到密西西比河以西的荒漠去，從原先的 100 多萬人，被 Cowboy 獵殺到只剩下 24 萬人。

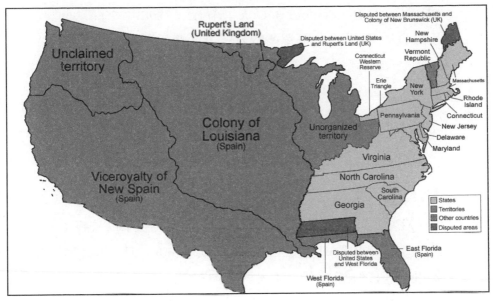

1789 年美國領土範圍

天命　1898 年 2 月 15 日，一艘美國戰艦在古巴哈瓦那港被炸沉。4 月 20 日，美國國會承認古巴獨立；24 日，向西班牙宣戰。5 月 1 日，美軍摧毀菲律賓馬尼拉港的西班牙太平洋艦隊。6 月 12 日，菲律賓人宣布獨立。7 月，美軍占領波多黎各。8 月 13 日，美西戰爭結束。12 月，簽訂《巴黎條約》，西班牙放棄古巴的主權（古巴於 1902 年獨立後，一直受美國控制），把波多黎各和關島割讓給美國，美國以 2,000 萬美元買下菲律賓。

　　1891 年，夏威夷女王 Lili'uokalani 繼位。150 名美國海軍，協助美國莊園主進軍火努魯魯（檀香山），推翻女王，

建立臨時政府，Sanford B. Dole 為總統。1898 年 7 月美西戰爭爆發以來，國會以簡單多數方式，通過併吞夏威夷。至此，美國一舉擁有 936 萬平方公里領土（目前為 9,826,675 平方公里，人口 31,889 萬）。

對於菲律賓人阿奎那多（E. Aguinaldo）的獨立運動，美國人殘酷屠殺反抗者，向叢林噴灑汽油，焚燒整個村莊。1901 年 3 月阿奎那多被俘，一些地區零星反抗至 1914 年左右。

在薩馬的一次衝突中，美軍一個連 74 人，有 47 人喪生，22 人受傷。屠殺印地安人的 Jacob W. Smith，下令把薩馬十歲以上居民統統殺光，11 天內焚燒村莊，殺死 39,000 人，連 13 頭牛也未能倖免。

這就是美國人自認的「天命」。

出賣古巴獨立　1868 年西班牙革命後，古巴律師塞斯佩德羅・卡斯蒂略在馬埃斯特山起義，宣布古巴獨立。1869 年，他被各省代表推為總統，宣布解放黑奴。這場獨立戰爭持續十年，獨立軍在亞熱帶叢林中打游擊。黑白混血的安東尼・馬塞奧，全家七兄弟和兩姊妹都加入戰鬥。他的名言是：「自由不是乞求來的，是靠刀槍贏得的。」1873 年總統被俘，1878 年雙方簽訂《桑洪條約》。馬塞奧不肯招受招安，流亡海外。1894 年在紐約遇見了何塞・馬蒂（José Julián Martí, 1853-95）。

19 世紀末，歐洲一些國家開始利用甜菜製糖，使古巴

的蔗糖失去歐洲市場（包括宗主國的西班牙在內），嚴重打擊古巴的經濟；古巴糖更加仰賴美國市場。1894 年，美國提高蔗糖進口關稅，古巴經濟更是雪上加霜。

馬蒂出生在哈瓦那的貧苦西班牙移民家庭，父親當過砲兵上士。他 15 歲就創刊《自由祖國》，16 歲參加革命而被捕，18 歲被流放西班牙，在大學攻讀法律和哲學，並鍛鍊出優美雄渾的詩筆。1874 年底，馬蒂重返美洲，漂泊於墨西哥、瓜地馬拉各國。1878 年馬蒂潛返古巴，翌年又被捕，1880 年逃亡美國。1881 年，他在加拉加斯創刊《委內瑞拉》報，宣揚革命，被驅逐出境，流亡紐約。1880 年代起，他在美國向古巴僑民宣傳革命。1892 年 4 月，他在紐約建立了古巴革命黨。

馬蒂堅持革命必須通過廣大人民群眾的鬥爭，他指出：「古巴革命黨的建立，是為了團結一切有善良願望的人們的力量，實現古巴島的完全獨立。」他更莊重地宣布：「古巴人寧願放棄生命，也不願放棄自由！」

馬蒂用菸草工人捐款，創辦黨機關報──《祖國報》。為了準備革命，馬蒂奔走於巴拿馬、哥斯達黎加和墨西哥各地，籌募資金，購買武器。他還到多明尼加會晤戈麥斯將軍，請他領導解放軍。1894 年聖誕節，馬蒂擬定從佛羅里達開出三艘船進攻古巴，其中阿瑪迪斯號去哥斯達黎加迎接馬塞奧的人馬。當一切就緒時，卻有叛徒向美國政府告密，當局立刻沒收了船上的武器裝備，扣留船隻。

1895 年 1 月 29 日，馬蒂在紐約簽署了在古巴國內起義

的命令。2月7日，他隻身去多明尼加，會見了戈麥斯。24日，古巴人民起義，焚燒殖民者的蔗園和糖廠，「獨立或死亡！」的口號，響徹全島。

4月1日，馬蒂和戈麥斯等人從多明尼加啓程，在加勒比海上航行了十天十夜。11日深夜11點，他們在東方省南部的普拉伊斯登陸。馬塞奧也在4月1日於東方省北部的杜阿瓦海灘登陸。5月5日，他們終於在聖地牙哥會師。

5月19日晌午，西班牙大軍向多斯·利奧斯的起義軍發動突襲，馬蒂騎著戰馬上陣，被三顆子彈打進胸膛，當場壯烈犧牲。他生前在自己的詩劇《阿布拉達》中寫下誓言：「在捍衛祖國的戰鬥中英勇地死去，這樣的死是多麼香啊！」

戈麥斯和馬塞奧繼續戰鬥，從古巴島東端打到西端。1896年初，新上任的「屠夫」總督魏勒爾把人民遷往軍隊設防的城鎮，以切斷人民對起義軍的給養。馬塞奧陣亡，戈麥斯繼續指揮戰鬥。1898年，起義軍已解放2/3的土地，對哈瓦那形成包圍態勢。正當古巴人民的獨立解放戰爭即將贏得最後勝利的關鍵時刻，美國突然插手進來了。

美國扼殺古巴獨立　美國在1893年征服夏威夷以後，就積極準備奪取古巴和菲律賓了。1896年，共和黨公然把「解決」古巴問題列入黨綱。參議員貝弗里治（Beveridge）公然揚言，要把美國的法律、秩序、文明及美國國旗，在世界各個角落豎立起來。美國早就想染指古巴了，因爲它距離美

國的佛羅里達州只有 90 英里。美國國務卿亞當斯早就宣稱：「古巴脫離西班牙以後孤立無助，只能倒向美國。」英、法反對美國的野心，1852 年提議三國共同發表永遠放棄占領古巴的聲明，被美國拒絕。1853 年，皮亞士總統下令駐西班牙公使以 13,000 萬美元向西國購買古巴，遭到拒絕。

1898 年 1 月，緬因號駛往哈瓦那；2 月 15 日，這艘兵艦被爆炸，美國人找到出兵的藉口；4 月 25 日對西班牙宣戰。20 萬西班牙軍隊被古巴人牽制住，在菲律賓也爆發獨立戰爭。美國打贏，12 月 10 日在《巴黎和約》上強迫西班牙承認古巴獨立，割讓波多黎各、關島和菲律賓給美國，開始派兵進占古巴，實施四年的軍事管制。1901 年，更強迫古巴人接受美國模式的憲法草案，老美並不滿意，更提出《普拉特修正案》（Platt Amendment），強迫古巴人同意：「美國為保衛古巴的獨立，為維持一個足以保障公民生命財產的政府……有權干涉古巴。」並規定美國有權在古巴建立軍事基地，還監視古巴的外交，把古巴納為保護國。關達那摩基地就以每年 3,386 美元租給美國。

美國在古巴大種甘蔗（占 1/2 的耕地面積），6 萬公頃的土地種菸草，古巴成為美國的農場。1906 年 8 月，古巴爆發反對賄選總統的起義，老羅斯福總統派兵公然介入古巴，並以 Taft 及 C. Morgan 為總督，直到 1908 年底自由派的新總統上任才撤軍。

此後美國一直是古巴的老闆，直到 1960 年古巴革命爆發。

巴拿馬運河 巴拿馬在 1830 年以前屬於大哥倫比亞共和國，後來又加入新格瑞那達共和國（即哥倫比亞）。1849 年，美國與格國簽約，取得自由通過巴拿馬地峽的權利，並修築了一條鐵路。1855 年，48 英里的鐵路完工，付出 9,000 名勞工的生命代價。

1878 年，開鑿蘇伊士運河的法國人李希普又開鑿巴拿馬運河。歷經十年，尚未完成原定工程計劃的一半，終於放棄。美國打算承接，但法國公司卻索價 1.09 億美元，令美國人打退堂鼓。美國國會一方面通過不超過 0.4 億美元承購巴拿馬運河股票的法案（1902），又同時向哥倫比亞施加壓力。1903 年 1 月 22 日，根據《海—艾爾朗條約》，哥國把六英里寬的運河地帶租給美國 99 年，美國一次付給哥國 1,000 萬美元，九年後每年付 25 萬美元。哥國人民在 1903 年 8 月迫參議院否決此一條約。

新運河公司的代理人威廉・克倫威爾律師及大股東（法國人）布諾瓦里亞焦慮不已，游說美國出兵。1903 年 11 月 3 日下午，巴拿馬發生政變，巴拿馬總督早被美金收買，駐軍紛紛倒戈。4 日，巴拿馬宣布獨立；5 日，布諾瓦里亞成為美國代表及談判全權公使。

雙方同意運河「永久中立」，美國保證並將維持巴拿馬的獨立，再把六英里的運河範圍擴大為十英里寬，把 99 年租期改為「永久使用、占領和控制」。

對於西方列強與日本瓜分中國勢力範圍，分不到一杯羹

的美國，在 1899 年 9 月 6 日公布《中國門戶開放照會》，主張不干涉中國領土及主權，但又一方面承認列強在中國的勢力範圍和租界地。沒有一個國家有具體的反應，國務卿海約翰樂得放空槍。

第四章

歐洲被壓迫民族的解放

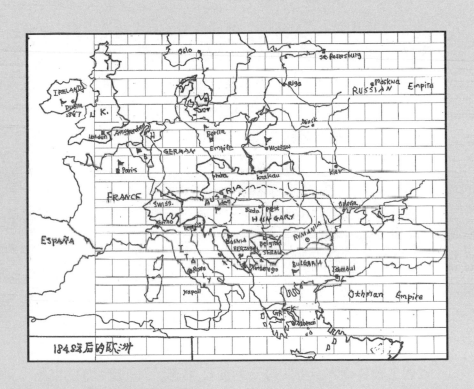

1848年后的欧洲

| 歐洲民族之春 | 1848 年 2 月巴黎革命和 3 月維也納革命的衝擊，推動了東南歐各被壓迫民族的解放運動。馬扎爾人（匈牙利）和捷克人（西斯拉夫族）起來反抗奧地利哈布斯堡王朝統治；羅馬尼亞人起來反抗俄、奧、土耳其；波蘭人起來反抗俄、奧、普魯士，各被壓迫民族爭取獨立的烽火燎原，但都功敗垂成。 |

1. 匈牙利起義

| 馬扎爾人 | 馬扎爾人（Magars）屬於芬蘭─烏戈語系一支，生活在烏拉爾山西麓和伏爾加河一帶，不是中國人誤稱的「匈奴」。5 世紀間，馬扎爾人向西南遷徙；445 年，「上帝的鞭子」阿提拉（Attila, ?-453）崛起，三次進攻拜占庭，451 年深入高盧（法國），452 年侵入義大利；這一支後來四散在歐洲。 |

9 世紀末，馬扎爾人又越過喀爾巴阡山脈，進入匈牙利平原，和阿提拉的後代混居，並同化了當地的斯拉夫人。972 年，始由蓋薩（Géza, 972-97 在位）一統各部，接受基督教的洗禮。他的兒子聖·伊斯特萬一世（St. Stephen I, 997-1038 在位）在 1000 年加冕為匈牙利國王。11 世紀，匈牙利征服了斯洛文尼亞、克羅地亞及特蘭西瓦尼亞（羅馬尼亞）。1222 年，安德拉什二世（1205-32 在位）被迫賦予貴族各種特權（金璽詔書）。1241-42 年，一度被蒙古軍占領。1308 年，那不勒斯安茹王朝的查理·羅伯特（查理一

世，1308-42 在位）重建軍隊，鞏固王權。14 世紀末，匈牙利大亂，外有鄂斯曼土耳其的侵凌。1396 年，Sigismund（1387-1437）在 Nicopolis 被土耳其擊敗。小貴族雅提亞諾什（1407-56）於 1456 年率匈、波蘭、捷克、德意志騎士組成的三萬大軍，在貝爾格勒擊敗蘇丹穆罕默德二世的十萬土軍，其子 Matthias Corvinus（1458-90 在位）執政時國力鼎盛。但 1526 年 8 月鄂斯曼軍在莫哈奇（Mohács）擊殺了路易二世。1541 年，土軍占布達，併吞匈牙利中部及南部大片土地達一個半世紀。

　　此後匈牙利貴族推舉哈布斯堡的裴迪南一世兼爲匈牙

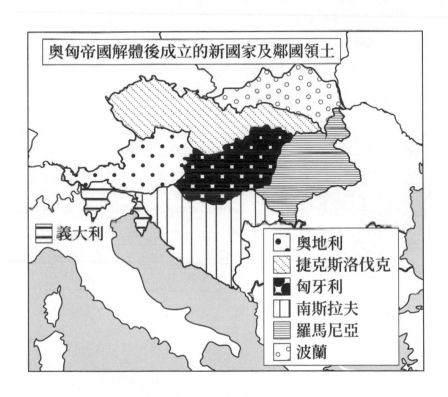

奧匈帝國解體後成立的新國家及鄰國領土

義大利

奧地利
捷克斯洛伐克
匈牙利
南斯拉夫
羅馬尼亞
波蘭

利王。1683 年 7 月，土軍兵臨維也納；1686 年奧、波蘭、俄、威尼斯結盟才扭轉戰局，1697 年大敗土軍。1699 年 1 月 26 日《卡羅維茨和約》後，奧獲得匈牙利大部分地區及特蘭西瓦尼亞、克羅地亞、斯拉沃尼亞等地。德意志官僚和天主教士橫行，馬扎爾人不滿情緒日益昂揚。1703 年，特蘭西瓦尼亞人 Rákóczi Ferenc（1676-1735）爭取獨立運動；1711 年被鎮壓。1711 年，在《索特馬爾和約》中，規定匈牙利爲奧地利「不可分割的一個省」。奧女皇 Maria Theresa（1713-80）對擁立她的匈牙利貴族心存感激，特別禮遇他們，賦予匈牙利貴族特權及信仰自由，中小領主可以自治，完全是「一國兩制」。由於土耳其的入侵，馬扎爾人人口銳減，而塞爾維亞人、克羅地亞人、羅馬尼亞人、斯洛伐克人、德意志人及外喀爾巴阡的烏克蘭人迅速移入。1780 年，馬扎爾人才占總人口的 40%，但仍是多數。

民族文化復興運動　受 18 世紀法國啓蒙主義思想的衝擊，在中歐激起了一種探究各種口語及方言特徵的精神的運動。所以民族主義的旗手們，並不是首先爭奪拒馬的浪漫革命家，而是爭論正字正音的語言學家和詞典編輯者。[1]

　　奧皇約瑟夫二世規定，德語爲匈牙利唯一的官方語文，引起馬扎爾人的反感，並激發了馬扎爾語文復興運動。首先有考津齊・費倫茨等在 19 世紀整理母語及文法，激發了匈

1　Alan Palmer, *The Lands Between* (New York: Macmillan, 1970), p. 28.

牙利民族意識。小貴族科蘇特（Kossuth Lajos, 1802-92）主張民族自治、實施普選，因攻擊政府而被判刑四年（1837），1841 年又創刊《佩斯報》，鼓吹民族主義。

奧國最終同意，匈牙利語取代拉丁語及德語，成為官方語文；大學首先設立研究室，中學生必須主修匈牙利語。1836 年，匈牙利語成為法律語言；1844 年，再成為國語。1842 年，500 萬人的馬扎爾人對其他 700 萬人的各民族形成壓迫民族，反而刺激了 200 萬羅馬尼亞人、150 萬斯洛伐克人、100 多萬塞爾維亞人、50 萬烏克蘭人的民族意識，他們各自堅持講母語，發行母語報紙，進而爭取各自的權利。

民族
之歌　1848 年 3 月，維也納人趕走反動的首相梅特涅。3 月 15 日，詩人裴多菲（Petőfi Sándor, 1823-49）領導市民、學生在佩斯起義，人人朗誦他寫的詩《民族之歌》：「起來，匈牙利人，祖國正在召喚！是什麼時候了，現在幹，還不太遲！是做自由人，還是做奴隸？你們自己選擇吧，就是這個問題！」群眾則激動地回答：「向匈牙利人的上帝宣誓，我們宣誓，我們宣誓：我們不再繼續做奴隸！」

　　3 月 17 日，匈牙利貴族成立內閣，科蘇特當財政部長，迫奧國接受匈牙利的條件，但不脫離奧國。克羅地亞人乘機想掙脫馬扎爾人的統治，向奧國效忠，9 月 4 日進攻馬扎爾人兵敗。1849 年 5 月，馬扎爾人光復布達佩斯。沙皇尼古拉一世痛斥匈牙利人不僅是奧國的敵人，更是擾亂世界安寧秩序的暴徒和強盜。14 萬俄軍於 5 月 27 日入侵，匈軍總司

令戈爾蓋和投降派出賣科蘇特，8月迫他流亡。詩人裴多菲
陣亡，臨走前留下《告別》給妻子尤麗亞：

> 不是爲了追求榮譽才離開妳，
>
> 妳把幸福的玫瑰插在我的頭上；
>
> 不是爲了桂冠我才把妳丟在家裡，
>
> 是爲了祖國，我才奔赴戰場。

　　奧國官僚直接統治匈牙利，1866年奧國被普魯士擊敗，
回過頭來優待馬扎爾貴族，1867年建立奧匈帝國，奧皇兼
爲匈牙利王及帝國元首，匈牙利有自己的國會、政府、憲法，
開始「一國兩制」。600萬馬扎爾人統治750萬不同的民族，
下議院400席中，少數民族只有10席。1890年12月，匈
牙利總工會黨改爲「匈牙利社會民主黨」（SZDP），一直
無法在選舉中有所作爲。1914-18年，匈牙利捲入第一次世
界大戰慘敗，反動派首相迪薩被人民處死。1918年11月16
日，卡洛伊伯爵宣布脫離奧國，獨立爲匈牙利共和國。

2. 捷克與斯洛伐克民族運動

西斯拉
夫　族　斯拉夫人（Slavs）起源於歐洲南部多瑙河流域，
公元前1000年散居於歐洲中部及東部平原上，西
起易北河，東至頓河、奧卡河、伏爾加河上游，北起波羅的
海地區，南至喀爾巴阡山麓。古羅馬人稱他們爲東斯拉夫族

（Antes）和西斯拉夫族（Venedi）。東斯拉夫人從第聶伯河向東、向北進入波羅的海沿岸、芬蘭地區及伏爾加河上游的森林地帶，逐漸形成了俄羅斯、烏克蘭、白俄羅斯三個民族。西斯拉夫人溯易北河和多瑙河而上，湯特人占領奧德河西部和當前波蘭的波美拉尼亞的卡舒；捷克人占領波西米亞；斯洛伐克人占領喀爾巴阡山南麓的斜坡地帶；波蘭人從奧德河支流的瓦塔河出現，最終占領了整個維斯瓦河流域。南斯拉夫人則在6世紀時突破多瑙河防線，進入東羅馬（拜占庭）帝國境內，促使伊利里亞、保加利亞、馬其頓和大部分希臘地區斯拉夫化；克羅地亞人從波蘭南部進入薩瓦河及達爾馬提亞沿岸；塞爾維亞人占領了德拉瓦河、薩瓦河和多瑙河三大河流的交匯處；斯洛文尼亞人則定居於德拉瓦河。

　　捷克人和斯洛伐克人定居於波希米亞、摩拉維亞與斯洛伐克地區，7世紀間逐漸形成兩大民族。斯洛伐克人於

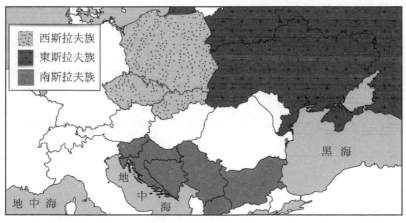

以斯拉夫人為主體民族的國家

宗教改革家胡斯 (Jan Hus) 被羅馬教會判決爲
異端並以火刑焚死

1037 年被匈牙利征服，直到 1918 年爲止，完全是另一個地域上的民族。捷克人定居於原來克爾特人居住的波希米亞，830 年曾出現一個強大的大摩拉維亞王國，勢力遍及斯洛伐克及一部分的塞爾維亞與波蘭。895 年，波希米亞人獨立。906 年，匈牙利消滅了大摩拉維亞國。10 世紀，Borivoj 一世以布拉格爲中心，建立了布拉格公國，後來淪爲德意志人的附庸。德意志人從 12-13 世紀以來大量移入波希米亞，控制了產業、教育、教會，並使捷克貴族日益德意志化及講德語。1306 年普熱什米王朝斷絕，四年後，德意志盧森堡王朝的亨利七世娶了捷克公主，進而統治了波希米亞。

| 胡斯 戰爭 | 胡斯（Jan Hus, 1372-1415）一向宣揚英國人 Wycliff |

胡斯（Jan Hus, 1372-1415）一向宣揚英國人 Wycliff 的宗教改革理念，後來成爲卡列爾大學校長，當時捷克教士反對用拉丁文傳教，堅持使用母語。1412 年，羅馬教皇約翰二十三世爲籌措軍餉，強迫捷克人購買贖罪券，胡斯反對而被趕出布拉格。1414 年，胡斯被召至康茨坦茨宗教會議時，公然宣稱：「爲了捍衛聖經揭示給我的眞理，我寧願選擇死亡！」1415 年 7 月 6 日，胡斯被焚死後，骨灰灑到萊茵河上。憤怒的捷克人攻打教會、修道院，貴族也乘機搶占德意志人的土地。1419 年 7 月 22 日，約 42,000 名農民及貧民，在南部的塔波爾（Tabor）山上，建立原始共產主義公社。30 日，布拉格人把 80 名德意志貴族和教士扔出窗外，由群眾用長矛刺死，引爆了胡斯戰爭。

　　窮人的「塔波爾派」要求平分土地和財產；城市中產階級的「聖杯派」，主張理性和平，暗中勾結羅馬教廷。1420 年，教皇馬丁五世號召十字軍進攻波希米亞。神聖羅馬帝國皇帝西吉斯孟，率領四萬大軍入侵，7 月被捷克人擊退。1424 年，塔波爾派領袖 John Ziska 死於鼠疫。1433 年，教會和聖杯派妥協，允許他們不必歸還已占領的教會財產。1434 年 5 月，德意志各邦諸侯和聖杯派聯手。1436 年，聖杯派的貴族波杰布拉迪的喬治，爬上了捷克的王座，翌年消滅了塔波爾派。

　　1526 年，土耳其軍侵入匈牙利，波蘭人的匈牙利王兼波希米亞王拉約什二世，在莫哈奇戰敗逃走時溺死。匈牙利貴族公推奧國哈布斯堡王室的裴迪南一世爲匈牙利王，不久

他又當選爲德意志帝國皇帝，捷克和斯洛伐克再度被哈布斯堡王室統治。捷克的路德教和胡斯教派備受天主教迫害。1618 年，波希米亞貴族憤而將兩名欽差丟出王宮的窗外，宣布捷克獨立。1620 年 11 月，奧軍在布拉格郊外的白山大敗捷克軍，捷克再次淪亡。

<u>民族</u>
<u>覺醒</u>　19 世紀時，多布羅夫斯基重新肯定農民講的母語，容格曼致力編纂辭典，帕拉茨基（F. Palacky, 1798-1876）寫《捷克民族史詩》。1775 年，女皇 Maria Theresa 批准維也納大學內開設捷克語文課程，16 年後布拉格大學才開這門課。斯洛伐克新教徒詩人 Jan Kollar 的作品，也充滿了反抗馬扎爾語的情懷。

　　1848 年 3 月 11 日，捷克人在聖瓦茨拉夫廣場集會，討論民族前途的問題。4 月 11 日，捷克人出席新德意志帝國會議時，聲明他們不是德意志人，自己身上流的是斯拉夫人的血，「儘管我們的民族還很弱小，但已經向世界展現自己存在的主張了！」斯洛伐克人也拒絕出席匈牙利立憲會議，換來的代價是慘遭馬扎爾人的血腥鎮壓。

　　1848 年 6 月 10 日，布拉格大學生要求奧軍撤走，12 月引爆示威暴動，五天後被哈布斯堡王朝鎮伏。奧國深知境內的克羅地亞人、波蘭人、捷克人、斯洛伐克人的不服，1866 年又被普魯士老弟擊敗，回過頭來和馬扎爾人握手，共同壓制斯拉夫人。1867 年成立奧匈雙元帝國，奧皇兼爲匈牙利王和帝國元首。600 萬匈牙利人統治 700 萬各族，將斯洛伐

克人及羅馬尼亞人置於腳下；捷克仍由奧國哈布斯堡王朝統治至 1918 年。

3. 波蘭亡國恨

三次亡國 9 世紀起，波蘭人、捷克人、斯洛文尼亞人和克羅地亞人接受拉丁系天主教；保加利亞人、塞爾維亞人和俄羅斯人接受拜占庭（東羅馬帝國）的希臘正教。10 世紀時，畢雅斯特家的梅什科一世成為波蘭國王。1025 年，波列斯瓦夫一世加冕為波蘭王。13 世紀，蒙古軍於 1241、1259 及 1287 年三次侵略，波蘭幾乎淪為廢墟，各地諸侯割據，城市則被德意志貴族控制。

1386 年，為了共同抗拒 12 世紀末入據普魯士的條頓騎士團（Deutscher Orden），立陶宛大公 Lagiro 娶了 12 歲的波蘭公主雅德嘉維而改信天主教，稱瓦迪斯瓦夫二世（1386-1434 在位），建立了波蘭立陶宛王國。1410 年，他擊敗了條頓騎士團。1525 年，騎士團改還俗信路德教，稱普魯士公國，向波蘭立陶宛王國稱臣。

然而貴族占王國人口的 1/10 左右，大貴族控制元老院，中、小貴族據有下議院。1569 年，波、立在盧布林簽訂合併條約，成立波蘭共和國，兼併了烏克蘭和白俄羅斯，遷都華沙，人口 750 萬，面積 55 萬平方公里，僅次於俄國，為全歐第二大國。

貴族間鬥爭不休，1572 年齊格蒙二世死後無嗣，貴族

互相妥協，選法國人亨利為波蘭王，並制定了「亨利條款」，
即國王由貴族選舉產生，每兩年召開一次國會，徵兵、媾
和、外交、宣戰須經國會同意，否則貴族可以不服從國王的
命令。直到 1795 年，11 個國王中，有 7 個是外國人。

　　俄羅斯人、瑞典人在 17 世紀相繼入侵，國內烏克蘭人、
白俄羅斯人、哥薩克人不斷起義，加上疫病肆虐，波蘭損失
1/3 的人口。18 世紀，波蘭又慘遭俄、普魯士和奧地利三國
三次瓜分（1772、1793 及 1795 年），波蘭小貴族憤而一再
反抗，然而反動貴族卻在 1792 年「邀請」十萬俄軍進入華
沙，消滅本土政權。波蘭國土一再被瓜分，尤其俄羅斯人更
加殘暴和搶掠。1795 年 1 月第三次瓜分後，俄國總共瓜分
波蘭土地的 62%，普國得到 20%，奧國也瓜分 18%。1797 年，
三個外來政權規定波蘭人只能選擇一個國籍，加強同化占領
下的波蘭人。

　　流亡在歐洲的波蘭人寄望拿破崙，然而拿破崙在
| 有機的 |
| 努　力 |
1807 年卻派薩克森王奧古斯特為華沙公國的國
王。十萬波蘭人隨拿破崙入侵俄羅斯，率先攻下莫斯科，
並在敗退時擔任殿後的掩護工作，只剩下兩萬人回家。
1815 年維也納會議上，華沙公國又被分為四塊，即 81%
建立波蘭王國，以俄國沙皇為國王，普、奧也分占其他地
區。

　　波蘭人在異族的鐵蹄下，度過 123 年的漫漫黑夜。他們
從未停止反抗，前仆後繼、不屈不撓。哲學家亞當・夏夫

（Adam Schaff, 1913-2006）自豪地指出：「每一代的波蘭人都爲祖國獨立而流過鮮血，每一個人都是隨時準備爲祖國戰鬥、爲祖國獻身的造反者。」[2]

1830 年，巴黎七月革命的大風吹到了波蘭；11 月 29 日，華沙的士校學生起義成功，卻被大貴族奪取革命成果。1831 年 1 月，宣布波蘭獨立，沙皇的大軍反撲，大貴族、大地主袖手旁觀，民族起義失敗。十萬俄軍再度踐踏波蘭這塊苦難的土地，把九萬名小貴族和家屬流放至西伯利亞。

此後 1846 年（克拉科夫）、1848 年（波茲南）和 1863 年 1 月的起義，都倒在俄軍的鐵蹄下。波蘭資產階級知識分子在 1830-50 年代掀起了「有機的努力」（Praco Organiczna）運動，提倡振興民族產業、保護民族文化，但他們普遍懷疑暴力革命的可能性。

1861 年，彼得堡大學和參謀學校的波蘭學生、軍官，暗中組織了「紅黨」，聯絡俄國革命民主主義者赫爾岑。1863 年 1 月，紅黨領導 6,000 人起義，赫爾岑號召駐波蘭的俄軍響應。赫爾岑說：「我們希望波蘭獨立，因爲我們希望俄國自由。我們和波蘭人站在一起，因爲同一條鎖鏈把我們兩個民族鎖在一起。」

義大利民族英雄加里波底的兒子，也爲波蘭獨立而戰死沙場。堅持一年半的一月起義，有 3,000 人陣亡，1,500 人被俄軍吊死，9,000 人流放西伯利亞（其中包括幾百名神

2　夏夫，《處在十字路口的共產主義》（1981），附錄〈波蘭的教訓〉。

父）。沙皇毫不容赦地把波蘭王國改爲「維斯瓦邊區」，實施戒嚴，由波蘭總督兼華沙軍區司令，法院、學校、教會禁止使用波蘭語文，學童在校講母語要受處罰。科學家居里夫人永遠記得，她每天早晨被迫用她最憎恨的俄語背誦祈禱文，以及一大堆俄國歷代統治者的名號。台灣人也有同樣深刻的屈辱和感受。

波蘭人有自己的語文和文化。15 世紀時，克拉科夫校長弗沃德茨（?-1435）就主張：「各民族，即使是異教徒，也擁有自己的土地及自由生存的權利。」他是捷克異端胡斯的親密戰友。散文家賴伊（Rey, 1505-69）主張：「波蘭人不是呆頭鵝，有自己的母語。」哥白尼更是波蘭人的驕傲，他堅持地球和其他星球都環繞太陽運轉，徹底打擊了千年來的教會神學，解放了近代科學及人文思想。

詩人密茨凱維茨（Adam B. Mickiewicz, 1798-1855）在 1832 年發表《先人祭》，向諸神質問：

回答吧，我向您攻擊，
儘管不能粉碎您，
也將使您的國家震搖。
創造主的全域響起了大聲的吼叫，
這個吼叫聲將一代一代地響徹著，
聽吧！您不是世界之父……
惡魔的聲音──沙皇！

1968 年 1 月，這齣劇本在華沙公演，場場爆滿。波蘭人對俄羅斯老大哥的百年恩怨，一直埋藏在每個人的心底。

　　浪漫鋼琴詩人蕭邦，1831 年聽到祖國起義失敗的惡耗，憤而譜曲出《C 小調鋼琴練習曲》，又名《華沙的陷落》或《革命練習曲》。

　　教會扮演維繫民族傳統文化的地位，波蘭神父暗中用母語向農民傳教。大學生教中學生母語，中學生又教小學生。每個波蘭母親在家裡向子女講母語。波蘭語文和文化就在異族壓制下繼續茁壯。

　　俾斯麥在 1861 年寫信給他姐姐說：「毒打波蘭人，讓他們失去生活的尊嚴，我本人倒也同情他們，但別無選擇，只有把他們消滅。」德語區的波蘭人也備受迫害。波蘭人並沒有倒下去，他們互相勉勵：「爭取我們和你們的自由！」

　　密茨凱維茨的《青春頌》（1827）也一直在苦難的波蘭人心底迴響：

聯合起來，朋友們，聯合起來！
不管這條路的崎嶇和坎坷，
不管暴力和軟弱阻擋著前進，
我們要以暴力抵抗暴力，
軟弱啊，幼小時候就該知道怎麼戰勝。

4. 巴爾幹半島的民族解放運動

巴爾幹半島 巴爾幹（Balkan）即土耳其語「森林覆蓋的山脈」，自古早已孕育出半島南端的希臘文明，產生了征服埃及與亞洲的亞歷山大帝國，後來終被羅馬帝國征服（148-146 BC）。

6 世紀歐洲民族大遷徙時，以匈牙利平原爲基地的阿瓦人把倫巴第人趕入義大利，後者又把拜占庭人趕走。阿瓦人也把斯拉夫人趕向巴爾幹半島，斯拉夫人又把伊利里亞人（阿爾巴尼亞人）及達契亞人（羅馬尼亞人）趕入深山。此後，融有芬人、烏克蘭人和土耳其人血統的保加利亞人的一支，在 679 年越過多瑙河，進入巴爾幹，建立了保加利亞王國。

留在巴爾幹半島的斯拉夫族，及分布在黑海西岸的保加利亞人，統稱「南斯拉夫人」。7 世紀後，他們受到保加利亞人、阿瓦人、法蘭克人及拜占庭人的分割統治。拜占庭承襲了希臘文化，西羅馬帝國繼承了拉丁文化。11 世紀初，東西教會分裂；東部教會以基督教正統自居，稱「東正教」（Eastern Orthodox Church）；西部教會強調普世性，稱爲「公教」（羅馬天主教，Catholic）。巴爾幹半島上的各民族，也因此形成接受東正教的塞爾維亞人、蒙德尼哥羅人和天主教的克羅地亞人與斯洛文尼亞人。

斯洛文尼亞人在 8 世紀建國，後來被德意志人的東法蘭克國消滅（843）；克羅地亞國在 1120 年被匈牙利併吞；保

加利亞王國在1014年被拜占庭征服。斯特芬・杜尚（1331-55在位）一度征服了保加利亞、馬其頓、阿爾巴尼亞，占領（希臘）伊庇魯斯、帖撒里亞，打敗匈牙利，幾乎統治了巴爾幹半島的 2/3。他死後，帝國瓦解。1384 年，土耳其控制保加利亞。1389 年 6 月 28 日，鄂斯曼土耳其軍大敗塞爾維亞與波斯尼亞等國聯軍於科索沃，巴爾幹半島淪爲土耳其的獵場。1396 年起，匈牙利人的反抗也告幻滅，巴爾幹各族在土耳其蘇丹指揮下屠殺馬扎爾人。1453 年，土耳其征服拜占庭，1459 年征服塞爾維亞，1463 年征服波斯尼亞。1469-1526 年，土耳其攻略斯洛文尼亞 45 次。1479 年，土耳其和

① 阿爾巴尼亞
② 蒙德尼哥羅
③ 波斯尼亞黑塞哥維那
④ 克羅地亞
⑤ 塞爾維亞
⑥ 科索沃
⑦ 北馬其頓
⑧ 希臘
⑨ 羅馬尼亞
⑩ 保加利亞
⑪ 土耳其

巴爾幹半島國家

威尼斯瓜分了阿爾巴尼亞。1482 年，土耳其征服了黑塞哥維那，1493 年徹底摧毀克羅地亞軍。此後匈牙利又被土耳其征服（1526）；唯一僥倖的是蒙德尼哥羅（黑山），因為山地險峻而沒被征服。巴爾幹半島歷經土耳其 270 年的征服戰爭，淪為土耳其帝國的殖民地，劃入魯姆利亞省，首府設於保加利亞的索菲亞，波斯尼亞、科索沃和阿爾巴尼亞人都改信伊斯蘭教。

希臘獨立戰爭 土耳其統治希臘近四百年，把基督徒叫做「牲畜」（ragah）。希臘人每家 5 個男孩，必須抽一名 10-15 歲的男孩充當帝國的近衛軍（yenitseheri），將他們割包皮，從小訓練成穆斯林，直到 1826 年才廢止。鄂斯曼帝國以 millet 制，允許巴爾幹及亞美尼亞各族享有自己的宗教自治體。圍繞在伊斯坦堡教區大主教身邊的貴族、豪商，以經濟上的優勢壟斷了商業活動；教會儘管淪為外來政權的壓迫工具，但又同時保存了古希臘文化、藝術及希臘主義的傳統。

希臘人在帝國行政部門，逐漸比其他巴爾幹各族占優勢。17 世紀起，塞薩洛尼基、都拉斯、君士坦丁堡（伊斯坦堡）各大商業城市興起，加上義大利的威尼斯、熱內亞、比薩、利伏諾都聚集了希臘人。他們在西歐學習國際語言，掌握了第一手情報，有些大家族脫穎而出，逐漸取得土耳其帝國的官職，號稱「法納爾人」（Phanariots）。他們縱橫歐洲各港口，並影響東正教主教的選舉。

　　法納爾人是土耳其帝國的代理統治工具，成爲公爵、主教，一方面疏離了自己的希臘下層民眾；另一方面又被羅馬尼亞人、南斯拉人視爲和土耳其一樣的壓迫者。

　　18 世紀初，奧、俄、法勢力進出巴爾幹半島和希臘。這時希臘人幾乎掌控了巴爾幹內部的商業活動，他們的商船在 1774 年俄土戰爭後可以懸掛俄國國旗。伯羅奔尼撒半島的工業發達，出現一批新興的資產階級，成爲地方士紳和土豪。另一方面，土耳其人爲了鎮壓希臘的山賊（Klepht），驅使一批民兵（阿瑪托里）去剿匪，不料這批民兵形成反土耳其統治的力量，與土匪、法納爾人形成三位一體，既聯合又鬥爭。一批傑出的學者也開始追憶祖先的光輝文化與歷史，嚮往法國大革命。生於土耳其安那托利亞的 Adamantios Korais（1748-1833），寫了 17 卷的《希臘書架》，奠定了近代希臘獨立運動的啓蒙基礎。他主張重新學習古典主義，重新教育希臘人，重新保存文化尊嚴，進而產生擺脫野蠻和枷鎖的進取心，使希臘人進入現代西洋世界，找回自尊，才會獻身於解放自己的事業。

　　教會致力重振母語傳教。1866 年，始有第一所希臘語學校座落於品都斯山脈的 Ventista（Amarantos）。19 世紀最後 25 年（希臘已獨立後），巴爾幹半島湧現了一些保加利亞人和其他斯拉夫族的學校，更加刺激了希臘人努力在遺忘希臘語的地區傳播母語和文化的運動。

　　1814 年，三名在奧德薩的希臘商人成立了「友誼社」（Filiki Etaria），向歐洲的共濟會學習，入會者必須宣誓守

密，只知道自己的上司和下屬，絕對服從上司的命令，犧牲生命在所不惜。他們從俄國以匿名方式發出宣傳品；1818年將總部遷至伊斯坦堡，但俄國人並未如預期地幫助他們。1821年3月，友誼社發動起義，農民及神甫都響應。9月23日，起義軍控制了伯羅奔尼撒半島。1822年1月1日，第一屆國民大會宣布希臘獨立。歐洲各地青年（尤其是英國詩人拜倫）狂熱地成立「全希臘主義委員會」，奔向希臘助陣。希、土雙方互相報復性地屠殺對方。

希臘人被勝利衝昏了頭，各自爲政。第一任總統 A. Mavro-Cordatos 無法運作，歐洲列強也不承認這個新政府。他只能退回邁索隆吉翁，搞一個空頭政府。1823-24年，希臘人自相殘殺。1825年1月，埃及軍登陸，科羅可特洛尼斯奮勇抵抗失敗；1826年4月，土、埃聯軍攻陷雅典，希臘人只能打游擊戰。

英、法、俄開始介入，1827年7月28日，三國簽訂《倫敦三國協約》，主張在土耳其享有宗主權的條件下，允許希臘自治，並決定派艦隊迫使雙方停火。10月，三國艦隊在納瓦里諾海戰中擊潰土、埃艦隊。俄國乘勢進軍摩爾多瓦、瓦拉幾亞，進逼伊斯坦堡（1828-29）。1829年9月，根據俄、土《亞得里亞堡條約》，迫土耳其承認希臘自治。希臘也乘機攻占各地，9月將土軍完全趕出大陸希臘地區。1830年2月3日，三強簽訂倫敦協議書，承認希臘王國獨立。1831年10月，親俄的總統卡波蒂斯特利亞被暗殺。翌年，三強扶植17歲的巴伐利亞王子奧托爲希臘國王；7月，土

耳其承認希臘獨立。1862 年 2 月，納夫普利翁等地駐軍叛變，引發了資產階級民主革命。10 月 22 日，雅典駐軍起叛，廢黜國王，成立臨時政府；24 日，奧托逃走。1863 年 10 月，丹麥王子喬志出任希臘國王喬志一世（1863-1913 在位）。但聯合政府動盪不穩，君主過度干預政府，前 11 年換過 23 個政府。1896 年，一股光復失土的民族運動狂熱到達頂點；4 月，許多人湧入馬其頓和克里特島，攻擊土耳其人。1897 年 4 月，爆發希土戰爭，列強出面干預，讓基督徒占多數的克里特自治；另一支派往馬其頓的希軍慘敗。政客的譁眾取寵，完全暴露其腐敗與無能的眞面目。儘管當年 3 月第一屆奧運會時，《衛報》大肆宣揚：「我們看得到的地方，就能發現意志、決心、勇氣和行動……個人的行爲就是國家意志的展現。」

1878 年，塞爾維亞和羅馬尼亞宣布獨立，保加利亞自治，這些國家都和希臘一樣，要「光復失土」。19 世紀下半葉，希臘外債達七億多德拉克馬，政府宣布國家破產。1898 年，英、法、奧匈、德、俄等國組成金融委員會，監督希臘的財政收支。

1909 年 8 月 28 日，軍人同盟奪權，來自克里特的維尼澤洛斯（Eleftherios Venizelos, 1864-1936）登上政治舞台。他在 1910 年 9 月聲稱：「我不是以一個新政黨的領導人身分來到這裡，我只是帶來新的思想。」他努力把自己打造成民族救星的形象。他領導會促成軍的自由黨修改憲法，推動一系列改革，迎合了新興中產階級的口味，軍隊擴大到

14.8 萬人。他又和保加利亞、塞爾維亞、黑塞哥維那結成軍事同盟。

泛斯拉夫主義 1804-13 年，塞爾維亞人在目不識丁的軍士佩特羅維奇（Karađorđe Petrović）領導下，攻占貝爾格勒（1806），向土耳其蘇丹要求自治，最終失敗。土耳其軍把塞族男人用木樁扎透，把婦女販賣給奴隸。18 個月後，米洛什·奧布雷諾維奇再度領導起義成功，向土耳其妥協，成立自己的國民議會，但土耳其保留駐軍及地方官員。米洛什成為世襲的塞爾維亞大公爵，1817 年佩特羅維奇回國，立刻被暗殺。Svetozar Markovic（1846-75）只活了 30 歲，卻打下了巴爾幹的社會主義基礎，並倡議建立一個聯邦制的巴爾幹國家。

19 世紀 30-40 年代，俄國出現了斯拉夫文化優越的思潮和運動。

克羅地亞人在 18 世紀受到匈牙利貴族用匈牙利文代替拉丁字的衝擊，1830-40 年代出現伊利里亞運動，企圖把塞族也包容進來。1848 年歐洲民族革命失敗後，激進的克裔民族主義者在斯塔契維茨（A. Stačević）和克瓦特尼克（E. Kvatenik）領導下，主張領土應包括從阿爾卑斯山涵蓋到多瑙河區域。史特勞梅葉主教（Josip Strossmayer）主張用「南斯拉夫」來涵蓋各族；1866 年，他在扎格拉布建立南斯拉夫學院。

俄國沙皇尼古拉一世更以斯拉夫族老大哥自居。1853

年 3 月，沙皇向土耳其蘇丹宣稱他有權保護土耳其統治下的東正教臣民；7 月，俄國奪占摩爾多瓦、瓦拉幾亞，英、法支持土耳其。1854 年克里米亞戰爭，俄軍大敗，俄國吐還兩個公國，土耳其帝國已奄奄一息了。

1875 年，黑塞哥維那的基督教農民反抗穆斯林地主，引起動亂，塞爾維亞公國和蒙德尼哥羅公國立刻支援波、黑，向土耳其宣戰。俄國也立刻祭出「大斯拉夫主義」旗幟，1877 年 4 月發動俄土戰爭。1878 年 6 月，土耳其承認塞、蒙獨立；保加利亞成為土耳其的附庸；奧匈管理波、黑（柏林條約），皆大歡喜。俄國只控制了原來設想的「大保加利亞」的 1/3，其餘的保加利亞中部劃為東魯美尼亞，南部劃為馬其頓，都屬於土耳其，但沙俄卻重新併吞了比薩拉比亞南部及阿達罕、喀爾斯和巴統等地。

巴爾幹半島在列強的保證與監視下，暫時穩定下來。塞爾維亞與奧匈暗中結盟，1855 年進攻保加利亞慘敗。保、塞、希三國爭奪馬其頓，因為當地有他們的同胞，羅馬尼亞也插一腳。這刺激了馬其頓人的民族主義，1893 年成立「馬其頓內部革命組織」（IMRO）。

巴爾幹戰爭與第一次世界大戰

1908 年，青年土耳其黨革命，迫蘇丹立憲改革。這個契機引發了保加利亞宣布獨立。10 月，克里特宣布和希臘合併。10 月 6 日，奧匈兼併了從 1878 年就占領的波斯尼亞和黑塞哥維那。奧匈的粗暴引起塞爾維亞人的憤怒，再度聯合蒙德尼哥羅。俄國支持

塞爾維亞。奧匈和土耳其於 1909 年 2 月達成協議，後者以 2,500 萬英鎊的代價，放棄兩地的宗主權。德國支持奧匈，1909 年 3 月以最後通牒向俄國施壓，才告解決紛爭。

塞爾維亞人民族主義組織中，以「不統一，毋寧死」的黑手社（1911）最急進，他們主張建立一個大塞爾維亞國，採取恐怖主義行動，不願訴諸理性宣傳。這個組織在波、黑活動。

俄國不甘心，又策動巴爾幹各國結成反奧匈同盟。1912 年，義大利又策動塞、保、希、蒙四國結成巴爾幹同盟，10 月向土耳其宣戰。保軍攻色雷斯，塞、土兩軍交戰於東線，希、蒙、塞與土軍又在西南戰線（阿爾巴尼亞與馬其頓）交戰。11 月，土耳其帝國的巴爾幹部分只剩下伊斯坦堡、亞得里亞堡（埃迪爾納）等五處。土耳其籲請列強調停，12 月 3 日停戰。但土耳其拒絕割讓亞得里亞堡及愛琴海島嶼。1913 年 1 月，新政府態度強硬（背後有德國支持），2 月 3 日戰事再起。4 月，土耳其終究戰敗，5 月 30 日與戰勝四國簽訂《倫敦條約》，規定埃內茲至黑海的米迪耶一線以西的土耳其歐陸屬地（阿爾巴尼亞除外）和克里特島割讓給四國，阿爾巴尼亞獨立，愛琴海諸島由奧匈、英、德、俄四國處理。

四國又分贓不均，塞爾維亞沒得到亞得里亞海出口，要求分到土地最多的保加利亞劃出馬其頓的一部分，希臘則要求領有馬其頓南部和西色雷斯。未參加同盟的羅馬尼亞則要求占有多布羅加。他們的背後，又有歐洲列強下指導棋。

1913 年 6 月 1 日，塞、希密訂反保同盟，羅馬尼亞立刻加入。29 日，保對塞、希發動攻擊，羅馬尼亞立即向南進軍，土耳其欲報一箭之仇，7 月 16 日進攻保加利亞，保加利亞四面受敵，29 日乞和，8 月 10 日簽訂《布加勒斯特條約》，塞爾維亞取得馬其頓的大部分，希臘取得馬其頓南部（包括薩洛尼卡）、色雷斯西部和克里特島與愛琴海諸島，羅馬尼亞取得南多布羅加，土耳其收回東色雷斯及亞得里亞堡，蒙德尼哥羅也擴充了領土。戰後，塞、希、羅與保、土兩大集團對峙，加深了塞爾維亞與奧匈帝國的矛盾，終於引爆1914 年第一次世界大戰。

奧國皇太子 Rudolf 搞婚外情，開槍打死愛人後自殺，改由他的堂兄弟弗朗茨‧裴迪南大公為皇儲。他愚蠢地選了1389 年 6 月土耳其人征服科索沃這一天，要去塞拉耶弗閱兵訪問，毫不在意這將刺激塞爾維亞人的神經，只顧要取悅王妃 Sophia（這位小貴族之女，在維也納宮廷備受冷遇）。大公夫婦未被第二個凶手察布里諾維奇的炸彈擊中，下令繼續開車，去醫院探視幾個傷患，行至弗朗索瓦—約瑟夫小街時，19 歲的普林西普（G. Princip）用比利時手槍擊中大公夫婦，他們送醫途中不治而死。

七名凶手都是塞爾維亞人，其中三名是「黑手社」成員，年紀從 23 歲到 17 歲。凶手們在法庭莊嚴地宣稱：「我是一個南斯拉夫的民族主義者，我的目標是南斯拉夫人都要聯合起來……應該從奧地利的桎梏下解放出來。我毫不後悔開了槍，如果我的民族再次召喚我，我將毫不猶豫地重持手槍，

讓槍聲響起來！」普林西普等三人被判刑 20 年，都因肺癆死於獄中。

7 月 23 日，奧匈向塞爾維亞發出最後通牒，譴責後者在幕後策動帝國內部民族的反抗，要求塞國政府取締所有反奧組織。48 小時後，塞國政府仍拒絕。28 日，奧匈向塞爾維亞宣戰。8 月 1 日，俄國向奧匈宣戰，德國也向俄國宣戰。3 日，德國又向法國宣戰，引爆了第一次世界大戰（-1918）。

奧匈在凶案現場豎立一塊紀念碑，早已被炸毀，重立一塊黑色大理石，上面用金字寫著：「在這個具有歷史意義的地方，加里夫洛·普林西普於 1914 年 6 月 28 日聖維圖節創造了自由。」黑手社領導「阿皮斯」上校，則在 1917 年被塞爾維亞總督亞歷山大親王下令槍決。

5. 愛爾蘭獨立運動

八百年
恩　怨

愛爾蘭（Ireland）位於歐洲大陸西端，隔愛爾蘭海峽和英國相望，境內南、北兩部地勢較高，中部為平原，總面積約 84,420 平方公里，其中南愛占全島的 5/6（70,282 平方公里），1921 年 12 月成為自由邦（26 郡），為大英帝國的一個自治領；北愛六郡為另一個自治領，仍向英王效忠。1937 年 12 月 29 日，愛爾蘭自由邦改稱愛爾蘭，12 年後再改稱愛爾蘭共和國。

愛爾蘭的人民屬於歐洲克爾特人（Celts/Gaels/ 蓋爾）的後裔。克爾特語分布於愛爾蘭、蘇格蘭高地、人島、威爾

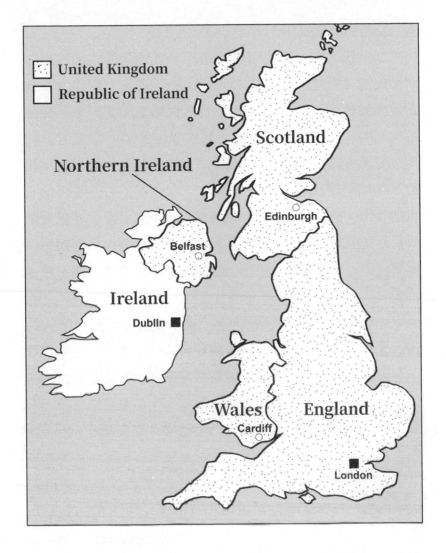

斯、康沃爾和法國的布列塔尼亞一帶。八千年前起，一波波
的克爾特人從西班牙、法國、比利時進入愛爾蘭島，逐漸和
原住民融合。由於愛爾蘭四面皆海，容易遭受外敵入侵，加
上各地族長互相爭戰，不惜引外敵壓制敵手，最終引狼入

室，淪爲異族的奴隸。

1169 年，麥克馬洛引英軍進來，愛爾蘭從此淪爲英國的殖民地，長達八百年之久。1171 年，英王亨利二世成爲愛爾蘭的統治者；1541 年，亨利八世爲愛爾蘭國王，從此英國直接統治到 1922 年爲止，長達四個世紀。

愛爾蘭隨著英國本土的動亂，時而支持天主教以對抗新教及英國國教徒政權，終究失敗。1603 年，英王詹姆斯一世把厄爾斯特九個郡中的六郡直接併入英國，至今北愛爾蘭仍舊是英國的一部分；從英格蘭和蘇格蘭湧進大量移民，和克爾特人天主教徒分開定居，天主教徒備受差別待遇，直至今天。

1649 年清教徒革命成功後，克倫威爾征服愛爾蘭人的叛亂，把北愛的土地分封給新教徒貴族，迫使 150 萬愛爾蘭人逃入西部或流落美洲。此後新教徒控制了整個愛爾蘭，法律明文規定，天主教徒不得加入行會，也不得擔任公職、軍警、醫生、律師和教師；禁止出國留學；沒有言論、出版自由；不得擁有及攜帶武器。

1801 年，根據《英愛同盟條約》，愛爾蘭正式被併入大不列顛―愛爾蘭聯合王國。但是外來民族更加獨占政治、經濟、社會的特權，愛爾蘭淪爲大英的國內殖民地（這和清國統治台灣的情況相似）。

儘管有新教徒少壯律師沃爾夫・頓（Wolfe Tone, 1763-98）高聲疾呼不分彼此出身和宗教，建立一個愛爾蘭民族，對抗共同的敵人，但是事實並非如此樂觀。1798 年，他發

動叛亂失敗，在被處死前自殺。18 世紀，寫《小人國遊記》（*Gulliver's Travels*）的史威弗特（John Swift, 1667-1745）慨嘆，愛爾蘭人住在泥沼和奴隸的國度裡，淪爲被凌辱的卑劣國民，習慣於暴政而喪失自由的觀念，只知有己，不知有人，但求自保；乞丐、饑民到處流浪，整個島嶼充滿著憂鬱的光景。[3]

「分而治之」（divide et impera）是英國人一貫師法古羅馬帝國統治殖民地的策略，中國人稱作「以夷制夷」。天主教徒被分化爲傾向進入英國議會體制內爭取自治的溫和派，以及堅持完全獨立的暴力派。1832 年英國議會改革，愛爾蘭代表在下議院 658 席中占 105 席；在此前一年（1831），英語成爲愛爾蘭唯一的官方語言。從法國回來的奧康諾（Daniel O'Connell, 1775-1848）組織「愛爾蘭黨」，聯合英國在野的輝格黨。終其一生，奧康諾害怕人民起義，甘爲外來統治者的傳聲筒，功敗垂成。激進記者達菲（G. Duffy）創刊《國民》（*Nation*）週刊，倡導母語及傳統文化，他和新教徒律師戴維斯共同推動了「青年愛爾蘭」運動。

19 世紀英國糧價高漲，英國地主在愛爾蘭種小麥外銷，愛爾蘭人仍舊吃馬鈴薯果腹。1817-22 年馬鈴薯歉收，愛爾蘭農民流離失所，大量湧到美洲或蘇格蘭去，英國的利物浦、曼徹斯特、倫敦也充滿著酗酒吵鬧的愛爾蘭勞工。1845-46 年馬鈴薯病枯，連續三年歉收，奪走 200 萬人命。

3　Swift, *The Drapier's Letters* (1724), Ch. 4.

北愛卻有 550 萬人移入。愛爾蘭人在美國至少有 4,300 萬人，在全球有 7,000 萬人。

1848 年，達菲號召人民製造長矛、大頭棒，鼓勵農民起義。愛爾蘭總督克拉倫敦勳爵卻以《處置叛亂法》、《暴亂罪條例》中止人身保護法來回答。5-7 月，暴力派領導紛紛被捕，許多人逃亡美國和法國。逃到美國的愛爾蘭人，組織了下一波的民族解放運動。

流亡法國的奧馬奧尼（O'Mahony）和史蒂芬斯（Stephens）接觸布朗基派；布朗基（Blanqui, 1805-81）一向堅持窮人起來革命，並由一小撮勇敢的革命分子來領導群眾，以暴力推翻政權。1851 年，他們參加反抗路易·拿破崙推翻第二共和鬥爭失敗後，逃到美國。1856 年，奧馬奧尼成立「埃米特運動協會」，史蒂芬斯則回到都柏林，1858 年成立「愛爾蘭共和兄弟會」（IRB, Irish Republican Brotherhood）。兩會合流為「芬尼亞兄弟會」，採取愛爾蘭傳說中的民兵領袖芬尼·麥庫阿爾（Finn MacCumhaill）之名，芬尼亞即「麥庫阿爾的士兵」。他們仿效布朗基的「四季社」，成員只有縱向聯繫，互不知道另一個平行組織，只知道自己更高一層的領導。入會者宣誓為建國而流血犧牲，絕對服從上級的領導。最高層為「環」（Circle），每個環又分為若干細胞，由一個上尉領導，屬下有軍曹和士兵。

1861 年，15 萬愛爾蘭人參加美國北軍，4 萬參加南軍打內戰，芬尼亞兄弟會則堅決支持北方。1865 年 4 月，美國南北戰爭結束後，他們派有作戰經驗的會員回愛爾蘭訓練

弟兄。英國政府在 1865 年逮捕史蒂芬斯，兄弟會的成員、監獄看守幫助他逃獄，經由巴黎逃往美國。奧馬奧尼則在 1865 年於費城成立愛爾蘭共和政府，自任總統，不過很快便下台。1866 年 5 月，1,200 名芬尼亞成員衝過美、加邊境，占領加拿大的伊利堡（Fort Erie），被英軍擊退。

1867 年，英國調愛爾蘭籍的軍隊回防英國據點，意在以愛制愛，鎮壓起義。IRB 發動幾次失敗的起義，9 月 18 日凱利上校（T. Kally）在曼徹斯特被捕，40-50 名兄弟會成員劫持囚車，在衝突中打死一名警察，11 月有三人被絞死。12 月 13 日，兄弟會又炸了倫敦的克勒肯維爾監獄，企圖營救被囚禁的兄弟。

老練的英國政治家格拉斯頓（Gladstone, 1809-98）深知一味鎮壓無效，1868 年 3 月 26 日，他代表自由黨提出取消愛爾蘭教會的國家教會法案，擊敗迪斯拉累內閣。11 月，他奉命執政時便說：「我的使命在於安撫愛爾蘭。」1870 年的《土地法》，吸收了布萊特建議的促進佃農購買土地的條款；他先通過《治安法》，授權愛爾蘭總督禁止任何地區保有武器，攜帶武器者須有准許證；被赦免的芬尼亞人也被終身放逐國外。這一軟硬兼施的手法，意在撲滅愛爾蘭獨立運動。

律師巴特（Isaac Butt）曾為芬尼亞人免費辯護而成名。他看到加拿大在 1867 年取得自治領地位，認為愛爾蘭應該先爭取和英國結成聯邦，再爭取自治。1870 年 5 月，他成立「自治同盟」（Home Rule League）。這位新教徒認為，

天主教保守、尊崇君王、貴族,並非激進主義者或無政府主義者,把天主教徒騙進「革命漩渦」的,是迫害、農奴制、社會不平和暴政所致。他在國會組織愛爾蘭黨,1874 年獲 59 席,不斷運用干擾議事手段,迫國會在討論愛爾蘭問題時一再擱置。

新教徒、有著美國母親血統的帕奈爾(Charles S. Parnell, 1846-91),1875 年進入國會後,令格拉斯頓頭痛不已。當巴特保守地譴責他妨礙議事會引起人們懷疑愛爾蘭自己管理自己的能力時,帕奈爾回答說,英國國會的辯論,無非是為保護政黨的利益而設的騙局,英國議員和他們的選民的反愛爾蘭偏見,使他們根本不會傾聽愛爾蘭人的呼聲,他們只把愛爾蘭看作殖民地,而不是同等的夥伴,使用妨礙議事手段是對英國暴政的報復。他說,愛爾蘭議員在英國國會內雖是少數,但只要他們有決心,有鐵的紀律,行動一致,就能迫使英國議會聽到愛爾蘭的聲音;要搞得保守黨和自由黨都感到,只有給予愛爾蘭自治才能自保,自治才有可能實現。

這反應了殖民地溫和派的心態,台灣的反對派順應蔣經國的「四個不」,放棄台灣獨立運動,遵守中華民國憲法,才能成立反對黨(1986 年的民進黨),遵守國民黨的遊戲規則,大玩體制內改革和政黨輪替。

1870 年代,因連年歉收,付不起地租而被奪佃的愛爾蘭佃農,憤而反抗地主的恐怖事件一再爆發。佃農之子、坐牢七年而流亡美國的達維特(M. Davitt, 1846-1906),於 1879 年初回來後,8 月成立「土地同盟」,主張「愛爾蘭的

土地歸愛爾蘭人所有」。600 萬英畝土地，被不到 300 個地主占有，而 500 萬愛爾蘭人卻平均分不到一畝地。他痛斥：「爲了幾千個地主的財產，由無地的數百萬人供養一支半軍事化的警察常備軍來加以保護。」

帕奈爾則順勢擴大成立「全國土地同盟」，當選爲主席，大量吸收 IRB，支持他「通過和平手段以達成獨立」的目標。帕奈爾在 1880 年成爲愛爾蘭黨的黨魁，但是無力阻止日益劇烈的土地鬥爭。格拉斯頓又先通過《生命財產保護法》，授權總督可以不經審訊便拘捕可疑的叛逆活動者和農村犯罪者。帕奈爾長達 41 小時干擾議會討論這個法案，迫使議長制止。自由黨被迫拋出《土地法》，建立土地委員會來確定公平的租金、15 年內不得奪佃的固定租期和自由出售承租權。不料達維特和帕奈爾卻不領情。1881 年 10 月 13 日，帕奈爾被捕，愛爾蘭人的鬥爭更加激烈。

格拉斯頓派人到監獄裡和帕奈爾談判，1882 年 5 月 2 日帕奈爾等人出獄，他和英國公協，支持愛爾蘭政策，英國同意提供 80 萬鎊給 13 萬被奪佃農贖回土地。

1885 年 11 月，格拉斯頓再度組閣，帕奈爾和他合作無間。格拉斯頓在 1886 年 4 月 8 日提出的《愛爾蘭自治法》，內容爲在都柏林建立愛爾蘭議會和行政機構；議會有立法權，但保留了國王、戰爭與和平、國防、關稅等項；聯合王國預算中，愛爾蘭負擔 1/15；愛爾蘭議員只有在修改自治法時才到倫敦開會；愛爾蘭國會的存廢由英國總督裁決。這個古代版的《香港基本法》，二讀時被保守黨否決，他們認爲

「自治即帝國瓦解」。

帕奈爾的聲譽也開始遭受質疑，達維特批評說：「帕奈爾接受了格拉斯頓的自治案，雖然他和全世界都知道，對於我們這個國家的未來，我們許多人還懷有更高的理想。」

1887年4月，英國人先逮捕土地同盟的奧布萊恩和狄龍，4月18日再通過《鎮壓法》。同一天，記者皮戈特（Pigott）投書《泰晤士報》，誣指帕奈爾鼓勵1882年鳳凰公園刺殺卡爾迪什案，英國政府藉此打擊帕奈爾。兩年後真相大白，皮戈特畏罪自殺。1889年12月，奧謝上尉控告帕奈爾長期和他的妻子姘居，天主教徒不能寬容帕奈爾，迫他下台，而後帕奈爾於1891年去世。

帕奈爾等人20多年來進入體制內爭取自治，證明是被英國兩黨拿來玩弄的棋子。達維特一針見血地指出：「1886年以來，我們所遭受的托利黨統治的全部迫害，是格拉斯頓分子和帕奈爾分子的聯盟所致。」

1893年，格拉斯頓提出的第二個愛爾蘭自治案，又被上議院否決。一切都證明，唯有靠自己武裝鬥爭，愛爾蘭人才有獨立的希望。

獨立戰爭 1896年從南非回來的記者格里菲斯（1872-1922），於1906年重組芬尼亞黨，建立「新芬黨」（Sinn Fein/ 我們自己），把報紙改為《新芬報》。他一方面號召人民選出自己的議員，不向英國國會登記，卻又矛盾地承認英王的統治。社會主義者康諾利（J. Connolly, 1868-1916）

和新教徒結婚，1896年成立「愛爾蘭社會共和黨」（ISRP），後來與新芬黨合併。康諾利堅持，只有工人階級才是爭取愛爾蘭自由的鬥爭意志的堅定繼承人。

在北愛，厄爾斯特的新教徒於1913年組成20萬人的義勇軍，反對自治，堅持由母國統治愛爾蘭；同年11月，天主教徒也組成一支3,000人的愛爾蘭義勇軍，以示抗衡。

1912年，英國上議院否決下議院通過的《愛爾蘭自治法》，但是1914年法案自動生效。7月，爆發第一次世界大戰，英國政府在9月決定暫緩實施。

愛爾蘭自治派號召義勇軍為英國效命，新芬黨則堅持只為保衛本土而戰，不當外國人的砲灰。自治派獲勝，50萬愛爾蘭人為英國去打世界大戰。康諾利大聲疾呼，把帝國主義戰爭轉為內戰，簡直和俄國的列寧同一個論調。

愛爾蘭兄弟會抓住了第一次世界大戰的機會，1916年4月24日發動復活節起義。康諾利和皮亞斯（P. Pearse）等人，苦等美國那邊的兄弟和德國接觸，由德國支援武器，不料那艘運送武器的奧德號被英國海軍擄獲。他們不能取消起義，更怕被警方搜查，只好置死生於度外，以流血來喚醒沉睡的愛爾蘭魂。

4月24日，起義部隊從自由廳出發，攻占中央郵局，掛上綠、白、橙三色的「共和國」旗幟。下午1點，共和國總統皮亞斯、副總統康諾利及其他五人昂然簽署《臨時共和國宣言》：「過去三百年間，我們歷經六次拿起武器起義的主張，為了這個基本權利，在世界的面前我們再度拿起武

器。在此,我們宣布愛爾蘭是一個主權獨立的國家。」

英國當局認爲那幾個人成不了氣候,當時英國在都柏林只有 111 名軍官及 2,316 名士兵。不過在附近的卡勒有駐軍,全國仍有 10,000 名的皇家愛爾蘭保安隊。不到 2,000 人的起義軍分散四處,預定要占領的據點太多,反而顯得人手不足。英國人迅速從四面八方殺過來,以大砲鎮壓。25 日,英軍進占可以俯視聖斯蒂芬草地的三一學院和謝爾本飯店,能夠輕易地分割和攻擊各自孤立的起義軍陣地。接下來幾天,英軍用大砲、機槍猛射。26 日,自由廳被架在三一學院的大砲和黑爾加號砲艦所摧毀。

28 日,康諾利被擊中。29 日中午,皮亞斯派一個小女孩舉著一面白旗走出來;下午 3 點,他們無條件投降。

5 月 3 日,皮亞斯、克拉克、麥克多納三人被英軍槍殺;10 日,重傷的康諾利等 15 人也被殺。一共 90 人被處死,73 人坐牢,6 人服苦役刑,3,500 人被流放。

當時在法國的詩人葉慈(W.B. Yeats, 1865-1936),哀傷地寫下《復活節,1916》(*Easter, 1916*)。他先前嘲笑過的好虛榮的,莫德・岡的酒鬼丈夫,竟然成了起義的烈士。他寫道:

> 現在和將來,無論在那裡,
> 只要有綠色在磨動,
> 是變了,徹底地變了,
> 一種可怕的美已經誕生了。

莫德・岡告訴詩人說：「這個悲劇的尊嚴又回到了愛爾蘭。」

那些酒鬼，如今成為愛爾蘭人心目中的民族烈士。9月，在鳳凰公園反對英國首相勞合喬志（David Lloyd George）提出的愛爾蘭分割案大會上，沒有人傾聽政客們的講話，群眾們含著熱淚，低唱老革命歌曲。1917年2月補選時，七烈士之一普倫基特的父親（都柏林博物館館長）當選議員；接著5-8月的選舉，新芬黨人又旗開得勝。

1918年3月，「愛爾蘭共和軍」（Irish Republican Army, IRA）司令部成立。在4萬英軍及數不盡的特務，尤其是愛爾蘭人告密者四處滲透下，IRA仍舊暗中聯絡。4月23日，全國反徵兵大罷工，愛爾蘭青年紛紛加入IRA。5月17日，新總督以「德國陰謀」的名義，逮捕70多名新芬黨的領袖（包括德・瓦勒拉、格里菲斯和普倫基特伯爵）；1918年全年有1,000多人被捕。

8月，IRA的機關報《特奧格拉格》刊出布萊斯的文章〈殘酷的戰爭〉，他宣稱：「所有曾經幫助過敵人的人，必須被槍斃或毫不遲疑地予以摧毀。」

德・瓦勒拉（Eamon de Valera, 1882-1975）生於紐約，父親是西班牙人音樂家，三歲喪父，由舅舅帶回愛爾蘭撫養長大。1904年，他畢業於皇家大學（專攻數學），1916年復活節起義後被捕，由於他是美國公民，免於一死，改判無期徒刑，1917年6月出獄。1918年11月，第一次世界大戰結束，12月新芬黨又獲73席。1919年1月21日，27名新

芬黨人在都柏林成立「國民議會」（Dail Eireann），推選仍在獄中的德・瓦勒拉爲總統，由格里菲斯代行。

1月21日，11名IRA戰士在蒂珀雷發動一起攻擊索洛海德貝採石場彈藥車的事件，打死3名英國人。各地IRA紛紛起義，奪取武器。2月，德・瓦勒拉被救出監獄，4月成立內閣。

德・瓦勒拉到美國遊說厄爾斯特長老教會移民後代的威爾遜總統，但是威爾遜不理他。英國的黑棕鎮暴部隊（Black & Tans）到處巡邏，德・瓦勒拉在4月正式向英軍宣戰。

IRA有廣大民意支持，採取突襲、暗殺、伏擊等新型的游擊戰術，差點刺死總督弗倫奇勳爵。9月，林奇指揮IRA一小隊在弗莫伊的韋斯利安教堂附近伏擊英軍，打死一人，當陪審團拒絕判IRA的罪名後，200名英軍衝入城內，砸毀了幾個陪審團成員的家。11月17日，IRA又在班特里灣突襲英軍運輸船，劫走大批軍火，全軍士氣大振。1920年復活節當天，IRA一舉燒毀100多座內稅局的辦公大樓和350座已廢棄的保安隊兵營。

英國鎮暴部隊瘋狂地反撲，整個都柏林陷入白色恐怖中。3月20日，在科克市長麥克科頓的家人面前將他打死；10月14日，光天化日下打死IRA的情報負責人特雷西。

IRA的指揮柯林斯（Michael Collins）立刻展開報復，擊斃了潛伏在安特里姆郡利斯本的密探頭子斯旺齊，再打死親英的法官艾倫・貝爾。11月21日，柯林斯親自率領一隊人馬襲擊溫特祕密特工的安全處，打死14名英國特務及兩

名保安人員。駐愛英軍總司令溫特惱羞成怒，當晚將都柏林 IRA 司令迪克‧麥基和其他兩人，以「企圖越獄」為名，槍斃於監獄內；接著，在克魯克公園的足球賽上，又下令鎮暴部隊開槍，打死 12 人，打傷 60 人。

IRA 也展開反攻，全愛爾蘭烽火四起，雙方以牙還牙。殖民者收買愛爾蘭人的民族叛徒，IRA 的回答則是在 1921 年 1-4 月間處決 73 名叛徒，並在他們的屍體上貼著「這就是當間諜和密告者的下場」的標籤。5 月 25 日，IRA 一舉摧毀了都柏林的九個行政部門的聯合辦公大樓（海關大樓），燒毀了英國幾個世紀來保存的檔案。

除了北愛，幾乎全愛爾蘭都陷入了人民戰爭，IRA 神出鬼沒，打得英軍疲於奔命、草木皆兵。1920 年 12 月 24 日，德‧瓦勒拉回到都柏林。1921 年 5 月，新芬黨在選舉時又大勝，北愛六郡仍是聯合黨以 40 比 12 席占優勢。6 月 22 日，德‧瓦勒拉被捕，24 小時後獲釋。勞合喬志寫信給他，7 月 11 日宣布停火。

北愛六郡已經在 6 月 22 日成立自治區，選舉聯合黨的詹姆斯‧克雷為首相。在這個前提下，英國才正式向新芬黨提議停火。7 月 10 日，貝爾法斯特的新教徒衝入天主教徒區，燒毀 161 戶房屋，打死 15 人，打傷 68 人。隨後是一連串的恐怖和屠殺。厄爾斯特志願軍迅速發展至十萬人，英國緊抓住北愛不放。

格里菲斯和柯林斯代表德‧瓦勒拉，和勞合喬志談判，12 月 16 日在條約上簽字。柯林斯渴望早日和平，他被勞合

喬志耍得團團轉。根據《條約》，愛爾蘭成為大英帝國屬下的一個自治領；承認北愛六郡為另一個獨立的自治領；必須對英王宣誓效忠。

狡猾的政客德・瓦勒拉，利用人民對英國人的痛恨，煽動 IRA 及其他人反對《條約》。1922 年 1 月 4 日，國民大會以 64 對 57 票通過，無條件接受《條約》。德・瓦勒拉辭職，格里菲斯組織臨時「條約政府」，成立國防部。

愛爾蘭自由邦的政府軍和 IRA 互相火拼。3 月 15 日，自由邦政府下令禁止 IRA 召開軍事代表會議。3 月 26 日，IRA 代表大會召開，不少人要求立即向「英國人的走狗」開戰。6 月 22 日，英國陸軍元帥亨利・威爾遜在倫敦住宅內，被兩名一次大戰期間曾在英軍服役的愛爾蘭人打死。英國政府指責 IRA 應負責任，並壓迫自由邦政府採取行動鎮壓 IRA。IRA 為報復自由邦逮捕他們的一名軍官，抓了自由邦的副參謀長奧康奈爾。28 日凌晨 3 點 40 分，柯林斯發出最後通牒，要求關押奧康奈爾的四院大樓內的 IRA，在 4 點前投降。4 點 30 分，四院大樓被自由邦的英國大砲擊中。

IRA 的大多數被迫投降，另一個據點，從郵政大樓經塔爾波街到莫蘭飯店的三角形陣地也被摧毀，布魯格堅守哈曼飯店，從火海中衝出來時中彈，兩天後去世。

愛爾蘭人互相火拼，正中了英國人下懷，他們提供資金和技術援助自由邦政府，六萬政府軍南下掃蕩。8 月 22 日，柯林斯南下巡視科克郡時被狙擊身亡。十天前，格里菲斯已死於心臟病。10 月，天主教大主教譴責 IRA 繼續打內戰，

並剝奪了他們做為天主教徒應享有的權利。自由邦通過《謀殺法》，授權軍事法庭實施「合法的恐怖」，開始抓 IRA，抓到就殺。至少有 10,000 名 IRA 被捕，每個月傷亡 300 人。1923 年 4 月，德・瓦勒拉穩坐總統寶座（1923-37），歷任部長（1937-48, 1951-54, 1954-59），1959-73 年再當總統，享盡榮華富貴。

柯林斯並非有勇無謀，但他主張和平，和英國簽約建立一個莫名其妙的「自由國」，當然被德・瓦勒拉派攻擊，政客勝過了游擊隊，加上英國的分化，IRA 兄弟反目，柯林斯成了替罪的羔羊。

恢復母語及文化傳統，是先於民族獨立必須進行的文化工程。台灣則反其道而行，文化工作者只是在群眾運動屁股後面搞些小動作，就自封為「大師」，比政客還不如。動員群眾參加獨立游擊戰，是 IRA 最成功的手段，引起全民共憤的是英國的暴政，但是台灣政客卻把這股怒火誤導去選舉。

6. 非洲的反帝抗爭

摩洛哥　　在馬格里布，一戰後出現了資產階級與知識分子的民族主義政黨或政治團體，例如突尼斯的憲政黨、阿爾及利亞的北非之星（後改為阿爾及利亞人民黨）、摩洛哥的民族黨等。1921 年，摩洛哥里夫山區爆發了反殖民統治的武裝鬥爭，建立里夫共和國（Republic of Rif）。

阿卜杜勒·克里姆（1882-1936）唸過大學，當過法官，1915-16 年間被西班牙當局囚禁過，1921 年 6 月 1 日率眾奪下達爾·阿巴爾，7 月又在 Anual 地區擊敗西軍，迫其司令西爾韋斯特自殺；再於 8 月制伏了固守阿魯伊山的納瓦羅軍。9 月 16 日，他召集 127 名里夫族酋長，宣布建立里夫共和國，成為議長兼總統。西班牙國內為此導致政變，李維拉（Miguel P. de Rivera）奪權，1924 年 9 月法、西聯軍進攻里夫共和國。

里夫人節節敗退，1925 年 4 月反攻，奪下韋爾加河谷地。貝當成為新的摩洛哥總督。8 月，法、西又調集 30 萬兵力，調派飛機、坦克進攻，也不忘收買一部分酋長叛離。里夫人只有七萬兵力。1926 年初，法國展開和平攻勢，5 月雙方和談破裂，戰事再起。5 月 26 日，克里姆被俘，流放留尼旺島。20 年後，1947 年他被法國人用船運往法國南部，在通過蘇伊士運河時，被阿拉伯聯盟成員搭救而在埃及登陸，在開羅繼續展開摩洛哥民族解放運動。里夫人的反抗則持續到 1934 年。

撒哈拉以南 這段時期，英屬西非、法屬西非、法屬索馬利亞等地，出現了傳統上層人士（宗教領袖、酋長）領導的舊式農民暴動。1921 年，比屬剛果爆發了席捲安哥拉北部和法屬剛果等地的「基班古運動」（Kimbanguist Movement），由巴剛果人西蒙·基班古這位念過英國浸禮教會學校的「先知」領導。他一面行醫，一面傳道，1921

年 3 月組成黑人教會和學校，號召信眾互相友愛、抗稅，6 月被捕，但仍越獄，繼續傳道。9 月，又被當局逮捕，交付軍法判死刑（後改為無期徒刑），1951 年病逝獄中。1930 年代，基班古運動復甦，並傳向開賽赤道省各地。1960 年 4 月，基班古的遺骸被隆重地迎回恩康巴村。

一些受過教育的黑人知識分子和殖民地機關職員與小商人等，開始組織社團、創刊刊物，例如 1912 年已有南非土著人國民大會，1918 年後改為南部非洲人國民大會；1920 年在阿克拉成立了英屬西非國民大會，在黃金海岸、奈及利亞、甘比亞及塞拉利昂成立四個分會。在法屬西非、東非的肯亞也都先後出現一些宣傳和平請願，爭取局部改革、反對種族歧視的政黨，但尚未明確提出民族獨立的要求。

埃及 英國人在 1917 年扶植了只會講義、法語的花花公子福阿德統治埃及，並在埃及推行英語教育。1907 年 10 月，一群律師、自由業者、學生組成「新祖國黨」，很快就瓦解。1918 年 11 月 13 日，即第一次大戰結束後第二天，柴魯爾（Saad Zaghlul Pasha, 1859-1927）及阿齊茲等向英國高級專員溫蓋特提出埃及獨立自主的要求。留學巴黎的柴魯爾，曾在 1882 年反英而流亡，後來娶了宰相的女兒，1901 年當司法大臣，1914 年為立法議會副議長。戰後，他對英國人的幻想幻滅，憤而成立「埃及代表團」（al-wafd），鼓吹民族獨立運動。1918 年 3 月，當局逮捕柴魯爾等人，引爆罷工、罷課、罷市持續 40 多天，才迫當局放人。1921

年底，柴魯爾等人又被捕，埃及人再度反英鬥爭，迫英國在
1922 年 2 月 28 日宣布結束保護埃及；但仍保留四項特權：
英軍駐守蘇伊士運河區；保留防衛埃及國防和交通線的權利；
保護埃及境內的外僑及其財產的權利；保護對蘇丹的最高統
治權。

　　1923 年 4 月 11 日，新憲法規定埃及爲君主立憲國家，
擁立前蘇丹福阿德一世爲國王，柴魯爾被選爲首相。但他無
法使英國人讓步，11 月下台。此後一直到 1935 年，英國暗
中操縱埃及內閣更迭十多次，一度廢除憲法。1936 年 8 月，
英國又藉口義大利侵略衣索比亞危及埃及的安全，和華夫脫
黨政府簽訂 20 年的《英埃同盟條約》，將 1922 年提出的四
項特權明文化。1938 年大選後，華夫脫黨一蹶不振。

7. 尼加拉瓜桑地諾反美游擊戰

美國勢
力 下 美國政府討厭尼加拉瓜獨裁者塞拉亞（Jose Santos
Zelaya）在修築運河談判中，堅持抵制外國控制。
1909 年，塞拉亞下令處決兩名美國冒險者，惹怒了美國國
務卿 Philander C. Knox，譴責塞拉亞爲「國家歷史的污點」，
並驅逐尼國大使出境。隨後美國支持叛軍推翻塞拉亞。

　　由於金融混亂，歐洲債權人開始要求尼加拉瓜償債，保
守派的新總統 Adolfo Diaz 請求美國出兵，保護北美經濟利
益免受尼加拉瓜內戰的威脅（1912），塔虎脫總統立刻派兵，
一家紐約銀行財團爲尼國財政紓困提供了保證，進而控制了

尼加拉瓜的銀行和鐵路系統。尼加拉瓜被美國「保護」至1933年。1914年8月，美、尼簽訂《布里安─查莫洛條約》，取得對尼加拉瓜軍務的監督權和開鑿運河的權利，並租借豐塞卡灣和加勒比海的科恩群島做為海軍基地99年。入侵的美軍實際上駐留到1925年。1926年12月，自由黨領袖薩卡沙（Juan B. Sacasa）在東海岸成立立憲政府。美國為支持尼國保守政府，派海軍陸戰隊侵入尼加拉瓜，以制止由墨西哥扶植的布爾什維克政權。薩卡沙軍被迫把武器丟進大海。1927年4月，美軍進逼首都馬納瓜附近。美國總統柯立芝派他的至交史汀生（H. Stimson）與蒙達卡將軍談判。保守、自由兩黨都同意把武器交給美軍，美國保證次年支持蒙達卡及卡蘭薩當選正、副總統。尼加拉瓜將軍、政客們紛紛投入「阿啄仔」的懷抱裡，只有桑地諾不肯交出武器投降。

桑地諾（Augusto Cesar Sandino, 1895-1934）生於格蘭納達以西的Niquinohomo小鎮，是地主和採咖啡女工的私生子。九歲時，他隨負債的母親坐牢，11歲才被生父接回家，在家裡沒有地位，吃飯時只能在廚房的角落，穿同父異母弟弟的舊衣服。不過異母弟弟索格拉底斯後來卻加入他的解放軍隊。

桑地諾小學畢業後，就隨父親種咖啡及做生意。1912年，他目睹美軍把企圖侵入巴拿馬運河的塞察東將軍的屍體，用馬背著遊街示眾，怒不可遏。1920年，他因為母親受侮辱，開槍打傷一個年輕人而逃亡，1921年流浪到宏都拉斯當糖廠技工，1922年至瓜地馬拉，在聯合水果公司當技工，

1923 年又流浪到墨西哥的產油區坦皮科的石油公司做工。

在坦皮科,他接受了墨西哥民族主義及社會主義思潮的洗禮,也接觸了來自各國的勞工。1926 年 5 月 18 日,他在 31 歲生日時,帶著 500 美元及一把左輪槍,聽父親的召喚回國。他先在北部山區 Nueva Segovia 省的美商 San Albino 金礦擔任助理會計,鼓舞礦工爭取以現金發放取代「公司商店券」,改善勞動條件。追隨他的礦工越來越多。1926 年 10 月,他用 300 美元購買武器,組成一支 29 人的游擊隊。

1926 年 11 月 2 日,桑地諾的游擊隊被保守黨軍擊敗,把人馬拉回齊坡提山上,自己帶幾個人去卡貝沙,向 12 月 2 日才成立的護憲政府求援。蒙達卡不喜歡桑地諾所提的「為工人而與富人鬥爭的必要性」論調,認為他是共產黨,不予理會。12 月 23 日,美軍登陸卡貝沙,薩卡沙政府倉惶撤離,丟下武器。桑地諾在當地妓女協助下,找到 30 支步槍及 7,000 發彈藥,重返山區。

1927 年 5 月,蒙達卡與美國特使史汀生在皮答巴達成協議,拿 Jinotega 省的省長與一大筆金錢誘使桑地諾放下武器。桑地諾斷然拒絕投降,宣稱「我絕不像其他人一樣交出武器,我絕不投降……我們的祖國不自由,就滅亡。……我和我人數不多的戰友寧可為國戰死,也不願像奴隸那樣過活。」[4]

---

4 Donald C. Hodges, *Intellectual Foundations of the Nicaraguan Revolution* (Austin: U. of Texas Press, 1986), p. 138.

桑地諾從此展開七年的抗美游擊戰爭。1927 年 7 月 1 日，他在 San Albino 發布第一個《政治宣言》，以感人的語句開始說：「一個對祖國毫無所求，甚至連自己的墳墓的一撮泥土都不期望的人，是應該值得聆聽的；不僅如此，更應該被信賴。」

他在宣言中強調，以身為尼加拉瓜人為榮，呼籲人民團結抵抗美國，為正義自由而流血犧牲，恢復國家主權與民族尊嚴。他大聲撻伐保守黨及自由黨的政客、軍人們，痛斥他們在敵人的刺刀及槍枝下喪權辱國。

桑地諾在 5 月起義時，先遣散有家眷者，帶 29 個同志出發，這時他才剛結婚三天。9 月 2 日，桑地諾將 800 名游擊隊正式改稱為「尼加拉瓜國家主義防衛軍」，制定 14 點組織條例，其中規定不承認賣國政府，部隊不許擾民，在所有信件及入伙誓辭的結尾都加上「祖國與自由」兩字。他下令改造軍隊，嚴守紀律，官兵之間互稱弟兄，見面時互相擁抱代替行軍禮。他的軍旗用紅、黑兩色，中間印著「自由或死亡」。

桑地諾游擊隊不斷以伏擊戰術及進攻小規模的村落守軍為戰術，打了就跑，把美軍打得落花流水，又不敢深入叢林、山區搜尋游擊隊。

美方宣布從 1927 年 6 月至 1928 年 6 月，和桑地諾游擊隊共交戰 85 次。1927 年 12 月 10 日，美國派和平代表團至尼國，他們甚至說動桑地諾的妻子寫信給他，詢問如果美軍承諾日後撤走，他是否能放下武器。桑地諾在五天後直接回

信給代表團，要求美軍先撤離再說。

美國飛機終於偵察到他的游擊基地，發動轟炸及進攻，桑地諾立刻放棄切坡提，把部隊拉走。此後游擊隊在山中行走，一面隨時破壞美國資本的礦區設備，沒收當地的財產及各種商品。美軍一再展開掃蕩，死亡人數卻天天增加。

1928 年底，蒙達卡爬上總統寶座，美國國內的壓力也要求撤軍，美軍退出第一線，改爲技術顧問，訓練尼國的國家警備隊去打桑地諾。桑地諾在 1928 年 2 月答覆美軍司令 D. Sellers 的信中強調：結束衝突的唯一方法，就是立即撤走入侵尼加拉瓜的軍隊，並更換總統，在拉丁美洲各國代表而非美國海軍陸戰隊的監督下，重新選舉總統。

蒙達卡不肯放鬆，還要求美軍繼續留下來。桑地諾也在 1929 年 5 月經過宏都拉斯去墨西哥求援。6 月 28 日，他在維拉科斯接受當地群眾的熱情歡迎，但是墨國總統受尼國大使的壓力，不肯接見桑地諾，只准他居留尤加坦半島上的美麗達。桑地諾在 1930 年 1 月 27 日搭乘寫著他自己名字的飛機，公然降落在墨西哥市的機場，召開記者會，兩天後終於見到墨國總統，但沒有具體結果，5 月 16 日失望地返回尼加拉瓜山區。

桑地諾離開期間，游擊隊停止戰鬥，1930 年 6 月戰鬥再起。政府軍也有些向游擊隊投誠。年底，尼國政府無力應付赤字財政，停止全國的學校教育。至 1931 年，桑地諾的游擊隊已增至 2,000 多人，美軍則損失慘重；損失數百萬美元的聯合水果公司一再要求美軍保護，但美國決定撤軍。

　　1931-32 年間，除了首都附近，桑地諾幾乎控制了太平洋沿岸地區，他宣布要奪取政權。1932 年 10 月 2 日，桑地諾軍已經逼近靠首都三個小時行程的聖法蘭西斯科・德・卡爾尼謝洛，美國幾乎要撤僑了，幸好強大的陸空聯合武裝阻止了桑地諾的攻勢。

　　1932 年 11 月大選，薩卡沙當選總統，薩氏的姻親之子蘇慕薩（Anastasio Somoza, 1896-1956），這個在美國的尼國人，成為國家警備隊的指揮官。儘管桑地諾呼籲人民抵制這場美帝和國內政客共同演出的政治騙局，15 萬選民當中有 1/3 抵制選舉，薩卡沙還是重登寶座。美國也安心地在 1933 年 1 月撤離尼加拉瓜。

　　桑地諾信守承諾，2 月 23 日在北聖法拉爾解除武裝，回到北部山區組織農業合作社，有 100 多名老戰友追隨他在叢林裡的科科河兩岸耕種、開荒。他無法阻止政府軍隊迫害與殘殺游擊隊的復員者，只好重現首都，要求薩卡沙處理。

　　1934 年 2 月 21 日夜晚，桑地諾在出席總統的晚宴後被警備隊抓走。事先蘇慕薩就獲得華盛頓方面的點頭，他拿一份判決書給 16 名將軍，要求他們簽名判處桑地諾死刑。

　　桑地諾的異母弟索格拉底斯在保衛大哥的戰鬥中陣亡，羅貝斯將軍負傷逃走。桑地諾和他的副官被押到拉伊列伊納軍營的飛機場附近空地，用霰彈槍及手槍打死。美國大使列恩親自前來驗屍。

　　接著政府軍立刻對科科河三角洲展開瘋狂大屠殺，老弱婦孺毫無逃生。6 月 21 日，蘇慕薩宣稱他成功地消滅了

所有「土匪」。1936 年 5 月，他發動政變，趕走薩卡沙，1937 年 1 月登上血腥的總統寶座，20 年後，1956 年終被刺死。然而他的家族一直統治尼加拉瓜到 1979 年 7 月，才被桑地諾游擊解放戰線推翻。

第五章

一次大戰後的
民族解放運動高潮

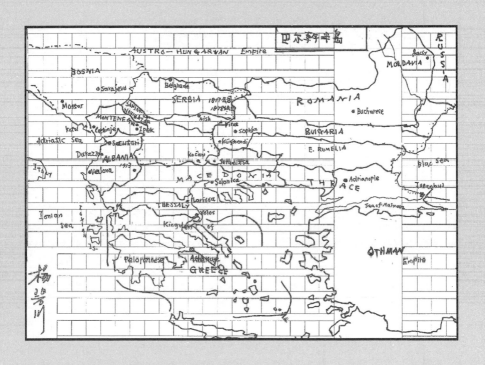

1. 一戰後民族解放運動概況

| 凡爾賽 |
| 體　制 |

1919 年 1 月 18 日，27 個戰勝國（包括沒參戰的中國、日本）代表在巴黎集會。英國首相勞合喬志、法國總理克里孟梭架空了美國總統威爾遜，把他那崇高又不切實際的《十四點》拋諸腦外，法國重視的是對德國的安全保障和賠款；英國重視的是重振世界霸權，與法國爭霸。俄、奧匈、鄂斯曼、德意志四大帝國灰飛煙滅，留下龐大的遺產任憑戰勝國瓜分。奧匈治下的巴爾幹各民族獲得獨立；土耳其的遺產被英、法瓜分（包括中東、埃及與北非）；德國在中國山東的一切利權交給日本。接著在凡爾賽和會後建立 20 年的凡爾賽體制，赤裸裸地呈現戰勝國（應該是「慘勝」！）以犧牲戰敗國，又互相矛盾對立與妥協，產生了所謂「委任統治」（Mandates），即 A 類（中東）、B 類（德屬非洲大部分）和 C 類（德屬西南非）及德屬太平洋群島（由澳、紐、日委任統治）。

法國控制了敘利亞和黎巴嫩，大英擴張到伊拉克、巴勒斯坦、外約旦、埃及、蘇丹、阿拉伯半島的東端和南端，繼續殖民統治印度、錫蘭、緬甸和馬來亞；荷蘭繼續統治印尼；西班牙控制摩洛哥北部，義大利控制了利比亞，並占領衣索比亞。

威爾遜的「民族自決」差了列寧的民族自決一截，而且被英、法玩弄得體無完膚，淪為一紙空頭支票。殖民地被壓迫民族，由過度期待而徹底失望，再度掀起反帝革命風暴。

俄國十月革命勝利（1917），更爲殖民地帶來了民族革命的新時代。

總之，民族解放運動已「不再是舊的資產階級和資本主義的世界革命的一部分，而是新的世界革命的一部分，即無產階級社會主義革命的一部分了」[1]。

在亞洲，爆發了 1919 年朝鮮三·一獨立運動、中國五四運動、1921 年中共建黨；印度有第一次非暴力不合作運動（1919-22）；土耳其凱末爾革命（1919-23）；阿拉伯半島、伊朗、阿富汗、敘利亞、黎巴嫩、伊拉克都爆發反英、反法的阿拉伯民族解放怒潮；印尼反荷工農運動也昂揚起來；北非摩洛哥、阿爾及利亞、突尼斯和蘇丹人民起義；埃及反英群眾運動激烈（1919）；拉丁美洲工農大眾反對美帝及其代理政客、軍頭的鬥爭激烈；馬克思主義也在墨西哥、阿根廷、巴西和智利迅速傳播。

列寧以民族自決鼓動了俄羅斯帝國境內各被壓迫民族起義，共同推翻沙皇專制；然而他在處理少數民族問題上，先是權宜之計，最終放任史大林以大俄羅斯沙文主義碾碎了少數民族的獨立，更別忘了 1949 年建國後的中共，更是青出於藍地壓制少數民族！

1　毛澤東，〈論新民主主義〉，《毛澤東選集》（北京：人民出版社，1964），頁 628-629。

2. 第三國際與世界民族解放運動 的辯證關係

第三 國際 正逢 1918 年印度工人罷工反對大英帝國，1919 年 中國發生五四運動，朝鮮三‧一獨立運動，加上歐 洲紅色革命，列寧毅然宣布組織第三國際（Communist International, 1919-43）。他指出，第三國際的任務和特點就 是執行和遵循馬克思的遺訓，實現社會主義和工人運動歷來 的理想；第三國際的成立，標誌著工人階級已拋棄第二國際 的那批社會主義叛徒，開始邁向追求無產階級專政，全世界 開始進入革命戰鬥的時期。

36 個人，代表 25 個黨及地域（包括中國華僑劉紹周及 朝鮮人金某等），挪威、瑞典、奧、德四個人不住在俄國， 絕大多數代表是布爾什維克，他們只能用馬克思的語言 ── 德語來溝通。3 月 4 日，列寧建議西歐各國同志，要向群眾 解釋蘇維埃制度的意義、重要性和必要性，傳播蘇維埃制度； 消除對資產階級民主的幻想，為建立無產階級事業而奮鬥。 6 日，第三國際誕生，季諾維也夫為國際執委會主席。24 年 內，俄共中央操控一切，主要政策的轉折完全配合俄共內部 權力鬥爭，或由蘇聯（史大林）的對外政策所決定，各國共 產黨只能聽命於第三國際。

1920 年 7 月，第三國際已有 27 個支部。7 月 19 日，季 諾維也夫在「二大」上宣讀《加入共產國際的 21 條件》， 宣示所有宣傳和鼓動必須具有真正的共產主義性質，並應符

合共產國際的政綱和決議；清除議會黨團內的不可靠分子；實行鐵的紀律，清洗混進黨內的小資產階級分子；每個加入共產國際的黨，其黨綱、黨章應交由共產國際大會或執委會批准，無條件遵循國際的一切指示和決議；凡加入國際者，一律改稱爲某某國共產黨（即共產國際支部）。

列寧和托洛茨基對世界革命形勢的估計太過樂觀，以爲勝利在望，列寧更宣判西歐社會民主黨爲「叛徒」（renegade），季諾維也夫暗中派特使到歐洲各地去協助搞組織、鬧革命。

眼看西歐革命不順利，當時的紅軍元帥托洛茨基，在1919年就寫給黨一封祕密報告，指出：在西方，一些重大事件可能不會很快發生，因爲在那裡，革命的準備時期還需要一段很長的時間，因此，「目前通往印度的道路，比通往蘇維埃匈牙利的道路，可能使我們覺得更加順暢和更加便捷。要有一支比在歐洲範圍內發揮更大作用的軍隊，這支軍隊就能夠打破亞洲不穩固的殖民依附關係的平衡狀態，直接推動被壓迫大眾的武裝起義，並保障這樣的起義在亞洲取得勝利。」

他不懷疑迂迴前進的正確性，就像前往巴黎和倫敦，可以繞道阿富汗、旁遮普和孟加拉的一些城市那樣。因此列寧就把輸出革命的方向，轉而寄望在亞洲的殖民地及半殖民地民族解放運動，建立東方大學、中山大學等專門訓練無產階級先鋒幹部的革命學校。

「二大」另一主軸，是討論列寧起草的《民族和殖民地

問題的提綱》。儘管印度人羅易（Roy, 1887-1954）反對共產黨把革命的任務交給資產階級，但對東方革命一無所知的列寧，最終仍堅持落後國家和殖民地的無產階級，在帝國主義全面壓制下，人數很少，經濟力量很小，思想修養很差，無法形成一個獨立的階級；民族資產階級才是反帝民主革命的主體，各國共產黨必須支持這些國家的資產階級民族革命運動。他解釋說：「只有在殖民地國家的資產階級解放運動眞正具有革命性的時候，在這種運動的代表人物並不阻礙我們用革命精神去教育、去組織農民和廣大被剝削群眾的時候，我們共產黨人才應支持並且一定支持這種運動。」他提醒共產黨人，在沒有上述前提條件下，必須「堅決反對」把落後國家的革命運動塗上共產主義的色彩。黨和當地資產階級民族革命運動結成臨時的聯盟，但不可和它們混爲一體，甚至當無產階級運動還在萌芽階段時，也絕對要保持這一運動的獨立性。

1920 年 10 月，第三國際在東方成立中東局（巴庫）、近東局（塔什干）和遠東局（伊爾庫茨克）。1921 年 10 月 21 日，在莫斯科開辦「東方勞苦者共產主義大學」。

3. 流產的伊朗革命

一戰爆發後，儘管波斯宣布中立，但英、俄兩國軍隊仍駐留境內。具有民族主義傾向的伊朗民主黨，接近德國，1914 年執政，引起英、俄的警惕。1914 年 11 月，土耳其

侵入阿塞拜疆，被俄軍擊退，俄軍趁勢開進德黑蘭，英軍也一路北上。民主黨議員及一部分大臣們，逃到宗教聖地Qom，建立臨時政府。另一批人則西走凱爾馬謝，受土耳其軍的庇護。1917 年，俄國革命爆發，俄軍匆匆撤離波斯北方，土軍也在 1918 年底撤走，英軍乘虛占領整個波斯，再推向高加索和中亞方面。

1917 年夏天，急進派組成「復仇委員會」，在行刺親英派首相前夕，被叛徒出賣而告瓦解。漏網之魚投奔吉朗省的「森林人」。「森林人」由商人之子庫切克汗（Mirza Kuchik Khan, ?-1921）領導，人人宣誓復國前不剃髮鬚，1917 年他們成立伊斯蘭教同盟委員會；由德軍提供武器和訓練，在北部打游擊。

1920 年 4 月 7 日，大不里士爆發民主黨革命，6 月 24 日成立阿巴尼為首的民主政府，宣布建立「阿扎蒂斯坦」（自由之國）。阿巴尼對城市的哥薩克騎兵既未解除武裝，又聽任反動派公然和德黑蘭方面進行連繫。新生的布爾什維克海軍也在 5 月攻占恩齊列（Enzeil）和勒什特（Resht），占領大部分的吉朗省，扶植吉朗蘇維埃共和國（-1921.10）。9 月，波斯軍在英軍協助下，消滅了大不里士的起義。

「森林人」由布爾什維克支持，1920 年 6 月 4 日在吉朗省會勒什特宣布建立「吉朗蘇維埃共和國」。庫切克汗和無政府主義派的愛赫薩諾拉汗、庫爾迪斯坦（庫德族）的哈魯·庫爾班及伊朗共產黨四方面人馬共治。庫切克汗反對沒收土地，與伊共對立，終於率眾離開。伊共與無政府主義派

合作，大搞土地鬥爭，又冒險挺進德黑蘭，誓言要消滅「森林人」。

伊共的冒進受到共產國際（季諾維也夫主席）的批判，1920 年 9 月，改由阿塞拜疆人的工程師阿穆・奧・哈伊達爾汗為黨中央，才糾正急左路線。共產國際指示，伊朗處於從宗法氏族的和封建的生活方式走向資本主義過渡的階段，因此不能實行社會主義，必須聯合一切愛國階級，來反對帝國主義和國王。伊共 9 月退出「委員會」，與庫切克汗重新聯繫，1921 年 5 月 8 日重新建立民族統一戰線，由庫切克汗擔任「伊朗革命委員會」的主席兼財政部長，伊共哈伊達爾汗為外長，哈魯・庫爾班任軍政部長。6 月，被趕下台的愛赫薩諾拉汗率軍攻打德黑蘭，一敗塗地，政府軍乘勝攻到勒什特。

統一戰線內部的矛盾不止於此。庫切克汗不願交出部隊給中央指揮，據守富明；伊共的主力在恩齊列，哈魯・庫爾班控制勒什特；愛赫薩諾拉汗早就退守拉希詹，吉朗共和國四分五裂。9 月 29 日，庫切克汗邀請哈伊達爾汗及其他伊共到離富明不遠的小鎮開會，一舉消滅了年輕的伊朗共產黨，並接著摧毀恩齊列和勒什特的伊共組織。

眼看大勢已去，哈魯・庫爾班向政府投降。11 月 2 日，政府軍占領勒什特，庫切克汗退入山區，後來凍死在山溝中。

巴勒維王朝　英國駐波斯外交團長柯克斯，1919 年 8 月提議正式承認波斯獨立，但英國保持「保護者」的地位。

1921 年 2 月 21 日，親英派政客齊亞迪‧烏丁，聯絡阿塞拜疆人的哥薩克衛戍部隊指揮黎薩汗（Reza, 1878-1944），發動政變；齊亞迪組閣，黎薩汗一躍成為陸軍大臣及總司令。三個月後，這名軍人控制大局；1923 年自任首相；1925 年自立為伊朗國王；1926 年 4 月，黎薩汗登基，自稱黎薩‧沙‧巴勒維一世（Reza Shah Pahlavi I, 1925-41 在位），建立了現代伊朗的巴勒維王朝（1925-79）。

黎薩汗生於瀕臨裏海的馬贊德蘭省的小村落，自幼喪父，由寡母帶回德黑蘭娘家扶養。他 14 歲時，就冒充 18 歲加入騎兵隊，和士兵同甘共苦，不論寒暑，總是枕著馬鞍，蓋一條薄毯子，睡在帳篷裡。他 1919 年已晉升為上校，1921 年進兵德黑蘭後，娶了瑪拉奇‧杜朗尼公主為第二個老婆。

黎薩‧巴勒維（古代波斯人稱君主為 Pahlavi）處處模仿土耳其的凱末爾，禁止婦女戴面紗，成年男性改穿西裝及戴西式禮帽。美國人幫他建立中央銀行，比利時顧問改造他的陸軍，義大利人改造海軍，德國工程師則建立伊朗的現代工業。

「英波石油公司」是伊朗境內的「國中之國」，1930 年代英國人又獲得 60 年的契約，也提供 20% 的股份給國王，外加每噸石油的利潤 4 先令；1939 年公司改組為英伊石油公司。

1939 年第二次世界大戰爆發，5,000 名德國工程師仍在伊朗，航空、大學、醫學校仍由德國教授主持。1941 年 6

月，蘇聯大使斯米爾諾夫和英國大使布拉德爵士聯手，要求黎薩把德國人趕走，當場被伊朗王拒絕。紅軍很快出現在阿塞拜疆。8 月 27 日，阿里曼蘇爾首相在英國大使的壓迫下，通知德國人離開伊朗。當晚，新首相穆・阿里・福魯吉宣布戒嚴。次日，英、俄軍官明目張膽地進出德黑蘭。30 日，英、俄又再度瓜分伊朗南北勢力範圍，一切回到原狀。9 月 14 日，英、俄大使聯手逼黎薩退位；15 日，黎薩把王位交給 21 歲的王儲，流亡非洲，三年後死於南非。

4. 朝鮮三・一獨立運動

安重根刺死 伊藤博文　1905 年 11 月，伊藤博文至漢城，派憲兵包圍王宮，迫親俄派簽下《保護條約》，承認日本從此監督指導朝鮮的外交，日本在朝鮮設置朝鮮統監（伊藤）。李完用奉命組閣，日本開始「保護朝鮮」。

朝鮮李高宗也派密使到荷蘭海牙（1907），企圖在第二次國際和平會議上呼籲列國支持朝鮮恢復獨立，但密使未能進入會場。1907 年 7 月，《日韓新協約》簽字，日本一手控制朝鮮。

安重根（1879-1910），黃海道的官宦之後，祖父及父親都是開化派而失勢，並改信天主教。1907 年，安重根到中國東北的延邊，三個月後又進入西伯利亞，在海參崴參加了「大韓青年教育聯合會」，祕密組織反日義兵，推舉李范允為總督，他自己則擔任參謀中將。1908 年 7 月，安重根

率兵潛返，渡過圖門江，被日軍擊敗，一個半月後，只剩下四個人逃走。

1909 年 7 月，日本決定併吞朝鮮，伊藤博文卸任，改爲日本樞密院議長。他要去莫斯科與沙俄密約，共同瓜分中國東北。安重根準備在哈爾濱刺殺伊藤。行前，他在旅舍草書：「丈夫處事兮，其志大矣。時造英雄兮，英雄造時。雄視天下兮，何日成業……鼠竊伊藤兮，豈肯比命。豈度至此兮，事勢固然。同胞同胞兮，速成大業。萬歲萬歲兮，大韓獨立。萬歲萬歲兮，大韓同胞。」

10 月 26 日上午 10 點，安重根在哈爾濱車站，用手槍打死伊藤博文。他當場被捕，1910 年 3 月 26 日處死，才 32 歲。

1910 年 8 月，朝鮮總督寺內正毅又強迫高宗簽下賣身契《日韓合併條約》，朝鮮淪爲日本的殖民地。

三·一獨立運動　日本併吞朝鮮，建立總督府及「武斷政治」，由 22,000 名憲兵、20 萬密探及兩個師的陸軍駐紮。根據《朝鮮駐箚憲兵條例》，憲兵的職權包括收集情報、鎮壓「暴徒」、裁決犯罪、執行勤務、取締勞工……等 21 項，操朝鮮人民的生殺與奪大權，言論、集會、結社等自由完全被扼殺；「大韓協會」、「西北學會」等愛國團體，包括賣國的「一進會」，都被解散；連日本進口的新聞、雜誌都被禁止流通，更何況是外文刊物。日語成爲公用語，朝鮮語反而視爲「外國語」，學校禁止講授朝鮮歷史、地理。總之，

朝鮮總督要把朝鮮人民隔離於外在世界。

通過土地調查，朝鮮總督府一舉攫取了朝鮮 1/4 的土地及 4/5 的森林；占 77.3% 左右的佃農及半佃農，要繳納 50 多種苛捐雜稅；而占 3.1% 的地主卻擁有耕地總面積的 50.4%。地稅占總督府財政收入的 50%。日本帝國主義在朝鮮建立剝削基礎，同時迫使破產農民成為廉價的勞動力。無產勞工每天工作長達 14 個小時，工資只有日本人的一半。

1918 年，孫秉熙、金善為等人成立「獨立協會」，向巴黎和會請願失敗，他們幻想威爾遜《十四點》裡的民族自決原則，將可以解放弱小民族。

1919 年 2 月 8 日，600 多名在東京的朝鮮學生，在日警的壓制下，於青年會館集會，發表獨立宣言。另一方面，1 月間，天道教、天主教和佛教三團體的 33 名「朝鮮民族代表」，也準備發動示威運動。雙方協議，準備在 3 月 1 日下午 2 點，於漢城的公園宣讀獨立宣言，發起示威活動。不料李王 2 月 22 日突然病死，誤傳他被日本醫生毒死，全國人民悲憤。

3 月 1 日正午，漢城市內各學校學生及市民、勞工（30 萬人）在塔洞公園集合，沿途高呼「朝鮮獨立萬歲！」口號，反日怒火迅速燎原。日本軍警全力鎮壓抗日運動，例如一名女學生拿著國旗高呼獨立萬歲，她的右手被軍刀砍斷，再用左手拿國旗，繼續高呼獨立萬歲，她的左手又被砍斷，仍然不屈，最後被日軍的軍刀刺穿胸膛，臨死前仍高呼朝鮮獨立萬歲。

3-5 月間，在 218 個郡裡，有 211 個郡爆發示威，參加人數達 202 萬人，被殺 7,909 人、負傷 15,961 人，更有 52,770 人被檢舉。一場轟轟烈烈的民族解放鬥爭，就在日本帝國主義的刺刀下失敗了。

三・一運動嚇壞了外來統治者，日本人放棄軍事管理，改用「文治主義」，一方面廢除《會社令》（公司法），允許朝鮮民族企業的發展；並以同化朝鮮為最終目的。當時日本人也用產米增殖計畫來改善農業，進而全面以農民組織、水利會等來控制農村。

5. 甘地的非暴力不合作運動（1918-22）

反英運動昂揚　1914-18 年第一次世界大戰期間，印度人有 150 萬被動員，喪失 70 萬生命，反對出兵的提拉克被囚禁四年。他出獄後支持甘地，號召印度人支持英國，以爭取早日自治。甘地解釋說，在英國最困難的情況下，我們支持他們，印度將有無可辯解的理由立刻獲得自治，而不是遙遠或最近的將來。他們的期待，來自 1917 年 8 月 20 日印度事務大臣蒙塔古在下議院說：「英王陛下政府的政策和政府完全一致，就是要使印度人增加參與各行政部門，並逐漸發展自治機構，以便做為英帝國的一個完整部分的印度，進一步實現責任政府（Responsible government）。」1918 年，他致函總督：「我深信，在帝國處於危難之時，我們必須──正如我們決定要那樣做──真心實意地、毫不含糊地支持

它。我們期望不久的將來，能使它成爲海外自治領的一員。……在這存亡危急之際，我將促使印度所有的健兒爲帝國做出犧牲。我相信，這一行動將使印度成爲帝國最受歡迎的合作者，種族的區別將隨著時間而消失。」

隨著戰爭即將結束，寇松勛爵憤怒地斥責：爲什麼蒙塔古要以「如此危險的速度」在印度進行憲法改革。1918 年 7 月的《蒙塔古─契姆斯福改革草案》，完全看得出英國人用一隻手交出一些東西，又用另一隻手收回去的伎倆。1919 年印度政府的內容，在行政方面，除了有三名印度人參加總督行政參議事務外，一切不變。原來的帝國立法參事會，改爲立法大會（下院）及國務院（上院）。下院 145 人，其中 105 人由選舉產生；上院 60 人，由選舉產生 34 人。各省的省級行政，分爲「保留的」（reserved）和「移交的」（transferred）兩類：即警察、財政、司法、監獄、森林（孟加拉及緬甸除外）、救荒、田賦等保留給省督及行政參事會，省督只對總督及英國負責；移交的包括教育（歐洲人除外）、公共衛生、國產稅、工業發展等，移交給省督指派的部（廳）長主管，對省立法會負責。這種二元政府，最終由印度總督裁決。

這個政策，把占全印度人口 1/4、土地 2/5 的土邦排除在外，並嚴格限制選舉權資格（以資產額爲限），使中央立法大會只有 0.5% 的居民有選舉權；省立法會也只有 28% 的人有選舉權，至於婦女則完全沒有。

1919 年 3 月，英國又授權印度總督可以宣布戒嚴令，

設立特別法庭；當局可不經任何程序逮捕嫌犯。這個惡名昭彰的《羅拉特法》，赤裸裸地暴露了帝國主義暴力的真面目，不過甘地和印度的印、穆資產階級都齊聲歡呼，以為他們終於勝利了。

一次大戰後（1918），後來成為甘地終身追隨者的尼赫魯十分憤怒地指出：「印度人民滿懷著奇恥大辱的感覺和激烈的憤怒。」

另一方面，國大黨在 1908 年失敗後陷入低潮，1916 年 4 月，英國費邊社成員 Annie Besant 力促國大黨各派在勒克瑙年會上重新握手。穆斯林聯盟新主席真納（Mohammed Ali Jinnah, 1876-1948），這位富商之子、倫敦林肯法學協會律師，1915 年大聲疾呼穆斯林加入國大黨的運動，認為印、穆分區選舉不是一個政策問題，而是穆斯林的需求，「因為把穆斯林從長期麻木沉睡狀態中喚醒過來，分區選舉是不可少的」。英國人眼看印、穆兩大政黨形成反英聯合陣線，不得不在 1917 年宣布儘快實行政治改革，但又刻意散布謠言說他們不可能團結，而是在互相併吞對方。真納認為，完全獨立是極端主義的要求，與其得不到，不如贊成成立自治領的責任政府。1929 年，國大黨在兩教派的議席比例上堅持穆斯林占 25%，真納堅持 33%，雙方不歡而散。

戰後，印度各地大罷工，尤其 1919 年昌帕蘭種藍靛的佃農要求改善待遇，爆發流血衝突，甘地以個人名義去當地活動。他不是為那些文盲爭取提高工資，只是要求當地沒受過教育的婦女們教孩子衛生常識和公共道德，不必教他們語

法和讀、寫、算等等。

　　英印政府被授權可以隨時宣布戒嚴、任意抓人，讓甘地十分震驚，他多次向當局呼籲無效，才決定訴諸「眞理的力量」（Satyagraha），向政府展開抗爭。1919 年 4 月 6 日開始。德里未接到延期通知，3 月 30 日率先發難，軍隊在車站射殺八人。孟買在 4 月 6 日起義，不久甘地被捕。在阿姆利則（Amritsar）一場暴動中，群眾打死三個英國人，攻擊兩名婦女，搶劫銀行和店舖。13 日，吠舍佉日宗教節慶日當天，戴爾（Dyre）將軍下令包圍賈利安瓦拉花園廣場，六分鐘內，英印軍開槍打死 379 人，傷及 1,200 人。旁遮普的 50 個城市迅速暴動，持續半年以上，劊子手戴爾回到英國卻被媒體捧爲「印度的救星」，資產階級爲他募款兩萬英鎊。英印政府以大軍示威，隨地抓人，強迫商店關門，要學生每四天到當局報到一次。那個英國婦女挨打的地方，凡是經過的印度人都必須以腹貼地爬行過去。

　　運動演變成激烈的暴動與鎮壓。甘地嚇壞了，他坦承「在人民還沒有取得這樣的資格以前，我就號召他們發動文明的不服從運動，這個錯誤就像喜馬拉雅山那麼大」。於是他停止運動，以絕食表示懺悔。

|甘地主義| 甘地（Mohandas K. Gandhi, 1869-1948）生於波爾班的官吏及商人家庭，18 歲唸倫敦大學法律系，1893 年以前回國在孟買開業，1893-1914 年去南非當商行的法律顧問，一心嚮往母國，努力使自己成爲一個英國紳士。生爲

毗濕奴派教徒，甘地從小受《薄伽梵歌》的影響。在英國又讀了拉斯金（J. Ruskin）的《獻給後來者》，決心奉獻給社會大眾，並深信拉斯金的話：「勞動者的生活，即種地人的生活和做工人的生活，都是值得的。」俄國大文豪托爾斯泰（L. Tolstoy）的《天國就在你心中》及《致印度人的信》更啟發了他；1909-10 年間，他一直和托翁通信，接受托翁的「愛的法則」及「勿以暴力抗惡」的理念。此外，美國人梭羅（H.D. Thoreau, 1817-62）的《公民不服從的使命》（*On Civil Disobedience*, 1849），更影響甘地日後不服從運動的想法。

提拉克主張四大綱領：抵制英貨、自治、自產及民族教育；戈卡爾主張自治、政治道德化及服務的觀念，也影響了甘地。甘地主張「愛」——愛自己、愛別人、愛仇敵、愛人類、愛生物。他愛英國人，但反對殖民制度。在實踐上，甘地又堅持個人自我克制、戒殺生、苦行和祈禱。

1893-1914 年，他在南非終於遇到了白種人邪惡的種族歧視。他坐火車的頭等車廂，卻被趕出火車，儘管有車票，卻不准踏進白人的車廂一步。

1893 年，他發動同胞故意觸犯禁令（印度人不得走在公共道路上，夜間 9 點以後不准上街），被白人警察痛打倒地，他採取非暴力抵抗。1906 年，南非政府禁止印度人移民，甘地號召反對。1907 年 7 月底，印度人抵制登記，自願坐牢，弄得白人灰頭土臉，並宣布趕走甘地等 24 人。1908 年 1 月 10 日，甘地自願入獄，並有 100 多人追隨，南

非當局下令放人。此後他一直領導印度人在南非抗爭。1915年，甘地在印度的手工業城阿麥達巴德建立「堅持真理院」。

1920年12月，印度國大黨在拿格浦爾的年會上，通過甘地的《遞進的非暴力不合作計劃》，步驟為：（1）所有印度人放棄英印政府所授予的頭銜和榮譽職位；（2）對立法機關、法院、學校實行普遍抵制，並挨家挨戶勸印度人恢復手工紡織業，每個國大黨員都要親手紡紗，以抵制英貨；（3）抗稅。國大黨的目標是在大英帝國內自治，否則才要脫離大英而自治。

為了展開群眾運動，國大黨設立中央委員會（15人），並在各地建立基層組織，計劃擴充黨員到1,000萬人。此外又成立15萬人的「國民義勇軍」，到鄉村及貧民窟、工人區去宣傳和組織非暴力不合作運動。具有35年歷史，一向只會對外來統治者叩頭請願的國大黨，第一次轉變成為領導群眾的民族解放運動的黨了。

穆斯林也加入不合作運動。一次大戰之後，英、法瓜分土耳其帝國，嚴重傷害印度穆斯林的宗教情感。在毛拉納、阿利兄弟的領導下，成立了「哈里發（伊斯蘭教主）委員會」，意在捍衛哈里發。甘地也認為這個運動是團結印、穆兩教派的一次千載難逢的機會，國大黨支持這個運動。毛拉納兄弟也把運動的指揮權交給甘地。

印度各地學生、公務員、工人罷課、罷工，人民抵制法院、議會，全國掀起恢復手工紡織土布的熱潮。甘地把阿姆利則屠殺歸咎於政府，宣稱：「以任何形式或方法與這個魔

鬼政府合作，都是有罪的。」一張國大黨的標語上寫著：「假如有一千人拒絕納稅就不會有暴行，而向施暴的政府納稅就是支持其統治，也就是鼓勵暴行。」

1921 年 11 月，英國皇儲去印度巡視，到處遭受人們的抗議，狼狽而逃。1921 年 8 月至 1922 年 1 月，北方聯合省的亞格拉和奧德地區的農民起義，攻擊地主莊園，燒毀帳冊。馬德拉斯省的摩拉普地方，農民搗毀殖民地政府大廈，宣布建立「哈里發共和國」，終被英軍殘酷鎮壓，遇害達一萬多人。1922 年 2 月 4 日，聯合省哥拉克地區的曹拉曹村農民燒死向群眾開槍的二名警察，甘地痛斥這是「最大的恥辱」，11 日宣布停止不合作運動，責成國大黨地方黨團讓農民納租，保證地主的合法利益。他的《巴多利決議》引起在獄中的尼赫魯、拉伊等人的不滿；鮑斯說：「當公眾的熱情正達到沸點的時候，發出退卻令就等於民族的災難。那時所有在獄中的聖雄的副手……都和人民同表憤慨。」

甘地又向李定總督提出最後通牒，要求釋放政治犯，否則他要發動示威。他開始剃光頭，上身赤裸，腰纏土布，以苦行僧的新形象來號召人民。當局的法官以煽動暴力活動而逮捕甘地，判處六年徒刑，不過英國人很快就放人。

第一次非暴力不合作運動失敗後，急進知識分子開始注意到工人、農民及小市民在民族解放運動的作用。1927 年，孟買工農黨向國大黨提議，要求國大黨確立爭取完全的民族獨立與普選的自治目標。12 月，國大黨在馬德拉斯年會上，通過支持中國人民革命、爭取印度完全獨立的決議。尼赫魯

和鮑斯被選為黨總書記。這年 11 月,英國政府派「西門調查團」來印度調查《1919 年印度政府組織法》的執行問題,竟然沒有印度代表參加,國大黨發動群眾示威,揚言不惜流血。

不合作、非暴力主義,使甘地自綁手腳,又成為群眾運動的緊箍咒,隨時限制群眾的越軌(合乎統治集團的法律)行動。難怪毛澤東要說:「大敵當前,他們要聯合工農反對敵人;工農覺悟,他們又要聯合敵人反對工農。這是世界各國資產階級的一般規律。」[2]

在台灣,有人主張非暴力,卻非「不合作」,否則就要發動抗稅,拒絕接受國民黨的洗腦教育,更嚴重的是要退還所有公職和頭銜,政客們就沒得混了!

6. 凱末爾的土耳其革命

垂死的土 耳其帝國

第一次世界大戰把土耳其帝國變成一個政治解體、經濟崩潰、死傷慘重的爛攤子:300 萬大軍死傷一半以上,國債由戰前的 15,300 萬金里拉暴增到 47,200 萬金里拉(國家預算的 19 倍),物價暴漲 5-12 倍。英、法帝國主義公然進占伊斯坦堡。1919 年 6 月 10 日,協約國強迫土耳其政府接受《色弗爾條約》(Treaty of Sévres),土耳其帝國的 4/5 領土被列強瓜分(包括阿拉伯

---

2 毛澤東,〈新民主主義〉,《毛澤東選集》,頁 635。

半島、北非及歐洲部分，還有伊茲密爾、安那托利亞東南部及沿海的一些島嶼）。條約更規定，土耳其的軍隊不得超過五萬人（其中憲兵占 3.5 萬人），不得擁有空軍及炮兵、重型武器；兩海峽由協約國管理；協約國在土耳其繼續保持領事裁判權；隨時監督該國的行政與財政。土耳其事實上淪為英、法的半殖民地了。

當凱末爾（Ghazi Mustafa Kemal Atatürk, 1881-1938）回到首都的時候，看到的是滿目瘡痍，政客、官僚爭先恐後地向英國人獻媚的醜態場面。他向新任宰相提烏蘇克斯帕夏要求出任陸軍部長，換來的只是冷淡的婉拒。12 月底，蘇丹穆罕默德六世撤換內閣，但仍舊將他閒置一旁。凱末爾百無聊賴，只有借酒澆愁。

1919 年 3 月，希臘軍攻占斯米爾納，土耳其人拿起武器在安那托利亞山區打游擊，協約國向土耳其政府施壓，要求蘇丹儘快鎮壓安那托利亞的動亂。蘇丹不情願地派凱末爾去東部，因為他以前在當地指揮過軍隊，把他調派去那裡，既可安撫他的不滿情緒，又可以調虎離山。

凱末爾面對的是協約國大軍在海峽兩岸，希臘軍在伊茲米爾，義大利、英、法軍分占南方，東邊還有一個新興的亞美尼亞國家。土耳其只剩下五個兵團，其中 4/5 兵力在安那托利亞，一個兵團在東色雷斯。凱末爾集中兵力，重新整訓，也把零散的游擊隊重新整編。他斷然宣布成立臨時政府，不怕背負叛國的罪名。這頭灰狼宣稱：「我們受全體人民的委託而行動，不是反叛！」凱末爾又向其他將領訓話：「中央

政府已經無力，唯有凝聚人民的意志與力量，才能爭取獨立。渴望自由的人，到最後一刻要為自由奉獻。大聲喊出這種聲音，全國人民拿起武器，走到廣場集合，服從指揮！各位的決定，攸關我們的生死存亡！」[3]

灰狼走遍大小村落、山區、荒野，集合人民訓話，煽動士兵拖延復員，並拒絕交出武器。蘇丹不料派他去安那托利亞，造成縱虎歸山的局面，氣急敗壞地電召他回首都，否則以軍法處置。凱末爾立刻回電：「國家尚未完全獨立以前，我決定留在安那托利亞。」1919 年 7 月，凱末爾自動辭去軍職，以自由之身來指揮。

凱末爾的祖先，是從法國遷居土耳其的猶太人，定居薩羅尼加。他的父親早逝，穆斯林母親改嫁。他 14 歲偷偷去考薩羅尼加的軍校，17 歲再入西馬奇頓的士官學校。他喜歡政治歷史，偷看禁書（伏爾泰、孟德斯鳩、盧梭和羅伯斯庇爾的傳記）。1902 年，他被保送伊斯坦堡的官校，1905年（24 歲）畢業後為上尉，任職參謀總部，後來調派大馬士革。1905 年日本打敗俄羅斯，對他及其他少壯軍人造成很大的鼓舞作用，凱末爾也暗中加入「團結與進步委員會」。1908 年，青年土耳其黨發動政變奪權，凱末爾卻被調回陸軍部閒置，因為他不聽話了。1913 年，他又被派去保加利亞的索菲亞當武官。1915 年，他死守加里波里三個月，擊退 50 萬英、法大軍，凱旋回國，接受「帕夏」的封號，但

3　J. Benoist-Mechin，《灰狼》（東京：筑摩，1990），頁 154。

又無所事事，被調去高加索指揮第 16 兵團，總被調來調去。

| 建立安卡
拉政府 | 1919 年 9 月，凱末爾在瑟瓦斯召開全土耳其代表大會，下令軍隊切斷首都的交通，把武器、 |

稅金通通送交瑟瓦斯，不聽命令的一律立刻處決。會中他制定了《國民公約》。

　　首都在 1919 年秋天舉行大選，賣國內閣仰仗英國的鼻息。1920 年 1 月，國會召開，凱末爾派大勝；3 月，英軍衝進國會逮捕 40 多名議員，充軍馬爾他。其他逃回安卡拉的人，在 1920 年 4 月 23 日投票成立「大國民議會政府」，宣布廢黜蘇丹，凱末爾成為議會主席，兼國民軍總司令。8 月，土耳其政府接受《色弗爾條約》，許多人紛紛投奔安卡拉。首都宣布凱末爾叛國，安卡拉的法典官也宣布一切在外國強迫下的法令、條約統統無效。

　　1920 年 4 月 6 日，凱末爾寫信給列寧，指出「為了反對帝國主義政府，解放所有被壓迫人民，我們將和蘇維埃政府協力合作，共同戰鬥」。翌年 3 月，土、蘇雙方簽訂《土蘇友好條約》。蘇俄政府從 1920 年起，就支援土耳其步槍、子彈及金錢。土耳其建國後，凱末爾也繼續同蘇聯維持友好關係，1925 年簽《土蘇友好中立條約》，1932 年蘇聯提供 800 萬美元的工業貸款給土耳其。托洛茨基被史大林趕出蘇聯，唯一予以政治庇護的是凱末爾。托洛茨基在 1920 年初是紅軍元帥，曾經支持過凱末爾的民族解放鬥爭。

　　不過凱末爾不准土耳其共產黨活動，他甚至組織屬於自

己的共產黨。1921 年初，還殺死 Mustafa Subhi 等 15 名土共。

　　1920 年 9-10 月間，凱末爾下令軍隊開進亞美尼亞，紅軍也跟進，共同粉碎這個可憐的小國的獨立之夢。除去東部後患後，凱末爾又屠殺庫德族，再南下擊退法軍，迫義軍退出南安那托利亞。1922 年 8 月，凱末爾把希臘軍趕下海，解放了伊斯坦堡；蘇丹逃到英艦上要求庇護。

　　11 月，凱末爾在大國民議會上大叫要廢黜蘇丹和哈里發制度，忍受了伊斯蘭長老喋喋不休地爭吵兩個多小時後，跳起來大聲吼叫：「國家的主權是由實力、權力與暴力奪得的。鄂斯曼子孫獲得統治土耳其民族的權力是由暴戾手段所造成的。」「把主權交給國民，再怎麼反對也無法改變事實。看清楚，否則人頭落地！」反對者紛紛被憲兵「保護」出場。

我的心目中
只有土耳其
　　凱末爾並未被勝利衝昏了頭，他不想恢復昔日帝國的光輝和已經失去的土地。凱末爾堅持土耳其主權完全獨立，新生的國家，包括亞得里亞堡在內的東色雷斯、安那托利亞、基利奇亞和東部各省，面積總共767,675 平方公里，其中 23,975 平方公里在歐洲。1923 年 7月，《洛桑和約》取消了治外法權及一些限制；10 月，協約國占領軍撤走。

　　凱末爾不耐煩政客和政敵的爭吵與挑戰，成立貫徹自己意志的「土耳其人民黨」，走遍各地向人民演講。他向質疑他的政敵表示，國會議長兼黨魁有什麼不對？他是總統，主持國會及部長會議。1923 年 10 月，凱末爾宣布建立土耳其

共和國，身兼總統、國會議長，唯一政黨的黨魁，又是軍隊的總司令。

1931 年，在土耳其人民黨的第三次大會上，灰狼提出了「六箭頭」的理念。「六箭頭」是土耳其人民共和黨的黨徽，每一個箭頭標誌著凱末爾的一個原則：（1）共和主義，即反封建專制，堅持民主共和；（2）民族主義，即擁護土耳其民族獨立；（3）平民主義，即主張一切權力屬於全體公民，法律之前，人人平等；（4）國家主義，即保護民族工商業，發展民族資本；（5）世俗主義（反教權主義），實行政教分離；（6）改革主義，堅持不斷改革。

凱末爾引進西洋法律，不准婦女戴面紗，可自由離婚，土耳其帽改為歐洲人的呢帽。

凱末爾大刀闊斧地改革教育，把宗教對教育的控制改由國家來取代，使原本只有 3.7% 的就學率逐漸改正，並培養土耳其的民族主義精神。他大力推行拉丁字母，廢除阿拉伯字母拼寫土耳其語；1929 年 1 月起，一切出版物不得再用阿拉伯字母；同時，一切政府公務員必須在兩年內學會使用拉丁字母拼寫，否則不得擔任公職。這項法令的通過，唯有靠他個人的獨裁與堅持才力排眾議，由他「一意孤行」，帶動了土耳其文化革命，十年後，使文盲降至 50% 以下。

凱末爾不理農民要求土地的呼聲，更殘酷鎮壓「民族叛徒」。1921 年，他才對土耳其共產黨實行大赦，但兩年後又宣布共產黨為非法。

凱末爾並未掩飾他的獨裁作風，但仍舊一貫執行反帝親

蘇（聯）的政策。終其一生，灰狼獨裁到底。凱末爾對反對
被同化的庫德族絕不手軟。1930 年代，他在一次對土耳其
歷史協會的演講時指出：我們為什麼失去巴爾幹各族呢？答
案是因為他們創立斯拉夫研究會，廣泛研究語言、文學、歷
史各方面的文化領域，這種研究導致各民族意識的覺醒，導
致他們反抗鄂斯曼政府。[4] 這一段值得我們深思。

7. 阿富汗獨立戰爭（1919-21）

　　阿富汗儘管「獨立」，但仍是大英帝國的半殖民地。哈
比布拉王朝的親英政策和腐敗無能，曾激起 1912 年底帕克
蒂亞省農民起義。「青年阿富汗」主張推翻專制政府，爭取
阿富汗完全獨立，建立民主立憲政府。1906 年，他們另立
「民族黨」，不斷進行祕密活動，但 1909 年因叛徒告密而
遭國王清洗，轉入地下宣傳恐怖主義活動。

　　1919 年 2 月 21 日，哈比布拉遇刺身亡，他弟弟（即首
相和老年阿富汗派）納斯魯拉自立為王，王子阿馬努拉也在
喀布爾登基，形成兩個政權並存局面。28 日，阿馬努拉正
式加冕，宣布國家獨立。英軍則在 5 月 3 日侵略開伯爾山丘，
國王號召人民奮起打聖戰。面對 34 萬英軍的六萬阿軍，穆
罕默德·納迪爾汗親王透過宣傳和組織，26 日圍攻塔爾要
塞，迫英軍投降。阿卜杜拉·庫杜斯親王也攻下坎大哈省的

4　Utkan Koratürk，《阿塔圖克的思想與哲學》（1984），頁 149。

巴拉格。8月，英、阿停火，英國承認阿富汗獨立，但仍占有開伯爾山口兩端及北側。青年阿富汗人不滿。歷經漫長的談判，1921年10月22日，英國才眞正承認阿富汗獨立。阿國政府慶祝獨立，建立一座紀念碑，碑座上是用鐵鍊拴著一頭獅子，象徵大英永遠被壓在獨立的阿富汗柱石下。

8. 從五四運動到中共的建黨

1915年9月，陳獨秀（1879-1942）從日本回上海，創刊《青年》雜誌，他主張中國要進行政治革命的前提，須從思想革命開始，「首先要革中國人思想的命」。第二年改爲《新青年》，開始傳播歐美新思潮，批判舊禮教與傳統文化，刊出胡適〈文學改良芻議〉（1917）、吳虞〈打倒孔家店〉、魯迅〈狂人日記〉等。

1917年，陳獨秀至北京大學擔任文科學長（不必開課），把胡適、劉半農、李大釗、魯迅等引進北大任教。1919年1月，他總結〈本誌罪案之答辯書〉，主張擁護德先生（democracy）和賽先生（science），因爲「要擁護那德先生，便不得不反對孔教、禮法、貞節、舊倫理、舊政治；要擁護那賽先生，便不得不反對舊藝術、舊宗教；要擁護那德先生和賽先生，便不得不反對國粹和舊文學」。他宣布只有民主與科學才可以救中國，一切政治的壓迫、社會的攻擊笑罵，就是斷頭流血，都不推辭。

1919年5月1日，英國外相通知中國政府，日本已取

得德國從前在山東的各項權益。4 日，陳獨秀鼓勵北京大學學生召集 13 校 3,000 多名學生，在天安門廣場示威。他們沿途高呼「外抗強權，內除國賊」、「取消二十一條」、「還我青島」等口號，列隊衝進使館區的東交民巷西口，遭軍警阻擋，再奔向趙家樓胡口，衝進簽訂二十一條的外長曹汝霖家中，痛毆正在曹宅的駐日公使章宗祥。32 名學生被捕，引發五四運動。6 月 5 日起，上海、漢口、南京、長沙各地學生、工人、商人響應罷課、罷工、罷市。11 日，陳獨秀獨自一人在北京新世界屋頂散發傳單，當晚被捕，9 月 16 日才獲釋。

陳獨秀流亡到上海。留學日本早稻田大學的李大釗教授（1889-1927），一再介紹布爾什維克主義，向革命歡呼。留美的胡適博士則大倡「多研究些問題，少談些主義」。1920 年 3 月，李大釗在北大暗中成立「馬克思主義研究會」。

4 月，維經斯基率團至北京見了李大釗，再去上海會見陳獨秀。8 月，成立社會主義青年團。11 月 7 日，《共產黨》雜誌創刊。1921 年 6 月，第三國際代表馬林至上海。馬林曾在印尼幫助共產黨和印尼民族資產階級政黨統一戰線成功。7-8 月，中國共產黨在上海創立，陳獨秀為總書記。

1924 年 1 月，孫文在蘇聯顧問鮑羅廷（M. Borodin, 1884-1951）協助下，接受中共加入國民黨，改組國民黨為布爾什維克式的革命政黨，推動「聯俄、容共、扶持工農」三大政策，中共以個人身分加入國民黨，但暗中發展自己的組織。

7 月，蔣介石在中共開路下宣布北伐，半年內由珠江打到長江中游。1927 年 4 月 12 日，蔣介石在上海清共；18 日，在血泊中建立南京政權。28 日，張作霖在北京處決了李大釗等 19 人。

史大林不准中共退出國民黨，他認爲中國資產階級十分脆弱，只有無產階級在蘇聯幫助下才能倡導及領導革命，要設法使國民黨成爲堅定的革命聯盟。托洛茨基則完全主張共產黨退出國民黨，因爲那不是合作的結束，而是奴役的結束；在這個時候還要把工人、農民趕進資產階級的陣營，把共產黨做人質扣押在國民黨的隊伍裡，如此策略，無異叛徒政策。4 月 6 日，史大林還說：「人們應該利用中國資產階級，然後像對待一個擠乾了的檸檬那樣把它扔掉。」不料一週後，蔣介石這個被擠乾的檸檬，卻反過來屠殺他的共產黨「同志」。

9. 阿拉伯民族大起義

阿拉伯世界由於社會結構和政治經濟組織的差異，事實上分爲三個地域：即（1）東方阿拉伯（阿拉伯半島）及歷史上的敘利亞（包括黎巴嫩、約旦、以色列、伊拉克各國）；（2）尼羅河國家的埃及和蘇丹；（3）阿拉伯西部的馬格里布，即從利比亞、突尼西亞、阿爾及利亞、摩洛哥等國。

16 世紀，鄂斯曼土耳其帝國開始征服阿拉伯半島及埃及，300 年來阿拉伯半島臣屬於土耳其蘇丹的統治。

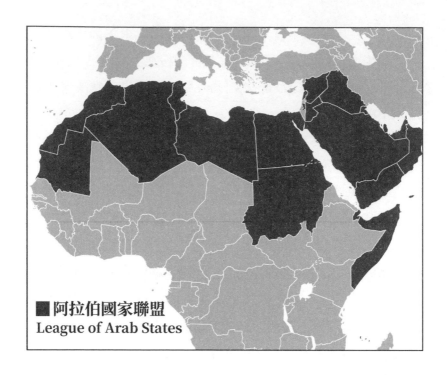

■阿拉伯國家聯盟
League of Arab States

19 世紀上半葉，西方資本主義滲透阿拉伯。
1840 年代，法國資本控制敘利亞和黎巴嫩，
英國則控制伊拉克和巴勒斯坦的一部分。在西方傳教士團的
活動下，1840 年代天主教團受到法國的保護，首先在巴勒
斯坦和敘利亞建立中、小宗教學校。1820 年，第一批美國
長老教會在貝魯特出現；1866 年，開辦了敘利亞基督新教
中學，後來改爲大學。英國也在 1841 年成立耶路撒冷的英
國—普魯士主教團；俄國東正教也於 1849 年在耶路撒冷進
行宗教活動。

黎巴嫩貝魯特的基督教徒阿拉伯人，開始鼓吹復興阿拉

伯語文及文學、歷史的研究。阿卜杜・拉赫曼・卡瓦克比（Abd-al-Rahman al-Kawakibi, 1854-1902）提倡復興阿拉伯文化運動。他抨擊土耳其當局，屢次被捕。他結識阿富汗尼，也到過阿拉伯各地與東非，1898年潛入埃及，死於當地。

卡瓦克比在開羅發表《專利的本質》和《城市之母》，強調伊斯蘭世界的主導權應回歸阿拉伯人，尤其是阿拉伯半島。他列舉半島的26項優點，包括宗教最純潔、人們最團結、擁有穆斯林的共同語言（三億人口）、最人道、最寬容和最守信等等。

敘利亞人布特魯斯・布斯塔尼（Butrus al-Bustani, 1819-83），畢業於馬龍派中等教會學校，1840年改信美國的長老教。他主張熱愛祖國，敘利亞人要團結，反對宗教狂熱，婦女應受教育。1863年，他在貝魯特創立第一所阿拉伯民族學校；1860年，創刊阿拉伯語的《敘利亞號角報》、《園地》半月刊。他整理阿拉伯語文，留下《阿拉伯語詳解大辭典》和七卷的《阿拉伯百科全書》。

他的好友納吉夫・雅濟吉（1807-71）是宮廷詩人，為阿拉伯標準語和文學做了大量的整理工作。他也是基督教徒，主張全體阿拉伯人團結起來，在共同的文化思想遺產基礎上，建設兄弟般的未來前途。1857年，他倆的追隨者在貝魯特建立了阿拉伯科學社團，第一次把不同宗教信仰的阿拉伯人知識分子結合在一起。雅濟吉的兒子易卜拉欣更主張用刀劍來反抗土耳其統治，他說：「崇高的目的要用劍來完成，要想達到它，就去尋找（劍）吧！」

19 世紀 70-80 年代，文化啓蒙運動還未轉化成政治運動。例如阿祖里在巴黎成立了「阿拉伯祖國協會」（1904），翌年以法文出版《阿拉伯民族的覺醒》，堅持「阿拉伯國家屬於阿拉伯人的」，但卻指望法國的援助。

另一派旨在協助青年土耳其黨，成立了「阿拉伯鄂斯曼友好協會」（1908）。1908 年青年土耳其黨執政以來，公開鼓吹大土耳其主義（Pan-Turanianism），即強調土耳其人與操突厥語、蒙古語、通古斯語、芬蘭語和匈牙利語的烏拉爾阿爾泰語系的都蘭人（Turanian）同源，20 世紀初大肆鼓吹大土耳其主義，號召土耳其、俄國、中國（新疆）、伊朗和阿富汗境內的土耳其語同胞聯合。

阿拉伯人覺悟到不可能與土耳其人唱同調，紛紛成立自己的團體，主要有「青年阿拉伯黨」（1909，巴黎）和「鄂斯曼自治黨」。留學法國的塔烏菲克・納突爾，創建青年阿拉伯黨，期待在帝國內與土耳其人共享平等，用西方現代教育來改革社會，最後他被土耳其軍事法庭判處絞刑。鄂斯曼自治黨主席拉菲克・貝・艾姆茲，出身大馬士革的名門，主張在帝國統治下，每個省有土、阿兩種語言，學校開各自的母語教學。但是，土耳其悍然拒絕阿拉伯人溫和的要求。

1913 年 1 月，開羅的《摩加塔姆》雜誌刊出〈敘利亞的改革〉，由貝魯特的改革俱樂部成員共同要求帝國實施眞正的憲政，各省自治，阿拉伯語也成爲官方語言。改革俱樂部立刻被查禁。

6 月 18-23 日，自治黨在巴黎召開大會，通過了「阿拉

伯民族不希望自己從鄂斯曼帝國分離出去。它的所有要求，只是用一個不同民族和諧相處、充分發揮各省居民管理自己內部事務的政策，來代替現存政府」。

然而，第一次世界大戰的炮火，打破了阿拉伯人自治的幻想。

| 伊本·沙特的振興 | 漢志（Hejaz）位於紅海邊，境內有麥加及麥地那兩大聖地。侯賽因·伊本·阿里是當地的統 |

治者（謝里夫），他企圖成為整個阿拉伯的王者，1916 年在英國支持下發動起義，反抗土耳其統治。戰後，英國背信，侯賽因也迫不及待地自封為哈里發，結果遭到整個伊斯蘭世界的強烈反對，終告失敗。

另一方面，1892 年沙特王朝失敗後，這個家族於 1892-1902 年間，在英國保護下的科威特受到庇護。20 世紀初，拉赫曼教長的長子伊本·沙特（Ibn Saud, 1880-1953）在 1901 年繼位，他親歷國破家亡的痛苦，也目睹了帝國主義在科威特的爭霸，加深了他萌發統一阿拉伯的熱情和「恢復先輩創建的王國」的理想。

1902 年，伊本·沙特率領 40 騎夜襲，成功地奪取了利雅德。1904 年，他又進攻拉西德家族的蓋西姆地區，同時又先後征服了內志各地（Nejd）。1913 年，伊本·沙特又攻占半島東部的哈薩。一次大戰前夕，他和半島西部的哈希姆家族、北部的拉西德家族，形成鼎足三立的局面。

第一次世界
大戰期間　1914 年 10 月，土耳其被德國拖下水，參加第一次世界大戰。阿拉伯人並不想參戰，而把戰爭當作是他們實現獨立的天賜良機。德、土集團利用巴勒斯坦、黎巴嫩、敘利亞、伊拉克和阿拉伯半島的人力與資源；英、法兩國則動員了埃及、蘇丹、阿爾及利亞、突尼斯、摩洛哥等地的資源。交戰雙方都拿阿拉伯人爲砲灰。

　　土耳其人很快進攻蘇伊士運河。1915-16 年間，土軍在敘利亞和黎巴嫩的徵糧和暴虐，使 30 萬敘人及 15 萬黎人死於饑荒及瘟疫。什葉派聖地納杰夫和卡爾巴拉發生了暴動，1916 年德魯茲山、北黎巴嫩和大馬士革、摩蘇爾都出現了游擊隊和阿拉伯士兵的反抗。

　　1915 年 6 月，杰馬爾帕夏逮捕分權黨、青年阿拉伯協會的領袖，把哈里勒、米赫米薩尼等人吊死在貝魯特及大馬士革廣場。英軍也在 1914 年 10 月 20 日頒布《集會法》，禁止五人以上集會；11 月又宣布戒嚴，拘捕埃及新祖國黨領袖阿里·卡米爾。12 月 18 日，英國宣布「保護」埃及；翌日，扶持傀儡侯賽因·卡米勒爲蘇丹，以示埃及完全脫離鄂斯曼土耳其帝國。英國把 100 萬以上的埃及人編入勞動兵團，充當戰場上的砲灰或奴工。

　　自治黨和敘利亞改革委員會在戰前就散發傳單，號召阿拉伯人及一切穆斯林、基督徒、猶太教徒團結一致，反抗土耳其暴政，復興古代的光榮傳統，並以自治原則建立自己的國家。英、法充分利用了這種情緒。

　　英國情報員勞倫斯（Thomas Edward Lawrence, 1888-

1935）⁵策劃阿拉伯人脫離土耳其獨立的計劃。

漢志的侯賽因也暗中聯絡大馬士革的青年阿拉伯聯盟。1915 年 3 月末，他派第三子費瑟和這個組織的負責人接觸，前者勸他利用戰爭與英國人合作，爭取獨立。侯賽因的另一個兒子阿布杜拉也到開羅，暗中接觸英國人。但英國人考慮法國人對敘利亞的興趣，遲遲不敢下決心支持侯賽因。勞倫斯支持阿拉伯人建立獨立自主的國家，反對法國的野心。

英國外交官玩弄兩面手法，一面假意答應阿拉伯人的要求，又暗中與法國密訂戰後瓜分土耳其帝國遺產的勾當。英國和侯賽因之間以《大馬士革議定書》為基礎，承認獨立的阿拉伯國家版圖為：北起梅爾辛、阿達納、烏爾法、馬爾丁、阿馬迪亞至伊朗邊界一線；南到印度洋（亞丁除外）；東起伊朗邊界和波斯灣；西至紅海、地中海沿岸；此外又廢除治外法權。費瑟回到漢志後，1915 年 7 月 14 日起，侯賽因開始以通信方式，和英國駐埃及的高級專員亨利‧麥克馬洪（Sir Henry McMahon）展開談判。

英國人不正面答覆侯賽因的要求及先前的條件，只泛泛地許諾阿拉伯獨立，避而不談版圖問題。侯賽因十分震怒，再次向英方施加壓力。英國眼看 1915 年下半期戰事不利，暫時妥協，要侯賽因對土地問題做出一些讓步。後來侯賽因不甘願地宣布放棄了梅爾辛和阿達納。

5　勞倫斯生於威爾斯，牛津大學畢業，在敘利亞從事考古工作，精通阿拉伯語文。

事實上，英、法早已暗中議定了《塞克斯－皮克協定》（Sykes-Picot Agreement），同意漢志獨立；敘利亞北部劃歸法國，在巴拉斯和巴格達之間劃歸英國；敘利亞內陸分為A區（法）、B區（英）；耶路撒冷及聖域為國際共管地。

1916 年 4 月，土耳其當局又處決了另一批阿拉伯民族主義者，開始不信賴侯賽因。不久，土耳其軍進兵麥地那。5 月 5 日，侯賽因的長子阿里和三子費瑟在麥地那起義，1,500 名阿拉伯士兵對空鳴槍，宣布阿拉伯獨立。6 月 10 日，侯賽因在麥加起義，20 多天內迫土軍投降。侯賽因號召阿拉伯世界脫離土耳其帝國而獨立，發動聖戰。

阿拉伯革命 1916 年 7 月底，阿拉伯人順利拿下麥加，三個月內，阿拉伯人先後攻下延布、臘比格、昆菲札等除了麥地那之外的漢志城市，英國人並沒有真正軍援，不希望阿人獨立。10 月 29 日，侯賽因自立為阿拉伯國王，長子阿里為首相，次子阿布杜拉為外長，三子費瑟為內務大臣。

英、法兩國措手不及，經過協商，只承認侯賽因為漢志國王，1917 年 1 月 3 日正式通知他。英國人不讓阿拉伯人攻下麥地那，以免繼續攻占大馬士革。勞倫斯遍訪侯賽因的三個兒子，鼓舞費瑟再接再厲，以游擊戰來截斷土耳其的補給線，往北向紅海推進，阿拉伯軍成功地突擊漢志鐵路。勞倫斯協助費瑟於 7 月 5 日攻占紅海與西奈半島間的要地阿卡巴，打通了前往敘利亞的大門。

費瑟號召阿拉伯官兵唾棄土耳其當局，調轉槍口起義，

從阿克巴出發，沿途襲擾鐵路線。10 月 31 日，英軍從埃及出發，攻占巴勒斯坦南部，再北上雅法、伯利恆，12 月初進入耶路撒冷。在此之前，英軍已攻占伊拉克（1917.11）。法國為了維護自己的利益，1917 年 4 月，皮克在開羅宣布法國將「保護」黎巴嫩。

英國人立刻抬出猶太人復國主義運動團體，企圖支持猶太人在巴勒斯坦建立國家，脫離阿拉伯人。11 月 2 日，英國外交大臣貝爾福寫信給猶太人大財閥羅斯柴爾德說：「英王陛下政府贊成在巴勒斯坦建立一個猶太人的民族之家，並將盡最大努力促其實現……」《貝爾福宣言》完全出賣阿拉伯人，並種下此後數十年阿、猶兩個民族互相衝突的禍根。

侯賽因十分震怒，要求英國人對這種慷他人之慨的行徑提出解釋。霍加恩教授奉命去吉達解釋，他強辯說猶太人雖然定居巴勒斯坦，但不會損害「阿拉伯民眾政治方面和經濟方面的自治」。蘇俄 1917 年革命後，蘇維埃政府公布了沙皇時代的一些秘密條約，包括《塞克斯－皮克協定》的公布，侯賽因更加憤怒，貝爾福狡辯說這是布爾什維克的臆造。

阿拉伯的勞倫斯一直奔走沙漠之間，聯絡各地酋長。他說：「我已經習慣自欺欺人了……心中存有一股念頭，就是那些阿拉伯人信以為真的諾言，在時機成熟時他們的起義就會有代價。」[6]

6　Jeremy Wilson，《阿拉伯的勞倫斯》（*Lawrence of Arabia*），蔡潤生譯（台北：麥田，1995），頁 274。

1918 年 9 月，英軍進入拿撒勒，土軍退據敘利亞、黎巴嫩。9 月 22 日，英軍和費瑟進攻安曼和馬安，勢如破竹，敘利亞人也乘機起義。9 月底，費瑟的先頭部隊進入大馬士革。10 月，英、法軍攻下貝魯特；10 月底，英、法軍完全控制敘利亞。30 日，土耳其向協約國投降。

阿拉伯終究被出賣　1918 年 9 月底，英、法帝國主義者在倫敦協議上，公然瓜分阿拉伯世界。英國人艾倫比為最高專員，法國委任統治黎巴嫩、西敘利亞，東敘利亞（包括大馬士革）和外約旦由埃米爾費瑟管理，漢志仍由侯賽因統治，英國委任統治巴勒斯坦。

1919 年巴黎和會上，費瑟出席奔走，看穿了戰勝大國的野心。巴黎和會把黎巴嫩和敘利亞交付法國委任統治；英國委任統治巴勒斯坦和伊拉克。

1920 年 3 月 8 日，憤怒的阿拉伯人召開敘利亞國民大會，推舉費瑟為敘利亞國王，領土包括黎巴嫩、美索不達米亞北部及巴勒斯坦在內。4 月，協約國在義大利的聖莫雷召開會議，強行把阿拉伯占領地交付英、法兩國委任統治。7 月，法軍一下子就擊潰了阿拉伯軍，把費瑟趕出大馬士革，英國人慷慨地給他統治伊拉克，其兄阿布杜拉也獲得了外約旦。阿拉伯半島則由英國通過伊拉克和外約旦的傀儡政權，以及漢志的哈希姆家族，進行殖民統治。

10. 猶太復國主義的抬頭

猶太民族的
興衰與流散　公元前 1500-1600 年左右，伊拉克南部迦勒
底的希伯萊人遷徙至巴勒斯坦。他們在亞伯
拉罕的率領下，沿著幼發拉底河東岸向西北行進，渡河再沿
著肥沃月灣向南折去，經過約旦境內的豪蘭山區，來到約旦
河西岸的迦南地，被當地土著稱爲「來自河那邊的人」——
希伯萊人（Hebrews）。

希伯萊人屬於閃族的塞姆語系一支，他們製造《聖經》
上的「許諾之地」（the land of promise）神話，說上帝對亞
伯利罕立約：「我要將你現在寄居的地，就是迦南全部，賜
給你和你的後裔，永遠爲業。」〈創世紀〉第 12 章又說，
耶和華對亞伯拉罕說：「你要離開本地、本族和父家，到我
指示的地方去。我必叫你成爲大國……」

由於無法在迦南地容身，加上乾旱，雅各帶著族人流亡
到埃及。〈創世紀〉第 15 章又說：「我將賜你子孫土地，
從埃及的河川至大河，即幼發拉底河。」

歷經四百年被埃及人奴役的生活，希伯萊人在摩西的率
領下，公元前 13 世紀上半葉逃出埃及，在西奈沙漠中流浪
了 40 年，終於回到迦南地（〈出埃及記〉）。摩西在途中，
在西奈山上，自稱受上帝授予的十條誡命，稱爲〈十誡〉，
創立了猶太教。

摩西的手下約書亞，率人進入巴勒斯坦，公元前 1050
年左右，大衛建立王國，定都耶路撒冷。他的小兒子所羅門

在錫安山（Zion）上建立耶和華神殿。他死後（公元前 910 年），王國分裂爲猶太及以色列兩國，雙方互相征戰。公元前 721 年，以色列被亞述帝國消滅；猶太國也在公元前 586 年被巴比倫消滅。被亞述放逐出去的以色列人，或流散，或被異族同化，歷史上稱作「遺失的十支派」。新巴比倫王國征服猶太國，摧毀聖殿，把猶太人強制遷往巴比倫（伊拉克），直到公元前 538 年東方新興的波斯消滅巴比倫爲止，歷史上稱作「巴比倫囚虜」。由於以色列人在戰爭期間爲波斯人提供情報，波斯王准許他們重返耶路撒冷。

巴勒斯坦歷經波斯、希臘、羅馬帝國的統治，耶穌基督被猶太人上層統治集團出賣，而被羅馬總督釘死在十字架上。猶太人在公元 70 年歷經四年的反抗後，被羅馬大軍完全制伏，第二神殿被毀，數萬人被俘。132 年，又有巴爾‧科巴克領導反抗，135 年羅馬人再度征服耶路撒冷。猶太人被禁止進入當地，否則立遭處死。猶太人開始漂流各地，散居到帝國境內的埃及、小亞細亞。614-628 年，波斯占領巴勒斯坦期間，猶太人又重返，但東羅馬帝國重新奪回巴勒斯坦以來，歷經 1,200 多年，猶太人再也沒有回到他們的許諾之地了。

反猶太主義 猶太人散居在歐洲各國，留在土耳其帝國的猶太人則享受公民權及宗教自由。在西歐的猶太人必須居住在特區（Ghetto）裡，25 歲以前不准結婚，節日不准在晚上 6 點以後出門。在俄國，沙皇不准猶太人離境 40 英

里，大學限制猶太人學生的名額。

　　歐洲在中世紀就開始迫害猶太人，1348-49 年達到高潮。1492 年，西班牙政府趕走所有猶太人，迫他們流亡到荷、義、波蘭、北非。英國在 1870 年才准許猶太人進入大學；德、奧在 1870 年代才賦予他們公民權。

　　西歐的猶太人尋求與當地國同化。19 世紀中葉，里塞爾主張：我的父親是上帝，母親是德意志。詩人海涅（Heine）改信基督教，他認爲受洗是進入歐洲文明的入場券。馬克思的父親也改信新教。迪斯拉累是英國的首相，致力拓展大英的殖民侵略事業。

　　德國宰相俾斯麥沒有忘記馬克思、恩格斯，以及他們的徒弟——德國社民黨（SPD）的考茨基、伯恩斯坦都是猶太人。俄國沙皇亞歷山大二世被猶太人刺死，俄國革命家托洛茨基、馬爾托夫、加米洛夫、波蘭女革命家露莎·盧森堡也統統都是猶太人。

　　19 世紀末，有 250 萬猶太人逃離東歐；1903-09 年間，又有 40 萬人逃至美國，其中 3,000 人則逃入巴勒斯坦。

　　1884 年，法國爆發德累弗斯事件。軍方控告猶太人軍官德累弗斯（A. Dreyfus）把軍事情報出賣給德國人，將他流放圭亞那的魔鬼島。翌年，新的情報處長發現這個冤案的主謀，但無可奈何。作家左拉發表《我控訴》，要求重審案件。法國社會分裂爲支持與反對兩大陣營。反猶太主義、反共和主義在軍人、教會、上層階級團結下，大肆活動。1889 年，元凶（情報處副處長）亨利自殺，此案到 1906 年才告

平反。這個事件，刺激了在匈牙利布達佩斯的赫茲的覺悟，
決心奔走猶太復國主義運動。

| 重返錫安 |
| 山 運 動 | 錫安山（Zion）是猶太教耶和華聖殿的所在地，散居世界的猶太人在祈禱時，總是面向東方，

互相祝福說：「明年在耶路撒冷。」

19 世紀 80 年代，烏克蘭奧德薩的眼科醫生平斯克（Leo
Pinsker, 1821-91）發表《自我解放》一書，指出：「對於活
著的人，猶太人是死去的人；對於當地人，他們是異己和流
浪者；對於有產者而言，他們是乞丐；對窮人而言，他們是
剝削者和百萬富翁⋯⋯」[7]

這本匿名的小冊子呼籲猶太人自我解放，不要恢復猶太
國家和聖地，而要掌握命運，建立自己的國家。在他的影響
下，俄國猶太青年學生建立了「比路」，採自〈以賽亞書〉
第二章第五節 —— 「來吧，雅各的家人們，我們在耶和華
的光明中一起行進！」的希伯萊文字頭 Bet Yaakov Lechu Ve
Nelcha，綴成 BILU。

1884 年 11 月 6 日，「熱愛錫安山運動」（Chibbath
Zion）終於在波蘭的卡托維茨通過，但內部陷入四分五裂。
一批批湧入巴勒斯坦的猶太人也幾乎慘澹經營，草草失敗。

赫茲（Theodor Herzl, 1860-1904）是維也納大學的法學
博士，當過駐巴黎的記者，1896 年他寫了《猶太國》小冊子，

7　W. Laqueur, *A History of Zionism* (London: Weidenfeld and Nicolson, 1972), p. 72.

指出：「反猶太主義是從人們心底湧出來的東西，不可能被根除；而同化主義或人道主義也不能解決猶太人問題。猶太人非自己自力、自律地解決自己的問題不可。我們曾在各地眞誠地設法加入周圍民族的大家庭，並只希望保留我們祖先的信仰。可是，人們不允許我們這樣做，在那些世代居住的祖國裡，我們一直被視爲外國人。誰是外國人，由多數人決定。」

赫茲呼籲猶太人離開現住地，去建立一個新的猶太國。他提出白色底（象徵純潔的新生活）正面有七顆金星（代表幸福的七個小時工作）旗幟，建立國家。赫茲奔走土耳其，向蘇丹要求把巴勒斯坦給猶太人，條件爲幫助蘇丹償清外債。他更以英國的前哨自居，自認在巴勒斯坦建國，可以成爲歐洲的堡壘。

1897 年 8 月 29 日，他在瑞士巴賽爾的第一屆猶太復國會議上，接受長達 15 分鐘的掌聲。三天後，他們成立「世界猶太復國機構」（The World Zionist Organization），赫茲爲主席，並通過四項綱領，要在巴勒斯坦建立一個「由公法保障的猶太人之家」。他到處奔走歐洲權貴，也抱怨有錢同胞不肯慷慨解囊。

1903 年 8 月，英國人提議讓猶太人去東非的烏干達建立國家。赫茲相當配合，卻被俄國猶太人痛斥爲叛徒，他們只要去巴勒斯坦。

生於波蘭，在柏林及法蘭克福念書的化學博士魏茲曼（Chaim Weizmann, 1874-1952），1904 年起在英國的曼徹

斯特大學任教生物化學，1907 年他在猶太復國大會上脫穎而出。

1914 年，他毫不掩飾地向英國人說：「我毫不懷疑我的看法，那就是巴勒斯坦將劃為英國的勢力範圍。……如果我們的情況好轉，就能夠比較容易地在此後 50-60 年內，把 100 萬猶太人移入巴勒斯坦。那時候英國將有一道有效的屏障，而我們也將有一個國家。」

英國製造巴勒斯坦問題　1914 年第一次大戰爆發後，魏茲曼發明一種生產丙酮的新工藝，使英國製造出大量廉價的炸藥。他成為英國社交圈內的寵兒。

1918 年戰爭結束後，英國玩弄阿拉伯人的獨立意願，並與法國勾結，瓜分土耳其帝國的阿拉伯遺產。巴勒斯坦一旦落入法國人手上，馬上威脅大英在中東和印度的利益，英國人也就樂見巴勒斯坦成為保護國，而把它交給猶太人。

當時巴勒斯坦的猶太人，才占全體人口的 7.8%，阿拉伯人則在這塊土地生活了 1,300 年以上，並且保有土地的 99.5%。1917 年 11 月 2 日，英國外相阿瑟‧貝爾福以書信形式發表了《貝爾福宣言》，提出英王陛下政府贊成在巴勒斯坦建立一個猶太人的民族鄉土（national home）。

魏茲曼也在 1918 年 5 月去阿克曼，死纏爛纏費瑟；事後，費瑟否定雙方在 1919 年 1 月的協議。不過英國終究委任統治了巴勒斯坦，睜一隻眼閉一隻眼，放任猶太人混進巴勒斯坦。直到 1939 年，猶太人就從不足五萬人（1918），增加

為 45 萬人，占當地人口的 30%。

　　憤怒的阿拉伯人被奪去大片的土地，阿拉伯工人每天工資 15 皮阿斯特（100 皮 =1 英鎊），工作 10-12 小時；猶太人工作八小時，工資為 30 皮。1929 年 8 月，一群猶太青年在哭牆升起猶太旗幟，遭阿拉伯人扯下，雙方大打出手。26 日，一群猶太人闖進清真寺，殺死數名阿拉伯人。雙方演變成報復性廝殺，有 133 名猶太人、116 名阿人遇害。

　　英國當局立刻從埃及、約旦緊急調派一個師來鎮暴，逮捕 900 名阿人，25 人判處死刑。1936 年 4 月，穆夫蒂阿明·侯賽因為首的巴勒斯坦最高委員會成立，他們號召總罷工，要求自治，停止猶太人移民活動，結果遭英國當局下令鎮壓。1937 年 9 月，一名英國軍官被刺死，許多俱樂部、行政機構也被炸彈威脅，英國人成為驚弓之鳥，改為招撫手段。皮爾勛爵（Earl Peel）在調查後發表報告，第一次提出把巴勒斯坦分為猶太國、阿拉伯人國和英國永久託管區（包括耶路撒冷、伯利恆及一條走廊）。

　　猶太人額手稱慶，儘管有些人不滿「國土」被縮小；阿拉伯人則完全否決這種分裂巴勒斯坦的陰謀。英國還是我行我素。義大利的墨索里尼則公開宣稱他是「伊斯蘭的保護者」，德國人更把穆夫蒂阿明請到柏林，由他主持對巴勒斯坦的廣播；希特勒也公開譴責英國人憑什麼有權槍殺巴勒斯坦的阿拉伯人。

　　二次大戰爆發以來，巴勒斯坦更成為英國統治的最痛之處。

第六章

從抗戰到獨立

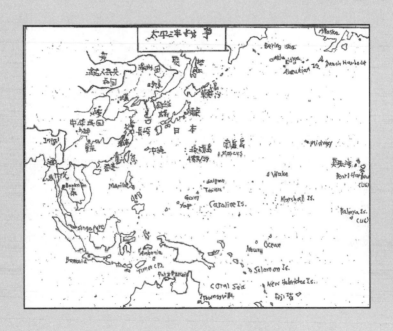

　　1929 年世界經濟危機以來，歐美各國加緊對殖民地、半殖民地的搜括和擴張新殖民地。從義大利墨索里尼到德國希特勒，一股法西斯、納粹狂潮席捲歐洲；亞洲則有日本軍部侵略主義氣焰高漲，中共正陷入與蔣介石的殊死鬥爭（1927-45），加上西班牙內戰（1936-39）、史大林的五年計劃及清洗布爾什維克者革命（1934-40），整個世界充滿了不安、焦慮與不確定。

　　日本在 1931 年 9 月 18 日後侵略中國東三省，1933 年扶植滿洲國，1937 年 7 月對中國發動全面戰爭（-1945）。1939 年 9 月 1 日，納粹德國侵略波蘭，英、法於 3 日向德國宣戰，掀起第二次世界大戰，歐陸各國紛紛被德軍占領。

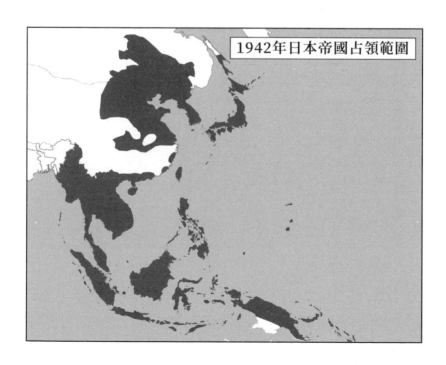

1942年日本帝國占領範圍

1940 年 9 月，德、義、日三國結盟。1941 年 6 月 22 日，德軍侵略蘇聯。1941 年 7 月，日軍占領法屬印度支那南部。12 月 7 日，日本偷襲美國珍珠港；8 日，美國向日本宣戰。半年內，日軍攻占東南亞各地。英、法、荷捲入歐戰，無力顧及東南亞殖民地，給殖民地被壓迫大眾帶來奮起的機會。

各殖民地紛紛成立抗日游擊隊，建立游擊基地，以推向二戰後獨立的進程。中共也乘「抗日」而壯大，朝鮮及印度人民也再度掀起反帝民族解放運動。亞洲人民的英勇鬥爭，沉重地打擊了法西斯勢力。這時，日本帝國占領亞太地區 386 萬平方公里土地及 15,000 萬人，連同中國、朝鮮、印度，一共統治五億人口及 700 多萬平方公里土地。

然而 1945 年 8 月二戰結束後，世界各國立刻陷入美國與蘇聯兩霸對峙的冷戰時代（1945-91）。

1. 朝鮮獨立血淚史

抗日運動 1919 年三・一獨立運動被鎮壓後，日本開始在朝鮮改行「文化政治」（1919-30），一方面實施地方自治，吸引朝鮮布爾喬亞走向外來政權下體制內改革的幻想，造成朝鮮民族與階級分裂（台灣也一樣）；改革派成為「革命的防波堤」，和農民、工人、小市民、學生的反帝、反封建鬥爭形成矛盾對立。另一方面，日帝不忘在朝鮮推行同化政策，用日語授課，這和英國統治印度推行英語教育如出一轍。1925 年，日帝在朝鮮實施《治安維持法》；1928 年，

更加壓制言論、集會、結社自由，憲兵及特高警察橫行。

　　日本政府爲鎮壓社會矛盾所引發的各種勞動、社會問題及抗爭，早在 1900 年，未經討論就由國會通過《治警法》，授權警察取締社會運動，禁止女性、學生、教員、軍人參加政治結社，嚴禁勞工團結與抗爭，違者處一年以下有期徒刑，或 50 圓以下罰金。1911 年，警視廳設置取締思想及社運的特別高等警察課。1925 年 4 月 22 日，國會強行通過《治安維持法》。1928 年，《治維法中改正緊急勒令》第一條更正爲：「以變更國體爲目的之結社之組織者及其工作者，或從事此事之其他組織者，處死刑、無期徒刑或五年以上之懲役及禁錮。」否定私有財產（即共產主義）也適用於此惡法。

　　由於日本企圖侵略滿洲，而在北朝鮮開發水利、發電、鐵路、軍火工業及建設港口。1920 年代，朝鮮已有近 120 萬勞工（1928），社會主義思想開始滲透，1920 年有朝鮮勞動共濟會，1924 年有了朝鮮勞農總同盟。接受日本社會主義風潮的無政府主義者金若水，回國後成立「北風社」；1925 年 4 月，和賣國賊的兒子金洛俊共創「朝鮮共產黨」。從上海回來的朴憲泳也成立「高麗共產青年協會」，很快都被日警偵破。朝共書記長金在鳳，叫女友出門買洋菸，被香菸攤的老闆密告而落網。此後各種社會運動組織一再被當局壓制，寸步難行。

　　1929 年 10 月 30 日，光州學生抗議日本學生侮辱朝鮮女學生，到處攻擊日本學生。當局派兩個連隊配合警察鎮

壓，光州學生死傷 52 人。各地罷課四起，市民、工、農加入反抗，高呼「打倒日本帝國主義！」、「被壓迫民族獨立！」。1930 年 7 月，咸鏡南道端川郡日本人看守小林侮辱朝鮮女性，郡內一萬農民攻擊警署。這些武裝鬥爭都慘遭日本帝國主義的鎮壓。1923 年日本關東大地震時，日本憲警殘殺數千名在日的朝鮮工人。

抗日游擊隊　19 世紀末，有許多朝鮮人冒死逃入蘇聯西伯利亞討生活。1918 年，朝鮮人金哲勳等在伊爾庫茨克成立共產黨韓人支部；李東輝在哈巴洛夫斯克成立韓人社會黨。在中國上海則有 1919 年 4 月成立的「大韓民國臨時政府」，推舉在美國的李承晚博士爲大統領，李東輝爲國務總理。李東輝及其手下被懷疑私吞列寧援助的 200 萬盧布，金立被暗殺，李也下台。1921 年 5 月，李東輝另立高麗共產黨，與伊爾庫茨克的另一個高麗共產黨互槓，在遠東共和國的自由市流血火拼。1925 年 1 月，共產國際下令解散這兩個黨。

　　從 1910 年代末期開始，流亡滿洲的朝鮮人以敢死隊「大韓獨立軍」，攻擊咸鏡北道及平安北道的日軍。1930 年 5 月 30 日，東滿洲的間島爆發抗日事件。金日成（Kim Il Sung, 1912-94）本名金成柱，生於平安南道大同郡高平面南里（萬景台），祖先是全羅道人。他的雙親是基督教徒。1917 年，舉家遷至滿洲。1929 年，金日成因抗日言論被捕，1930 年加入南滿的朝鮮游擊隊。後來接受東北抗日聯軍（中國人楊靖宇）的指揮。1935 年 4 月，在通化成立「祖國光

復會」，這時他已滿腦子馬列主義思想了。1937 年 6 月，金日成率領 200 人進攻咸鏡南道附近白頭山下的普天堡。關東軍收買金日成的上司吳成崙（1941），又殺死 35 歲的楊靖宇。金日成率六萬人逃入西伯利亞，被蘇軍當作日本間諜逮捕。幸虧中共的周保中出面營救，此後他在海參崴的蘇軍野戰學校學習。蘇軍在哈巴洛夫斯克附近的布亞茨克成立「88 特別旅」，由周保中指揮，金日成及姜健分別率領第一及第三大隊。

1945 年 7 月，蘇聯人將 88 特別旅的朝鮮人另外組成「朝鮮工作團」，一個月後日本投降。

此外，在 1927 年廣州暴動時，就有 200 名朝鮮人參加中共的暴動。1934-36 年間，不少朝鮮人參加中共的長征。如咸鏡北道人（金）武亭成為八路軍砲兵隊長，在延安成立朝鮮義勇軍。金料奉在太行山成立華北朝鮮獨立同盟（他們即日後的「延安派」）。1932 年，金九派李奉昌去東京向天皇丟擲炸彈未遂；尹奉吉在上海虹口公園炸死日本將領及高官。1941 年 12 月 9 日，金九的新臨時政府向日本宣戰，又向聯合國要求承認其政權被拒。

1945 年 8 月 8 日，蘇聯政府對日本宣戰。根據協議，美、蘇分別以從前關東軍與朝鮮軍分駐的 38 度線為界，從南與北接收朝鮮。9 日，美國在南朝鮮成立軍政府。19 日，史大林指派金日成等回北朝鮮，10 月 10 日成立北朝鮮共產黨中央組織委員會，1946 年與新民黨合併為北朝鮮勞動黨，臨時人民政府沒收日帝及韓奸土地 105 萬町步，分配 98 萬町

步給72萬戶農民，並推行產業、鐵路、郵電、銀行等國有化。

　　李承晚（1875-1965）因反日而坐牢，20世紀初流亡美國，獲得普林斯頓大學哲學博士學位。1910-12年回國，又被捕，再流亡美國，1919年成爲在上海的大韓民國臨時政府大統領，兩年後又流亡美國。他一直努力爭取盟國支持朝鮮獨立，或由國際聯盟委任統治朝鮮。

　　美、蘇較勁下，朝鮮問題變得十分尖銳，聯合國大會拒絕朝鮮南、北代表出席（1947年1月），蘇聯及其盟國退席，大會以46：0，六票棄權，通過成立「聯合國朝鮮臨時委員會」。1948年5月10日，在這個「臨委會」監督下，南朝鮮舉行選舉，8月15日建立「大韓民國」（李承晚），北朝鮮也在9月9日宣布建立「朝鮮民主主義人民共和國」；12月，蘇軍撤出北韓。1949年9月，南、北朝鮮勞動黨合併爲朝鮮勞動黨，金日成爲中央委員會主席。

2. 印尼民族運動

反荷政治聯盟　1911年，爪哇商人在梭羅成立「伊斯蘭教商業聯合會」，民族資產階級開始抵制外國商品傾銷，以合作方式保護本土商業。（台灣人從未如此過！）1912年再改爲「伊斯蘭教聯盟」，四年後發展成一個政黨。1914年，急進派和在印尼的荷蘭左翼社會民主黨，共同組成了「東印度社會民主聯盟」，提出「爭取印尼獨立」口號，向工農大眾傳播馬克思主義。1917年，俄國十月革命的衝擊下，社民

盟分裂，右派另立「印尼社會民主黨」。1920 年 5 月 23 日，
司馬溫（Semaun, 1899-1971）創立印尼共產黨，12 月加入共
產國際。他是荷蘭人馬林（Maring, 本名 Hendrikus J. F. Marie
Sneevliet, 1883-1942）的徒弟。馬林被荷蘭當局趕出爪哇。
1918 年，馬林在莫斯科共產國際上力倡自己成功的例子，
即殖民地的共產黨要聯合民族資產階級，共同進行反帝鬥
爭。1923 年，他到桂林見了孫中山，推動「國共合作」
（1924-27），差點導致中共被蔣介石消滅的悲劇。

　　伊斯蘭教聯盟對司馬溫十分警惕，1923 年通過成員不
得跨黨的決議，迫司馬溫退出。1927 年，荷蘭人擴大了印
尼資產階級的參政人數，但至 1941 年，只採納他們的建議，
又不准地方自治，一切流於形式。1925 年，印尼共產黨召
開緊急會議，決定 1926 年 6 月在爪哇及蘇門答臘同時起義，
但迅速被當局偵破而告流產。1926 年 11 月 26 日，印尼共
產黨在雅加達及萬丹地區發動農民暴動，迅速波及勃良安、
萬隆、梭羅、諫義各地，12 月中旬才被撲滅。1927 年 1 月
1 日，蘇門答臘西部的西龍崗農民暴動，堅持一個多月才失
敗。

　　當局宣布印尼共產黨為非法組織，解散工會，逮捕兩萬
多人，4,500 人遭殺害或判刑。印尼共產黨急躁地提出消滅
富農和資產階級口號，要求在印尼實現社會主義，根本就是
急左的天方夜譚，脫離群眾而單幹。

　　1928 年 10 月 28 日，印尼青年第二屆代表大會通過《青
年誓言》，宣布：「我們，印度尼西亞的兒女，承認一個民

族，印度尼西亞民族。我們，印度尼西亞的兒女，承認一個祖國，印度尼西亞祖國。我們，印度尼西亞的兒女，承認一個語言，印度尼西亞語言。」從表面上看，完全是爪哇人的「大印度尼西亞主義」作祟，完全漠視了其他 100 多個民族的感受，埋下無窮的後患。

蘇卡諾
與哈達 蘇門答臘米南卡瓦人哈達（Mohammad Hatta, 1902-80），曾留學阿姆斯特丹商業大學，成立了「印尼同盟」。爪哇人與巴里島婦女生的蘇卡諾（Achmed Sukarno, 1901-70），畢業於萬丹工科大學，1928 年成立「印尼國民黨」，以不合作運動來爭取民族獨立。10 月，他聯合各派通過上述的《青年誓言》，12 月結成「印尼民族政治同盟」，要求當局取消契約勞工刑罰條例，釋放政治犯，取消公務員參加政黨的禁令。1929 年 1 月，蘇、哈等被捕判刑，1931 年底獲釋。政治同盟四分五裂，蘇卡諾參加沙多諾的「印度尼西亞黨」，1933 年 8 月又被當局流放到蘇門答臘的明古連。哈達與蘇卡諾不和，1933 年去滿洲國途中，到東京尋求日本的協助。1934 年 2 月，哈達回印尼後立刻被捕，流放摩鹿加群島的班達島，到 1942 年才被日本占領軍釋放。

　　1932 年 12 月，印尼海員聯合荷蘭水手一起反抗降低工資，當局決定把抗爭最激烈的「七省號」軍艦從泗水調到蘇門答臘，引起水手們於 12 月 29 日的抗爭，有不少人被捕。1933 年 1 月，「七省號」開走，海員被減薪 4%，停泊在泗

水的其他船隻的水手紛紛罷工；而七省號水手更在 2 月 5 日奪船及軍火，從奧勒勒駛回泗水。當局立刻派轟炸機及艦隊阻截，七省號上的官兵傷亡慘重，被迫投降。起義領袖全部死難，其他人流放外島。

日本玩弄印尼獨立　日本郵局巴達維亞支局長佐藤信英找了印尼民族運動領袖塔姆林（M.H. Thamrin, 1894-1941），由他斡旋蘇卡諾與哈達再合作。印尼黨的老戰士德克爾，暗中策動由日本支持印尼獨立。1941 年 1 月，當局把躺在病床上的塔姆林以間諜罪逮捕，將他刑求至死。德克爾被流放到南美洲的蘇利南，直到獨立後才回國。

　　1942 年 3 月，日軍攻占印尼，荷蘭當局投降，日軍將印尼分爲三大軍管區。日本人宣傳「三 A 運動」──亞細亞之光是日本、亞細亞之母體是日本、亞細亞之指導者是日本人。28,000 名日軍統治超過 4,500 萬的爪哇人，宣稱支持印尼獨立，允許印尼人唱他們的《大印度尼西亞歌》及懸掛紅白色旗。

　　蘇卡諾、哈達加入「民眾力量中心」（1943.3.8）；翌年，日軍將其改爲「爪哇奉公會」，逐漸露出

蘇卡諾與日軍將領會面

侵略者的嘴臉。此外，日本人又另搞一個「印度尼西亞‧伊斯蘭協會」，企圖控制印尼的宗教。蘇卡諾實際上被軟禁，只能和日軍虛與委蛇。1944 年起，印尼人不滿日軍橫徵暴斂，走上街頭高呼「獨立萬歲！」，農民拒絕向日軍提供糧食又抗稅。1945 年 5 月 31 日，第 16 軍司令原田中將才宣布成立「獨立準備調查會」，答應讓印尼人在 9 月 7 日「獨立」。8 月 15 日，日本宣布無條件投降。

3. 越南獨立同盟

革命家
胡志明

法國人在 1920-30 年代，讓越南資產階級代表擔任諮議機關的議員，滿足了他們的政治虛榮。但這批「豬仔議員」備受潘佩珠、潘周禎等口誅筆伐。（而我們台灣人至今仍表面上尊敬這種人！）

　　胡志明（Hồ Chí Minh, 1890-1969），本名阮生宮，生於北越義安省南壇縣沒落知識分子（當過順化王朝小官）家庭。他的大姊阮氏清，偷竊法軍武器接濟反抗者，被判終身流放；大哥阮謙也長期被監禁到 1941 年。他父親聽從朋友潘佩珠的建議，堅持把兒子送到法文學校（順化中學，1905-10）。胡志明當過一陣子小學教師，1912 年上船當廚子，遍歷法國及歐、美、非洲各港口；1917 年定居巴黎的貧民窟，靠修改相片維生，改名「阮愛國」，並參加法國社會黨及 1920 年的法國共產黨。1923 年秋或 1924 年初，阮愛國進入莫斯科東方勞苦者大學。1925 年隨鮑羅廷到廣州，

一面吸收越南青年成立「越南革命青年會」，另外暗中成立馬列主義小組。1927年4月蔣介石清共後，他隨著鮑羅廷去武漢，再回莫斯科。1929年在泰國中部浪跡一年，再潛回曼谷，剃髮出家。

1928年2-5月，海防煉油廠、水泥廠罷工。1929年5月，北越藍守德等在香港自創印度支那共產黨，不理阮愛國的反對；10月，南方人也成立越南共產黨；11月，中圻人成立「新越共產黨聯盟」。1930年2月3日，阮愛國在九龍運動場的觀眾席，召開上述三黨合併會議，成立「越南共產黨」，由陳富擔任主席。1931年4月，陳富在西貢被捕，死於獄中。1930年10月，阮愛國再把黨改為「印支共產黨」。

印支共產黨完全遵循列寧的《民族和殖民地問題綱領》（1920.5-6）那一套，主張印度支那完全獨立、成立工農兵政府（蘇維埃）。1930年2月，安沛起義慘敗，阮愛國也被當局缺席判死刑，逃到香港。1931年6月，他被英國當局逮捕，半年後因肺病入院治療，不久失蹤；1933年初，潛抵上海，由孫夫人宋慶齡安排回莫斯科。1938年底，阮愛國到中共的延安，再以八路軍二等兵身分，赴廣西、衡陽，隨葉劍英訓練游擊隊。

獨立
運動 1933年從莫斯科回來的陳文家（Tran Van Giua）重建越共組織，聯合西貢的留法托洛茨基派左守輪（Ta Thu Thau）。1936年6月，法國左派大團結勝選，成立人民戰線內閣，殖民當局也釋放政治犯，允許越共及其他政黨

公開活動。兩年後（1938.4），人民戰線內閣瓦解，達拉第（E. Daladier）屈服於希特勒，在慕尼黑會議上出賣捷克斯洛伐克給納粹德國；並突然逮捕 200 多名共產黨，范文同（Phạm Văn Đồng, 1906-2000）與武元甲（Võ Nguyên Giáp, 1911-2013）僥倖逃入中國。1939 年二戰爆發後，印度當局立刻逮捕共產黨黎鴻峯夫婦（翌年處決），及史大林派的楊白梅與阮文造，而左守輪早就被關兩年了。

　　1940 年 2 月，改名爲「胡志明」的阮愛國，在中國昆明會合了范、武等青年。范文同，生於廣治的名門，1928 年參加革命，1929 年被流放崑崙島，1936 年獲釋；武元甲，16 歲就坐牢，1934-38 年念河內大學法科，獲博士學位，在昇龍中學教歷史，後來他的妻子死於獄中。1940 年 9 月 2 日，印支總督 Decoux 允許日軍登陸海防（當時法國有德國占領下的維奇政府），越共乘勢在國內發展。日本軍部也支持流亡東京的陳福安、黃南雄等留學中國軍校的人，準備策動廣西獨立（1937），由黃南雄聯絡老同學白崇禧，共同出兵，打通中緬及印支公路，切斷蔣介石的補給線。日本軍部包辦了越南獨立宣言、憲法、國旗、軍服的一切大小事宜。不料，法國向德國投降。1940 年 9 月 23 日，印支共產黨乘亂搶奪高平省的法軍武器，退入深山，建立第一支游擊隊，胡志明也潛回北越。1941 年 4 月 12 日，范文同等在中越邊界的靖西，成立「越南民族解放同盟」，主張「親華、反法、抗日」。5 月，胡志明在北坡召開印支共產黨「八大」，決議成立「越南獨立同盟」。7 月 23 日，日軍進駐南越。12 月 8 日，太

平洋戰爭爆發；10 月阮疆柢已在台北，空等一年多而希望幻滅。1942 年 8 月底，胡志明潛入廣西，被當地民兵逮捕（因為他的證件早已過期），輾轉 30 多個監獄，坐牢 13 個月，才被蔣介石釋放，在國內的同志以為他死了，還為他開追悼會。1944 年，胡志明回北坡，制止武元甲急躁地想擴大基地，堅持先組織越南解放軍宣傳隊，向人民宣傳民族解放與社會主義，使人民完全覺悟到被壓迫的狀況；完全準備好革命運動。此後他又回到昆明（雲南）。老美答應提供他一些破槍，由越南人援救落難的飛行員及提供情報。

1945 年 3 月 9 日，三萬日軍擊潰八萬法軍，扶植保大皇帝為傀儡。印支共產黨也在當天召開擴大會議，準備武裝起義，解放祖國。武元甲恨死法國人 1939 年在獄中打死他的妻子，決心趕走法國人。不料戰後法軍捲土重來。8 月 19 日，越盟解放河內；23-25 日，順化及西貢、堤岸各地相繼解放；30 日，保大退位。9 月 2 日，胡志明在河內巴亭廣場宣誓獨立宣言，建立獨立的越南民主共和國。

4. 翁山領導緬甸獨立運動

緬甸（Myanmar/Burma）介於印度與中國之間，1885 年被英國併吞，1897 年併入印度的一個省，「以印制緬」，由印度人代理統治。緬甸共有 50 多個民族，孟、吉蔑人講孟—高棉語；緬人（驃）為主，加上克欽、帖人，講藏緬語；以及侗傣族的撣人、克邪人等。英國人利用緬甸少數民族當

軍警；印度人高利貸及文官、軍人共同壓制緬甸人。五家英
國大公司壟斷資源，雇用大量印度勞工。

| 獨立
意識 | 有 30 名緬人上層人士被安排進入立法議會，其他一 |
小撮進入最高法院當差。1920 年，浸禮會教會學校
和仰光學校合併爲仰光大學。1906 年，留學英國及日本東
京帝大的高僧吳歐德姆（U Ottama, 1878-1936），領導「佛
教青年會」，宣傳民族獨立意識。他被當局逮捕，監禁至死。
1920 年 9 月，青年會改爲「緬甸人民團體總會」（吳漆萊
領導），號召人民抵制外國商品，沒收印度高利貸的土地。
12 月 1 日，仰光大學公布學校管理條例，引發大罷課。4 日，
學生自己成立「國民大學」，推廣語文、歷史教育。（台灣
人至今還不敢也無力搞這種民族意識啓蒙運動，只會搞選舉
和內鬥！）

　　1922 年，英國人又玩弄兩面手法，使總會分裂爲主張
參加選舉的「二十一人黨」（民族黨）和吳漆萊的繼續抵制
派；吳漆萊和吳歐德姆被捕。1930 年代，世界經濟危機下，
大米價格暴跌，緬甸農村破產，憤怒的農民紛紛紋身，以
爲可以得到神助，刀槍不入。吳歐德姆的弟子薩耶山（Saya
San, 1876-1931），這位赤腳醫生深入農村，組織「咖哩會」
（咖哩即印度神話中吞噬毒蛇的神鳥）。1930 年 11 月，他
自稱咖哩王，12 月率眾起義，翌年 8 月被俘犧牲，死難達
12,000 人。他的追隨者繼續抵抗，卻被地方士紳及高僧組成
的「和平使團」誘降，1932 年放下武器。

殖民地獨立的主力是工農大眾與學生。1930 年，七名大學生成立「全緬甸青年聯盟」（宇努爲主席），1935 年再成立「我緬人協會」（Da Bama Asiayone），自稱「主人」（Thakin），而稱爲「德欽黨」，以黃（象徵宗教）、綠（五穀豐收）、紅（勇敢）三色爲旗幟，三色的中心是孔雀，並創作了《我緬人之歌》。這年，他們反對虛僞的一部分省的「地方自治」，堅持完全獨立。1935 年 4 月，全青盟併入我緬人協會，由德欽努（宇努）與翁山領導。

翁山（Aung San, 1915-47），律師之子，1932 年 6 月和宇努同被仰光大學開除，引發兩個月的學潮，迫使校方讓他們復學。1936 年 11 月，緬甸首次選舉，留學英、法的巴莫（Ba Maw, 1897-1977）博士領導的「貧民黨」組閣。1936 年，第二次學生運動，成立「紅龍書社」，開始介紹馬克思主義。1937 年 4 月 1 日，英人把緬甸從印度劃出去，而成爲大英的直轄殖民地，引起德欽黨人在最高法院焚燒英國國旗和「奴隸憲法」，巴莫下令鎮壓 1938-39 年的示威與罷工，1938 年 12 月打死一名女學生，1939 年 2 月又殘殺 17 人（包括七名和尚及一個小孩），導致各地激烈抗爭，迫他下台。

緬甸在 1939 年 8 月出現緬甸共產黨，由我緬人協會的德欽丹東（Thakin Than Tun, 1911-68）爲總書記。翁山及吳奈溫（U Ne Win, 1911-2002）等「三十壯士」，接受敵方的日本軍訓練（在海南島），1941 年成立「緬甸獨立軍」（BIA），並在 1940 年底成立「人民革命黨」，1942 年 1 月底隨日軍回到緬甸。3 月 7 日，日軍占仰光，不到半年內

占領全緬甸。1942 年，日軍下令解散「自由緬甸行政委員會」，改編獨立軍爲兩個師的國防軍（翁山爲司令，吳奈溫及波色亞爲師長）。翁山終於從日本支持緬甸「獨立」的夢幻中覺醒了。1943 年 8 月 1 日，日本人同意扶植緬甸獨立，由巴莫成立「民族政府」，翁山爲國防部長，吳奈溫爲司令。1944 年 8 月，翁山與緬共、人民革命黨等，組成「緬甸反法西斯人民自由聯盟」的抗日民族統一戰線。1945 年 2 月，盟軍進入緬甸；3 月，日軍下令翁山迎戰，他卻把國防軍開入仰光，發動武裝起義。4 月 23 日，日軍及巴莫撤出仰光；5 月 11 日，起義軍解放仰光。8 月，日本投降，不久英軍重返緬甸。翁山再領導人民反抗英帝第二次殖民緬甸，堅持緬甸完全獨立。1947 年 2 月 2 日，翁山在撣邦彬龍鎭召開緬甸民族會議；4 月 9 日，舉行制憲議會選舉；6 月 19 日，宣布緬甸獨立。不料，7 月 19 日，翁山及六名部長在政府大廈被三名凶手開槍打死，主謀是愛國黨的吳素。1948 年 1 月 4 日，緬甸正式獨立。

5. 印度獨立前的掙扎

二戰前夕 的印度　印度國大黨對國家的前途有了分歧，尼赫魯（Jawaharlal Nehru, 1889-1964）主張在英國內實現自治，而一般黨員則堅持完全獨立。1928 年 10 月，加爾各答的十萬勞工示威，迫尼赫魯完全同意「將不妨害將來代表國大黨進行爭取印度完全獨立的宣傳」。

尼赫魯生於阿拉哈巴德的富裕律師家庭，祖先是來自克什米爾的婆羅門，祖父是德里的警察局長，逃避士兵大起義而舉家遷往阿拉哈巴德。1905 年，小甘地 15 歲的尼赫魯進入倫敦的哈羅德公學，1912 年攜帶律師證書回印度開業，1912 年末加入國大黨，1916 年在勒克瑙年會上結識了甘地，兩次擔任國大黨總書記（1924-26, 1928-29）。他對 1922 年甘地下令停止不合作運動表示遺憾。1928 年 11 月，他和鮑斯組織「印度獨立同盟」。1929 年 12 月，由他主持召開的國大黨拉合爾年會上，再次通過爭取印度完全獨立的決議；這時甘地當選為國大黨主席，尼赫魯追隨甘地，並幾次擔任國大黨主席，被公認為甘地的繼承人。

1929 年世界經濟恐慌，印度 4,000 萬人失業，國大黨被推上反帝運動的火車頭。國大黨決定 1930 年 1 月 26 日為「印度獨立日」，以非暴力公民不服從運動，爭取完全獨立。甘地於 3 月 12 日，挑選 79 名信徒，從阿麥達巴達徒步走到丹地，取海水晒鹽。所到之處，「完全獨立」的呼聲深入民心。英人又逮捕甘地等人，激發農民、工人的反抗；白沙瓦、孟加拉、孟買省各地起義，英印政府宣布國大黨為非法；至 1931 年止，共判刑九萬人。鎮壓反而提高國大黨的聲望。1931 年 3 月初，甘地與歐文總督議和，國大黨獲勝。邱吉爾震驚地指出：「這一度是內殿法學協會律師的人，現在竟然成為煽動叛亂的騙子，他極端可惡可恥，半裸著身子踏上副王宮殿的台階……與國王皇帝的代表平起平坐。」

英國人刻意操縱印度各民族的矛盾對立，使各族代表互

相猜忌。1931 年 9 月的倫敦會議終告不了了之。1932 年 1 月，英國當局又宣布戒嚴，國大黨再發動不合作運動以示抗議，不可觸賤民堅持獨自選舉，英印當局順水推舟，讓少數民族和穆斯林分別選舉。

11 月，旁遮普、孟加拉的印、穆兩教代表在阿拉巴哈協議，分配兩省的立法議會席次，結果不歡而散。甘地又在 1933 年 5 月，絕食 21 天，全印度人情緒激動，他出獄後才停止活動。

1934 年，印度工資暴跌 3-4 成，作物價格也暴跌 50% 以上，人民普遍反抗英國。10 月，國大黨通過停止不服從運動，準備參選。11 月大選，國大黨獲 44 席，穆斯林聯盟得 19 席。1935 年 8 月，英國通過《印度政府組織法》，換湯不換藥，副王可以宣布戒嚴、解散議會，印度人氣得稱此為「奴役憲法」。

鮑斯的 悲劇 1939 年 9 月，林利思戈總督片面宣布印度參戰，而加拿大、澳洲、紐西蘭及南非卻有權決定是否參戰。甘地同意無條件在道義上支持英國，尼赫魯要求英印當局有條件承諾才參戰，國大黨人紛紛辭去公職。

日軍在 1941 年 12 月進攻馬來亞、香港，1942 年 2-3 月又占領新加坡及仰光；英國需要印度人的支持，邱吉爾勉強接受美國總統羅斯福的勸告，允許印度在戰後獨立，換取目前的合作。掌璽大臣克利浦斯去印度談判，國大黨堅持立刻把印度交給印度人，林利思戈十分惱火，他抱怨說：「我

正在用我的乳酪做餌設圈套。」邱吉爾支持印度總督，甘地
失望地指出：克利浦斯的承諾，不過是一張「由將要破產的
銀行所開出的遠期支票」罷了。

國大黨在飽受羞辱之餘，前主席鮑斯（Subhas Chandra
Bose, 1897-1945）主張與英國的敵人站在一起。鮑斯，孟
加拉人，加爾各答大學中退，1919 年入劍橋大學，翌年通
過文官考試，27 歲就成爲加爾各答市議會的首席行政官；
1924 年被捕，兩年後出獄，擔任國大黨的主席。一般人盛
傳，他一生 11 次進出監獄，不屈不撓。

1940 年鮑斯又被捕，在獄中絕食鬥爭 12 天，迫英印當
局將他軟禁在家裡。1941 年 1 月 16 日，他化裝成伊斯蘭教
士逃出了加爾各答，越過大山，行經阿富汗，在喀布爾通過
義大利使館，於 3 月底至柏林。1942 年，他拜會希特勒，
提議納粹德國支持成立「自由印度中心」，向印度廣播，並
訓練在北非的印度軍戰俘（由義大利軍監禁）；希特勒對他
興趣缺缺。1943 年，他又來到東京。

當時流亡在日本的另一位獨立志士，也叫鮑斯（比哈
利），比他大 11 歲，同樣是孟加拉人。比哈利・鮑斯因
爲刺殺英國總督事件（1912）而被通緝，潛伏各地；1915
年，又乘一次大戰時，在北印度拉合準備起義，失敗後，
假借詩聖泰戈爾的姪子名義，化名 N. 泰戈爾，乘日本船由
加爾各答抵日本神戶，再入東京；後來他又流亡上海，再
回東京，接受頭山滿、內田良平等人的庇護，並與日本女
子結婚，歸化爲日本人，此後自立「亞細亞鄉」，教育印

度青年。

1941 年 12 月 8 日日本對英、美宣戰後，比哈利‧鮑斯在東京赤坂山王旅館掛起「印度獨立同盟」的招牌。另一方面，日本軍參謀本部第八課（負責情報、宣傳）的藤原岩市少校，也負責成立「F 機關」來對印度人（在馬來亞）工作，企圖策反馬來亞的 90 萬印度人為日軍效命。同時，藤原又在曼谷會見「印度獨立同盟」（IIL）的青年普利塔姆辛。普氏隨日軍南下馬六甲，在阿羅爾塔斯掛起印度獨立旗，號召 200 名印度人參加。

1941 年 12 月底，日軍支持莫罕辛上尉成立「印度國民軍」（INA）。1942 年 2 月，日軍攻占新加坡，五萬印度兵交由日軍處理，其中 13,000 人自願加入 INA。莫罕辛反對把印度戰俘送去拉巴爾島為日軍效勞，而被日本憲兵流放馬六甲海峽上的孤島。

1942 年 8 月，甘地也開始強硬起來，要求英國立刻「退出印度」（Quit India），英印當局則以逮捕政治犯來回應。

鮑斯乘德國潛水艇抵塞班島，再搭機前往東京。1943 年 7 月，他成為印度獨立同盟的主席，10 月又飛新加坡，成立「自由印度臨時政府」，自任主席及外交部長，獲得日本的承認。11 月 5 日，他出席東條英機主持的大東亞會議。

鮑斯回新加坡，組織四萬 INA 軍協助日軍進攻緬甸。日軍潰敗時，他在 1945 年 8 月 18 日上午飛抵台北松山機場；下午 2 時起飛，不久飛機爆炸，但生死成謎。

巴基斯坦國　穆斯林在印度只有 7,000-8,000 萬人口，一向處於劣勢，他們只能要求分設選區。在印度任何一個省裡，穆斯林都不可能單獨組閣，而印度教徒在 1936-37 年的選舉中，在 11 個省裡囊括七個省的多數。國大黨也得意忘形地強迫穆斯林學印度語、唱反伊斯蘭的《母親萬歲》，向國大黨旗敬禮。[1] 這一切，都嚴重傷害穆斯林的感情。

喬杜里・拉赫馬特・阿里在英國留學時期，1933 年寫了一本小冊子《機不可失》，頭一次使用「巴基斯坦」的字眼。他在前言寫道：「我代表住在印度北部的五個單位──旁遮普、西北邊境（阿富汗省）、克什米爾、信德和俾路支的巴基斯坦 3,000 萬穆斯林發出呼聲，要求以宗教、社會和歷史的緣由，給予巴基斯坦以單獨的聯邦憲法、從而承認他們與印度的其他居民完全不同的民族地位。」[2]

這個學生的方案並未引起印度穆斯林的關心，他繼續在 1940 年出版的《巴基斯坦──民族的祖國》上寫著：「巴基斯坦（Pakistan）既是波斯語也是烏爾語……那就是旁遮普（P）、阿富汗尼亞（A，西北邊境省）、克什米爾（K）、伊朗（I）、信德（S）、土哈尼斯坦（Tukhanstan）、阿富汗（A）和俾路支（Balochistan）。它的意思是巴基人──精神上純正和潔淨的人──的國土。」

他在 1948 年來到已經建國的巴基斯坦，默默無聞又回

1　阿拉納，《偉大領袖真納》，袁維學譯（北京：商務印書館，1983），頁 232。

2　阿拉納，《偉大領袖真納》，頁 259。

英國，此後音訊中斷，成為一個「被遺忘的英雄」。

1940 年初，他提出穆斯林不是一個少數族群，而是一個擁有一億人的民族，應該成立 Pak（純潔）的國家（Stan），即「巴基斯坦」（Pakistan），他提醒世人注意印度西北部穆斯林占多數的人民——P（旁遮普）、A（阿富汗尼亞）、K（克什米爾）、S（信德）和 TAN（俾路支）。

1940 年 3 月 23 日，眞納在拉合爾會議上，正式要求創建巴基斯坦國家（包括孟加拉與阿薩姆）。他主張：「地理上相連的單位劃分爲地區，地區必須按可作領土調整，以便穆斯林占多數的區域，例如印度西北部和東北部地區，可組成一些『獨立國家』，其中參加合併的各單位都能實行自治並擁有主權。」

甘地十分不理解眞納的觀點，並認爲拉合爾決議是要「活活地把印度解體」。眞納則回答說：「印度早已被大自然劃分成不同部分了……那個正在被分割的國家在那裡呢？……印度民族和中央民族根本就不存在！」

克利浦斯的任務失敗，國大黨全面反英，卻把空間讓給穆斯林聯盟，乘機掌握了孟加拉、信德、阿薩姆及旁遮普的省政。眞納還提出「退出與分治」（Quit & Divide）口號，來和甘地的「退出印度」唱對台。邱吉爾樂壞了，因爲他既要攪亂國大黨，又要使在比例上占多數的穆斯林士兵效忠英國。

1943 年 10 月，退役的陸軍總司令韋維爾（Lord Wavell）出任印度總督。1944 年 5 月，他以人道的理由釋

放甘地，他計劃與甘地談判，卻被邱吉爾制止。最後韋維爾與眞納會面，1944 年 9 月，在孟買的眞納家裡，甘地接受 C.拉賈戈帕拉查利的建議，通過公民投票來組成一個聯邦，但各省可以選擇不加入。眞納的反應是：先接受對方提供巨大的成果，再以不滿足爲理由加以拒絕，他堅持巴基斯坦完全獨立。

韋維爾建議先成立臨時政府（總督行政參事會），由英人擔任總督及總司令，印、穆各占 40% 的席次，另加一名錫克教徒及一名不可觸賤民代表。邱吉爾頑固地拒絕了。1945 年 6 月 25 日，召開西姆拉會議，眞納反對國大黨主席毛拉納‧阿札德（因爲他也是一名穆斯林），會議擱淺。二戰結束後，艾德禮首相要求印度立刻選舉來制定新憲法。

第七章

二戰後亞洲獨立形勢

1. 菲律賓共和國

太平洋戰爭使菲律賓死去 100 多萬人，馬尼拉、怡朗、宿霧、奎松、碧瑤、三寶顏各城市幾乎成爲廢墟。美國重新占領下，麥克阿瑟元帥（Douglas MacArthur, 1880-1964）控制菲國，但面臨抗日期間菲律賓共產黨及人民抗日軍（虎克/Hukbalahap）的挑戰。菲共在 1945 年 4 月成立「勞工組織大會」，1946 年已有 200 多個工會，菲共幻想可通過和平方式，依勞工農群眾的力量，爭取民主與獨立，成立「民主同盟」。虎克的領導人是塔魯克（Luis Taruc），在中呂宋活躍，戰後有兩萬多人，只有 50 人走出叢林，塔魯克當過參議員，又回去打游擊。

1946 年，美國人支持通敵的羅哈斯，這位日占時代傀儡政府的部長，當選總統（自由黨）。7 月 4 日，宣布菲律賓獨立，但又和美國主子簽訂《美菲關係總條約》，1947 年後有 23 處基地租借給美國 99 年，此外還有《貝爾貿易法案》（1951），規定美國每年贈予菲國 2.5 億美元，爲期五年；兩國之間的免稅貿易延長到 1954 年，此後每年商品第一年課稅 5%，每年遞增 5%，直到 1974 年後才課全額關稅。獨立的菲律賓，又一頭栽進美國阿爸的懷抱裡。

政客高官把美援放進自己的口袋裡，儘管季里諾總統（E. Quirino, 1949-53 在任）致力推動土地改革與新的工業化計劃，但人民實在無感。抗日時期的虎克，改爲「人民解放軍」（PLA），遭受國防部長馬格賽賽（R. Magsaysay,

1907-57）的全面掃蕩，總書記何塞・拉瓦等 100 多人被捕。馬格賽賽爭取招安許多因貪圖而加入虎克的人，任何人只要投降，即可獲得 25 英畝土地及一座房子。1952 年塔魯克被捕後，共產黨幾乎無計可施。1957 年 3 月，馬格賽賽在宿霧遇空難身亡。

1960 年，馬尼拉學生、市民展開反貪污政府及反美示威，組成了「民族主義者青年同盟」，由菲律賓大學政治學教授西松（José Maria Sison, 1939-）為主席。1968 年 12 月 26 日（毛澤東生日當天），菲共再出發，由西松領導走向毛澤東主義路線，以工人階級為領導，以農民為主力的人民民主革命，以武裝鬥爭及土地改革來擴大農村革命根據地，以農村包圍城市，展開人民戰爭。1963 年 3 月 29 日，菲共改人民軍為「新人民軍」（New People's Army, NPA），對馬可仕（Marcos, 1965-86 在位）暴政展開武裝鬥爭。

2. 馬來亞獨立

1942 年 2 月 15 日，新加坡的 13 萬英、印軍，向五萬日軍投降。1930 年成立的馬來亞共產黨，組織「馬來亞人民抗日軍」（華人為主）抗戰。馬共接受英軍訓練（1941.12），回馬來亞打游擊，發展成一支 15,000 人的武裝力量及 50 萬群眾組織，在聯軍接收前三週間空檔，追殺淪陷期間的漢奸、馬奸。1945 年 9 月，英軍重返新加坡。一些馬共成員還被邀請到倫敦參加受降典禮，獲得勳章和

250 馬幣（45 英鎊），但要他們交出武器。12 月 1 日，有 6,800 名游擊隊交出武器，宣布解散。馬共（CPM）是當時馬來亞唯一的合法政黨，但領導勞動爭議，10 月在新加坡成立總工會（GLU）。1947 年 1 月末，馬共發動 15 萬人示威，要求釋放一名抗日戰士，只發動一天半的罷工。他們準備在 2 月 15 日，紀念新加坡淪陷四週年當天，再度遊行，雖被當局警告而照常示威，結果有兩人被警察打死。

馬共新領導人陳平（1924 年生於霹靂的福建福清人華僑），組織「泛馬來亞工會聯合會」。英國人則在 1946 年 1 月拋出《馬來亞和新加坡 —— 關於未來的變法的聲明》白皮書，將過去的馬來聯邦、馬來屬邦及海峽殖民地，合併成一個馬來亞聯盟；將新加坡、沙勞越、北婆羅洲分別劃爲英國直轄殖民地。由於各邦蘇丹有名無實，引起馬來人的反抗。1946 年 3 月，在吉隆坡出現馬來人的「馬來民族統一機構」（巫統 /UMNO）。柔佛邦首席大臣 Datu（拿督）賈法爾當選首席主任，要求英國取消馬來亞聯盟計劃。

占人口一半的華人和印度人，並不強烈反對英國政策。4 月 1 日，英國片面宣布成立馬來亞聯盟，新加坡、沙巴、沙勞越除外。馬來人各邦終究迫使英國妥協，1948 年 2 月 1 日成立馬來亞聯合邦，英國派一名高級專員取代過去的總督。馬共爲首的激進派，反對成立聯合邦，痛斥這是少數馬來人勾結英國人的產物。馬共發動泛馬總工會等組織，發動罷工並暗殺了一些英國人種植園主。1947 年底，迫於英國的各種限令，馬共分裂，總書記萊特潛逃，才由陳平接班。

1948 年 6 月 18 日，英國當局宣布全馬戒嚴，馬共為非法組織。馬共轉入地下，1949 年 1 月成立「馬來亞民族解放軍」，在北部邊境活動，打了就跑，使英國當局疲於奔命。1950年 3 月，布里格斯准將把游擊區居民（主要是華人）集中到 400 個新村（1956 年達 40 萬人）；1951 年 10 月，馬共仍打死英國高專亨利·葛尼於途中；年底，布里格斯下台。

英國人開始對華人和印度人的溫和中間派妥協。1949年 2 月，准許土生華人陳禎祿等成立「馬來亞華人公會」。1955 年 7 月，由巫統、馬華公會及印度人民大會黨三黨組成聯合陣線，贏得 81% 選票，在下議院 52 席中占 51 席。由巫統的東古·阿卜杜爾·拉赫曼出任首席部長。1955 年，拉赫曼在吉打邦的華玲鎮與陳平談判，未成功，因為陳平堅持政府首先必須承認馬共的合法地位。英國將其 1/3 的常備師放在馬來亞。每個馬共戰士要對付 65 個以上的英軍。英軍四次更換總司令，仍無法剿平馬共。

1956 年 1 月，拉赫曼率團至倫敦，向英國提出獨立要求。1957 年 8 月 31 日，英國被迫同意「馬來亞聯合邦」在英聯邦內獨立；但事後的協定，又使英軍繼續留在馬來亞，並保留其軍事基地。1961 年 5 月 27 日，拉赫曼向英國建議成立「馬來西亞聯邦」（包括馬來亞聯合邦、新加坡、沙勞越、沙巴〔北婆羅洲〕和汶萊）。1963 年，英國與上述各邦在倫敦簽訂了成立馬來西亞聯邦協議。汶萊因為在分享石油資源和蘇丹地位上的不同意見，沒有加入。1963 年 9 月16 日，馬來西亞聯邦成立。1965 年，拉赫曼把新加坡趕出

聯邦，迫李光耀含淚宣布新加坡獨立。

　　陳平雖在 1955 年聖誕節走出叢林，但後來又退至泰、馬邊界，建立馬來亞民族解放軍（NYLA），1960 年遭受泰、馬兩國軍隊的圍剿而告瓦解。

3. 新加坡被迫獨立

　　1948 年 6 月 20 日，英當局宣布全馬來亞戒嚴，全力鎮壓馬共及新、馬人民黨。1954 年 11 月，「人民行動黨」（People's Action Party）建黨，主張建立一個多民族、多文化和「非共產主義的民主社會主義」國家。

　　李光耀（Lee Kuan Yew, 1923-2015），廣東大埔客家人後代，13 歲入萊弗士學院，日本占領期間，當過日軍宣傳

新加坡行政區

部專門監聽盟軍通訊的小廝（不算是漢奸乎？），1947 年起在倫敦經濟學院、劍橋大學攻讀法律，在學中結識了來自馬六甲的吳慶瑞（研究經濟）與霹靂州的杜進才（學醫）。1950 年，李光耀和妻子柯玉珠（也是他的學妹）回新加坡開業。他為勞工辯護，擔任郵電工會的法律顧問。1954 年，李光耀與其他人共創人民行動黨，馬共的沙末‧伊斯麥也參加。

　　李光耀深知共產黨組織群眾與工會的本領，暫時聯合馬共，使黨得到左派華文報紙的支持。1955 年 4 月，新加坡總督羅伯特‧布萊克下令舉行「部分民選政府」選舉，人民行動黨的五名候選人全部當選，成為議會的反對黨。1955-56 年，由勞工陣線與華巫印聯盟組成聯合政府，首席部長是馬歇爾（伊拉克猶太人）；14 個月後，馬歇爾率代表團赴倫敦，談判權力移交問題半年，毫無進展。改由華人林有福執政。他兩次大規模逮捕共產黨和左派人士（1956-59）而聲名狼藉。李光耀等則不斷揭露對手的貪污與無能。1958 年，英國當局核准《新加坡自治方案》，同意新加坡在 1959 年大選後由半自治狀態變為全自治；但英方仍保留國防、外交、修憲和頒布《緊急狀態法》的大權。

　　1959 年，人民行動黨的 51 名候選人，在 51 個選區獲得 43 席；6 月，由 35 歲的李光耀擔任總理。他一上台，立即釋放 1956 及 1957 年罷工和暴動被捕的八名行動黨人（全部是共產黨），而且還把林清祥、方水雙、蒂凡那及兀哈爾委任為幾個部長的政治祕書。1961 年 7 月，人民行動黨

和共產黨公開決裂，43 名立法委員中，有 13 人轉到社會主義陣線旗下，黨陷入空前危機。李光耀派力主新加坡加入馬來西亞以求生存；林清祥等堅持反對新馬合併。1962 年 9 月公投後，贊成合併的有 71%。1962 年 12 月，汶萊人民黨叛亂。李光耀政府以社陣領導人參加汶萊叛亂爲藉口，1963 年 2 月逮捕林清祥和方水雙等共產黨人。林清祥，福建人，18 歲因參加初中會考罷工而被捕，後來成爲工會領袖，1955 年以行動黨候選人當選武吉知馬區立法委員時，才 22 歲，1956 年與李光耀一起去倫敦談判。林清祥被囚禁六年（1969.7 獲釋）而退出政壇，也被社陣開除（1969），李光耀送他去英國學習和療養十年，1980 年才重返新加坡。方水雙也成爲柔佛新山的一家機械公司老闆，不問政治。可見李光耀多陰險狠毒，把共產黨榨乾了，再一腳踢開，還囚禁他們。

1963 年 9 月 16 日，新加坡加入馬來西亞聯邦。拉赫曼擔心人民行動黨將成爲最大政黨，把馬來半島變成華人的天下。1965 年 8 月 9 日，兩人談判破裂，新加坡被趕出馬來聯邦而「獨立」。人民行動黨一黨獨裁統治。新加坡政府有中央公積金制度，由雇主與雇員按雇員工資的一定比例分攤公積金，做爲雇員的養老金。1961-80 年，政府又興建 38 萬套公寓，以低價租給中低收入居民。但李光耀以中國儒家思想治國，推行北京話，大搞家長專制統治。直到 1981 年，才有工黨的 J.B. Jeyaretnam 爭到議會的第一個席次，1984 年才有兩個反對黨進入國會。李光耀死抓權力不放，

2004 年由兒子李顯龍當第三任總統。這就是新加坡式的「民主」！

4. 印尼八月革命

　　1945 年 8 月 17 日，蘇卡諾、哈達簽署獨立宣言，民眾高呼「一旦獨立，永遠獨立！」18 日，獨立籌備委員會通過憲法，選舉蘇卡諾、哈達爲共和國正副總統。9 月 4 日，第一屆總統制內閣成立，由右翼社會黨的沙里爾組閣，共產黨的沙利弗丁爲國防部長兼宣傳部長。29 日，英軍登陸印尼，接收各地，並支持荷蘭人再度君臨印尼，引起各地人民反抗。11 月 10 日，爆發抗擊英軍的泗水保衛戰 21 天。英國人把印尼丟回給荷蘭。1946 年 11 月 15 日，印尼與荷蘭簽訂《林芽耶蒂協定》，荷蘭承認印尼共和國對爪哇、馬都拉和蘇門答臘行使「事實上的主權」，但必須與婆羅洲及大東區（巽他群島、蘇拉威西及馬魯古群島）組成印尼聯邦，並以荷蘭女王爲元首，結成「荷印聯邦」。12 月 8 日，荷蘭在巴里島建立東部尼邦，即大東區。

　　荷蘭人不忘血腥鎮壓印尼人的反抗，1946 年 12 月至 1947 年 3 月間，屠殺四萬人。1947 年 7 月 20 日，荷軍在英、美支持下，出動 12 萬人登陸爪哇，8 月 4 日暫時停火。1948 年 1 月，印尼共和國與荷蘭簽訂《倫維爾協定》，共和國同意參加「印度尼西亞合眾國」（14 個邦組成）。此協定遭人民反對，沙利弗丁政府垮台，哈達組閣。右派已磨

刀霍霍。1948 年 8 月初，梭羅的野牛隊暗殺左派的第四師長范達爾多；9 月，製造茉莉芬事件；至 12 月，已打死印共領袖慕梭、沙利弗丁及 10,000 名共產黨人，逮捕 25,000 多人。12 月 18 日，荷人發動第二次「警衛行動」，派 15 萬大軍攻占首都日惹，逮捕蘇卡諾、哈達等人。印尼共產黨也加入第三次游擊隊抗戰。1949 年 2 月底，荷人只控制西爪哇的 1/3 及東爪哇的一半地區而已。

1949 年 1 月 28 日，聯合國安理會通過決議，要求荷蘭當局釋放蘇卡諾等人，把印尼的主權交還給印尼人。5 月，印尼停火；8-11 月，召開海牙圓桌會議。11 月 2 日，簽訂《圓桌會議協定》，規定：（1）荷蘭於 1949 年 12 月底將政權移交印尼政府，西伊里安問題延至一年後解決；（2）荷軍在六個月內撤完；（3）印尼及 15 個邦組成「印度尼西亞聯邦」，以荷蘭女王為元首。12 月 27 日，荷蘭交出政權。

獨立後，印尼仍是一片混亂，占國土 20% 的西伊里安仍在荷人手上，荷蘭人仍舊控制各邦的經濟。1950 年 8 月 15 日，眾議院正式宣布取消聯邦制，成立共和國，以雅加達（巴達維亞）為首都，蘇卡諾為總統，哈達改任總理。1954 年 6-8 月，荷、印達成協議，取消「荷印合眾國」，廢除各種外交、軍事、文化合作條款。蘇卡諾強行宣布接管西伊里安，美國迫荷蘭妥協。1963 年 5 月 1 日，印尼正式合併了西伊里安。

5. 越南抗法獨立戰爭

抗戰到底　1945 年 8 月 13 日，日軍扶植的保大皇帝退位。同一天，胡志明以越南獨立同盟名義，成立「全國起義委員會」，發布第一號軍令：「親愛的同胞們，決定我們民族命運的時刻已經到來，站起來，全國同胞們，以我們的力量來解放我們自己……前進，前進，同胞們，在越盟的旗幟下勇往直前！」8 月 23 日，胡志明戴著大草帽，悠然地抽著美國香煙，悄悄地進入河內。30 日，公布這位清瘦的阿伯為大總統時，河內的記者爭相採訪他的身世和真實姓名，他簡潔地回答說：「我是一個革命家。我生於祖國已經淪為奴隸國家的時候。從年輕時代起，我就為祖國的解放而鬥爭。」他接著又說：「我的名字並不重要，然而我是諸位的悲情、被白人囚禁的人們的縮影。我是各位的革命體現者，我比各位的父親年紀更大，更是各位的精神象徵。」9 月 2 日，胡志明主席以臨時政府名義，在巴亭公園群眾大會上，宣讀了氣壯山河的《獨立宣言》，宣布脫離法國、爭取民族獨立。他還指出：八月革命的勝利，具備了三個條件，那就是工人階級的領導、組織廣泛的反帝民族陣線和武裝鬥爭。

早在日本投降前，英、美、蘇三國就在波茨坦會議上（1945.7-8），決定以北緯 16 度線為界，劃分英接收南越，中國接收北越，最後交還給法國。法國也計劃把印支半島分裂為寮國、柬埔寨、北圻、中圻、南圻等五個地區，由法國

領導，建立自治聯邦。

　　蔣介石派雲南軍閥盧漢的四個軍團，開進 16 度線以北，接受日軍投降。英軍也開進西貢（9.12）。23 日，法國外籍兵團在英、日軍掩護下，重臨西貢。10 月初，法軍開始接收南圻各城市。中國部隊在北越燒殺擄掠，要求越南人提供 2,300 萬美元的「占領費」。胡志明下令人民每十天斷食一次，仍無法挽回幾十萬人活活餓死的情況。胡志明深知中國人的個性，曾對法國遠征軍司令部顧問 Paul Mus 說：「與其一輩子吃中國人的大便，不如暫時聞法國人的臭屁算了！」他只能同時同中國人和法國人周旋。1945 年 11 月，胡志明更把印支共產黨解散，以示誠意。1946 年 1 月，越盟在全國選舉中勝出。3 月 3 日，國民大會選舉，成立胡志明為首的共和國政府。法軍已重臨河內，與胡簽訂《法越初步協定》，規定法蘭西政府承認越南民主共和國為法蘭西聯邦內的一個自由國家。胡志明暫時向法國妥協，被一些人斥為走狗、賣國賊。法國共產黨托列斯更落井下石地說：「我們根本不能相信胡志明，因為他的內心是托洛茨基主義。」

　　5 月底至 9 月，胡志明至法國。法軍在 1946 年 11 月 20 日攻占海防及諒山；12 月 9 日，唯一同情胡志明的戴高樂前秘書桑特尼被地雷炸傷；當天，河內電廠爆炸。20 日，法軍砲轟河內的總統府，胡志明等逃入水田裡，又上山打游擊，一些法國軍人及 766 名留下來的日軍協助他（1954 年遣返時只剩下 150 人）。

　　法國也在 1946 年 4-5 月間陸續占領寮國各地，扶植原

來的國王西薩旺。8月，法國承認寮國的統一及國王的權力，寮國成為法屬印支聯邦的成員之一。但是蘇發努旺親王（Souphanouvong, 1909-95）則率領游擊隊在泰、寮邊界繼續反抗；1950年8月，在桑怒省成立「老撾伊沙拉（自由）/ Issara陣線」；1956年，再團結各派，成立「老撾愛國陣線」，1957年一度取名為「老撾愛國陣線黨」，其下屬的游擊隊稱「寮國戰鬥部隊」——「巴特寮」（Pathet Lao）。

法軍從1947-49年全面掃蕩越南各地游擊隊，美國也從1950年5月決定支援法國，理由是「美國政府確信，在蘇聯帝國主義支配下的地域，毫無民族獨立、民主發展的存在可言」。法國投入全國總兵力的1/3——15萬人於越南，越南人民軍也從兩萬擴大為20萬人（1947）。1947年10月，20萬法軍進攻北越解放區，兩個月後鎩羽而歸。

1950年1月15日，越南與中華人民共和國建交；月底，胡志明悄悄去北京，又和周恩來一起去莫斯科。史大林不肯公開支持胡志明，毛澤東派陳賡去北越。武元甲厭惡中國顧問的趾高氣昂，對陳賡大吼：「這裡是越南，這是我們的戰爭！」他叫中國人滾回去。

| 人民的戰爭 人民的軍隊 | 胡主席深知抗法民族解放是一場長期戰爭，必須獲得人民的支持。他提出〈六不該〉 |

（1948.4）及〈六應該〉信條，號召全體軍民「一面抗戰，一面建國」。1951年3月，改為勞動黨的「二大」上，胡

志明提出「團結全民，爲國效勞」八個字，並引述中國孟子的話「富貴不能淫，貧賤不能移，威武不能屈」來勉勵全黨同志，不怕任何凶悍的敵人，樂爲人民做牛做馬（即中國人魯迅的「橫眉冷對千夫指，俯首甘爲孺子牛」的精神）。

1950 年 2 月，美國承認 1949 年 6 月甘爲法國傀儡而復辟的保大政權（西貢）。1952 年 12 月，法軍司令塔西尼在北越平原及丘陵地帶構築鋼筋水泥的暗堡防線，建立 113 個據點、1,300 座碉堡，把十萬越南人趕進法軍占領區，製造出一條寬 5-10 公里的無人地帶。

1953 年 3-5 月，胡志明反攻，並支援巴特寮攻勢，迫塔西尼灰頭土臉地回國。新指揮納瓦爾的策略是先南後北，集結 84 個營兵力，集中掃蕩中部及南部的游擊隊；美國更經援四億美元，建立南越軍。1953 年 12 月 10-24 日，胡志明發動萊州攻勢，把法軍趕入距離河內 300 公里，緊靠上寮的一塊 18 公里長、6-8 公里寬的小盆地 —— 奠邊府（Dien Bien），當地居民是傣族。

法軍在奠邊府有 49 個據點、三個防禦分區，以芒清爲指揮中心。每個據點有縱橫交錯的壕溝，40-200 公尺的障礙區，布滿電氣鐵絲網和地雷。1954 年 3 月初，法軍兵力增至兩萬，每天有 100-200 架次飛機空投物資。越南人民軍全面動員人民和工兵，在 200 公里外，開始冒著敵機的轟炸，日夜搶修公路和拆除地雷。至 3 月，已包圍奠邊府三個月。

法國人錯估了越軍無法從山上的斜面開砲。不料越南人把 24 門大砲拆開，用螞蟻般的農民，加上牛、馬、舢板、

手推車，冒雨推上山崖。巴特寮游擊隊也打亂了納瓦爾的部署。法軍擁有24門105釐米砲、40門155釐米砲、16門120釐米迫擊砲、十輛坦克，加上一些飛機。

1954 年 3 月 13 日至 5 月 7 日，武元甲發動總攻擊，拿下芒清，俘虜 17,000 多名法軍，擊落 62 架飛機，俘獲一名少將、三名中校等等，傲慢的法國公雞一敗塗地。

1954 年 4 月 26 日至 7 月 21 日，中、美、英、法、蘇、越、寮、南越、柬埔寨各國代表，在瑞士日內瓦召開會議，協議後發表《最後宣言》而停戰；與會各國保證，尊重印支三國的主權、獨立、統一與領土完整；以北緯 17 度線、九號公路稍北劃一條臨時軍事分界線，越軍在其北集結，法軍在該線以南集結。美國代表拒不簽字。胡志明向人民解釋，暫時忍受一個停火調整區，繼續爭取要求法國撤軍，以實現

國家的獨立。

然而印度支那並未從此平靜，美國人接續法國介入印支，並支援西貢吳庭艷反動政權。1954 年 9 月，美國國務卿杜勒斯在馬尼拉召開英、美、法、澳、紐、菲、泰、巴基斯坦等八國外長會議，成立「東南亞公約組織」（SEATO），但拒絕流亡而占領台灣的蔣介石政權參加這個亞太反共軍事聯盟。

6. 印度、巴基斯坦各自獨立

印度對大英帝國的貢獻　英國靠印度這顆「皇冠上最璀璨的明珠」而完成工業革命，並且把英國商品大量傾銷印度。在 190 年的統治期間（1757-1947），英國資本每年至少可獲得 4,000 萬英鎊的利潤；19 世紀最後十年，印度提供英國平均 6,500 萬英鎊的財政收入；1920-40 年代（即一次大戰至二次大戰期間），每年流入英國的貢賦達 1,350-1,500 萬英鎊。

1914-19 年爲止的一次大戰期間，共有 109.6 萬的印度人（其中 62.2 萬爲戰鬥員）爲英國人效命，戰死 53,000 多人。印度爲英軍每年提供 3,000 萬英鎊的給養及數億英鎊的獻金，加上數不盡的礦產、木材、糧食、蒜及鋼鐵。1939-45 年第二次世界大戰期間，英國又動員 264 萬印度人參戰，印度損失 149,000 條生命。七年內，印度支出 38.5 億鎊的軍費，這就是寶石對帝國所付出的慘痛血汗貢獻。

| 反英鬥爭 |
| 再度高揚 |

戰後印度百業蕭條，日用品價格比 1939 年上漲 1.5-2 倍，工人被壓低工資，大量失業，農民負債累累，小市民在黑市買不到糧食，一切都造成印度人的憤怒與反抗，罷工、罷市不斷。

大戰一結束，英軍立刻重返東南亞，鎮壓印尼、緬甸、馬來亞各地的民族解放運動。1945 年 10 月 25 日，孟買碼頭工人拒絕爲英軍裝運軍火，其他港口紛紛響應。國大黨也號召這一天爲「保衛東南亞日」。11 月 22 日，英印政府在德里紅堡審訊二次大戰期間「印度國民軍」（INA）的參謀長沙赫上校、隆迪上尉及賽加爾中尉，指控他們殺害被日軍俘擄的印度人。消息傳出，印度人展開聲援活動。審訊 INA 實質上是反英民族運動的一部分。

1946 年 1 月 1 日，印度事務大臣佩西克勞倫斯廣播說：「1946 年將是印度歷史上的試驗期，英政府以及英國人民都竭誠願意見到印度迅速獲得完全自由地位，成爲不列顛平等的一分子。」但目前的問題是「擬就合理而可以接受的行動計劃」，「使政權移交給爲人民所擁戴的印度政府」。

印度人並不願在大不列顛的大家庭下，只好繼續鬥爭。1946 年 1 月，孟買、加爾各答等城市勞工大罷工，工人高呼英帝國主義「滾出印度！滾出亞洲！」同時印度飛行員也罷工抗議民族歧視。2 月 12 日，警察打死 19 名加爾各答的示威者；18 日，孟買的兩萬印度士兵起義，在內市示威，扯下英國國旗，高呼「打倒英帝國主義！」「革命萬歲！」「勝利屬於印度！」「釋放 INA 軍官和政治犯！」其他各

地水兵也紛紛響應。22-24 日，市民及水兵攻擊英國官廳、倉庫。

英國當局宣布不惜派重兵鎮壓。國大黨和穆斯林聯盟同樣害怕士兵、工人的暴力革命，爲求「和平地實現政權的轉移」，甘地更譴責人民是「邪惡的結盟」，呼籲停止反抗；換句話說，沒有他的同意或領導的就是暴民，甘地更加暴力和獨裁。海軍罷工委員會在 23 日宣告停止鬥爭。6 月，海德拉巴特倫甘納地區爆發農民起義，自組人民自衛隊，沒收土地。

相對於國大黨的群龍無首（甘地早已退黨），眞納卻領導了穆斯林聯盟；6,000 萬賤民階級的代表 B.R. Ambedkar 博士，也堅持他們和穆斯林一樣是單獨少數，要求單獨的選區代表制（甘地卻激動地反對）。旁遮普的錫克教徒害怕被穆斯林統治，也要求建立一個國家或由大英提供他們特別保護。第二次西姆拉會議又告吹，唯一的贏家是眞納。

5 月 16 日，英方拿出《內閣使節方案》，即（1）英屬印度與印度土邦組成印度聯邦，獲得自治領地位，中央政府負責外交、國防及交通事務；（2）各省完全自治，並可組成三大聯省區，處於聯邦與省之間。聯省區分爲：（a）印度教徒占多數的馬德拉斯、孟買、中央省、聯合省、比哈爾和奧里薩；（b）西北地區穆斯林占多數的旁遮普、西北邊省和信德，以及東北地區的孟加拉、阿薩姆。由首席專員治理的各省份分別劃入上述兩個聯省區；（3）按「一般」、穆斯林、錫克三個教派分別選舉的原則，進行立憲機構的選

舉。「一般」是指後兩者以外的全體印度居民，每 100 萬人選舉一名議員。至於土邦的議員則由王侯指派；（4）代表名額分配：印、穆教各占 40%，其餘爲錫克教、基督教與不可觸階級。如果某一政黨不同意成立臨時政府，便成立沒有該黨參加的政府。

甘地堅持一個統一的印度，眞納卻向英國使節團表示：印度的統一僅僅是一個神話，並非事實；從來就沒有一個政府對次大陸有過統一的控制；印度曾經分成許多國家，只是英國人爲了自己政治上和行政上管理的利益，才把它們捏在一起。他指出，印、穆教徒間有一條不可逾越的鴻溝，並且質疑使節們說，你們憑什麼期望一億穆斯林生活在一切都控制在兩億五千萬印度教徒手裡的政府下面呢？[1]

6 月 6 日，內閣使節團耐心地談判，和 472 名政治領袖的會面達到了高潮。穆斯林聯盟同意建立一個全印聯邦。但是英國人卻又建議那是個鬆散的聯邦。他們又未能使印度人達成協議，先指定一個起草憲法具體細節的機構，指定一個臨時政府，同時做出實現獨立的安排。

印度人寫的歷史，甚至好萊塢的電影，都把眞納描述成一個陰險的小人，以襯托甘地的偉大。使節團白白浪費三個月的時間，國大黨堅決反對巴基斯坦分離。1946 年 7 月，韋維爾以書面建議國大黨主席團組成印度臨時政府，由總督爲總理，尼赫魯爲副總理，內閣成員由六名國大黨、五名穆

1　阿拉納，《偉大領袖眞納》，頁 337-338。

斯林聯盟、三名少數派組成。

尼赫魯接受，卻宣布在即將組成的制憲會議中，即使穆斯林聯盟已宣布只在所有政黨都遵守它們與內閣使團達成的協議條件下，才同意參加制憲會議，國大黨仍不考慮接受任何事先議定協議的約束。

眞納大怒，對他而言，似乎英國人和國大黨已經倒退，相信他們不向穆斯林讓步也能一起決定印度的未來。他宣布，英國人和國大黨已經拿手槍對著他的頭：「今天我們也要拿起手槍並使用它……今天我們不得不對憲政手段告別了。」他宣布，8月16日爲爭取建立巴基斯坦的「直接行動日」。

這一天，在印度大部分地區沒有暴力發生，然而在加爾各答卻開始了一場持續16個月，蔓延到北印度的比哈爾、孟加拉和拉合爾的印、穆流血大屠殺。在雨季的當天，4,000-5,000人被殺，更多的人受傷及無家可歸。三天後，軍隊才趕來制止。

韋維爾被倫敦下令不要與國大黨決裂。9月2日，尼赫魯組閣，沒有穆斯林聯盟參加。在東孟加拉，動亂繼續蔓延，帕特爾宣布「以劍還劍」來報復穆斯林。

爆發種族衝突 1946年至1947年冬，甘地在東孟加拉赤足從一個村落走到另一個村落，向印、穆兩教派人民宣傳他的非暴力福音。

1947年3月，英王的表弟蒙巴頓勛爵成爲末代印度總

督抵達時，他發現自己坐在一艘載滿火藥桶的船上。他在受命前，要求政府必須宣布英國在印度的統治將於 1948 年 6 月前結束，公開承認他是末代總督；並容許他在完成任務時不受印度事務大臣和內閣的干預。

韋維爾被印度人搞得心焦力瘁。利雅卡特・阿里・汗，這位穆斯林聯盟代表的財政部長，拿手好戲就是破壞國大黨部長的計畫，或把它修改得無法被接受。掌管通訊的阿卜杜爾・拉布・尼希塔的工作，就是利用職務竊聽對手的電話。

蒙巴頓分別與印度五名關鍵人士──甘地、尼赫魯、眞納、利雅卡特及帕特爾建立互信與理解的關係。

甘地已經了解到，建立巴基斯坦國是不可避免的了；他第一次和蒙巴頓見面，就建議讓眞納成立臨時政府；他深知，無論如何努力鼓勵群眾，都只會使暴力升級。眞納力圖爭取到最大的領土和最大的主權，與印度教國家完全分離；他更明白，甘地把他推進火坑，儘管由他主持全印政府，但是獨立後國大黨還是會取代他，而軍隊更會掌握在非穆斯林的手裡。利雅卡特更早在 4 月間就寫信給副王，建議重組軍隊，以便他們在分割軍隊時有所準備。

「選擇不加入」勢必影響印度獨立的進程。尼赫魯發現，這麼一來，任何土邦或省都享有自決的全權來決定歸屬於誰，豈不天下大亂？他在 5 月 11 日寫信給蒙巴頓說，英國政府正在接受這樣一種理論，即以「主權給予省」的辦法使「省開始成爲獨立的繼承國」，而中央權力的建立僅是「後來的一步」，這樣一來，將是「肢解國家」，導致國內衝突、

暴力、無秩序、混亂及道德沉淪⋯⋯。

印度人各自爲政，每一項協議幾乎都浪費幾個月討論，並付出幾百條人命的代價。蒙巴頓逐漸招架不住。艾德禮的策略是讓獨立後的印度仍留在英聯邦裡。眞納立刻表示同意，蒙巴頓利用眞納的聲明，反過來威脅國大黨，聲稱巴基斯坦也許將因此獲得軍事上的優勢（可以得到英國的軍事訓練和軍備供應）。

國大黨慌了，建議由他們自己解決，即讓印度現存政府立刻取得自治領地位，直到 1948 年 6 月以前，再處理分割、立憲及可能退出英聯邦等最後細節。

這一計畫，破壞了國大黨從 1942 年以來對穆斯林聯盟不斷開出的政治支票，然而蒙巴頓卻接受了。1947 年 6 月 3 日，蒙巴頓在德里和倫敦同時宣布《印度獨立方案》，即印、巴分治，時間在 1948 年 8 月 14-15 日午夜。國大黨和穆斯林聯盟都接受，甘地十分失望，他 32 年的努力白費了，最後落得一個他不願意看到的結局。

獨立將不再以制憲會議中印度人所訂的憲政計畫爲基礎，而完全是英國式的英印政府模式，將簡單地劃分成兩大半並辦理移交。

孟加拉在文化上，印、穆兩族居民都不認爲是和其他印度人一樣。加爾各答是最大的工商業中心，H.S. 蘇拉瓦也一直積極促使孟加拉成爲一個單獨的獨立國家。但是新計畫迫使他們的議員必須選擇分割。旁遮普的問題更加複雜，600 萬錫克教徒當中，許多人是地主或商人，住在穆斯林區。

1947 年初，拉合爾的穆斯林開始屠殺錫克教徒和印度教徒，而在阿姆利則的錫克教徒也同樣瘋狂地報復穆斯林。旁遮普省督埃文‧詹金斯向蒙巴頓抱怨說，國大黨的帕特爾和穆斯林聯盟的利雅卡特在內的政治領袖，都在鼓勵驅逐活動。

英國名律師西利爾‧拉德克利夫爵士，只待在房間裡埋頭研究舊地圖和各種統計資料，卻決定哪塊地屬於哪邊，令印、巴各方抱怨不已，蒙巴頓終究將他的裁決壓下來。

1947 年 7 月，英議會匆匆通過《印度獨立案》，把問題丟給印度人自己去解決；8 月 15 日，分別向印、巴移交權力。

甘地被暗殺 ｜ 尼赫魯說：「多年以前，我們對印度的命運立下了誓言，現在我們履行誓言的時刻來到了。……在午夜鐘鳴之時，當整個世界還在沉睡的時刻，印度醒來了，它獲得了新生和自由。千載難逢的時刻即將來臨，這時我們棄舊圖新，這時一個時代完結，這時，一個長久受壓抑的民族靈魂發出了自己的心聲……」

印、巴分別獨立當天，立刻爆發流血衝突與大屠殺。至少有十萬人遇害，650 萬人逃入巴基斯坦，500 萬印度教及錫克教徒逃入印度。

印、巴分別成為大英聯邦的兩個自治領。1950 年 1 月 26 日，印度宣布成為共和國，尼赫魯為首任總理。1947 年 8 月 14 日，巴基斯坦自治領成立，真納為首任總督及制憲會議主席；1953 年 3 月 23 日，巴基斯坦伊斯蘭共和國建國。

1948 年 1 月 30 日，下午 4 點，帕特爾拜訪甘地。半小時後，追隨者為聖雄送來晚餐：山羊奶、生的和熟的蔬菜以及由薑汁、檸檬和蘆薈汁做成的布丁。5 點 10 分左右，甘地由兩名女隨從攙扶，匆匆趕往祈禱會場。

會場上擠滿 500 人，甘地走進會場時，激動的群眾紛紛湧向他，一名叫作納圖拉姆·戈賽德的青年擋住了甘地，向他連開三槍。聖雄雙手垂下來，口中喃喃地唸著：「嘿，羅摩！」（噢，上帝呀！）當場去世。

不滿甘地的印度教狂熱青年，計劃在新德里郊外甘地的公共靜修地比爾拉會館引爆強棉炸藥，並乘混亂用槍和手榴彈殺死甘地。但是他們拿不定主意，最後分散在花園四周，帕瓦在眾目睽睽下引爆了強棉炸藥，但是並沒有發生他們預期的混亂。祈禱會照常進行。凶手被捕，其他人紛紛逃回孟買。

戈賽德決定自己一個人刺殺甘地。他迅速被人抓走，打個半死。第二天，甘地的遺體被抬著穿過舊德里和新德里的街道。送葬隊伍遊行五個小時，至少有幾百萬人目睹聖雄火化，再追隨甘地的兒子，把他的骨灰撒入神聖的恆河及賈姆那河中。他的其餘骨灰被撒入其他 50 條聖河中。

1948 年 5 月 27 日，八名陰謀分子在德里的紅堡被起訴。11 月 8 日，戈賽德在法庭上用五個小時讀 92 頁的手稿，陳述他暗殺甘地的動機。凶手認為，甘地必須對 1947 年 8 月的印、巴分離負責；他還擔心甘地的行動會導致穆斯林接管印度，使印度教被閹割和摧殘。他並不否認自己故意殺人，

但又引證印度教傳說中使用暴力的人物，來證明人類對更高力量和超命運力量的服從。最後他說：「我對聖雄的尊敬是深刻和永恆的，殺死他並沒有帶給我什麼快樂。」

1949 年 11 月 5 日，戈賽德和阿卜提在走上絞刑架前，高呼「印度團結起來！」

甘地遇刺後，尼赫魯說：「我們的生命之光熄滅了！」

7. 外蒙古以公民投票獨立

幾乎很少人記得，蒙古人民共和國（外蒙古）是二次大戰後，第一個由公民投票而獨立的國家。

蒙古革命運動　外蒙古貴族的獨立運動，一方面被沙俄出賣，同時又沒有廣大人民的支持，終於在 1919 年 11 月被段祺瑞北洋政府的徐樹錚鎮壓，匆匆收場。然而，另一場真正的民族解放運動，正由下而上地展開。

早在 1913 年，沙俄駐庫倫的領事館，就在郊外的領事館坡發行蒙古文的新聞《新境》了。印刷廠排字工人庫切倫科，影響了喇嘛出身的鮑陀和其他蒙古青年，打開他們的革命視野。1920 年 6 月，鮑陀促成兩個革命小組的合作 ——庫倫小組（蘇赫巴托、丹贊）和領事坡小組（喬巴山、鮑陀），目標指向「把萬惡的敵人從祖國領土上趕出去，恢復民族獨立」。

蘇赫巴托（Sukhe-Bator, 1893-1923）出生於買賣城的窮

困家庭，當過馬夫；1912 年當兵後，進入俄國人主持的士官學校學習，19 歲當騎兵排長；1918 年在庫倫當排字工人。喬巴山（Choybalsan, 1895-1952）生於車臣汗，小時候當過小喇嘛，17 歲逃至庫倫做工；1913 年進入領事坡學校；翌年至伊爾庫茨克學習俄文，1918 年回到庫倫。

1920 年 6 月 25 日，兩個革命小組合併爲「蒙古人民黨」，決定向新興的蘇維埃政權求援。8 月，他們潛至伊爾庫茨克，另一組人至莫斯科，沒被布爾什維克的領袖們所注意。蘇、喬留在伊爾庫茨克的紅軍官校學習。

1920 年 10 月，白俄的恩琴男爵在日本人的支持下，打著「亞洲騎兵師」旗號進攻庫倫，被中國兵（陳毅總督）擊退。哲布尊丹巴活佛卻在 1921 年 1 月與恩琴暗中協議；2 月 4 日，白俄軍攻陷庫倫；11 日，哲布尊丹巴（博克多格根）又登上蒙古大汗寶座。但是恩琴卻在庫倫屠殺俄國共產黨人、猶太人及蒙古革命分子，造成白色恐怖，中國軍隊也敗退至買賣城。

1920 年 11 月，蘇赫巴托和喬巴山潛回恰克圖。1921 年 3 月 1 日，他們在當地的上錫泊召開蒙古人民黨第一次代表大會（26 人參加）。蘇赫巴托強調：推翻庫倫政府，趕走恩琴占領軍，驅逐中國占領軍，實現蒙古眞正的自治。會後，他被大會推選爲人民義勇軍總司令。3 月 13 日，蒙古人民黨在特羅伊茨科薩夫斯克（恰克圖）宣布成立臨時蒙古人民政府。18 日，人民義勇軍攻下買賣城，第二天把黨中央及臨時政府遷入買賣城。

蘇赫巴托向中國人民呼籲支持他們的要求，並懇請北洋政府不再出兵。恩琴的 11,000 多名白俄軍進攻買賣城，遠東共和國的軍隊趕來馳援，蒙古人把白俄軍趕走。6 月，三個師的蘇俄紅軍進入外蒙，訓練蒙古軍隊，一鼓作氣攻下恰克圖。7 月 5 日，人民義勇軍與蘇軍聯手攻下庫倫。三天後，恩琴被活佛出賣，獻給了蘇赫巴托。

1921 年 7 月 10 日，蒙古人民革命政府成立，鮑陀爲總理，蘇赫巴托爲軍事部長，喬巴山爲副部長。博克多格根哲布尊丹巴爲大汗，實行君主立憲。蒙古人民政府向中國表示，不再接受中國享有宗主權，但期待中蒙兩國和平對等。

1922 年 10 月，蘇赫巴托率團至莫斯科，見到了列寧等人，雙方簽訂《蒙蘇友好協定》，蘇俄正式承認外蒙古獨立，蘇、喬更加倒向蘇俄那邊。鮑陀反對一面倒，主張要和中、日、美、歐各國建立文化交流，他又去瀋陽找過張作霖，終於被扣上勾結中國軍閥張作霖，妄圖推翻人民政府的罪名，而被槍決。

1923 年 2 月 23 日，蘇赫巴托中毒身亡，1940 年喬巴山才公布是丹贊下的毒手，眞相至今仍是歷史之謎。1924 年 5 月，博克多格根去世，蒙古再也沒有大汗及精神領袖了。6 月 13 日，喬巴山宣布建立蒙古人民共和國，不設總統。8 月，在黨的「三大」上，丹贊被喬巴山指斥爲帝俄間諜，投靠日本帝國主義，又勾結中國軍閥，將他押至庫倫城外槍決。

夾縫中
的獨立
喬巴山在 1923-24 年間又赴莫斯科學習軍事，他完全模仿史大林，黨、政、軍、特一把抓，身兼國會主席、外長、部長會議主席、總司令及元帥。

1924 年 5 月 31 日，加拉罕與中國代表顧維鈞簽訂了《中蘇協定》，規定外蒙古的主權屬於中國，紅軍將在第二年初分批撤走。6 月，喬巴山宣布建立人民共和國，11 月 26 日建國。紅軍表面上撤走，卻加強在蘇蒙邊境（烏里雅蘇台至恰克圖間）部署，保護新生的蒙古人民共和國。

喬巴山在 1928 年鎮壓了黨內的右派丹巴多爾濟（黨中央委員會主席，主張開放、吸收外資），又陸續消滅「企圖勾結中國」及「日本」的勢力（以喇嘛爲主）。1936 年 3 月，《蒙蘇互助協定》簽署後，史大林派兵開進外蒙。1939 年5-9 月間，蘇軍又協助蒙古人民軍擊退日本關東軍的入侵。

二次大戰爆發後，1941 年 6 月德軍入侵蘇聯，喬巴山決定保衛社會主義祖國，蒙古騎兵在蘇聯的廣大戰場上奔馳。

中蘇友好
同盟條約
1945 年 2 月，蘇、美、英首腦在雅爾達會談。蘇聯（史大林）向羅斯福、邱吉爾獅子大開口；11 日，三方簽訂《關於日本的協定》（雅爾達秘密協定）。蘇聯參加同盟國對日本作戰的條件是，外蒙古的現狀須予維持。

6 月 14 日，美國新總統杜魯門才指令駐華大使赫爾利，將該秘密內容透露給蔣介石，要求國民政府和蘇聯政府談判，以簽訂中蘇條約形式接受雅爾達密約的條件，以爭取蘇

聯對日作戰。

　　6 月 30 日至 7 月 14 日及 8 月 7-14 日，中、蘇雙方兩度在莫斯科展開談判。6 月 30 日，宋子文外長帶著蔣介石的兒子蔣經國至莫斯科，史大林對外蒙的態度堅決不變。同時，蔣介石 6 月 25 日在重慶召見蘇聯駐華大使彼得羅夫時，也堅持中國對外蒙的宗主權——因為在 1924 年的《中蘇協定》已經確定了，他允許外蒙高度自治，包括外交及有自己的軍隊。

　　7 月 2 日，史大林再度告訴宋子文說，蒙古人民不想再受中國的統治，而且已經宣布成為一個獨立國家，並且進行行政管理與外交活動，中國必須承認這一事實，同時維持現狀。蔣介石被迫透過美國大使赫爾利轉告杜魯門總統，對蘇聯做出最大限度的讓步。

　　他又電告宋子文：（1）外蒙古獨立問題，須待我國內眞正統一，領土主權眞正無缺，行政眞正完整，始能考慮；（2）蘇俄如能保證東三省領土主權完整，不支持中共之割據，不鼓勵新疆之叛亂，則：（3）中國政府願自動提出外蒙獨立議案，經外蒙投票許其獨立，但此宜候抗日勝利後，始能辦理。

公民投票　1945 年 8 月 9 日，蘇聯在美國對日本丟下第一顆原子彈後，向日本宣戰。10 日，蘇、蒙軍進攻關東軍。

　　8 月 7 日，中蘇展開第二輪談判。王世杰在 12 日深夜電告蔣介石，建議對外蒙問題做出讓步，他說：「如果拖延，

很容易出現意外變化。」第二天,蔣介石回電:在外蒙問題和其他尚未解決問題上,「均授權兄等權宜處置可也」。蔣不願負責,讓別人去背黑鍋。8月14日,王世杰與莫洛托夫簽訂《中蘇友好同盟條約》,關於外蒙部分:「茲因外蒙古人民一再表示其獨立之願望,中國政府聲明於日本戰敗後,如外蒙古之公民投票證實此項願望,中國當承認外蒙古之獨立,即以現在之邊界為邊界。蘇聯政府聲明蘇方將尊重外蒙之政府獨立與領土完整。」

1945年10月10-20日,在中國內政部次長雷法章的視察下,外蒙古人民舉行公民投票,一共483,291票,完全贊成獨立,沒有一張反對票。1946年1月5日,國民政府正式公告外蒙古獨立:「外蒙古人民於民國三十四年十月二十日舉行公民投票,中央曾派內政部次長雷法章前往觀察。近據外蒙古主持投票事務人員之報告,公民投票之結果,已證實外蒙古人民贊成獨立。茲照國防最高委員會之審議,決定承認外蒙古之獨立,除由行政院轉飭內政部將此項決議正式通知外蒙古政府外,特此公告。」

從此外蒙古脫離中華民國而獨立。

8. 巴勒斯坦分割問題

美國插手
巴勒斯坦

希特勒在歐洲屠殺600萬猶太人的消息,使猶太復國主義的運動再度勃興。從1939年以來,900萬猶太人死去了2/3。這場世紀大浩劫,也使在巴勒斯

坦的 50 萬猶太人更加堅強，而在美國的 500 萬猶太人，則全力支持巴勒斯坦的同胞建立國家。

　　1942 年 5 月，在紐約比爾特莫爾飯店舉行的世界猶太人大會上，美國猶太人鼓勵大會通過在巴勒斯坦建立「猶太共和國」。大會事實上採取了本·古里安的建議。本·古里安回巴勒斯坦後，更加堅持擬定的 200 萬猶太人移民計劃，1942 年 11 月 10 日，在耶路撒冷的核心會議上，本·古里安獲得勝利，取代了魏茲曼的地位。

　　猶太人游說集團向美國國會議員施加壓力。1944 年 10 月，羅斯福為了爭取猶太人選票（美國總統選舉應得的 266 票當中，紐約州占 47 票，而猶太人又左右該州的選舉），贊成無限制地開放猶太人移民巴勒斯坦，建立猶太共和國。

　　| 英國玩弄
兩面手法 |　猶太人狂熱地追求建國的夢想，而戰後英國工黨內閣卻一再表示信守 1939 年白皮書的精神，還強調和阿拉伯人的友誼。在莫因勳爵被刺後，邱吉爾默認了外交大臣艾登的判斷：「假如我們失去了和阿拉伯人的友好關係，美國人和俄國人將很容易從我們的錯誤中得利。」

　　艾德禮的外長貝文（E. Bevin）儘管支持猶太人建國，但又認為把歐洲的猶太人送去巴勒斯坦，並不符合英國的利益，勢必損害大英在中東的地位（戰後，英國還希望埃及、蘇丹、伊拉克等國在大英的擁抱下，一旦戰爭發生，英軍可以重返從前的基地）；因此，應該幫助那些在德國及中歐的猶太人在當地重建家園；一味遷就猶太人，反而會

立刻引起阿拉伯人的暴力反抗，使英國才離開煎鍋，又回到
火堆裡。[2]

美國總統羅斯福在戰前去世，繼任的杜魯門總統也繼續
向英國施壓力。美國有 38 個州長聯名上書總統，支持猶太
人建國。艾德禮把皮球踢回去，建議美國協助承擔在巴勒
斯坦的軍事和經濟義務。1945 年 8 月底，杜魯門要求英方
開放十萬猶太難民進入巴勒斯坦。艾德禮的回答是：邱吉
爾和羅斯福都曾經保證，在巴勒斯坦的最終決定前，必須
和阿拉伯人協商；其他任何途徑都將導致「整個中東燃起戰
火」。

杜魯門不顧一批在阿拉伯國家的美國外交官的警告，他
說：「很抱歉，紳士們，但我不得不適應幾百萬渴望猶太復
國主義勝利的人，在我的選民當中沒有幾百萬阿拉伯人。」

美國的猶太人更不希望歐洲的「同胞」以難民身分大量
湧進美國。貝文在 1946 年的工黨年會上，也譴責美國要求
猶太人進入巴勒斯坦的理由是，「因為他們不希望在紐約有
過多的猶太人」。

在巴勒斯坦，哈加納的摩西・斯內已經成功地把伊爾貢
和萊希等，合併成為「希伯來抵抗運動」的統一戰線。1945
年 10 月 9 日，他們突擊了阿特利特集中營，釋放 200 名非
法移民；11 月，又對英國當局大規模作戰，破壞鐵路、炸

2　Brian Lapping，《帝國斜陽》（*End of Empire*, 1985），錢乘旦等譯（香港：
　　三聯，1994），頁 151。

毀追擊非法移民船隻的海岸巡邏艦艇。本・古里安在 11 月回到巴勒斯坦，誓言絕不對英國讓步。

英國當局的回答是，宣布巴勒斯坦戒嚴，抓到穿軍裝或攜帶武器的猶太人，就要判死刑或無期徒刑。1946 年 3 月，英美調查團到巴勒斯坦，希伯萊抵抗運動停止恐怖活動。5 月 1 日，調查團在瑞士洛桑公布報告，拒絕了關於建立猶太國的要求，建議對巴勒斯坦實行託管（實際上是延續英國繼續委任統治）。英國人卻不守信，抵抗運動再度爆發。6 月 29 日，英軍出動 17,000 人，以及坦克、裝甲車，沿路逮捕可疑的猶太人。本・古里安逃至法國巴黎避難，他在旅館裡碰到了來自越南的胡志明，後者建議他在印度支那成立猶太流亡政府。

1946 年 7 月 22 日，伊爾貢的人由比京指揮，炸毀了耶路撒冷的大衛王飯店左翼（政府辦公廳），死亡 90 人。他們化裝成阿拉伯人，把七隻裝滿炸藥的牛奶罐，送進飯店廚房的地下室。

十萬英軍對猶太恐怖分子更加嚴厲鎮壓，早在 6 月份就逮捕了 2,700 人；伊爾貢和斯特恩幫的恐怖行動有增無減，越來越激烈。1947 年 3 月，英國當局在特拉維夫和耶路撒冷實施戒嚴兩週。伊爾貢有九個人在監獄裡的石牆炸出一個大洞，放走 251 個囚犯。英國人嚇得只有四個人一組才敢出門，並且在郵局、警局和其他行政大樓四周架上電氣鐵絲網，被猶太人戲稱為「貝文堡」。

| 聯合國處理 |
| 巴勒斯坦問題 |

1947 年 9 月 2 日，英國政府把巴勒斯坦問題提交聯合國處理。英國的打算是，反正聯合國對這個棘手問題也是束手無策，到頭來不是延長英國的委任統治，就是無法達成協議而陷入僵局。聯合國成立了巴勒斯坦問題委員會，由澳洲、加拿大、捷克斯洛伐克、瓜地馬拉、印度、荷蘭、伊朗、祕魯、瑞典、烏拉圭和南斯拉夫等 11 國代表組成，瑞典代表為主席。

由於委員會內部意見分歧，9 月 30 日他們向大會提出的報告也沒具體結果。美國在背後向其他會員國施壓力。蘇聯也站在美國這邊，目的在反對英國繼續統治巴勒斯坦。11 月 27 日，聯合國大會以 33：13 票，通過《巴勒斯坦分治方案》。

這個方案的內容為：巴勒斯坦結束委任統治，在過渡的兩年內，仍由英國代管至 1948 年 8 月 1 日以前；巴勒斯坦分為阿拉伯國（面積 11,000 平方公里，包括 10,000 名猶太人及 725,000 名阿人）及猶太國（面積 14,000 平方公里，包括猶太人 498,000 人及 407,000 阿人）。耶路撒冷市 177 平方公里，成立一個「在國際監督下的獨立主體」，由聯合國管理。

分治計劃把巴勒斯坦 58.7% 的土地，劃給了僅占人口總數 33%、土地面積總數 6% 的猶太人。阿拉伯人的憤怒可想而知，反抗、暴動四起。英國人卻宣布只負責軍事，不管行政了。

以色列
建　國

11 月 29 日深夜，身在死海岸邊一家飯店裡的本·古里安，被人吵醒才知道聯合國的決議。他看到一群猶太人喝醉跳舞，他回憶說：「我不會跳舞，我知道，我們面臨著戰爭，我們將失去最優秀的青年。」

捷克政府受蘇聯的影響，提供本·古里安的代表阿夫雷夫第一批武器採購（包括 4,500 支步槍和 200 挺機關槍）。英軍也提供猶太人武器（包括戰車），加上海外源源不斷走私進來的軍火。本·古里安計劃乘 1948 年英軍撤走前後的真空狀態開始行動，奪取更多的土地。

1948 年 1 月 5 日，哈加納炸毀了耶路撒冷的塞米拉姆斯飯店，殺害 20 人；2 月，又攻擊海法，再下提貝亞里斯、耶法、耶路撒冷的阿人區，迫阿拉伯人倉皇逃逸，丟下土地。4 月 9 日，伊爾貢攻擊耶路撒冷西邊的戴爾雅辛村，屠殺 254 名阿拉伯人婦女、小孩。比京還得意地說：「如果沒有戴爾雅辛的軍事勝利，以色列這個國家大概就不會存在吧！」

美國覺得事態嚴重，3 月 19 日向聯合國安理會提議取消巴勒斯坦分割，改由聯合國託管。但是魏茲曼卻提前一天飛抵華盛頓，勸杜魯門支持以色列。結果，美國駐聯合國的代表等於自打嘴巴，30 萬阿拉伯人難民流離失所。

5 月 14 日，最後一批英軍撤離巴勒斯坦的當天，猶太人在特拉維夫的現代美術館召開猶太民族大會。本·古里安宣布：在當天午夜的鐘聲敲響的時候，一個自治的猶太國家，就要根據聯合國的決議，在這個國家中賦予猶太人的那片土

地上誕生了。魏茲曼成為以色列的第一任總統，本‧古里安為總理。

16 分鐘後，美國即以「既定事實」首先承認以色列獨立。蘇聯第三個承認以色列，英、法則持觀望態度。

在以色列宣布建國的第二天，5 月 15 日，埃及、約旦、敘利亞、伊拉克各國的阿拉伯軍隊，立刻從東、北、南三面進兵巴勒斯坦，展開八個月的第一次中東戰爭。

以色列只有 5,500 名正規軍，面對 25,000 名阿軍來勢洶洶，起先慘敗，英國出面提議停火四週。停火期間，美國猶太人捐出 1.5 億美元，蘇聯也允許捷克提供以色列軍火。至 10 月，以色列反攻，把阿拉伯聯軍趕出巴勒斯坦。在聯合國調停下，雙方簽訂和約。以色列一舉由 14,500 平方公里的土地，擴大為 20,850 平方公里，占巴勒斯坦的 80% 以上土地，把 725,000 名阿拉伯人趕出他們的家園。

9. 美蘇冷戰對峙

冷戰（Cold War）[3]，即 1945 年至 1991 年間，在美、蘇兩大國之間所進行的，不動用熱武器，而訴諸經濟、政治、外交、文化、意識形態各領域的對抗與鬥爭。45 年間，冷戰遍及亞、非、拉美和中東，至今只是表面上的結束。

3　李普曼在《冷戰》一書中指出，這個字起源於 1930 年代希特勒對法國的一種神經戰，即「寒冷的戰爭」。1947 年 4 月，美國參議員巴魯克用斯沃普起草的演講表示美國處於「冷戰方酣中」，9 月李普曼更出了這本小冊子。

　　冷戰可以追溯到 1917 年蘇聯十月革命後，資本主義國家包圍共產主義蘇俄開始。二戰結束前，美、蘇兩強已出現了矛盾：史大林根本不理美國人對東歐——尤其關心戰後波蘭的自由選舉問題。1945 年 4 月，他對南斯拉夫人吉拉斯表明：「這場戰爭不同於以往的戰爭，誰占領了地盤，誰就能把他的那套社會制度，推行到他的軍隊所能到達的地方去。此外，別無他途。」他甚至認為，原子彈意在嚇唬神經衰弱的人，但不能決定一場戰爭的結果。史大林不但要證明蘇維埃社會制度勝利，而且要稱霸世界。

　　羅斯福對邱吉爾非常厭煩，認為英國首相的血液中，浸淫著四百年征服的本能，1942 年 3 月 18 日他寫信給邱吉爾時指出：「你就是不能理解一個國家可以得到某種地位時卻不想這麼做。」他太天真地以為，像史大林那樣位高權重的人，一定會信守諾言，「不併吞土地，並和我一起為一個民主、和平的世界努力」。

　　邱吉爾並未那麼天真。在 1943 年 11 月的德黑蘭會議上，史大林把羅斯福要得團團轉。1944 年美軍突破中歐後，卻急著想回頭去打遠東的日本，而且希望有蘇聯的協助，儘快勝利後回家去。邱吉爾面對的是，12 個師（82 萬人）的英軍，要獨自面對 1.3 萬輛坦克、1.6 萬架飛機及 525 個師共 500 多萬人的蘇軍。邱吉爾只能向史大林討價還價，可恥地和總書記用紅、藍兩色的鉛筆，瓜分戰後巴爾幹的勢力範圍。

　　雅爾達會議根本就是分贓協議，史大林冷靜地按兵不動，靜待美國勢力退出歐洲。羅斯福不久去世，杜魯門接任

總統，但需要蘇聯出兵對付日本，因此東歐和巴爾幹的命運就決定了。1946 年 1 月，杜魯門下定決心不再妥協。2 月 9 日，美國駐蘇代辦肯楠（George Kennan）從莫斯科向國務院發出一封 8,000 字的長電，指出蘇聯外交政策，本質上是共產主義意識形態的狂熱，以及舊沙皇式擴張主義兩者的混合體。史大林把西方資本主義國家視爲無可挽回的大敵，克里姆林宮對世局的神經質觀點的底層，是俄羅斯的傳統和本能上的不安全感。

3 月 5 日，已經在野的邱吉爾在美國密蘇里州富爾頓大學演講時，刻意借用戈培爾的「鐵幕」（iron curtain），指出：「從波羅的海的斯德丁，到亞德里亞海的迪里亞斯特港，一幅橫貫歐洲大陸的鐵幕已經降落下來了。」在鐵幕後面的中歐及東歐國家，「無一不處於蘇聯的勢力範圍內，受莫斯科日益增強的高壓控制」。他號召英語民族團結起來，英、美建立特殊關係，共同對抗蘇聯的擴張。

二戰後兩年內，蘇維埃共產主義遍及歐洲 11 個國家，超過一億人口。人們普遍擔心，在 1946 年及 1947 年，也許希臘、義大利，甚至法國，都將要赤化了。

遏止政策 肯楠又在 1947 年 6 月以 X 爲筆名投稿《外交季刊》，建議美國必須擁有足夠的武力，對付蘇聯等國，要靈活且警惕地運用對抗力量加以遏止。他的論述，成爲杜魯門政府以來美國對抗共產圈的遏止政策（Containment Policy）。

1947 年 2 月，英國政府照會美國國務院，他們將在 3 月底計畫終止對希臘和土耳其的經濟和軍事援助。英國已無力再當老大了，戰爭耗盡 300 億美元，外債 120 億元，至 1947 年又在國際援救計畫上付出 30 億，1946 年爲了養活德國（3.2 億美元）、維持巴勒斯坦和平（3.2 億）、希臘（5.4 億）、土耳其（3.75 億），令老大哥吃不消。

美國新任國務卿馬歇爾將軍（G. Marshall, 1880-1959）的助理艾奇遜（Dean G. Acheson, 1893-1971），提出後來被稱爲「杜魯門主義」（Truman Doctrine）的政策。他指出，近東的蘇聯壓力已非常沉重，一點突破就可能使三大洲被蘇聯滲透，像「一顆爛蘋果會傳染一籃子蘋果那樣」，希臘的腐爛會傳染伊朗和所有近東，隨後通過亞洲小國和埃及傳到非洲。3 月 12 日，杜魯門向國會要求撥款援助希、土四億美元。他宣稱，美國的政策是支持被武力或外力壓迫而爭取自由的人民，不論什麼地方、不論直接或間接侵略的威脅和平，都和美國的安全有關。

1946 年至 1947 年寒冬下，一條 50 美元的美國長菸，在德國黑市折合 180 美元，只要用四條香菸就可以請一支樂隊前來助興，用 24 條香菸可以換一輛 1939 年生產的 Benz 汽車；一包菸等於一個德國工人一個月的工資。

法國雷諾汽車工人大罷工，眼看共產黨就要執政了。1947 年 6 月 5 日，國務卿馬歇爾在哈佛大學畢業典禮演講上，提出了美國援助歐洲經濟復興的馬歇爾計劃。四年內（1948-52）有 22 個國家受惠，捷克和波蘭想申請，卻遭史

大林橫加否決。這個計劃共支付 102 億美元，因爲到 1947
年第二季，美國出口盈餘平均每年有 125 億美元。史大林立
刻和東歐小老弟各國簽訂「莫洛托夫計畫」的貿易協定，來
對抗馬歇爾計畫。

　　1947 年 10 月，史大林接受狄托的建議，成立共產黨情
報局（Communist Information Bureau），蘇聯、東歐和法、
義各國共產黨聯合成一個新的「共產國際」，來對抗美國和
西方集團。

　　英、美、法、蘇四國分割占領了德國。1947 年 1 月，
西占區的英、美兩占區合併，西區占有德國 3/4 人口和魯耳、

萊茵—威斯特伐利亞工業區。1948 年 6 月 24 日，西占區內發行新馬克的第二天，蘇占區立刻切斷通往西柏林（柏林也分爲四個占區）的交通，封鎖柏林。240 萬西柏林居民，只能仰賴英、美飛機空投糧食和燃料，度過一年。1949 年 5 月，史大林才收兵。

1949 年 4 月 4 日，11 個西方國家在華盛頓簽署《北大西洋公約》，成立北約軍事同盟（North Atlantic Treaty Organization, NATO），1955 年西德也加入。蘇聯和東歐也在 5 月 14 日結成「華沙條約組織」（Warsaw Pact Organization），揭開東西對峙的序幕。

1950 年 4 月，《美國國家安全會議第 68 號文件》（NSC 68）更以道德語辭來美化美國的國家利益：「自由體制在任何地方的失敗，就是處處皆敗。捷克的覆亡……遠比我們業已遭受的物質損失的傷害更大。」做爲最大的自由力量的美國，在道義上、政治上和意識形態各方面，都有責任在全球維持自由的信念，必須擁有足夠的軍事力量和核武力量，來保持做爲全人類自由燈塔的美國，保持自身的完整與正義，來挫敗克里姆林宮。

韓戰，在美國看來，就是蘇聯的威脅。美國促使日本成爲它的反共伙伴，沖繩（琉球）被保留爲美國飛彈基地。1950 年 6 月起，第七艦隊巡弋台灣海峽。1954 年，「東南亞公約組織」（SEATO），美、英、法、澳、紐、泰、菲結盟，但排斥了台灣。不過 1954 年 12 月，美、台另訂了《中美共同防禦條約》。

隨著印度支那戰爭的升高，1954 年 4 月 7 日，美國總統艾森豪沮喪地指出：「你有一排骨牌豎立著，只要推倒第一張，就會很快地一路傾倒下去，一直到最後一張，如果失去了印度支那，就會使東南亞像骨牌那樣都倒下去了。」這就是「骨牌理論」（domino theory），促使美國介入泰國、柬埔寨，最終取代法國而捲入越戰的泥沼。

艾森豪的國務卿杜勒斯（J.F. Dulles），更把遏止政策向前推進爲「反擊政策」（Roll-back Policy），即自由世界對侵略做大規模的報復。爲了反共，美國不顧亞洲人民在南韓朴正熙、全斗煥、台灣蔣介石父子、菲律賓馬可仕、南越吳庭艷、伊朗巴勒維、印尼蘇哈托等獨裁統治下痛苦呻吟的慘狀。

對於不聽話的「麻煩製造者」（trouble maker），肯楠又促使國安會在 1948 年 6 月 18 日通過 10/2 指令，把「隱蔽行動」（covert action）交給 CIA（中情局）執行，「在執行過程中，有關美國政府參與的問題，不得向未經授權者透露，一旦洩露出去，美國政府則可設法加以否認」。這些行動包括相關的任何秘密行動：宣傳、經濟戰、破壞和反破壞、爆破、顛覆敵對國家（包括支援地下抵抗運動、游擊隊和難民小組），支持自由世界受共產主義威脅的國家中滋生的反共力量。

CIA 的頭子是杜勒斯的弟弟艾倫‧杜勒斯，CIA 花小錢推翻了伊朗穆薩迪克（1953）、瓜地馬拉阿本斯（1954）、策動印尼軍人屠殺共產黨並奪權（1958）、在古巴進行顛覆

（1960-61）、在南越推翻吳庭艷（1963）、在剛果借刀殺害盧蒙巴（1961）……。

　　冷戰下，首先爆發了 1950-53 年的韓戰，中華人民共和國因支援北朝鮮，而被美國主導的聯合國拒斥於門外 20 年（尼克森稱爲「憤怒的孤立」）。接著又有伊朗石油國有化糾紛。1952 年埃及納瑟領導七月革命後，美蘇爭霸埃及，卻眼睜睜地看納瑟收回蘇伊士運河主權。越戰更是冷戰的代理戰爭大戰場。1962 年 10 月，古巴飛彈危機 13 天，幾乎釀成第三次世界大戰。美國繼續控制與干預拉丁美洲這個「後花園」，CIA 扮演顛覆反美或被認定的「共產主義」政權。蘇聯老大哥則一再壓制東歐衛星國的民族主義傾向及民主改革，並同中國人（毛澤東）展開一場意識形態的鬥爭。蘇軍侵入阿富汗扶植傀儡政權，美國則透過巴基斯坦扯後腿。這場猶如越戰導致蘇聯幾近崩潰，美國則未料到培養出一個大魔頭賓拉登。

　　夾在冷戰體制下的，是非洲及一些國家的獨立發展進程。20 世紀末，蘇聯帝國瓦解前，東歐已變天了。蘇聯壓制下的波羅的海三國、烏克蘭、外高加索、中亞各國紛紛獨立。南斯拉夫解體，一國變五國。在冷戰中，還有北愛爾蘭、巴勒斯坦、巴斯克以及庫德族的獨立運動。

第八章

冷戰下

1. 韓戰爆發

　　南、北朝鮮各自發展，但雙方在 38 度線的衝突從未停止，僅 1949 年 1 月至 1950 年 4 月就達 1,274 次，半島形勢不斷激化。金日成在 1949 年春訪問蘇聯，9 月有大批蘇聯武器裝備運抵北韓。1950 年 3-4 月，金日成又密訪莫斯科，提出了統一韓半島的計劃。5 月，他又去北京見了毛澤東。

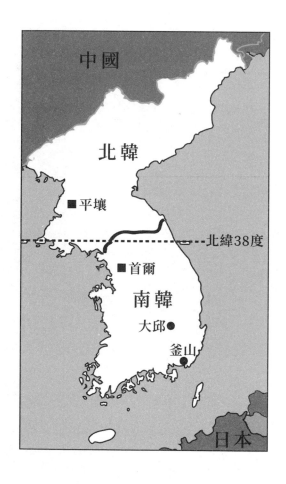

　　6 月 25 日拂曉，北韓軍突破 38 度線，三天內拿下漢城，不到兩個月內，攻占南韓 90% 以上土地。27 日，杜魯門總統下令美軍直接參戰。派遣第七艦隊巡弋台灣海峽，解救了可能將被中共「解放」的蔣介石流亡政權。同日，安理會也在美國施壓下，通過建議各會員國出兵協助南韓的決議。7 月 7

日，安理會又通過授權美國任命聯合國軍總司令的決議；次月，杜魯門任命麥克阿瑟元帥出任此重職。

　　麥克阿瑟元帥從日本出兵（名義上是聯合國部隊），9月15日美軍登陸仁川，30日奪回首爾，10月9日攻陷平壤。史大林通知中國人說，金日成將流亡中國東北了。眼看聯合國部隊進逼鴨綠江。毛澤東下令彭德懷在10月25日以志願軍支援北韓。11月底，30萬中國部隊把聯軍趕回38度線以南。

　　1953年3月，史大林去世；7月27日，韓戰結束。中、朝陣亡150萬人以上，美軍陣亡及失蹤33,000人，南韓軍陣亡415,000人，更沒計算多少人民死傷與逃難。唯一獲利的是日本，從貧困潦倒的戰敗國，變成美國在遠東欣欣向榮的反共盟友。最大的暴發戶是叛逃而占領台灣的蔣介石集團，靠美國第七艦隊守護，在台灣關起門來，假反攻真戒嚴近40年。

2. 爭奪伊朗石油

英、俄兩國大使逼迫兩強扶植的黎薩汗退位（1941.9），由王儲巴勒維繼位（1941-79在位）。二戰期間，英、蘇軍分別進占伊朗。1945年9月後，英國把印度兵撤走，蘇軍卻賴著不走。1945年11月，賽義德‧札法爾‧比雪華里領導阿塞拜疆民族委員會（大不里士）；庫德族也在12月自立「庫德共和國」。英軍迅速出

兵巴士拉，並策動南方的民族反叛，要求趕走左傾的人民黨
大臣。由於東歐不斷發生事情，蘇聯撤下伊朗（1946）一走
了之。巴勒維國王一面向美國要求軍火，又和英伊石油公司
簽約，保證他的利潤更加豐富。波斯灣再度成爲英國的內
海，皇家軍艦巡弋其上；德黑蘭的大部分市區則是環繞英國
大使館而發展起來的。

　　英伊石油公司在伊朗擁有 25.9 萬平方公里的租讓地，
擁有年產 250 萬噸原油的阿巴丹煉油廠、2,700 公里長的輸
油管、100 多艘油輪、雇用 100 多萬伊朗工人。1914-50 年間，
公司至少從伊朗抽走 3.25 億噸石油，獲利 50 億美元。

　　1951 年 5 月 2 日，70 歲的新總理穆薩迪克（Mohammad
Mossadegh, 1881-1967）上任一週就宣布伊朗石油國有化。
穆薩迪克留學法國與瑞士，當過法務部長、財政部長及外
長，1923-37 年爲國會議員，與其他三人一起反對黎薩汗
登基，有一陣子被軟禁，最後出國，1943 年才重返政壇。
1951 年 3 月 7 日，一名編織簸筐的青年，開槍打死屠殺阿
塞拜疆人和庫德族的劊子手拉茲馬將軍，什葉派大教長宣布
這名青年爲民族英雄。12 天後，教育大臣阿札姆・詹加尼
赫也被另一名狂熱分子暗殺。人人譴責拉茲馬是賣國賊和英
國間諜，德黑蘭一片喜氣洋洋。英國軍艦卻開進波斯灣示
威，英伊石油公司決定停發伊朗十多萬石油工人三個月的補
貼。穆薩迪克順勢要收回石油權力，結束五十年來的屈辱歷
史。他太過興奮地暈倒，醒來後拒絕回家休息，決定鎮守國
會大廈的石油國有化委員會辦公室，穿著睡袍，坐在床上辦

公。他還弄到一份公司行賄議員、大臣，甚至王室送禮的名
單，搞得那些人雞飛狗跳。

英國人拒絕交出公司帳冊和檔案，也拒絕將已裝船的石
油交給伊朗人；還拒付石油利潤的 75% 給伊朗政府。英國
人拍拍屁股就走，使石油生產陷於癱瘓狀態。英國人向海牙
國際法庭及聯合國安理會控告伊朗片面毀約，「怪老子」穆
薩迪克親赴紐約的聯合國大會，陳述自己的立場，大出風
頭。十萬民眾迎接美國特使哈里曼，但美國人調停失敗。

1951 年 10 月，邱吉爾再度上台，決心剷除這個「業已心智紊亂、狂妄自大」的怪老子。1952 年 7 月，穆薩迪克任命的陸軍大臣被國王拒絕，只好下台。議員支持前首相卡旺上台，德黑蘭陷入空前的混亂狀態，人民要求穆薩迪克再上台，卡旺下令裝甲師向民眾開砲，打死 90 多人。7 月 21 日，卡旺逃到巴格達，71 歲的怪老子凱旋重返政壇，兼任國防部長。

英國 MI6 軍情單位收買伊朗人拉希德三兄弟，透過這些民族叛徒，拿 150 萬英鎊去收買國會議員及王室的人；同時又偷運武器進入伊朗。10 月 22 日，穆薩迪克宣布和英國斷交。11 月，艾森豪當選美國總統，英國人乘美國麥卡錫反共狂潮，力勸美國人共同除掉穆薩迪克，免得共產黨在伊朗得逞。怪老子這時卻關閉元老院，又允許婦女有選舉權，激怒了保守的什葉派教長們，連大阿亞圖拉卡沙尼（國會議長）都倒向國王與軍方一邊去了。1953 年 7 月，CIA 中東行動組的金‧羅斯福（老羅斯福總統的孫子），拿 19 萬美元策劃這場政變。首先得到巴勒維國王的同意，8 月 15 日晚上 8 點，宮廷侍衛逮捕外交及運輸兩大臣，占領中央電話局；11 點，軍隊攻打首相官邸，與支持首相的軍民對峙。拉希德兄弟唆使暴徒混進群眾隊伍，向清真寺及教士丟石頭，巴勒維嚇得逃到羅馬去。18 日，暴民攻占首相官邸，軍隊出動坦克。19 日，政變成功，推翻了穆薩迪克政府。老首相五天後自首，判刑三年。1954 年 8 月，五家美國石油公司瓜分伊朗石油的 40% 股份，英伊公司也獲 40%，英

荷殼牌公司占 14%，法國公司占 6%，皆大歡喜。

CIA 叫 以 色 列 特 務 爲 巴 勒 維 訓 練 祕 密 警 察 部 隊 SAVAK，15,000 名伊朗上校級以上軍官赴美受訓，巴勒維 以特務恐怖統治，穩坐孔雀王座 25 年。

3. 蘇伊士運河危機

納瑟革命 1952 年 7 月 23 日，納瑟爲首的埃及自由軍官團發動革命，推動了民族民主革命的繼續發展。由於戰後英國人賴著不離開埃及，1947 年先以一張密約從亞歷山大港撤軍，1949 年再撤出蘇伊士運河區，又撤離開羅，但卻派八萬大軍進駐運河區。1951 年 10 月，埃及人展開反英運動，排斥英貨。10 月 15 日，瓦夫脫黨，宣布廢除 1936 年英埃同盟條約及 1899 年英埃共管蘇丹協定。英國首相邱吉爾下令增派一個師、兩艘航空母艦及四艘驅逐艦至埃及鎮壓。埃及人民憤而攻擊運河區及各地英軍基地，12 月 3 日有 53 人被英軍打死。1952 年 1 月，英軍重新控制運河區；1 月 26 日，瓦夫脫黨政府宣布與英國斷交。法魯克國王藉口開羅民眾燒毀外國企業（其實是國王自導自演的），罷免納哈斯總理，改派親英的阿里‧馬赫，下令全國戒嚴，血腥鎮暴。但五個月內卻連續更換五次內閣，政局動盪不穩。

38 歲的納瑟（Gamal Abdel Nasser, 1918-70）是郵差之子，念過士官學校，鑽研《古蘭經》，熟讀拿破崙、亞歷山大大帝、盧梭、伏爾泰、甘地等人的傳記。1940 年代，

納瑟 Gamal Abdel Nasser

他在軍校當教官時，暗中組織「自由軍官團」（Dhabat el-Ahrar），每四、五人爲一組，彼此互不相識。1948 年，他參加第一次中東戰爭負傷；1949 年回國後，晉升少校。1952 年初，納瑟提出六原則：（1）消滅殖民主義，使埃及擺脫帝國主義的奴役和剝削；（2）消滅封建主義，實施耕者有其田制；（3）終結資本主義勢力的統治；（4）建立社會公正、反對剝削與奴役；（5）建立一支強大的愛國軍隊，保衛革命成果；（6）建立健全的民主生活，反對玩弄政治權術。在政變前夕，自由軍官團發出的最後一份祕密傳單中宣稱：「軍隊的任務是爭取國家獨立」。

1952 年 7 月 23 日凌晨，政變成功，通過廣播宣布，「爲清除軍隊自身及國家內部的叛徒與懦夫」，軍方已奪取了政權，54 歲的溫和派戰鬥英雄穆罕默德·納吉布將軍最終被拖進政變，以他的名義發布公告。納瑟寫一張便條指示：「解放運動應儘早解決法魯克的問題，以便處理更加重要的工作——肅清法魯克給國家留下的腐敗。我們必須爲走向新時代鋪平道路，讓人民享有至高無上的權利，享有自己具有尊嚴

的生活。」他並不想囚禁國王，無謂地研究討論他的案件，「而忽略其他革命目標」。於是法魯克得以在 7 月 26 日軍隊包圍行宮時，簽署退位詔書，攜帶家眷及 66 隻大箱子，搭上「馬魯薩」號皇家遊艇流亡歐洲，繼續他的驕奢淫逸生活（此人有四所宮殿、兩艘遊艇、13 架飛機、200 輛汽車及無數的色情工藝收藏品）。[1]

納瑟不僅終結了阿爾巴尼亞人穆罕默德・阿里的 150 年王朝（1805-1952），更使埃及人擺脫波斯人幾世紀來的征服，展開第一次由埃及人自己統治的新歷史。

1952 年 7 月 27 日，自由軍官革命指導委員會成立，納吉布與納瑟為正副主席。1953 年 6 月 18 日，宣布建立共和國，納吉布為總統兼總理。納瑟為副總理兼內政部長，實際上控制一切，首先推動三次土地改革（1952、1961 及 1969），一舉徵收 1,037,089 費丹土地（占耕地總面積的 1/6，1 費丹等於 1.2 公畝），分配給 344,000 戶農民。

收回蘇伊士　1952 年 10 月，埃及與蘇丹達成共識，蘇丹
運河運動　　決定民族自決，在中立委員會監督下選舉。
英國的答案是讓蘇丹先有三年的過渡期，三年內完成行政、警察、軍隊的本土化。

另一方面，革命指導委員會從 1953 年 4 月起，六次與

1　Martin Meredith，《非洲國》（*The State of Africa*, 2005），亞明譯（北京：世界知識出版社，2011），頁 34。

英國展開英軍撤離的談判。英方老是舊調重彈，要求運河區的英國空軍基地照常運作，並由他們技術監督。納瑟憤怒地提出戰鬥口號：「四處搶劫的殖民主義者必須滾蛋！」

大英帝國的光輝已經褪色了，每年在運河區負擔 5,000 萬鎊也宣告無能為力。1954 年 10 月 15 日，英埃雙方終於達成協議：（1）英國自協議生效起 20 個月內全部撤離埃及；（2）廢除 1936 年的英埃同盟條約。1956 年 6 月 13 日，最後一批駐紮運河區的英軍，降下了大英國旗。但埃及也做出了一些讓步，即保持基地的部分機構和設施照常運作，一旦發生武裝侵略阿拉伯國家聯盟共同防禦的國家及土耳其時，埃及保證讓英國使用蘇伊士運河基地和港口。

納瑟在 1953 年決定興建阿蘇旺水壩，灌溉埃及 90% 以上的耕地，並且增加 30% 的耕地面積，這項計畫得到英、美政府同意提供兩億多美元的資金和技術協助。但是納瑟高舉不結盟和中立政策的大旗，又堅持阿拉伯民族主義，觸怒了英、美，他們企圖以斷絕武器供應和經濟援助來迫他就範。這反而使埃及接近蘇聯。1955 年 7 月，蘇聯與埃及達成一項 8,000 萬美元的軍售協定。不久蘇聯又向敘利亞、伊拉克提供武器。英國首相艾登氣得大叫不惜一切代價要把「俄羅斯熊趕出尼羅河流域以外」。美國國務卿杜勒斯也趕緊游說世界銀行提供埃及兩億美元貸款；美、英更在第一期的水壩工程，分別送埃及 5,600 萬及 1,400 萬美元，條件是世銀有權審核埃及的發展計劃，並指導它如何做到收支平衡，納瑟氣憤不已，轉而同東歐、中國建交。英、美的威脅

無濟於事，也就不再援助埃及了。納瑟說：「當華盛頓傳播謠言說……埃及的經濟已經靠不住了，我理直氣壯地對他們說：『你們去氣死吧，因為你們永遠不能指揮埃及！』」

1956 年 7 月 26 日，納瑟總統向民眾莊嚴地宣布，將蘇伊士運河收歸國有。英國首相艾登氣急敗壞地說：「埃及人把他的大拇指掐到我們的氣管上面來了！」

納瑟在亞歷山卓向民眾訴諸阿拉伯民族主義：「公民們，這是我們現在涉入的戰役。這是反對帝國主義及帝國主義方法和戰術的戰役，這也是反對帝國主義前鋒以色列的戰役……阿拉伯民主主義正在進展，阿拉伯民族主義正邁向勝利。」[2]

法國更加仇視納瑟，因為納瑟一再支持摩洛哥和阿爾及利亞反法獨立運動，法國總理 G. Mollet 甚至指控：「這一切都寫在納瑟的作品裡，就好像希特勒在《我的奮鬥》裡闡明他的政策一樣，納瑟有野心要再造一個伊斯蘭大國。」

英、法絕不容忍埃及的行動，決心聯手撲殺納瑟，他們把老美也拖下水，因為美國不願看到蘇聯在中東插手。杜勒斯卻主張國際共管運河，也一再聲明不用武力；納瑟斷然拒絕這種賣國行徑。

法國最後找到一個拙劣的手段，慫恿以色列進擊埃及，然後英、法老大哥再以維護運河航行自由的名義，要求以、埃雙方都退兵到運河十英里以外；預料埃及一定會拒絕，英、

2　Henry Kissinger, *Diplomacy* (New York: Simon & Schuster, 1994), p. 530.

法就可以師出有名地公然占領運河區了。[3]

　　1956 年 10 月 29 日，以色列不宣而戰地入侵西奈半島。30 日，英、法對埃及發出最後通牒；31 日，兩軍猛炸埃及。11 月 3 日，英、法傘兵登陸塞得港，一小時內被埃及工人殲滅。另一支在蘇伊士登陸的英、法軍，也同樣遭受埃及人的抵抗。

　　11 月 2 日，聯合國大會以 64：5 票通過，要求當事國中止交戰行為。5 日，聯合國組成維持和平部隊，蘇聯軍隊卻在同一天出兵，粉碎了匈牙利自由鬥士的運動。美國這時候按兵不動，阿拉伯國家宣布動員，準備支援埃及。

　　埃及更把 47 艘裝滿水泥的船沉入運河中，封鎖歐洲獲取石油的主要航路；開戰更使英鎊急劇貶值。更糟的是，以、埃已經同意停火了。

　　艾登被盟友放棄了，尤其財政大臣麥克米倫無法承受英鎊狂貶的壓力。11 月 6 日，英、法被迫停火；12 月 3 日，終於宣布撤軍。1957 年 3 月 8 日，以色列也撤出西奈。大英帝國顏面掃地，埃及則掙脫了帝國主義百年來套在脖子上的枷鎖。

4. 拉美風暴

CIA 推翻
阿本斯政權

中美洲瓜地馬拉的香蕉，一向由美國 CIA 頭子杜勒斯家族為大股東的「美國聯合果品公

3　Henry Kissinger, *Diplomacy*, p. 540.

司」（UFC），從 1870 年起一手壟斷產銷。這家公司在整個加勒比海地區和南美洲，擁有 809,356 平方公里的種植園，非但免稅，且壟斷了鐵路經營權，成爲拉美一些國家的國中之國。1951 年當選瓜國總統的阿本斯（Jacobo Arbenz, 1913-71），取消了公司的特權，1952 年沒收大地主閒置土地分給貧農，要求公司交出 160 萬平方公里土地（全國有 85% 閒置地，即 230 萬平方公里），但公司拒絕瓜國政府以債券抵債 110 萬美元的補償金，堅持每 4,047 平方米爲 15 美元而非三美元。美國立即對瓜國斷絕援助與禁運武器，迫瓜國向捷克斯洛伐克購買 2,000 噸的小型武器，更加惹怒了美國人。

1954 年 6 月 27 日，CIA 雇用台灣的飛行員，開飛機掩護曾在美國混過軍校的流浪漢阿馬斯（Carlos Castillo Armas），率 400 多人發動「成功行動」進攻瓜地馬拉，背後由尼加拉瓜和宏都拉斯支持，28 日迅速推翻阿本斯政府，只花費 2,000 萬美元。阿馬斯上台兩個月，屠殺 8,000 名農民，導致此後四十年的流血游擊戰，至少有 20 多萬人遇害，100 多萬人流亡（直到 1996 年，政府才與游擊隊簽訂停戰條約）。

1954 年後，聯合果品公司又捲土重來，右翼軍人專政下，咖啡種植者、土地所有者和外國投資客樂壞了。阿馬斯在 1957 年被暗殺，個人獨裁統治換來換去。塞拉諾在 1993 年 5 月「自我政變」而獨裁統治，因美國反對而被推翻。軍方、議會領袖及企業界找到了由軍方控制的卡皮奧爲總統，

在國際輿論壓力下，1994 年 1 月與「全國革命聯盟」恢復談判。1996 年 1 月，阿瓦羅‧阿爾蘇就任總統後，12 月 29 日與游擊隊簽署停戰和平協定，瓜地馬拉全國革命聯盟取得合法地位，結束長達 36 年的內戰，但軍人仍舊發揮重大作用。

古巴革命 巴蒂斯塔宣布共產黨（人民社會黨，1925）為非法，禁止罷工和集會，七年內至少殺害兩萬人。1950-54 年間，古巴人均收入才 312 比索（和美元等值），而美國最貧窮的密西西比州人的收入為 829 美元，90% 的兒童沒鞋子穿，蔗農每年工作四個月，八個月失業；七十萬失業者流浪海外，大學畢業生沒頭路，古巴蔗糖占世界第一位，所有利潤都被美國公司奪走；出口糖而換回糖果，出口皮草換回皮鞋。

1953 年 7 月 26 日，卡斯特羅律師（Fidel Castro Ruz, 1926-2016）和弟弟勞爾加上 100 多人，攻打聖地牙哥的蒙達卡兵營，20 多人犧牲，其他人則被囚禁在松樹島。卡斯特羅生於奧連特省大地主的小老婆（女廚）之家，從小受父親疼愛，念名校哈瓦那大學法律系。

1950 年，卡斯特羅在哈瓦那開業，為一名九歲的農民女兒被參議員強暴案上訴，而那個衣冠禽獸卻在判刑六年後，以緩刑逍遙法外。1953 年，紀念何塞‧馬蒂百年冥誕這天，卡斯特羅等攻擊蒙達卡兵營。10 月 16 日，27 歲的卡斯特羅在法庭上以《歷史將宣判我無罪》自我答辯，痛斥古

巴在土地、工業化、住宅、失業、教育、保健等六大問題的悲慘面，古巴的生活條件比哥倫布發現印地安人時的條件還差。

卡斯特羅宣布自己不可能為個人的自由而讓其他同志去坐牢。他說：「你們讓我去和他們一起共命運吧！在一個罪犯和強盜當總統的國家裡，正直的人被殺，坐牢是可以理解的。」「攻擊蒙達卡兵營並非我們的本意，我們是要喚起人民，號召士兵起義。我們所依靠的是每天為麵包而奔波的七十萬失業者、一年只種植四個月，其餘時間失業的沒有一寸土地的農業勞動者。我無罪，歷史將宣判我無罪！」

他被判刑 15 年，在獄中把這份自辯重新寫成書，由獲釋的女同志偷帶出來，暗中流傳於古巴。

1955 年 2 月，巴蒂斯塔慶祝自己連任而大赦天下，5 月 15 日卡斯特羅等人獲釋。但他 24 小時被特務跟監，只好流

亡墨西哥，巧遇來自阿根廷的醫學院畢業生、愛爾蘭裔建築師之子格瓦拉（Che E. Guevara, 1928-67）。格瓦拉曾兩度騎摩托車周遊中南美，1952 年參加阿根廷反裴隆的暴動，1955 年在瓜地馬拉目睹阿本斯被 CIA 推翻的一幕，後來流亡墨西哥。1956 年 11 月 25 日，卡斯特羅帶 82 個人成立「七·二六運動」組織，搭格拉馬號遊艇在 12 月 5 日登陸古巴奧連特省，被政府軍圍剿，只剩下 16 個人，逃入馬埃斯特拉山區打游擊。1957 年 1 月，32 名游擊隊帶 22 把槍，突襲拉普拉塔河口的兵營，首戰勝利。3 月，一支青年武裝進攻總統府失敗，組成「三·一三革命委員會」。5 月，游擊隊包圍包維羅兵營勝利。1958 年 2 月，游擊隊打贏了阿瓜松林第二次戰役，解放了馬埃斯特拉山區西部，開始向東部地區擴展。福雷·喬蒙率軍從努埃維達登陸，在馬埃斯特拉山區開闢新戰場。5 月，桑切斯率一批人離開美國，在奧連特省北岸馬亞里附近登陸。9 月，巴蒂斯塔的海軍在西恩富戈斯港兵變失敗。3 月，42 個反對派，數千人聯名，要求巴蒂斯塔下台。7 月，「七·二六運動」與大多數反對派簽署了《加拉加斯協定》，建立「革命民主公民陣線」，10 月再與人民社會黨成立「全國勞工聯合陣線」。格瓦拉在 8 月挺進拉斯維利亞省，歷經暴雨，打赤腳穿過漫長的爛泥灘，生吃馬肉、兔肉，10 月進入山區。12 月 16 日，200 名游擊隊在格瓦拉及卡米洛指揮下，打通了奧連特省，12 月 29 日攻下聖他克拉拉，直逼哈瓦那。

　　1959 年 1 月 1 日，巴蒂斯塔倉皇逃往美國。第二天，

卡斯特羅攻下聖地牙哥。8 日，卡斯特羅進入哈瓦那，只有 803 人，加上其他游擊隊，也只有 1,000-1,500 人而已。2 月，32 歲的大鬍子成為古巴總統，開始土地改革，至 1983 年，有 70% 土地收歸國有。格瓦拉以「第一號公民」身分接掌國家銀行。卡斯特羅一再表明他不是共產黨，古巴革命完全是民主主義的，不是紅色極權主義，而是綠橄欖色的、人道主義的革命。但他沒收美國資本的 65 萬公頃地，關閉黑手黨經營的賭場、妓院。美國人氣炸了，1961 年與古巴斷交，並以經濟封鎖古巴。CIA 招募一批古巴流亡人士，送入馬埃斯特拉山，反而被格瓦拉動員民兵，一個個揪出來。

豬玀灣事件　卡斯特羅向蘇聯求援，並和共產國家建交。1961 年 4 月 15 日，CIA 的一批偽裝成古巴飛機的美國 B-26 轟炸機，轟炸古巴。兩天後，14,000 名古巴傭兵登陸豬玀灣（從尼加拉瓜出發），遭到古巴民兵的頑抗。4 月 19 日，一共有 1,214 人被俘，48 人被 CIA 救走，古巴人也犧牲 1,700 多人。1962 年 12 月末，美國政府才以 53 萬美元的藥品換回這批俘虜。1961 年 7 月，七・二六運動與人民社會黨、三・一三革命指導委員會，合併成「古巴社會主義革命統一黨」，1965 年改為古巴共產黨，由卡斯特羅兄弟分別擔任第一與第二書記。

飛彈危機　然而古巴急速工業化缺少原料和專家，又遭逢美國的禁運，幸虧蘇聯及時伸出援手，但是 1963 年老大

哥堅持古巴必須減緩工業化步子，迫格瓦拉認錯，改而發展蔗糖業生產。但他卻堅持實施「理想主義的」戰略，即一種徹底消除市場和物資刺激的方法。經濟將全面國有化，由中央計劃當局引導。和資本主義的過去徹底決裂而出現的「新人」，將爲道德獎賞（勳章和公眾讚揚）而工作的古巴人，反映出更高層次的新政治覺悟。但是老牌共產黨 Carlos Rafael Rodriguez 贊成實施中央計劃經濟，但部分依賴市場機制，並把自主權留給個人企業。古巴重返蔗糖經濟，1964年經濟部門僅出現 9% 的增長。1965 年增長率下滑至 1.5%，比人口增長率還低，1966 年則降爲 -3.7%。至 1970 年，古巴沒實現蔗糖產量 1,000 萬噸的目標，只完成了 850 萬噸。

格瓦拉在 1960 年發表《游擊戰》一書，指出人民的力量足以戰勝反動的軍隊；並不一定要等待一切革命條件成熟，「起義中心」可以創造這些條件；在不發達的美洲，武裝鬥爭的基本戰場應該是農村。

1962 年，蘇聯與古巴簽訂《軍事技術援助協定》，蘇聯武器和專家進入古巴。西德情治單位發現運送 SAM-2 飛彈的蘇聯船隻頻頻進出古巴，趕緊通知 CIA。U-2 偵察機很快在古巴上空偵察出飛彈已擺在距離美國 90 海里大門外方。

9 月 4 日，甘迺迪總統寫信給赫魯曉夫，提出嚴重警告。10 月 14 日，U-2 機拍攝出古巴西北部聖安東尼奧附近的聖克魯斯有蘇聯飛彈的照片。

10 月 22 日當晚，甘迺迪在電視上宣布：「爲了制止進攻性力量的滋長，將開始嚴密地封鎖運往古巴的一切攻擊性

軍事裝備。」美、蘇首腦展開直接通信。26 日，蘇聯同意在聯合國監督下，從古巴撤走飛彈，美國也保證不再進攻古巴，才化解這場危機。

古巴與
第三世界

為了打破美國的封鎖，古巴積極支援拉丁美洲各國反美的鬥爭，1967 年前後，拉美地區出現 19 個國家的游擊中心活動，但卻相繼失敗。1970 年代起，古巴又加強對第三世界的活動，替第三世界國家和地區培養技師、教師、護士、醫生等，又同時向 34 個國家派出數萬名的專技人員，古巴又向非洲和中東派出 70,000 名士兵和軍事顧問，付出慘痛的代價，卻引起被援助國家人民普遍的反感。

1979 年，卡斯特羅出席第六屆不結盟國家會議（哈瓦那），痛斥美國帝國主義，並被選為主席。10 月，他至紐約聯合國大會發表演說。1982 年福島戰爭，古巴支持阿根廷，號召拉美各國反對美國干涉。1985 年 8 月，卡斯特羅又在哈瓦那召開外債會議，譴責美帝，贏得各國的尊重，重挫了美國長期以來孤立古巴的政策。

5. 美國陷入越戰泥沼

美國全面介
入印支戰爭

1954 年南、北越分裂以來，西貢吳庭艷（Ngo Dinh Diem, 1901-63）拒絕和胡志明協商，宣稱北越根本不存在自由選舉的條件，除非河內放棄恐怖主義

和極權主義。吳庭艷的大哥是省長，二哥是天主教樞機主教，老四吳庭瑈管情治，以「除共運動」名義，至 1960 年已逮捕 80 萬人，殺害九萬政治犯了。吳庭瑈的妻子陳麗春是內務總管，負責照顧獨身的吳庭艷，人稱「西貢女皇」。

CIA 也開始注意寮國。1957 年 11 月，寮國成立聯合政府，富馬與蘇發努旺這對異母兄弟主政，領導「老撾愛國陣線」。美國人暗助右派，停止美援，迫富馬在當年 5 月 5 日下台，薩納尼空組閣，逮捕蘇發努旺等人；1959 年 12 月 30 日，他被諾薩萬（Phoumi Nosavan, 1920-85）推翻。

1960 年，寮國人民及愛國陣線掀起反美運動，從查爾突圍回到根據地打游擊。5 月，蘇發努旺等越獄逃回解放區。8 月，第二傘兵營長貢勒上尉推翻親美的松薩尼特政權，支持富馬首相。美國支持右派發動內戰。9 月，富米—文翁集團在沙灣拿吉自立政府。12 月，富米的叛軍進攻萬象，引爆寮國內戰。

1961 年底，愛國戰線黨和中立勢力解放 60% 土地，控制查爾平原及九號公路。1961 年 5 月，在蘇、英建議下，中、蘇、美、英、法等 14 國在日內瓦會談，1962 年 7 月通過《關於寮國中立的宣言》，禁止外軍進入寮國，6 月富馬組閣，蘇發努旺及富米爲副首相。CIA 策動苗族和南部山地游擊隊騷擾，支持右派進攻解放區。1964 年 4 月，右派推翻民族團結政府；5 月，美機轟炸解放區，進行「特殊戰爭」。1965 年 2 月，富米敗逃入泰國，1971 年以叛國罪缺席判處 20 年徒刑，年底病死於曼谷。富馬不得不改組政府，右派

得勢，但愛國陣線堅持抗戰到底。

　　1959 年 1 月，南越義平省蓬山縣人民起義。1960 年 12 月 20 日，南越各反政府勢力結爲「越南南方民族解放陣線」，後來改稱「越南人民革命黨」，由阮友壽律師領導，卻被美軍蔑稱爲「越共」（Viet Cong）。

　　曾在菲律賓剿匪的美國專家 E. Lansdale，發現越共依賴人民的支持，而吳氏兄弟只會以武力鎮壓，不懂得爭取民心。1961 年 5 月起，400 名「綠扁帽」美軍特種部隊進入南越，搞情報和心戰，但他們卻以噴灑毒劑聞名於世。反顛覆專家 R. Thompson 在南越建立「戰略村」，1962 年起，把 1,000 萬人趕進 10,322 個戰略村裡，出入必須換通行證，四周被壕溝、鐵絲網、地雷和碉堡層層「保護」，切斷他們和越共的通路。美國決策者以爲，每天花 150 萬美元，就可以擊敗竹篙罩菜刀的「小越共」。在他們眼皮下，十萬游擊隊控制了 20% 的農村。美國大學生 1963 年開始反越戰，他們「不想打死殖民地國家的人民，也不想在一場不符合我們利益的戰爭中被打死」。後來的美國總統柯林頓，當時也是逃避兵役。

　　甘迺迪在 1961 年增派美軍到南越，美國正式介入越戰。他的國防部長麥拉瑪拉（McNamara）不無悲觀地指出，即使美國迅速出兵，仍有 30% 的機會將重蹈法國慘敗的覆轍。美國雖有優勢兵力和現代化武器，卻找不到躲在地道裡的矮瘦越共戰士。

越南
共產黨

1953 年 1 月，勞動黨總書記長征強調，抗法戰爭以來一直忽視農民的利益，目前已進入總反攻階段，必須先動員農民，首先展開反封建鬥爭，減輕佃租，再推行土地改革。中國人幫助北越人訓練幹部，下鄉宣傳土改，結果失控，地主被批鬥，他們的妻子遭強暴，濫用權力，公報私仇成風，密告、逮捕和集中營成了人民對黨產生畏懼與離心的現象。1956 年 10 月，胡志明流淚向人民道歉，制止了土改，換下長征，自己出任黨總書記（-1960），范文同則在 1955-68 年爲總理。

1959 年 12 月通過新憲法，1960 年 5 月第二次國會選舉後，胡志明爲國家主席兼黨主席，長征爲國會主席，黎笋爲第一書記（-1986），武元甲爲國防部長。11 名政治局委員中，親中國的人民軍政治部主任黎德壽、外交官黃文歡都支持長征，黎笋、阮志清和第一副總理范雄及黎德壽等一從南方回來，要求對吳庭艷政權展開武裝鬥爭，1957 年他們被批判。1959 年 1 月，黨的二屆十五中全會才達成協議，準備在南方建立武裝根據地，「把南方從帝國主義和封建主義的統治下解放出來，實現民族獨立和耕者有其田的目標，完成南方人民的民族主義革命，建立一個和平統一、民主和富強的越南」。

黨告誡南方同志，要把武裝鬥爭限制在自衛、武裝宣傳和「除奸」上面，超越這些範圍，就可能導致「長期的武裝鬥爭」這一不利的局面。5 月 5 日，越南中央軍委會決議開闢通往南方的「胡志明小徑」（Ho Chi Minh trail）。8 月

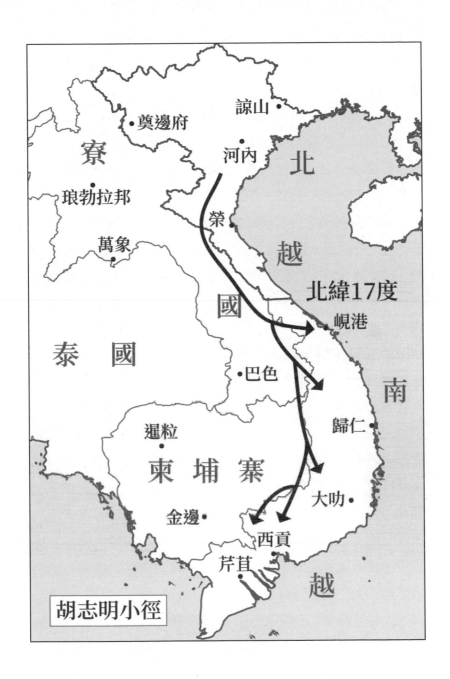

諒山

奠邊府

寮

河內

北

琅勃拉邦

榮

越

萬象

國

泰　國

北緯17度

峴港

巴色

南

暹粒

歸仁

柬　埔　寨

大叻

金邊

越

芹苴

西貢

胡志明小徑

28 日，廣義省茶蓬的南方游擊隊攻擊南越軍，至年底，南部中區有 505 個鄉村、西區有 300 個鄉村響應起義，游擊隊增為 10,000 人。

1960 年一年內，游擊隊在南越打死 3,300 名政府或軍方人士，破壞 240 座橋梁。阮志清等大談暴力革命。9 月 5-10日，勞動黨決議：「南方革命的直接任務是實現全國團結，對侵略性和好戰的美帝做堅決的鬥爭，推翻美帝走狗吳庭艷集團的獨裁統治……實現祖國的重新統一。」勞動黨「三大」後，決定祖國統一路線，恢復由阮志清、范雄負責的南方局。12 月 20 日，「南方民族解放陣線」（NLFSV）在平隆省秘密建立，一年半後改為「越南人民革命黨」，被美國人蔑視為「越共」。1961 年 2 月，南方游擊隊成立「南越解放軍」。1962 年，「南解」以阮友壽律師為中委會主席，記者阮友孝為總書記。

澳洲記者 Wilfred Burchett 採訪越共政治工作幹部黎平，黎平回答說：首先由老解放區來的老兵，向新解放區甚至是從敵占區來的（包括南越軍開小差的士兵）灌輸政治教育。他解釋說：「政治教育必須是逐步的，需要有一個過程。」基本內容是一樣，但是方式方法不同。「首先要啟發戰士的民族覺悟，這種民族覺悟，必須具有階級分析的內容。」他說：「我們越提高戰士的政治覺悟，我們就越是能夠強調階級立場。」

由於新戰士多數是農民，因此一般的政治課程要求比較淺顯通俗易懂，並且採用問題的形式。「我們為什麼而戰？

我們為誰而戰？」我們戰鬥，是因為我們受壓迫、受剝削，因為我們要過一種莊嚴的人生，因為我們要擺脫外國的壓迫者和本國的封建壓迫者；我們必須為反對壓迫和剝削、反對壓迫者和剝削者而鬥爭。誰將因為我們的鬥爭獲得最後勝利而受益？是工人、農民和一切被壓迫者，一切被踐踏在地上的人！

哈佛金童
的　豪　賭 43 歲的甘迺迪就任美國第 35 任總統（1961），他面對的是一個「堅如磐石，冷酷無情的陰謀運動，它主要靠滲透而非侵略，靠顛覆而非選舉……依靠夜間活動的游擊隊而非白天的正規軍」的南越局勢。1月6日，在他就職前兩週，赫魯曉夫揚言蘇聯堅決支持「民族解放」的聖戰。

副總統詹森並不像甘迺迪身邊那些哈佛、MIT 金童們那麼樂觀，以為把「美國式的民主政治」推銷到東南亞，就可以擊潰游擊隊。5月11日，就在詹森去南越的同時，國安會議發出一份指令，確認制止共產黨統治南越是美國的目標。美國的策略是通過軍事、經濟、政治、心理和秘密行動，「在該國建立一個親民主並且日益民主的社會」。吳庭艷和蔣介石一樣，都是冷戰的暴發戶。詹森把「吳隱士」捧為東南亞的邱吉爾，但又對這位菸不離手的人評價說：「吳庭艷有許多令人欽佩的品德，但是他脫離了人民，被一些不像他那麼值得尊敬的人所包圍。」詹森也提到，越南真正的敵人不是共產主義，而是「飢餓、貧困、無知和疾病」。他建議

美國唯一的選擇，不是支持吳庭艷，就是退出南越。

1961 年 2 月，富米反撲失敗，被甘迺迪丟棄。眼看 3 月巴特寮要發動攻勢，甘迺迪選擇支持寮國政府，派第七艦隊駛進南中國海。美國人玩弄兩面手法，4 月古巴豬玀灣事件當時，甘迺迪根本無暇接近寮國蘇發努旺親王，親王憤而改去莫斯科。甘迺迪意識到寮國是骨牌理論的關鍵，因為北越士兵從這個國家的胡志明小徑，源源不斷滲入南越。4 月 27 日，麥拉瑪拉向國會表示，將在一週內派 11,000 名美軍進駐寮國，遭到國會領袖的拒絕，因此這麼一來，中國就有藉口出兵了。麥拉瑪拉，這位柏克萊和哈佛出身的電腦金童，擔任過福特汽車總裁（1960-61）的管理專家，和哈佛金童邦迪（McGeorge Bundy）、MIT 的 Rostow 教授都堅持不惜一切反擊共產主義運動。

甘迺迪眼看 20 萬南越正規軍無法消滅越共，求教於退役的四星上將泰勒（Maxwell D. Taylor, 1901-87），而在 1962 年初把顧問團增加十倍，達到 4,000 人，包括一支綠扁帽部隊。2 月，已有 12,000 美軍進駐南越。吳庭艷乘勢擴充 20.5 萬正規軍、10 萬民兵、8.5 萬保安警察及 10 萬「共和青年」。

史丹福大學經濟學教授 E. Staley 和泰勒將軍，在南越建立 1950 年代英國人對付馬共的「戰略村」（Strategic Hamlet），這個計劃把越共活動地區列為戰略村，最外一道是竹子或木頭長釘埋成的長線，只有 1-2 個崗哨為出入口。第二道是鐵絲網，在這兩道防線之間布滿釘刺和地雷。最後

第三道是土牆，布滿碉堡和瞭望塔。被趕入戰略村的 1,000 萬南越人民，必須全家拍照，按指紋存檔；十歲以上的人必須持著黃色通行證，出入村落還得在崗哨換綠證。

| 幹掉 |
| 吳庭艷 |

1963 年第一季，美越軍折損 9,000 人，有 6,000 名南越軍開小差，打碎了吳總統要在 18 個月「平定南方叛亂」的狂言。

1963 年 4 月初，美國大學生開始反越戰，胡志明也在 5 月 8 日寫信給甘迺迪，質問他：「越南與美國相隔萬里，越南人民與美國人民之間沒有深仇大恨，你有什麼理由在南越進行一場侵略戰爭，浪費美國人民數以億計的美元，來支持越南人民所唾棄和痛恨的腐敗獨裁統治呢？是誰給你權力去強迫數以萬計的青年──美國人民的兒子和兄弟──來到越南，屠殺那裡的無辜人民，在非正義的骯髒戰爭中去送死呢？」

5 月 8 日，吳庭艷下令，禁止占人口 95% 的佛教徒，在慶祝佛祖誕辰 2,687 年當天懸掛佛教旗幡，只能掛國旗。而在 4 月間，大主教徒慶祝他哥哥榮任順化大主教時，卻可以高懸天主教旗幟。順化市民示威，九個人當場被裝甲部隊打死，6 月 3 日又有 120 名佛教青年在示威中受傷。11 日上午，66 歲的廣德和尚在西貢街頭引火自焚，身邊圍繞 1,000 名信徒，個個雙手合十，口宣佛號。

全球輿論譁然，「西貢女皇」陳麗春卻幸災樂禍地對記者揚言，每當這些「所謂聖人」在大搞「燒烤表演」時，她

都要為他們拍手叫好，「阿啄仔」的國務院遠東事務助理 Roger Hilsman，下令西貢方面的人和吳家兄弟協商，叫後者採取一些措施，抵銷陳麗春所指控的佛教徒是「反民族主義者」、「受共產黨的利用和控制，意在煽動叛亂和中立主義」所造成的負面影響。吳庭艷不為所動。25 日，吳總統更揚言，不論美國改派十個洛奇（Henry C. Lodge Jr.，當過波士頓市長）來西貢當大使，「我也不會讓自己或我的國家變得奴顏婢膝，即使他們向這個宮殿開砲也不行！」

8 月，已有六名和尚自焚。8 月 20 日，南越政府宣布戒嚴，黎光松上校指揮突襲順化的寺院及西貢的舍利寺，這正好是洛奇大使上任的前一天。西貢駐美大使陳文章憤而公開宣布與陳麗春脫離父女關係。外交部長武文牡也剃光頭、辭職抗議。西貢的大、中學生第一次示威，有 5,000 人被捕。洛奇在 24 日首先公開訪問兩名躲進美國國際開發總署避難的和尚；美國之音也第一次公開譴責西貢政府對佛教徒的暴行。

CIA 和美國大使洛奇已準備幹掉吳庭艷兄弟，但是南越將領舉棋不定。9 月間，卻傳出胡志明已向吳氏兄弟保證，只要他們攆走美國人，民族解放陣線就會立即停火。9 月 6 日，洛奇透過兩名義大利神父轉告吳庭琛，建議他出國半年，及美國將削減援助的警告。吳氏勃然大怒。麥拉瑪拉反對政變，但他在 9 月去西貢時，教廷代表阿塔斯告訴他說，這個政權是建立在嚴刑拷打基礎上的警察政府，越共比他們外表強大得多。吳庭琛正盤算要跟共產黨交易以擺脫美國。

副總統阮玉廣便告訴麥拉瑪拉和泰勒，人民因爲這個政府而支持越共。

10月2日，甘迺迪同意給予吳氏政權的援助只維持到年底。10月3日，楊文明將軍通知CIA的柯奈因說，政變正在策劃中，包括暗殺吳氏兄弟在內。CIA局長麥康馬上趕去白宮勸甘迺迪，使總統同意不插手。5日，CIA總部訓令西貢站：「我們當然不同意暗殺吳庭艷，我們相信最好的辦法是放手不管；但我們對這種政變的任何情報，當然是感興趣的。」

陳麗春去美國，受到華府官員的冷遇；她父親更閉門不見她，哈佛大學的學生也丟雞蛋抗議她的演講。洛奇一再向白宮保證，透過柯奈因，仍可在說詞上否認的範圍內，他強調政變是越南人民唯一可能改變政府的辦法。白宮電令柯奈因，查明南越將領們的計劃，不要鼓勵他們，要保持低調，但已太遲了。10月24日，柯奈因會晤了楊文明，得知政變將在十天內發動。甘迺迪表示欣賞洛奇（也是愛爾蘭裔）的勇氣，而不是他的審慎。白宮派一架軍機把大使載回國，改由哈金斯代理一切。28日，柯奈因又碰到陳文敦，後者拒絕CIA提供的武器和經費，因爲「我們只需要勇氣和信念」。柯奈因委婉地表達美國反對暗殺吳氏的意見。越南人的反應是：「你們不喜歡那樣嗎？好……我們自有辦法……你們不喜歡，我們也不會再談。」

柯奈因回報洛奇這則情報，大使立刻派CIA的菲利浦去見吳庭艷。吳閒話家常後，突然問菲利浦：「有人要搞政

變對付我？」「大概是吧！」美國人回話，雙方再也沒有深談。

1963 年 11 月 1 日上午，吳庭艷接見了美國太平洋總部司令費爾將軍和洛奇大使。洛奇一直拖延總統到 12 點，吳庭瑈在樓下被阮文福將軍纏住。西貢時間 13：30，洛奇在使館內用餐時，聽到劇烈的槍聲，15 分鐘後，陳文敦打電話告訴美國大使館，政變開始了。柯奈因換上軍服，抓起一把 38 口徑左輪手槍和裝有七萬美金的袋子，跳上吉普車，直奔南越陸軍參謀總部。他有一架特別的無線電對講機，和美國大使館保持聯繫，南越政變將領們也給他一條直通大使館的電話線。下午 2 點，柯奈因實況報導現場（用密碼電報）。一個多鐘頭後，他又電告：「沒有商量餘地，總統（吳）只能答應或不答應辭職，無須多言。」4 點左右，陳文敦等人打電話提議給吳庭艷避難所和安全離境，遭到拒絕。吳打電話給洛奇，質問美國究竟持何種態度。洛奇冷酷地回答他：「我不知道……現在是華府時間凌晨四點半，美國政府不可能發表什麼觀點。」接著又說：「我這裡有一份報導，說是這次行動的主事者提議讓你和令弟安全出境，不知道你聽到這個消息沒有？」「沒有。」吳扯謊，遲疑了一下，大概已恍然大悟，洛奇也參一腳，「你有我的電話號碼。」說完便掛斷電話。11 月 2 日凌晨 3 點，政變部隊向總統府發動攻擊，吳氏兄弟迅速由地道逃入西貢對岸的堤岸市。他臨走前致電楊文明，表示自己準備下台，楊文明則保證他的安全。吳說，他會去堤岸華人區的聖方濟沙勿略教堂（Saint Francis

Xavier）等候。楊文明派一輛裝甲運兵車去接他們，在路上槍斃了吳氏兄弟。

陳麗春正在美國展開潑婦罵街的行程，僥倖逃過此劫，痛斥這是甘迺迪害死她的家人。20 天後，11 月 22 日，甘迺迪在達拉斯遇刺身亡。

44 歲的德州牛仔詹森副總統（Lyndon B. Johnson, 1908-73）立刻宣誓就職。他的政府藉口說：1964 年 8 月 2 日下午，一艘檢查船 Maddox 號駛入東京灣（北部灣）被北越三艘魚雷快艇攻擊；8 月 7 日，美國參眾兩院通過《東京灣決議案》，授權美國總統「採取一切必要的措施，以擊退對美國部隊的任何武裝進攻，阻止進一步侵略」。四年後，詹森才坦承根本沒這回事，一切都是國安會搞的鬼。詹森把駐越美軍，從 16,000 人一下子暴增至 55 萬人，又支持阮高祺、阮文紹搞政變奪權（1966.11），又讓南韓、紐、澳、泰國的 1,975,000 名「國際部隊」加入戰爭，蔣介石被拒絕出兵，但台灣的心戰部隊和政工制度都導入南越部隊去越幫越忙。

1965 年 2 月 7 日，詹森下令「火箭行動」。兩天內，美機對北越的軍事目標進行 70 多架次的轟炸。10 日，越共打死歸仁基地的 23 名美軍；第二天，美國國安會啓動「響雷」行動計劃，攻擊北越。3 月 2 日，3,500 名美國海軍陸戰隊登陸峴港，正式大規模捲入越戰。7 月初，總統下令美國部隊參加地面作戰，越南戰爭迅速「美國化」。最令「阿啄仔」頭痛的南越、寮國、柬埔寨接壤 1,000 多公里邊界平

行的「胡志明小徑」，美方估計有 5,654 公里長。1965 年，有 36,000 名北越人從小徑滲入南越，1966 年將有 90,000 人通過。美國駐寮國大使沙利文負責一項隱蔽行動，表面上不破壞寮國的中立，每天出動 300 架次以上的飛機去轟炸胡志明小徑。B-52 轟炸機在 30 秒內投下 100 多枚 750 磅的炸彈，在森林中切出一塊 1.25 英里面積的空地，必須付出 300 枚炸彈，即 14 萬美元才殺傷一名滲透者的代價。照數字計算，美國要清除掉每年 1,500 名滲透者，勢必付出 20 多億美元。

美國將越戰升級（escalation），1966 年至 1968 年 10 月，幾乎炸毀了北越 77% 的彈藥庫、65% 的油槽、59% 的發電廠、55% 的大中型橋梁、39% 的火車站，以及僅有的三座鋼鐵廠、水泥廠和炸藥廠，可見 CIA 的情報搞得不差。1968 年 1 月 22 日，北越軍砲擊溪生，吸住美軍（-2.28），武元甲在 1 月 31 日（農曆猴年正月初二凌晨 3 點）同時發動攻擊西貢美國大使館、機場、司令部、電台。十萬越共及北越軍也同時進擊 44 個省會中的 41 個，以及六大城市中的五個，順化一直打了 27 天。不過北越仍沒有全勝，麥拉瑪拉心力交瘁，2 月 29 日黯然辭職，改由 Clark Clifford 接任國防部長。3 月 31 日，詹森宣布停止轟炸北越，期望與對方展開和談，並表示自己不再尋求連任。5 月 13 日，美國和北越代表在巴黎展開會談。

| CIA 策動
柬埔寨政變 | 1955 年 3 月，西哈努克（Norodom Sihanouk, 1922-2012）宣布放棄王位，交給父王諾羅 |

敦‧勞拉馬特立。4 月，西哈努克自行成立「人民社會同盟」
（Sangkum Ryaster Niyum），代表勞苦階級人民團結起來，
建立一個「高棉、佛教和王權的社會主義」。許多小黨紛紛
解散，加入人民社會同盟。9 月，人社盟勝選執政。西哈努
克走中間路線，1958 年 7 月與中國建交，美國施壓力及泰、
南越封鎖邊界，使柬埔寨陷入空前的經濟危機。1956 年 3
月，西哈努克下野，政局動盪。1960 年 6 月，他繼亡父而
成為元首。

　　CIA 幾次策動暗殺西哈努克未成。1963 年 11 月 20 日，
柬埔寨政府照會美國，要求美國停止一切援助，並將 300 名
「阿啄仔」驅逐出境。1965 年 5 月 3 日，柬、美斷交。美
軍轟炸北越，導致共產黨更加使用穿過寮國東南部延伸到柬
埔寨東北部的「胡志明小徑」；共產黨也利用新港口的西哈
努克市，把從北越及中國運來的補給，轉運到設在柬埔寨東
部的地下囤積所。

　　1966 年 9 月大選；10 月，朗諾中將（Lon Nol, 1913-
85）組閣，次年 4 月 29 日辭職，再由西哈努克領導特別內
閣。1969 年 8 月 12 日，國民議會通過以朗諾為首相兼國防
大臣的新內閣；9 月，朗諾去法國治病，施里瑪達代理首相。
右派不斷叫嚷越共侵略柬埔寨煽動騷亂。1970 年 2 月，朗
諾回國；3 月 11 日，北越（越南民主共和國）及越南南方
共和臨時革命政府駐金邊大使館被暴徒襲擊，國會竟支持他
們。在法國的西哈努克（在巴黎）宣布立即回國，途經莫斯
科和北京，與兩國領袖會談。

朗諾先發制人，16 日建立「救亡政府」，藉口扣留一艘美國軍火船，獲得一萬噸軍火。18 日，當西哈努克在莫斯科時，朗諾與施里瑪達集團發動政變，控制議會，藉口「西哈努克的行動與人民意願背道而馳」，廢黜其國家元首職務，改為共和國，由國民議會議長鄭興出任國家元首，山玉成（Son Ngoc Minh）為政府顧問。這位當過和尚的前高棉人民解放委員會主席早已失勢。4 月 30 日，美國藉口清除柬埔寨境內的「越共供給線」為名，出動十萬美軍及南越軍，侵入柬埔寨。

1970 年 5 月 3 日，各地人民代表在北京聚集，成立「柬埔寨民族統一戰線」；5 日，成立柬埔寨王國民族團結政府，推西哈努克為元首，賓努為首相，人民解放力量的喬森潘為副首相。

| 美國決定 |
| 退出越戰 | 美國在越戰升級後，付出慘痛的代價，八年內赤字高達 336 億美元。1965-68 年又達 383 億美元，美金不斷貶值。1968 年 5 月 13 日，北越春水率團與哈里曼在巴黎會談。6 月 8 日，南越建築師黃晉發主席宣布成立「越南共和國臨時政府」。德裔猶太人、哈佛大學博士季辛吉（Henry A. Kissinger），早在 1967 年就透過法國人向北越展開談判，但沒有進展。1969 年 1 月，尼克森（Richard Nixon, 1913-94），這位律師出身、1950 年代反共急先鋒的共和黨人，終於當上美國第 37 任總統。3 月 18 日，尼克森下令轟炸柬埔寨。6 月 8 日，他在中途島宣布，8 月底以前

從南越撤出 25,000 人。7 月 25 日，他在關島拋出越戰越南化的「尼克森主義」（Nixon Doctrine）。他和季辛吉（國安委員會顧問）一拍即合。

1969 年 9 月 2 日，胡志明主席逝世。1970 年 3 月 18 日，CIA 和朗諾密謀，乘西哈努克去法國療養，發動政變奪權。4 月 28 日，美軍轟炸西寧省北部，至 6 月底，打死越共反抗軍 11,000 人；12 月，再決定侵略寮國。美國大學生掀起反越戰示威。5 月 4 日，有四名肯特大學學生被國民警衛隊打死，國內動盪不安。尼克森和季辛吉則繞過政府與國會，暗通北越（1970-71）。1972 年 4-5 月，北越人民軍解放廣治省。美國一面加強轟炸北越，一面恢復巴黎談判。6 月，蘇聯也勸河內與美國重新談判。不料，1972 年 11 月尼克森連任，卻因水門事件（特工潛入民主黨總部的 Watergate 大廈，裝竊聽器被捕〔6.17〕），被國會彈劾，黯然下台（1974.8），副總統福特繼位。1973 年 1 月 27 日，北越、臨時革命政府、南越及美國四方終於簽訂巴黎協定，規定 1 月 27 日 24 時開始停火；停戰後 60 天內，釋放所有美國戰俘；停戰 60 天內，美軍全部撤離南越。

3 月 29 日，剩下的 27,000 名美軍完全撤走，留下 79,000 名顧問，越共及越南人民解放軍乘勢攻占湄公河三角洲及中部平原在內，30 個省府當中的許多地方。1975 年 1 月，人民解放軍解放了福隆省，進逼西貢。4 月 30 日上午 11 點 30 分，坦克部隊攻占西貢總統府，只當兩天的末代南越總統投降。1976 年 7 月 1 日，南北越統一，成立越南社

會主義共和國，改西貢爲「胡志明市」。

麥拉瑪拉不無懊悔地表示：「我們低估了民族主義在動員人民、訴諸他們的共同信仰及價值觀所發揮的莫大力量。」[4]

1972 年 4 月 17 日，柬埔寨人民武裝力量解放了金邊，12 月 14 日改國號爲「民主柬埔寨」。寮國也在 1975 年 5 月 11 日，萬象軍隊起義，20 日人民解放軍進入萬象；12 月 2 日，老撾人民民主共和國宣告成立，富馬的異母弟蘇發努旺爲國家主席（-1986），凱山・豐威爲總理，結束 15 年的印度支那抗美戰爭。

6. CIA 獵殺格瓦拉

阿根廷醫生革命家格瓦拉（Che Guevara, 1928-67），滿懷解放拉丁美洲的熱情，在哈瓦那附近秘密訓練來自拉美各地的游擊隊。他在《游擊戰》（1960）中揭示：「並不一定要等待一切革命條件成熟，起義中心可以創造這些條件。」

1965 年 1 月，格瓦拉去非洲；4 月，在剛果大戰沖伯的白人傭兵，卻發現自己已被 CIA 列入暗殺名單。後來他在中非坦加伊喀湖西岸被 CIA 的傭兵部隊擊潰。1966 年 3 月，他祕密進入捷克的布拉格；11 月 4 日，再踏上玻利維亞首都拉巴斯的戰場。早先在 1964 年 10 月，他就在哈瓦那召見

4　麥拉瑪拉，《回顧：越戰的悲劇與教訓》（作家，1996）。

來自東德的塔瑪拉（Haydée Tamara Burke），派她以阿根廷大地主女兒勞拉的記者身分，混進拉巴斯，在一家週刊當記者，並教高官的子女德文。不久塔瑪拉又搭上了內政兼司法部長阿赫德斯，又在內政部廣播局主持節目。塔瑪拉和一名玻國學生馬丁內斯結婚，因而取得玻利維亞國籍。

　　17 名格瓦拉的老部下潛入玻利維亞，連絡上玻共中委因蒂和他弟弟科科（CoCo）。科科的大哥是廣播局長安東尼奧。11 月 7 日，格瓦拉在日記上寫道：「今天開始了一個新的階段。」他想在玻國點燃拉美革命的火花。1966 年 8 月初，科科買了一處叫 Calamina 的農莊，17 個古巴人、三個祕魯人、27 個玻利維亞人、一個阿根廷人以及四名準備淘汰者，加上塔尼亞，共 48 人，接受格瓦拉幾個星期的訓練。

　　1967 年 3 月 20 日，格瓦拉下令拔營，不料塔尼亞帶法國人德布雷（Debray, 1940-）開吉普車入山，他沒把車子藏好，四天後，軍隊找到車上一個裝滿通訊錄的背包，玻國政府立刻在媒體上大作文章，一切都曝光了。22 日，格瓦拉打響第一槍，立刻

格瓦拉 Che Guevara

引起 CIA 的注意。

CIA 已出資 100 多萬美元，挾持巴里斯托恩將軍上台。CIA 又立刻找當年入侵豬玀灣失敗的古巴傭兵羅德里奎斯（F. Rodrigues）和玻國軍情頭子接觸。

CIA 也提供挑選的玻國精銳 2,000 多人的裝備，由打過韓戰及越戰的老手謝爾頓及另一名黑人米契爾負責訓練。4 月 20 日，玻軍抓到德布雷和從阿根廷過來的英國記者喬治魯斯等人。另一個阿根廷人招供，憑記憶畫出 20 多個人頭像，供稱「雷蒙」就是格瓦拉本人。

游擊隊很快被打散，農民羅哈斯被政府軍許諾給他 3,000 美金及移民美國誘惑，出賣了收容在家的古巴人華金等人，使他們在渡口被軍隊伏襲，塔尼亞也陣亡。那個農民卻只得到一幢房子和一塊土地，三年後被人打死。

格瓦拉一行爬山越嶺，只剩下 17 人，其他人統統陣亡。10 月 7 日，他第一個衝出去。8 日凌晨，他寫下最後一頁日記。凌晨 6 點，他們走到格蘭德河上方河道峽谷的交叉口。太陽一上昇，玻軍從四面八方衝下來。羅德里奎斯接到電報說：「教皇已經累壞了！」證實格瓦拉已經被捕。他立刻回電給拉巴斯站長提爾頓（John Tilton），再轉回 CIA 總部，由赫姆斯把電報帶到白宮。

當兩名士兵抓到「教皇」時，他小聲地說：「我就是格瓦拉！」普拉多上尉興奮地大叫：「教皇！」然後跪倒在地，差一點就暈過去。

CIA 的人嚴格要求，一旦抓到任何俘虜，一律用繩索捆

綁，以防他們逃走或反抗。但普拉多並沒有那樣做，反而下令兩名士兵攙扶著格瓦拉，另一個俘虜則被五花大綁。

爲了防止他自殺，上尉將自己的軍用水壺和褐色菸草給他使用。格瓦拉裝滿一菸斗。上尉還命令衛生兵爲他清洗和包紮腿上的傷口。沿路村民不敢出聲，呆呆地望著他們。

夜裡，拉伊格拉斯村的黏土牆小學成爲臨時監獄。格瓦拉和維利分別被關在兩間教室裡。格瓦拉在燭光下顯得有些陰鬱，他向上尉要求被士兵拿走的兩支勞力士手錶。

上尉馬上討回這兩支手錶，格瓦拉對他說：「不用，你留著吧，反正他們還會再拿走的，你以後再還我。」他拿了一塊石頭，在手錶上刻了一個十字架。上尉後來把手錶寄還給古巴政府。

奧萬多將軍下令打死所有俘虜，不留一個活口，他看過格瓦拉後，匆匆離開，提爾頓則在格蘭德城內等待消息。正午時刻，士兵朝格瓦拉的肚子連開九槍。

10 月 9 日下午 4 點，格瓦拉的屍體被直升機載走。在馬爾塔醫院，由醫生在他的大動脈上割一個切口，注射一針甲醛，防止腐爛。兩名德國修女爲他清洗乾淨，整理他的一頭亂髮。格瓦拉那雙死不瞑目的雙眼正凝視著遠方，嘴角浮現一絲微笑。

格瓦拉的頭和雙手被切下，屍體卻失蹤了。1970 年，玻利維亞內政部長阿格達斯帶著格瓦拉的日記和雙手及面膜投奔古巴。格瓦拉的悲壯事蹟，終於透過日記展現給全世界了。

7. 蘇聯帝國主義

共產黨
情報局 史大林爲了免除資本主義國家的疑慮，1943 年 6
月 10 日宣布解散共產國際。事實上，聯共（布）
中央在 12 月決定建立國際情報部，前共產國際執委會第一
部改爲「100 號科學研究所」，「205 號」則是收集各國無
線電廣播電台，「99 號」是從事戰俘工作部門。「99 號」
從戰俘中培訓蘇聯紅軍總政治部第七部（任務爲瓦解敵軍）
的工作人員。1945 年 12 月底，國際情報部改爲聯共（布）
中央對外政策部，由蘇斯洛夫領導。

史大林肯定南斯拉夫狄托（Tito）所提議，建立一個各
國共產黨的協商機構。杜魯門主義和馬歇爾計畫出爐，加快
了史大林的決心。1947 年 7 月 25 日，波共領導人戈穆爾卡
向被指定參加的各國共產黨中央發出邀請函，談到討論歐洲
兄弟黨面臨的問題的必要性，爲此將召集一些黨參加局部性
的情報會議。9 月 20-21 日，與會各國代表在波蘭什克良爾
斯卡—波倫巴碰頭，一切由聯共（布）的日丹諾夫（Andrei
Zhdanov, 1896-1948）和馬林可夫掌握全局。

9 月 25 日，主管聯共意識形態的黨官僚日丹諾夫報告
指出：英、法因爲戰爭而削弱，不得不在經濟上依附美國。
資本主義世界體系受到嚴重打擊。相反地，蘇聯的國際威望
和作用卻大大提高了。殖民地體系的危機，使資本主義體系
後方陣地面臨威脅。他強調，戰後世界形成了以美國爲首的
帝國主義的反民主陣營，另一方面是反帝國主義的民主陣

營，前者的基本目標是建立美帝的世界統治和破壞民主，後者的基本目標則是破壞帝國主義，鞏固民主和消滅法西斯殘餘。雙方之間的鬥爭，是在資本主義總危機進一步尖銳化和社會主義與民主的力量鞏固的形勢下進行的，因而帝國主義陣營和它的主要力量美國，就表現出特殊的瘋狂性。

日丹諾夫痛斥杜魯門主義是積極攻擊民主國家，是公開侵略的行為；也痛批馬歇爾計劃打算把英、法降為次等國家……。他又把西歐各國的社會黨、社會民主黨，一律視為敵人，呼籲共產黨人必須擔負起一個特別重大的歷史任務，即領導人民反抗美國奴役歐洲的計畫，大膽揭破替美國帝國主義當內應的一切分子。他又批判義共、法共的怯弱，指明各國共產黨必須無條件地支持蘇聯的對外政策，不得對莫斯科鬧什麼「獨立性」，否則就是倒向敵人一邊。[5]

10 月 5 日，共產黨情報局（Cominform）宣布成立，美國國務卿馬歇爾的反應是：「共產主義的前進已經受到了遏止，俄國人已被迫重新評估自己的角色了。」

共產黨情報局設在南斯拉夫的貝爾格勒。1948 年 1 月 18 日，正式召開九國共黨會議（蘇聯、東歐及法國、義大利），老大哥開始全面控制歐洲各國小老弟黨了。為了抵制馬歇爾計劃，蘇聯推出「莫洛托夫計劃」，來控制東歐各衛星國的經濟。老大哥提供貸款，卻以相對低於國際市價剝削

---

5 Derek Leebaert，《五十年傷痕》（*The Fifty Years Wound*），郭學堂、潘忠岐譯（上海：三聯，2008），頁 67-71。

各國的原料與物資。切斷衛星國與西方資本主義國家的經濟
交流，自行成立一個封閉的經濟體。

蘇南
衝突　狄托驕傲地說：「我們不是在談判桌上爭得南斯拉
夫的，而是在戰場上，以我國人民每十人犧牲一人
的代價，爭來的。」紅軍像太上皇那樣進駐南斯拉夫，狄托
不肯聽史大林的話去併吞阿爾巴尼亞。當副總統吉拉斯去莫
斯科時，史大林強迫他向紅軍敬酒，還說紅軍在荒無人煙的

土地上打仗，玩一玩女人又有什麼可恨的呢？1948 年，南斯拉夫的石油儲量只剩下十天，棉花已用盡；3 月 18 日，老大哥藉口南共侮辱蘇聯顧問，製造反蘇謠言，兩天內撤走所有軍事顧問及科技專家，並點名 Kardelj、吉拉斯、蘭科維奇等人為「可疑的馬克思主義者」。南共把老是往蘇聯大使館跑的茹約維奇，扣上叛國罪抓起來。

蘇、南兩黨用書信往返互相叫罵。1948 年 6 月，在羅馬尼亞召開的共產黨情報局「三大」上，南共被老大哥扣上背離馬列主義路線、富農黨、民族主義立場的「狄托叛徒集團」，予以開除。

1949 年 11 月，在「四大」上，狄托更被扣上「帝國主義的間諜、走狗」大帽子，東歐各國紛紛抵制南斯拉夫，南共成為國際共產主義運動的孤星，走自己的自主路線，始終不向史大林低頭。史大林也藉口「狄托分子」，對東歐各國的民族主義分子進行無情的清洗。

清黨　阿爾巴尼亞黨中央組織部書記及內務部長科奇・佐治（Koci Xoxe, 1917-49）是親南斯拉夫派，經濟部長斯皮魯（Spiru, 1919-47）是親蘇派，霍查支持佐治。1947年 11 月，斯皮魯反對親南斯拉夫而被批評，自殺身亡。阿共被迫擁護老大哥。1948 年 9 月，黨十一次全會上，克里斯多（Pandi Kristo, 1914-48）等人為斯皮魯恢復名譽，事後這批人被撤職。11 月 5 日，佐治拜會了蘇聯公使 Chuvackin，聲稱自己將在大會上揭露他在 1944-48 年間勾

結南共托洛茨基派，一切都太遲了。11 月 8-22 日，阿共爲
切斷和南共的關係，改爲阿爾巴尼亞勞動黨，佐治、克里斯
多等人被扣上「托派」、「黨和人民的敵人」、「南斯拉夫
修正主義領導人的代理人」。1949 年，佐治以叛國罪，在 7
月被槍決，其他人分別判處 5-20 年徒刑不等。

匈共的拉伊克（Rajk László, 1909-49）打過西班牙內戰，
在法國坐牢三年（1941-44），回國後由蘇聯特務協助清黨，
1949 年 6 月卻被扣上「帝國主義的托洛茨基代理人」罪名
逮捕。內務部長卡達爾（János Kádár, 1912-89）到獄中勸他
認罪，保證他即使被判死刑，也會得到赦免。拉伊克信以爲
眞，告訴法庭說他本名是 Reioh（德國裔），在 1946 年受
南斯拉夫情報機構招募，1949 年 9 月 16 日他俯首認罪，包
括前國防部反間諜局長 György Pálffy（1909-49）、中央幹
部副部長 Andras Szalai、內務部警官 Bela Korondy 上校、前
社民黨理論家 Pal Justus、南斯拉夫少數民族組織部的 Milan
Ognjenovich 等八人被判刑。9 月 24 日，拉伊克等人先判死
刑，其他人後來也上了絞刑台。1948-53 年的六年內，又有
近 130 萬人被審訊，其中 695,623 人被判刑，即 950 萬匈牙
利人當中，每年有 1.2% 的人遭監禁。

1949 年 11 月 30 日，保加利亞政府起訴 23 名民族主義
間諜，首諜是部長會議副主席科斯托（Traicho Kastov, 1897-
1949），罪名爲「勾結狄托集團、英美間諜機關，並在他們
的直接指揮下，組織了反保加利亞人民民主制度的陰謀」。
其實是他在談判時，發現老大哥以廉價收購保國的菸草和玫

瑰油在國際市場上拋售，1947 年下令把禁止向外國洩漏經濟情報的保守國家機密法律適用於蘇聯。麥米特洛夫在 7 月病死於蘇聯，科斯托先成爲被整肅的對象，罪名爲「替帝國主義國家從事經濟破壞和間諜工作」，株連 200 多人，大多是和南斯拉夫有來往的人。12 月 14 日，他被判死刑。

波蘭的戈穆爾卡（Wladyslaw Gomulka, 1905-82）曾去莫斯科學習，在國內多次被捕，1943 年成爲波蘭工黨總書記。他聲稱，波蘭社會黨也有可資借鑒的光榮傳統；各國走向社會主義的道路應有差異。他承認民族自決，批評社會黨只提出民族獨立口號，卻沒把民族解放鬥爭和社會解放鬥爭結合起來，而把獨立的希望同瓜分國之間的帝國主義戰爭結合起來。戈穆爾卡簡直爲右派翻案，貶低了史大林派。1948 年 9 月，戈穆爾卡被扣上思想上向波蘭民族主義傳統投降、反對共產黨情報局批判南共、不信任蘇共及蘇聯等罪名，被貝魯特拉下台。1948-49 年，波共三次清洗 1/4 黨員。1950 年 2 月，戈穆爾卡被捕，直至 1954 年 12 月 30 日才獲釋。他回憶說：「在這樣的體制下，人與人的良心被折斷了；人們被踐踏，尊嚴被污辱。」

羅馬尼亞黨分爲喬志烏—德志（Gheorghiu-Dej）的「監獄派」和流亡的莫斯科派（Ana Pauker, Luca, Georgescu）和國內派（Lucertiu Patrascanu, Foris, Koffler）。國內派在國民中威望很高，戰後帕特勒什卡努（Lucertiu Patrascanu）是唯一參加聯合政府的共產黨人，擔任司法部長。不過監獄派的喬志烏—德志終究掌權，安娜·波克（Ana Pauker）當外

長，盧卡（Luca）當財長，喬治斯庫（Georgescu）掌內政。1948 年 2 月，喬治斯庫在共產黨與社會黨的合併大會上，公開譴責帕特勒什卡努深受資產階級的影響，擁護資產階級思想，過高地估計階級敵人的力量，在反動派和其他西方帝國主義支持者面前投降。5 月，帕特勒什卡努以「民族主義罪」入獄，國內派紛紛被捕，科里夫（Koffler）供認他和福里什（Foris）都是前朝警察的密探，1941 年吸收了帕特勒什卡努，甚至唆使警察逮捕喬治斯庫。1954 年，國內派被判死刑。

莫斯科派的安娜是猶太人，盧卡是匈牙利人。1950 年 6 月，喬志烏—德志批判安娜‧波克在 1941-45 年間快速吸收黨員時，「把黨的大門向剝削分子和敵對分子敞開」；盧卡有匈牙利沙文主義傾向。喬志烏—德志又去莫斯科向史大林報告說，波克、盧卡和喬治斯庫製造黨內鬥爭。盧卡的罪名是右傾機會主義，企圖引導其他中委破壞貨幣改革和集體農場；安娜和喬治斯庫偏離了列寧主義—史大林主義路線，「向特權階級傾斜」，脫離人民群眾。盧卡供認他從 1929 年起，就在托派安娜的幫助下，充當舊政府的密探，解放後又為帝國主義分子效勞。1956 年 10 月，盧卡被判死刑後上訴，改判無期徒刑，1960 年死於獄中。

捷克斯洛伐克黨由蘇聯特務主導；1949 年 9 月，先揪出外貿部副部長 Evzën Löbl 和一名地方州委書記 Ota Sling；1951 年起，再揪出一批曾經流亡倫敦的斯洛伐克人、參加過西班牙內戰的以及猶太人高幹。1951 年，斯共

胡薩克（G. Husak, 1913-91）、Ladislav Novomesky、外長 V. Clementois 紛紛被捕。同年，斯蘭斯基也被捕，因為他是猶太人，犯有猶太復國主義，即替帝國主義反對社會主義陣營陰謀活動。本來哥特瓦爾德只把斯蘭斯基撤了總書記職，改任副總理了事。不料，11 月 11 日米高揚突然到布拉格，轉交史大林的親筆信，斯蘭斯基很快被捕，1952 年他自殺未遂，終於承認「第二中心」的存在。11 月 20 日，14 個人被審訊，其中 11 人是猶太人，他們被判死刑，以滿足史大林的反猶太人口號，罪名為「支持帝國主義依靠的代理人 ── 猶太復國主義組織的顛覆活動……猶太復國主義組織為美國帝國主義反對人民民主國家和蘇聯提供了前進的基地。」歷經五年，蘇聯模式終於在東歐各國扎根，但47年後，民族主義終究戰勝了史大林主義。

蘇共二十大 | 1953 年 3 月 5 日，史大林去世，享年 74 歲，
秘密報告 | 治國 29 年。蘇共總書記赫魯曉夫（N. Khrushchev, 1894-1971），聯合將軍們剷除了史大林的小同鄉 ── 格魯吉亞人「毒蛇」貝利亞（L. Beria, 1899-1953）這個大特務頭子。

　　1956 年 2 月 14-25 日，蘇共召開「二十大」；24-25 日清晨，赫魯曉夫突然在閉幕後做了批判史大林的〈關於個人崇拜及其後果〉的秘密報告四個多小時，這場報告在 6 月被《紐約時報》搶先刊出。赫魯曉夫說：「在三年時間裡，我們仍然留在歷史的陰影中，沒有勇氣，也沒有決心揭開歷史

的黑幕，讓陽光現出那些在史大林時代見不得天日的秘密逮捕、審訊、殘殺及一切罪惡行徑的原形。就好像在史大林時代我們被套上了鎖鍊，在他去世之後，我們卻找不到鑰匙打開這些鎖鏈。直到 1956 年，我們才終於掙脫了肅清反革命的歇斯底里的恐懼。」

他指斥史大林破壞了集體領導原則，拋開了列寧的說服教育方法，從思想鬥爭走上強迫命令，走上了大規模的恐怖鎮壓的道路。史大林搞「個人崇拜」，利用「人民公敵」來打擊異己，使「十七大」選出的 198 名中委，有 98 名被捕和遭槍決。最後，他把史大林個人不良品質，歸納爲任性、粗暴、專橫、傲慢、濫用權力、病態的猜忌、自我吹噓和缺乏最基本的謙虛等等。

這份報告居然被以色列特工弄到手，交給美國人，由美國國務院公諸於世。1953 年 6 月東柏林暴動，反映東德人對共產黨統治的不滿。CIA 在西占區架設美國區電台（1952.10），大肆報導東德暴亂，頗有推波助瀾之勢。

波蘭改革失敗｜波共領袖貝魯特在莫斯科聽完赫魯曉夫的秘密演講後，很快心臟病猝死。奧哈布（Ochab）繼任第一書記，他說：「我們用進口的墨水寫太多綱領了。」1956 年 6 月，波茲南發生罷工，包括 4,000 名黨員在內，高呼「打倒祕密警察！」「俄國佬滾蛋！」口號，被保安警察打死 35 人。8 月 4 日，戈穆爾卡恢復黨籍。10 月 9 日，赫老大（赫魯曉夫）率團至華沙興師問罪說：「我們爲了這個

國家流血，卻有人企圖把它賣給美國人和猶太復國主義者，絕對不可以！」17 日，蘇軍包圍華沙。18 日，戈穆爾卡重新掌權，宣布波蘭自主，把國防部長 Rokossovsky 趕走，「十月之春」帶給波蘭新希望。1957 年 1 月 20 日，戈穆爾卡領導的全民陣線在普選中大勝，然而他已經老了，開始強化個人的領導，不讓工人自治，他的五年計劃更是一敗塗地（1961-65），自營農場產品必須低於市價的 40% 賤售給政府；工人平均一週才吃一次肉，波蘭已經進入慢性衰竭期。

匈牙利動亂　CIA 斥資一億美元建立的「自由歐洲之聲」，每天 19 個小時、用八種語言向東歐廣播，似乎有了成效。1956 年 10 月 23 日深夜，匈牙利布達佩斯的工人、學生示威，第二天又有市民加入，向共產黨政權展開流血鬥爭。憤怒的婦女把倒吊起來的祕密警察活活打死；群眾推倒史大林的銅像。有人開坦克衝向國會，有 100 多人在國會大廈前的科蘇特廣場遇害。27 日，杜勒斯聯絡駐倫敦的魏納斯，國安會命令他儘量維持匈牙利的希望火苗。

在這關鍵時刻，CIA 卻沒有設在匈牙利的地下工作站，更沒什麼人懂匈牙利語，在布達佩斯的匈裔美國人卡托納，立刻成為 CIA 唯一可靠的耳目。

早在 1953 年 6 月，布達佩斯的史大林派就在莫斯科主動示意下被撤換，改由納吉‧伊姆雷當權。他一上台，立刻要關閉居留營和勞改營，允許農民離開集體農場，要加強提倡農業，摒棄不切實際的工業目標（1953 年 6 月 28 日秘密

決議）。納吉掌權到 1955 年春，拉科西派終於讓老大哥相信納吉的「右傾」，將他革職並開除黨籍。拉科西派在赫魯曉夫演講八個月後重新掌權。

然而拉科西拚命批鬥狄托主義，在拉伊克的審判時更是賣力演出，反而令蘇聯人難堪。1956 年 6 月，蘇聯與南斯拉夫的領導正在莫斯科碰頭，拉科西反而成了和解的絆腳石。3 月，拉科西譴責貝利亞和匈牙利祕密警察頭子 Gabor Peter，又譴責「個人崇拜」作風，但大勢已去。7 月 17 日，米高揚飛抵布達佩斯，粗暴地將拉科西拉下台，再扶植道地的史大林派 Ernö Gerö。此人無力挽天。10 月 16 日，為了向南斯拉夫人表態，布達佩斯當局允許公開遷葬拉伊克及其他人的遺體。

倖存者 Szasz Bela 在墓邊講話，指出：「蒙受莫須有罪名處死後，拉伊克在沒有墓碑的墳墓裡長眠了七年，但他的死已成為匈牙利人民和全世界人民的警訊。因為走過這棺材邊的數十萬人，不只想向這位死者致敬；他們還殷切地期盼埋葬一整個時代，且堅決認為非這麼做不可。那段不光彩歲月裡的無法無天、專斷獨行、道德敗壞，得永遠埋葬；而藉由暴力，藉由個人崇拜來進行統治的那些匈牙利人所帶來的危險，得永遠禁絕。」

拉伊克並不光榮，但在此刻的遷葬，卻點燃了匈牙利革命的火柱。1956 年 10 月 16 日，Szeged 市的大學生成立自主的「匈牙利學生聯盟」；七天內，全國各地學生紛紛響應。22 日，布達佩斯理工大學學生提出「十六點」聲明，要求

工業改革及土地改革、更加民主和言論更自由、結束共產黨統治下繁瑣的生活限制與規定；並希望納吉出任總理，審判拉科西派，蘇聯紅軍撤出匈牙利。知識分子為紀念 19 世紀愛國詩人 Petofi 的「裴多菲俱樂部」，公開要求拉科西下台，批判史大林主義。

23 日當晚，蓋雷在廣播上譴責集會和主辦人，一個小時後，群眾推倒史大林雕像，蘇聯軍隊開進布達佩斯，向示威群眾開槍。第二天早晨，匈共宣布納吉為總理。不料，他上台一個小時就宣布戒嚴。但他與蘇斯洛夫、米高揚會晤後，又向新的匈共領導班子指出，必須向示威者妥協。25 日被任命新的匈共第一書記卡達爾，已在 26 日向蘇共中央主席團報告一切了。匈共誤判了形勢，以為這是一場「反革命活動」，直到 28 日，納吉才廣播呼籲停火，承認最近幾場抗議的合法性與革命特性，承諾廢除祕密警察，宣布蘇軍不久將會離開布達佩斯。

莫斯科驚訝地看到，匈牙利人在 30 日活活打死 24 名守衛匈共黨總部大樓的警衛。納吉又廣播宣布，此後政府將建立在「1945 年重新出現的聯合政黨的民主合作基礎上」。他頌揚「自由、民主、獨立」的匈牙利，故意略去「社會主義」這個形容詞，公開呼籲蘇聯撤軍。31 日，蘇共中央主席團聲明要就撤軍一事與匈共領導「開放適當的談判」。不料，羅馬尼亞的 Timisoara 有學生示威，支持匈牙利革命分子的保加利亞知識分子，更對蘇聯懷有敵意。第二天，一切免談，因為「帝國主義分子」會把撤軍行動解讀為蘇聯衰弱

的證據。蘇聯要「主動出擊，恢復匈牙利的秩序」（赫魯曉夫的話）。納吉為此召見蘇聯大使 Andropov，揚言匈牙利要片面退出華沙條約組織。當晚（11 月 1 日晚上 7 點 50 分），納吉廣播宣布匈牙利從此是中立國，要求聯合國承認其新的地位。布達佩斯工人委員會呼籲工人返回工作崗位。

當晚，納吉被秘密帶走。11 月 2 日，納吉呼籲聯合國秘書長哈馬紹出面斡旋，尋求西方國家承認匈牙利的中立地位。

11 月 3 日，納吉政府與蘇聯軍事當局展開談判。當晚，代表們再到 Tököl 的蘇軍司令部時，立刻被逮捕。4 日，凌晨 4 點，蘇聯坦克攻打布達佩斯。一個小時後，蘇聯占領的匈牙利東部發出廣播，宣布納吉已下台，納吉則向人民發出最後的廣播，呼籲抵抗入侵者。接著他和親信逃入南斯拉夫大使館避難。

蘇軍不到三天就拿下布達佩斯。7 日，卡達爾的新政府粉墨登場。這位雇農的兒子，當過學徒，1929 年投入工運，1931 年加入匈共青年工人同盟，1932 年為青盟中央書記；他屢次被捕，1945 年升為政治局委員，1951 年因拉伊克案被株連，判無期徒刑，1953 年出獄；1956 年 7 月全會上，重新進入中央和政治局。他搭著蘇聯坦克回來鎮暴。零星的罷工持續到 1957 年。除了戰鬥中喪生的 2,700 人，接下來幾年，又有 341 人被判處死刑，總共約有兩萬匈牙利人因參加「反革命」而判刑入獄，另外 13,000 人送進拘留營，一切直到 1963 年 3 月宣布大赦才結束。至少有 20 萬人（占

人口 2% 以上）在蘇聯占領期間逃出匈牙利。納吉在南斯拉夫大使館避難三週，誤信人言，11 月 22 日離開，立刻被蘇聯當局逮捕，劫持到羅馬尼亞的監獄。1957 年 4 月，納吉等人被送回匈牙利審判。1958 年 6 月 15 日，他們被控挑撥反革命罪行，Bibo Istvan 和 Göncz Arpad 等作家被判無期徒刑，Göncz 後來成為變天後的總統；另外兩位作家 Szilagyi Jozsef 和 Lozonezy Greza，在出庭受審前已在獄中遇害了。納吉和 Maleter Pál、Gimes Miklós，於 6 月 16 日凌晨被槍決。

CIA 的杜勒斯錯估了形勢，匈牙利軍隊只在觀望，而人民沒有武器。自由電台的匈牙利廣播員 Zdlan Thury 拼命謊稱「美國將出兵向政府施加壓力，要它協助自由鬥士的力量，將大到不可逆轉」。許多匈牙利人以為「阿啄仔」就要來了。

更令法、義共產黨難堪的是，匈牙利事件後，成群的青年和知識分子黨員紛紛脫黨。義共在 1955-57 年間流失 40 萬黨員。匈牙利作家畢博在 1957 年 9 月 8 日的備忘錄中指出：「蘇聯摧毀匈牙利革命，從而促成共產主義壯大的『同路人』組織（反戰、婦女、學生、青年、知識分子等等），給予嚴重、說不定是致命的一擊。」

33 年後，1989 年 6 月 16 日，數十萬布達佩斯民眾參加納吉等人的遷葬儀式，包括後來的總理 Orbán Viktor，他告訴群眾說：「如今我們不得不擔起無力清償債務的重擔，想辦法走出被我們推進去的亞洲死胡同。這一切都歸因於當年血腥鎮壓的那場革命。說真的，匈牙利社會主義工人黨在

1956 年就剝奪了今天年輕人的未來。」

8. 中蘇意識形態鬥爭

東風壓
倒西風 毛澤東十分不滿赫魯曉夫批判史大林,更害怕自己也挨批鬥。1956 年 4 月 25 日,毛在〈論十大關係〉中,認為史大林的歷史地位是三分錯誤、七分成績的「三七開」。眼看匈牙利動亂,共產黨及特務被人民殘殺,10 月 30 日晚間,毛電告正在莫斯科的劉少奇說,因為匈牙利形勢變成「反革命暴動」,所以蘇軍不可再袖手旁觀,否則匈牙利會落入敵人的手中。劉少奇和鄧小平立刻勸老大哥不可撤軍,促使蘇軍在 11 月 4 日占領匈牙利,好個中國人!毛在 1956 年 11 月 15 日就指出:「我看有兩把刀子,一把是列寧,一把是史大林。現在史大林這把刀子,赫魯曉夫這些人丟掉了。於是,狄托、匈牙利、一些人就拿起這把刀子殺蘇聯,大反所謂史大林主義。……帝國主義也拿起這把刀子殺人,美國國務卿杜勒斯就拿起來耍一陣子。」毛澤東強調:「這把刀子我們中國沒有丟掉,我們是,第一,保護史大林;第二,批評史大林。」

　　12 月 29 日,《人民日報》再刊出〈再論無產階級專政的歷史經驗〉,宣稱十月革命的道路,特別是無產階級用暴力從資產階級手中奪取政權的方式,是「放諸四海皆準的普遍真理」。文章自誇中國革命的勝利,是克服教條主義路線的結果,那種藉反對照抄蘇聯經驗而否認蘇聯的基本經驗,

藉口創造性地發展馬列主義而否認馬列主義的普遍眞理，藉口發展社會民主主義而否定無產階級專政等等，就是修正主義。

1957 年 8 月，蘇聯成功發射第一枚洲際飛彈；10 月 4 日，又發射第一顆人造衛星，幾乎令美國人嚇破膽；赫魯曉夫自信滿滿地認定，社會主義國家不僅在工業生產的步調上，也在產量上超過資本主義國家的時刻，已經到來了（1958.6.4，他對保加利亞黨七屆大會上的演講）。

11 月 2 日，毛澤東率團至莫斯科，參加十月革命四十周年紀念，以及 12 國共產黨及工人黨大會，赫魯曉夫不再認爲世界大戰是不可避免的，開始闡揚列寧有關兩種制度「和平共存」（peaceful coexistence）的理論，並認爲冷戰是介於帝國主義戰爭和兩大社會制度和平競賽之間的一個階段。由於有了氫彈，加上第三世界的獨立、反帝力量方興未艾，赫魯曉夫以爲美國人氣數已盡，利用飛彈可以使西方尊敬蘇聯，甚至可能有助於通過裁軍來確保全球和平。

這才激起了毛澤東繼續宣布無產階級暴力革命的回應。毛澤東在 11 月 18 日的講話震撼了全球，他認爲目前形勢的特點是「東風壓倒西風，也就是說，社會主義的力量對於帝國主義的力量占了壓倒性的優勢」。毛洋洋得意地列舉了從打敗希特勒、中國革命、朝鮮戰爭、越戰⋯⋯到蘇聯發射人造衛星等十件事例爲證，再說：「歸根究柢，我們要爭取 15 年和平，到那個時候，我們就天下無敵了，沒有人敢同我們打仗，世界就可以得到永久和平了。」他又重申 1946

年的觀點，即帝國主義和一切反動派都是紙老虎，共產黨不應該害怕戰爭。毛說：「現在要打，中國只有手榴彈，沒有原子彈，但是蘇聯有，要設想一下，如果爆發戰爭要死多少人？全世界 27 億人口，可能損失三分之一，再多一點，可能損失一半。……」毛說：「極而言之，死掉一半，還有一半人，帝國主義打平了，全世界社會主義化了，再過多少年，又會有 27 億，一定還要多。」

這段話背後動機，是毛要把蘇聯推到第一線上，和美國打得兩敗俱傷，中國乘機坐大；完全破壞了赫魯曉夫的和平共存計畫。蘇聯人也認為，〈再論無產階級專政的歷史經驗〉是中共破壞蘇共的威信，把自己打扮成「革命傳統的擁護者」，目的在把中共置於國際共產主義運動的領導地位，把毛澤東描繪成「各國人民的領袖和導師」。

5 月 24 日，台北發生反美暴動，抗議美國情報員格殺劉自然卻送回琉球，最後不了了之。《人民日報》立刻在幾天內號召台灣人民起義，把美帝趕出台灣。6 月 28 日，杜勒斯在一個中國政策的演說中，重申不承認中共，不和中國貿易往來，反對中共進入聯合國。毛更加厭惡赫魯曉夫要與美國和平共存那一套。

赫魯曉夫不避諱地嘲笑毛澤東搞土法煉鋼、人民公社、大躍進運動，還要在五年內趕上英國，再稍長一點時間趕上美國，這是荒謬地夢想中國有能力把列寧的黨遠遠拋在後面，並超過蘇聯人民自十月革命以來所取得的全部進展。他還說，有一次問國際計委副主席札夏季科考察中國煉鋼的結

果時，副主席回答說一切都是亂糟糟的，還說他要找那個工廠的廠長時，出來的卻是個獸醫。札夏季科問周恩來：「周同志，我們在蘇聯培養的，從我們學校畢業的那些工程師都到哪裡去了？」他得到的答案是：他們都在農村勞動，去「錘鍊無產階級思想意識」。[6]

他還說，中國在毛的領導下，愛怎麼解釋馬列主義就怎麼解釋。他們不是堅持科學的經濟規律，而是根據口號辦事。

1958 年 4 月 18 日，蘇聯國防部長馬利諾夫斯基寫信給中國國防部長彭德懷，建議在 1958-62 年間，由中、蘇兩國共建一座在海岸線的長波號電台，所需經費 1.1 億盧布，其中 7,000 萬由蘇方承擔，建成後共同享用，蘇聯人意在聯絡太平洋艦隊，毛卻堅持錢由中國出，建成後中方擁有所有權。毛澤東對於蘇聯大使尤金的一再進逼十分懊惱，7 月 22 日說：「如果要合營，索性一切都合營，索性我們把全部海岸線都交給你們，我們去搞游擊隊好了。看來你們是想控制我們……」毛愈講愈氣，翻舊帳說過去史大林一系列大國沙文主義做法，例如控制旅順、大連，在中國東北和新疆搞勢力範圍搞合營企業；他把中國人當作是第二個狄托；搞父子黨，搞貓鼠黨，在緊要關頭不讓中國人革命等等。[7]

6　赫魯曉夫，《最後的遺言──赫魯曉夫回憶錄》續集，張岱雲等譯（北京：東方出版社，1997），頁 418-422。

7　毛指的是 1945 年日本投降後，史大林要求毛去重慶和蔣介石談判，尋求國內和平的協議；否則打內戰，中華民族就有毀滅的危機。毛相當惱火地說：

毛大聲宣布：「你們搞你們的，我們搞我們的。」「這些話很不好聽，你們可以說我是民族主義，又出現了第二個狄托。如果你們這樣說，我就可以說，你們把俄國的民族主義擴大到中國的海岸。」毛還叫尤金照本宣科把他的話傳給赫老大，「不要代為粉飾，好讓他們聽了舒服，他批評了史大林，現在又搞史大林的東西」。

7月31日，赫魯曉夫去北京，8月3日離開。他和毛澤東大部分時間在一個游泳池旁躺著曬太陽。赫魯曉夫首先為無線電台風波道歉，再說：蘇聯海軍希望能在中國沿海港口為潛水艇加油，並讓艇上人員上岸休假。毛斬釘截鐵地拒絕，絕不讓老大哥侵犯主權。「好吧！」赫老大委婉表示：「那麼也許你會以一種互惠的安排，我們有權使用你們的太平洋港口，做為交換條件，你們可以在蘇聯的北冰洋沿岸建立潛艇基地。你看怎麼樣？」毛更加不同意，因為「每個國家的武裝部隊只應駐紮在自己本國領土上，而不該駐紮到任何別的國家中去」。

「那好，我們就不要再堅持原來的建議了。我們就用現有的設施湊合好了，用我們自己在遠東的港口做為太平洋潛艇艦隊的基地。」一切沒有結果可言。

「我就不信，人民為了翻身搞鬥爭，民族就會滅亡？」不過他還是在8月22日去重慶和蔣介石握手。「1949年，我們眼看就要過長江的時候，還有人阻止，並說，千萬不能過長江，過了，就會引起美國出兵，中國就可能出現南北朝。」毛在1951年4月11日講了這些話，更說：「我們過了長江，美國並沒有出兵，中國也沒有出現南北朝，如果我們聽了他的話，中國倒真可能出現南北朝。」

八二三砲戰 對於美、英軍入侵黎巴嫩及約旦，赫魯曉夫的反應是 7 月 19 日提議召開大國及聯合國秘書長的首腦會議，英、美根本不理他，北京認為蘇聯是膽怯；針對《真理報》呼籲擁有核武的美、蘇共同冷靜克制，《人民日報》大聲反對向美國的侵略做任何讓步，並聲稱要動員共產國家派自願軍去中東。九天後，赫魯曉夫抵北京。8 月 3 日赫魯曉夫走後，中國又揚言反對讓步。

1958 年，蘇聯給了中國米格 15 和米格 17 戰鬥機，和一些 IL-28 輕型轟炸機，認為中共可能出兵消滅蔣介石。赫魯曉夫回憶說：「我們沒有做出任何舉動去約束中國同志，因為我們認為他們要統一全中國是絕對正確的。」

毛澤東和赫魯曉夫談話後，告訴身邊的一個工作人員說：「我告訴他，打不打台灣是我們自己的事，他不該捲進來……我們必須在台灣前線搞些什麼。」他又說：「他不是想同美國改善關係嗎？很好，我們用自己的大砲對他表示祝賀……我們還要把美國人牽涉進來。也許我們還能讓美國人在福建扔一顆原子彈……到了那時，我們再看看赫魯曉夫說些什麼。」

1958 年 8 月 23 日 17 點 30 分，中國突然從福建砲擊金門兩萬顆大砲。毛沒料到美國的反應如此迅速。美國履行條約，1956 年 1 月美軍顧問團擴增為 2,500 人，這時已有一萬多的美軍分布在台北、台南、台中清泉崗和林口各地。1957 年 3 月，美國在台灣部署了鬥牛士飛彈（岡山）。1958 年 3 月 14 日，所有在台的美軍部門，併成「美軍駐台灣協防軍

援司令部」；8月15日，第一批 F-100 型戰鬥機飛抵台灣。

八二三後十天左右，美國在台海集結七艘航空母艦、三艘重巡洋艦、40 艘驅逐艦；美國空軍巡邏隊和海軍陸戰隊也分別進駐台灣及菲律賓。8月29日，已有 50 艘美國軍艦、500 多架戰機在台海或正駛向台灣途中。

9月5日，周恩來對來訪的蘇聯外長葛羅米柯解釋說，中國希望通過對這些島嶼的攻擊，讓美國人「被釘在」台灣，就像他們在中東和近東地區「難以脫身」那樣。同時，中國還希望激起蔣介石與杜勒斯之間「更尖銳的矛盾」，因為蔣介石堅持「對我們採取更主動的措施，而美國不敢捲進來」；發動戰爭的目的是為了告訴美國人，中華人民共和國是強大和勇敢的，並不懼怕美國，不過，「我們不準備登陸這些沿海島嶼，特別不準備在台灣登陸，那是未來的事情」。

10月2日，毛對各國共產黨外交官笑談說：「你們看，沒有杜勒斯的話，我們的日子就難過得多。我們一直是把他看成是自己的同志。」「應該儘可能長時間把美國人像小偷那樣栓在台灣和沿海島嶼的防務中……」

3日，毛澤東在中共政治局會談上說，讓金門、馬祖留在蔣介石手裡，可以做為對抗美國人的一個手段；反之，我們就少了一個對付美、蔣的憑藉，事實上形成「兩個中國」。6日，毛以彭德懷的名義發表〈告台灣同胞書〉，一面分化美、蔣關係，說蔣介石一再確認台灣不是美國的領土；世界上只有一個中國，國、共鬥爭已經 30 年，但本質上不是兩者之間的鬥爭，而是與「美國帝國主義者」這個「共同敵人

之間」的鬥爭。毛宣稱他要和「台灣的朋友們」談判，但又不忘威脅說：「再打三十年，也不是什麼了不起的。」他宣稱打金門就是「幫助蔣介石守好台灣」，因爲蔣如果失去了金門，而在台灣落實搞「台獨」，這才是他最不樂見的。他藉砲打金門，逼蔣介石和中國形成反美、反對兩個中國、反對台獨的「共同戰線」。

中國在 6 日釋出善意，最終是單日打、雙日不打金門。21 日，杜勒斯來台；23 日，與蔣介石的聯合公報上，蔣介石第一次承認不以武力反攻大陸：「中華民國政府認爲恢復大陸人民之自由乃其神聖使命，並相信此一使命之主要途徑，爲實行孫中山先生之三民主義，而非憑藉武力。」換句話說，蔣介石已放棄反攻大陸，卻仍舊以中共威脅台灣人民，繼續厲行反共戒嚴體制，繼續強化那虛構的反攻大陸神話。

中印邊界衝突　1959 年 3 月 10 日，拉薩的西藏人發生反漢人示威，解放軍在 20 日開始鎮壓。十四世達賴喇嘛流亡印度，31 日得到印度政府的庇護。6 月 20 日，蘇共通知中共，暫時停止 1957 年 10 月供應中國原子彈樣品及原子彈技術的密約。他們的理由是，美、蘇正在日內瓦進行禁止核試爆的談判，蘇聯幫助中國發展核武，「有可能嚴重地破壞社會主義國家爲爭取和平、緩和國際緊張局勢所做的努力」。

解放軍逼近中、印邊界，企圖阻塞西藏游擊隊和難民進出，8 月 25 日引發邊界衝突，打死一名印度士兵和打傷一

人。9月10日，塔斯社聲明這次事件「令人遺憾」，還指出蘇聯維持與中、印的友好關係。但西方國家的某些政治集團和新聞界，企圖阻撓國際緊張情勢的緩和，並在赫魯曉夫訪美前夕，「使局勢複雜化」。

北京的憤怒可想而知，憎恨蘇聯公開暴露了中、蘇間的分歧，「不問是非曲直」。蘇聯在1959年9月13日，給予印度第三個五年計畫37,500萬美元以上的經援，表明了蘇聯站在印度那邊。15-27日，赫魯曉夫回國後，公開譴責中、印衝突是可悲的和愚蠢的，令他遺憾和心痛。

他一直認定是中國挑起這場衝突，企圖把蘇聯拖下水。30日，赫老大去北京，中國外長陳毅（元帥）大罵赫魯曉夫，拐彎抹角責備說：「你們怎麼能發表這樣的聲明？」「你們不知道尼赫魯不過是美國帝國主義的代理人嗎？」

中國人更懷疑蘇聯對台灣問題的態度出賣了他們。赫魯曉夫說：「按照目前情勢看，台灣問題是一個刺激國際局勢的因素。」他建議制定一條共同路線，創造一切條件緩和緊張局勢，根絕戰爭。他還列舉十月革命後成立遠東共和國的例子，說列寧都做過臨時性的讓步和犧牲，暗示中國可以考慮暫時讓台灣獨立。他希望中國放棄對台動武。中國人當然不接受。10月31日，赫魯曉夫在蘇聯最高蘇維埃會談的講話中，一面承認蘇聯一如既往地理解和支援中國把台灣問題當作內政的立場和政策，但要避免提到「以武力解放台灣」。他又含蓄地把毛澤東比為不肯在1918年簽訂Brest-Litovsk條約（對德合約）的托洛茨基，暗示毛「這樣做迎合了德國

帝國主義者的胃口」。

早在 1955 年 3 月中共把「東北王」高崗打爲叛徒時，就嚴密注意蘇聯可能支持高崗的動向了。1959 年 7 月，毛澤東在廬山會議上，鬥爭批評他胡搞大躍進、三面紅旗的國防部長彭德懷和當過駐蘇大使的張聞天（留學莫斯科中山大學）「裡通外國」，暗示他們暗通蘇聯。彭德懷幾次去蘇聯及東歐，1959 年赫魯曉夫在阿爾巴尼亞告訴他：蘇聯遲遲沒有幫助中國建立兵工廠和分享核武秘密，主要是不滿大躍進造成時間、人力、物力的浪費。他還嚴厲指責中國不該把士兵用在學習毛思想和種田上面，要多訓練使用新武器，彭期望以蘇軍爲師，建立一支強有力、現代化、專業的軍隊。毛主席卻相反，要削減軍費，使人民解放軍增強游擊戰的能力以防禦侵略，並同時發展核武。

總之，誠如赫魯曉夫晚年對錄音機大吼說：「毛把自己看成上帝，卡爾・馬克思和列寧這兩個人都進了墳墓，毛覺得他在地球上已無人可反了。」

反修
毛澤東

1950 年代的三面紅旗、大躍進、人民公社，搞得中國實際上烏煙瘴氣，但毛澤東絕對不認錯，敢對他嗆聲乃至互相幹譙的國防部長彭德懷，終於在 1959 年廬山會議，被扣上「篡軍、篡黨的陰謀由來已久」拉下馬，林彪乘機竄升。中國又恢復左傾狂飆，毛主席永不疲勞地繼續在 1962 年 9 月 24-27 日的八屆十一中全會上，挑明階級鬥爭還存在，資本主義分子還長期存在，甚至要復辟了，大

家要提高警覺。「我們從現在起就講，年年講，月月講，開一次中央全會就講，開一次黨大會就講，使得我們有一條比較清醒的馬克思主義路線。」中全會重談過渡到共產主義的整個歷史時期，仍存在著無產階級和資產階級之間的鬥爭。

9月27日的公報上更挑明：「國外帝國主義的壓力和國內資產階級的影響，是黨內產生修正主義思想的社會根源。」24日，毛談到矛盾時指出：「在我們中國，也有跟中國修正主義的矛盾。我們過去叫右傾機會主義，現在恐怕要改一個名字為好，叫『中國修正主義』。」於是右派被劃上同修正主義（蘇修）等號，簡直成了「裡通外國」的民族叛徒、漢奸、走狗之流了。

1960年2月4日，中國代表康生、伍修權和劉曉（駐蘇大使），以視察員身分，出使莫斯科的華沙條約各國代表會談。與會各國同意看到美國艾森豪將訪問蘇聯，導致蘇、美關係進一步朝向友好與合作的方向發展。康生沒有被允許發言，卻痛批美帝，反對裁軍，宣稱「以中國人民為敵的美國帝國主義，在國際關係上一直對我們採取排斥的態度」，中國不承認沒有中國正式參加的裁軍協議，公然打了赫魯曉夫一記耳光。赫魯曉夫在大會結束時，形容毛主席是「一位上了年紀的、充滿怪念頭的人，倒像一雙老式的鞋子，樣子剛好足以擺在角落裡供人觀賞」。

1960年4月，中國藉列寧90歲誕辰，連續發表了〈列寧主義萬歲〉、〈沿著列寧偉大的道路前進〉、〈在列寧的革命旗幟下團結起來〉三篇文章，表面上批判南斯拉夫為

「現代修正主義」，實際上指桑罵槐地批判蘇共在帝國主義問題、戰爭與和平問題、無產階級革命和無產階級專政等問題上的觀點的歧異和回答。文章強調，經驗證明帝國主義終會放棄和平而轉向戰爭，美帝不可能改變的；中國人強調，「和平共處」的正確辦法是兩種策略的結合，即「揭穿帝國主義的和平欺騙」和「準備在帝國主義發動戰爭的時候，用正義戰爭來結束帝國主義的不正義戰爭」。

所謂「修正主義」（revisionism），是 19 世紀末德國社民黨（SPD）猶太人伯恩斯坦（Bernstein, 1850-1932）的觀點，主要認為馬克思在 1848 年《共產黨宣言》中所說的無產階級暴力革命已經過時了，他抓住恩格斯晚年（1895）在為馬克思《1848 年至 1850 年的法蘭西階級鬥爭》導言的精神，即老馬在《共產黨宣言》早已宣布：爭取普選、爭取民主，是戰鬥的無產階級的首要任務之一，1868 年 SPD 爭取普選，恩格斯滿懷希望地表示：「世界歷史的諷刺把一切都顛倒過來了。我們是『革命者』、『顛覆者』，但我們用合法手段卻比用非法手段和顛覆的方法所獲得的成就多很多。」因此伯恩斯坦提出「戰術的修正」，主張 SPD 必須爭取議會多數，才能邁向執政之路，歐洲各國社會黨向老大哥學習，紛紛走選舉掛帥，拋棄暴力革命路線。直到 1917 年列寧以暴力革命勝利，並宣布他的黨才是正港的共產黨，把西方各國社民黨打為「修正主義者」，甚至是「叛徒」。

1960 年 6 月 21 日，蘇共老早把一封長達 80 頁的〈情況介紹〉散發給各國黨。老大哥譴責中共「獨特的立場」，

嚴重損害國際團結，使個別的隊伍偏離了正確的道路。24日，羅共第一書記喬志烏—德志主持圍剿中共，照唸老大哥的信，毛指示彭眞反擊。26日，彭罵老大哥搞父子黨。赫老大反斥說，中共是病了，要發動戰爭，「把帝國主義壟斷資產階級的旗幟拿起來」，對蘇共採取「托洛茨基方式」。他痛斥毛澤東是「忽視自己以外任何人的利益，編造脫離現代化世界實際理論的另一個史大林」。

6月30日，彭眞回北京匯報，毛澤東說我們要適可而止，要留有餘地，不要把子彈一次打完，能夠收就收。不料，蘇聯卻在7月16日突然通知中國，決定在一個月內，撤走全部1,390名專家，片面撕毀343個合同，廢除257個科技合作項目。蘇聯大使契爾·沃年科批評中國人在第三世界搞反蘇宣傳，企圖接任世界革命的領導權。

8月10日，胡志明到北京，力勸老戰友毛澤東對蘇聯人休戰。毛說，誰是敵人，誰是朋友，這個問題要分清楚；赫魯曉夫是現代修正主義的代表，人家把我罵得狗血淋頭，我去談什麼呢？中、蘇兩黨代表，終究在9月17-22日於莫斯科碰頭。鄧小平代表中方，痛批老大哥吹捧艾森豪，說中國是不戰不和的托洛茨基主義等等，顛倒了敵我關係；而且在兄弟黨的關係上，蘇共搞的是父子黨，要各兄弟黨都得聽他的，中國不聽，他就要控制中國，乃至撕毀合同，撤走專家；「即使這樣，我們也絕不屈服，我們要自力更生，用自己的雙手來彌補這些損失」。

11月10-21日的81國代表大會上，阿爾巴尼亞人霍查

堅決支持中共，北韓人及越南人反對攻擊中共。胡志明和北歐、拉美及一些亞洲代表去見老大哥，中、蘇各退一步，12月1日達成協議而簽字，但事後又各說各話，像兩個幼稚園學童吵架後，又各自宣稱自己勝利一樣。

老大哥也懲罰阿爾巴尼亞人，1961年5月從發羅拉海軍基地撤走艦隊，再片面取消所有協定和貸款，召回所有專家。10月17日，蘇共召開「二十二大」，老大哥指出阿國領導人「不顧自己從前的保證和自己的黨代表大會的決議，毫無理由、急劇地改變了政治方針」。各國代表紛紛圍剿阿共「背離了無產階級國際主義和馬列主義」、「滾上民族主義道路」、「大搞反蘇宣傳」等等。大會閉幕第三天（10.19），周恩來沒公開支持阿爾巴尼亞人，卻指出「把兄弟黨、兄弟國家之間的爭執暴露在敵人面前」，令親者痛仇者快。

中、蘇貿易開始銳減，1962年1月，毛在七千人大會上說：「國際修正主義者不斷地罵我們，我們的態度是讓他們去罵。我們這個黨是被人家罵慣的。」「在外國，帝國主義者罵我們……修正主義者罵我們；在國內，蔣介石罵我們，地、富、反、壞、右罵我們，歷來就是這麼罵的，已經聽慣了。」新疆維吾爾人、哈薩克人和俄羅斯族，根據1945年及翌年兩次蘇聯決定，有12萬人辦理蘇聯國籍。1962年，中國當局停發他們回蘇聯的簽證。1962年4-6月間，約有67,000人遷往蘇聯，北京譴責蘇聯「企圖分裂新疆」。這一年，古巴飛彈危機，中國人更加痛斥老大哥沒種。接著，中

方聲明堅決反對 1963 年 8 月美、英、蘇三國在莫斯科簽署部分禁止核試驗條約，蘇聯不能代表中國承擔不生產核武的義務。

1962 年 12 月 15 日至 1963 年 8 月，中共又連續發表批駁蘇修攻擊阿爾巴尼亞及中國的七篇文章，表明中共才堅決團結、反對分裂；反對中共才是分裂主義者、搞修正主義、破壞團結。1963 年 7 月 5-20 日鄧小平率團去莫斯科前，中共已在 6 月 14 日發表〈關於國際共產主義運動總路線的建議〉（「二十五條」），雙方根本喬不攏。7 月 14 日，老大哥又痛斥「中國領導人扮演了個人迷信維護者和史大林錯誤思想的傳播者的角色」。中國人在 20 日《人民日報》上，則揭露禁止部分核試條約是一個愚弄全世界人民的大騙局，出賣了蘇聯人民，出賣了社會主義陣營包括中國人民的利益……呼籲全世界要全面禁止和銷毀核武。

決裂 莫斯科在 1963 年 7-8 月連續發表 268 篇攻擊中國的文章。9 月 1 日，中國人反駁：「真正的問題是，蘇聯領導人認為中國不該生產核武器，也不許生產核武器。」中國人即使一百年也造不出來原子彈，「中國人民也不會向蘇聯領導人的指揮棒低頭，也不會在美帝國主義的核訛詐面前下跪」。8 月 30 日，《人民日報》發表〈蘇聯領導人背叛行為又一次大暴露〉，痛斥蘇聯允許蔣介石政府在三國條約上簽字，這是又一個鐵證，「證明蘇聯領導人迎合美國帝國主義策劃的『兩個中國』的陰謀，不惜出賣盟國，

出賣社會主義陣營和世界人民利益」。

8月初，毛指示陳伯達等秀才班子要開始指名道姓對方，公開論戰；擒賊先擒王，矛頭對準赫魯曉夫；評論要有中國風格和氣派，剛柔相濟，軟硬結合。9月6日起，中共一共陸續發表九篇文章（九評），全面批判蘇聯走修正主義和大國沙文主義，勾結美帝宰制世界。1964年2月29日，毛對北韓領導金日成說：「宜將剩勇追窮寇，不可沽名學霸王。」但現在要追究赫魯曉夫，跟從前對待蔣介石一樣，但不是真刀真槍，而是筆墨官司。3月10日，毛又對羅馬尼亞人說：「我是『好戰』出了名的。聯合國叫我們是『侵略了朝鮮』，赫魯曉夫又封了我們『教條主義』、『宗教主義』、『民族主義』、『托洛茨基主義』……」「我當過小學教員，從來沒進過軍校，是誰要我們打仗呢？那就是過去我們的那個朋友，叫做蔣介石。他的背後還站著美國帝國主義。他用殺人的辦法逼得我們沒有辦法，只好照他的辦，只好打仗。這叫逼上梁山，官逼民反。」毛拜託羅馬尼亞人去告訴赫老大，中國人就是這麼頑固，叫做寸步不讓、寸土必爭、針鋒相對。毛稱自己首先是第一號的「頑固分子」。對於雙方的論爭，「我們大概還要十年才能夠答覆完，因為他們有兩千多篇文章」。他最後總結說：「我們中國人沒有什麼陰謀。我們搞的就是陽謀。」

蘇共只是一再地把中共扣上小資產階級的、民族主義的、托洛茨基主義的傾向三頂大帽子。中國人害怕蘇聯人抓狂進攻中國，1964年5-6月的政治局中央會議上，決定第

三次五年計畫的重點，是放在建立第三線國防工業基地上面（第一線是沿海邊疆地區；第二線爲京廣鐵路沿線中部地區；第三線即雲、貴、陝、甘、川、寧、青等腹部地區），決定加強備戰。

毛主席指出，對外要防止蘇修入侵，對內要同時防止黨內、國內的修正主義勢力篡奪黨國，要「防修反修」。1963年5月，毛在杭州又指出：「階級鬥爭、生產鬥爭和科學實驗，是建設社會主義的強大國家的三項偉大革命運動，是使共產黨人免除官僚主義，避免修正主義和教條主義，永遠立於不敗之地的確實保證。如果不這樣辦，少則九年，十九年，多則九十年，就不可避免地要出現全國性的反革命復辟，馬克思主義的黨就一定會變成修正主義的黨，變成法西斯黨，整個中國就要改變顏色了。」

1964年10月14日，赫魯曉夫被布里茲涅夫鬥垮下台。中共中央於16日凌晨獲得這則消息；同一天，中國試爆第一顆原子彈成功，中國人認爲這兩件事是「雙喜臨門」。賀龍、周恩來等在11月去莫斯科。不料，11月7日蘇聯國防部長馬利諾夫斯基舉杯告訴賀龍說：「我們趕走了赫魯曉夫，你們也要趕走毛澤東！」惹了一場風波。第二天，布里茲涅夫等代表蘇共，爲此事向中共中央正式道歉。這次碰頭仍是不了了之。

中國人控訴蘇聯從沙俄時代就搶走中國許多土地，11月26日，陸定一指出：「帝國主義企圖把東北、內蒙、新疆、西藏和台灣從中國分裂出去……這些地區處於反對帝國

主義、蔣匪幫、各國反動派和現代修正主義鬥爭的前哨。」

1965 年 2 月底，蘇方要求派一個戰鬥旅和其他 4,000 人通過中國送去支援北越；在中、越邊界提供一、兩個機場，供蘇方配備一個大隊的米格 21 及 500 名蘇軍。中國人在 3 月 10 日明確拒絕。

1966 年，中國開始十年文化大革命，中蘇雙方都互撤大使。紅衛兵更加激烈反蘇，雙方瀕臨全面破裂邊緣。1968 年 8 月，中國譴責蘇修侵略捷克布拉格，「已經墮落為社會主義帝國主義和社會法西斯主義」。

中蘇終 | 1969 年 3 月上旬，中、蘇爆發烏蘇里江上珍寶島
告休戰 | 衝突事件。雙方一直零星衝突，互有傷亡。中國人當然乘機大大煽動仇外民族主義，指斥「蘇修叛徒集團為了轉移蘇聯國內人民對其反動的資產階級的法西斯統治的日益不滿」，是為了「討好美國帝國主義」云云。此外，又大肆痛罵「新沙皇主義」，新沙皇加上帝國主義、社會帝國主義等一連串新詞。毛主席在 3 月 15 日再度提醒中國人要備戰，準備應付敵人，反動派「把他們所有的原子彈、氫彈都引到我們中國的國土上來，這沒有什麼了不起」。

9 月 3 日，胡志明逝世。蘇方代表柯西金（蘇聯部長會議主席）要求出席葬禮回程停留北京。9 月 10 日，獲得毛澤東的同意。11 日上午 9 點，柯西金飛抵北京，受到周恩來、李先念等歡迎後展開會談，重點在解決邊界衝突問題。中蘇雙方總算坐下來談，不再惡言相向了。10 月 19 日，蘇聯代

表團抵北京，第二天展開邊界問題談判，沒有具體結果是意料之事。

1970 年 4 月，中國又借列寧誕辰 100 周年，發表〈列寧主義還是社會帝國主義？〉，痛批「布里茲涅夫叛徒們」明目張膽地歪曲列寧的無產階級革命導師的偉大形象，用他們的修正主義私貨來冒充列寧主義，實在沒什麼新的創意。1971 年 3 月，紀念巴黎公社 100 周年時，發表〈無產階級專政勝利萬歲〉，宣稱：「我們紀念巴黎公社」，就是要學習馬克思列寧主義，「批判以蘇修叛徒集團爲中心的現代修正主義」。

1971 年 7 月，季辛吉秘密訪華成功；次年 2 月，尼克森飛北京，會見毛、周。中美關係終於有所突破。蘇聯人的反應是痛批中國，說中美雙方都有「霸權野心」，中國邀請尼克森訪華，「有損於越南愛國者的鬥爭」。毛主席則大談「三個世界」，1974 年 2 月 22 日，對尚比亞總統卡翁達說：「我看美國、蘇聯是第一世界。中間派、日本、歐洲、澳大利亞、加拿大，是第二世界。咱們是第三世界。」「亞洲除了日本，都是第三世界。整個非洲都是第三世界。拉丁美洲是第三世界。」

1976 年，隨著周恩來（1.18）、毛澤東（9.9）的去世，蘇聯開始主動對中國釋出善意，中國人的反應是雙方立場都沒有改變，「也不可能改變」。直到 1988 年 12 月 1 日，中國外長錢其琛飛莫斯科，才正式有了突破。1989 年 2 月 1 日，蘇聯外長謝瓦納茲飛北京。5 月 15 日，蘇共總書記戈巴契

夫訪北京，相隔三十年矣。鄧小平總結地說：「結束過去，
開闢未來，皆大歡喜。」

9. KGB 碾碎布拉格之春（1968）

反蘇民
族主義　　第四任 KGB 主席安德洛波夫（Yuri V. Andropov,
1914-84）在 1967 年上任以前，歷任外交部歐洲
司長、駐匈牙利大使（1954），痛恨匈牙利人的反蘇革命。
他不菸不酒，沉著冷靜，喜歡寫詩和聽音樂。

　　1953 年 3 月 14 日，捷共哥特瓦爾德晚史大林九天死於
莫斯科，諾沃提尼（Antonin Novotny, 1904-75）於 9 月 4 日
成為黨中央第一書記，1957 年為總統。史大林主義者仍舊
掌權，切皮契卡、副總理和特務頭子巴契列克、副總理杜蘭
斯基和宣傳頭子柯別茨基依舊不動如山。巴契列克建議把重
要罪犯分成七大類，分別審訊：即經濟學家、托洛茨基派、
斯洛伐克「資產階級民族主義分子」、安全官員、軍官、外
交官和雜類。立刻有 350 名外交人員遭殃；安全人員帕維爾
以「西方間諜」罪名遭判刑 25 年；一些軍官判刑 12-15 年；
前國防部長斯沃博達（L. Svoboda）從 1951 年起，未經審
訊一直坐牢。

　　1953 年 6 月 13 日，東柏林暴動。9 月，巴契列克辭去
國安部長，這個部門也被裁撤，他明明是捷克人，只是長大
後才改隸斯洛伐克籍，卻回斯洛伐克接替西羅基控制斯洛伐
克黨，而西羅基當國家總理。巴契列克立刻審訊「資產階級

民族主義分子」，把已關三年的胡薩克判處無期徒刑（1954
年 4 月）。

赫魯曉夫秘密報告震撼了捷克作家。1956 年 4 月 23 日
作協開會時，55 歲的詩人揚・賽弗爾特要求平反一些作家
及公民，包括斯洛伐克詩人諾沃麥斯基。其他作家也接著批
判史大林—哥特瓦爾德時代壓制與侮辱作家的行徑。他們痛
批蘇台德區的德裔書刊檢察官雷曼，最後全體呼籲「作家是
民族的良心」。結果，4 月 28 日薩波托斯基總統譴責賽弗
爾特和赫魯賓是「煽動者」。黨強迫作家協會承認捷共是「偉
大革命變化的鼓舞者和組織者」，並感謝黨的「正確和英明
的建議」。

1960 年 7 月 1 日，國會通過新憲法，宣布社會主義已
經取得了勝利，準備向共產主義過渡。11 日，改國號爲「社
會主義共和國」。慶祝大典使胡薩克被關九年後獲得大赦，
去一家地下建築公司上班。1953 年獲釋的斯沃博達將軍，
也從 1954 年起擔任國民議會議員。7 月 1 日，39 歲的杜布
切克（Alexander Dubcek, 1921-92）被選入捷共中委會，擔
任黨中央書記處的書記。杜布切克是斯洛伐克人，他的父母
由美國回來，1925 年舉家遷居蘇聯。他在吉爾吉斯唸完中
學後當汽車工人，1938 年回國，1955-58 年奉派留學莫斯科
高級黨校。

諾沃提尼無力挽天，工業負成長，1962 年退至負
7.6%，降回 1938 年的水平。第三次五年計劃（1961-65）在
1962 年停擺。科學經研所所長 Otasik 勇敢地主張經濟改革，

1966 年 6 月黨十三大上，迫使諾沃提尼改革，但不能觸動共產主義，尤其無法撼動黨政特權集團。1966 年五一節成立的自由派上街示威，高呼「我們要自由！」「我們要民主！」「只有死了的共產黨員才是好黨員！」結果有 25 人被捕。「十三大」時，28 名學者聯名發表〈處在十字路口的文明〉，警告黨不理現代科技發展，硬把國家拉回到史大林方法的粗放工業化。

1967 年 6 月 27-29 日，第四屆作家協會大會（布拉格）上，主管意識形態的黨中央書記伊日・亨德利赫和弗・考茨基、文教部長海耶克都出席。會議第一天，主席團的米蘭・昆德拉（Milan Kundera）就率先向黨開砲，痛批捷克的文化在史大林主義統治下與世隔絕二十多年，「它豐富的內在傳統被破壞，竟淪為一種枯燥無味的宣傳工具，這是一個悲劇，其後果將使捷克民族永遠脫離歐洲文明」。亨德利赫沒等到他上台，就和代表們激烈爭辯起來。

瓦楚利克接著長篇大論，痛批黨幹部用人只能是庸人當道，真正有才華者從舞台上消失，造成文學方面情緒壓抑、精神萎靡、虛無主義；文化上的成績恰恰是不顧我國統治集團多年來倒行逆施而創造出來的，「這些成績簡直是從它們那裡詐騙出來的」。更加激烈的是 39 歲的劇作家科霍烏特（Pavel Kohout），在批評政府 1967 年 6 月 5 日第三次中東戰爭時支持阿拉伯人的政策後，竟然宣讀了蘇聯異議作家索忍尼辛寫給蘇聯作家代表大會，關於抗議蘇聯報刊檢查制度的信，氣得亨德利赫臉色鐵青地退場時，還對坐在後排的幾

個人大叫：「你們完蛋了！」

9月1日，諾沃提尼還是重申自由主義的氾濫，需要立即公開站出來反對這種對黨、對共產主義格格不入的思想。不料，兩週後，捷共中央候補委員普羅哈卻在《文學報》上盛讚馬薩里克總統「有今人所沒有的特點，這個特點就是他儘管不同意別人的意見，仍對其表示尊重和容忍，因此連敵人都對他敬畏三分。他不用恐嚇利誘手段，就爭取到支持者」。這些話，明明是拿諾沃提尼和馬薩里克做比較，誰看了都明白。9月26-27日，瓦楚利克、姆尼亞奇科等四人被開除出黨，米蘭‧昆德拉、科霍烏特受到黨的嚴重警告；作家協會不再決定出版社的大權；普羅哈也被免除職務。

杜布切克在9月的黨中委會上對經改提出不滿。他指出，1967年斯洛伐克應該得到經改的國家總投資額28%，如今才分到22%。他不客氣地痛斥，捷克人為自己的利益，犧牲了斯洛伐克。10月3日，杜布切克更加火大，痛斥諾沃提尼和其左右每逢處理斯洛伐克問題就施出欺騙伎倆。諾沃提尼大怒，反擊他是「資產階級民族主義者」，引起斯洛伐克代表更加力挺杜布切克。捷克人也不再挺諾沃提尼了，會上幾乎一致指責他「保守」，政治不民主，經濟改革裹足不前，歧視斯洛伐克人；最後，會議要求第一書記下台。

諾沃提尼為了向布里茲涅夫表態，以為自己指揮得動槍桿子，決定12月16日調第一裝甲師及第13步兵師，從25公里外開進布拉格，一舉逮捕杜布切克等人。人民軍總政治部主任普爾赫利克，立刻勸說各軍區司令保持中立，一面向

杜布切克報告。18 日，杜布切克先發制人，召開黨中央主席團緊急會議。19 日，他當面質疑諾沃提尼想搞軍事政變，全場譁然。不過，諾沃提尼仍舊保住第一書記的位置。1968 年 1 月 4 日，諾沃提尼被趕下台。主席團還決定把總統和第一書記的職權分開，諾沃提尼仍掛名總統，杜布切克成為第一書記。

1968 年 3 月 24 日，諾沃提尼下台；30 日，國民議會根據捷共中央主席團的提議，以 283 票（只差全體五票）通過 73 歲的前國防部長斯沃博達當選總統。他立刻去馬薩里克的墓前獻花。

同樣在波蘭，3 月華沙公演密茨凱維茨的《先人祭》，當台上演員唸到「波蘭歷史是在監獄中發展起來的」、「莫斯科派來的人個個是傻瓜，是特務」、「我們波蘭人竟為了幾個盧布而出賣靈魂」的時候，台下的觀眾也跟著朗誦，並且熱烈歡呼。戈穆爾卡立刻下令禁演《先人祭》。3 月 8 日，華沙大學學生為此抗議罷課。19 日，戈穆爾卡痛斥「猶太復國主義」，譴責 3 月示威都是猶太人高官的子弟帶頭倡亂，猶太人紛紛被趕出校園及文化圈。

4 月 2-4 日，黨中央大換血，諾沃提尼、亨德利赫等五個老人下台，但奧塔希克和自由派的博魯夫卡也沒上台。11 名新中委，只有三個堪稱自由派。8 日，由捷克人切爾尼克組閣，與杜布切克、斯姆爾科夫斯基（國民議會主席）三人拉開布拉格之春的序幕。

4 月 1 日，杜布切克在中央全會上做了〈行動綱領〉報

告，內容主要是捷克要走向社會主義的道路，一掃過去革命專政蛻變成官僚主義、踐踏民主及人權、破壞法制、濫用職權等現象所帶來的工資長期原地徘徊、生活水平停滯不前、基礎建設落後、損害人的能力、智力、積極性的弊害。黨的任務是發展社會主義，但不是把自己當作「管家婆」；黨的使命在於激發人的社會主義主動精神，指明社會主義的前途和現實的可能性，並通過系統的宣傳工作和自由的模仿行為，把全體勞動人民吸引在自己的周圍。要尊重黨外人士，保障他們的權利和自由。

黨要改變過去以命令包辦一切，走出個人崇拜的陰影，以法律手段確實保障憲法所賦予每個公民的基本自由（尤其有遷徙和移民國外的自由）。在經濟方面，實現企業和企業組合的自主權；企業要由市場需求來決定其經營方針，和政府的行政行為脫鉤；在勞動力配置上，也要從行政行為轉為市場行為。最後，在文化方面，要反對用行政方法和官僚主義干預文藝創作，實現文化工作者的「文化藝術自治」。

五一勞動節在布拉格真是別開生面：童子軍、嬉皮、民兵、市民大會。有人把小孩子扛在肩上參加遊行，小孩子手持標語「現在就把真理告訴我吧，別讓我長大後再去追尋」。有的標語則是「做愛，不要戰爭」、「少建紀念碑，多下功夫想」、「勿干擾外國電台廣播」……。5月3日，學生、市民在布拉格老城廣場的胡斯紀念碑前大會，釀成大規模的反共示威。

一輛裝著喇叭的卡車開道（由布拉格電台提供），兩名

老政治犯現身說法，在卡車上追述被迫害的歷史。還有另一個演講者宣讀 1920 年代作家恰貝克〈我為什麼不當共產黨員？〉的文章，內容痛斥共產黨打著工人政黨旗幟反工人。當天午夜，杜布切克、斯姆爾科夫斯基、畢拉克突然連袂飛往莫斯科。杜布切克回國後，不得不答覆國人的疑惑說：「我們的蘇聯朋友以諒解的心情，接受我們的解釋。我們說明本身努力的方向，是要進一步發展社會民主主義，並加強共產黨的領導力量。蘇聯朋友表示信心，認為已獲壓倒多數的捷國人民支持的捷國共產黨，定能順利達成本身的目的。」但他也透露了老大哥的憂慮，「以免我們的民主化過程，有被濫用而變成反社會主義之虞」。

直到 8 月 24 日蘇軍入侵後，《真理報》才公布 5 月 4 日會談的一部分真相：「捷共領導們於 5 月 4 日的莫斯科會談上，談到了捷國局面的嚴重性。還有，他們說國內政治發展所出現的反面特徵，已經『超出純內政的範圍，而影響到蘇聯、波蘭等兄弟國』了。」這段消息顯然是半真半假的。

老大哥已經不耐煩了。5 月 6 日，蘇老大決定在捷克境內舉行一次軍事演習。兩天後，他召集波、匈、保、東德小老弟到莫斯科開會，只有匈牙利的卡達爾反對制裁捷克。5 月 17 日，蘇聯總理柯西金突然帶著他的小孫女訪問布拉格八天。在他下機前三個小時，蘇聯國防部長格列奇科悄悄地率團而來，要求將一個師的蘇軍進駐西部邊境，共同防禦西德。杜布切克立刻拒絕，但無法抗拒蘇軍在邊境內的演習，而且在軍演後賴著不走，還盤據各重要據點。7 月 15 日，蘇、

東歐各國在華沙同聲譴責捷共，揚言：「我們不能坐視敵對勢力把你們推離社會主義道路，也不能眼看你們脫離社會主義大家庭而不聞不問，因爲這不僅是捷克斯洛伐克一國的事情，而是我們華沙條約締約國的共同事務。」

不論杜布切克如何辯解都無效，7月18日《眞理報》披露：已獲得美國國防部和 CIA 陰謀推翻捷國政府的密件；在捷克西部索科洛夫破獲一個秘密的美製武器倉庫。22 日，蘇共決定動手，但先禮後兵，繼續與捷共中央雙邊會談。26 日，劇作家科霍烏特寫了〈公民致捷共中央主席團的信〉，發表在《紅色權利報》特刊上：「捷克斯洛伐克幾百年來的歷史，就是一部奴役史。除了兩個短暫的時期外，我們的民族生存一直被人指爲非法，遭人譴責。我們有好幾次瀕臨滅亡的邊緣。幾百年後的今天，我們的國家又充滿了希望。……我們本來以爲社會主義陣營裡的成員能夠特別對我們表示同情。哪知我們竟被扣上叛徒的罪名。」他呼籲捷共中央：「同志們，規避這種危險是你們的歷史任務。你們的職責是要說服蘇共領導，讓他們明白我國的復興程序將進行到底。我們今天所要求的一切，可以用『社會主義』、『同盟』、『主權』、『自由』來概括。在這個時期，你們如果還以個人爲重，而不顧及你們對 14,136,000 位人民所負的責任，可太悲慘了……」

29 日，捷、蘇雙方在東斯洛伐克州東南角，捷、蘇、匈三國交界，蒂薩河的切爾納僅有的一家電影院內開會四天。布里茲涅夫等九人，和杜布切克等 12 人碰頭。一開始，

老大哥就痛斥小老弟背叛國際社會主義事業，爲帝國主義服務，新聞自由正在威脅共產黨的作用……云云。杜布切克的答覆等於沒講。8月1日，雙方共同發表一個簡短的公報，但保留一份長達50頁的秘密正式紀錄，至今仍未公諸於世。杜布切克回到布拉格，對記者們說他帶回來好消息，大家可以安心睡覺了。

　　一切似乎平靜下來。8月9日，南斯拉夫總統狄托來訪，受到布拉格市民的夾道歡迎。他無疑是雪中送炭，即時聲援杜布切克。

　　11日，蘇軍又沿著捷國邊境演習，同時蘇、波、東德三國也動員演習。12日，東德的烏布利希訪問捷國，在卡羅維法會見了杜布切克。德共老大要求捷克小弟履行切爾納會議的協議，保證和反社會主義勢力展開鬥爭，同意華沙條約軍隊留駐捷克；他更要求，除非兩國取得一致，否則捷國不得片面和西德進行任何談判。杜布切克立刻拒絕這麼無禮且無理的要求。13日，布里茲涅夫從南方療養地來電，並要求畢拉克也在場聽電話，杜布切克不理，反而叫斯姆爾科夫斯基在場。老大哥在電話上咆哮說：「有一切理由認爲目前的局勢是違反切爾納達成的協議的。」他還反駁杜布切克，說最近兩、三天的報紙繼續拚命刊登汙衊蘇聯及其兄弟國家的文章。他命令杜布切克嚴辦捷克電視台經理貝利康；還追問小老弟爲什麼還沒變動內務部機構和捷共中央成員。杜布切克只好說，會在10月底解決，老大哥「奉勸」他必須在8月13日的主席團會議上，就幹部問題做出決定。

20 日，蘇軍及東歐各國 20 萬大軍出動，21 日已控制布拉格。23 日，斯沃博達和副總理胡薩克、國防部長楚卡、司法部長庫切拉一起飛往莫斯科，下午 1 點左右由布里茲涅夫、柯西金等人接機。老總統在會談中堅持，在杜布切克、切爾尼克、斯姆爾科夫斯基、克里格爾等四人未獲自由以前，他拒談任何問題。這一天，杜布切克等人也在下午被押抵莫斯科的一幢別墅。

杜布切克堅持布里茲涅夫要正視捷國被占領的事實。蘇聯人狡辯說，軍隊「進駐」時未放一槍，捷國的總統和其他領導人號召捷國部隊不要進行抵抗，所以沒有人員傷亡。24 日，杜布切克等四人被帶到克里姆林宮，見了斯沃博達，恍如隔世。同來的那三個叛徒則躲在後面。捷共分三批共 18 人來到克里姆林宮，25 日會齊。至 27 日凌晨 1 點，蘇、捷雙方簽訂公報，最終決定保持 20 日的捷共國家領導班子，不承認捷共「十四大」代表大會；捷國必須撤銷由聯合國安理會討論捷國局勢的議案；占領必須合法化。

25 日下午，老大哥拿出〈16 點提案〉：按照蘇聯的社會主義來改變捷國的政治發展方向；通過檢查書報制度來鞏固社會主義；捷國宣布出現過反革命活動；解除不同意和 KGB 合作的捷國內務部長帕維爾的職務……等等。一切只能照老大哥的條件行事，27 日公布《莫斯科公報》。

27 日早晨，杜布切克等人終於重返布拉格，接受市民的盛大歡迎。10 月 4 日，杜布切克、切爾尼克、胡薩克（斯洛伐克人）再去莫斯科，談判外國軍隊問題，雙方同意「盟

國軍隊暫駐」的條約。21 日，匈牙利軍隊首先撤走。11 月初，波、保、東德軍也撤走了。28 日的國慶日當天，市民高喊「俄國人滾回去！」「打倒布里茲涅夫！」「馬薩里克萬歲！」「我們要自由！」

10 月 18 日，捷克國民會議通過駐軍條約，蘇聯坦克碾碎了布拉格之春。1969 年 1 月 8 日，18 歲的哲學系大學生 Jan Palach，在市中心的瓦茨拉夫廣場以自焚抗議蘇軍「進入」捷克。4 月 17 日，杜布切克被解職，1970 年再開除黨籍，派去土耳其當大使。胡薩克成為黨第一書記，有 60 萬黨員（占全體的 1/3）被整肅，包括他們的家人、子女，直接被打擊的超過 1,556 萬人的 1/10。

10. 塞浦路斯獨立

民族衝突的火山　塞浦路斯（Cyprus）位於地中海東部，扼歐、亞、非三洲海上要衝，面積 9,251 平方公里，人口 74 萬（1995），居民 77% 為希臘裔，18% 為土耳其裔，其他還有亞美尼亞人。公元前 2000 年起，希臘人就移入此島，希臘神話中，這是維納斯女神出生的聖地。

由於地處歐、亞、非三大洲的交通要衝，塞島自古為兵家必爭之地，曾經被埃及、亞述、波斯、羅馬人統治過。基督教在公元 45 年傳入，希臘人至 4 世紀時已經完全信奉基督教了。1191 年，英王理查一世（獅心王）在第三次十字軍東侵時占領塞島，又把它轉賣給聖殿騎士團（1192-

1489）。1489 年，威尼斯人占領這個島嶼。1571 年，鄂斯曼土耳其人趕走威尼斯人，當時希臘居民歡迎土耳其的「解放者」；土耳其人也開始移入塞島，占人口的 1/5。

土耳其帝國統治下，希、土兩族和平共存，互不往來。1878 年，英國人利用俄土戰爭，以外交手段，在柏林會議上，不費一兵一卒、沒流一滴鮮血，就竊占了塞島，一直到 1960 年為止，長達 82 年。

蘇伊士運河開通後（1869），塞浦路斯成為從直布羅陀進入地中海，經蘇伊士運河、紅海，入印度洋直抵印度的大英帝國的交通樞紐。

1878 年 6 月 4 日，英國利用土耳其在俄土戰爭中慘敗的天賜良機，在君士坦丁堡簽訂《塞浦路斯協定》，迫土耳其以每年 92,799 英鎊的代價，將塞島租讓給英國，一直到第一次世界大戰爆發，英國向土耳其宣戰，才併吞該島。占塞島 4/5 居民的希裔，一開始就期待英國人幫助他們與希臘祖國團聚（基契昂主教對第一個英國高級專員兼總司令的歡迎辭），就像 1864 年將愛奧尼亞群島送給希臘，做為丹麥親王威廉‧喬治當上希臘國王的賀禮。1880 及 1897 年，當希臘準備對土戰爭時，英國當局默許島上的志願軍及物資去支援希臘。

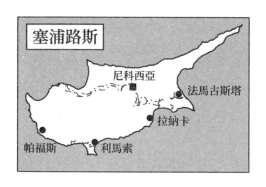

塞浦路斯

尼科西亞

法馬古斯塔

拉納卡

帕福斯　利馬索

1907 年，當時的殖民副大臣邱吉爾，還在視察過塞島後說出一段話：「做為希臘人後代的塞浦路斯人，希望把自己與可以稱作是他們祖國的國家聯合起來；把這當作是虔誠熱切地珍藏的理想，這完全是天經地義的。這種情感集中反映了愛國主義熱忱這一希臘民族的無比高貴的品質。」[8]

　　英國人一面在輿論上造勢，又同時在外交上安撫土耳其，保證那只是報紙上說的，「只要地球上有英國和土耳其存在，塞浦路斯永遠不會成為希臘的領土」。

　　按照 1882 年英國人恩賜的憲法，立法會議成員 18 人，其中六人由英國高層指派，12 人由島上居民按人口比例選出：希族九人、土族三人。希族一直要求回歸母國，卻被土族的三票加上官派六票，以及英國高層關鍵性的一票擊敗。斯托普斯（R. Stopes）這位英國大人也承認：「立法會議是個巧妙的行政工具。」1914 年，英國正式併吞塞浦路斯；翌年，許諾把該島交給希臘，以換取後者在戰爭中支持英國。希臘國王康斯坦丁卻拒絕，他認為德國很可能戰勝，所以避免蹚這混水。1925 年 5 月 1 日，根據《洛桑條約》（1923），塞浦路斯成為英國直屬殖民地。

　　英國統治者滿足了希族的增加代表名額願望，土族代表仍保持三名不變，希族由九人增加為 12 人，官方代表也增為九人，力量保持平衡，而總督仍有最後的否決權。

8　Brian Lapping，《帝國斜陽》，頁 396。

反殖民統治
鬥爭的展開
塞島的希臘人不再期待英國當局傾聽他們的呼聲，變得愈來愈充滿敵意。東正教領導的「國民大會」，號召為與希臘合併而鬥爭，展開回歸希臘（Enosis，一體化）運動，抵制英貨，拒絕納稅，一些代表辭職。1931 年 10 月 17 日，克提昂的主教號召民族解放，不再服從外國統治者的法律。21 日，尼科西亞的希族搗毀總督府，人人高舉希臘國旗。革命爆發後，英國機關、海關倉庫都被攻擊。土耳其人也加入戰鬥行動。

英國當局立刻從埃及、馬爾他調派大軍鎮壓，解散立法會議、市政府，禁止示威和五人以上的集會，並宣布公開指責英國主權，懸掛希臘國旗，甚至敲打教堂的吊鐘為非法行為。一些主教及立法議員紛紛被放逐。1932 年更實施新聞檢查，才恢復秩序。

島上只有 100 名駐軍，英國當局恢復塞島自治。二次大戰爆發後，14,000 名塞島人加入英軍作戰，轉戰北非。1940 年，義大利進攻希臘失敗後，塞浦路斯到處懸掛藏了九年的希臘國旗。1941 年 11 月，希臘首相在倫敦演說中，提到塞島是希臘的兒女之一，應該在勝利後與祖國團圓。羅斯福和邱吉爾的《大西洋憲章》中也許諾附屬領地將有自決權，對希族的塞浦路斯人而言，意味著回歸希臘祖國。

1943 年的地方選舉中，信仰共產主義的「塞浦路斯勞動人民進步黨」（AKEL）在五個主要城市的兩個城市中獲勝，工會迅速發展。

英國當局在戰後宣布召開政治協商會議，不提塞島的歸

屬問題，希族拒絕參加協商會議，共產黨也要求回歸祖國。英國外交部考慮到希臘的共產黨可能勝利，把塞島交給希臘，等於把這個戰略要地交給蘇聯，簡直太冒險了。此外，英軍已在 1948 年撤出巴勒斯坦，蘇伊士運河區對英國又形成尾大不掉的包袱，英國必須保有塞島這塊基地來保護石油利益（主要在伊朗）。

　　1948 年 8 月，溫斯特勳爵重申不準備對塞島的主權做任何改變，並且說明這是英國政府深思熟慮的政策，引起希臘族的憤怒，到處罷工。1949 年 12 月，希族主教領導的埃思納克委員會主張公民投票，號召人民「毫無例外地履行自己的職責，誰也不應置身於這個光榮鬥爭之外」。[9] 公民投票在 1950 年 1 月 15 日舉行，每個人發兩張票，一張「我們要求與希臘合併」，另一張「我們不支持塞浦路斯和希臘合併」，每人投其中一張。只有 4% 的人棄權，大多數是政府的官吏和教師，96% 贊成合併（即 80% 的人口）。

　　大主教馬卡里奧斯三世（Makarios III, 1913-77），這位 37 歲的希族領袖，曾經留學美國波士頓兩年，也在雅典待過，他深知向聯合國大會和美國的希裔富人發一份公民投票的報告，至少在戰略上有所作用。1952 年 7 月，馬卡里奧斯在雅典成為革命委員會的主席，聯絡惡名昭彰的塞島希族格里瓦斯（George Grivas, 1897-1974），組織「塞浦路斯戰鬥者全國組織」（EOKA）。這位上校在戰爭期間組織「X」

9　D. Alastos, *Cyprus Guerilla* (London: Heinemann, 1960), p. 35.

的軍官團體，準備勝利後剿滅共產黨，以迎接希臘國王復位；
德軍提供「X」武器。戰後「X」濫殺平民，終被希臘政府
解散。

游擊
戰爭　馬卡里奧斯留在雅典，到處演講，喚起希臘人對塞
島同胞的注意。格里瓦斯也從大主教那裡拿到錢，
暗中買軍火和聯絡軍人。1953 年，馬卡里奧斯三世致函聯
合國，要求把塞浦路斯問題列入第八屆聯大的議程。1953
年 9 月，英國外長艾登在希臘訪問時，對希臘首相斬釘截鐵
地說：「對於英國而言，現在沒有，將來也永遠不會有應該
和希臘政府討論任何塞浦路斯問題，塞浦路斯永遠也不應該
獨立。」因爲「沒有塞島，就沒有固定的場所來保護我們的
石油供應。沒有石油，英國就會有失業和飢餓」。

英國人使盡渾身解數培養塞島的親英派，提高政府員工
的薪水，排擠民族派教員，當局只承認英國學歷，禁止學校
教希臘歷史；並且招募土耳其人爲治安部隊，來個「以土制
希」。

格里瓦斯檢討塞浦路斯是一個小島，人民不見得反抗
英國統治。他設定的目標是招集 17-25 歲的狂熱青年，成立
EOKA，分三個階段向英國人進行恐怖行動：（1）炸毀警
察局、兵營和通信設備，造成社會不安；（2）凡不協助民
族運動的希臘人，皆予以暗殺，促使全希臘居民加入運動；
（3）暗殺英國官兵及其家屬，以造成英軍的士氣低落。

1952 年起，EOKA 開始秘密成立，以 5-10 人爲一班，

訓練爆破、藏匿武器、架設通信網、使用暗號等等技術。

1955 年 4 月 1 日 0 點 30 分，EOKA 展開第一波恐怖行動，破壞政府電台、機關和兩個軍用電台；學生也開始暴動。十天後，EOKA 開始暗殺不支持運動的希臘人，攻擊他們的商店及住宅。6 月 19 日，EOKA 又開始在英國士兵常去的酒吧、福利社和英軍旅舍丟炸彈。英國調派已退休的哈丁（John Harding）元帥來塞島爲總督。

哈丁以前在非洲的肯亞鎮壓茅茅運動，他一上任就和馬卡里奧斯對話，拋出半自治的方案。總督控制外交、國防、治安及廣播，其他委交塞人自理。大主教要求英國政府原則上承認塞島人民的自決權，在過渡期間完全自治；自決的日期由雙方談判決定。

哈丁強硬地拒絕了馬卡里奧斯的要求，還調派大軍，1955 年底宣布塞島實施戒嚴。1956 年 2 月，塞島游擊隊到處進攻英國人，軍營、警察局都是攻擊目標，哈丁的座車也被爆炸。哈丁在 1956 年 3 月 5 日宣布談判破裂，把大主教放逐到塞舌爾群島，監獄和集中營關滿了希族，連兒童也集體體罰，希族形同戰俘，隨時被軍警搜身；還砍掉 15,000 株果樹，燒毀兩萬英畝的森林，以破壞游擊隊的據點。

1956 年 10 月底，埃及反英運動進入高潮；11 月，EOKA 發動 41 次攻擊，幹掉 33 名英國人。36,000 英軍疲於奔命地追逐 300 名游擊隊。雅典的電台也大聲呼籲支持 EOKA。1957 年 10 月，富特（H. Foot）繼任總督，立刻擺出開明的態度，釋放囚犯，收買人心，以孤立 EOKA。富特

進一步提出他的計畫：馬卡里奧斯返回塞島，希、土兩族談判七年，七年期滿，兩族均可自決。英國人企圖以土耳其人的自決來抵制希臘人。

1957 年，尼科西亞附近一群土族打死九名希人，當局宣布他們無罪開釋。土耳其人的自衛組織「伏爾坎」（Volkan）與希族勢不兩立，1955-58 年間，EOKA 殺害 100 多名土族和 400 名希族，雙方仇恨愈來愈深化。

格里瓦斯拒絕富特的招降，他宣稱：做爲人道主義者，當然希望避免流更多的血；但做爲領導人，他準備服從塞浦路斯的聲音：「它命令我解放它，或者死亡。」[10] 1958 年 3 月，EOKA 宣布「必須繼續戰鬥」。

富特圖窮匕見，開始恐怖鎮壓，每個希臘人都被視爲游擊隊的支持者。婦女也保護游擊隊，弄得英軍焦頭爛額。

艱難的
獨　立
希臘從 1954 年起，在聯合國大會提出塞浦路斯問題，每次都被英國否決（需要 2/3 出席代表同意的多數決）。1955 年 8 月 29 日的倫敦會議上，希臘、土耳其雙方爭執不下，英國坐收漁翁之利，塞島問題一直拖下去。1955 年 9 月，土耳其祕密警察在希臘薩洛尼卡的凱末爾出生的房子丟炸彈，暴徒湧向伊斯坦堡，土耳其首都伊斯坦堡又爆發土耳其人攻擊希臘人，燒毀東正教教堂 20 座、

---

10 C. Foley & W.I. Scobie, *The Struggle for Cyprus* (Stanford, Calif.: Hoover Institution Press, 1975), p. 134.

10 所希人學校的慘案，加深了塞島兩族的對立，互相報復。

1958 年 6 月，英國首相麥克米倫提出解決塞島方案：塞島與英、希、土聯繫；英國邀請土、希政府各派一人代表，協同塞島總督工作；塞島土、希族在保留英國國籍外，同時擁有希、土國籍；塞島的國際地位爲七年，七年後，由英、希、土「分享」主權；塞島兩族有各自的議會，在共同事務上有最後的立法權……。

英國人不安好心，更加深塞島的民族對立，還把土、希兩族拉進來，土、希已經互不來往，見面就開打，土耳其人嚴懲和希臘人合作的土族，甚至抽希臘菸的人也挨揍。1958 年 6 月 7 日，當局劃出馬桑·迪克遜分界線（Mason-Dixon），尼科西亞第一次被人爲劃分爲互相隔離的兩個區域。英國更一意孤行，10 月 1 日推行麥克米倫方案。12 月，北大西洋公約外長理事會呼籲英、土、希三國直接談判。

歷經蘇黎世和倫敦的談判，1959 年 2 月 19 日在倫敦達成九個文件，成立塞浦路斯共和國，總統希臘人，副總統土耳其人；部長由七名希族和三名土族組成部長會議；外交、國防、財政三部應有一名土族；文職人員也按 7：3；軍隊（2,000 人），希人占 60%，土人占 40%；憲兵、警察 2,000 人，希族占 60-70%，土族占 30%-40%。

爲保證塞國主權獨立及免遭進攻，希臘派 950 人、土耳其派 650 人駐在塞島，英國仍擁有主權基地。1959 年 12 月，馬卡里奧斯當選總統，庫楚克爲副總統。1960 年 8 月 16 日，塞浦路斯共和國誕生，9 月 21 日加入聯合國。

　　獨立後的塞浦路斯並沒得到自由，民族自決也沒獲得實施；而是立刻陷入民族對立的混亂，12 月 1 日引爆大規模的流血衝突，英、土、希軍隊干預，劃定綠線，直到 1964 年 3 月底聯合國部隊進駐後，才暫告平靜。1967 年 11 月，土、希兩族再度爆發流血衝突。美國圖謀使塞島的兩個民族分別與希臘、土耳其進行「雙重合併」，根本行不通。老美更不看好那個披著法服的卡斯特羅──馬卡里奧斯與希臘政府同謀把格里瓦斯送回塞島。

　　1974 年 7 月 15 日，希臘軍人政府（1967 年政變成功）支持國民警衛隊（EOKA-B）推翻馬卡里奧斯，以屠殺土耳其婦女和兒童聞名的劊子手桑普森出任總統。五天後，土耳其以履行保證條約的義務出兵，迅速占領了塞島北部 36% 的土地。希臘軍人政權也垮台，土耳其勢力重返 1878 年被趕出的塞浦路斯。

　　1975 年 2 月 13 日，土族通過憲法，成立「塞浦路斯共和國土族邦」，1983 年 1 月 15 日進而宣布獨立，建立「北塞浦路斯土耳其共和國」。聯合國安理會只有對土族的行動「深表遺憾」，呼籲各國不要承認它。1984 年 8 月，德奎利亞提出解決方案，即成立雙區聯邦，成立兩院制議會，下議院的希族占 70%，土族占 30%；上院各占 50%。在領土上，希族占 71%，土族占 29%；總統希人，副總統土人；成立十人政府，包括外長在內的三個部長給土族。

　　問題是雙方各自堅持己見，塞島的和平仍舊遙遙無期。

　　1997 年，土耳其宣布北塞與土國合併，賦予它全權自

治。南塞人則以公投反對聯合國所提的和平解決方案。2004
年，塞島獲准加入歐盟。2008 年 2 月，共產黨人 Dimitris
Christofias 當選爲南塞總統。2013 年 2 月，民主大會黨的
Nikos Anastasiadis 當選總統。

11. 孟加拉獨立

歷史　孟加拉（Bangladesh, 147,570 平方公里）位於南亞次
大陸東北部，恆河和布拉馬普特河下游三角洲上，
人口超過 16,000 萬，98% 居民爲孟加拉族，87% 居民信奉
伊斯蘭教，其餘信印度教。中亞、阿拉伯、土耳其、阿富汗、
波斯各族融入原住民，形成孟加拉人。公元 7-13 世紀間，
由佛教徒乃至印度教徒統治。1199 年，來自阿富汗廓爾王朝
土耳其將軍穆罕默德・伊本・巴・卡爾吉占領比哈爾，揭開
了穆斯林在孟加拉統治的序幕。1225 年，孟加拉被併入德里
蘇丹國（-1336），1342 年始有沙姆斯・烏德・丁・伊利亞
斯在北孟加拉建立伊利亞斯王朝（-1493）。此後逐漸被新
興的莫臥兒王朝征服，1575 年設省，派省督統治孟加拉、比
哈爾與奧里薩。1616 年，英國東印度公司在孟加拉設商館；
1700 年，將三個殖民據點命名爲威廉堡（加爾各答）。

18 世紀初，孟加拉省督實際上獨立。1757 年，在普拉
西戰役上，孟加拉軍被叛徒出賣而敗，遂爲東印度公司所控
制。1772 年，公司接管孟加拉，1858 年改爲英屬印度孟加
拉省（包括孟加拉、比哈爾與奧里薩）。1905 年，英國人

將孟加拉省分爲印度徒占多數的西孟加拉（比哈爾與奧里薩）和穆斯林占多數的東孟加拉（包括阿薩姆）二省，遭印度人強烈反對；1912 年再回併爲一省。英政府遷往德里。

1947 年 8 月印、巴分治後，孟加拉又分爲東、西兩部，東孟加拉（包括阿薩姆的錫爾赫特省）劃入巴基斯坦（西巴）成爲一省。1951 年第一次人口普查，7,800 萬人當中有 4,400 萬（占 55%）住在東巴。東巴人淪爲西巴的次等國民，主要靠黃麻出口，卻拿去補貼西巴的赤字。西巴強制東巴人講占全國 3% 人口講的烏爾都語（Urdu），抹煞了東巴人原有的孟加拉文字、孟加拉語中的梵文詞彙和印度教徒的文學傳說。1948 年 3 月，東巴人開始反抗，語言行動委員會領袖被捕。學生高喊：「我們要求孟加拉語做爲國家語言！」達卡大學罷課，巴沙尼（Abdul Hamid Khan Bhashani）毛拉於 1949 年另組阿瓦米（Awami/ 人民的）穆斯林聯盟，堅決否定以烏爾都語爲「國語」。

1952 年 2 月 21 日，達卡大學罷課，學生穿過校園大門時遭警察毆打，以磚塊反擊，警察則回敬催淚瓦斯，有五人遇害，包括

一名九歲男孩。後來在這塊受難地豎起一塊紀念碑，當然被當局移走，1962 年才重建一塊中央烈士紀念碑（Shohid Minar）。在孟加拉政府倡議下，聯合國教科文組織在 1999 年將 2 月 21 日訂為「國際母語日」。1956 年，巴國憲法不得不承認孟加拉語和烏爾都語同樣為通用語。

巴基斯坦的 96% 軍事貴族和 93% 的文官都是西巴人。1969-70 年的平均國民生產總值，西巴為 546 盧比，東巴才 321 盧比，大多數三角洲東部的人們十分憤怒。阿瓦米聯盟成員拒絕巴基斯坦的第一部憲法，但只好參加東巴新的省政府，導致黨的分裂。1957 年，巴沙尼毛拉另立全國阿瓦米黨（NAP），吸收了許多左派追隨者。1958 年 10 月，巴基斯坦發生軍事政變，阿尤布・汗廢黜米爾札總統，開始軍事威權統治。1962 年，頒布第二部憲法。

東巴人民聯盟主席拉赫曼（Sheikh Mujibur Rahman, 1920-75），唸過加爾各答伊斯蘭學校和達卡大學，創建東巴學生聯盟。1956 年，他出任東巴省政府工商、勞動及反貪污部長，至 1975 年曾多次被捕。東巴省長 Abdul Momen Khan 大肆鎮壓反對人士，加強媒體控制，禁止電台廣播詩人泰戈爾（Rabindranath Tagore）的歌曲。1965 年 9 月，持續 17 天的印巴戰爭（克什米爾爭端）令東巴人不安，感覺被背叛，加強了他們尋求自治的願望。1966 年初，拉赫曼提出全面自治的〈六點計劃〉：實施聯邦制；聯邦政府只有外交和國防的權力；其他權力交付各省；東、西巴各自發行貨幣或統一的貨幣；各自管理各自的外匯；允許東巴建立自

己的防衛能力。阿尤布‧汗立刻在 4 月下令逮捕拉赫曼。
1968 年，爆發「阿加爾塔拉（Agartala）陰謀案」，拉赫曼
被巴國政府指控在印度政府的幫助下，試圖將東巴分裂出去
（此陰謀在印度邊境城市阿加爾塔拉進行）。結果適得其反，
反而把拉赫曼捧上天，大眾支持被告的激烈運動，迫使政府
中途放棄這個案子。右派還是溫和的，左派的全國阿瓦米黨
號召社會革命，但也逐漸分裂爲親華和親蘇兩派。1968-69
年，從西巴興起的推翻阿尤布政權的起義，擴散到東巴，一
個東巴學生組織的聯盟，積極地組成了聯合陣線，通過囊括
六點計劃及降低農民稅收、提高工人工資及大工業與銀行國
有化的十一點宣言。街頭暴動不休，隨著阿尤布‧汗垮台
（1969 年 3 月），葉海亞‧汗（Yahya Khan）以尋求和解
而非對抗來「融合」各反對勢力，不過仍是軍人專政。

獨立

1970 年夏天，東巴大水災，11 月又遭颶風侵襲，幾
十萬人喪命，西巴送來的救濟品又慢又少。12 月大
選，在東巴的 162 席中，人民聯盟獲得 161 席；在西巴的
138 席中，布托（Zulfikar Ali Bhutto, 1928-79）的巴基斯坦
人民黨卻只有 83 席。人民聯盟成爲巴國第一大黨，繼續堅
持六點方案。布托等人宣布，除非人民聯盟修改六點方案，
否則人民黨將抵制 1971 年 3 月 3 日召開的國民議會。葉海
亞‧汗也在 3 月 1 日推遲召開國會的日期至 25 日，引爆東
巴人民的大規模罷工與抗爭；拉赫曼要求政府取消軍事統治
及交出東巴的行政權。雙方在達卡的談判破裂。

　　1971 年 3 月 25 日，葉海亞・汗搭機離開達卡時，下令整裝待發的軍隊向東巴人民發動攻擊。第二天，他廣播說：「確保一個完整、牢固和安全的巴基斯坦，是巴基斯坦武裝力量的責任，我已下令讓他們去履行責任，並恢復政府的權威……我呼籲我的國民充分意識到這一局勢的嚴重性，應將所有的指責都指向那些巴基斯坦反對者和分裂主義者。」於是展開了「探照燈行動」（Operation Searchlight）。達卡淪為人間地獄：東巴警察和準軍事步槍隊迅速被摧毀；軍隊用火焰槍攻擊貧民區，並擊斃逃走的居民；迫擊砲轟擊學生宿舍，並屠殺學生和教師；最後是推倒烈士紀念碑，並軟禁叛國賊拉赫曼，押至西巴；印度教徒也被殺害，或被捕處死。但是政府軍直到 5 月底才完全控制東巴。大約有 700-1,000萬難民逃入印度。4 月 17 日，阿瓦米聯盟一些人在印度宣布孟加拉獨立，建立流亡政府；並通過地下電台，號召青年男女參加自由戰士（Mukti Bahini）。女詩人 Sufia Kamal（1911-99）寫了一首戰歌〈無暇盤起妳的秀髮〉：

　　　現在已無暇將妳的秀髮盤起，或關注妳 Sari 迷人的花邊，或妳額心的那一 tip，妳的眼膏或口紅。沒有時間，沒有時間了，——因為生命的戰鬥已經開始了。

　　　再也沒有青春少女或年輕寡婦的哭聲了。她們的嘴唇堅定地撅起，現在不得不安寧的，就像一把劍的鋒刃的曾經溫柔的眼睛，現在銳利而凸起。她們的眼神再也不像受驚的母鹿。她們在搜尋，宛如獵鷹。她們苦澀的心

變得冰冷，凶猛和堅硬，去向那些殘存的劫掠者復仇。

　　女人丟掉了她們的靦腆而優雅的風度，爲她們所失去的最親愛的人報仇。在她們纖細的身體和心中凝聚著獅子般的勇氣。她們有無盡的力量——這些英勇的女人。

　　不再僅僅有愛的歌——相反，她們唱著：「勝利屬於我的祖國，我的人民，英勇戰士們！將Oncho浸入灑滿街道的烈士的鮮血中，如此以鮮血向大地母親償付了虧欠。」

| 印度支持孟加拉 |
| 中國支持巴基斯坦 |

1971年8月，印度幫助孟加拉軍進攻達卡；12月4日，印度陸、海、空三軍向東巴進軍，引爆第三次印巴戰爭。6日，印度宣布承認11月29日成立的孟加拉國臨時政府，印、巴斷交。戰爭最後階段，親西巴的Al-Badar民兵將達卡的作家、教授、藝術家、醫生和其他專業人士逮捕，蒙上眼睛後屠殺。幾天後，巴國行政體系崩潰，12月16日巴軍投降，東巴成立孟加拉人民共和國政府，17日停火。20日，葉海亞‧汗下台，人民黨主席布托出任總統兼軍法管制首席執行官，宣布釋放拉赫曼。[11]

| 令人遺憾 |
| 的　後　果 |

1972年1月拉赫曼回達卡，以總統名義頒布臨時憲法，並自任總理。1973年3月首次大選，

11　引自Willem van Schendel，《孟加拉國史》（*A History of Bangladesh*, 2009)，李騰譯（北京：中國出版集團，2011），頁167-168。

拉赫曼連任總理。泰戈爾〈我金色的孟加拉〉成爲國歌。

　　然而，政府無效率和官僚貪污橫行，走私黃麻與大米，更嚴重的是，執政黨操縱選舉、買票、恐嚇，把反對黨逼回街頭或潛入地下。1974 年的《特別權力法案》（Special Power Act）剝奪了反對聲音和出版自由，用以對付「惡棍」和「反社會分子」。1974 年底，國庫空虛，人民嗷嗷待哺，軍隊無法制止權勢者走私大米到印度去。70 名經濟學家、律師和作家連署聲明，認爲飢荒是人禍的結果，並應歸罪於「毫無羞恥的劫掠、剝削、恐嚇、奉承、欺詐和暴政」，他們認爲政府「很明顯是被一群走私販和奸商所統治和代表的」。

　　拉赫曼的反應是以暴力獨裁統治，1974 年 12 月宣布戒嚴，1975 年初成立新的「孟加拉人民、工人和人民聯盟」（BAKSAL）。警察逮捕並殺害無產者黨（Shorbohara Party）的西拉杰·錫克達爾。1975 年 8 月 15 日午夜，三支突擊部隊在幾個小時內就刺殺了拉赫曼及其 40 多名家人。從此這個新生的國家陷入軍人獨裁、貪腐的亂局。艾哈邁德出任總統。11 月 3 日，齊亞·拉赫曼（Ziaur Rahman, 1936-81）派穆沙里夫的反政變失敗。1977 年，齊亞·拉赫曼自任總統。1981 年 5 月 30 日，齊亞·拉赫曼在發跡的吉大港被駐軍司令曼殊爾殺害。1982 年 3 月，陸軍參謀長艾爾沙德（H.M. Ershad）推翻薩塔爾總統，1983 年就任總統。1986 年 5 月，艾爾沙德被拉赫曼的女兒哈西娜領導的人民聯盟和齊亞·拉赫曼遺孀卡麗達·齊亞領導的民族主義黨（1986 年成立）抵制選舉而退役，10 月還是當選總統，

1987 年 11 月至 1988 年 4 月宣布戒嚴。1990 年,他被大規模反政府運動轟下台。1991 年 3 月,卡麗達·齊亞出任總理,至 1996 年 4 月,再由哈西娜組閣,兩大黨每五年輪流執政。

巴基斯坦的布托如日中天,但 1977 年 7 月被陸軍參謀長齊亞·哈克推翻,1979 年 4 月布托被絞殺。1988 年 8 月,齊亞·哈克因座車爆炸而身亡。12 月,布托的女兒貝娜齊爾(Benazir Bhutto, 1953-2007)領導的人民黨組閣,兩年後又被伊沙克·汗總統的戒嚴趕下台。1993 年 7 月,由於謝里夫總理與伊沙克·汗起衝突,提前大選。10 月,貝娜齊爾再組閣(-1996)。1999 年 5 月,印、巴克什米爾衝突兩個月;10 月,陸軍參謀長穆沙拉夫(Musharraf)發動政變,推翻謝里夫政府。2001 年 6 月,穆沙拉夫就任總統,又連任至 2008 年。貝娜齊爾則在 2007 年 12 月被自殺炸彈炸死,她的丈夫 A.A. Zardari 在 2008 年當選總統(-2013)。

第九章

風起雲湧的非洲獨立運動

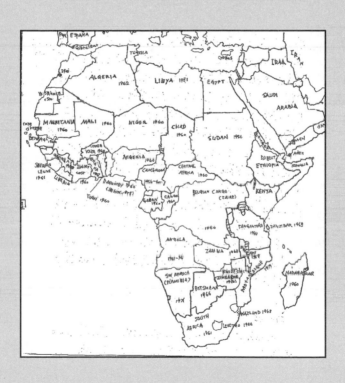

1. 反殖民主義高潮

1945 年 8 月二次大戰後，非洲只有埃及、衣索比亞和賴比瑞亞三個「獨立」國家；南非還不算，因爲它是少數白人外來政權（儘管荷裔波爾人自稱已「本土化」）。非洲人民在亞洲各國獨立運動風潮衝擊下，前仆後繼地奮起爭取自身的解放。但這正逢戰後美、蘇兩霸展開冷戰，美國人尤其忌憚獨立運動，動輒視第三世界獨立運動是共產黨背後操控的「紅色革命」的威脅（例如對越南、剛果及古巴狂亂的敵意）。

二戰期間，東北非和北非成爲同盟國與軸心國在非洲兩個主要戰場。1941 年春，衣索比亞人民聯合英軍，把侵略軍逐出國土，結束義大利五年的占領統治。與此同時，十多萬非洲士兵在利比亞和埃及境內，抗擊隆美爾的德意志兵團。1942 年 11 月英美聯軍在北非登陸後，30 多萬阿爾及利亞土人部隊乘勝追擊，進入突尼斯境內。1943 年 5 月非洲戰役結束後，約 40 多萬非洲士兵奔赴法國、義大利、德國、緬甸和馬來亞作戰；另有數十萬民工在上述戰區建築工事和負責後勤運輸重任。

1945 年 5 月 1 日及 8 日，阿爾及利亞各大城市人民慶祝勞動節及歐戰勝利日大遊行，遭到法國殖民當局阻撓與鎮壓，爆發土著浴血抗爭，一個月內，有 45,000 人被殺，成千上萬人被流放或監禁。在埃及，1946 年 2 月初，開羅大學生要求英軍撤出埃及，把 2 月 2 日定爲「英國滾出埃及鬥

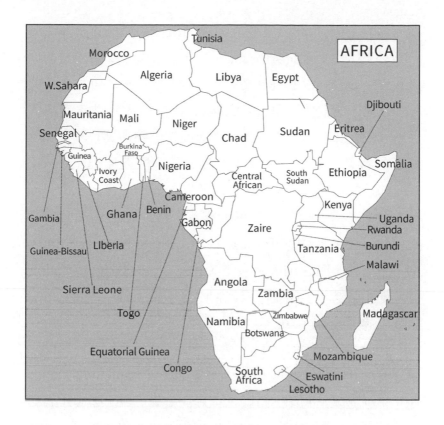

爭日」，號召人民「高舉祖國的旗幟，為擺脫恥辱和奴役而
戰鬥」，卻有 100 多人慘遭英軍射殺。1951 年 8 月，埃及
人又要求廢除不平等的《英埃同盟條約》、英軍撤離埃及的
民族運動，堅持到 1952 年初，又告失敗。與此同時，法屬
馬達加斯加人的民族革新運動（1946 年成立）於 1947 年 3
月 29 日大起義，有 6-8 萬人被殺。在肯亞、坦噶尼喀、烏
干達、奈及利亞、黃金海岸各地，也都爆發了大規模的罷工
與群眾運動。

泛非洲主義｜非洲民族解放運動的精神，源自於泛非主義
與黑人特性｜（Pan-Africanism）。美國黑人學者杜波伊斯
（W.E.B. Du Bois, 1868-1963）一生致力於黑人和非洲人的
解放運動，認爲要振興黑人民族的自信心，必須先教育黑人
了解和熱愛非洲的文化傳統，並團結起來創造具有非洲文明
特色的新黑人文化。生於牙買加的美國黑人加維（Marcus
Garvey, 1887-1940），組織「世界黑人進步協會」，主張回
到非洲去建立一個強大的黑人國家，1927 年被美國政府驅
逐出境。生於西印度千里達的黑人 George Padmore（1903-
59），留學美國並加入共產黨，1935-37 年參加倫敦泛非運
動，他主張泛非主義既可以代替共產主義，另一方面又可以
代替部族主義的意識形態。

　　1900 年 7 月 23-25 日，第一屆泛非會議在倫敦召開，
通過杜波伊斯的〈致世界各國呼籲書〉，指出 20 世紀的問
題是種族界限的問題，也就是種族的差異──主要表現在膚
色和頭髮上的不同──將在多大程度上影響超過世界半數的
人民，盡其最大才能分享近代文明的機會和權利的問題；大
會呼籲不要讓非洲土著淪爲黃金貪欲的犧牲品，不要讓他們
的自由被剝奪，他們的家庭生活被敗壞，他們追求正義的願
望被壓制，他們的發展和文明道路被堵死。

　　黑非洲及西印度群島的法屬殖民地黑人，展開了追求與
發揚黑人特性（negritude）運動。1934 年，塞內加爾詩人桑
戈爾（Léopold Senghor, 1906-2001）、馬提尼克島的塞澤爾
（Aimé Césaire, 1913-2008）及圭亞那的達瑪（Léon Damas,

1912-78），在巴黎共同創刊了《黑人學生》雜誌，塞澤爾創造了「黑人特性」這個詞彙，主張歌頌黑人文化的特殊性和偉大性，他們贊美「黑上帝」、黑天使及一切黑色的。桑戈爾主張黑人特性也是一種意志，一種體驗上述價值的方式。他撿起黑人非洲文明「這顆敲不碎的堅果做爲武器來捍衛黑人個性」。

　　非洲知識分子的覺醒，推動了黑人民族解放運動的怒潮，幾乎所有黑非洲（L'Afrique Noire）及葡屬非洲的恩克魯瑪、桑戈爾、卡翁達、內圖、蒙德拉納等，都深受泛非主義和黑人特性兩大思潮的洗禮，領導民族解放，掙脫白人帝國主義的桎梏。

　　1958 年 4 月，在迦納的阿克拉舉行非洲獨立國家會議。1963 年 5 月，30 個非洲國家成立「非洲團結組織」（Organization of African Unity, OAU），一方面做爲促進非洲國家的團結，保衛非洲主權、領土完整與獨立，根除一切殖民主義的機構；並支持尚未獨立的非洲領土解放；也重申他們對一切集團的不結盟政策。1958 年會議上，最年輕的肯亞工會領袖 Tom Mboya 宣布：爭奪非洲的殖民主義列強應該轉換方向了，「你們的時代已成過去，非洲必須獲得自由。你們恐怕是要爭奪逃離非洲的出路了」。可惜他在肯亞獨立後，1969 年被暗殺。

| 帝國主義和
非洲的衰敗 | 大英帝國在非洲的 14 個殖民地各自爲政，各有各的法律和預算，有總督和形式上的議會。 |

英國人一向根據當地具體情況而調整應變，他們認爲非洲人的「自治」遙不可及，需要大英的協助。基於經濟上的考量，英鎊集團在亞洲的損失要靠非洲初級產品及原料來彌補；對非洲進行間接統治，以改造當地土著酋長或地方政府成爲「有效的民主的」統治機構；通過選舉，吸收受英語教育的知識分子和新興中產階級參政，賦予他們更大的發言權，以滿足其虛榮與野心。

但「自治」並非「獨立」，英國人扶植封建貴族、地方勢力和親英的溫和派，防止急進民族主義或「極端派」得勢。即使非洲人採取非暴力手段，但號召人民起來反帝，堅持自治或獨立的恩克魯瑪、肯亞塔，甚至尼雷爾，都被英國人列入黑名單。[1]

除了蘇伊士運河事件和肯亞，英國人避免大規模的武力鎮壓，而以較和平方式把政權移交給非洲民族主義者，使這些國家在獨立後都加入英聯邦。

法國人則把非洲殖民地劃爲四種形式：（1）海外省的阿爾及利亞與留尼旺，由內政部管轄；（2）保護國的摩洛哥和突尼斯，由外交部管理；（3）殖民地，由殖民部領導；（4）國聯委任統治地，指法屬多哥及法屬喀麥隆。非洲人沒有立法權，但參加軍隊就可以獲得法國公民權及種種優待（1945 年在法國本土對德軍作戰的 40 萬人中，有 26 萬北非人）。相對於英國人推行英語教育，法國人則頑固地推行

1　日帝及國民黨外來政權殖民下，台灣人大都多數是反對而非絕對反抗至今。

同化政策，非洲人在學校禁止講母語，甚至不准閱讀《古蘭經》。1944 年 1 月，戴高樂將軍（Charles de Gaulle, 1890-1970）在布拉柴維爾會議上宣布：「在任何現實基礎上，通過逐步建立『法蘭西共同體』，來代替法國在整個非洲領地上實施的直接管理問題。」

1946 年 10 月，法國制定新憲法，建立第四共和國，新憲法規定：「法國和海外人民在權利和義務一律平等基礎上，不分種族和宗教組成聯邦。」雖然改殖民地為「海外領地」，但換湯不換藥，更加死命抓緊殖民地不放，大總督改為高級專員，他只向海外領地（殖民地）部長負責。阿爾及利亞這個海外省，儘管土人有選舉權，但政府首腦仍由法國總統任命的法蘭西共和國代表擔任。這就是「法蘭西聯邦」（Union Francaise）的構想。

至於比利時所屬的剛果或葡萄牙殖民地，兩國政府都不允許出現任何形式的政治活動，比屬剛果的土人或住在那裡的比利時人，都沒有投票選舉權。葡萄牙人在薩拉查（Antonio de O. Salazar, 1889-1970）這位經濟學教授出身的獨裁者統治下（1932-68），任何涉嫌在非洲進行煽動活動的人，輕則囚禁，重則流放。

2. 北非

二戰後，北非各地和撒哈拉以南少數地區都同時爆發反殖民統治、要求自治或獨立的各種鬥爭。1945 年 4 月阿爾

及利亞、1946-48 年埃及、1947-48 年摩洛哥、1947-49 年馬達加斯加都掀起反帝怒濤。在東非肯亞、坦噶尼喀、烏干達，西非的奈及利亞、黃金海岸都爆發大罷工及群眾運動。

利比亞在 1911 年被義大利片面占領，1919 年義軍再侵略後，1922 年奧瑪爾‧穆塔赫爾領導綠山游擊隊反抗，義大利人把反抗的利比亞人趕進集中營，用混凝土和毒藥填沒水井，在海岸沿線架設電氣鐵絲網。1931 年奧瑪爾被俘絞殺，義大利才終於征服了利比亞。二戰後，英、法、美軍分別占領利比亞各地。1949 年 5 月，英、法密約由兩國依舊託管占領地，義大利託管迪里波里，十年後經聯合國大會同意，利比亞才能獨立。1951 年 10 月，利比亞國民議會批准由聯合國專員及占領國共同擬定的憲法草案，12 月 21 日宣布獨立，由 Idris Al-Senussi 一世爲國王，三大國仍舊駐軍，各國開採石油。1969 年 9 月 1 日，格達費（Muammar Muhammad al-Gaddafi, 1942-2011）領導自由軍官團發動政變，推翻王朝，建立共和國。1970 年 3 月，英軍最終撤離利比亞。

英、埃共管下的蘇丹（1899-1955），英國人在南蘇丹推行英語及基督教，埋下了蘇丹南北分裂的禍根。1938 年成立的「畢業生代表大會」，在 1942 年曾向英埃蘇丹總督提出承認二戰後蘇丹自治，被當局悍拒。二戰後，蘇丹人分裂爲反對和埃及聯合的少數派，以馬赫迪後裔的安薩爾（輔士）派領袖阿卜杜拉赫愛及其子薩迪克爲主；主張與英國合作來實現獨立，自行建立烏瑪黨（國民黨）的多數派，以阿

扎里（Ismail al-Azhari）為首，主張和埃及聯合，1952 年成立民族聯合黨。11 月選舉，烏瑪黨大勝，但兄弟會等許多政黨並未參選。1953 年，各政黨聯合要求取消總督特權，成立由總督督導、蘇丹人擔任委員的政府，英軍撤離蘇丹。11 月阿扎里勝出，次年 1 月組閣。

　　不料，1955 年 8 月赤道省發生兵變，叛軍要求赤道省、加札勒阿省及上尼羅河省等富庶的南蘇丹地區自治，引爆南北內戰，因為南方人不滿北方人的高壓與歧視，強迫他們穆斯林化。駐 Torit 司令部的南方兵團第二連奪取武器，蓄意屠殺北方人軍官、婦女與小孩。英國人樂得袖手旁觀，月底，北方軍隊才趕來平亂。1955 年 11 月，英軍撤離。1956 年 1 月 1 日，蘇丹建立共和國，從此北方政治動亂。1958 年 11 月，陸軍總司令阿布德推翻哈利勒政府。1963 年，南方出現反政府游擊隊「阿尼亞尼亞」暴動。歷經民主與軍人的鬥爭，1969 年始由少壯軍官尼邁里（Nimeri, 1930-

2009）掌權至 1985 年。由於南方在 1978 年發現石油，南北對立更加複雜。

1930 年代，突尼斯人的自由憲政黨，分裂為主張忍受法國統治、爭取改革的傳統派，和強調展開群眾運動、迫使當局改革的現代派。1950 年以來，大罷工被法國當局殘酷鎮壓，把共產黨及民族政黨領袖關進集中營，突尼斯人不再忍受內政自治的騙局，1954 年組織民族解放軍，展開獨立鬥爭。1956 年 3 月 20 日，法國才承認突尼斯獨立，1963 年才完全撤軍。

摩洛哥從 1924 年法、西聯手消滅里夫共和國以來，65% 的土地被少數歐洲人占有。1947 年 9 月，獨立黨向聯合國遞交備忘錄，要求獨立，遭法國悍拒，各地暴動。1951 年初，法軍包圍王宮，迫尤素福丹譴責獨立黨和共產黨；接著法軍厲行白色恐怖，逮捕 193 人。1953 年 8 月，更把尤素福丹流放到科西嘉島。1955 年，游擊隊在里夫及阿特拉山區活動；11 月，法國人被迫同意尤素福丹復辟。1956 年 3 月 2 日，法國承認摩洛哥獨立；4 月，西班牙也跟進。1957 年 8 月，摩洛哥王國由尤素福丹統治（-1961），稱穆罕默德五世。

3. 迦納獨立

黃金海岸 黃金海岸是英屬非洲第一個獲得獨立的國家，11 世紀時曾是西非繁榮的帝國，英國人取代荷蘭人統治

（1646-1871），占領這個盛產黃金的國度。1930 年代，它的可可生產更高居世界第一位。當地知識分子渴望「儘早自治」，1947 年 8 月便成立黃金海岸統一大會黨，「保證用一切合法的手段，使控制和指導政府的權力，在盡可能的最短時期內，轉到人民及其酋長的手中」。請注意這段話的最後一句，即把權力轉移到「傳統統治者」的手中。所以該黨的領導就是酋長之子、倫敦大學法學博士約瑟夫・丹奎（Danquah）及大木材商喬治・格蘭特。

丹奎爲了動員更多的民眾，聘請曾在海外 12 年的恩克魯瑪（Kwame Nkrumah, 1909-72）當專職工作員。恩克魯瑪生於沿海漁村，當過小學教師，1935-45 年留學美國林肯大學及賓州大學念神學、教育及文學（碩士），1945-47 年又留學倫敦經濟學院，回國後，他窮得只能坐在卡姆登的廉價咖啡廳裡向聽眾「傳道」。在恩克魯瑪的運作下，統一大會黨半年內成立 500 個支部。

1948 年，罷工四起；2 月 28 日，退伍軍人在阿克拉示威遊行，有兩人被軍警打死。各地暴動不休，統一大會黨要求英國殖民大臣派員來主持召開制憲會議，英方的答覆是逮捕丹奎、恩克魯瑪等六人，引發民眾示威，才迫當局放人了事。當局擔心恩克魯瑪是共產黨，因爲他太有煽動魅力，把他排斥於制憲會議之外。恩克魯瑪組織青年讀書會，吸收輟學生、低級文官、小商人，逐漸成爲年輕人的偶像。他又創辦報紙，宣稱「我們寧願冒險去爭取自治，而不願在平靜中接受奴役」。1949 年 6 月，他自創「黃金海岸人民大會黨」，

主張以一切合法手段，爲黃金海岸各地酋長與人民「立即實現完全自治」，進行無情的鬥爭；爲捨棄一切形式的壓迫和建立一個民主政府而發揮強有力的、自覺的政治先鋒隊作用，他以「積極行動」，使用合法手段、新聞報紙和教育運動，而做爲最後的手段，則是根據絕對非暴力的原則，在憲法範圍內運用罷工、抵制和不合作運動，「就像甘地曾經在印度運用的那樣」。

人民黨比統一黨更加激進，毫不妥協地反對英國人及非洲上層人士之間所達成的任何虛僞且騙人的協議。曾在印度當過副總督的薩洛華，召見恩克魯瑪，向他保證憲法一旦實施，將有一場公正的選舉，勸他不要搞流血暴動。丹奎嘲笑恩克魯瑪把自己出賣給英國殖民大臣，人民的形勢迫使他退出談判。1950 年 1 月 8 日午夜起，鐵路及卡車工人大罷工；1 月下旬，有 24 個警察被示威群眾打死，阿登·克拉克總督立即宣布戒嚴，將恩克魯瑪判刑三年。這反而使「監獄畢

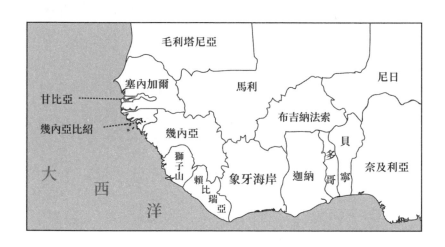

業生」成為無上的榮耀，政治犯走出監獄，到處受到群眾熱烈的歡呼。可見英國人太文明了，台灣的政治犯，非死即長期囚禁、家破人亡，而一般民眾視他們為洪水猛獸，不敢接近；加上特務、警察的隨時「關懷」，英雄淪為狗熊。

眼看 1951 年 2 月的選舉將近，丹奎以為「狼被趕走了」，但恩克魯瑪的戰友貝德瑪剛出獄，隨身攜帶老大的相片到處演講拉票，「監獄畢業生」個個戴白帽和一件北方式的襯衫，動輒有幾百人前去歡迎並開始遊行。恩克魯瑪根據不同罪名，各處一年徒刑，儘管累計為三年刑期，英國人卻笨得守法，任何人只要服刑不超過一年，仍有權利登記參選。於是，「狼」在獄中宣布自己參選，以最高票（23,122 張選票中，拿 22,780 票）當選。英國人被迫在 1952 年 2 月 9 日，把總督心目中的「希特勒」開釋。人民大會黨囊括了 38 席中的 34 席，丹奎的統一大會黨只獲三席。總督深知，沒有人民大會黨領袖的號召，憲法就無法實施；沒有恩克魯瑪，憲法就會胎死腹中，人民將不會信任當局的善意表現，「黃金海岸將會陷入動亂、暴動和流血衝突中」。

既昏 恩克魯瑪出任不管部長，掃除貪污，大量提拔非洲人
且暴 官僚（從 1949 年的 13%，增至 1954 年的 38.2%），
鼓勵外國投資，實施全民教育，殖民地大臣特利爾頓專程到黃金海岸視察，看到兩個加起來不到 12 歲的黑人小孩，全身赤裸，高舉一塊大黑板，上面用粉筆寫著：「三個英國官，滾蛋！」然而政客對立、謀殺、背叛事件，層出不窮。阿散

蒂人揮舞著「英國人，別走！」和「我們不要獨立！」旗幟，英國人樂得袖手旁觀。1956 年 9 月，英國同意黃金海岸爲英聯邦內的自治領。1957 年 3 月 6 日，黃金海岸改爲「迦納」（Ghana），恩克魯瑪繼續擔任首任總統。

然而權力使人腐化，他花數百萬美元，以自己的名字建立一所意識形態研究所，宣揚「恩克魯瑪主義」。他又帶頭大搞獨裁統治和個人崇拜（後來各國「開國之父」，如杜爾、烏弗埃—博瓦尼、凱塔、奧林匹歐、肯雅塔、尼雷爾、米翁達、班達等「國父」，都無法擺脫這種命運）。1964 年通過公投修憲，實行一黨制，反對票都是阿散蒂人。

在獨立一年後，恩克魯瑪向議會提出多項法律，授權政府不經審判，即可拘留任何人長達五年。1958 年頒布了《防範性拘留法》，首先逮捕 38 人，至 1965 年則增加到 1,200 人，丹奎最終病死獄中（1965）。恩克魯瑪被拱爲「主宰命運的偉人、非洲之星、崇高的奉獻者」和「奧薩吉弗」（戰勝者），鈔票、郵票上印著他的肖像，他的生日成了公共假日。1961 年世界可可價格驟降，政府實施嚴苛的新稅制，引起抗議浪潮和大罷工，恩克魯瑪立即逮捕工會領袖，連老戰友科姆拉·格貝德馬也不放過，迫他辭去財長職務，低調地流亡海外。他建立 50 多家國營企業，虧損累累，例如國營航空班機只能飛開羅及莫斯科，大部分班次上僅有的乘客是市議員、黨務官員和他們的親戚，他們報公費，由全民買單。

1965 年爲舉辦非洲首腦會議，恩克魯瑪發起「600 工

程」，耗資 1,000 萬英鎊，建造有 60 間套房、可容納 2,000 人的大客廳及 72 個彩色噴泉的會議大樓，結果有 14 國抵制。他培訓南非的流亡黑人游擊隊，迦納特務還捲入暗殺多哥總統奧林匹歐的陰謀。1965 年企圖行刺尼日總統哈馬尼迪奧里的異議分子，就曾在中國及迦納受訓。

恩克魯瑪又挑撥軍隊矛盾對立，軍人尤其不滿總統私人部隊「總統特屬禁衛團」的特殊待遇。1966 年 2 月 24 日，恩克魯瑪正在北京，準備前往河內調解越戰（他未免太狂妄了！），軍隊和警察發動政變，人民歡欣鼓舞地撕碎、搗毀恩克魯瑪的肖像和雕像，從前追隨他的青年們，這下子高舉「恩克魯瑪不是我們的救世主！」大牌。此後，恩克魯瑪流亡幾內亞，1972 年客死於羅馬尼亞。

軍人當權至 1970 年，兩年後又發生軍事政變。1989 年，民選總統又被空軍將領 Rawlings（1942-）推翻。1992 年，Rawlings 當選總統（-2000）。

4. 黑色非洲

14 個黑色非洲殖民地對法國仍舊忠心耿耿，法國教育的知識分子儘管是少數菁英，但幾乎完全自視為法國人，以做為一個大國公民為榮，他們要爭取的是黑人和法國本土人民的同等權利，沒有想搞什麼獨立運動，只有幾內亞的杜爾例外。

象牙海岸的烏弗埃—博瓦尼（Félix Houphouët-Boigny,

1905-93），酋長之子，也是師範學校學生及第一名畢業的醫生，回故鄉在醫務部門服務 15 年，成功地把象牙海岸民主黨變成跨殖民地的「非洲民主聯盟」，結合了共產黨（1907年退出政黨去打游擊），不畏懼當局的壓制，凡支持「非民盟」的公務員、教師、村長、保長等，統統被當局革職，鄉鎮課重稅。

民主黨以絕食抵制、示威、巷戰抗爭，仍告失敗。1950年，烏弗埃—博瓦尼與法國海外領地部長 F. 密特朗會晤後，與共產黨劃清界線，轉而尋求與政府和解。他一再強調非洲民主聯盟既不反對法國的政策，也從未要求過獨立，所抨擊的對象，無非是雙重選舉制度及其他形式的歧視，目標無非是要求非洲人在法蘭西聯邦範圍內享有平等地位；他聲稱，要將非洲變成法蘭西聯邦中「最美好、最忠誠的領地」。1956年，非洲民主聯盟成為國民議會內最大的非洲黨，烏弗埃—博瓦尼正式入閣；1957年，象牙海岸「半自治」。

1958年6月，戴高樂上台。9月28日公投時，非洲各殖民地有機會選擇「贊成」或「反對」，反對將意味著「脫離」而失去所有法國的支援，並陷入經濟混亂局勢，黑非洲各國都一致選擇支持戴高樂。12月4日，象牙海岸成為法蘭西共同體內的自治共和國，烏弗埃—博瓦尼出任總理。1959年4月大選，他當選為首任總統，直到去世（1993.12）為止，一直「仁慈地」獨裁統治33年，聲稱「民主是一種政治制度，應適用於具有良好道德操守的人民。在類似我們這樣年輕的國家裡，在一段特定時間內，我們所需要的是一

位擁有全權的酋長」。

烏弗埃—博瓦尼被批評過度依賴法國，法國顧問在政府部門乃至軍隊、國營企業、安全部門無所不在，直到 1982 年，文官中有 1.2 萬名法籍職員。他不聽任何雜音，20 年內從未有過另一個反對黨，民主黨控制大權，大搞政治分贓遊戲。總統本人將可可出口收入的 1/10 存入自己的戶頭，他的親人及部落族人享受各種優惠、擔任政府要職。他的故鄉亞穆蘇克羅村打造成一座到處都是豪宅的大城市，加上總統府，大門前有兩尊鍍金公羊雕像。他還耗資 1.45 億美元，按照羅馬聖彼得教堂模式，修建了一所長方形基督教堂。

1990 年 2 月，總統命令軍警鎮壓罷工與遊行，有 140 名學生在阿比讓一所天主教堂集會，被斥為「暴徒和癮君子」，慘遭棍棒毒打。他被迫承認反對黨的存在，又乘他們來不及成軍就立即選舉。11 月，85 歲高齡的烏弗埃—博瓦尼獲得 82% 的選票，第七次連任。

幾內亞向法國說不！ 1958 年 8 月，戴高樂走訪非洲，所到之處，無不受到非洲領袖的熱情擁抱。不料，8 月 25 日下榻於幾內亞的科納克里，從機場到市區，沿途看到番仔高舉「獨立」大旗，向他高喊「獨立！」

在陳舊的白人議會大廳上，戴高樂又被杜爾（Ahmed Sekou Touré, 1922-84）嗆聲：「幾內亞人民寧可貧窮而享受自由，也不願富庶而受人奴役！」杜爾是貧農之子，而非社會菁英，念過職業學校，15 歲就被退學。1941 年考進郵局，

1945 年爲郵電土人協會總書記。借助喧鬧粗魯，混進工會而成立幾內亞民主黨，1957 年該黨奪得 60 席中的 56 席，35 歲的杜爾成爲幾內亞總統，他公開不屑於戴高樂的法蘭西聯邦構想。但他向法國總統表明：「我們的心、我們的理智和我們明顯的利益，使我們絲毫不猶豫地在（法國）這個聯盟中選擇互相依存和自由，而不是表明我們不要法國或反對法國。」惱羞成怒的戴高樂回答：「人們在談論獨立，在這裡我比在其他地方用更大的聲音說，幾內亞有隨意選擇獨立的自由。它可以拒絕別人的建議而自行獨立，如果那樣的話，我保證法國本土不會設下任何障礙。」

當晚，戴高樂單獨召見杜爾，警告說，一旦幾內亞人親口對法國所提的團結建議嚴肅地說個「不」字，一切就免談了。第二天，老將軍怒氣沖沖地拒絕杜爾陪他飛往塞內加爾的建議。一個月後的 9 月 28 日法國公投，本土約有 80% 表示贊成，法屬非洲有 95% 贊成，只有幾內亞投反對票（反對的有 1,136,324 張，贊成的有 56,981 票）。第二天，法國立刻停止對幾內亞的救援，下令法國人教師、醫生、文官等 4,000 多人回國，幾內亞人士兵被解雇並停發退休金。法國人離開前，扯摔電話線，打破玻璃，搗毀辦公室設備，包括冰箱、抽水馬桶，銷毀監獄檔案。10 月 20 日，杜爾宣布幾內亞獨立。

但這位「非洲的偉大之子」、「國際帝國主義、殖民主義和新殖民主義的剋星」、「革命科學博士」卻是個獨裁者，強迫學生背誦他的 20 多卷語錄，否則考試就不及格。他疑

神疑鬼地槍斃了 50 多個部長，1961 年又把要求同工同酬的教師和知識分子扣上「教師陰謀」大帽子。1965 年，一些商人企圖成立反對黨並提名候選人參選總統，全體被處死。黨政高官、外交人員被絞殺。1972 年，又有一批因醫藥短缺而「詆毀革命榮譽策劃的陰謀」的醫生被整死。1984 年，杜爾死於心臟病發；4 月，軍人發動政變奪權，此後軍人動亂不休。

塞內加爾由桑戈爾統治 20 年（1960-80），總算相當民主與平靜。他 74 歲引退，交棒給學生 Abdou Diouf。Diouf 開放黨禁，統治 20 年（-2000）。

5. 非洲年

集體獨立　1960 年有 17 個國家獨立，其中 14 個是法蘭西共同體的成員。託管地喀麥隆、塞內加爾、多哥、馬達加斯加、貝寧、尼日、上伏塔、象牙海岸、查德、中非、剛果、加彭、馬里、毛里塔尼亞，加上當前薩伊、奈及利亞與索馬利亞等三國，它們占非洲人口及面積的 1/3 以上，連同 1959 年以前獨立的國家，1961-68 年有 15 個國家獨立，阿爾及利亞堅持八年的民族解放鬥爭，迫法國承認它的獨立（1962）。到 1960 年代末，非洲已有 41 個獨立國家，其中坦噶尼喀和桑給巴在 1964 年 4 月合併為坦尚尼亞。1950 年代末至 1960 年代初，葡屬殖民地和南部非洲的安哥拉（1961）、幾內亞比紹（1963）、莫桑比克（1964）、津巴

布韋（1966）、納米比亞（1966）等國人民，也先後展開了反殖民地統治的武裝鬥爭。

奈及利亞　英屬奈及利亞在 1944 年出現了要求自治的「奈及利亞與喀麥隆國民大會」。1946 年，理查茲總督提出憲法草案，將它分為三塊：北區是穆斯林為主的豪薩（Hausa）族，東區是伊博（Ibo）族，西區為約魯巴（Yoruba）族，每個區有一個形式上的立法議會，都由英國人包辦。此後這部 1947 年實施的憲法，不過是英國人拉一個打一個、挑撥離間奈及利亞族群矛盾對立的工具。1948 年，英國人甚至在西區扶植約魯巴人傀儡單獨成立政治組織，並宣稱奈及利亞人要在政治上實際自主「還沒有成熟」，需要經過艱苦的時期才能「逐步完成」。

1956 年 1 月，當局在伊巴丹召開修憲大會，大多數代表親英的北部封建主和西部商業買辦階級，反對主張團結的「國民大會」。麥克費基總督的新憲法仍是三區分立，國民大會則提出「一個國家，一個憲法，一個命運」口號。當局全面鎮壓獨立派，引爆 1955 年 10 月持續 18 天的四萬礦工大罷工。1953-54 年，英國又拋出以殖民大臣麥特爾頓為名的憲法，成立奈及利亞聯邦，繼續受英國管轄。1954 年 10 月第一次選舉，「國民大會」和北方人民大會黨聯合組成第一屆政府。1960 年 10 月，奈及利亞獨立，實行君主立憲制，阿齊克韋出任首任總督，1963 年改為聯邦共和國。

然而族群對立（約有 150 族）與選舉舞弊、暴力，加深

了矛盾對立。1961 年 2 月，在喀麥隆英國託管地北部與南部分辦公投，4 月的聯合會通過此議案，6 月北部併入奈及利亞，南部於 10 月併入喀麥隆。

1966 年 1 月，東區伊博族軍官奧朱為（Ojukwe）上校殺死豪薩族總理巴勒瓦。7 月，北方軍人發動政變，殺死伊龍斯。31 歲的陸軍參謀長戈翁（Gowon）掌權，1967 年 5 月 28 日宣布把全國四大區改為 12 州，引起東區伊博族的不滿。5 月 30 日，東區軍事長官奧朱為（牛津大學畢業）宣布獨立，成立比亞法拉共和國（Biafra），7 月與聯邦軍開打（-1970）。8 月，中西區也宣布建立「貝寧共和國」，迅速瓦解。內戰導致東部人非死即傷，寡居的伊博族更是人人自危，至年底，已有百萬難民湧入東部避難。奧古朱特刻意

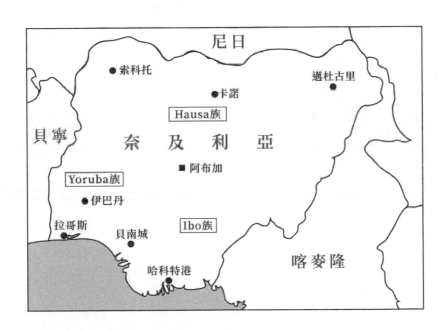

渲染伊博人被大屠殺,使伊博人敵愾同仇,何況東部擁有油田和港口,但比亞法拉遭受聯邦重兵壓境及轟炸,成了孤島和廢墟,只靠葡萄牙在幾內亞比紹及奈及利亞的空軍補給,及法國的祕密提供武器。1970 年 1 月,奧朱為一面宣稱「我在,比亞法拉就在」,一面逃亡象牙海岸。戈翁引用美國總統林肯的名言,呼籲「包紮起民族的傷口」,沒追究任何人,他說:「既沒有勝利者,也沒有戰敗者。」1975 年 7 月,戈翁被豪薩人穆爾塔拉·拉馬特·穆罕默德推翻。1976 年,穆爾塔拉被暗殺,此後又是一連串軍事政變。1992 年才有總統初選,卻因舞弊而取消初選結果,1998 年軍人才還政於民,又是動亂到 1999 年 2 月,由前軍事執政者、人民民主黨的奧世山當選總統,結束 15 年的軍政。約魯巴人不滿被邊緣化,自己成立「奧奧多阿人民大會」,但其領袖阿比奧死於獄中。各地族群對立永無休止,基督徒與穆斯林更是水火不容。

索馬利亞　索馬利亞(Somalia)在 19 世紀被英、法、義三國瓜分,穆罕默德·哈桑領導聖戰(1899-1920)。二戰後,當地仍分為英屬地及義大利控制的聯合國託管地。1956 年,義大利當局被迫開放選舉,索馬利亞青年聯盟在分配的 60 席中獲得 43 席而執政。1959 年 12 月,聯合國大會決議,1960 年 1 月義託管索馬利亞獨立。英屬索馬利亞的立法議會(1957、1958)由總督任命議員,非官派的占少數,引發民族聯盟抵制。1960 年 2 月選舉,民選議員占 36

席中的 33 席，其中民族聯盟有 20 席。大會通過獨立後與已獨立的索馬利亞合併，7 月 1 日，兩國合併為索馬利亞共和國。

1958 年法屬索馬利亞公投後，仍留在法蘭西共同體內（改為海外領地）；1967 年仍稱「法屬阿法爾及伊薩領地」，這塊土地上有衣索比亞人和索馬利亞人，直到 1975 年法國人才被迫同意它獨立，6 月 27 日建立吉布拉（Djibouti）共和國。

6. 比屬剛果（薩伊的悲劇）

獨立即分裂 1885 年 2 月 26 日，比利時國王利奧坡二世以私人名義，在柏林議會上取得了剛果河以南近 100 萬平方英里土地，成立「剛果自由邦」。這位花花公子自任「中央政府」國王、首相和外長。剛果土人被強迫上山採橡膠，未如期上繳者，輕則監禁，重則砍手、割耳，有 80 萬人受難。土人每個月服勞役 40 個小時，修築 398 公里鐵路，耗盡九年，無數女人被折磨至死。1908 年，國王迫於國際壓力，才以幾千萬美元把剛果自由邦賣給比利時政府。

天主教會控制下，剛果土人只能接受職業教育，不准出國留學，遠洋船隻勞工不得離船上岸。直到 1960 年剛果獨立時，全國 1,400 萬人當中，只有一名律師、26 個大學畢業生、136 人上過大學或受職業培訓。比屬剛果的鈾礦儲量

占全世界的 60-80%，產量占 90%，工業礦石產量爲全球第一位，比利時在這裡投資 40 億美元，每年搶走的利潤高達 100 億比利時法郎。

剛果人在 1921 年就有黑人神父基班古領導民族運動，號召「剛果是剛果人的剛果」。1931 年秋，烏班吉和魯隆爆發農民暴動；1939 年，又有黑人傳教士團武裝起義，都告失敗。

盧蒙巴（Patrice H. Lumumba, 1925-61）是巴特特拉族的基督徒，生於西開賽省，只念過四年小學，1943 年到城市裡的歐洲礦業公司當文書，不久通過考試，成爲一個「進化人」，結婚生子。六年後，到利奧坡維爾的郵局工作。有一次，他在路上撞到白人婦女，當場被對方痛罵爲「骯髒的猴子」。1951 年，他又通過考試，到斯坦利維爾（Kisangani）郵局當匯款員。幾個月後，被當局升爲剛果全國農業研究所所長（-1953），後來又回郵局當會計。他同時擔任七個組織的主席或書記，領導剛果土著雇員協會及東方省郵政工會，二度被捕。1954 年，他加入比利時自由黨，1956 年應邀訪問布魯塞爾，回來後被控盜用郵局公款而坐牢，判刑六個月，只服刑八週。接著他推銷啤酒，反而因禍得福地更加深入民間。

當時剛果有神學院畢業的卡薩武布（Kasavubu）領導的「阿巴科」（Bakongo 人聯盟，ABAKO），1952 年他當選利奧坡維爾市登達爾區長時，就在就職儀式上要求大選，實現自治。1958 年 11 月，他向比利時政治考察團宣稱：「我

要求獨立，所有比利時人立刻滾蛋！」加丹加巴倫達人成立
「加丹加部落協會聯盟」（Conakata 黨），以對抗巴盧巴人
的「世盧巴卡特」，由冲伯（Moise Tshombe, 1919-69）領導，
把白人當作朋友。

　　盧蒙巴在 1958 年 10 月成立一個跨族的「剛果民族運
動」（Mouvement National Congolais, MNC），和兩名戰友
去阿克拉參加全非人民大會，決心師法恩克魯瑪，回來後宣
布投入反殖民、爭取自身解放的無情鬥爭。七天後，當局不
准阿巴科在禮拜天下午舉行例行集會，引起民眾及失業者的
騷亂。當局宣布從地方選舉入手的政治改革計畫，含糊其辭
地允諾，表示剛果獨立是比利時的最終決策。

　　1959 年底至 1960 年初，已有 120 個政治組織正式獲准
註冊。盧蒙巴走遍各地演講，鼓舞人心，但提出愈來愈激進
的政治要求，嚇走剛果民族運動的溫和派。1959 年 10 月，
在斯坦利維爾的大會上，代表們同意積極行動起來，爭取立
即解放剛果。盧蒙巴演講之後，一場騷亂隨即爆發，26 名
非洲人被殺害，盧蒙巴以煽動暴力罪被判刑六個月。其他地
區也暴動、動亂，巴剛果人拒絕納稅捐；開賽省的盧盧阿與
世盧達兩個部落爆發戰爭。1959 年 12 月，比利時國王博杜
安訪問斯坦利維爾，遭到大批群眾在機場示威，當局不得不
使用催淚瓦斯驅散民眾。在許多地方，12 月的地方選舉也
遭到人們的抵制。比利時政府被迫在 1960 年 1 月 20 日於布
魯塞爾召開 13 個政黨領袖及比國政府的圓桌會議，打算在
四年內分階段實現權力過渡。不料所有剛果人代表團結一

致，要求在 1960 年 6 月 1 日舉行選舉，實現獨立；最後他們允許比利時的統治延長 30 天，迫比利時同意。

比利時政府一再維護它在剛果的十萬人的權益，以及投資的利潤。盧蒙巴和卡薩武布拒絕參加 4 月 26 日至 5 月 16 日有關經濟問題的圓桌會議，各政黨也團結抵制而不了了之。

比利時人想扶植卡薩武布，盧蒙巴則聯合其他政黨組成統一戰線。比利時又藉口剛果動亂而出兵，選舉結果，盧蒙巴的剛果民族運動在 137 席中獲得 33 席，加上盟友可占 41 席，成為最大贏家，他仍成功地爭取到 74 席的多數支持，獨立前五天，由 12 個政黨組成一個臃腫的聯合政府，卡薩武布為有名無實的總統，35 歲的盧蒙巴為總理兼國防部長。6 月 30 日，剛果宣布獨立。比利時國王博杜安應邀參加獨立慶典，卻教訓剛果人在沒有把握做得更好的時候，不要更換比利時留下來的各種體制，他說：「你們是一個沒有經驗管理自己的民族。你們不要以為獨立是你們贏得的，獨立是我們比利時人恩賜給你們的禮物。」

盧蒙巴回答他說：「剛果人民永遠不會忘記，獨立是經過鬥爭才贏得的。……那場鬥爭，是淚與恨、血與火的鬥爭，我們為此感到無比的驕傲與自豪，因為那是一場崇高的、正義的鬥爭。……這就是我們在 80 年的殖民統治下所經受的一切，我們的心仍在滴血，我們的傷口還在疼痛，我們怎能忘記這一切呢？我們經受過輕視、侮辱和毆打，這並不是因為什麼，而僅僅是因為我們的皮膚是黑色的。」

比利時國王惱羞成怒，匆匆離開，剛果就在這場不大不小的爭吵中宣告獨立。然而盧蒙巴立刻面對卡薩武布及冲伯等人的敵意；加上一萬多名比利時人公務員；尤其 25,000 名剛果軍人由比利時人楊森斯指揮的嚴峻局面。

剛果士兵不滿拖欠軍餉幾個月，而 1,100 名比利時軍官仍在指揮他們。6 月 4 日，利奧坡維爾軍營內發生一椿違反軍紀事件，楊森斯下令軍隊必須絕對服從命令，為說明自己的意思，他在黑板上寫下一行字：「獨立之前＝獨立之後」。當晚士兵在軍營發起抗議集會，要求解除楊森斯的職務，變成一場騷動。7 月 8 日，開賽省首府盧盧阿堡的剛果士兵起義，駐伊麗莎白維爾的士兵也譁變，打死一些白人軍官及平民，甚至打家劫舍，強暴婦女。

盧蒙巴公開譴責比利時軍官煽動叛亂，解除了楊森斯及一些比利時軍官的職務，任命二次大戰中打過仗的前軍士倫杜拉為新司令，並挑選他信任的私人助理莫布杜（J. Mobutu, 1930-97）為參謀總長。此人在軍隊服役七天，充當文書工作，一直晉升到士官長，成為當時剛果人的最高軍銜。1956 年他退役後，當記者和警察的線民。

比利時報紙故意渲染剛果士兵的暴行，引述一名白人婦女被 38 個人輪姦的捏造事件；又指控盧蒙巴計劃請蘇聯軍隊來鎮暴。7 月 9 日，盧蒙巴拒絕邀請比利時軍隊進行干預。10 日起，比利時傘兵攻占伊麗莎白維爾和盧盧阿堡，盧蒙巴宣布與比國斷交。11 日，比利時慫恿冲伯在加丹加宣布獨立，冲伯指控盧蒙巴獨裁、傾向共產主義，放任軍隊、政

客亂搞，他要求比利時政府繼續支持。同時比利時又策動卡
隆吉（Albert Kalonji）宣布「開賽礦業共和國」獨立。

非洲紅星 盧蒙巴向聯合國求援。1960 年 7 月 15 日，聯
的 殞 落 合國秘書長哈馬紹（Dag Hammarskjöld, 1905-
61）親自率軍進入剛果，取代了在加丹加的比利時軍。然而
盧蒙巴的身邊不乏共產黨人，比利時共產黨也提供「技術援
助」，蘇聯武器和飛機也抵達剛果，捷克人也進來了。

　8 月 18 日，美國總統艾森豪（Dwight David Eisenhower,
1890-1969）在國安會上對盧蒙巴表示擔心，他認為盧蒙巴

不論有沒有左傾，但至少是個典型的民族主義者。對美國人而言，民族主義就是共產主義的溫床；他們擔心的是蘇聯支持第三世界的民族獨立運動，暗中把共產主義塞進去。

CIA 站長 Larry Devlin 來電說，美國大使館和情報站都認為，剛果正經歷一場「典型的共產主義者接管政府的努力過程」，他沒有提出具體證據，只強調盧蒙巴向蘇聯靠攏，必須立刻採取行動，防止在非洲出現另一個古巴。

盧蒙巴在 7 月 23 日主動去美國，艾森豪不理他，指派國務院副國務卿猶隆接待他。8 月 26 日，CIA 局長艾倫‧杜勒斯電告在剛果的人說：「如果盧蒙巴繼續在剛果身居高位，那麼不可避免的結果，最好也是動亂，而最壞的則是為共產黨接管剛果鋪平道路。」他下的結論是，「把他搞下台是當務之急，是首要目標」。

比利時人加入冲伯的部隊，蘇聯大使雅科列夫支援盧蒙巴首批 100 輛軍用卡車及 16 架由蘇聯人開來的伊留申運輸機。8 月 28 日，國民軍直搗巴克旺加（Bakwanga），卡隆吉投奔冲伯。8 月底，另一支部隊也控制了北喀坦加，對冲伯的南喀坦加形成南北夾擊形勢。不料，一向看來只會賞花喝酒的懶人卡薩武布，卻在 9 月 5 日宣布解除盧蒙巴的職務，立刻解散國會。第二天，盧蒙巴反過來宣布卡薩武布不再是總統了。6 日，聯合國部隊進占利奧坡維爾的機場和電台。三天後，盧蒙巴自己宣布是總統和總司令，命令莫布杜為獨立軍上校參謀長。CIA 立刻找上莫布杜。14 日，莫布杜發動政變，要求兩個元首各自在家，蘇聯外交官在 48 小時內

離境。

　　瑞典人和摩洛哥人的聯合國部隊把盧蒙巴護送走，他在逃走時，匆匆掉下一只公事包。CIA 立刻偽造文件，抹黑盧蒙巴將有計畫地驅逐聯合國部隊，進行大規模逮捕反對派的行動。但是盧蒙巴向蘇聯要求提供武器、飛機的簽名文件倒是真的，立刻上了頭版新聞。盧蒙巴回到總理府，被聯合國部隊和莫布杜的士兵雙重「保護」。10 月 9 日，盧蒙巴偷偷溜出去，沿途招兵買馬，到處展現個人魅力，延誤了行程。12 月 1 日，他渡過河，妻子和小兒子被追兵趕上扣押，他又回頭，立刻被莫布杜的追兵雙手反綁，銬上手銬，押回首都。1961 年 1 月，首都哈迪兵營譁變，士兵高呼釋放盧蒙巴的口號。莫布杜把盧蒙巴、奧基托（Joseph Okiti）和莫坡洛（Maurice Mpolo）等三人送到伊麗莎白維爾，交給冲伯。35 歲的盧蒙巴慘死，耳朵被冲伯割下來，送給卡隆吉。他和其他兩人的屍體被丟進煉鋼廠的硫酸桶裡，毀屍滅跡。

　　至 1964 年，盧蒙巴的地盤剛果東部爆發動亂，三個月內，利奧坡維爾政權無力控制全國一大半領土，他的舊部在斯坦利維爾建立「剛果人民共和國」，下令大規模處死兩萬名職員、教師、商人等「反革命分子」或「知識分子」，瀕臨失敗之際，他們連抓了 300 多名比利時及美國人質，比利時出動傘兵，乘美國飛機營救人質，約有 2,000 名白人從剛果東部撤離，另有 300 人遭到殺害。

　　總之，在 1964 年叛亂事件中有 100 萬人遇害。冲伯在1967 年 7 月搭機前往羅馬途中，被幾名暴徒劫持到阿爾及

爾，阿爾及利亞政府判處他爲「非洲叛徒」，終身監禁，兩年後死於心臟病。莫布杜在 1965 年推翻卡薩武布，1971 年把剛果改爲薩伊共和國（Zaire），1977 年卡比拉（Laurent Desire Kabila）攻占金夏沙，莫布杜流亡摩洛哥，卡比拉改國號爲「剛果民主共和國」。1988 年 8 月，金夏沙和東部發生武裝衝突，盧旺達圖西族（Tutsi）的 Banyamulenge 軍人不滿總統獨裁，反政府軍在盧旺達及烏干達軍支持下，控制全國 1/3 領土及首都周邊。津巴布韋、安哥拉及納米比亞支持卡比拉，始將叛軍勢力圍堵於東部地區內。1999 年 7 月 10 日，剛果內戰相關六國在尙比亞的盧薩卡簽署停火協議。8 月，反政府各派武裝相繼簽訂此協議。2001 年 1 月 16 日，金夏沙發生政變，卡比拉遇刺身亡。24 日，他的兒子約瑟夫・卡比拉繼任總統。2002 年 12 月 17 日，各方代表在南非普勒托利簽訂和平協議，結束四年內戰。2003 年成立過渡政府，2006 年及 2011 年卡比拉兩度連任總統。

7. 阿爾及利亞獨立戰爭

黑暗的
130年　1870 年法國在普法戰爭戰敗後，大量阿爾薩斯、洛林居民（兩地已割給普魯士）移民阿爾及利亞。至 1940 年，25,000 戶歐洲殖民者（colon）強占 28 萬公頃土地，聚居富庶的沿海地帶，種植葡萄、無花果、橄欖和蔬菜銷往歐洲，留下 75% 的荒漠不毛之地給阿爾及利亞的阿拉伯人及柏柏人。被土著稱爲「黑腳仔」（pied noir）的殖

民者，奪占土地，控制磷礦、煤、石油、瓦斯。阿爾及利亞
的男人，94% 爲文盲，女性則 98% 爲文盲，歷史教科書的
第一句是：「我們的祖先是高盧人……」。歐洲勞工、苦力、
小販，混居在穆斯林（bicot）的貧民窟裡。高等人士住在「公
民區」，與原住民的「阿拉伯區」嚴格區分，不得混居。

　　一戰中及一戰後，大量阿爾及利亞土人到法國打工，接
觸先進的文明與勞動運動。民族英雄卡迪爾的孩子埃米爾，
到處鼓吹人民起來，爭取平等地位，1923 年他被迫流亡埃
及。1924 年，法國左派社會黨執政，承認阿爾及利亞人的
地位。7 月，埃米爾在巴黎演講時，會場上響徹了阿僑高呼
「阿爾及利亞獨立」的聲音。1924 年，留學巴黎大學的哈
吉（Messali Hadj）在法國成立「北非之星」協會。1927 年，
哈吉參加布魯塞爾反帝大會時，結識了尼赫魯和哈達等人；
1930 年，他以法共身分，參加莫斯科的共產國際大會，回
國後創刊《民族報》，提出爭取言論、行動、集會結社自由，

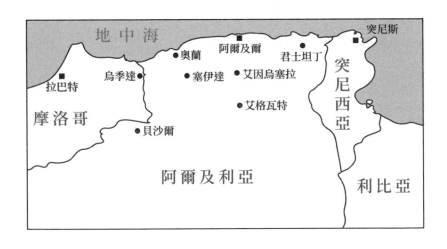

爭取由普選產生的阿爾及利亞議會，由阿人出任公職，推動阿拉伯語文教育等等。1934-36 年，哈吉被囚禁，流亡瑞士；1937 年，成立阿爾及利亞人民黨（PPA）。1939 年二戰時，哈吉又被捕，判刑 11 年。阿卜杜‧哈米德‧巴迪斯成立的「阿爾及利亞穆斯林賢哲會」（1931），主張恢復伊斯蘭教傳統及文化教育，喚醒人民對歷史的記憶，從根本顛覆法國統治。藥劑師出身的貴族阿巴斯，領導另一批主張完全法蘭西化的「開化人」，旨在爭取自治，但不為法蘭西祖國戰死，「因為根本就不存在這個祖國」。阿爾及利亞共產黨（PCA）主張團結一切反帝力量來爭取民族獨立，不過阿拉伯人相當敵視這群無神論者。

　　1942 年，英美軍登陸阿爾及利亞；該年 12 月至 1943 年 2 月，阿巴斯等人一再向當局要求賦予阿人一些基本自由和權利，實施自治，並將總督府改組為阿爾及利亞政府，部長由法、阿人各占一半。戴高樂根本不理這群「番仔」的溫和請求。30 萬阿人為法國上前線，滿懷希望等待法國人在戰後恢復他們的獨立。1945 年 5 月 8 日，在慶祝歐戰勝利時，塞蒂夫的遊行隊伍遭警察射擊，釀成暴動，打死 102 名歐洲人，2-3 週後失敗，至少 45,000 人遇害。獨立派對法國不再抱任何幻想。1946 年 10 月，哈吉重返布薩利亞，而阿巴斯又在 3 月成立「擁護阿爾及利亞民主宣言」（UDMA），主張「既不要同化，也不是迎接新主人，也不要分離，而是與自由的大國聯合，接受民主與社會的教育，整備產業技術，促進年輕的國民走上知性的道德的更新道路，接受偉大

的法蘭西民主主義的薰陶，產生新的民主主義……」。6 月
20 日，UDMA 參加法國第二次制憲議會選舉，囊括了穆斯
林選票的 72%（45 萬票），贏得 13 席配額中的 11 席。哈
吉也把 PPA 改爲「爭取民主勝利運動」（MTLD），11 月，
在法國國會選舉上獲得五席，其他十席爲御用士紳；法國當
局宣布哈吉當選無效。

民族解
放陣線　1950 年代，小商人之子邊貝拉（Ahmed Ben
Bella, 1918-2012）暗中發展特別組織（OS）。
1949 年，邊貝拉和卡比利人義特・阿赫美德一起攻擊奧蘭
的中央郵局，搶走 300 萬法郎。翌年，邊貝拉被捕，判刑八
年，但成功脫逃。1954 年 3 月，布迪亞夫在開羅成立「阿
爾及利亞民族解放陣線」（Front de Libération Nationale,
FLN），這天正是武元甲在奠邊府擊敗法軍的日子。他們決
定將在 11 月 1 日零時起義（當天是歐洲人的萬聖節）。他
們以奧雷斯山區爲據點，其他 30 個地方同時起義。法國傘
兵打死 23 名戰士，FLN 戰士在飢寒交迫下逃入山區；卡比
利人游擊隊在冰雹的攻擊下，得不到當地居民的同情，情況
慘重。

　　1955 年，新任總督索提利是人類學者，精通美洲的馬
雅文明。他一面溫和地提升阿拉伯語爲學校公用語，又推動
農業改革及公共工程；成立特別行政部（SAS）來改革行政；
但又不忘成立一支心戰部隊（阿人稱其爲「藍帽子」），不
久釋放 MTLD 的政治犯。FLN 繼續在各地打游擊，進而攻

擊親法派。他們不准穆斯林抽菸，違抗者第一次割掉嘴唇或鼻子，第二次就割斷喉嚨。他們不斷摧毀殖民者的莊園，毒死牲畜。法國人的報復手段則是強迫土著拿出 500 萬法郎抵債一輛被損毀的卡車，拿 20 萬法郎賠一根電線桿，14 條人命換一個遇害的法國小孩的命。8 月 20 日，FLN 殺死阿巴斯的侄子（君士坦丁市議員阿爾巴），以報復他對 FLN 的譴責。市郊的小硫磺礦區暴動，歐洲人孕婦被阿人剖腹殺害。法國傘兵立即殺 1,200 人報仇，迫使許多阿人青年紛紛逃入山區，參加游擊隊。

生於阿爾及利亞的法國作家卡謬（Albert Camus, 1913-58）奔走和平，他強調法國人已經在阿爾及利亞 130 年了，要阿人認清這個事實，他「荒謬地」呼籲阿人與其成為伊斯蘭帝國的一部分而更加貧困，不如留在法國做為一個聯邦。[2] 他的老戰友沙特痛斥卡謬變節，並譴責法國人僭稱阿爾及利亞的主權者來玩法弄權。沙特肯定 FLN 提出的：「即使在法國槍劍下我們過得幸福，也要戰鬥到底！」

卡謬在 1956 年 1 月去阿爾及爾，殖民者威脅要吊死他，兩面不是人。

FLN 老一輩逐漸凋零，第三戰區的卡比利人穆罕默德‧賽伊德（M. Said, 1912-）脫穎而出。他從小目睹了父親被殖民者痛毆的一幕，二戰中參加親納粹的 SS 部隊，1943-52

2　Camus, "Preface to Algerian Reports", in *Resistance, Rebellion, and Death* (New York: Vintage, 1988), p. 124.

年坐牢。

　　卡比利人阿巴涅（R. Abane）靠自修取得大學資格，在獄中勤讀馬列及希特勒的著作，堅信「法國人以暴力征服阿爾及利亞，要斬斷法國的束縛，也只能使用暴力」。

　　FLN 在卡比利訓練游擊隊，新兵必須先殺一條狗（線民）、憲兵及殖民者。

　　同情 FLN 的法屬馬丁尼島黑人精神科醫生法農（Frantz Fanon, 1925-61），指出殖民者爲肯定白人社會準則的至高無上而使用暴力，被殖民者唯一解放的手段就是使用暴力，暴力是一種淨化的力量，它將使土著從他們卑賤的環境及絕望、無能爲力的氣氛下解放出來，使他們無畏並恢復本身的尊嚴。[3]

　　1956 年 8 月 20 日，FLN 在蘇柏姆召開秘密會議，宣布將要建立以伊斯蘭教爲基礎、有主權、民主的阿爾及利亞國家；實施土地改革，沒收資本家的農業企業，發展工業，掃除文盲，恢復民族文化，確立民主集中制。大會並成立全國委員會（CNRA），由阿巴涅領導。

　　1956 年 10 月，摩洛哥、突尼西亞和 FLN 代表，在突尼斯召開有關阿爾及利亞革命的三方會議。邊貝拉和艾特等人從開羅前往，在阿爾及利亞的公海上被法軍攔截，將他們五人丟進監獄，法國當局以爲 FLN 這下子就完蛋了，不料卻讓國內派乘機造勢。

3　Fanon, *Les Damnés de la Terre* (1961); *The Wretched of the Earth* (1963).

　　法國總理在 1956 年 2 月至阿爾及爾，被白人丟番茄、蘋果「歡迎」。他只好找社會黨的工會領袖拉科斯特（Lacoste）出任內政部的阿爾及利亞部長，增派 50 萬兵力壓境。曾在印支打仗的老兵用「棋盤作戰」，細分大小地區，配置戰車、直升機和輕武裝部隊。1956 年 4 月，拉科斯特下令解散議會，FLN 乘勢宣布戰鬥。

　　獨立戰爭 6 月 10 日，當局處死兩名 FLN 戰士，歐洲人遭到報復屠殺。9 月 30 日，三名妙齡少女花枝招展地走進比瓊廣場，在法軍司令部對面的「牛奶屋」咖啡廳坐下，留下一隻籃子，她們離開幾分鐘後，牛奶屋被炸得粉碎；同一時間，歐洲人學生聚集的密歇爾街咖啡廳也爆炸。12 月 8 日，弗洛歇市長被當眾打死，第二天送葬行進中，歐洲人又遇到一枚炸彈。

　　這一切都是 29 歲的雅瑟夫（Saadi Yacef）製造的，他是麵包師的兒子，當過足球選手。1959 年去巴黎被捕，說動獄卒放他，卻被 FLN 的同志視為兩面間諜。雅瑟夫招集 1,400 人進行恐怖行動。那三名少女是一位社工及兩位大學生。刺死市長的阿里（26 歲）是貧民窟長大的賭徒，1954 年參加起義被捕，在監獄裡受 FLN 戰士的教育，覺悟到自己是殖民主義的犧牲者。

　　白人立刻反撲，打死四名阿人、打傷 50 多人。拉科斯特立刻下令第十空降師（4,600 人）協助 1,500 名警察維持秩序。此後五年，阿爾及利亞由軍人管制。

剛從蘇伊士戰爭失意回來的馬修（Massu），在 1957
年 1 月 27 日 FLN 宣布罷工後，派坦克撞爛阿人的商店，強
迫他們開市；又叫軍隊挨家挨戶去抓小學生上課，用坦克碾
碎 48 個小時的罷工。罷工前兩天，又有三名少女在市區搞
爆破；2 月 10 日，又有兩對「情侶」在足球場引爆炸彈，
炸死十人。FLN 的領袖穆拉迪來不及逃走，慘死獄中。

軍方根據警察局的黑名單，一舉逮捕 1,500 人，一旦被
拷打致死，就丟進後院的洞裡。6 月，雅瑟夫又在市中心搞
爆破，9 月終於被捕。阿里也被法國傘兵炸死。法軍的殘暴，
致使逃兵出面控訴，法國作家、學生紛紛譴責國會，要求調
查真相。

11 月 29 日，蓋雅內閣通過《阿爾及利亞基本法》，法
軍把 100 萬阿人趕進鐵絲網內的村落，切斷 FLN 的聯絡。
民族解放軍則破壞撒哈拉的輸油管，迫十萬法軍日夜緊張地
守護油管，馬修在九個月內逮捕了九萬人。

FLN 內部也分裂，海外派輕視國內派，海外派有突
尼西亞總統支持。阿巴涅也至突尼斯說明現況，但他卻在
1957 年從突尼斯前往摩洛哥途中「去世」，顯然是被第五
軍司令鮑斯夫（支持邊貝拉的海外派）消滅的。阿巴涅死後，
上校們開始控制 FLN，邊界卻被法軍切斷，使 FLN 陷入低
潮。

法國政情動盪，20 次內閣走馬燈似地換來換去。1958
年 5 月 13 日，馬修宣布成立「救國委員會」，要求擁護戴
高樂出馬；15 日，戴高樂順勢復出。阿爾及利亞的法國叛

軍把戴高樂拱上權力的頂端，6月1日他上台制憲，9月28日經過公民投票，接受第五共和憲法。戴高樂在6月4日訪問阿爾及爾三天，開空頭支票騙阿人，將為100萬人解決失業問題，分配25萬公頃土地給貧農等等，又不忘派夏爾將軍「剿匪」，同時增派80萬大軍入阿境。9月19日，FLN在開羅宣布建立「阿爾及利亞共和國臨時政府」，阿巴斯擔任總統。臨時政府聲明，願意通過和平談判解決問題，但反對法國式的公民投票。1959年，FLN已經控制全國2/3土地，但只有15萬兵力。9月16日，戴高樂廣播，主張在恢復和平的四年內，由阿人公投選擇「分離」、「全面合併」或「內政自治」。總之，法國元首首度承認阿爾及利亞不是法國領土的一部分。阿國臨時政府十天後聲明拒絕此議，但又表示願在法軍全部撤走的條件下，進行停火及實行自決的談判。

戴高樂被國內外右派斥為「出賣者」，1960年馬修批評總統而被調回國，引起1-2月間阿爾及利亞殖民者大罷工。阿巴斯也號召阿人抵制1961年1月1日的公民投票。阿境法國軍官成立「秘密軍隊組織」（OAS），從1961年起，三次行刺戴高樂失敗。1961年1月，有75%人民支持他的政策。4月22日，沙朗及夏爾等發動阿爾及利亞軍武裝叛變，三天後失敗。

1961年5月20日起，阿、法代表在日內瓦湖畔的埃維昂談判，直到1962年3月18日才簽字。停火後，邊貝拉等獲釋。4月8日，法國人公投承認阿爾及利亞自決。7月1日，阿人公投，99.7%贊成獨立，臨時政府宣布建立民主

人民共和國。1963 年 9 月邊貝拉當選首任總統、總理兼三軍元帥。1965 年 6 月，邊貝拉被國防部長布邁丁（Houari Boumédienne, 1925-78）推翻，被關到 1977 年，迫他在 1981 年流亡巴黎。布邁丁也在 1978 年去世。

　　阿爾及利亞民族解放鬥爭，除了暴力及游擊隊外，對人民群眾的理論宣傳及組織動員還未成熟，社會矛盾也未真正解決。但是民族解放鬥爭終於完成了第一步，第二步才能進行土地改革及解決各種社會矛盾，這也是第三世界革命的一般模式。

　　如果沒有 100 萬人的犧牲和 FLN 游擊隊的奮戰，加上人民的全面支持，光靠流亡的海外人士和法國談判，哪來那麼容易就獲得獨立呢？這種和談的背後，必須有堅實的人民的支持和革命的戰果。台灣政客及海外流亡者一再以和平手段向外來暴政乞求，貶低人民用自衛暴力來反抗殖民統治暴力，動輒扣上「街頭聖戰士」大帽子。他們忘了，他們什麼時候長期扎根民間了？是人民用行動、罷工、示威（雖然還沒丟炸彈），用腳走出台灣目前一點點的自由，而不是政客和無恥學者靠嘴巴、上電視、寫文章就打出來的天下。然而台灣人太過謙虛，不！太過愚昧地把這個成果拱手獻給政客、學者，台灣就這樣繼續沉淪下去。

8. 坦尚尼亞

　　1918 年後，德屬東非大多數領土已被英國奪占，盧旺

達和烏隆地被分割交給比利時託管。在理論上，Tanganyika由英國託管，建立一套間接統治體制，1955 年以前，立法議會的歐洲人（7）、非洲人（4）、亞洲人（3）議員，全部由當局提名產生。這個託管地有 120 個大小部落。全境800 萬人中，歐洲人不到兩萬人，亞洲人也只有六萬人。1958 年地方選舉時，每個選民有三張選票，各投給歐、非、亞候選人各一人。尼雷爾（Julius K. Nyerere, 1922-99）的坦噶尼喀非洲國民聯合（Tanganyika African National Union, TANU）脫穎而出。這位酋長之子在 1952 年從英國回來，1955 年赴聯合國控訴英國遲遲不肯改革坦噶尼喀的政治制度。他精通阿拉伯商人傳播的斯瓦希里（Swahili）語，為人正直清廉，身材瘦小而結實，留著牙刷似的鬍鬚，被人們尊稱為「教師」（穆瓦里姆），甚至有空將莎士比亞的《威尼斯商人》和《凱撒大帝》翻譯成斯瓦希里語。他說服歐洲人與亞洲人，但觸怒了「統一坦噶尼喀黨」（UTP，1955 年成立）。1957 年 12 月，尼雷爾退出立法會議，強調 TANU的要求改革速度。1958 年，TANU 採取和歐洲人合作的態度，才得以獲勝。1960 年，他迫使當局推出新憲法，首度賦予立法會議多數民選議員，並規定責任內閣政府。全國劃為 50 個選區，選出 71 名議員，其中保留 11 名亞洲人及 10名歐洲人代表。8 月，TANU 囊括 70 席而執政。1962 年 12月，尼雷爾出任獨立的坦噶尼喀總統，以個人抱負和意識形態，在五年闡述社會主義的優越性。聽者藐藐。

　　1964 年元月，他請英軍協助弭平 1,600 名步槍兵因不滿

低薪又受英國軍官撤軍而兵變的叛亂，解散陸軍，代之以一支民兵的坦尚尼亞人民防衛軍，由中國提供主要裝備。他促成了桑給巴與坦噶尼喀的統一，出任坦尚尼亞聯邦總統，桑給巴革命政權領袖 Abeid Karume 為第一副總統。1965 年，他一人競選而連任，但執政黨只有 16 人連任。1967 年，尼雷爾宣布 Arusa 宣言，推行烏賈馬（Ujamaa/ 大家庭）社會主義，堅持所有黨政高官必須是農民或工人，禁止賺取一份以上的薪資；凡價值十萬坦尚尼亞先令（6,000 英鎊）以上的樓房、公寓，統統收歸國有，遑論銀行、保險、食品加工及外貿了。全民共同勞動、共同生活與組成各種集體耕地、商店、工廠，強制 200 萬人遷入 5,000 個烏賈馬農莊。但一切都告幻滅（尤其管理不彰與官僚層層剝削貪汙）。1960 年可用一噸出口茶葉換回 60 桶石油，至 1980 年只能買 4-5 桶石油。他箝制言論，政治犯多年來在非洲保持居高不下的態勢。唯一的成就是，小學入學率從學齡兒童的 25% 增至 95%，成人識字率從 10% 增至 75%；4/10 的村莊有自來水，3/10 有診所。一切都仰賴外援，1970 年代不少於 30 億美元。

1972 年，副總統 Karume 遇刺身亡。1977 年 2 月，坦噶尼喀非洲民主聯盟與非洲設拉子黨（Afro-Shirazi Party）合併為坦尚尼亞革命黨，4 月成為唯一政黨。1985 年 11 月，尼雷爾把權力交給當選聯合共和國總統的姆維尼，1992 年才開放黨禁，1995 年由革命黨的恩卡巴當選總統。2005 年革命黨的 Jakaya Kikwete 當選總統，2010 年連任。

9. 肯亞

肯亞從 1895 年被英國人殖民以來，大量英國退伍軍人湧入肯亞高地的肥沃土地，俗話說：「退伍士兵去羅得西亞，退伍軍官去肯亞。」白人挾著巨資，享受優惠，4,000 個白人農場主，每人平均坐擁 195 英畝土地，吉庫寧（Kikuyu）人被限制在貧瘠的土地上；當局給土著的保留地只有 1,340 萬公頃，卻必須容納 550 萬土著。失去土地的黑人，淪為農奴和佃農。1943 年，一家黑人每週勞動七天，才掙得三先令的工資，肯亞成為白人的天堂，9,000 名白人悍拒英國殖民大臣瓊斯的計畫（1946），即在東非聯邦議會中讓印度人、土著和歐洲人有同等數目的代表。黑人為母國犧牲流血上戰場，換來更加嚴重的失業。

1920 年代，吉庫寧協會開始推動民族解放運動。1921年，Harry Thuku 成立「東非協會」（EAA），當局以「違反和平與良好秩序罪」逮捕，引起人民示威，女人嘲笑男人的畏縮，導致 50 名男女老幼被殺，協會被解散。肯亞塔（Jomo Kenyatta, 1891-1978）是吉庫寧人，受過蘇格蘭教會學校教育，當水廠檢查員，1920 年加入吉庫寧青年協會，1929 年到過蘇聯；1931-46 年間他在倫敦學習及工作，1933年又去蘇聯。他身無分文，卻在 1938 年寫一本小冊子《面對肯亞》，宣揚族人的民族傳統優越性，一面主張非洲人要向更高層次的發展，在經濟上、政治上、社會上形成各種組織，參與自己國家的統治。1946 年，他回奈洛比管理一所

學校，一年後領導了「肯亞非洲人聯盟」（KANU）。他到處演講，號召同胞以和平手段獲取獨立；爲贏得自由，非洲人必須痛改懶散、偷竊和犯罪的惡習。米切爾總督只安排他去土地利用和安置委員會當差。

1944 年，第一個也是唯一的非洲人議員，是留學牛津大學的酋長之子馬休。1948 年，才有總督提名的四名非洲人議員，加上六名民選的印度人、11 名歐洲人和八名政府官員，共同組成立法局。

吉庫寧青年痛恨他們失去祖先的土地、沒有工作、不得進入白人的飯店、夜總會、戲院和公共廁所；非洲人晚上出門必須攜帶通行證；他們不得攜帶武器；不得集會；不得在白人高地裡置產；不得參加政治活動。二戰後，吉庫寧青年暗中成立「茅茅」（Mau Mau），可能是模仿獅子的吼聲，或吉庫寧語「滾蛋」字母重排之意（Uma Uma, get out）。茅茅首先攻擊白人農場主，在復員軍人的吸收下，展開訓練，進行殺人放火、搶劫銀行、綁架並殺死吉庫寧族督察，隨時攻擊民族叛徒。（台灣人始終沒有這種骨氣！）肯亞塔制止茅茅的恐怖行徑，但他們入伙時必須宣誓要殺白人及叛徒，並常常將死者分屍，以示警告。

1952 年衝突加劇。10 月 20 日，Baring 總督宣布戒嚴；次日，逮捕肯亞塔及 1,830 名 KANU 成員。在 1953-56 年的戒嚴期間，茅茅殺害 32 名白人及 167 名保安軍官，英軍反擊打死 1,150 人。1953 年 7 月，英軍打死 3,399 名非洲人，逮捕 115,896 人。1954 年，五萬英軍進攻中央省阿德文等山

區，用飛機、大砲轟炸，所過之處，焚毀村落，逮捕數十萬人，把 107 萬人趕進封鎖村內，又把首都附近的梅魯人和埃姆布人統統趕進封鎖村。

當局刻意抹黑茅茅運動用最野蠻的咒語、崇拜魔鬼，甚至吃嬰兒的肉、喝人血，當眾與綿羊及少女交媾⋯⋯。肯亞塔更被當局指控爲茅茅的幕後黑手。沒人肯出庭指控他，於是法官傳喚職業證人馬查理亞做僞證，當局承諾他可以去英國念大學，帶家眷一起去，回來後安排在政府工作。肯亞塔被關在北部沙漠地區的洛基塔溫格，他的住處被拆毀，小農場被改建爲農業服務站。茅茅在抗戰期間，不惜打死 2,000 名親英的保皇派，有八萬人被關進拘留營，英國人花費 16,000 多萬英鎊、動員 14 萬軍警，換來更多的譴責。1959 年，當局被迫釋放 77,000 名政治犯，其餘 1,100 人集中在霍拉收容所，第一天就有 11 人被獄卒活活打死。

1963 年 8 月，肯亞塔在選舉中獲勝而成爲總理，12 月 12 日宣布肯亞獨立，翌年成立共和國。他沒對白人採取報復手段，只要求他們趕快拋售土地。貧窮的吉庫寧人仍舊抱怨沒得到獨立的好處。肯亞塔掌權 15 年，但窮者愈窮，富者愈富，只占全國面積不到 20% 的耕地，卻必須養活 1,500 萬人（1978）。肯亞塔不肯聽卡基亞和副總統奧廷加（盧奧族）的批評。他自己曾在莫斯科受過訓，卻譴責奧廷加集團效忠共產主義。他在 1965 年聲稱：「有人故意利用殖民主義殘餘爲個人謀私利，爲一些外部勢力效勞，對我們來說，共產主義和帝國主義一樣壞。」奧廷加憤而辭職，另搞反對

黨，處處受政府騷擾，1969 年被逮捕。

卡尤里這位茅茅運動領袖，是典型的花花公子，好賭成癖，本人擁有兩座農場、一批賽馬、一架輕型飛機和幾輛汽車。人們強烈批評肯亞塔的「皇族」——他的妻子恩姬娜及女兒瑪格莉特（奈洛比市長），兩人仗勢大搞房地產、旅館、種植園和象牙走私生意。卡尤里痛斥：「一個擁有十名百萬富翁及 1,000 萬乞丐的國家，不是我們所要的肯亞。」他警告：「我們有多少人死在叢林中，他們臨死前，右手緊緊握著一把泥土，懷著崇高的信念，倒在爲土地而戰的鬥爭中⋯⋯（但是）⋯⋯今天我們卻陷入自私與貪婪中，迷失了方向。」1975 年 3 月他被暗殺。

肯亞塔晚年幾乎不問政務，在農場裡閒逛和迷信宗教，1978 年 8 月 23 日去世，副總統莫伊（Moi）當選總統，又是另一個赤裸裸的暴君。

第十章

走向恐怖主義

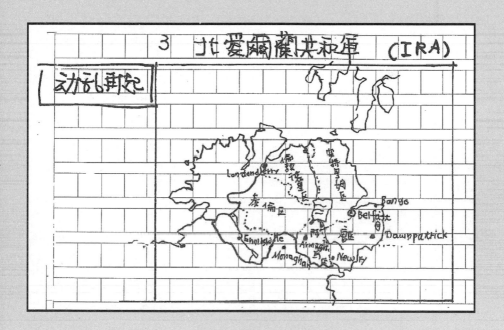

1. 巴勒斯坦解放組織

法塔赫

在第一次中東戰爭（1947-49）的砲火洗禮中，孕育了未來的巴勒斯坦解放鬥士 Abu Iyad、尼達爾（Abu Nidal, 1937-2002）、哈巴什（George Habash, 1926-2008）、杰哈德（Abu Jihad/Khalil Wazir, 1935-88）及阿拉法特（Yasser Arafat, 1929-2004）等人。阿拉法特生於開羅，參加過第二次中東戰爭，念七年才大學畢業，1956 年去科威特工作，1958 年和幾位同志成立「法塔赫」，即「巴勒斯坦解放運動」（Harakat Tabri Filastin）的字首字母向前拼寫成「Hataf」，再倒過來念成「征服」（Fatah）。

1964 年 1 月，埃及總統納瑟力促成立一個巴勒斯坦組織，始有 1964 年 6 月 12 日由 PNC（巴勒斯坦國民大會）通過成立「巴勒斯坦解放組織」（Palestine Liberation Organization, PLO），總部遷至約旦安曼，由先知後裔舒凱里（Ahmed al-Shukeiri）領導。阿拉伯聯盟各國，事實上只不過要利用 PLO 把巴勒斯坦解放軍（PLA）套牢，不讓他們任意向以色列挑釁，免得大家都有麻煩。阿拉法特諷刺說，阿聯好像 13 隻貓，卻沒有一隻肯把鈴鐺掛在那隻猶太復國主義老鼠的脖子上。舒凱里老拿著阿聯老大哥當擋箭牌，他向杰哈德解釋說，他的職責以及和各國的關係，不允許他帶給各國麻煩。

法塔赫建立「暴風」突擊隊（al-Asifah, the Storm），卻只有一支獵槍、一支已生鏽的機關槍和一支破槍。1964

年 12 月底，第一批四人越過黎巴嫩邊境時，就被該國安全人員逮捕。1965 年 1 月 1 日，「暴風」發出第一號命令：「從等待在邊境內我們不屈不撓的人民當中，湧現出了我們革命的先鋒，他們堅信武裝革命是我們通向巴勒斯坦建國、通向自由的唯一道路。」

沒過幾天，約旦士兵就打死了一名暴風戰士。1 月 1 日，以色列人幾乎不費氣力地在耶路撒冷附近俘虜了一個游擊隊員。此後三個月，「暴風」又在以色列進行十次突擊，納瑟十分震怒，他懷疑阿拉法特和「穆斯林兄弟會」有關；9 月，在卡薩布蘭加的阿聯首腦會議上，決議制止法塔赫的魯莽行動。黎巴嫩、約旦兩國開始抓了阿拉法特和杰哈德；他們再去貝魯特，又被關了三個月。儘管如此，法塔赫從 1966 年 12 月底至 1967 年 6 月間，先後進出以色列占領區不下 200 次。結果導致以色列軍機轟炸約旦河兩岸，甚至約旦政府辦公大樓。

1967 年 4 月 7 日起的六天內，以色列大敗埃及、敘利亞及黎巴嫩，奪占以色列領土四倍的領土（816,000 平方公里），PLO 裹足不前。1968 年 3 月 21 日，以軍衝向兩岸的卡拉馬難民營，中了空城計，反而折損 17 輛坦克、一架直升機和 4,000 多人。法塔赫一戰成名，許多人紛紛要求加入隊伍。

當上 PLO 主席的阿拉法特畢竟是政客，1968 年主張巴勒斯坦是以巴和平共存的土地，宣稱「在解放我國的鬥爭中，左派或右派又有什麼區別？即使是魔鬼，能解放我的祖

國也行」。哈巴什醫生在 1967 年 12 月組織「巴勒斯坦解放人民陣線」（PFLP），主張馬克思列寧主義，放棄對阿拉伯國家的幻想，以人民戰線來動員難民。他的基督教徒校友哈瓦特邁赫（Nayef Hawatmeh）組織「人民民主陣線」（PDFLD），主張把中東變成第二個越南，進行長期的人民戰爭。不過，他們終究回歸 PLA 的旗幟下。敘利亞軍情局代理人艾哈邁德・賈布利勒（Ahmed Jibril）在 1969 年另立「巴勒斯坦人民陣線總指揮部」（PFLP-GC）。1970 年，巴勒斯坦國民大會第五次大會上，哈巴什等進入權力核心。

黑色九月 70,000 名武裝巴勒斯坦人在安曼強勢壓過地頭蛇，難民占約旦人口的一半以上，令侯賽因（胡笙）國王十分頭痛。1970 年 6 月 9 日，國王的情報機關遭到 PLA 襲擊，他的車隊在街頭被伏擊。PFLP 的人大膽地攻占安曼綠洲飯店，扣押 39 名外國人質。8 月底，國王開車去接女兒回國，又在途中遭伏擊。他去巡視軍營，怒見巴勒斯坦人軍官故意在軍官俱樂部的電線桿上，懸掛他的照片和女人的內衣，羞辱他是膽小鬼。

　　1968 年 7 月 23 日，三名 PFLP 恐怖分子劫持從羅馬飛往特拉維夫的以色列 ELAI 民航機至阿爾及爾，經過一個多月的談判，以色列政府釋放 16 名阿拉伯人，震驚世界。1970 年 2 月及 6 月，阿拉法特譴責 PFLP 故意製造混亂，在清眞寺的尖塔上宣傳馬克思主義。約旦人也自導自演綁架高官，栽贓給阿拉法特，還誣賴 PLO 要謀殺國王。

6月25日，美國國務卿羅吉斯呼籲以、埃停火三個月，討論執行聯合國安理會《第242號決議》（1967.11.22），即以色列從最近衝突中占領的土地上撤離；終止一切交戰地位的主張和狀態；尊重並承認該地區每一國家的主權、領土完整和政治獨立，及其在安全、公認的疆界內和平生存，不受威脅及武力行為的權利。

《第242號決議》完全抹煞了巴勒斯坦人存在的地位。約旦王也自1970年2月起，嚴格取締巴勒斯坦難民攜帶武器及遊行示威。9月6日，PFLP又劫持從法蘭克福飛往紐約的美國環球航空客機，迫降到安曼附近的道森沙漠訓練場。不久，恐怖分子又劫持瑞士及泛美兩架班機到這裡。接著又有英航VC10客機迫降道森。PFLP先把飛機劫持到貝魯特，拿300名人質，交換被囚禁在各國的PLO分子。12日，劫機者先釋放600名人質中的婦女和小孩，等英國政府宣布已釋放9月6日劫持從阿姆斯特丹飛往倫敦的以色列班機失手的莉拉·哈立德（女）後，再釋放除了16名以色列人以外的所有人質，炸毀三架飛機；25日，他們進入安全地方後，再釋放16人。

9月17日，約旦軍隊突襲札卡爾的PLA部隊，迫阿拉法特等逃入黎巴嫩，數百名難民遇害。PLO把這一天比為「黑色九月」（Black September），立誓復仇。1971年11月28日，「黑色九月」在開羅狙殺約旦首相瓦菲斯·哈爾。

1972年2月22日，五名巴游劫持復航班機（從新德里起飛赴希臘）至南葉門的亞丁，其中一名人質是美國人羅

伯‧甘迺迪的兒子，因而獲得 500 萬美金的贖金，南葉門政府則分贓了 100 萬美元而釋放劫機者。5 月 28 日，四名「黑色九月」在以色列特拉維夫的盧德機場奪占一架班機，要求換取被關押的 317 名阿拉伯戰士，不過以色列特工身穿白色機場工作員服裝走進飛機，90 秒內迅速奪回飛機，打死兩名劫機者及十名乘客。30 日，一架從巴黎來的班機在盧德機場降落，三名日本赤軍從行李箱拿出蘇製狙擊槍和幾顆手榴彈，向候機室的人亂射，26 歲的奧平剛士（京都大學學生）把自己的頭貼近手榴彈，衝向以色列警察自炸身亡。安田安之（24 歲京大學生）動作慢了些，炸了自己的胸膛而死。24 歲的鹿兒島大學學生岡本公三棄械投降，一共打死 24 人，傷及 18 人，日本「赤軍連」名震天下。以色列立即轟炸黎、敘的巴勒斯坦難民營。

9 月 5 日，八名「黑色九月」闖入西德慕尼黑奧運村，劫持九名以色列運動員，他們被西德當局耍得精疲力竭，被騙到菲爾斯騰的布魯克軍用機場；24 日，恐怖分子反抗西德狙擊手的埋伏，炸死九名人質，同歸於盡。以色列「摩薩德」也天涯追殺血案的 11 名幕後黑手，耗時九年。

10 月 9 日，「黑色九月」劫持貝魯特飛土耳其安卡拉的德航班機，交換在慕尼黑被捕同志，他們在利比亞會合，不過仍逃不過以色列特工的追殺。12 月，「黑色九月」占領曼谷的以色列使館，要求釋放岡本及其他 35 人的行動失敗。1973 年 3 月 1 日，八名「黑色九月」佔領蘇丹首都喀土木的沙烏地阿拉伯大使館，要求釋放 1972 年盧德機場被

捕的日本人及關在西德的紅軍頭人被拒，立刻打死美國大使克勞德‧埃諾爾及兩名外交官。

7月20日下午，丸岡修及四名PFLP劫持從巴黎飛日本的日航班機於阿姆斯特丹上空，三天內在各地加油後，降落於利比亞，立刻釋放人質，向利比亞當局投降後，揚長而去。1974年1月31日，和光春生、山田義昭又夥同兩名巴游，引爆新加坡的Shell煉油廠油庫。2月6日，五名PFLP攻占日本駐科威特大使館，迫日本政府交出和光等人，並派一架飛機把這兩次事件的九名恐怖分子送到南葉門去。

1973年10月，第四次中東戰爭時，PLO在戈蘭高地、加沙等地展開游擊戰。埃及卻被蘇聯壓迫停戰，PLO白白損失1,000多人。

阿拉伯國家祭出殺手鐧，10月16日石油輸出國家組織（OPEC）的灣岸六國提高原油價格70%（每桶由3.01美元，提高為5.12美元），造成全球第一次石油危機，季辛吉只好迫以色列停火。PLO聲明繼續戰鬥到底。1974年1月31日，PLO和日本赤軍聯合攻擊新加坡的煉油廠；2月6日，PLO又攻占科威特的日本大使館；3月3日，再引爆一架英航飛機。

蘇聯外長葛羅米柯在1973年12月的日內瓦中東和會上，主張維持1967年6月4日的巴勒斯坦存在的劃分線。阿拉法特接受現實，準備在約旦河西岸和加沙建立「迷你小國」。1974年2月，PLO聲明：「PLO中央委員會要求阿拉伯國家和國際社會承認，巴勒斯坦人民擁有在猶太復國主

義占領下奪回的任何土地上，建立民族權力機構的權利。」
他承認，別想從以色列要回百分之百的土地。

7月18日，沙達特支持約旦國王侯賽因代表西岸的巴
勒斯坦人講話。季辛吉才壓迫以色列交出一些占領地。以色
列一再拒絕和PLO正面談判，哈拉德·哈桑憤怒地指出：「西
方國家，尤其美國，只有如此的選擇：對以色列施壓力，促
使猶太國同巴勒斯坦人達成和解；或者給以色列人採取一切
手段來消滅巴勒斯坦解放運動的特許證。」

1974年2月，阿拉法特促成伊斯蘭各國承認PLO為巴
勒斯坦阿拉伯人的唯一代表。2月15-17日，PLO在大馬士
革召開中委會，決議：（1）在約旦河西岸、加沙、戈蘭高
地的阿爾希馬地區建立巴勒斯坦國；（2）PLO及巴勒斯坦
國絕不承認以色列。10月14日，聯合國以105：4，20票
棄權，通過邀請PLO代表出席關於巴勒斯坦問題的討論。
28日，在摩洛哥的拉巴特，第七次阿拉伯國家首腦會議上
決議，承認巴勒斯坦人有返回自己故鄉的權利；在唯一代
表巴勒斯坦人的PLO領導下，在解放了的巴勒斯坦土地
上，建立一個獨立的巴勒斯坦國家；要求約旦把西岸交給
PLO。

PLO內部急進派憤而紛紛退出PLO，哈巴什譴責阿拉
伯王侯勾結帝國主義，曲意迎合季辛吉的計畫，用宣布結束
同以色列的戰爭狀態，來換取關於撤出某些阿拉伯領土的許
諾──僅僅是許諾。他強調，他們是民族大眾革命階級，要
以槍桿子和人民的民族戰爭，來解決他們同民族敵人和階級

敵人的矛盾。

11月召開的聯合國大會，不顧美國的反對，接納PLO為觀察員及巴勒斯坦人民唯一的合法代表。11月13日，阿拉法特穿西裝、戴黑白方格頭巾及墨鏡，腰掛手槍，出現在聯合國大會現場。他發表110分鐘的演講，痛斥以色列乞丐趕廟公：「移民的目的竟然是要篡奪我們的家園，趕走我們的人民，把我們變成二等公民，我們豈能默認或順從？因此，從一開始，我們的革命就不受種族主義或宗教因素所推動，革命的對象絕不是做為人的猶太人，而是做為種族主義的猶太復國主義及其赤裸裸的侵略。」

阿拉法特駁斥把PLO戰士汙衊成恐怖分子，他說：「革命者和恐怖分子的區別，在於他所進行的戰鬥是什麼原因。不管是誰，只要他支持正義事業，並為土地自由以及從侵略者、移民者和殖民主義分子的占領下實現解放而鬥爭，他就不是恐怖分子；否則，為從前英國殖民統治下獲得解放而鬥爭的美國人民就是恐怖分子，歐洲對抗納粹分子的抵抗就是恐怖主義，亞、非、拉人民的鬥爭就是恐怖主義！」

11月22日，聯合國大會《第3236號決議》，承認巴勒斯坦人民有「自決、民族獨立和主權」的權利，並邀請PLO為觀察員。這一歷史性決定，以98：8、37票棄權（日本及西歐各國）而通過。1975年3月5日，八名法塔赫乘橡皮艇潛入特拉維夫，占領一家旅館並扣押人質，聲明反對季辛吉的穿梭外交，有六人被以軍打死。

捲入黎巴嫩內戰 1971 年 8 月，PLO 主力撤至黎巴嫩這個 1.04 萬平方公里、300 多萬人口的迷你小國，當地人民有 60% 信伊斯蘭教、40% 信天主教，另外還有一支德魯茲（Daruz）派。天主教又分為馬龍派、希臘（東）正教、希臘天主教、亞美尼亞東正教、亞美尼亞天主教各派。這個小國有 78 個黨派、30 多個武裝團體並立。1934 年獨立時，按人口比例，由據守山區的九人 Mawarina 派及遜尼派兩個黨派執政，當時天主教人口占 52%（45 萬）、穆斯林占 45.5%，按 6：5 比例，總統為馬龍派，總理為遜尼派，國會議長為什葉派，副總理及副議長為希臘正教派，成為慣例。

60 多萬大多數遜尼派的巴勒斯坦人湧進黎巴嫩南部和貝魯特西區，這時黎巴嫩人口比例逆轉，穆斯林占 2/3；什葉派最多，日趨無產化；天主教徒掌握經濟命脈。除了馬龍派以外，各派都樂得利用巴勒斯坦難民當傭兵，對馬龍派討價還價。

馬龍派有長槍黨（杰馬耶勒）、自由國民黨（夏蒙）和民主集團（埃迪）。其他五個政黨和勢力，包括共產主義行動組織（穆赫辛・易卜拉辛）、納瑟主義黨、社會主義黨（屬於德魯茲派）、黎巴嫩共產黨（希臘正教）、國家社會黨（親敘利亞）。

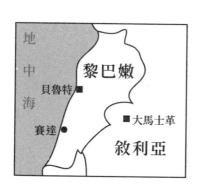

　　黎巴嫩因爲收容巴勒斯坦難民，不斷遭受以色列轟炸。以色列暗中支持長槍黨民兵司令貝西爾‧杰馬耶勒和自由國民黨主席夏蒙的兒子達尼。1975年2月初，黎巴嫩政府把200公里海岸線的捕魚權授予夏蒙，引起穆斯林漁民的抗爭，4月出動軍隊鎮壓。4月13日，長槍黨主席皮埃爾‧杰馬耶勒出席貝魯特市郊一座教堂落成時，被人從教堂屋頂掃射，有四人當場遇害。長槍黨咬定巴勒斯坦人是凶手，正好一輛載滿巴勒斯坦人的巴士經過，立刻被長槍黨民兵掃射，打死27人（整個事件於1976年證實是自由國民黨挑起的），成爲黎巴嫩內戰的導火線。

　　伊拉克人認定黎巴嫩左派「全國進步黨和力量運動」是共產黨的化身，尤其社會進步黨主席瓊卜拉特得過蘇聯的列寧勳章，有必要支持馬龍派，消滅他們。科威特人害怕PLO總部搬到該國（這裡有20萬難民），不惜與馬龍派聯手。1975年12月6日，長槍黨攻擊貝魯特郊區的卡提納難民營，造成200多人死傷。1976年1月，長槍黨繼續對難民行凶。PLO和穆斯林左派從1月18-20日進攻天主教居民區，再攻占薩阿迪亞特，包圍自民黨指揮部，黎巴嫩政府軍也反擊，轟炸難民營。

　　艾哈邁德‧艾爾‧哈提卜辛率領穆斯林官兵暴動，控制南部大片地區。3月11日，貝魯特城防司令阿赫達布發動政府廢黜弗朗吉亞總統。敘利亞總統阿薩德十分不滿，出面干預，才使黎國修改憲法第76條，讓弗朗吉亞在任滿前六個月「有體面地」退休。5月，薩爾基出任總統，背後有敘

利亞和馬龍派支持。

3月3日，敘利亞出兵 2,000 人，阿拉法特跑去大馬士革。阿薩德只給他 48 小時安排停火，阿拉法特回過頭來要求瓊卜拉特同意停火。穆斯林左派已控制黎巴嫩 70% 的土地，敘利亞軍在 4 月占領貝卡谷地。10 月 15 日，沙烏地阿拉伯出面，敘利亞人見好就收。這場 18 個月的內戰，付出 45,000 條人命、十多萬人受傷、50 多萬人流亡的代價。

| PLO單獨進行恐怖行動 | 1976 年 6 月 27 日，兩名巴勒斯坦人及兩名西德人劫持由特拉維夫經雅典飛往黎巴嫩的 |

法航第 139 次班機。他們要求用機上 230 名乘客中的 38 名以色列人質，交換 53 名巴勒斯坦人。28 日，飛機降落在東非烏干達首都坎帕拉的恩德比機場。以色列政府假裝同意通過法國和他們談判，使劫機者在釋放 48 名人質後，再釋放 100 多人。以色列派出參謀總部情報局的 101 突擊隊，先取得肯亞政府的諒解，發動 4,000 公里的「大力士」營救行動。7 月 3 日晚上，四架飛機降落，突擊隊衝向塔台，先擺平打瞌睡的烏干達士兵，再打死四名劫機者及三名人質，突擊隊一死一傷，一切行動只花 42 分鐘。

8月 17 日，以色列決定在約旦河西岸建立新的猶太人屯墾區（kibbutz），簡直無視當地巴勒斯坦難民的存在。11 月 9-21 日，埃及總統沙達特訪問以色列，阿拉伯各國幾乎一致對埃及斷交，以色列總理比京（M. Begin, 1913-92）向來主張猶太人的領土包括約旦河東岸的全部巴勒斯坦，並聲

稱：「PLO 不是一個國家組織，而是一個恐怖暗殺組織，以色列會努力消滅它！」1978 年 3 月 11 日，11 名 PLO 在通往特拉維夫的公路上，劫持一輛巴士上的 63 名人質，造成自己死去九人，以色列人 34 死、84 傷事件。3 月 14 日，以色列攻擊黎巴嫩南部的 PLO 基地。9 月 17 日，以、埃在華盛頓達成協議，倡議建立一個「自治政府」管理兩岸及加沙的巴勒斯坦人，埃及公開出賣巴勒斯坦人。1981-82 年，以色列軍進攻黎巴嫩，大戰 PLO，迫阿拉法特逃到突尼斯。1982 年 8 月 23 日，34 歲的巴什維‧麥馬耶勒當選爲黎巴嫩總統，9 月 16 日被炸死。9 月 16-18 日，天主教民兵闖入薩拉和夏蒂的集中營，屠殺、姦殺巴勒斯坦難民。10 月 6 日，沙達特在閱兵時被暗殺。

PLO內訌 1983 年 5 月底，PLO 鬧分裂，從大馬士革打到貝卡高地。10 月，反對派攻擊黎巴嫩迪里波里的 PLO 總部，阿拉法特向蘇共書記安德洛波夫求援無效；12 月 10 日，阿拉法特倉皇逃往開羅。

埃及總統穆巴拉克促使阿拉法特和約旦國王侯賽因在 1984 年初和解，更加深了 PLO 內部的分裂。4 月，閃電、巴解人民陣線總指揮部、人民鬥爭陣線組成「巴勒斯坦民族聯盟」；5 月，巴解人民陣線（PFLP）、人民民主陣線（PDF）、巴共黨成立「巴勒斯坦民主聯盟」。阿拉法特的代表和民主聯盟四度談判，阿拉法特就未經 PLO 執委會同意訪問開羅做了自我批判，雙方協議行集體領導制，增選若

幹副主席。1984 年 11 月 22 日，在安曼召開巴勒斯坦國民大會第 17 次大會。12 月，PLO 與埃及、約旦一起向以色列發出「以土地換取和平」建議，失敗；對方強詞奪理說已把西奈還給埃及，履行《第 242 號決議》及《第 338 號決議》，不存在所謂「以土地換和平」問題，當前需要的是「以和平換和平」。1985 年 3 月，解放陣線與民主聯盟成立「巴勒斯坦民族拯救陣線」。

PLO 內部分成三個路線：PLO 主張政治解決；拯救陣線主張繼續軍事行動，不再襲擊以色列占領區以外地區；另一個自稱「法塔赫革命委員會」的組織，則繼續在以色列占領區外攻擊以色列的目標。這是阿布·尼達爾所領導的恐怖組織，1974 年脫離 PLO，6 月他派人去利比亞暗殺杰哈德失手，阿拉法特在 11 月將他缺席判處死刑。尼達爾行動詭異，飄忽不定，從不公開露臉，從不使用電話以防被竊聽或被遙控炸彈炸死，也從不喝別人拿給他的水。

尼達爾的「公司」在 1975 年突擊特拉維夫的一家餐廳，1981 年突擊了維也納的一所猶太教堂；1982 年 5 月再把以色列駐英大使打成重傷。1983 年 8 月 27 日，「公司」四名恐怖分子劫持從維也納飛往巴黎的法航班機，先後在瑞士日內瓦及義大利西西里島加油，在兩地釋放 102 名人質，最後飛到德黑蘭，向伊朗警方投降。9 月 8 日，美國停泊在貝魯特沿岸的艾森豪航空母艦，藉口有四名美軍被德魯茲派民兵打死、20 多人受傷，轟炸了民兵營。18 日，這艘航空母艦又轟炸蓋爾卜堡的德魯茲民兵陣地，法國艦隊也加入行動。

10 月 23 日清晨 6 點 23 分，一輛自殺炸彈卡車衝進美國海軍陸戰隊的崗哨，炸死 241 名美軍和自己人。兩分鐘後，另一輛卡車也炸死 58 名法軍。1984 年 7 月 31 日，又有三名「公司」的人劫持從法蘭克福飛往巴黎的法航班機到德黑蘭。

1985 年 2 月，阿拉法特終於和侯賽因再度握手，約旦王急於解決西岸和加沙的問題，要阿拉法特接受《第 242 號決議》，以滿足美國人的胃口，雙方各說各話。阿拉法特再去北京。4 月 20-21 日，他的副手瓦茲爾下令停泊在阿爾及利亞海軍基地的「阿塔瓦魯斯號」，攻擊特拉維夫的以軍參謀總部，28 人中只剩八人活下來，船也被炸裂擄走。6 月 14 日，美國環球班機飛離雅典不久後，被三名恐怖分子劫持到貝魯特機場，他們要求什葉派的阿邁勒運動民兵領袖前來談判。半個多月前，這支民兵攻擊貝魯特郊區的三個巴勒斯坦人難民營，要把他們趕出黎巴嫩，雙方死傷千餘人。民兵領袖拒絕談判，劫機者又把飛機劫往阿爾及爾，陸續釋放 45 名兒童，再飛回貝魯特，處死一名美軍人質，威脅說每過五分鐘要殺一個人質。阿邁勒運動領袖只好出面談判，這才發現劫機的不是法塔赫革命委員會，而是黎巴嫩什葉派自己的同胞。17 日，民兵把 39 名美國人質送到安全地方，美國強迫以色列釋放部分黎巴嫩的什葉派囚犯，才使 39 名人質獲釋。

約旦王侯賽因在 5 月 29 日於美國白宮玫瑰園聲稱：PLO 已同意和談可以在國際會議和適當的聯合國決議框架下舉行。在突尼斯的阿拉法特的戰友們，一反常態地保持沉

默。9 月 25 日（猶太人的贖罪日），阿拉法特的衛隊 17 軍的三名殺手（包括一位英國人），攻擊了停在地中海塞浦路斯拉卡納碼頭的以色列遊艇，打死三名男女。10 月 1 日下午，位於突尼斯灣哈曼‧夏特的 PLO 總部，被三架以色列戰機炸平三棟大樓，炸死 73 人。安理會以 14：0 票，一致譴責以色列的暴行，美國當然投棄權票。阿拉法特望著彈坑說：「以色列已經炸毀了和平進程。」

10 月 7 日，義大利遊輪「阿奇里‧蘇羅爾號」從埃及亞歷山大港開出時，被四名巴勒斯坦的十幾歲青年劫持駛往敘利亞的塔爾圖斯港，船上有 427 名乘客及 80 名船員。他們自稱為「人民陣線」，但人民陣線已從 1973 年起決定不在以色列占領區以外發動攻擊了。敘利亞當局不准他們停靠，哈巴什用無線電向他們喊話，命令他們返回埃及，向警方投降。9 日，船在塞德港拋錨，一名美國官員上船，發現 69 歲的美國猶太人利昂‧克林霍弗已被殺掉丟進敘利亞灣了。美國大使維利奧特十分震怒，埃及政府趕快用飛機把他們送回突尼斯交給 PLO 處置，卻被美國飛機干擾，將飛機劫持到西西里島，俘虜了機上的哈巴什，幸虧義大利特種部隊先救他們回羅馬。

巴勒斯坦人終究覺悟到，他們只不過是大國及阿拉伯國家自私玩弄的棋子，伊斯蘭教基本教義派的「兄弟會」就在加沙迅速發展起來。亞辛（Ahmed Yassin）於 1952 年摔傷殘障，1973 年暗中建立伊斯蘭中心，1978 年向以色列當局申請成立「穆加馬」（伊斯蘭協會），1981 年創立伊斯蘭

抵抗運動（Hamas，哈瑪斯）。他在 1985 年被捕，判刑 15 年，不久由助手阿赫邁德·杰布里爾用幾名以軍人質交換獲釋。

　　阿拉法特已被激進派攻擊為政治騙子，又遭阿拉伯各國冷遇。「哈瑪斯」主張不要枉費心機，期望任何一種和平解決巴勒斯坦的計畫，要通過聖戰，帶動全世界的穆斯林都來參加解放巴勒斯坦的聖戰。以色列軍殘酷鎮壓巴勒斯坦人，170 萬難民到處起義反抗。1988 年 4 月 16 日，30 名「摩薩德」到突尼斯打死阿布·杰哈德。

2. 有名無實的巴勒斯坦國

　　1988 年 11 月，美國和以色列大選順利結束，巴勒斯坦國民大會在阿爾及爾召開「十九大」。15 日凌晨 1 點，阿拉法特宣布建立巴勒斯坦國，定都耶路撒冷。然而以色列總理夏米爾（Y. Shamir）可不這麼接受，何況他背後有強大的遊說團可以向美國政府施加壓力，他推銷拉賓擬定的計畫，將在約旦河西岸及加沙（170 萬人）舉辦大選，旨在選擇一個和以色列對話的巴勒斯坦代表團，當然要排斥 PLO。

　　夏米爾政府在 5 月拋出計畫後，PLO 要求確保選舉將做為最終可以實現巴勒斯坦建國的解決過程的一部分；並質疑東耶路撒冷的巴勒斯坦人能否被允許投票。PLO 要求確保在和談中，都能讓被占領地內部及外部的巴勒斯坦發言人出席，使 PLO 得到恰當的代表。他們更要求在選舉前，以色列退出被占領地。以色列人當然不願接受這些條件。夏米

爾也被利庫德集團逼得讓步，7 月 5 日宣布：「在巴勒斯坦人暴動被消滅以前，不會舉行選舉。東耶路撒冷的阿拉伯人將被排除在這一進程之外。被占領土地上的猶太人據點將保留。巴勒斯坦國最終不可能建立。」

不到 12 小時後，在耶路撒冷郊外，一名巴勒斯坦人乘客奪過方向盤，高呼「眞主阿拉是偉大的」後，把巴士拋進了山澗，造成 14 死、27 傷。PLO 更加雪上加霜的是，去年阿爾及爾會議上，阿拉伯老大哥各國許諾每個月爲起義提供 4,300 萬美元，只有伊拉克一國堅持付款。1989 年 8 月，1,290 名法塔赫召開閉門大會，他們抱怨阿拉法特獨斷獨行，屈意向美、以承歡，卻沒得到任何的回報。會議決定：「繼續並加強武裝鬥爭……以結束以色列對我們巴勒斯坦領土的占領。」強硬派抬頭，阿拉法特的和平政治解決路線眼看就要被退棄了。PLO 回過頭來與伊拉克的哈珊（Saddam Hussein）和解，並獲得大量的捐助，科威特和沙烏地阿拉伯的資金則流往哈瑪斯去。阿拉法特不再左右逢源，但仍舊當選「巴勒斯坦國」總統，娶了他的秘書——28 歲的基督徒蘇哈，打破了他過去一向吹噓說要娶巴勒斯坦爲新娘的壯語和神話。

以巴和談 以色列軍警刻意迫害和驅離巴勒斯坦人，動輒扣上哈瑪斯恐怖分子罪名逮捕或追殺。在西岸，一名猶太人殺死阿拉伯人，只坐牢 12 天。阿拉法特一再寫信向聯合國安理會抗議以色列的暴行，直到 1991 年 1 月 6 日安理

會決議譴責以色列。PLO 接受以色列的巴勒斯坦「自治」構想，但堅持自治協議達成後，以軍立刻撤走，改由聯合國維持和平部隊維持治安；選舉須在聯合監督下，並由約旦、埃及、敘利亞、安理會常任國、聯合國秘書長、以色列、巴勒斯坦自治政府組成常設委員會，來處理過渡期（五年）的以、巴紛爭。以色列悍然拒絕此議。眼看以色列將大選，阿拉法特又想將巴勒斯坦與約旦結成聯邦，做爲將來獨立的第一步。美國人也不支持此議。

阿拉法特瞞著 PLO 和拉賓，私下接受挪威工黨議員、奧斯陸戰略研究所長拉爾森的調解。1993 年 7 月，拉賓派人到突尼斯與 PLO 代表談判。阿拉法特同意以色列保留巴勒斯坦人自治區內的猶太人移民據點，和在自治區旅遊的以色列人的管轄權；但堅持以色列軍隊不得以反恐名義進入自治區。雙方達成協議，以方同意由 PLO 負責未來自治區的安全，但約旦河岸與約旦之間的橋梁和加沙與埃及的通道，由雙方共享控制權；PLO 同意把東耶路撒冷排除在自治範圍之外。

8 月 19 日，佩雷斯訪問挪威，當晚參加國宴會後，走進貴賓廳見了阿拉法特的代表庫拉依。雙方代表簽下《奧斯陸協議》，規定以軍在 1993 年 12 月 13 日至 1994 年 4 月 13 日間，撤出加沙和杰里科；巴勒斯坦在此後九個月內，在上述地區選出自治委員會，以色列取消上述地區的行政和軍事管轄權。

PLO 的要人，包括詩人馬哈穆德‧達維什、駐黎巴嫩

代表沙菲克・胡特，立刻辭職抗議，PLO 左派痛斥阿拉法特擅自出賣巴勒斯坦人，但他仍在 9 月 8 日獲得 8：4、一票棄權的支持。9 月 13 日，雙方正式在華盛頓簽署協議，此後巴、以人民互相混戰，尤其 1994 年 2 月 25 日爭奪哈利勒易卜拉辛（亞伯拉罕）清眞寺這個聖地。1993 年 9 月 13 日至 1994 年 2 月 1 日，有 65 名阿拉伯人被猶太人打死，23 名猶太人被阿拉伯人打死。1994 年 2 月 25 日，生於美國紐約的牙醫預備役少校戈爾茨坦，爲報兩個月前兩名朋友遇害之仇，向幾百名正在祈禱的阿拉伯人丟手榴彈及開槍亂射，造成幾百人死傷。

1994 年 7 月 1 日，阿拉法特終於踏上加沙塔巴鎮，跪下來親吻土地。年底，他和拉賓同獲諾貝爾和平獎。1995 年 11 月 4 日，拉賓被極右派暗殺。1996 年 5 月 11 日，自治區內發生首宗爆炸事件。哈瑪斯的卡邁勒・卡希爾和武器專家亞哈亞・阿以希，在加沙市郊三樓，收到一名女孩受一名計程車司機託付的手提箱，當場包括那名小女孩共五人被炸死、30 人被炸傷。巴勒斯坦人立即反擊，炸死 40 名猶太人、炸傷 45 人，哈瑪斯宣布爲這兩次事件負責。阿拉法特下令警察突襲哈瑪斯和伊斯蘭聖戰組織的據點，拘捕 320 人，迫哈瑪斯制止行動，主動登記武器。

1996 年 1 月 20 日，100 萬巴人投票，法塔赫代表在立法議會中的 88 席贏得 50 席；2 月 20 日，阿拉法特就任政府主席。5 月 29 日，以色列選出駐聯合國大使內塔尼亞胡（Netanyahu）爲新總理，這位極右派宣稱：「我們將保衛

自己，奧斯陸的思路證明不能帶給我們安全，阿拉法特不能也不願保護我們。」9 月 23 日，內塔尼亞胡擅自在耶路撒冷老城挖一條 488 公尺長的考古隧道，讓以色列人輕易地從哭牆來到城內的阿克薩清眞寺，引爆以、阿雙方流血衝突，9 月底死去 100 多人。

柯林頓總統 11 月連任，逼迫以色列總理向阿拉法特讓步。但是 1997 年 1 月 5 日的《希伯倫協議》，讓阿拉伯人占城內的 80% 地區，內塔尼亞胡不直接簽字，由美國中東特使丹尼斯代行，美國當然偏袒以色列。不料內塔尼亞胡又批准在東耶路撒冷的雙方爭議區建造 6,500 棟公寓，背後當然有老美支持。柯林頓主張以軍撤出約旦河西岸 13% 土地，以換取巴勒斯坦人的安全保障。阿拉法特一口拒絕，這跟《奧斯陸協議》差太多了。1998 年 10 月 23 日，柯林頓促使以、巴雙方領袖，在馬利蘭葉的懷伊園簽署「以土地換取和平」協議，明訂以色列從西岸的 13% 地區撤軍。

1999 年 7 月，工黨的巴拉克（Ehud Barak）當選以色列斯總理，與好戰派國防部長夏隆（Ariel Sharon）更加囂張。2000 年 9 月 28 日上午，夏隆強行到耶路撒冷的聖山「旅行」，出動大批軍警，反恐部隊通過阿克薩清眞寺。

以色列軍警用棍棒和催淚瓦斯鎮壓阿拉伯人的抗議，打傷 30 多人。29 日是猶太人的除夕，當他們在哭牆膜拜時，遭到巴勒斯坦人擲石頭攻擊，又是一場血腥衝突，並把其中一人的屍體在市街上拖行示眾。10 月 16 日，阿拉法特和巴拉克在西奈的沙姆伊赫，由柯林頓勉強促成共識：結束暴力

對抗。至年底已有 400 人喪生。柯林頓在 12 月 31 日迫巴、以雙方接受《柯林頓方案》，即把約旦河西岸和加沙的 94-96% 領土劃歸巴勒斯坦；至於耶路撒冷則由兩國共享主權分治。2001 年 3 月，夏隆當選以色列總理，更加蠻橫，重申絕不放棄屯墾區和戈蘭高地，也不承認巴勒斯坦國。

他上台不久，2 月底，特拉維夫市東南郊就發生一名巴勒斯坦人公車司機在停靠時，突然衝向等車的以色人，造成多人傷亡。凶手卡利‧阿布烏巴被巴勒斯坦人視為英雄。3 月 28 日，夏隆下令攻擊阿拉法特的「17 部隊」總部，死傷 60 多人。一週後，以色列境內 24 小時內發生三起自殺爆炸（另有兩件被及時制止）。8 月 9 日，哈瑪斯成員在耶路撒冷的披薩店引爆自殺，炸死 15 人，炸傷 90 人。自稱「阿克薩烈士旅」的團體也發動自殺恐怖行動。

等於自囚　2001 年「9.11」後幾個小時，以色列坦克、戰機攻擊巴勒斯坦的杰寧和杰里科，打死九人。接著一週內，以軍又在拜特賈拉、希伯倫、納布盧斯、拉馬拉、拉巴赫各地施暴，打死 28 人。11 月 19 日，美國國務卿鮑威爾在演講時指出：「巴勒斯坦要承認以色列的生存權……巴勒斯坦領導人必須杜絕暴力事件，停止煽動民族情結……以色列必須結束對巴勒斯坦的土地占領……承認巴勒斯坦國。」夏隆根本不理他。

10 月中旬，有三名哈瑪斯成員被以軍射殺或被汽車炸彈炸死。一年多來，已有 60 多名巴人被暗殺。10 月 17 日，

以國旅遊部長澤維被暗殺。幾個小時後，PFLP 聲稱他們是為 8 月 27 日遇害的總書記穆斯塔法復仇。當晚，阿拉法特譴責暗殺及暴行，打電話向佩雷斯保證使「人民陣線」懸崖勒馬；當晚，他的安全人員開始抓人。18 日，十多輛以色列坦克闖進比拉市，打死一名安全部隊人員；同時兩架直升機和 20 輛坦克也開進西岸的杰寧，砲擊一所女子小學，打死十歲女童，打傷七人。幾天內，西岸的八個城鎮有五個淪為孤城，直到 11 月 27 日以軍才撤走。12 月 1 日（安息日）當晚 11 點，耶路撒冷的猶太人區連續爆炸；12 個小時後，海法也發生爆炸事件。11 月 23 日，以色列軍打死「卡桑旅」的領袖阿布‧哈努德。

夏隆從華盛頓趕回國。12 月 3 日下午 4 點半，四架以色列直升機攻擊加沙的阿拉法特官邸，發射 20 枚飛彈。4 日，不顧佩雷斯的反對，右派部長要求「剷平巴勒斯坦自治區，殺死或趕走阿拉法特」，並宣布巴勒斯坦民族權力機構為「支持恐怖主義的實體」。以軍兵分兩路進攻西岸，另一路封鎖加沙機場，阿拉法特被困在西岸拉馬拉辦公室裡，成了「自己囚禁自己的囚徒」。

2002 年 3 月 8 日，西岸及加沙的巴勒斯坦人起義。四天後，兩萬以軍攻占加沙難民營，重占拉馬拉，圍困阿拉法特。安理會在 3 月 12 日首次承認巴勒斯坦國；安南秘書長譴責以色列占領巴勒斯坦領土，美國出面呼籲和平，夏隆才允許阿拉法特有旅行的自由，但又威脅說，如果巴勒斯坦人膽敢在貝魯特製造更多的恐怖事件，以色列將永遠驅離阿拉

法特。3月27日，以色列的塔亞發生自殺爆炸，炸死29人。兩天後，以軍在西岸大開殺戒。以色列人用推土機推倒阿拉法特的住處，把他逼到地窖避難。4月2日，阿拉法特聲明寧死不離開西岸。5月，他暫獲自由，又過五個月才解除圍困。

巴勒斯坦「建國」以來，政府高官開始貪汙，阿拉法特只好換人事，十分窘困（1996年）。

哈瑪斯更是阿拉法特無法壓制的恐怖勢力，他們向來在占領區內大搞「起義」、狙擊、爆炸活動，2000年9月更藉夏隆參觀聖山，引爆「阿克薩暴動」而找回了「聖戰」。阿拉法特被迫把一批哈瑪斯成員關進監獄，12月5日下令軟禁他們的精神領袖亞辛。6日清晨起，3,000名抗議者湧向導師的住所，向警察丟石塊，混亂中發生了槍戰。

「摩薩德」也有計劃地消滅哈瑪斯和其他恐怖分子。2000年11月9日，法塔赫軍事要人侯賽因・阿巴亞特，在伯利恆被直升機擊中座車身亡；12月31日，圖爾凱勒姆省書記薩比特被暗殺。2001年9月1日，巴勒斯坦情報局辦公室主任泰希爾・希塔卜被暗殺；10月8日，阿克薩烈士旅伯利恆負責人阿特夫・阿巴亞特被炸死。2003年3月8日，卡桑旅的易卜拉辛・穆卡達被飛彈炸死……。

阿拉法特在拉馬拉的辦公室（總統府），本來就是1920年英國人建造的監獄，真是歷史的巧合和諷刺。以色列坦克「象徵性」地擺在這座「監獄」的門口不遠處，隨時向裡面開砲，例如2001年12月初到2002年3月初、2002

年 3 月底到 4 月底及 2002 年 9 月，把阿拉法特當做垂死的獵物。

2003 年 6 月底，美國迫使以、巴停火三個月，然而巴勒斯坦的人身炸彈攻擊不休。8 月 12 日，羅什艾的超市爆炸，自殺客及一名猶太人當場死亡，炸傷 11 人；幾個小時後，西岸的納布盧斯附近的加油站爆炸。兩天後，以色列軍隊在希伯倫打死「聖戰」高級人員西德爾。19 日 19 時左右，一輛汽車衝向哭牆，炸死 20 多人，100 多人受傷。9 月 6 日，以色列人企圖暗殺哈瑪斯的亞辛未遂。2004 年 3 月 22 日清晨，亞辛終於被暗殺於輪椅上。

2004 年 8 月 4 日，阿拉法特在「監獄」裡度過他的 75 歲生日，正好「自囚」970 天。不久後他病重，10 月 25 日，以色列國防部聲明，准他到附近任何一家醫院治療。英雄末路，29 日清晨，他由妻子攙扶走出「監獄」，搭上直升機，抵達約旦河對岸的馬爾卡軍用機場，再飛往巴黎。11 月 11 日，一代英雄客死異鄉，享年 75 歲。

2006 年，哈瑪斯的哈尼雅組閣，堅持不承認以色列，又不肯向 PLO 妥協。2007 年 6 月攻占加沙。2014 年以、巴混戰，造成 2,100 多人死亡。2015 年 10 月初，數名猶太人堅持進入阿克薩清真寺，又引發大衝突。更令人無法理解的是，美國總統川普又承認耶路撒冷是以色列的首都，真是頭殼歹去！

3. 北愛爾蘭共和軍（IRA）

動亂
再起 　1937 年 2 月愛爾蘭自由邦改爲「愛爾蘭」以來，全面禁止舊共和軍活動。他們不甘心而攻擊英國本土（1939）的火車站、電影院、銀行，搶劫國內的軍火。1940 年 2 月，16 名 IRA 領袖被捕，托尼德阿爾西及麥克尼拉先後在獄中絕食至死。接著 IRA 轉移到北愛活動，至少當地天主教居民不會出賣他們。1942 年 7 月 9 日，IRA 總部遷往貝爾法斯特，但受到皇家保安部隊的鎮壓，已成爲強弩之末，一個一個被捕，或是上絞刑台。北愛面積 14,000 平方公里，人口 100 多萬，新教徒占 2/3，長期以來他們以「多數暴力」壓制天主教徒，例如德里郡的住民有 67% 是天主教徒，但是新教徒卻控制議會的 60%；1950 年，丹卡農有

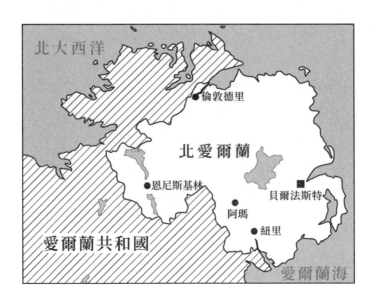

70間公寓，天主教徒連一間也沒分到；紐里有497間新房子，新教徒分配到470間（1958）。天主教徒在就業、教育各方面，更是備受不平等待遇。

新教徒是蘇格蘭及英格蘭移民的後代，自稱「厄爾斯特人」，他們堅持和英國統一，被稱爲「統一派」（Unionist）。占38.4%人口的克爾特人，主張回歸愛爾蘭，被稱作「民族派」，他們又分爲激進的IRA和新芬黨，以及溫和的社會民主黨。新教徒子弟進入公立學校，念英國歷史；天主教子弟由梵蒂岡教廷支持，進入教會學校，讀愛爾蘭歷史。雙方互不往來，壁壘分明。

1951-62年間，IRA大搞特搞，但並未獲得北愛青年的普遍共鳴，1962年宣布停火，決定重新改造與換血。

1968-69年間，北愛天主教徒發起「社會正義運動」（Campaign for Social Justice in Northern Ireland）及「北愛公民權行動委員會」（Working Committee on Civil Right in N.I.）。1968年4月20日清晨，貝爾法斯特郊區的錫倫特水庫爆炸，接著在阿瑪也發生爆炸事件。貝爾法斯特有七個警察哨被毀，各地出現大規模民權示威活動和請願遊行。10月，警察開始驅散和平示威群眾。1969年1月4日，從貝爾法斯特到倫敦德里的民權遊行，在本特利遭到新教徒共和派丟石塊及空瓶罐攻擊，警察卻袖手旁觀。整個北愛騷動不安，靜谷水庫及基爾莫安納波電塔爆炸。4月22日，當局派大軍平亂，歐尼爾總理匆匆下台。IRA認定在街頭上正醞釀著一股巨大的力量，準備大幹特幹。

7月4日夜間，一群新教徒自衛隊和特警攻擊倫敦德里市中心的博戈塞德天主教工人住宅區，激起了 IRA 和民權運動者聯手成立「自由德里」以自衛。8月份，雙方在各地火拼。14 日發生槍戰，打死六人。凌晨 5：15，英軍進駐北愛；19 日宣布控制局勢。21 日，新教徒照例遊行，闖入天主教徒區，見人就打，引發此後 30 年動亂的序幕。

分裂　12 月，IRA 在都柏林大會上，以 39：12 通過決議，承認英國及南、北愛爾蘭政府和議會的合法性。激進派憤而另立臨時軍事委員會（臨時派 /Provisionals），以別於承認三個政府的「正式派」（Officials）——主張通過合法政治鬥爭取得政權，由極端托洛茨基主義派組成，領導者是卡瑟爾古丁及共和黨（新芬黨）主席托瑪斯·馬克吉奧拉。他們公開宣布要建立馬克思主義共和國來治理愛爾蘭，因為工業化的北方是共和國的基礎，達到目標的唯一途徑是獲得天主教和新教工人階級的支持，共同反對本地區「資本家對勞動大眾的剝削」；避免譴責在兩教派工人地區使用暴力。臨時派在 1971 年發展至 1,000 多人。

11,250 名英軍進駐北愛，卻放縱新教徒橙帶黨攻擊天主教徒，1970 年 4 月還出動裝甲車保護他們，並在巴利莫菲用毒氣攻擊天主教徒。6 月 27 日，貝爾法斯特的阿爾多尼區有三名新教徒被殺。當晚，新教徒攻擊聖馬修天主教堂，IRA-P（臨時派）在自衛中打死四人，英軍坐視不管。7 月 3 日，英軍突襲 IRA 秘密軍火庫，又放毒氣，才繳獲 100 多

支槍，激怒了天主教青年，紛紛加入 IRA。

IRA 將城市游擊戰改爲汽車炸彈、狙擊暗殺的「低強度戰鬥」戰術。

1972 年 2 月 5 日，兩名英軍被殺；次日，克拉克總理宣布北愛戒嚴。4 月起，臨時派發動 37 次炸彈攻擊，5 月又有 47 起，6 月有 50 起，簡直天天有爆炸，貝爾法斯特淪爲人間煉獄。天主教徒拒交房租，在住宅區築起拒馬，但他們必須承受英軍的隨時濫捕濫刑，妻女常被軍警騷擾。12 月12 日，臨時派殺死北愛上議院議員麥克‧巴恩希爾。1972年初，他們企圖暗殺北愛內政大臣約翰‧泰勒未遂。

他們對懲罰和處決民族叛徒，以及在英國保安部隊服役的天主教徒毫不手軟。1971 年 12 月 8 日，正式派打死 30歲的天主教徒北愛防衛團臨時成員西恩‧拉塞爾，並當著他五個孩子面前殺死他，他最大的十歲女兒也當場被打傷了大腿。

1972 年 1 月 30 日，公民權利協會在倫敦德里發動和平示威。14：50，當三人走向市政府廣場時，由於通路被英軍阻攔，15：45 改往自由德里紀念碑，卻有一群青年脫隊，用石塊攻擊設拒馬的英軍。英軍用高壓水槍、催淚瓦斯和橡膠子彈反擊。英軍聽到 IRA 狙擊手將出現的情報，立即開槍打死 13 人（其中七人是青年），15 人受傷，另有一人被軍車撞死。38 年後（2010.6.15），調查報告才出爐，英國首相麥卡倫在下議院正式爲此事件道歉。

IRA 在 1972 年打死 460 多名軍警及平民。1973 年 3 月

8 日公投，當然是新教徒占上風，贊成北愛繼續留在 UK 內。當天，倫敦蘇格蘭場有一死、23 傷的爆炸事件發生。1969-73 年間，北愛死傷達 9,000 人。1973 年 8 月起，臨時派開始寄郵包炸彈，六週內炸傷 30 人，包括駐英大使館秘書被炸斷一條胳膊。涉及 1973 年蘇格蘭場爆炸案的九名 IRA，被判無期徒刑，他們在獄中絕食。10 月底，一名操美國口音的導演租一架直升機，聲稱要去勞斯郡的上空拍外景，10 月 31 日，當直升機駛抵指定地點時，突然被 IRA 劫持，原機飛回都柏林，降落在芒特喬伊監獄的操場上，獄卒還來不及反應，眼睜睜地看著通米及奧哈根兩人從容地走上直升機，逃之夭夭。

　　1974 年，IRA 大搞爆炸。1 月 5 日，IRA 炸了倫敦圖薩夫人蠟像館；2 月 4 日，炸死軍用火車上的 11 人；3 月 7 日，炸毀貝爾法斯特中央大飯店的英國砲兵司令部；2 月 1 日，又炸傷了前內政大臣莫朵林克，綁架並殺害愛爾蘭上議員法克斯這位新教徒。5 月 14 日，在交通尖峰時間的下午 5：30，用汽車炸彈炸死 22 人；29 日，英國接管北愛。6 月 17 日，IRA 炸了英國國會，炸傷 11 人；7 月 14 日，又炸了倫敦橋，造成一死 28 傷。8 月 19 日，IRA 在光天化日下，越獄成功；10 月 5 日，薩里郡的吉爾福德「駿馬及馬夫酒吧」，又炸死 40 名士兵（其中兩名女性），炸傷 57 人；35 分鐘後，附近的「七星酒吧」，又有八人被炸傷；11 月 21 日早晨，伯明翰市中心的兩家酒吧爆炸，炸死 21 人，炸傷 182 人。

　　新芬黨立即和 IRA 暴力派劃清界線，IRA 正式派的科

斯特洛（Seamus Costello）卻對槍桿子有興趣，1974 年 7 月被開除，12 月另立「愛爾蘭共和社會主義黨」（IRSP）。

　　臨時派宣布在 1974 年 12 月 22 日至 1975 年 1 月 2 日實施「聖誕節停火」；不過在 22 日午夜停火前三個小時，有人向首相希斯在倫敦的房子扔了一枚炸彈。

疲勞轟炸 1975 年 2 月 8 日，英政府同意與 IRA 接觸，IRA 宣布從 2 月 10 日起無限期停火。科斯特洛在停火期間帶一批人加入愛爾蘭民族解放軍。20 日，一名正式派士兵被暗殺。4 月 28 日，正式派代表麥克米倫在開車時被狙殺。5 月 7 日中午，科斯特洛等四人被騎摩托車的殺手狙擊未遂。9 月 2 日，IRA 事先來電警告，仍炸死倫敦希爾頓飯店內的兩人。作家羅斯·麥克沃特力倡恢復死刑，嚴懲恐怖分子，出資十萬英鎊給提供情報者；11 月 27 日，他被炸死在自家門口。

　　1976 年 1 月 4 日，在南阿馬又有五名天主教徒遇害；5 日，在懷特克羅郡附近，有十名新教徒被迫排成一列後被槍殺。1976 年頭兩個月，IRA 製造 129 起爆炸案。4 月 8 日，IRA 在蒂龍殺死北愛監獄長。7 月 21 日，英國駐愛爾蘭大使比格斯和他的女秘書，坐汽車從都柏林市郊前往市區，也被 IRA 炸死。

　　8 月 10 日下午 3 點，安妮·馬奎爾夫人帶著三個小孩——八歲的喬安娜、兩歲半的約翰及六週的安德魯，在貝爾法斯特的費納夫路散步時，突然被藍色福特車撞到，安德魯

和喬安娜當場死去,約翰也在次日不治。開車的是 IRA 的
倫農,他和車內另外一人帶槍闖關,被兩輛英軍吉普車追
捕,失控而衝上人行道,撞死了人。

當晚,BBC 廣播了孩子的姑媽科里根(M. Corrigan)
在鏡頭前痛哭失聲的畫面,貝蒂·威廉斯(B. Williams)十
分感傷,她和科里根一起散發傳單,並聯合女記者恰倫·麥
基翁一起發動和平運動,反對恐怖暴力。威廉斯和科里根在
1977 年獲得諾貝爾和平獎。

1971 年 7 月,鼓動群眾參加 IRA 的新芬黨副主席德拉
姆夫人被捕,她的丈夫和女兒都早已坐牢了。1976 年 10 月
28 日晚上,她在梅特醫院被槍殺。這年 1 月 6 日,德里市
的兩教派 3,000 人共同遊行,抗議恐怖分子無差別地殘殺市
民。8 月 21 日,貝爾法斯特的兩萬名婦女,同時向 IRA、
UDA(厄爾斯特防衛協會)及英軍三方面抗議。

1977 年 12 月 2 日,警察逮捕 IRA 臨時派的要角麥科
洛姆和追捕已久的參謀長通米。為了反擊新教徒,IRA 在
1978 年 2 月於拉蒙斯教堂炸死 12 人。4 月 27 日,保安隊逮
捕 15 名新芬黨,但法院認為他們是正式註冊的政治團體,
當庭開釋。

1979 年 3 月 22 日,英國駐荷蘭大使賽克斯在門前的轎
車旁被打死。3 月 30 日,以對北愛問題態度強硬聞名的英
國保守黨北愛事務發言人尼夫,被炸死於西敏寺大廳前的座
車內。4 月 17 日,一名獄卒在妻子面前被打死;19 日,又
有一名女獄卒在阿馬被殺。

　　5 月，保守黨的柴契爾夫人（M. Thatcher）組閣。她派了老好人阿特金斯擔任北愛事務大臣。8 月 27 日，維多利亞女皇的外孫蒙巴頓勛爵，帶著女兒、女婿及外孫一起到愛爾蘭泛舟，不料遊艇突然爆炸，蒙巴頓和外孫被炸死，連在岸上的一些人也遇難。IRA 的情報員早已獲悉蒙巴頓勛爵的遊艇上沒有安全人員，星期一他將上岸買龍蝦，於是 IRA 提前把一枚無線遙控炸彈偷運到龍蝦市場，悄悄地沉入碼頭邊的水裡。27 日上午 11 點半，蒙巴頓勛爵牽著 14 歲外孫的手，走上沙德威號的甲板，把龍蝦罐提出水面時，當場一聲巨響，他和外孫、水手三人當場被炸死，82 歲的親家布雷伯恩夫人，送醫後第二天不治，他的女兒和女婿則被炸成重傷。

　　IRA 的作戰部長布萊恩・基南（Brian Keenan）在 3 月 20 日被捕，翌年判刑 18 年。更糟的是，在他身上搜出一本通訊錄，保安隊不但抓到許多大魚，還在利斯本的基地搜出大批軍用無線電通訊，以及保安隊的「老鷹行動計畫」電話紀錄拷貝。11 月 26 日，IRA 在貝爾法斯特製造 24 起爆炸案；12 月 3 日，擊斃虐待政治犯的克魯姆林路監獄的副典獄長。

| 絕食至死鬥爭 | 1980 年 1 月 17 日，IRA 的德萊尼在火車上放置炸彈時，不慎炸死自己，一節車廂化為灰燼。神 |

父拒絕讓他的屍體進教堂做彌撒，彌撒不得不在他的家中舉行。IRA 展開報復，26 日打死威靈頓公爵團的一名英軍。在阿馬監獄，60 名男女囚犯在院子裡為德萊尼追悼，他們

回監房前，女犯遭受獄卒搜身和侮辱，32 名女囚集體抗爭。

英國當局爲了緩和囚犯的不滿，允許犯人在室外活動時穿運動衣，每個月再增加一次探監。犯人拒絕這些讓步，繼續拒穿囚衣，只用毯子裹身；他們拒絕打掃牢房，使其髒亂不堪。3 月，紅衣主教菲亞奇及德里地區主教戴利訪問梅茲監獄時，發現了犯人們遍體鱗傷、骨瘦如柴，畏縮在沒有玻璃窗的黑牢裡，地上汙水橫溢，牆上抹滿糞便。主教們偷偷拍下照片，帶出監獄，照片上的人，個個披頭散髮，滿臉汙垢，雙目失神，形同骷髏。10 月 10 日，梅茲監獄的 IRA 囚犯宣布 29 日開始絕食，要求：（1）不再穿囚衣；（2）不幹監獄的勞役；（3）允許家人每週探監一次，每週寄信和包裹一次；（4）犯人間可以自由組織；（5）有權享有減免刑期。12 月 12 日，肖恩・麥肯南油盡燈枯，桑茲（Bobby Sands, 1954-81）爲挽救他，宣布 28 日停止絕食。這位郵局職員之子的新教徒，18 歲結婚並加入 IRA，後來被判刑 14 年，拒穿囚衣，聲稱自己和 IRA 戰士是爲了爭取民族獨立而被捕，不是一般囚犯。

1981 年 3 月 5 日，北愛議員馬賽爾心臟病猝死，新芬黨宣布桑茲爲遞補候選人，呼籲選民：「投桑茲一票，就能挽救他和其他同志的生命。」4 月 9 日，桑茲當選，英國國會氣急敗壞地立法，規定服刑犯人不得參選。柴契爾夫人揚言：「他們既然自願求死，那就讓他們去死吧！當局尊重個人意願，但他們的要求一概不能接受。」5 月 5 日凌晨 1：17，桑茲在絕食 66 天後，結束年輕的生命；至 8 月 20 日，

第十名絕食者含憤以終。IRA 的抗議及爆炸，無法撼動鐵娘子的鐵石心腸。

11 月 14 日，羅伯特‧布拉德這名死硬派新教徒，被五名迎面而來的 IRA 打死。在此之前，共和社會主義黨的貝爾法斯特大學女講師戴利，在 1980 年 6 月被 UDA 綁在椅背後，再予射殺；1 月 6 日，貝爾代特‧德夫林和她的丈夫米契爾‧麥卡利斯基，也被 UDA 當著孩子面前活活殺死。

IRA 成員一直被英國軍警、特務追捕，眼看就要滅頂了。1982 年 1 月底，他們又打死新教徒恐怖組織「紅色突擊隊」的頭頭麥基格。4 月，IRA 又在各地發動炸彈攻擊。7 月 20 日，倫敦海德公園的馬路上，一輛汽車引爆，把一支皇家騎警隊炸得人仰馬翻。幾乎同一時間，一支樂隊在雷根公園演奏時，一枚藏在樂譜架下的炸彈突然引爆。這兩次事件，共炸死八名軍人及三名平民，傷及 48 人及一批皇家的良馬。

不滿正式派搞議會鬥爭的人，脫離新芬黨，另立共和社會主義黨和民族解放軍，用槍桿子說話。

1983 年 6 月，北愛大選，臨時派的亞當斯（Gray Adams）當選為議員。7 月，IRA 又發動另一波攻擊，攻擊獄卒、法官、軍事工程人員，也開始綁架勒索。12 月 17 日，當警察趕到倫敦哈羅德百貨公司搜查炸彈時，門外一輛汽車爆炸，炸死九人，傷及 80 多人。

1984 年 10 月 11 日，英國保守黨在英格蘭南部賽克郡海濱的格蘭特飯店，舉行第 101 次年會。IRA 的爆炸高手帕

特里克・馬吉，事先在柴契爾夫人下榻的旅館房間浴室內裝了炸彈。12日凌晨3點，浴室爆炸，柴契爾夫人卻安然無恙，30多人受傷。另外，628號房的西區保守黨主席夫人莎托克夫人，及629號房的蘇格蘭保守黨領袖麥克萊恩的妻子，也被炸死在浴室內。柴契爾夫人盛裝出現在代表面前，勉強打起精神說：「我們非常幸運還活著。天亮後讓我們照常開會吧！」

新芬黨面臨分裂。亞當斯已經進入英國議會，主張放棄暴力，走議會路線；傳統勢力堅持武裝鬥爭，批評議會派已經腐化墮落，苟安於幾個議席。1986年11月，武鬥派退出新芬黨，另立新芬黨共和派，不讓1969年正式派的歷史重演。但是他們的追隨者少得可憐，70歲的麥格爾說：「今天我們已經擁有一支戰鬥了16年的軍隊，我們將繼續戰鬥到英國的統治結束為止。」可是共和派已經沒有號召力了。

1977年成立愛爾蘭民族解放軍的科斯特洛，10月被殺，民族解放軍每況愈下，十年後只剩下一個群龍無首的小暴力團體。共和派更加陷入困境。

1987年11月，IRA在恩尼斯基林的停戰紀念日當天，炸死11個人（包括一名小孩）。死去女兒的喬志・威爾遜，沒有責怪IRA，反而去監獄找他們，勸他們放棄暴力。12月，一枚原本要炸警察的炸彈，卻不幸炸死兩個老人。此後一連串炸死、炸傷天主教徒的意外事件，玷汙了IRA的形象。

1988年3月，三名恐怖分子前往直布羅陀，由31歲的梅瑞德・法瑞指揮（畢業於貝爾法斯特皇后大學）。她在

1976 年 4 月首次出任務時，男友當場被打死；她出獄後，加入 IRA，經常穿梭中東、西班牙、荷蘭各國。三名殺手一出動就被警方盯上，並通知西班牙警察。他們自投羅網地下榻旅館。3 月 6 日，他們租車前往直布羅陀，準備幹掉英國駐當地的總督。儘管他們身上沒有攜帶任何武器，還是被埋伏的英軍亂槍打死在街上。英國警察對外謊稱三名恐怖分子攜帶汽車炸彈至目的地，而且在警察臨檢時拒捕並且開槍。

　　不過紙還是包不住火，目擊者看到他們先被打死，然後警察才封鎖現場。媒體立刻揭露了真相，但是又奈何？3 月 16 日，共和派為這三人舉行葬禮時，一名新教徒混進隊伍丟手榴彈，並開槍亂射，打死三人，打傷 50 多人。19 日，天主教徒為三名死難者舉行喪禮，一輛英軍吉普車闖入墓地，車上的人被民眾拖下車活活打死。

　　1988 年 6 月，西方七國元首在加拿大多倫多開會，IRA 殺手早就從海外偷運來四船軍火，他們攜帶毒刺火箭潛入加拿大。6 月 18 日，英國特務在會場附近的小酒吧逮捕殺手考林斯，搜出近千發子彈及其他武器，使 IRA 刺殺柴契爾夫人的行動功虧一簣。8 月，IRA 炸死、炸傷倫敦北郊英格利斯兵營的 16 名英軍。1990 年 7 月 30 日，已退休的英國保守黨人揚·高被炸得稀爛。1991 年 2 月 7 日 10 點 8 分，三發砲彈落在倫敦唐寧街 10 號（首相官邸）對面的外交部和商務部的小花園裡；另一枚則掉落在首相官邸的後花園裡。18 日，帕丁頓及維多利亞兩個車站爆炸。12 月，IRA 又炸了歐羅巴飯店及剛修葺完工的貝爾法斯特大劇院。1992

年，IRA 又炸了波羅迪克證券交易所，炸死三人。1992 年 1
月 10 日，工黨梅杰首相在唐寧街 10 號的官邸開會時，一枚
炸彈在 300 公尺外的白廳爆炸。1993 年 10 月，IRA 又炸了
貝爾法斯特一家商店，炸死九人。4 月，他們用汽車炸彈炸
了倫敦的香港銀行及上海銀行附近，造成十億英鎊的損失。

和平曙 1993 年，梅杰首相透過中間人士和 IRA 接觸；他
光乍現 又同時和北愛天主教徒的兩大溫和派領袖，即社
會民主工黨的休姆和新芬黨的亞當斯秘密談判。1994 年 12
月，英、愛兩國發表《唐寧街聲明》，英方表示尊重北愛多
數人的意願，如果他們希望南北愛爾蘭統一，英國立即提出
立法予以實現；愛爾蘭政府則承諾，在沒有獲得北愛多數人
同意的前提下，強制實現統一的提法是錯誤的；兩國政府同
時強調，只有在 IRA 宣布永久停止使用暴力手段後，其政
治代表新芬黨才能加入談判過程。

　　IRA 在 1994 年 8 月底主動宣布「完全停止軍事活動」，
梅杰首相也立即回應，在承諾對北愛前途舉行公民投票的同
時，取消了從 1988 年以來對新芬黨的廣播禁令，亞當斯得
以在英國電視及電台上公開露面。新教徒也在一個月後做出
同樣放棄暴力的承諾。

　　12 月 9 日，英國政府和 IRA 的政治代表新芬黨坐下來
談判；15 日，又和新教徒準軍事組織進行談判。砲火聲、
炸彈聲終於暫時停下來了。12 月下旬，英國宣布從北愛撤
出 150 名士兵。英、愛兩國放鬆對邊界的警戒，開放南北愛

爾蘭公路。北愛政府也在 1993 年 12 月 23 日首次釋放 9 名 IRA 政治犯,並讓 30 名犯人回家度假一週。

1995 年 2 月 22 日,梅杰首相與北愛總理布魯頓在貝爾法斯特聯合公布了政治解決北愛問題的文件,原則上同意由 90 人組成的新北愛地方議會,議員按比例代表制產生;由北愛地方議會代表和愛爾蘭議會代表組成南北跨界機構,在農業、運輸、旅遊及能源等使用領域行使協商權和協調權;愛爾蘭修改憲法,承諾放棄對北愛的主權要求,英國承諾修憲,承諾北愛居民有選擇自己未來的權利。

如此使北愛政黨不得不更多地考慮天主教徒的利益,北愛各政黨、人民和英國議會三方鎖定北愛前途的鑰匙,任何一方不得未經其他兩方同意,就改變北愛現有的憲法地位。

美國總統柯林頓立刻插手,1995 年 3 月他先邀請亞當斯訪問美國十天,令英國政府十分不滿。1995 年 3-4 月間,英軍從北愛撤出 800 多人。5 月 10 日,英國北愛事務大臣安克拉姆與新芬黨第二號人物 Martin McGuinness 談判。IRA 又在 1996 年 2 月 9 日炸了倫敦金融區多克蘭的一幢大樓地下車庫,炸傷 100 多人。第二天,IRA 宣布結束 17 個月的停火。18 日,IRA 又在倫敦引爆一輛巴士,炸死一人,傷及八人。

6 月 10 日,北愛問題多方會議召開,新芬黨又被拒於門外。IRA 又在曼徹斯特的商場引爆炸彈,炸傷 206 人。1997 年 4 月,工黨的布萊爾執政。5 月 16 日,布萊爾在貝爾法斯特公開提出無條件恢復與新芬黨的官方接觸,但五天

後，IRA 又殺了兩名警察。6 月 25 日，布萊爾再度聲明，保證只要 IRA 宣布停火一個半月，就允許新芬黨參加 9 月的談判。7 月 19 日，IRA 宣布「毫不含糊」地恢復停火。9 月 18 日，北愛多黨會談開始。12 月 11 日，布萊爾接見了亞當斯，這是 76 年來，英國首相第一次和愛爾蘭共和派領袖接觸。12 月中，愛爾蘭首先提前釋放 9 名 IRA 犯人；12 月 23 日，160 名 IRA 和親英派犯人首次被允許回家過聖誕節。27 日，出身英格蘭、1960 年代移居北愛的「鼠王」比利·賴特，這名極端恐怖分子在監獄的庭院裡等待去探監區時，被三名 IRA 囚犯開槍打死。新教徒也立刻展開報復，射殺天主教徒，1998 年 1 月 10 日更殺掉亞當斯的侄女婿恩賴特以洩憤。3 月 3 日，34 歲的新教徒阿倫及 25 歲的天主教徒套雷納這對好友，在波依茨帕斯的火車站附近一家酒吧裡同時被殺。

1998 年 4 月 10 日下午 5 點 30 分，在美國前參議員米契爾的主持下，英、愛兩國總理達成了歷史性的和平協議，內容為此協議將於 5 月 22 日在北愛及愛爾蘭舉行全民公投；北愛仍將是聯合王國的一部分，除非邊界以北和以南的絕大多數人決定要實現統一；在北愛設立 108 個議席的議會，由新教徒和天主教徒按比例代表制，每五年選舉一次，兩教派在新議會上享有平均議席。

5 月 10 日新芬黨大會上，350 個代表中有 331 人投票贊成北愛和平協議。從 1969 年以來，北愛已有 3,248 人死於炸彈或槍下，其中有 2,293 人是平民。5 月 22 日，南、北愛

同時公投，北愛有 71.2%、南愛有 94.4% 贊成北愛和平協議。
6 月 25 日，北愛選舉，統一黨在 108 席中獲得 28 席，社會
民主工黨 24 席，民主北愛黨 20 席，新芬黨 18 席，其他六
個黨共獲得 18 席。

和平並非永遠實現。8 月 5 日，IRA 又在阿馬炸死 29 人。
15 日，「眞正的愛爾蘭共和軍」（Continuity IRA）又在同
一個地點炸死 28 人，炸傷 200 多人。1999 年 4 月 1 日，新
芬黨拒絕交出武器。7 月 2 日，布萊爾宣布建立北愛新政府
的建議，並確定 7 月 15 日爲最後期限。儘管新芬黨妥協（讓
IRA 解除武器），但是統一黨卻拒絕了當天舉行的北愛議會
選舉地方政府的會議；北愛和平計畫宣告破產。

天主教徒和新教徒八百年的宿怨，也未隨著和平計畫而
立刻冰釋，至今雙方仍互相攻擊。新教徒占多數，對天主教
徒的迫害，也是引發 IRA 繼續進行恐怖活動的主要原因，
北愛和平至今遙遙無期。2000 年 2 月 10 日，英國女王批准
恢復直接統治北愛。3 月 4 日，「眞正的愛爾蘭共和軍」在
BBC 大樓前放一輛汽車炸彈；6 月在倫敦漢默史密斯橋放炸
彈；7 月又在愛林百老匯地鐵放炸彈；9 月，IRA 用火箭攻
擊 MI6 總部。2001 年 7-10 月，IRA 放下武器，但問題仍未
徹底解決。

4. 巴斯克獨立運動

西班牙北部巴斯克自治區——阿拉瓦、吉布斯夸和比斯

開三個省，面積 7,233 平方公里，人口 210 萬以上。巴斯克人（Basque）是庇里牛斯山西部的原住民，1492 年被西班牙卡斯提爾王國合併，另一部分則依附法國。西班牙政府允許巴斯克人在貿易、稅收及軍事方面保持高度自主與特權，直到 1833-39 年第一次支持唐·卡洛斯繼承王位的卡洛斯戰爭後才逐漸解除。由於巴斯克人在兩次卡洛斯戰爭中都支持卡洛斯派，反對執政的伊薩貝爾二世女王及阿豐索十世，西班牙王朝在 1876 年 7 月 21 日取消了巴斯克自治地位，改以「經濟協議」，使巴斯克地區上繳中央的稅額少於其他省。

薩比諾·德阿拉那（1865-1903）開始鼓吹巴斯克獨立，他認為巴斯克地區和西班牙的聯繫是發生災難的原因，使巴

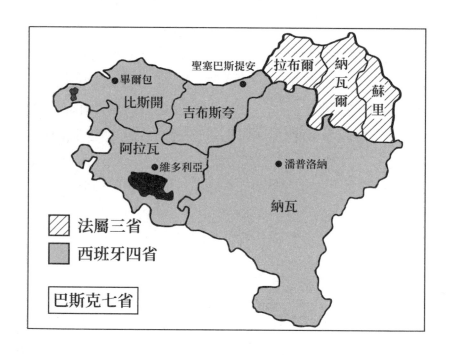

斯克人失去了純淨的種族血統。他繪製了未來的巴斯克國旗
（紅底上有兩個交叉的十字架）和徽章，其寓意為七個省組
成國家，包括加上納瓦的四個西班牙省和拉布爾、蘇里及納
瓦爾等三個法國省，這七個省組成一個聯邦，任何一省都享
有脫離的自由。1884 年，他成立巴斯克民族主義黨，然而
1923 年巴斯克三省被納入西班牙共和國。

　　巴斯克地區占西班牙全國工業產值的 33%，出口總值
的 20%，全國鋼鐵生產量的 70%。1936 年西班牙內戰時，
巴斯克人支持左派聯合政府的共和國，恢復了自治。1939
年內戰結束後，弗朗哥將軍取消了他們的自治權，不准巴斯
克人講母語。1959 年，急進派成立「巴斯克祖國與自由」
（Euzkadi Ta Askatasuna, ETA），以爭取獨立建國，強調自
己的本土語言、文化及維護勞工的權益。起初，ETA 只希
望和平解決以實現自己的目標，但遭到馬德里當局的拒斥而
趨向武裝鬥爭路線。1964 年，ETA 成員至古巴、烏拉圭和
阿根廷接受游擊訓練。四年後，其中一部分又在阿爾及利亞
受訓時，結識了許多來自巴勒斯坦、北愛爾蘭、義大利和西
德的恐怖分子。

　　五年後的 1973 年，ETA 炸死了西班牙首相 Luis Carrero
Blanco 將軍，一舉成名。第二年，ETA 分裂為好戰的「軍
事派」（ETA-Militar），主張用武裝鬥爭來爭取獨立；較溫
和人士成立「ETA －政治鬥爭派」，主張用政治解決與武
裝鬥爭相結合。軍事派由伊圖爾韋這位殺人不眨眼的煞星領
導。

　　1975 年 11 月 20 日弗朗哥死後，西班牙在 1977 年轉型成爲一個民主的君主國，但軍事派一刻也沒放鬆武力鬥爭。1976 年初，軍事派送 143 人至阿爾及利亞，在蘇姆警校受訓三個月游擊戰和恐怖活動技能，教官是阿爾及利亞人及古巴人。早在 1972 年，ETA 軍事派就和 IRA-P 建立關係了，其部分成員還出席 1977 年在都柏林召開的 IRA 年會。軍事派和國內的恐怖組織及南美的流亡政府劃清界線，政治鬥爭派則聯合流亡政府及合法的「人民統一黨」。流亡政府以委內瑞拉首都加拉加斯爲據點，人員遍及古巴、尼加拉瓜、蘇聯與東歐。國內恐怖組織也移師法國，接受阿爾及利亞與利比亞的援助，又和科西嘉民族解放陣線合作。

　　ETA 軍事派以攻擊警察、軍隊、國民警衛隊和巴斯克自治警察在內的西班牙安全人員爲目標，在 1977 年以後的三年，軍事派共打死 239 人（其中 60% 是安全部隊成員）。他們又強迫巴斯克大企業捐獻 1-5% 的資產做爲「革命稅」，又不斷搶劫銀行。軍事派領導安坐在法國巴斯克省遙控國內，因爲法國政府拒絕引渡他們回西班牙。這導致 1970 年代末，西班牙極右派組織在警方的支持下，進入法國境內追殺 ETA 成員的事件層出不窮。

　　1978 年，卡洛斯國王賦予巴斯克地方自治權。6 月 3 日，巴斯克人罷工示威，警察打死一名 24 歲的高拉德市青年；9 月 1 日，警察又在聖賽瓦斯蒂安打死一名才十多歲的少年。軍事派從 1961 年搞火車出軌以來，1968 年開始綁架殺人，平均每個星期殺掉一名西班牙員警和官員。

1979 年 7 月 21 日，西班牙國會歷經三年的努力，終於通過《巴斯克地區自治草案》。10 月的公民投票後，確認巴斯克地區享有廣泛的自治權力。儘管 ETA 軍事派下令抵制，有半數人口支持，但仍無力挽回。1983 年議會選舉，巴斯克民族主義獲得 60 席中的 25 席，與西班牙工人社會黨聯合執政，但獨立派仍舊進行恐怖活動。

1980 年 2 月，ETA 用反坦克火箭筒攻擊西班牙首相官邸。1981 年 1 月，他們綁架西班牙大富翁，索取 329 萬美元贖金。1982 年 1 月，ETA 又綁架一名西班牙企業家一個月，索取 130 萬美元。10 月，他們在巴斯克地區的幾家銀行，放置 24 枚炸彈。11 月 4 日，ETA 謀殺了陸軍裝甲師長拉戈中將。1983 年 2 月，畢爾包銀行被炸，炸死三人，因為該行拒絕向 ETA 繳「革命稅」。

1984 年 4 月，潘普洛納市一名退役陸軍軍官被暗殺，警察追查凶手的汽車時，也被炸死兩人。11 月 29 日，ETA 又在馬德里殺了拉卡錫陸軍中將。1985 年 7 月 29 日，他們又在途中伏擊國防部國防政策總監海軍少將埃斯特拉的座車，將少將打死。1986 年 2 月 6 日，ETA 槍擊並丟手榴彈，打死海軍中將科隆，他列為 1973 年以來，第 54 名遇害的將領。7 月，馬德里又發生一連串爆炸，其中一起是 ETA 用 12 枚反坦克火箭攻擊國防部大樓，炸傷兩人。隨後他們藏身的車輛又爆炸，炸傷十人。10 月，ETA 在吉布斯夸省省長蓋雷多將軍的汽車頂上裝炸彈，炸死他及其家人。12 月，一名商人被綁架，交付 150 萬美元贖款才放人。

　　1987 年 1 月，ETA 在薩拉戈薩用汽車炸彈攻擊一輛軍用大轎車，炸死兩名士兵，炸傷 40 人。1-2 月間，他們對法國在蒙德拉貢、畢爾包和拉薩特的企業，發動一連串的爆炸和縱火，以抗議法國政府把巴斯克恐怖分子驅逐到西班牙。3 月，先有一名軍官在維多利亞被打成重傷，接著一名軍官在潘普洛納遭伏擊。在巴塞隆納港入口處，有一名國民警衛隊員被殺，15 名平民受傷。接著巴塞隆納、奧德埃和潘普洛納的法國公司，遭到縱火或爆炸攻擊。4 月 1 日，巴塞隆納國民警衛隊營房附近爆炸，造成一死七傷。5 月，海軍、空軍和國民警衛隊馬德里總司令部發生三起汽車炸彈事件，炸死一人，傷及九人。6 月，聖賽瓦斯蒂安的一起汽車炸彈事件，炸毀兩輛警車，炸傷六名警察；巴塞隆納一家超市的地下停車場爆炸，導致 21 人喪生、52 人受傷。7 月，ETA 用手榴彈炸傷了聖賽瓦斯蒂安軍事長官辦公室的 16 人；不久，國民警衛隊又遭到兩次炸彈攻擊，兩人喪生，52 人受傷。8 月，薩勞斯的國民警衛隊營房遭火箭襲擊，六人受傷。隨後維多利亞一輛警車被炸，炸死兩名警察。9 月，聖賽瓦斯蒂安兩輛行駛中的警車被攻擊，炸死一名警察，傷及六名路人。12 月，國家警察局公寓被汽車炸彈攻擊，造成 11 死，40 傷。

5. 科西嘉民族解放戰線

　　20 世紀 80 年代，更令法國政府頭痛的是布列塔尼亞

（Bretagne）共和
軍和科西嘉民族解
放陣線（FLNC）。

　　布列塔尼亞人
是歐洲民族大遷徙
時，高盧、克爾特
人移入，加上羅馬
人後代，所形成的
獨特民族，1532年
才被法蘭西兼併，
但他們向來不認為自己是法國人。1966年，布列塔尼亞民
族陣線在政府大樓搞多起爆炸事件，1969年有69人被捕幾
個月。布列塔尼人（Bretons）在2000年約有100萬人，20
世紀70年代有四名「布獨」領袖被捕，1970年獲釋。1970
年代末，只剩下100名積極活動分子，用炸彈攻擊電視台、
無線電話設施及警局、法院。1978年，又有兩名恐怖分子
在凡爾賽宮一翼放置炸彈而被捕，判刑15年。1980年代後，
「布獨」逐漸式微。

　　科西嘉（Corse，8,680平方公里）15世紀起被義大利
熱內亞人統治，1755年科西嘉人趕走日耳曼人，享受14年
的獨立生活。1768年5月，又被熱內亞人出賣給法國路易
十五。拿破崙年輕時，也隨母親追求科西嘉獨立。1962年
阿爾及利亞獨立後，18,000名「黑腳」法國殖民者湧入科西
嘉，占盡優勢。

　　1972 年 4 月，義大利公司 Montedison 將有毒的廢棄物二氧化鈦（紅色）丟棄在科西嘉海角的海灘上，導致附近 40 英里被汙染，引起科西嘉人的不滿，並怪罪法國政府對科西嘉人不關心。1975 年 8 月 21 日，一名「黑腳」葡萄農為了縮短釀酒時間，在酒中添加糖，損害科西嘉的商譽及經濟收入。1975 年，科西嘉人衝進一家葡萄酒廠，打死兩名法國警察。1976 年 5 月，漢德蒙・西梅奧利等人創立「科西嘉民族解放陣線」（Front de Liberation Nationale de la Corse, FLNC），主張承認科西嘉民族解放權利，打破法國殖民主義的國家機器，實行民族自決。當前科西嘉人口約 25 萬，其中 70% 是科西嘉族。

　　1978 年 1 月，他們襲擊了法國空軍的索倫薩拉基地，事後聲明支持巴勒斯坦解放組織（PLO），並反對法國軍隊在查德和西撒哈拉的軍事行動。僅僅 1978 年一年間，他們製造 379 件炸彈攻擊事件。1979 年，他們在法國本土進行 329 次襲擊，攻擊了銀行、財政部和法院，許多人被捕並判刑。1980 年，他們又製造 463 起爆炸事件，並綁架大批人質。1981 年，新當選的法國總統密特朗呼籲停火，但「科獨」仍在法國各地大搞「藍色之夜」，引爆 45 個地點。1987 年，他們正式攻擊治安警察。1986 年，他們反對法國在科西嘉發展觀光旅遊，並在科西嘉島首府 Ajaccio 郊外的度假村製造爆炸事件。3 月 28 及 29 日，法國本土發生 13 起爆炸案，目標集中在馬賽、尼斯和普羅旺斯地區的銀行、公共大樓和航空公司大樓。5 月 1 日，15 名「科解」蒙面人襲擊卡伊斯

度假村，綁架工作人員及 30 名遊客，安置一枚炸彈後，揚長而去。隨後，老闆拆炸彈，使自己和一名警察被炸死，三人被炸傷。

法國巴斯克伊帕雷搭拉克小組也在 1976 年製造三起爆炸攻擊，隨後四年，又不斷發動一連串小規模攻擊。1981年，他們製造 12 起爆炸案，其中六起在巴約納。1982 年 3月 19 日，他們伏擊一支警察巡邏隊，打死兩人。

6. 賓拉登的聖戰

展開聖戰的
核心思想

聖戰（Jihad）是伊斯蘭教向世界擴張（7 世紀起）以來，對異教徒的神聖戰爭，同時也是面對列強的一種反制。每個時代都有不同的聖戰，直到全球聖戰，例如阿富汗抗蘇游擊戰（1994-）、克什米爾衝突（1990-）、波黑衝突（1992-95）、車臣與北高加索獨立戰爭（1994-），到當前的伊斯蘭國聖戰等等。

聖戰的核心價值，是回歸《古蘭經》和聖訓的最初立論。18 世紀，阿拉伯人 Wahhab（1703-91）主張回歸原旨教義，清心寡欲，生活簡樸。在「純潔」的伊斯蘭旗幟下，聯合並解放阿拉伯民族。Jamal al-Din al-Afghani（1839-97）生於伊朗，一生波走呼籲全球穆斯林聯合成一個統一體，「全世界的穆斯林聯合起來！」他的埃及追隨者穆罕默德·阿布杜拉（1849-1905）及徒孫拉希德·里達（1865-1935），更加激進地主張回歸先知和早期先輩（Saraf）的真正精神。

9 世紀以來，薩拉菲派即主張以「清廉的先賢」言行為根據。至 14 世紀，Ibn Taymiyyah Ahmad（1263-1328）更加堅持除《古蘭經》、聖訓和慣例外，不信奉任何權威，反對宗教上的任何權威，甚至崇拜及朝覲聖陵。他重申「寶劍的聖戰義務」，與哈瓦利吉派一脈相承。異教徒、不信道者（kafir），將被伊斯蘭法規（sharia/ 道路）判定死刑或截肢、流放。例如 1989 年，霍梅尼宣判印度裔英國作家 Salman Rushdie 的《撒旦詩篇》諷刺先知，褻瀆伊斯蘭教，「其作者及所有內容並參與出版的人都判處死刑」。這個笨蛋由英國警方保護十年（每年經費高達 160 萬美元）。1991 年 7 月 11 日，日文譯者五十嵐一在筑波大學被割喉致死，後來又有 60 多人喪命，100 多人受傷。

生於印度德干地區蘇菲派家庭的 Syed Abul A'la Maududi（1903-79），創立「伊斯蘭促進會」，1947 年被巴基斯坦政府以《公共安全法》囚禁 18 個月，仍不改嚴厲批判政客、將軍們的腐敗墮落。他主張，聖戰不只是鬥爭異教徒，也要反對伊斯蘭教內部的敵人，同時要支持其他穆斯林反抗壓迫。

埃及人哈桑班納（Hassan al-Banna, 1905-49）組織「穆斯林兄弟會」（al-Ihwaan al-Muslimeen）。他痛斥青年被西洋文明毒化，堅持回歸原旨，建立一個不可分割的穆斯林祖國。1940 年代，兄弟會暗助埃及民族運動，1946-48 年暗殺三名大臣，1949 年哈桑班納被政府買凶暗殺，但兄弟會仍活躍於埃及、阿富汗、敘利亞、蘇丹、約旦各國。1952 年

7月，兄弟會支持納瑟的自由軍官團推翻仰賴英國的王室，要求建立伊斯蘭政權。兩年後，即被納瑟下令解散。他們企圖暗殺納瑟未遂，六人被處死，幾千人坐牢，留學美國、專攻教育管理的庫特卜（Sayyid Qutb, 1906-66）也被關，1961年出獄，四年後又入獄，1966年被處死。他的《路標》揭示，穆斯林要擺脫蒙昧狀態（jahiliyyah），不論是共產主義、法西斯主義、資本主義，或當前盛行於阿拉伯世界的民族主義或社會主義，都只是「蒙昧」，都只是使人服從於人，而非服從眞主。所以穆斯林要「遷徙」（hijiract），徹底脫離蒙昧狀態，重建一個不受汙染和完全遵行伊斯蘭方式的社會，要先發制人，主動攻擊，由一批具有堅定信念的「先鋒隊」，一傳十、十傳百、百傳千地壯大起來。單靠說教和祈禱不會實現，「因爲那些把枷鎖套在人民脖子上和篡奪了眞主權威的人，不會因爲人們的祈禱和規勸而讓位」，所以要徹底摧毀而非僅僅是改造或變革。

穆斯塔法（Shurik Ahmed Mustafa）於1971年出獄後，創立「伊吉特拉」，被尊爲「馬赫迪」，秉持薩拉菲派信念及塔克菲思想，凡不信他的或離開他的人，都是人人得以誅之的叛徒。1977年，他們因暗殺叛徒的前部長、艾資哈爾大學校長 al-Dahahabi，有幾百人被捕，1978年3月穆斯塔法等五人被處死。1981年10月6日，他的追隨者參與暗殺沙達特總統而遭政府追殺，轉入地下，有些人逃到葉門、阿爾及利亞、巴基斯坦和阿富汗去。其中有一支由扎瓦希里（Ayman al-Zawahiri）領導，在中東各地活動，此人後來成

爲「基地」的第二號人物。

阿扎姆（Abdullah Azzam, 1941-89）主張「全球聖戰」。他生於英屬巴勒斯坦，加入兄弟會，留學大馬士革及開羅，受庫特卜的啓迪。他到沙烏地阿拉伯教書，賓拉登即他的學生。阿扎姆主張「只有聖戰和槍，不談判、不開會、不對話」。1989 年 11 月 24 日，阿扎姆及兩個兒子前往白沙瓦途中，被遙控汽車炸彈炸死。

基地 | 賓拉登（Osama Bin Laden, 1957-2011）生於沙烏地
蓋達 | 阿拉伯，其父是葉門來的營造商，還當過公共工程部長。賓拉登是第十個兒子，念大學前是喝酒泡妞的花花公子，有四個老婆和 15 個小孩。

1980 年初，他奉沙國情報部長命令，組織一支阿拉伯義勇軍，到巴基斯坦的白沙瓦支援阿富汗抗蘇游擊戰，當時才 22 歲。他身先士卒，幾度掛彩，和阿富汗人一起生活，挖戰壕。1990 年，賓拉登凱旋回國，要求國王及名流們支持聖戰游擊隊，未果。1989 年，非洲蘇丹發生政變，Omar Hassan Ahmad al-Bashir 將軍奪權，賓拉登在 1990 年趕赴蘇丹首都喀土木，做生意和投資公共工程，奉「伊斯蘭民族陣線」領袖（他的鄰居）杜拉畢（Turabi）爲導師。但杜拉畢逐漸失勢，2001 年被政府以勾結南蘇丹的獨立勢力而逮捕。賓拉登在蘇丹五年，發展早就在阿富汗成立的 Al-Qaeda（基地）組織，並由埃及醫生扎瓦里希支持。由於美國向沙國施壓，1994 年 2 月他被沙國撤銷國籍，1996 年 5 月離開喀土木，

飛往阿富汗。曾經被賓拉登資助過的塔利班政權領袖奧瑪，將他奉為上賓，迅速召集全球各地聖戰士到阿富汗。

1997 年 3 月，賓拉登在查拉拉巴附近的山洞裡坐鎮，裡面有電腦、衛星通訊和圖書館，並資助塔利班政府興建公共工程。

賓拉登早在 1988 年就派姊夫哈利發去菲律賓馬尼拉建立據點。馬尼拉機場整天有往返阿拉伯國家和東南亞的班機起降，正是蓋達最理想的基地。由此更伸向菲南民答那峨的穆斯林區域，和莫洛伊斯蘭解放陣線掛鉤。

1992 年 12 月，亞丁有兩家飯店爆炸（針對美軍準備登陸索馬利亞）。1993 年 10 月，索馬利亞首都 Mogadishu 的美國直升機被飛彈打死 18 人。1995 年 11 月，利雅德東郊的沙國警察部隊訓練營兼駐留美軍作戰部，被兩輛汽車炸彈炸死 25 名美軍及兩名平民，四名凶手中有三個是從阿富汗回來的老兵。美國開始譴責賓拉登是幕後主謀。1996 年 6 月，在達蘭郊外的阿布杜拉阿吉斯國王空軍基地內，又有 19 名美軍被炸死。

1998 年 8 月 7 日上午，非洲坦尚尼亞和肯亞兩國的美國大使館，同時遭到汽車炸彈的攻擊，肯亞首都奈洛比市區有 200 人死亡，包括十名美國人，4,650 人受傷。坦尚尼亞的達萊撒蘭則有 11 人被炸死，72 人受傷。令人注意的是，在此以前九個月，幾個西方國家的情報機關，尤其美國人，都截獲線報說，伊斯蘭派準備攻擊美國駐非洲的大使館。

柯林頓總統下令向阿富汗和蘇丹的兩處訓練基地射飛

彈。8月20日，賓拉登的左右手扎瓦希里用手機與巴基斯坦記者伊蘇夫賽講了40分鐘後，第一批美國飛彈就擊中了賓拉登的訓練營。

FBI 也立刻派人到奈洛比調查，他們從巴基斯坦移民官員那裡，抓到了穆罕默德・薩迪克・奧德，他在爆炸案發當天，持假護照搭巴國飛機從奈洛比至喀拉蚩時，被移民官懷疑，送交給警方。肯亞警察和 FBI 幹員使他招供，他和其他人屬於「蓋達」成員。FBI 立刻向六個國家直接通緝賓拉登等人。2000 年 10 月 12 日中午，美國科爾號軍艦（USS Cole）將駛入亞丁港口時，突然被一艘自殺炸彈船（由兩名身綁 180 公斤 TNT 的恐怖分子駕駛）衝撞，炸死 17 人。

對美國人而言，真是養虎為患地在阿富汗養出了賓拉登，FBI 立刻把他列為十大通緝要犯。他卻在山洞裡接受採訪時，把一支俄製卡拉什尼可夫步槍放在膝前，緩緩地說：「為了解放阿克薩（al-Aqsa）清真寺和聖卡巴（Qaba），我們不得不發動聖戰對抗猶太人和美國人。如果這樣的行動將被視為一種罪行的話，讓歷史來審判我吧！」

1998 年 11 月 22 日，他又對《新聞周刊》（*Newsweek*）的記者賈瑪樂伊斯麥爾指出：「（對東非的行動）我並未下達命令，但對美國人的遭遇卻感到十分高興。……如果美國人在巴勒斯坦殘殺幼童，在伊拉克濫殺無辜，而大多數的美國人仍舊支持這個墮落的總統（柯林頓），那就意味著美國人民向我們開戰，我們也有權把他們視為目標……」[1]

不但是美國，連中國人對賓拉登也十分感冒。他的密使

已經進出新疆，鼓勵維吾爾人、哈薩克人起來爭取獨立，塔利班還訓練新疆維吾爾獨立戰士。

　　1998 年 8 月 20 日清晨 6 時，美國總統柯林頓下令在波斯灣游弋的軍艦向阿富汗東南帕克蒂亞的霍斯特地區發射飛彈，志在摧毀賓拉登的六個基地。同日晚上 7 點 30 分（蘇丹時間），美國飛機炸毀位於喀土木郊區的一個希法製藥廠。塔利班最高領袖奧瑪憤怒地指出，這次空襲是「厚顏無恥的行徑，不但是對賓拉登的攻擊，也是對阿富汗人民的侵犯」。蘇丹人民也展開反美示威。21 日，賓拉登通過倫敦的阿拉伯報紙向美國警告，他將對美國的公共設施和班機展開報復攻擊，「戰爭才剛開始，美國人將等待回答」。「我為眞主而戰，我願爲祂戰鬥，死去；再戰鬥，再死去！」果然，2000 年 10 月 12 日，科爾號被炸。

7. 塔利班

神學士　　1994 年 7 月，一批在巴基斯坦難民營長大的阿富汗青年，在坎大哈由奧瑪（Mullah Mohammed Omar, 1960-2013）領導，他和後來的外長 M. Ghanus、司法部長 M. Turabi 都是獨眼龍，喀布爾市長 Adul Majid 及坎大哈省長 Hassan Rahmain 都只剩下一條腿，他們個個自稱「聖戰士」。

1　《新聞周刊》（*Newsweek*），2001 年 7 月刊出。

　　1994 年春天，辛吉薩的鄰居向他投訴說，有兩名少女被一個軍官搶走，剃掉她們的頭髮，再把她們帶到軍營去強暴。奧瑪帶 30 個人，只有 16 支來福槍，攻進兵營救出兩名少女，並把那個軍官的頭吊在坦克的砲管上，從此名震天下。幾個月後，他又救出一個被坎大哈兩個軍官雞姦的男孩。神學士廣獲民心，幫助被壓迫大眾去對抗軍頭，從不要求回報，只要求他們追隨他建立公正的伊斯蘭社會。

　　9 月，奧瑪派 Mullah Mohammad Rabbani 去喀布爾見了拉巴尼，後者承諾給神學士金錢，只要他們反抗希克馬蒂亞。不過巴基斯坦人才是神學士的靠山，許多神學士都在那邊長大。Maulana Fazalur Rehman 在邊境伊斯蘭教士黨的神學校受教育，他和巴國女總統貝娜齊爾・布托是政治盟友。

　　10 月 29 日，塔利班軍從坎大哈衝向阿、巴邊界的 Spin Boldak 邊哨（希克馬蒂亞軍控制），加上巴軍趕來助陣，奪取了城外的臨時軍火庫。11 月 3 日，拿下坎大哈，1995 年 1 月拿下 Helman。塔利班打著「剷除軍閥、恢復和平、重建國家」和「建立真正的伊斯蘭政府」兩面旗幟，沿途深受飽受戰禍的人民歡迎。2 月 24 日，塔利班攻下 Charasyab，迫希克馬蒂亞部東撤至賈拉拉巴德，拉巴尼進入喀布爾，塔利班軍包圍首都幾個月，他們要求拉巴尼總統下台，馬蘇德必須投降。3 月 6 日，馬蘇德把哈扎拉人趕出城，後者憤而把武器和據點交給塔利班。但哈扎拉人又指控其領袖 Abdul Ali Mazari 被塔利班從直升機上推下去致死。伊朗人十分震怒，不再支援塔利班。兩年後，哈扎拉人在北方屠殺幾千名

塔利班以報復。

3月11日，馬蘇德軍打死幾百名塔利班軍，將他們趕出喀布爾；3月底，又將他們趕出辛丹德。8月，伊斯梅爾汗的赫拉特軍直通坎大哈，巴基斯坦與沙烏地阿拉伯力挺塔利班，8月底將赫拉特軍趕回辛丹德，迫伊斯梅爾汗逃亡伊朗，塔利班軍兵不血刃地進入赫拉特。但從1995年秋至次年春，塔利班圍攻喀布爾並不順利，而且不理巴基斯坦人的協調（由他們和希克馬蒂亞、杜斯塔姆三面會攻喀布爾）。

蘇聯及伊朗都支援拉巴尼。美國肖想從土庫曼橫過阿姆河到達巴基斯坦的天然瓦斯管線，1996年4月14日又在安理會上倡議對阿富汗實施國際武器禁運，迫使阿富汗交戰各派坐下來和談。

1996年6月26日，希克馬蒂亞重返15年後的喀布爾，擔任拉巴尼政府的總統。同一天塔利班的火箭打死61人。拉巴尼又去賈拉拉巴德，宣稱他願意下野來滿足各派，召開賈拉拉巴德的全政黨會議，選出新的領導人。8月以前，杜斯塔姆同意停火，並重新開放連接首都與北邊的薩朗（Salang）公路。

塔利班在9月10日拿下賈拉拉巴德，海吉奎迪爾逃入巴基斯坦，他的代理長官Mehmond及六名保鑣，在逃亡途中被殺。神學士打死70人後，開進這個城市。接下來幾天，他們攻下了Nangarhar、Leghman和Kunar等三個東部省份。9月29日晚上，塔利班攻入馬蘇德已下令撤退的首都。第二天，他們毫不費力地進城。塔利班立刻揪出納吉布拉，將

他閹割後處死，他的兄弟 Sbabpur Ahmadzai 也被折磨後掐死。這對兄弟被懸屍於總統府外，離聯合國辦事處只有幾條街的水泥交通崗哨上。不久，他的私人秘書等兩人也被捕獲吊死。

美國總統柯林頓立刻派人到喀布爾，期望與塔利班維持友好關係，以打通從中亞到巴基斯坦的輸油管線。10 月 10 日，拉巴尼、馬蘇德和杜斯塔姆與哈扎拉人在 Khim Jan 組織「保衛國家最高委員會」，10 月中旬開始轟炸喀布爾市區及機場，塔利班軍在大雪紛飛下把馬蘇德軍趕出市郊。塔利班已控制了 22 個省。1997 年春，一名背叛馬蘇德的人引導塔利班穿過薩朗隧道，重占貝格拉姆；再從赫拉特向東北挺進，威脅杜斯塔姆控制的油田。1996 年 6 月，杜斯塔姆殺了副手帕拉萬（Malik Pahlawan）的兄弟 Rasul，帕拉萬在 1997 年 5 月叛變，使塔利班拿下馬薩這個阿里陵墓所在的宗教聖地，迫杜斯塔姆逃入烏茲別克。哈扎拉人部隊被解散，5 月 28 日下午譁變，打死 600 多名塔利班，並在機場逮捕殺害 1,000 多人。

烏茲別克人很快收復北方四省，馬蘇德也攻占薩朗隧道南端入口的 Tabal ul Seraj，再度攻占喀布爾周邊市鎮。塔利班遭受空前的挫敗，5,000 名來自阿富汗與巴基斯坦的新兵迅速入伍，伽色尼人 Haqqani 拿了塔利班一大筆錢，才帶 3,000 人前往喀布爾，不到兩個月開小差，只剩下 300 人。

1997 年 6 月 13 日，北方軍閥成立「拯救阿富汗伊斯蘭與民族團結陣線」，首都設於馬薩，拉巴尼再為總統，馬蘇

德為國防部長。但是塔吉克人和烏茲別克人帕拉萬、哈扎拉人卡利利又不和。帕拉萬無法阻止神學士攻占昆都士，讓他們得以從喀布爾空運人力與物資。9月，馬蘇德部隊已逼近喀布爾 20 英里處，雙方的砲火迫使 18 萬平民逃離 Shomali 谷地。馬蘇德軍在喀布爾西邊與北邊，卡利利軍在東邊與南邊，形成半圓形包圍。在昆都士的塔利班發動奇襲，並由周邊的普什圖人協助，從昆都士突圍，9月7日殺到馬薩附近的 Tashkorgan，烏茲別克軍卻爆發了帕拉萬與杜斯塔姆兩派火拼，帕拉萬逃回法亞省，再流亡伊朗。杜斯塔姆趕回薩馬，驅逐了神學士。神學士撤離時，在 Qazil Abad 屠殺 70 名什葉派哈扎拉人，「有的被割喉，有的被活活剝皮」。杜斯塔姆退據錫伯罕，並在當地的死亡沙漠挖出超過 2,000 名橫死的神學士屍體，並釋放 200 多人，向塔利班示好，並指控這是帕拉萬的罪行。內戰導致 75 萬人流離失所，普什圖人與其他各族互相大屠殺。

塔利班從 1997 年 8 月起，全面封鎖哈扎拉人的巴米揚省，波及鄰近 Ghor、渥達克和伽色尼三個省，共有 100 萬飢民。1998 年 7 月起，塔利班從赫拉特橫掃北方，又把杜斯塔姆趕到烏茲別克和土耳其。駐守馬薩西邊的烏茲別克兵，已被塔利班收買。8 月 8 日，坐視駐守市區邊緣的哈扎拉士兵被塔利班包圍。上午 10 點，塔利班軍入城，大屠殺兩天，毛拉尼茲亞趕來，強迫哈扎拉人改信遜尼派，否則處死。Mullah Dost Mohammed 率隊闖入伊朗領事館，把 11 名伊朗人和一名記者趕到地下室槍殺。9 月 18 日，塔利班占

領巴米揚的第五天，炸毀了較小佛像的頭部，還對大佛像亂射，不理國際的譴責。

基本教義生活規範　80%的阿富汗人信奉伊斯蘭教的遜尼派 Hanafi 教派；其中蘇菲派分成 Naqshbandiyah 和 Qadenyah 兩個教團，前者由穆加德迪（Mujaddedi）家族領導，過去幾百年來一直左右王位的更迭。1979 年元月，共產黨殘殺79 名穆加德迪家族成員，倖存的 Sibghatallah 則在白沙瓦成立「阿富汗國家解放陣線」。喀德利亞教團的蓋拉尼與王室有姻親關係，也在白沙瓦成立「阿富汗國家伊斯蘭陣線」。1999 年，這兩個教團重返阿富汗，建立「和平國家團結黨」，企圖調停塔利班和反對勢力的紛爭。

1912 年，瓦哈地派由出生於麥加的 Sayed Shari Mohammed 在中亞塔什干和費爾加納設立四院，把教派傳入英屬印度及阿富汗。長住沙國的阿富汗人 Abdul R. Sayyaf，在白沙瓦成立哈瓦比派的「伊斯蘭團結黨」，不被一般普什圖人接受，稱他們為「Salafis」，但他們的靠山是有錢的沙烏地阿拉伯。

希克馬蒂亞和馬蘇德都受到巴基斯坦的伊斯蘭黨的影響，而伊斯蘭黨則是埃及「穆斯林兄弟會」這個急進派的啟迪。兄弟會運動（Ikhawn）力圖推動伊斯蘭革命。

塔利班在心靈上傾向聖戰理念，加上先前有伊斯蘭教士黨為阿富汗難民青年提供免費教育和食宿及軍事訓練，尤其黨內最大派（Maullan Samiul Haq 領導）訓練出塔利班的八

個領袖及許多省長、法官與將領。在喀拉蚩附近 Binori 鎮，也有一所伊斯蘭學院培養出聖戰士。

最極端的「巴基斯坦先知之友的守護者」（SSP），在屠殺數百名什葉派後，1998 年起被巴國政府取締，領導人紛紛逃亡喀布爾。另外，還有 Fazlur R. Khalil 的「援助者行動」（HUA），也是支持塔利班的好戰派，後來他們去克什米爾、車臣和波斯尼亞打仗。

1998 年起，巴基斯坦的神學士在普什圖人城鎮禁止人們看電視和錄影帶，違犯者被擲石頭或截肢處罰；強迫人民改穿神學士規定的服裝，改變生活方式。

1997 年 10 月，阿富汗改國名為「阿富汗伊斯蘭酋長國」（Islamic Emirate of Afghanistan）。塔利班政權嚴格執行伊斯蘭法：禁止人們演唱或聽音樂、禁止跳舞、禁看電影、電視；男人留長鬚；禁放風箏、禁止養飛鳥，禁踢足球；根據一個有限的穆斯林姓名清單，提供給新生嬰兒合法起名；全面禁止為人或動物照相；禁止同性戀，禁止吸毒、賭博、放高利貸。違犯者處以砸石頭、剁手腳和當眾處死的刑罰。

對於婦女更加嚴苛，嚴禁女性出門，不准穿著時髦，打扮得有傷風化，在公共場所必須從頭蓋到腳；禁穿白襪子以侮辱塔利班的白旗；所有婦女只能找女醫看病，萬一由男醫看診時，須有親人陪伴；在診療時，女病人和男醫生都必須戴面紗。候診室必須是密閉的；除非是患病部位，男醫不得接觸及觀看女病人身上的任何部位。司機不得允許未戴伊朗

頭巾（burqa）的婦女乘車，違犯者送監。如果女乘客打扮妖嬌，身邊沒有男性親人陪伴，也不准搭車。不准城市婦女在水邊洗衣……；禁止裁縫爲婦女量身和做衣服。[2]

塔利班的「促進道德消滅罪惡部」（Department for the Propagation of Virtue and Suppression of Vice）有一支宗教警察部隊，到處執行風紀。

2001 年 2 月，奧瑪下令摧毀巴米揚佛像，理由是這些巨大異教遺物可能誘使穆斯林走向崇拜偶像的歪路。不久，塔利班又在喀布爾博物館有系統地毀損了 3,000 件異教藝術品。

1996 年 5 月，賓拉登率領第一批聖戰士至賈拉拉巴德。1997 年再到坎大哈，備受塔利班政權禮遇，並拒絕將這名貴賓引渡給沙國。8 月 20 日，美國向「基地」訓練營發射 70 枚飛彈前兩個小時，賓拉登已逃至喀布爾了。

不久，柯林頓政府授意紐約法院對賓拉登進行缺席控訴，涉及案件包括 1993 年在索馬利亞首都 Mogadishu 炸死 18 名美軍；1995 年在沙國利雅德炸死五名美軍；1996 年在達蘭炸死 19 名美軍。他又涉及 1992 年亞丁爆炸案，以及 1993 年紐約世貿大樓地下停車場爆炸案，1994 年策劃在菲律賓暗殺柯林頓總統，1995 年計畫引爆十多架美國客機……。

---

2 Ahmed Rashid, *Taliban* (New Haven: Yale University Press, 2000).

2001年「9.11」 2001年9月11日上午8點46分，美國
航空（AA）班機撞上了紐約世貿中心
（World Trade Center）北樓；9點3分，另一架聯合航空（UA）
班機撞了世貿中心的南樓。9點38分，華盛頓五角大廈（國
防部）又被另一架飛機衝撞著火。此外，還有一架聯合航空
班機由紐澤西飛舊金山途中，10點30分在距離匹茲堡80
英里附近墜機。

共有19個人參加這次行動，分成三組。33歲的埃及人
阿塔（Mohamed Atta）為指揮，第二組的三人負責協助，找
房子、辦駕照；第三組負責劫機。阿塔是律師的兒子，撞
世貿中心南樓的瑪爾旺·謝赫（Khalid Shaik M.）是阿拉伯
聯合酋長國伊斯蘭教長的兒子，18歲赴德國留學。27歲的
亞齊德·吉拉赫也是黎巴嫩的名門子弟。1996年，這三人
在德國漢堡認識，分別攻讀電子工程、都市計畫和飛機製
造。撞擊五角大廈的是沙烏地阿拉伯人哈尼·罕吉爾，他在
1991年進入美國。

1999年11月至2001年1月，阿塔、謝赫、吉拉赫及
賓拿舍布前往阿富汗。2000年5-6月間，阿塔、謝赫、吉
拉赫分別進入美國東岸的邁阿密；罕吉爾到西岸的加州及亞
利桑那州。接下來幾個月，他們都勤學開飛機。

在佛羅里達州學開飛機，一般費用為9,000美元，培訓
時間近四個月，通常有250小時的實際飛行經驗。哈尼·罕
吉爾有漢堡的飛行駕照，還有兩名阿拉伯人也在佛州受過飛
行訓練。在行動前九個月，恐怖分子已經學會了開飛機，接

下來他們就分別在佛羅里達、喬治亞和馬利蘭州租小型飛機試飛，他們需要 50 萬美元，也由其他人通過阿拉伯聯合大公國、巴林等國家，挾帶進入美國或匯給他們。

19 名恐怖分子中，有 15 人來自沙烏地阿拉伯，他們大都是富家子弟，都是 30 歲以下，他們分別在 2001 年 3-6 月間進入邁阿密、奧蘭多、佛羅里達和華盛頓特區各地待命。

阿塔在 1 月 4 日由邁阿密飛至西班牙馬德里，10 日再由德國柏林飛回邁阿密；4-7 月間，他在佛羅里達州大西洋西路 10001 號塔拉花園公寓租下了 122 號公寓。6 月 29 日，他前往拉斯維加斯，見了哈姆希和哈尼‧罕吉爾。7 月 7 日，他又從邁阿密經蘇黎世飛往馬德里，19 日再飛回美國亞特蘭大。可見他用心良苦，一再試飛。

阿塔和謝赫及其他八人在 9 月 11 日當天分別搭上由波士頓起飛的班機，吉拉赫與其他人在紐澤西紐瓦克機場登機（UA-93），罕吉爾等人在華盛頓特區登上美國航空班機。

阿塔在美國航空 11 班機的經濟艙座位上，打了一通手機給不遠的聯合航空 175 班機上的謝赫。飛機起飛 40 分鐘後，他們宣布劫機。美東時間 9 月 11 日上午 8 點 46 分，AA 班機撞上世貿中心北樓。18 分鐘後，由華盛頓起飛的第二架 UA77 班機也撞上了世貿中心的南樓。10 點 10 分，五角大廈起火。第四架飛機可能被乘客制伏而墜機。

一共有 2,801 條人命死於世貿大樓的廢墟下。美國政府宣布這是賓拉登所為。9 月 20 日，小布希總統要求阿富汗塔利班政權交出賓拉登，沒有得到回應。2001 年 10 月 7 日，

英、美向阿富汗發動空襲，把阿富汗炸得幾乎寸草不留，卻至今仍未抓到塔利班的奧瑪及賓拉登等人，只有在「半島電視」螢幕上不時看到賓拉登向全世界講話。

世界各國開始打擊「基地」。在 100 多個國家的 3,000 多人被捕。美國人還以為「我們已接近完全摧毀它了」。2003 年 5 月，伊拉克戰爭結束；5 月 12 日，沙國首都利雅德東區美國人住宅區，又有三起自殺汽車炸彈，炸死 35 人，200 多人受傷；11 月，阿拉伯人高級住宅區又造成 100 多人死亡。「基地」又死灰復燃。

5 月 16 日，摩洛哥卡薩布蘭加連續五起爆炸案。2004 年 3 月 11 日，西班牙馬德里連環爆炸，炸死 196 人。2005 年 7 月 7 日，倫敦市區多起爆炸案，造成共 56 人死亡，7 月 21 日又一次爆炸案。基地大部分人馬從 2003 年進入伊拉克，由扎卡維領導「統一與聖戰組織」，不斷製造恐怖事件，攻擊美國占領軍。2005 年 2 月 28 日，自殺攻擊者在巴格達以南炸死 115 人，炸傷 140 人。7 月 18 日，一座加油站爆炸，炸死 98 人，炸傷 75 人。

第十一章

20世紀非洲最後的獨立解放

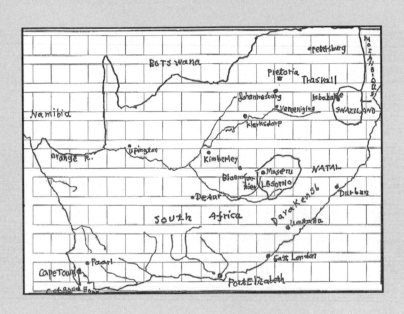

1. 南非黑人血淚史

　　正當民族解放浪潮席捲全非洲之際，南部非洲的少數白人政權仍舊加強控制，遏止這一浪潮的發展。南非、德屬西南非（納米比亞）、羅得西亞及安哥拉、莫桑比克等英、葡殖民地，仍是白人最頑強的反動堡壘。白人更認定除了民族主義之外，共產黨也正在利用非洲民族主義來達到目的，最終將赤化南部非洲，攫取當地豐富的礦產資源。因此必須全力遏止那些威脅到白人統治的非洲民族主義組織的運動。

　　南非波爾人（荷裔）與英國人共同壓制黑人、
| 南非種族
| 隔離政策 | 混血種及亞裔，英國人堅持「祖國第一」，親
英派白人抵制「南非第一」。極端「南非至上」派的
Hertzog，在 1914 年另立「國民黨」（National Party），
1924 年取代因鎮壓白人勞工罷工，打死 200 多人而喪盡民
心的南非總統史沫資。他一上台，就以阿非利卡語
（Afrikaans，即波爾語）為官方語，1948 年國民黨再執政，
宣布「種族隔離政策」（Apartheid）。一連串的《禁止通婚
法》（1949）、《不道德法》（1950）禁止黑白通婚，或發
生性關係。接著又有《人口登記法》及《集體住區法》，以
膚色為依據，全面隔離黑人，黑人必須隨身攜帶身分證，以
備白人警察臨檢。黑人要在一個白人區住下來，必須為同一
個白人雇主工作十年，且不受解雇。黑人馬拉松長跑運動員
在比賽時，也必須隨身攜帶身分證。（至今台灣仍未解除警

察臨檢身分證的殖民惡法！）

　　1959 年，白人政府又頒布《促進班圖人自治法》，把南非土地的 87% 劃給占總人口 14.1% 的白人，其餘 13% 土地劃給占人口 75% 的黑人，其他亞裔也分一點殘羹。以種族隔離名義，將 300 多萬人依照政府計畫離鄉背井，還有數百人因違反規定遭受關押。黑人又被分為十個班圖斯坦（家園），打散了土著的凝聚力；同時，也一併取消黑人的南非公民權。班圖斯坦遠離城市的主要工業區，可當作傾倒失業者的場所，對白人而言真是一舉數得。

非 洲 人
國民大會
　　非洲人在 1912 年首次有組織地成立南非「非洲人 國 民 大 會」（African National Congress, ANC），由祖魯人 J.W. Dube 領導，成效平平。1936 年，開普省無視非洲人的抗議，硬把非洲選民剔除，結果毀掉了溝通這兩個種族之間最重要的橋梁。1946 年，非洲人礦工大罷工，有色人、印度人也響應，迫使 ANC 的政客態度趨向強硬。1943 年，ANC 向政府提出《非洲人權利主張》，根據邱吉爾與羅斯福簽署的《大西洋憲章》，要求享有充分的公民權利，禁止一切歧視性法律。這一年，ANC 旗下有了「青年聯盟」，正在攻讀法律的 Thembu 族酋長之子曼德拉（Nelson Mandela, 1918-2013）脫穎而出。他早年念過海耶堡學院，後來因逃避包辦婚姻而輟學，到約翰尼斯堡白人律師事務所當文書，並通過函授完成大學學位。他和西蘇魯等不滿 ANC 三十年來的消極作為，1949 年推動「行動綱領」，

主張非洲人民族自決，反對白人任何形式的統治；號召衝破
合法局限，透過杯葛、罷工與不合作來推動群眾運動，以宣
傳來提高政治與國民意識。曼德拉熱情洋溢，易於衝動，遇
到了侮辱和倨傲的態度很容易被激怒，動輒反唇相譏。

國民黨又祭出《抑制共產主義法案》，授權政府鎮壓由
多種族組成、規模很小的共產黨，同時還要鎮壓其他一些製
造麻煩的反對派。只須給任何一個反對者扣上「共產黨」這
頂帽子，就足以令他禁足、禁止參加公共集會，剝奪寫作和
言論自由。扣帽子無須說明理由，對方也無權提出申訴，這
簡直是向台灣的國民黨的《懲治叛亂條例》學習的。

1952 年 6 月，ANC 發動「蔑視不公正法運動」，大批
黑人故意踏進白人專用的車站、郵局，以及其他公共場所為
白人保留的座位、車廂，故意向宵禁挑戰，使監獄擠爆「犯
人」。ANC 一舉成名，發展至十萬人。12 月，白人當局扣
押 8,500 多人，軟禁曼德拉等 35 人（指控他們有共產主義
罪行），才稍微制止了運動。1954 年，ANC 又發動更大規
模的反對強制非洲人搬出白人區，以及班圖教育法（1953
年頒布，禁止教會為非人辦學校，教育完全由政府控制）。

1955 年 6 月 26 日，ANC 在約翰尼斯堡附近的克利鎮
召開大會，非、印、有色人種及一批急進白人（大多是共產
黨的祕密黨員）共同起草《自由憲章》，宣稱「南非屬於所
有生活在這塊土地上的人們，不論黑人或者白人」，要求所
有公民都應享有投票權、擔任公職權，以及在法律面前人人
平等；在經濟上，主張將礦山、土地和銀行實行國有化。曼

德拉指出：「憲章不只是一紙列舉要求政治改革的清單，它是一份革命文獻。因爲不打破南非目前的經濟與政治制度，它所預期的變革將無法實現，爲達成這些要求，必須組織、推動與發展最大規模的群眾鬥爭。」

白人政府立刻在 1956 年 12 月初逮捕 156 人，以「叛國罪」（High Treason）起訴，指控他們準備以暴力革命方式推翻國家，建立所謂人民民主國家。一年後，當局撤銷對 61 人的起訴。1961 年 3 月，才判決 30 人無罪開釋。

與此同時，1958 年漢斯·斯塞頓死後，生於荷蘭的維沃爾德（Hendrik Frensch Verwoerd, 1901-66）繼任總理，他計畫將黑人居民化整爲零，劃分爲若干不同的族群或「民族」，各自擁有適合各自部族特點的政治體系，管理自己的「家園」。如此一來，黑人再不可能成爲人口超過白人的統一群體。他在 1959 年宣布，今後南非將成爲一個「多民族」國家，八個黑人「民族」都擁有各自的「家園」。

轉入地下的共產黨，決定仿效古巴革命，學習如何從一支弱小的革命力量起家。切·格瓦拉主張通過少數革命知識分子在農村打游擊，不必等待革命形勢成熟，先建立游擊中心，以發展壯大游擊隊，通過武裝鬥爭來激勵人民的響應，最終成爲廣泛的人民革命的核心力量。儘管曼德拉接受武裝鬥爭理念，但其他 ANC 領導卻堅決反對，1961 年 6 月經過激烈爭辯後，最後仍同意用非暴力原則，但不阻止成員另外建立獨立軍事組織——「民族之矛」（Umkhonto We Sizwe, the Spear of the Nation, UWS）。12 月 26 日，UWS 向白人

建築物及電力設施發動攻擊，宣布：「如所週知⋯⋯我國的主要民族解放組織一直遵循非暴力政策，它們一直都是和平行動，忍受政府的攻擊與迫害。但是人民的忍耐不是永無止境的。任何民族的生命，都難免會遭遇到面臨只有兩種選擇的時刻：投降，或者戰鬥；現在這個時刻已經降臨南非。我們不會投降，我們除了以能力範圍所及的手段，反擊以保衛我們的人民、前程與自由之外，別無選擇。」

在 18 個月內，破壞、襲擊活動零零星星地發生 200 多起，絕大多數顯得笨拙且無效，未能造成重大的影響。曼德拉逃到波扎納，在外國逗留六個月期間，他曾經順道去衣索比亞接受一次短期的軍事訓練。1962 年 7 月，曼德拉潛回南非，不久因疏忽而被捕。白人法庭指控他煽動非法罷工和未持有旅行證件出境兩項罪名。11 月，曼德拉在法庭上反控政府：「他們一味依靠暴力，以暴力來回應我們的人民及其訴求，從而又為新的暴力埋下隱患。政府的暴力只能產生一個結果，那就是導致反暴力。」他被判刑五年。

司法部長 John Vorster 下令安全警察全面追剿一切反抗力量。1963 年 7 月 11 日，突襲「民族之矛」大本營利列斯里夫農場，找到了曼德拉參與如何製造武器、培訓游擊隊員、與中國及蘇聯聯絡等證據。10 月至翌年 6 月，曼德拉等人以《破壞活動法》受審訊，他慷慨坦承「正是由於所有的努力一概付之東流，由於所有和平鬥爭的管道都被堵死，我們才做出決定，以暴力形式展開政治鬥爭⋯⋯因為政府讓我們走投無路、逼上梁山，別無他途」。他最後陳述：「我

一生已獻給了這場非洲人的鬥爭。我曾爲反對白人主宰統治而鬥爭，也曾爲反對黑人主宰統治而鬥爭。我一直懷著這樣一個理想：所有人都共同生活在一個民主、自由的社會中，彼此和諧相處，人人機會平等。……如果需要，我也願意爲這個理想而死。」

　　1964 年 6 月 12 日，45 歲的曼德拉與其他八名同志被判處無期徒刑，解送羅奔島，在石灰採石場做苦工，並開始學習阿非利卡語。此後十年，南非相當平靜。

2. 英屬中非

　　英國人在 1950 年代試圖把南、北羅得西亞及尼亞薩蘭（Nyasaland）組成一個「中非聯邦」，主要來自南羅得西亞白人的壓力。1953 年創立時，只有南羅得西亞（白人爲主的自治殖民地）響應。1957 年，南羅得西亞聯邦黨（UFP）的 Welensky 爵士，推動把聯邦納爲大英國協（Commonwealth）裡的一個獨立實體的運動，最終備受各方面的負面批評。1964 年元月，中非聯邦瓦解。

　　關於羅得西亞獨立，將於後述。

馬拉威　　尼亞薩蘭較爲單純，歐洲人較少，1958 年以前 Nyasaland African National Congress（ANC）主要反對加入中非聯邦。1957 年，曾在英國行醫的班達（Dr. Hastings K. Banda, 1906-97）爲 ANC 加入了新血。1959 年，

當局宣布戒嚴，將他逮捕。不久，馬拉威國會黨取代了舊黨。1960 年 4 月，班達獲釋後，繼續領導民族運動。在北羅得西亞，當局取締了一個鼓吹抵制選舉的軍事組織，並逮捕了卡翁達（Kenneth David Kaunda, 1924- ）。

英國首相麥米倫憂心忡忡地斷言，擊退民族主義運動，就等於把他們推向共產主義一邊去。班達很快獲釋，1961 年 9 月與四名同事進入行政會議。1962 年 11 月 23 日，尼亞薩蘭獲得自治，1964 年 7 月宣布獨立，三年後廢除君主制。馬拉威國民大會黨一黨獨大，班達成為終身總統（1970-94），「我講的話就是法律，不折不扣的法律」。他十分推崇清教徒生活，禁止男人留長髮，女人不得穿短裙或褲子，電影、外國報紙、雜誌和書籍須經嚴格的檢查。1981 年，旅居尚比亞的異議人士奧頓‧契爾瓦夫婦被綁架回國，當街遊行示眾，並判處死刑，後因國際社會抗議，才改判無期徒刑。1983 年，有 30 名部長和一名議員試圖推動改革，被警察用大鏟活活打死於國會大門口，對外宣稱他們死於車禍。

1992 年 3 月，班達又逮捕控訴國家貧窮、腐敗、審查，使人人活在恐懼下互相猜忌的八名天主教主教，引爆群眾示威和罷工，警察開槍打死 20 人。5 月 13 日，捐助國決定停止非人道主義援助馬拉威六個月。班達被迫妥協，10 月宣布公民投票。1994 年，班達敗給他的前任部長，出身穆斯林的商人 Bakili Muluzi（1943 年出生，1994-2004 任總統），結束 30 年的獨裁統治。接著展開一連串的調查。1996 年 12

月，法院宣判班達謀殺罪名不成立。一年後，班達在約翰尼斯堡的一家醫院去世。

北羅得西亞 ANC 面對加入中非聯邦，他們在 1952 年 2 月向立法議會提議，在 42 個議席中給非洲人保留 12 席，遭拒絕。卡翁達憤而建立尚比亞非洲人國民大會（ZANC），積極反對 1959 年的選舉，遭到當局取締，卡翁達坐牢到 1960 年。這位山區小鎮盧布瓦的牧師之子，中學畢業後，當過教師和師範學校校長，1950 年為黨支部書記，1958 年創立尚比亞非洲人國民大會。1964 年尚比亞終告獨立。1964-91 年，卡翁達為總統，一黨專政。1997 年 6 月，執政黨多黨民主運動（Movement for Multiparty Democracy, MMD）與反對黨對話破裂，反對黨組成「十二黨愛國聯盟」，發起不服從運動。10 月，爆發流血的軍事政變，政府宣布戒嚴。卡翁達等逃亡國外，12 月雙方達成協議，卡翁達回國卻被捕。1998 年 1 月，卡翁達以政變未遂罪被起訴；6 月，他承諾不再參與政治活動為條件而獲釋。

3. 幾內亞比紹

1960 年代，當英、法等殖民帝國幾乎喪失了它們在非洲的全部殖民地時，葡屬殖民地卻仍然紋風未動。葡萄牙當局把非洲殖民地通往世界的大門緊緊關起

來，人們只能偶而從外地聽到鄰近國家民族解放運動的一點訊息。

1908 年，葡萄牙激進派刺殺國王及王儲，卡洛斯一世的次子曼努埃爾二世繼承王位，1910 年 10 月被軍人推翻。18 年內，這個脆弱的共和國換過九位總統，充滿政變與暗殺的黑暗動亂，社會不安，經濟混亂。1926 年 5 月，科斯塔將軍發動政變；7 月，他被 Carmona 將軍取代，自任總統（1928-51）。為了向國際聯盟借款，政府啓用科因布拉大學經濟學教授薩拉查（António de O. Salazar, 1889-1970）為財政部長。他當過神父，後來研究法律。薩拉查要求軍人非經他同意，不得動用任何國家資金，從而逐步掌控權力。

1930 年，薩拉查組織「國民同盟」（the National Union），向個人主義、社會主義和議會主義展開鬥爭，並以《殖民地法令》取消殖民地有限的自治權。1932 年，該黨成為唯一政黨，薩拉查為總理。1936 年，薩拉查又兼任陸軍及外交部長。在這位人民嚴父的獨裁統治下，葡萄牙被閉鎖成一個自給自足體，成功地挽救了經濟危機，但國家歲入的 85% 為直接稅，企業所得稅才占 15%。他用祕密警察（PIDE）鎮壓反抗，鼓勵告密，並認為「一些手銬能讓恐怖分子坦白，這樣就能拯救無辜生命」。

嚴父宣稱，「我們絕不會和殖民地分開，我們的憲法不允許，我們的民族良心不允許」。他鼓吹宣揚葡萄牙光榮的殖民歷史，把首都里斯本的街道、廣場，統統改為殖民地的地名，每年遣送幾萬都市流氓、失業者去非洲，誓言要把殖

民地變成「里斯本的郊區」。1951 年修憲後，把海外殖民地做為「省」一級行政單位，列為同本土不可分割的一部分。他的接班人 M. Caetano 教授（1906-80）也宣稱：「非洲黑人得由歐洲人來統治。」「在人類發展的演變中，非洲人沒有做出任何顯赫的成就；在文化科技領域裡，他們無法和歐洲人匹比。非洲的黑人只能做為生產者而受白人統治，或由白人來組織、管理。」

　　1933 年，薩拉查對非洲殖民地實行同化政策，把土著提升為「同化人」，即他們必須具備能夠流利地聽、寫、閱讀葡萄牙語文的能力；有足夠的財力；必須品性良好；必須有必要的教育和社會習慣，能夠適應葡萄牙法律。諷刺的是，1950 年代，文盲率在安哥拉占 96.97%，在莫桑比克占 97.86%，在幾內亞比紹占 78.5%。1950-52 年，安哥拉的黑人只有 67 個能上中學，沒一個上大學，整個莫桑比克也只有一名黑人拿到大學學位。1950 年代，1,100 萬黑人當中，只有 14 個「同化人」，他們的父母有一方是葡萄牙人的混血種（mesticos）。即使是「同化人」，也是次等國民，工資只有白人的 1/10；他們必須完全過歐洲人的生活，不許和土著交往，必須改信天主教。

　　1947 年 5 月 5 日，殖民當局規定每一個身強力壯的非洲人，每年必須為殖民公司服勞役六個月，月薪才 3-5 個 escudos（每 4 個 e 等於一個英國先令）。1954 年，安哥拉黑人被徵調 37.9 萬勞動力（等於全體雇工的一半），莫桑比克每年被徵調 40 萬人，南非每年從葡屬殖民地輸入 50 萬

勞動人口。

卡布拉爾 葡萄牙本土面積才 92,212 平方公里，在非洲卻占有 206 萬平方公里的殖民地，幾乎爲本土的 20 多倍。整個殖民地表面上風平浪靜，但天主教與本土宗教混合的新興宗教開始喚醒土著的民族自覺，例如安哥拉的「聖女貞德」奎帕・維達、「先知」西・毛・塔克（宣揚黑人基督的來臨）。1950 年代，各地罷工不休。1959 年 8 月 3 日，幾內亞比紹造船廠罷工，碼頭苦力和船夫響應，造成 50 多人被打死的慘案。卡布拉爾（Amilcar Cabral, 1924-73）回憶說：「8 月 3 日給我們一次血腥的教訓。在 50 年代初，我們並沒有提出獨立的要求，我們也不希望採取暴力行動。我們只是認爲葡萄牙必須改變它對殖民地的作爲，希望它能把我們非洲人當作一個人而不是一頭畜牲來對待。但是 8 月 3 日慘案告訴我們，赤手空拳同葡萄牙進行鬥爭是不夠的，也是不明智的。面對殖民地統治者這種瘋狂的罪惡行徑，我們得到的教訓是必須把全體人民團結起來，做好鬥爭的準備。對武裝的葡萄牙殖民主義者，我們應該的唯一鬥爭形式就是武裝鬥爭。」

卡布拉爾是弗得角小公務員之子，教過小學，後來去里斯本念高等工藝學校時（1954），結識了安哥拉人內圖和莫桑比克人蒙德拉納等人，一起組織學生會，討論文化、歷史及民族解放之道。他回故鄉後，當農業普查員。1956 年，組織「幾內亞和弗得角非洲獨立黨」（PAIGC）。他最初

在城市活動，後轉入農村宣傳與組
織。1960 年代，還派一些人去阿爾
及利亞解放區接受游擊戰訓練。

　　1963 年 1 月 23 日，獨立黨在
南部的蒂特市打響武裝鬥爭的頭一
槍。1968 年到 1969 年 2 月，游擊
隊切斷葡軍的北方運輸線，歷經十
多年奮戰，游擊隊控制全國 2/3 土地及 1/2 人口。1973 年 1
月 20 日，白人潛入黨部內，暗殺了卡布拉爾。弗得角人佩
雷拉繼任黨書記。9 月 24 日，召開首屆全國人民議會，宣
布建立幾內亞比紹共和國，卡布拉爾的弟弟路易斯當選爲國
務委員會主席。9 月，共和國宣布獨立。1975 年，弗得角獨
立。1980 年 11 月 10 日，確立幾內亞比紹與弗得角實現聯合。
14 日，部長會議主席 Joao B. Vieira 聯合軍隊發動「調整運
動」，解散議會，排除黨政軍各部的弗得角人，他自任總統，
2009 年被暗殺身亡。軍人又在 2012 年 4 月發動政變，在
西非經濟共同體調停下，2014 年才舉行選舉，前財長 Jose
Mario Vaz 當選總統。

　　1970 年薩拉查死後，少壯軍人開始抬頭，曾經擔任
葡屬幾內亞總督的陸軍副參謀長史比諾拉（Spinola），於
1974 年發表《葡萄牙及其未來》一書，承認葡萄牙無法贏
得殖民地戰爭，主張海外領地自決，通過公民投票與葡萄牙
結爲聯邦，繼續維持一個多民族國家。史比諾拉深受卡布拉
爾的影響，禁止部下進攻 PAIGC 的解放區。卡布拉爾被白

人暗殺後，刺激了他反對政府的決心。1974 年 4 月 25 日葡萄牙政變，這批曾在非洲打仗的少壯軍官不滿政府無能，擁立史比諾拉建立救國軍事委員會。9 月，政府承認幾內亞比紹獨立，也和莫桑比克解放陣線取得協議，同意後者在 1975 年 6 月獨立。由於安哥拉三派分裂與對立，獨立日推遲至 1975 年 11 月 1 日。

4. 莫桑比克獨立

莫桑比克（Mozambique，801,590 平方公里）在 13 世紀時曾是班圖人的國家，1700 年被葡萄牙「保護」，1752 年由總督統治，1951 年成為葡國的一個「海外省」。1920 年代，班圖人知識分子在里斯本成立「非洲人同盟」，以爭取社會福利、舉辦體育活動為掩護，並發行《非洲呼聲》，宣稱：「我們這些做牛做馬的人們已經有了手術刀，我們要求得到平等待遇。」1949 年，留學生蒙德拉納（Eduardo Mondlane, 1920-69）組織中學生的「莫桑比克非洲籍中學生組織」，反對同化政策；1963 年，他又另創「莫桑比克學聯」，翌年被取締。

任何溫和請願及和平示威都被當局鎮壓。1960 年 6 月 16 日，在北部木韋達群眾示威時，有 500 多人慘遭軍隊射殺，迫使知識分子走上武裝鬥爭一途。1962 年 6 月，海外三個解放組織成立聯合陣線的「莫桑比克解放陣線」（FRELIMO），9 月在坦尚尼亞的達萊撒蘭召開大會，宣

布要徹底消滅葡萄
牙殖民統治及一切
帝國主義殘餘勢力，
爭取早日實現民族
獨立，建立一個現
代化國家。蒙德拉
納這位美國人類學
教授被選爲主席。

　　然而班圖人之
間彼此宿怨太深，
FRELIMO 在坦尙尼
亞總部吸收的是渡
河而來的馬孔德人
和尼揚札人。但他
們又是世仇，拒絕

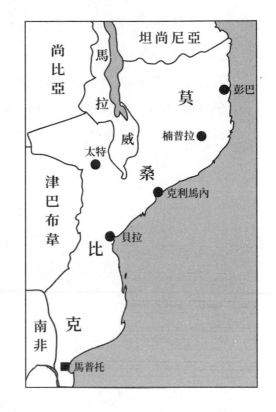

合作。總書記馬本達等又分裂出去，在開羅另立「莫桑比克
非洲民族同盟」。1963 年，FRELIMO 挑一批人去阿爾及利
亞和埃及受訓。1965 年 6 月，250 人分 10-15 人爲一隊，兵
分三路潛入國內，宣告全面武裝起義。游擊隊突襲地方行政
機關和哨所。幾個月後，再退入贊比西州和太特州。農民出
身的馬謝爾（Samora Machel, 1933-86）在 1968 年升爲武裝
部隊總司令。至此，游擊隊已搶到全國土地的 1/5 及人口的
1/7（100 萬人）。

　　FRELIMO 由坦尙尼亞支持，背後是蘇聯與其他社會主

義國家。1974 年秋，游擊隊用地對空飛彈「SAM-7」，有一次擊落一架 DC-3 運輸機，造成七名外國軍官死難。葡萄牙人燒毀支持游擊隊的村落，迫害無辜存民；又加強焦土政策，在游擊隊活動區廣建戰略村，強迫村民搬進鐵絲網內的保護村。葡國每年在莫桑比克和安哥拉的戰費達 21.7 億美元。

1969 年 2 月 3 日，蒙德拉納在拆郵包時被炸死，謠傳凶手就是 FRELIMO 內的反對派，引起內部空前的危機。馬謝爾與副主席烏里亞・亞曼戈之間發生激烈的路線爭執，馬謝爾聯合詩人多斯・桑托斯擊敗對手，1970 年自立為主席，桑托斯為副主席。葡軍大敗，1972-73 年間，游擊隊控制全國土地的 1/4。

1974 年 4 月 25 日葡萄牙政變後，9 月，新政府與 FRELIMO 在尚比亞首都盧薩卡協商，承認莫桑比克獨立。1975 年 6 月 25 日，莫桑比克人民民主國建國，馬謝爾堅持以馬克思列寧主義做為意識形態的藍圖。1977 年 2 月，FRELIMO 改為「莫桑比克解放陣線黨」，將農場及商業收歸國有，把白人遺棄的莊園改為國營農場，推行農業集體化生產，同時肅清天主教及傳統酋長、頭人的勢力。

莫桑比克支持南非及羅得西亞黑人反白人，羅得西亞反過來支持反莫國政府的「莫桑比克全國抵抗運動」（RENAMO）。羅得西亞獨立後（津巴布韋，1980），南非繼續支持 RENAMO，直到 1984 年才與莫桑比克政府達成協議，不再支持它，莫國也不再支持南非 ANC，把 800

名 ANC 成員驅逐出境。南非將從卡波拉巴沙水壩購買電力，又同意雇用數千名莫國勞工去礦場勞動。1986 年 10 月，馬謝爾在回國途中墜機身亡，副總統 Joaquim Chissano 繼任，1992 年與 RENAMO 在羅馬簽署和平條約，結束 16 年內戰，但 1,800 萬人口中有 100 多萬死於戰火，500 多萬人流離失所。

　　1989 年，黨終於放棄建構馬列主義國家的幻想，實行多黨民主制。

5. 安哥拉獨立與內戰

獨立戰爭｜安哥拉在 1951 年成為葡萄牙的一個海外省，盧安達（Luanda）爆發了麵包工人罷工。1956 年，一批知識分子成立「安哥拉人民解放運動」（Movimento Popular de Libertacao de Angola, MPLA），有些地方還同地下的安哥拉共產黨有聯繫。1959-60 年，由於葡萄牙秘密警察大搜捕，使 MPLA 流亡在外，最終在剛果利奧坡維爾落腳，由醫生及詩人內圖（Antonio A. Neto, 1922-79）領導。內圖是美以美會牧師之子，留學科英布拉大學醫科，1952 年因批評時政被捕，1955-57 年遭囚禁，1959 年回安哥拉行醫，1961 年流亡弗得角又被關，引起包括沙特等國際文化界人士的抗議。1962 年，他又在里斯本坐牢，7 月逃獄，8 月逃到利奧坡維爾（金夏沙），12 月召開 MPLA 第一屆代表大會。

1958年，巴剛果人為主的北安哥拉人民聯盟（1954-）改組為安哥拉人民聯盟（UPA），由羅伯托（Holden Roberto）為主席，薩文比（Jonas Savimbi, 1934-2002）為總書記。1960年，MPLA第一任主席馬查多在里斯本被捕，安哥拉人透過國際輿論呼籲國際社會關心安哥拉問題，迫使當局暫緩審訊馬查多等人。1960年3月，MPLA呼籲葡萄牙當局放棄武力手段，改以和平方式解決安哥拉問題，承認安哥拉人自決權，無條件釋放政治犯，立即撤軍，並在1960年底召開各派圓桌會議。薩拉查的回答是：「葡萄牙永遠不會同意討論海外領地的自決問題。」6月20日，殖民當局又逮捕內圖等人，引爆他的故鄉Ikolu-i-Bengu居民示威，被打死打傷200多人。11月，卡桑熱的農民反抗被當局強迫種植棉花又以低價收購，攻擊哨所和商店（棉花暴動）。彌撒亞教派的馬里亞諾號召農民暴動，MPLA乘機攻擊盧安達的警署、監獄、兵

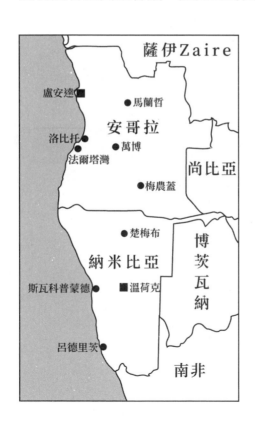

營，搶占電台。1961年，又有巴剛果人暴動，殺300名白人。六個月的動亂仍被當局制伏。1962年3月，UPA與安哥拉民族黨合爲「安哥拉民族解放陣線」（Frente Nacional de Libertacão de Angola, FNLA），羅伯托爲主席。4月，FNLA在利奧坡維爾成立安哥拉流亡革命政府，羅伯托爲總理；8月，成立安哥拉民族解放軍。

　　但是安哥拉各派各自爲政。1963 年 6 月，剛果（薩伊）的阿杜拉政府承認安哥拉流亡政權，要求 MPLA 關閉它在金夏沙的總部，MPLA 只好播遷到布拉柴維爾，建立「安哥拉人民解放軍」。1966 年 3 月，不滿羅伯托貪汙腐化的薩文比，另立「安哥拉徹底獨立全國聯盟」（União Nacional para a Independência Total de Angola, UNITA），獲得奧姆崩杜族人的支持。薩文比留學里斯本、瑞士及洛桑各大學。UNITA 主要在鄰接尚比亞的隆達、莫西哥、寬多、庫邦戈、馬蘭熱南部和比耶等省活動，獲得尚比亞政府的支持。1967 年 8 月，UNITA 游擊隊炸毀尚比亞出口國產品的本格拉鐵路，被尚比亞人趕走。此外，位於安哥拉以北、剛果（金）及剛果（布）之間的卡賓達，1963 年 7 月也出現當地人的卡賓達解放陣線，他們不但要擺脫葡萄牙統治，更要脫離安哥拉而獨立。

　　1968 年，非洲統一組織撤銷了對安哥拉流亡政府的承認，同時承認 MPLA、FNLA 和 UNITA 三個組織處於同等地位。1970 年代，葡萄牙投入安哥拉的軍、警、民兵達 20 萬人，相當於美國投入越戰兵力的三倍，1973 年的戰費更

占葡國總預算的 50%。1974 年 4 月 25 日葡萄牙政變後，仍想緊抓殖民地不放。內圖在倫敦聲明，拒絕葡萄牙主導的公投。他說：「這種公投不過是葡人用以延長其留在我國的手段罷了。」他宣布：「這場戰爭將繼續打下去，直到我們的獨立權利得到承認，首先只有承認這種權利，我們才會接受史比諾拉的談判。」

　　白人也成立「安哥拉民族聯盟」（UNA）、「安哥拉基督教民主黨」（PCPA）、「安哥拉統一戰線」（FUA），與黑人互相攻擊。[1] 動亂迫使葡國政府在 8 月 4 日宣布，承認安哥拉人民享有自決權和獨立權。但又在 9 日呼籲各派停火，許諾成立一個包括白人代表在內的臨時聯合政府，負責在兩年內起草憲法，並成立新政府後，安哥拉才得以獨立。這完全擺明要挑起安哥拉各族群矛盾，助長安哥拉的分裂與動亂。歷經非洲統一組織及薩伊政府的安排，FNLA 和 UNITA 同意停止互相攻擊與敵對行動。12 月 18 日，MPLA 也和 UNITA 簽下了類似的協定。1975 年 1 月 3-5 日，在肯亞總統肯亞塔的主持下，三方在蒙巴薩舉行和解會議，三方共同聲明：「卡賓達被認為是安哥拉不可分割的一部分」；三方保證「停止損害開誠布公合作的一切敵對行為和宣傳活動」；並強調全國團結和重建國家。15 日，葡政府與三方簽署關於安哥拉獨立的《阿爾沃協定》。30 日，在盧安

1　如果將來發生台灣獨立時，在台灣的中國信徒也一樣會如此，並以北京為靠山反對台獨！

達成立由總統委員會組成的過渡政府，由 MPLA 的 Lopo do Nazimento、FNLA 的 Pino 及 UNITA 的 Jose Ndele 等三人組成，下設 12 個部長，三派及葡人各占三人。

內戰　3 月，MPLA 與 FNLA 在盧安達火拼。8 月 1 日，卡賓達人宣布獨立建國。7 日，FNLA 和 UNITA 退出過渡政府。MPLA 在古巴及蘇聯支持下，擊敗其他兩派而執政。14 日，葡萄牙趁亂片面宣布接管安哥拉政權。9 月，古巴支持的 MPLA，控制 16 個省中的 12 個省；南非也以保護卡盧奎莫的水電廠為名出兵侵入安哥拉。葡、英、美傭兵助 FNLA 軍作戰，南非軍助 UNITA 軍，古巴軍助 MPLA。11 月 11 日，內圖宣布建立安哥拉人民共和國；其他兩派也在 23 日於熱威省的卡莫納成立「安哥拉民主共和國」政府。

1976 年 2 月，FNLA 得到薩伊的軍事援助；3 月，蘇聯提供 MPLA 足夠的武器，兩個組織在 3 月間交戰，數千名葡萄牙人逃走，使政府陷入癱瘓和經濟崩潰。隨後的六個月中，大約有 30 萬白人逃離。MPLA 動員首都的貧民，並徵募 40,000 名加丹加傭兵，這些傭兵大多是沖伯的舊部，對莫布杜滿懷夙怨，曾被葡萄牙人利用來鎮壓 FNLA。古巴人支援內圖，派 230 名教官於 6 月抵達安哥拉。MPLA 陸續控制各大城市及油田所在的卡賓達飛地。

內圖宣布主權屬於人民，實行土地、礦產、銀行、重要工廠、企業、貿易、交通、運輸等國有化；在農村實施合作化及建立國營農場。如此匆忙地實行社會主義的結果，反而

導致嚴重的經濟停滯和社會動亂。1979 年 9 月，內圖去世，多斯桑托斯繼任 MPLA —勞動黨主席、共和國總統兼總司令。

1974 年 7 月，CIA 恢復對 FNLA 提供秘密資金，但對 FNLA 及 UNITA 提供武器的要求則未予置理。1975 年 3 月，CIA 給羅伯托 30 萬美元，讓他在盧安達辦一家電視台和一份報紙。7 月中旬，美國眼看 MPLA 占領盧安達，再受到 4 月在越南的慘敗教訓，包括莫布杜和卡翁達都一再警告美國。7 月 16 日，美國總統福特（Ford）授權季辛吉展開一次大規模行動，此後美國武器源源不斷提供 FNLA 和 UNITA。南非人則擔心在蘇聯支持下，安哥拉可能成為一塊跳板，供西南非人民組織（SWAPO）游擊隊攻擊南非控制下的西南非。南非人和羅伯托、薩文比密晤，同意為他們練兵及支援武器，並假冒傭兵從西南非侵入安哥拉。10 月 14 日，代號 Zulu 的南非縱隊從西南非越境，迅速向海濱地區進兵，奪占了本格拉港，進駐距離盧安達 120 英里的北奎韋河畔；代號「狐猸」的南非縱隊也開抵安哥拉中部 UNITA 總部的萬博，與薩文比部會師後北上。此外，在南非支援下，FNLA 北方部隊與薩伊聯軍南下，進攻盧安達。

MPLA 只控制了首都及以東一條狹長地帶而已。9 月 27 日，頭一支古巴部隊開抵盧安達，至 11 月已達 2,000 人。11 月 8 日，另一支古巴特種部隊趕來，與 MPLA 固守本戈河大橋及盧安達北部。10 日，南非部隊砲轟 MPLA 陣地，再以轟炸機密集猛炸。羅伯托卻遲遲不露面，使 FNLA 部

隊拖延 100 分鐘，反而使 MPLA 得到喘息機會。FNLA 與
薩伊聯軍面對古巴的強大火箭和大砲阻擊，望風而逃。

　　戰爭很快結束，蘇聯飛機又運來數千名古巴部隊及蘇製
坦克與大量武器。CIA 拼命雇用葡萄牙和法國傭兵，但秘密
資金很快燒光，國會在 12 月反對繼續提供任何形式的秘密
資金，迫使 CIA 束手無策。FNLA-UNITA 信譽掃地，非洲
輿論藉口南非捲入而譴責這兩個組織。季辛吉誤判形勢，非
但沒有在非洲贏得朋友，反而使美國蒙羞。1976 年 2 月，
FNLA 喪失最後一個陣地薩爾瓦多，UNITA 控制的萬博也
被攻陷，薩文比逃到東部山區。此後內戰又拖了多年。1984
年 2 月，在美國斡旋下，安哥拉與南非簽訂「脫離軍事接觸」
協議，FNLA 向政府投降，但 UNITA 仍繼續打游擊戰。至
1988 年，政府軍擁有現役部隊 53,000 人，民兵 50,000 人，
坦克近 600 輛，大砲和迫擊砲 1,000 門，作戰飛機 150 架。
UNITA 則有正規軍 26,000 人，民兵 34,000 人，範圍已占全
國 2/3 的地區。古巴在安哥拉駐 40,000 人，蘇聯顧問及技術
人員約 3,000 多人。1977-87 年的十年內，蘇聯提供安哥拉
40 億美元的軍援。南非部隊有 9,000 人，美國在 1986 年向
UNITA 提供 1,500 萬美元，1987 年估計達 4,500 萬美元。

　　安哥拉每年有十億美元的石油收入，卻必須支付古巴士
兵及蘇聯顧問駐留費，並以美金支付，形成重大的負擔。美
國要求安哥拉境內的古、蘇人完全撤離，才肯答應迫使南非
撤出納米比亞及停止支援 UNITA。1984 年末，一部分古巴
士兵轉移到尼加拉瓜去，北朝鮮的二個中隊進入安哥拉；東

德也替安哥拉政府訓練 3,000 民兵，以及培訓國家保安軍和高級政治、保安將領。

美國總統雷根繼續支援薩文比這位能講三種非洲語及四種歐洲語的「民主鬥士」，1986 年還邀請他去白宮訪問。薩文比控制了中部及南部的大部分地區，進而揮師北上，向薩伊邊界發展，占據了隆達省的鑽石礦區（占安國總產量的 3/4）。1988 年 12 月，各方達成協議，但一切都流於形式，薩文比和多斯桑托斯兩度見面，了無新意。

1990 年，俄羅斯人對安哥拉失去了興致，MPLA 正式放棄馬列主義，將國有企業私有化。薩文比則冷酷獨裁，靠秘密警察鎮壓異己，以石油資源自肥。1992 年 11 月 2 日，在聯合國秘書長加利的斡旋下，雙方停火，幾十個小時後又開打。薩文比有恃無恐，對政府不斷挑戰。1994 年 11 月，政府軍收復萬博，迫薩文比退回老家拜倫多，11 天後同意談判。《盧薩卡協定書》授權聯合國特別團直接負責監督和平進程，一支 7,000 人的聯合國部隊，負責協助完成復員遣散和重組國家軍隊的大任。薩文比一再拖延復員，並拒絕讓出鑽石礦區，至 1997 年，他在過去五年的鑽石收益高達 20 億美元。

1997 年 4 月，UNITA 議員全部到國民議會就任，但又在 1998 年 3 月造反，11 月內戰再起。1998 年 12 月，失去耐心的多斯桑托斯宣布戰爭是唯一的選擇，下令圍剿 UNITA。聯合國白白花掉 15 億美元，卻一無所成；戰爭又持續三年多，400 萬人淪為難民。薩文比戰敗，2002 年 2 月

在尚比亞邊境一帶的盧武阿被圍捕，在混戰中被打死。幾天後，UNITA 求和。3 月底，結束長達 27 年的內戰。

多斯桑托斯及其近臣親信繼續貪汙舞弊，1997-2002 年石油產業帶來 178 億美元的收益，至 2001 年，21% 的政府支出「用途不明」，大致相當於同期用於教育、醫療衛生和社會福利資金的總和。有 39 人身價 5,000 萬美元（2003），20 人則上看一億美元；七大富翁全是大官。這 59 人身價達 39.5 億美元，而 2002 年（1,400 萬人口）國內 GNP 總值只有 102 億美元。

6. 津巴布韋獨立

| 獨立 |
| 戰爭 |

津巴布韋（Zimbabwe）原叫南羅得西亞。19 世紀時，恩德貝勒人從南非渡過波波河，定居於布拉瓦約（Bulawayo），建立了馬塔貝勒國。當然更早是原住民和班圖人統治過。德蘭斯瓦金礦被發現後，布拉瓦約頓時成為歐洲人角逐的獵場，波爾人、英國人、德國人接踵而來。1888 年 2 月，英國牧師莫法特誘騙洛本古拉王簽下《莫法特條約》，規定未經同英國駐南非高級專員的磋商，國王不得與他國簽約和出讓土地。接著羅得斯的代理人拉德又騙取了《拉德租讓書》，洛本古拉發現受騙而廢約（1889.1），終究含恨而死（1893）。1895 年，南非公司在津巴布韋建立殖民地，稱為「羅得西亞」，1923 年改稱「南羅得西亞」。1923 年 10 月，南羅得西亞成為大英的自治殖民地。根據憲

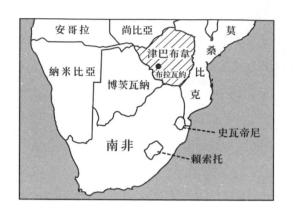

法，英國保留對土著立法的否決權，把原屬於南非公司的軍警交給白人移民。

白人通過《土地分配法》（1930）和《工業調解法》（1934），把南羅得西亞土地的一半，配給只占人口 1/4 的白人，將非洲人摒棄在技術工業之外，並以種族隔離政策，壓迫黑人不得進入白人的活動區，甚至連墳墓也分開。

黑人的反抗一直很微弱。二戰後，白人大量移入，1953年9月南、北羅得西亞與尼亞薩蘭合併為「中非聯邦」，700萬非洲人完全沒有政治權利。1957年，恩科摩（J. Nkomo）成立「南羅得西亞人國民大會」，1959年白人將他關進集中營，非洲人另創南羅得西亞民族民主黨。1961年12月，民族民主黨被取締，恩科摩另建「津巴布韋非洲人民聯盟」（ZUPA，以 Ndebele 語為主）。1962年3月，三個白人政黨合為羅得西亞陣線黨，史密斯（Smith）為主席，12月勝選。

不滿恩科摩的穆加貝（Robert G. Mugabe, 1924-）從南非留學回來，1963年8月與西萊托另立「津巴布韋非洲民族聯盟」（Zanu）。1964年，史密斯當總理，8月下令取

締民族聯盟，穆加貝也坐牢。10月，尚比亞獨立後，史密斯政權11月片面宣布改國名爲羅得西亞而「獨立」，一週內宣布戒嚴。穆加貝並不寄望英國人改革憲法，而選擇武裝鬥爭做爲推翻白人政權的手段。他並不看好恩科摩期待以爭取議會多數而執政的路線，這在羅得西亞和南非絕不可能成功，因爲對損害白人地位的任何變革，都肯定要進行武裝抵抗，因此要牢記：「武裝力量所維持的社會經濟結構，只能用武裝力量來推翻。」

1966年4月28日，四名游擊隊員在首都索爾茲伯里西北西亞諾市突擊一處白人農莊，全體陣亡。1967年7月，游擊隊又和南非「非洲人國民大會」（ANC）游擊隊聯合組成70人部隊，從尚比亞越境，在萬基野生動物園附近與政府軍戰鬥近三個月，最終半數陣亡，半數被俘。由於得不到土著的支援，游擊隊幾乎只能啃玉米和青草果腹。儘管他們學習毛澤東的游擊戰理論，但終究敵不過史密斯及南非正規部隊的聯合圍剿而嚴重受挫。

1971年，英國保守黨Heath政權與史密斯協議，可笑的是非洲人仍占議會的弱勢。就達成協議舉行民意測驗，顯示大多數黑人不願接受這一解決方案。史密斯更加反動地推行種族歧視措施。美國政府則聽從季辛吉的建議，放寬對羅得西亞的經濟制裁。1974年葡萄牙政變後，古巴出兵非洲南部，蘇聯支持安哥拉人民運動黨上台，形勢迫使英、美政府倉促應變，開始插手羅得西亞，防止另一個「安哥拉」出現於南非邊境。莫桑比克獨立，使羅得西亞失去了一個長期

盟友（葡萄牙），且讓一個左翼民族主義組織掌權。這意味著羅得西亞長約 760 公里的整個東部邊界，可能被 ZUPA 游擊隊從莫桑比克潛入，隨意開展作戰行動。何況 FRELIMO 在莫桑比克奪權，也讓羅得西亞民族主義者信心大增。

FRELIMO 為 ZUPA 訓練游擊隊，坦尚尼亞、尚比亞和博茨瓦納政府也都支持羅得西亞黑人，四國共同成立一個「前線國家」支持他們。南非白人政府則把軍隊開進贊比西河，補貼羅得西亞國防預算的 50%。1974 年後，白人政府一面把游擊隊活動區的土著趕進保護村，同時大肆掃蕩，分化瓦解游擊隊。尚比亞總統卡翁達下令 ZUPA 游擊隊全部撤離他的國家，以為這將可以支持羅得西亞黑人和平取得政權，真是愚不可及。12 月，國內只剩下 70 名游擊隊員，史密斯下令釋放恩科摩和穆加貝。

「前線國家」再度支持羅得西亞游擊隊。1975 年 11 月，民盟、人盟兩大勢力，各派九人組成「津巴布韋人民軍」，1976 年 1 月，兵分二路攻入羅得西亞。1974 年 12 月至 1975 年 8 月的談判中，史密斯仍堅持由白人統治，黑人分享政權，一切都告幻滅。季辛吉在 1976 年 4 月祭出解決羅得西亞問題十點計劃，配合南非持續施壓。10 月，在日內瓦開會，班圖人各方勢力談不攏，1978 年元月無疾而終。史密斯尤其反對在任何過渡期間把國防部隊移交給新的班圖指揮官，更加反對英、美叫他與游擊隊領袖分享政權。史密斯轉而拉攏恩科摩，失敗；再拉攏穆佐雷瓦、西萊托等人。1978 年 3 月，史密斯出任聯合政府總理，1979 年 5 月又根

據《內部解決協議》舉行選舉，「非洲人全國委員會」的穆佐雷瓦成為傀儡總統。

游擊隊至 1979 年已發展為 20,000 人，打到境內，迫史密斯在 90% 地區宣布戒嚴，每天耗費 100 萬美元戰費。不到 20 萬的白人大量外流，英國保守黨首相柴契爾夫人宣布要負起宗主國的責任，召開 1979 年 9-12 月倫敦蘭卡斯特大廈大會，穆佐雷瓦同意解散其政府，取消片面的獨立，103 天的談判終告達成協議。新總督 Lord Soames 暫代英國統治羅得西亞，新憲法規定 100 個議席中，保留 1/5 給白人，保障他們的特殊地位。游擊隊配合，使選舉順利進行，1980 年 2 月 27-29 日，有 90% 的選民投票。穆加貝的津巴布韋非洲國民聯合—人民陣線（ZANU-PF）獲得 57 席，穆佐雷瓦的 UANC 只獲得三席，白人保留 20 席。4 月 18 日零時，津巴布韋共和國誕生，穆加貝當選為總理兼國防部長，16 年的游擊戰使 120 萬人淪為難民，才逼使白人交出政權。

獨裁統治 穆加貝起初保留白人的土地，6,000 名白人農場主占全國近 40% 的耕地，包括 2/3 的良田及農業產量的 3/4，而且在第一年就獲得西方九億英鎊的支援。但六個月後，他和北朝鮮簽約，由後者協助訓練一支特種部隊，講紹納語的「五旅」，戴紅色貝蕾帽，直接受命於穆加貝，專門對付內部異議勢力。1982 年初，穆加貝把那條「家裡的眼鏡蛇」趕出政府，沒收他的黨派資產和土地；兩名副司令被控叛國罪逮捕，前人民革命軍士兵被揪出來毒打或殺害。

1983 年 1 月起，「五旅」全面清剿馬塔貝萊蘭，不分軍民，一律大屠殺。他在演講時說，要除惡務盡，「我們不會區分辨別向誰開槍，因爲我們不知道誰是叛亂分子，誰不是叛亂分子」。中央情報局更是不分青紅皂白濫捕，連老人、小孩、病人都不放過。1984 年，在四個月內估計有 8,000 人死於巴拉格韋軍營，數十名議員與官員半夜從家中被綁架而失蹤。

由於恩科摩派在馬塔貝萊蘭贏得全部的 15 席，有數百人立刻被捕。1987 年 12 月 22 日，穆加貝迫使恩科摩將兩黨合併爲「民盟」（愛國陣線），然後宣布大赦，122 名異議分子向政府自首，穆加貝揚言：「我們的選票必須伴隨著我們的槍桿子同在。」「槍桿子換來的選票，也應該由槍桿子來保衛。」他甚至自詡爲擁有暴力學學位。

1981 年 12 月黨總部被炸後，穆加貝立即宣布「蜜月已告結束」，開始向只剩下的十萬白人下毒手。他揚言要除掉「那些生存在我們之間的毒蛇，將他們徹底粉碎」。1987 年，穆加貝榮登總統、政府首腦及國防軍總司令，他的手下個個雞犬升天，公開侵吞公款而洋洋得意。儘管把 650 萬英畝白人土地分配給 5.2 萬戶、41.6 萬人，卻沒改變什麼。土地改革淪爲私相授受的醜劇，迫白人「自願」出售 118 座農場及 70 萬英畝土地給政府。

1999 年 9 月，由工會、律師協會和公民團體組成的「爭取民主變革運動」（Movement for Democratic Change, MDC）成立。2000 年 1-2 月的公投，有 55% 選民投反對票，農民乾脆放棄投票。十天後，白人農場被黑人青年洗劫一

空，政府的卡車將他們送走，還發放乾糧。白人農場雇工約40萬人，加上他們的妻子，約占選民的15%，穆加貝對他們痛恨入骨。他更指斥茨萬吉拉伊是賣國賊、傀儡，是白人和英國的幫凶，約有400名民革運人士被殺。選舉結果，執政黨僅獲62席，而民革運卻有57席，穆加貝痛斥民革運是「白人政權捲土重來」的具體體現，是「一匹反革命的特洛伊木馬，由曾經奴役壓迫過我們人民的那些敵對勢力陰謀豢養的特洛伊木馬」。

他立即下令白人農場主在30天內搬走，不提供任何土地補償，土地分配給士兵、警察、官員及平民，到處發生搶劫、毆鬥，甚至公然殺受理白人控訴的大法官。12月，穆加貝公開譴責白人為「白魔」，強迫他在1990年任命的白人法官安東尼‧格貝自動辭職，否則將不保證他的安全。2002年12月大選，穆加貝獲168.5萬票（56%）當選總統，擊敗茨萬吉拉伊（125.8萬票）。接著展開迫害反對黨人士。8月，數百名拒不離開的白人，在90天的兩天最後期限後，全部遭到逮捕，「一切都結束了」，他們的產業統統落入穆加貝親人及眷屬手中。

2004年，已有超過300萬人離開津巴布韋（占全國人口的1/4）。2005年，穆加貝仍舊高票「當選」，宣稱自己將執政到100歲。2007年3月，反對黨「拯救津巴布韋運動」慘遭迫害，但是穆加貝在2008年3月首次敗選，只有97席，「民革運」有109席。6月27日政府最終宣布第二輪總統選舉日期前，早已鎮壓反對派，想恐嚇選民要投給穆

加貝，否則要他們的命。最後五天，茨萬吉拉伊宣布退選。6月27日，穆加貝又連任，宣稱：「我將永遠、永遠、永遠不會放棄。」2009年才成立聯合政府，茨萬吉拉伊組閣。2013年3月又修憲，限制總統只能連任一次，每屆任期五年。7月31日，89歲的穆加貝還是當選，廢除了總理一職。穆加貝一家貪汙濫權，2017年11月終於被迫下台。

7. 納米比亞獨立

　　德屬西南非在1919年由南非委任統治，1949年4月南非議會通過《西南非事務修正法》，一舉實際併吞了西南非，1950年被聯合國宣布爲非法。1954年，聯合國成立西南非委員會；1957年通過決議，要求由聯合國託管西南非，遭南非政府悍拒。1937年以來，三萬多白人占有4,700萬公頃土地，30萬黑人只有17,000萬公頃土地。1952年，曾在南非當礦工及鐵路工的奧萬博族青年賈・托依沃，在開普頓創立了「奧萬博人民大會」，翌年改爲「奧萬博人民組織」。1958年，努喬馬（Sam Nujoma, 1929-）加入組織。努喬馬念過英國聖公會學校，當過清潔工、鐵路局抄寫員及市政府職員，因爲搞工會被開除，他領導契約工人撕毀契約，集體加入人民組織。1959年5月，他率眾加入赫雷羅酋長委員會和知識青年爲主的「西南非民族聯盟」。12月，努喬馬率眾反對政府強制遷徙首府的黑人至黑人市鎮圖圖拉，被打死13人，他也被囚禁至1960年3月，此後30多年一直流

亡國外。

　　1960 年 4 月，努喬馬把組織改爲「西南非人民組織」（South West African People's Organization, SWAPO），主張由聯合國託管，1963 年以前宣布獨立。1961 年起，他在坦尚尼亞的達萊撒蘭建立總部；翌年，又在坦尚尼亞及尚比亞境內建立游擊隊，派員去阿爾及利亞、蘇聯與埃及受訓。1966 年 8 月 26 日，在東北部的翁庫隆巴山谷打響第一槍，南非政府立刻以《反恐怖法》抓人。1969 年 12 月 26 日至 1970 年 1 月 2 日，「人組」在坦尚尼亞成立「納米比亞人民解放軍」，並獲得聯合國承認爲納米比亞人民「唯一合法代表」。1975 年安哥拉獨立後，「人組」把總部遷到盧安達，1970 年代末有 8,000 人，在北部打游擊戰，牽制 5-10 萬的南非軍隊。

　　1978 年，聯合國安理會通過 435 號決議，撤銷南非在納米比亞的非法統治；改由聯合國派援助團，實現在聯合國監督下自由選舉，確保納米比亞最終獨立。但這個決議無法執行，南非譴責聯合國偏袒「人組」，更堅持古巴軍撤離安哥拉才可行，美國當然支持南非。

　　南非一再導演「內部解決」大戲。1975 年 9 月，召開納米比亞各方（包括一個白人）的「特恩哈爾民主聯盟」。1976 年，南非與「特盟」達成 1978 年建立過渡政府的協議。1978 年，博塔出任南非總理，又使「特盟」在 50 席中獲得 14 席，組織過渡政府。全世界沒一個國家承認這個傀儡政府，博塔不死心，1983 年又拋出特盟、工黨、國民黨等

六黨組成的「多黨會議」。1984 年，在盧薩卡會議中，南非硬把「多黨會議」代表塞進來，努喬馬拒絕被白人招安，也拒絕南非、美國的聯繫方案。1988 年 12 月 13 日，南非、安哥拉、古巴三國外長，在聯合國大廈簽署關於古巴軍隊撤離安哥拉和納米比亞獨立的《布拉柴維爾協議議定書》，迫南方就範。1989 年 2 月 16 日，聯合國維和部隊進入納米比亞；28 日，南非扶植的過渡政府解散，三萬南非軍撤離。

9 月 14 日，努喬馬回到 Windhoek 後宣稱：「讓我們從今天起忘記令人痛苦的歷史，必須永遠消除那些痛苦而長期的衝突、種族仇恨和深深互不信任的記憶。」1990 年 3 月 21 日零時，納米比亞宣布獨立，努喬馬出任總統，結束 74 年的殖民統治，至今仍是一黨獨大的統治。

8. 盧旺達大屠殺

殖民史　盧旺達（Rwanda）位於非洲中部，面積 26,338 平方公里，人口 1,234 萬人。早在公元 2 世紀時，就有胡圖人（Hatu）從查德湖、尼日河遷入當時特瓦人的居住地。14 世紀時，又有圖西人（Tutsi）征服這個地區。1458 年，魯甘祖‧布溫巴在今天基加利附近的布瓦納坎布韋，建立盧旺達王國。1860-95 年間，基格里四世魯瓦布吉里時期一統天下，但 1885 年柏林會議上，將盧旺達劃為德國的勢力範圍。1896 年宮廷政變，兩大家族奪位鬥爭，東

部、北部叛亂不休。1899年，尤希四世‧穆辛加承認由德國保護。德國合併盧旺達和布隆迪爲盧旺達—布隆迪，劃歸德屬東非保護地，實行間接統治。

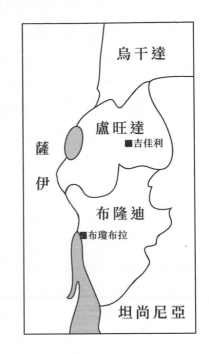

　　1916年第一次世界大戰中，比利時軍進占這兩地，1922年再由國際聯盟委任比利時統治，1925年8月劃歸比屬剛果第五省，保留圖西族國王 Mwami（由貴族選舉，並經副總督批准）。1946年，聯合國決定仍由比利時託管。

　　占人數多數的胡圖人，不滿圖西人權貴壓制，1959年胡圖人領袖卡伊班達（G. Kaybanda）宣稱，盧旺達是「一國兩族……相互間沒有任何交往、沒有任何一致性，互相不了解彼此習慣、思想和感情，就像居住在不同地區，甚至不同星球的兩個民族」。1959年11月，胡圖族起義，迫數千圖西族逃走，比利時進行干預。1960年6-7月鄉鎮選舉，胡圖解放運動黨獲勝。10月，國王基格里五世逃走，由卡伊班達組織臨時政府。1962年7月1日，盧旺達獨立，卡伊班達爲共和國總統。

胡圖霸
主思想 13 萬流亡的圖西人流落周邊的布隆迪、烏干達、剛果和坦尙尼亞,自稱「蠅燕子」(蟑螂),組織游擊隊在邊境騷擾。1963 年 12 月,一支 200 人隊伍手持弓箭,肩扛土槍,從布隆迪越境,會同當地圖西人,打下一座軍營,繳獲武器和車輛,向基加利挺進,很快被政府軍擊潰。胡圖人政客從 1950 年代開始,把圖西人抹黑成圖謀復辟、重新統治盧旺達的「敵人」。卡伊班達順勢逮捕並處死 20 名圖西族領袖。透過電台的煽動危機情緒,使 5,000 名圖西族被胡圖族保安隊用砍刀、長矛和棍棒打死。位於剛果河邊境的什吉拉,有 100 多名圖西族婦女、小孩,集體投河自盡,這次動亂至少有 10,000 人遇害,數萬人流亡異鄉。「蠅燕子」的行動,及時幫助卡伊班達扭轉他逐漸失掉民心的頹勢。

在鄰國的布隆迪,少數的圖西人卻一直把持政權。布隆迪獨立以來,最初三名總統有兩人被暗殺,換過七屆政府。1965 年,軍隊和憲兵的胡圖族軍官譁變,引發駭人聽聞的報復行爲。1966 年,圖西族軍官米孔貝羅(Michel Micombero, 1940-83)發動政變,推翻恩塔爾五世,當了十年總統,1976 年 11 月被軍人推翻。他立刻清洗胡圖族,處死胡圖族領袖及數十名士兵。1972 年又報復胡圖族的反抗,把受過教育的胡圖族教師、教會領袖、銀行職員、護士、商人和公務員的精英分子斬盡殺絕,殺死近 20 萬人,另有 20 萬人逃入盧旺達。卡伊班達則乘勢大肆渲染圖西族「把持統治地位,是胡圖人有史以來所遭受一切苦難的根源,也是充滿人類所做一切殘暴行徑的淵藪」。他指示各治安委員會,

無論學校、公務員及私人企業的就業人口，務必確保圖西人比例不超過 9%（即圖西人在整個盧旺達所占人口比例），但西部圖西人占 30%，於是又引發一場大逃亡潮。

可是卡伊班達依靠自己家鄉吉塔拉馬的政客們拱立，偏袒南方胡圖族。1973 年，卡伊班達被北方胡圖族司令、來自吉賽尼的哈比亞利馬納（Juvénal Habyarimana, 1937-94）推翻，最終餓死於獄中。哈比亞利馬納強迫所有巴尼亞盧旺達人，不論嬰兒或老人，都必須加入他的「爭取發展全國革命委員會」，人人都必須持有身分證，上面註明持證者民族和居住地。任何人未經官方允許不得遷居，黨的密探布滿全國。圖西人只保留一個部長及一名大使，在國民議會 70 席中保留兩席；圖西人沒資格晉升軍官，胡圖士兵不得娶圖西族婦女。

1983 年 12 月至 1988 年 12 月，哈比亞利馬納一人競選總統，連續統治盧旺達 21 年。他那令人敬畏的妻子阿加苔・康津是望族千金，「夫人幫」的「小王朝」（Akazu，阿卡祖）包括她的三個兄弟、一個表兄及一群軍官，個個雞犬升天；精英階層更搶購貧困農民土地，加劇了階級矛盾。

50 萬圖西族難民組成的軍隊，1990 年 10 月 1 日從烏干達越過北部邊界。卡加梅（Paul Kagame, 1957-）四歲就隨父母流亡烏干達，加入穆塞維尼（Yoweri Kaguta Museveni, 1944-）志在推翻烏干達奧博托、以南方人為主建立的全國抵抗軍。1986 年 1 月，穆塞維尼攻下坎帕拉時，他的軍隊約 1/4（約 3,000 人）是圖西族，此後這些傭兵為穆塞維尼

南征北討；1986 年 7 月，他宣布凡住在烏干達十年以上的盧旺達人，均自動獲得烏干達國籍。

哈比亞利馬納藉口人滿為患，不接納流亡的圖西族回來。1987 年，圖西族流亡人士在烏干達坎帕拉成立「盧旺達愛國陣線」（Rwandan Patriotic Front, RPF），主張必要時不惜以暴力去爭取圖西人返回家園，並且支持盧旺達更為廣泛的政治改革事業。1988 年，穆塞維尼解除了前司令盧維杰馬（圖西人）的職務，使和他在同一個難民營長大的卡加梅如虎添翼。1990 年 8 月，他獲悉哈比亞利馬納的統治，內部南北對立、腐敗成風、國庫空虛並瀕臨崩潰的信息，盧維杰馬斷定可以出兵。10 月的入侵，卻造成一場大災難，第二天盧維杰馬遇難，元氣大傷，而法國人在 10 月 4 日從中非的基地飛抵基加利，比利時部隊及薩伊的莫布杜也派兵支援哈比亞利馬納。政府軍迅速把「愛陣」趕到邊界去，薩都撤軍，法軍卻賴著不走。哈比亞利馬納藉機逮捕 1.3 萬人，他的一名部長攻擊圖西人是邪惡無恥的「伊比措」（同謀幫凶），一定有內奸裡應外合，國防部向民眾廣播，要大家抓匪諜。法國人為盧旺達訓練 2.8 萬人部隊，提供武器、防爆專家並訓練一支總統衛隊，協助這個彈丸小國向埃及與南非簽約購買一億美元的武器裝備。

哈比亞利馬納在 1991 年 6 月承認多黨制，一下子湧現 16 個政黨。他力圖抗拒，被大規模示威嚇得點頭，1992 年 4 月組建聯合政府，總理交給反對黨擔任，他的黨把持關鍵部長職位。反對黨主動聯絡撤往維倫加山區的「愛陣」。卡

加梅沒參加 1990 年的行動，當時正在美國受訓，回來後加入叛軍，1991 年底已擁有一支 5,000 人的游擊隊，在盧旺達北部打了就跑。1992 年，他終於停火，哈比亞利馬納同意在坦尚尼亞的阿魯沙舉行和談。

　　如此卻惹怒了阿加苦夫人身邊的北方集團，一些人另立「保衛共和聯盟」（CDR）和激進青年民兵組織「Impuzamugambi」（懷著同一目標的敵人），配合另一支「Interahamwe」（共同奮鬥的人），攻擊政府對圖西人及其「走狗」的軟弱無能。《覺醒週刊》的哈桑・恩格澤，更大肆鼓吹希特勒式的「胡圖人純正說」，加上「胡圖十誡」，第一條，凡娶圖西婦女為妻，結交圖西族女友，或雇用圖西人做秘書或情婦者，一律視為叛徒，任何跟圖西人做生意的視為叛徒。胡圖人應該「堅定而自覺地反對共同的圖西敵人」；第八條，「胡圖人必須丟棄對圖西人的憐憫」。如此刻意製造胡圖人心中的恐懼感，以為圖西人會為了報復而磨刀霍霍。1990 年 12 月，《覺醒週刊》聲稱，圖西人準備發動趕盡殺絕的種族大屠殺行動。（這和國民黨一再向眷村及他的追隨者恐嚇宣傳說，一旦台灣人得勢，必將把外省人丟到太平洋餵鯊魚，如出一轍！）在鄰近總統故鄉的卡巴亞，穆革塞拉更揚言：「法律規定得十分清楚：『任何人，只要有旨在削弱軍隊士氣的犯罪行為，就將處以死刑。』我們還等待什麼？……我要告訴你們，目前我們正在要求將這些人列入黑名單，把他們送上法庭，在我們面前受審訊。如果他們（法官們）拒不審理，我們就自己來，消滅這些人渣……

我們曾在 1959 年犯下致命的錯，那就是讓他們走……他們屬於衣索比亞，我們要找一個捷徑送他們回老家，把他們扔進尼亞巴隆戈河……我們要動起來，把他們徹底消滅！」最後他警告說：「要明白，現在你不割斷他的喉嚨，他就會割斷你的喉嚨！」

　　至少有 300 名圖西人被殺，3,000 人逃出布格塞拉。1993 年的《阿魯沙協議》，規定成立一個各派包括「愛陣」的廣泛過渡政府，22 個月內舉行大選；各部隊縮編合併，「愛陣」派 600 人駐紮基加利。聯合國將派兵協助和平進程，「阿卡祖」激烈反對，因爲政府軍在縮編後只剩下 60%，而軍官各占一半，即有兩萬圖西人復員且失業；接受「愛陣」均分內閣席次，在 19 個部長位子中，只能得到五個。兩個月後，布隆迪於 1993 年 6 月選出首位胡圖人工程師出身的總統恩達達耶（Melchior Ndadaye），四週後，民陣獲得 81 席中的 65 席。總統任命一名圖西人經濟學家爲總理。10 月 21 日，恩達達耶被圖西人軍官綁架帶往軍營殺害，引爆一場大廝殺，雙方共死去 15 萬人，30 萬胡圖人逃往盧旺達南部，反圖西人宣傳不斷加劇，千山自由電台一再反覆灌輸種族矛盾情緒。曾在比利時及法國受訓的行政後勤主任巴高索雷上校，痛斥圖西族是「高明騙子」、「專橫、殘忍、嗜血成性」，「驕傲自大、卑鄙狡猾」，他們「從未建立自己的國家，也未形成一個民族」。巴高索雷著手在各地建立準軍事「自衛」小組，祕密籌備大砍刀、手榴彈和斧頭，擬定黑名單。一首由西蒙·比金迪推出的歌曲，大聲疾呼貝尼─賽巴辛齊（農

民之子）捍衛自己的權利：「奴役、鞭撻、棍棒、榨乾人們血汗的強迫勞役……都已經永遠消逝……你們，偉大的多數民族，要警惕……要牢記這樣的事要遠遠地驅離，讓它們永遠不得在盧旺達復辟。」

種族滅絕　1994 年 4 月 6 日，哈比亞利馬納由達萊撒蘭參加非洲首腦會議回國，搭乘法國總統密特朗贈送的法爾康噴氣機，有七名高官及新任布隆迪總統恩達亞米哈陪同。在飛機降落前，突然被兩枚飛彈擊中，墜毀在總統府庭院內，無一倖免。透過電台轉播總統死亡消息，幕後黑手巴高索雷上校立刻發動針對圖西人的種族滅絕行動，所有列入黑名單的圖西人政客、高官、律師、教師、活動家，統統遇害，軍隊包圍女總理阿加苔·烏維林吉納（Agathe Uwilingiyimana，胡圖人）的官邸，三小時後她和丈夫翻牆逃走，不幸被抓，當晚遇害。十名比利時人也被關在軍營裡，遭毒打後殺害。數百名圖西族人挨家挨戶，抓獲就地砍死，成千上萬胡圖人響應電台的廣播，走上基加利街頭高喊：「徹底消滅圖西人！」電台叫囂著：「墓穴填得還不夠滿。誰願意來做此善舉，來幫助我們將他們徹底消滅？」

４月７日清晨７時，總統衛隊闖進耶穌會靜修院「基督中心」，打死包括七名教士及八名年輕女孩在內的 19 人。另一座教堂有 60 名圖西族男人和小孩被押走後殺害。一座山丘上的天主教堂內，擠滿 500 名圖西人，兩個小時內被民兵屠殺殆盡。「愛陣」卡加梅 8 日晚上宣布恢復戰爭狀態，

下令北方的部隊向首都進軍。9日，法國部隊降落在機場，迅速趕往大使館，阿加苔夫人和她的孩子們搭機逃離基加利，烏維林吉納總理的五個孩子則遇害。一支250人的比利時傘兵飛抵基加利，和法國部隊袖手旁觀圖西人在趕往機場中被胡圖人攔截殺害。10日，在中央醫院緊急帳篷的50名傷患，被拖出去殺害，只剩下國際紅十字會一個小組留下來，加上一支聯盧援助團自生自滅。12日，比利時宣布撤出聯盧援助團，丟棄成千上萬尋求他們保護的平民，一些人圍在比利時官兵身旁，要求他們開槍打死他們，不願死於砍刀下。幾個小時後，2,000人統統遇害。聯盧援助團仍在營地裡保護三萬難民。21日，聯合國安理會決定撤回維和部隊，只留下270名象徵性部隊，負責幫助實現政府與「愛陣」之間停火，並「在可能範圍內」，爲人道援助行動提供協助。

兩週內，胡圖強權狂熱分子成立過渡政府，展開大屠殺，4月15日起攻擊醫院。逃出恩塔拉馬的圖西人，被困在一條河邊，被追殺而投水自盡，約有四萬具屍體順著卡蓋拉河沖入維多利亞湖。醫生、教師都參加大屠殺，圖西族醫護人員也被迫殘殺自己的同胞。一位來自塔巴的母親，眼睜睜地看到全家男人被殺光，女人被強迫挖掘墓坑，最後連小孩子也被扔進墓坑的慘況。到4月末，胡圖人怕被圖西人報復，一天就有25萬人逃往坦尚尼亞。5月末，「愛陣」已控制首都在內的大片土地，及全國一半以上的領土。而「過渡政府」大員卻攜家帶眷及全部國庫（包括黃金與外匯），撤至位於吉塔拉馬的總部。6月，「愛陣」攻陷吉塔拉馬，

迫政府又逃至西北一隅的老巢吉塞尼。兩天後，密特朗下令2,500 名法軍開赴盧旺達執行「人道使命」，並把部隊交給聯合國指揮。

7 月 4 日，「愛陣」攻占基加利，100 萬胡圖人在兩天內逃入札伊爾。18 日，胡圖強權最後據點淪陷，卡加梅宣布結束內戰。新內閣 18 人中，有 12 名胡圖人部長。總統 Pasteur Bizimungu（1950-）是哈比亞利馬納的親戚，卡加梅為總理及國防部長，2000 年接任總統。2003 年，他以 95% 得票率當選，2010 年連任。「愛陣」停止種族屠殺。在 100 天內，有 80 萬人遇害，占圖西族人口的 3/4，近 200 萬人流亡成難民。

流亡薩伊的胡圖族難民，在莫布杜默許下，獲得八億美元難民預算的支持。盧旺達種族滅絕勢力又在基伍另起爐灶，擴充五萬兵力，建立「迷你小國」，難民營中有 82 家企業，包括 2,334 家酒吧、450 家餐廳以及電影院；世界各國流入的大量援助，其中 2/3 以上流入頭人的口袋裡。胡圖人開始計畫要消滅生活在薩伊的圖西人 —— 19 世紀，他們從盧旺達遷入南基伍穆倫格一帶放牧，20 世紀 60 年代自稱為「巴尼亞穆倫格人」，惹怒了原住民的巴本貝人。1960 年代，巴本貝人與莫布杜的軍隊作戰，而巴尼亞盧旺達人則站在政府軍一邊。在北基伍，巴尼亞盧旺達人（包括胡圖人和圖西人）占當地人口的一半以上，1933-55 年共湧入 8.5 萬人。1959-61 年又有 15 萬盧旺達圖西人湧入基伍，接著 1963-64 年更多人湧進來，與土著奧托克托克產生矛盾衝突。

1993 年，北基伍的土著民兵屠殺巴尼亞盧旺達人，雙方有數千人喪命，35 萬人流離失所。

在北基伍的胡圖族民兵，大多加入盧旺達 Interahamwe，聯手進攻薩伊的圖西人。他們又開進肥沃的馬西西地區，1995 年 12 月打死 400 多名洪德人和尼揚人。1996 年 2 月，約有 25 萬「奧托克托尼」被趕出家園，爲了報復「馬伊—馬伊」及「班吉利馬」民兵加入戰爭，不僅攻擊巴尼亞盧旺達人，也重新對莫布杜軍開戰；在南基伍，由於布隆迪總統恩達達耶遇刺，引發逃亡的胡圖人大量湧入；加上 1994 年胡圖人逃出盧旺達，同樣引爆了針對巴尼亞穆倫格人及其他圖西人的仇視。加上當地薩伊政客的煽動，使奧托克托尼與胡圖人極端分子聯手大肆騷亂。40 萬巴尼亞穆倫格人轉而向盧旺達強人卡加梅求救。

卡加梅獲得烏干達總統穆塞維尼的支持，因爲薩伊東部成爲烏干達反政府民兵的基地。在他們勝利後，穆塞維尼選擇了薩伊人卡拉比·卡加梅爲基伍的巴尼亞穆倫格人和圖西族難民組織軍事訓練，1997 年 5 月卡拉比終於推翻莫布杜。[2]

9. 南非黑人執政

全面
進攻

1970 年代，南非黑人民族解放運動又掀起另一波高潮，一方面是白人把大批黑人趕去班圖斯坦，另一

2　參考 Martin Meredith，《非洲國》，第二十七章。

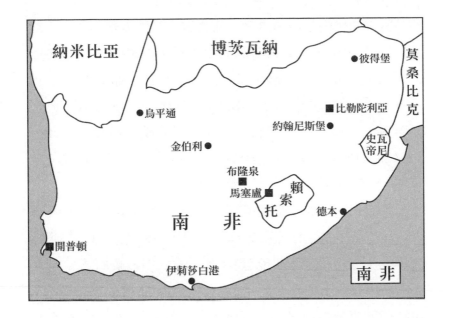

方面是莫桑比克、安哥拉等國在 1975 年相繼獨立，更加鼓舞了南非黑人追求獨立的熱忱。1960 年代，南非是僅次於日本，世界上經濟成長速度最快的國家之一。超過 350 萬白人、600 萬非洲人當中，有 400 萬「無用過剩人口」將被驅逐到班圖斯坦，剩下清一色非裔工人，集中住在簡陋的宿舍裡，只許他們每週或每個月定期回家。

1969 年，黑人學運領袖比科（Steve Biko, 1946-77）進入只收黑人的納塔爾大學學醫（1966），組織「南非學生組織」（SASO），他堅決主張黑人丟掉自卑感，建立自信與尊嚴，別再形同一具唯唯諾諾的軀殼，內心充滿畏懼，將白人視爲「無法避免的現實」，俯首貼耳地接受；只會私下躲在廁所裡默默地詛咒白人社會；一旦警察出現或當著雇主面

前，又爭先恐後地稱頌政府；面對白人，不論是開明人士或其他同情者也好，無須向他們乞求任何幫助；應該倡導的口號是：「Black，該靠你自己了！」1972 年，比科成功地結合了「黑色人民公會」（BPC），推動「黑人意識運動」（BCM）。1973 年，比科被退學，禁止離開威廉國王鎮。1974 年，BCM 號召黑人集會慶祝莫桑比克及安哥拉獨立，有 12 人被逮捕，比科在三年內進出監獄 29 次。

政府對白人學生的人均教育投資，比黑人學生多出 16 倍，故意限制中學和高中學校的容量，使數十萬黑人學生既失學又失業，僅有 5% 能進中學。1976 年，政府規定中學不准使用非洲土語教學，其中一半須用阿非利卡語，另一半用英語教學，不顧黑人的反彈而一意孤行。1976 年 6 月 16 日，索維托（Soweto）的 15,000 名 10-12 歲黑人學童，響應 SASO 的號召上街抗議，有一名 13 歲的學生被白人警察開槍打死，引爆德蘭斯瓦省及其他領域的黑人暴動，至少有 100 名學生遇害。7 月中旬，政府才停止語言政策。比科在 1977 年 8 月被捕，9 月 12 日死於獄中。黑人再度暴動，又有數十名領袖被捕。從此 ANC 的旗幟公開飄揚。「民族之矛」也發動破壞煉油廠（1980.6）、興建中的 Koeberg 核電廠（1982.12）、攻擊比勒陀利亞的空軍總部（1983.5）。

青年學生馬南谷（Solomon K. Mahlangu）在 1973 年 6 月路過約翰尼斯堡時，被警察盤查而逃走，躲進一家修車廠，他和同伴被警察包圍，莫特龍（Motloung）開槍並丟擲一枚手榴彈，打死兩名警察，他們被捕後，莫特龍被打成腦

傷，法官仍判處沒開槍的馬南谷絞刑。他臨死前寫信給母親說：「我的血液將會滋潤樹木，樹木將會結出自由之果。告訴我的同胞，我愛他們，他們必須繼續戰鬥，不要擔心我。應該擔憂的是受苦受難的人民！」

1980 年代，南非貨幣每年狂貶 15%，外資減少，1986 年失業達 400 萬人。白人政府被迫開放黑人組織工會、南非工聯（FOSATU）及南非工會理事會（USA）。1977 年，聯合國對南非實施武器禁運，石油輸出國家組織（OPEC）對南非實施石油禁運，美國總統卡特又大打「人權牌」。博塔總理（Pieter W. Botha, 1916-2006）則新設一個安全機關，1980 年再建立秘密警察反破壞行動小組。鄰近的安哥拉和莫桑比克白人政權垮台後，「白人緩衝區」不復存在，古巴部隊進入該區域，1975 年後南非鄰國變成親蘇聯的馬克思主義政權，紛紛為流亡的非洲國民大會提供了庇護區域和訓練設施。莫桑比克首都馬普托距離南非邊境不過 50 英里，1977 年起，ANC 游擊隊攻擊黑人社區警察、政府辦公樓、鐵路和變電所，暗殺許多告密者、安全警察及國家證人。

南非比勒陀利亞當局從 1977 年聯合國禁運武器以來，隨後石油輸出國家組織也對南非禁運石油，南非頓時成為國際孤兒。博塔一口咬定這是蘇聯的霸權戰略作祟，下令安全人員大肆逮捕，必要時殺掉反對派頭目，動輒搞爆炸、縱火、綁架、暗殺等勾當。1983 年，比勒陀利亞一座軍用建築遭游擊隊的汽車炸彈襲擊，造成 16 死 200 多傷，是南非史上最嚴重的破壞性攻擊事件。南非則替莫桑比克叛軍「莫桑比

克全國抵抗運動」（RENAMO）在德蘭斯瓦訓練，將叛軍送入莫桑比克去搞破壞；又派突擊隊攻擊 ANC 在賴索托首都馬塞盧的據點，並企圖暗殺賴索托總理。南非又支持安哥拉的薩文比，助 UNITA 與古巴支持的盧安達 MPLA 政權作戰，一切都旨在防堵黑人游擊隊。1982 年，史瓦濟蘭答應將 ANC 人員驅逐出境。1983 年，賴索托也同樣驅逐數十名 ANC 成員。1984 年，南非又迫莫桑比克的馬謝爾屈服，驅逐 800 人，並暗助「抵抗運動」。1984 年，南非與安哥拉達成停火協議而撤軍。

博塔眼看就要制伏黑人游擊隊了，卻擋不住被關 15 年的曼德拉的魅力。1982 年，政府將他從羅奔島移監到開普頓的莫爾斯莫爾監獄。1984 年 8 月的「三議院」，由三個種族議院組成了立法機構，舉行有色族裔和印度裔議員選舉，非洲裔完全被排斥在外。9 月暴動升級，黑人拿起石塊、彈弓和土製燃燒彈，對抗全副武裝的軍警。ANC 在倫敦號召「發動另一場人民戰爭」，年輕的「同志一族」發動抗稅，拒繳房租，設立「人民法庭」，追殺「叛徒」——黑人城鎮議員、地方警察及其他現行體制的支持者。（到哪一天我們台灣人才會覺悟到殺「台奸」就是反抗的真正起點呢？）

博塔政府立即以「斬首行動」反擊，迅速逮捕成千上萬人。曼德拉的和平呼籲完全沒被博塔理睬，反而要求他宣布放棄暴力，以換取自由。1986 年聖誕夜，曼德拉由獄卒駕車在開普頓兜風一圈，此後又陸續去海邊散步、喝咖啡。1988 年，政府終於成立一個委員會，與曼德拉展開不著邊

際的討論。1989 年 7 月 5 日，曼德拉被帶到總統府地下車庫與博塔會面。六週後，博塔宣布辭職。9 月，新總理戴克拉克（F.W. de Klerk, 1936-）鑑於前車之鑑，冒險出牌。他認爲一旦解除 ANC 的禁令，釋放曼德拉，其組織內部鬆散，對和平準備不足，勢必陷入混亂，政府則可以放手與保守派黑人組成一個新的聯盟，不失爲一個良機。1990 年 2 月，戴克拉克宣布：「時至今日，我們應該結束一再惡性循環、無窮無盡的暴力，實現和平與和解。」

黑人總統　2 月 11 日，曼德拉揮別 27 年的黑牢，與妻子溫妮手牽手走出監獄大門。然而溫妮卻以重大醜聞而聲譽掃地：一個叫「曼德拉聯合足球俱樂部」的組織，1980 年代曾在索維托橫行鄉里，無惡不作，溫妮更公開炫耀自己和「小王」的婚外情。布特萊齊酋長的因卡達（In Katha）自由黨（祖魯人）與曼德拉的 ANC 火拼，背後當然有白人安全部隊中的反動派支持。阿札尼亞人民解放軍攻擊白人，反對和白人談判；白人右翼則以建立阿非利卡人民國家（Volkstaat）爲目標，威脅要毀掉談判過程。儘管曼德拉與戴克拉克雙雙獲得 1993 年的諾貝爾和平獎，但卻反目相向，互相指責對方製造暴力衝突。

　　1994 年 4 月 19 日，曼德拉與因卡達自由黨簽署《和解與和平協議備忘錄》。26-29 日，27 個政黨參加大選，ANC、國民黨與因卡達自由黨名列前三名。5 月 19 日，曼德拉宣誓就任南非共和國總統，但白人仍控制除了議會

以外的主要體制機構。儘管白人才占總人口的 13%，但平均收入是黑人的八倍，所得收入占國民總收入的 61%。曼德拉從零開始，首先邀請戴克拉克入閣，推動和解。1995 年在「眞相與和解委員會」（Truth and Reconciliation Commission, TRC）之下，首先調查從 1960 年以來 34 年間所發生踐踏人權的暴行，戴克拉克也三次接受調查，但只求爲自己開脫。

能夠取代白人地位的黑人寥寥無幾，例如 1.4 萬會計師中，只有 65 名黑人。可是 1990 年代已有一批黑人精英的政客、官僚、企業家、商人首先富了起來，但仍只有 5% 的黑人有幸擠入中產階級行列。

1999 年，姆貝基（Thabo Mbeki）以絕對優勢當選總統，他的父親是強硬的共產主義者，姆貝基也在 19 歲創立學生組織，十歲加入共產黨，留學英國薩塞兵斯大學，並前往蘇聯受軍事訓練。他強迫白人廉價把公司股份賣給黑人，又安排大量黑人進入政府機構。姆貝基愈來愈獨裁行事，2000 年連任，2006 年他以控制敲詐勒索、洗錢詐騙和強姦罪，罷免副總統朱瑪（Jacob Zuma）。2007 年 12 月，朱瑪當選爲 ANC 主席，幾天後迫姆貝基下台。2008 年，朱瑪自行宣布辭職，另組新黨，過渡期間由 ANC 副主席 K. Motlanthe 代理總統。2009 年，朱瑪當選總統，2014 年連任。

10. 南蘇丹獨立

南北
對立　英國人留下蘇丹南北對立的遺產。在「分而治之」
下，北方講阿拉伯語的穆斯林占全國人口的 3/4，可
是地處氣候炎熱、乾燥，甚至有一部分是沙漠地帶，而南方
土地肥沃，又因英國人推行英語教育與基督教信仰，種下蘇
丹南北分裂的禍根，北方人一向蔑稱南方人爲「阿比德」（奴
隸）。1956 年 1 月蘇丹共和國建國前一年 8 月，赤道省發
生兵變，要求赤道省、加扎勒河省、上尼羅河省等南方地區
自治，引爆南北內戰，起因是南方人不滿北方人的高壓與歧
視，尤其強迫南方人穆斯林化。

　　1958 年 11 月，陸軍總司令阿布德推翻哈利勒，廢除憲
法，建立軍政府。1963 年，南方赤道省及上尼羅河省發生
反政府游擊隊「阿尼亞尼亞」（Anyanya，源自 Madi 語，
用毒蛇和爛豆子調製成的毒藥）暴動，第一場持續十年，奪
去 50 萬條人命。南方人也在境外成立「蘇丹非洲民族主義
聯盟」（Sudan African National Union），旨在爭取南方獨立。
1964 年，阿布德下台，繼任的北方政客繼續鎮壓南方，拒
絕賦予南方任何形式的自決或地方自治權。

　　1969 年上台的尼邁里將軍（J. Nimeri, 1930-2009），領
導革命指導委員會，改國名爲蘇丹民主共和國，實行一黨獨
裁下的民主社會主義。新強人在南方服役過，力主對南方放
棄軍事手段，通過地方自治的辦法來解決南方問題，差點被
反對勢力推翻。1973 年，新憲法明定宗教信仰自由，確立

基督教徒的平等地位，賦予南方人以習慣法處理法律事務，穆斯林則用 Sharia 法（伊斯蘭教法），以談判方式終究結束了內戰。然而 1978 年南方發現石油，南北方問題再起。尼邁里不顧南方人的要求，硬在北方建造煉油廠及一條通往紅海的輸油管。

為了得到北方更多支持，1977 年尼邁里拉攏了民族英雄馬赫迪的重孫薩迪克（Sadiq al Mahdi）及其姊夫哈桑·杜拉畢（Hassan al Turabi, 1932-2016）這位英國牛津大學及法國巴黎大學雙科博士的伊斯蘭憲草黨秘書加入政府。1966-73 年，杜拉畢成立「伊斯蘭民族陣線」；翌年，他的小舅子烏瑪黨黨魁薩迪克出任總理。杜拉畢權傾天下卻退居幕後。薩迪克是大伊斯蘭主義的推行者，南方人繼續反抗。

1983 年 5 月，南方博爾城駐軍由加朗上校（丁卡族的美國農業博士）領導兵變，失敗後退往叢林打游擊。6 月，尼邁里把南方自治區分割成三個直接由中央管轄的行政區，各有各自的議會，並派北方軍隊去南方。1984 年，加朗建立「蘇丹人民解放運動」（SPLM）與「蘇丹人民解放軍」。為了報復蘇丹支持厄里特利亞獨立運動分子和提格雷叛軍，衣索比亞門格斯圖（Mengistu Haile Mariam）政權刻意支援南蘇丹人，利比亞強人格達費也一樣。尼邁里則支持反格達費的「拯救利比亞民族陣線」，「阿啄仔」也援助尼邁里15 億美元，以抗衡被視為親蘇聯的格達費和門格斯圖。尼邁里鼓勵大規模投資發展農業機械化，結果一敗塗地，負債120 億美元。加上 1983 年及 1984 年兩年大旱，奪走 25 萬

條人命，引發大規模示威抗議。1985 年 4 月，尼邁里被軍人推翻。

薩迪克開放言論、新聞、工會和職業行會等的結社自由與司法獨立。但南方人仍舊拒絕參加大選，堅持舉行制憲會議。薩迪克縱容西部巴加拉（Baggara）族阿拉伯民兵的 Murahalin（游擊遷徙者），在加扎勒河省的丁卡人及努爾（Nuer）人聚居地區大肆燒殺劫掠，男女老少非殺即劫走到北方爲奴隸。1987 年 3 月，Rizeigat 人（北非地區巴加拉人一支）報復蘇丹人民解放軍對其民兵的襲擊，而對達爾富爾南部阿勒—迪艾因城裡的丁卡族發動進攻，火燒六輛火車車廂，燒死 1,000 多人，儌倖逃走的則被刀刺死或射殺。

北方政府的策略是「以奴殺奴」（Aktul al-abid bil abid），挑撥南方各族互相火拼，背後向一些民族提供武器，驅使他們去打另一個部族。1988 年，蘇丹遭逢空前大饑荒，敵對雙方均利用糧食爲武器，當局則千方百計地阻撓外國捐助，例如把載運歐洲共同體救災食品的火車停靠在穆格拉德鐵路線上長達兩年，而幾百公尺外就有一座丁卡人的難民營。1988 年，有 25 萬南方人死於飢荒，300 萬人流離失所。

薩迪克眼看玩不下去了，同意凍結伊斯蘭憲法，準備和 SPLM 談判，前往衣索比亞首都亞迪斯亞貝巴會晤加朗上校，加朗並不主張南方獨立，只求南北和平共存。1989 年 6 月，巴希爾（Omar al-Bashir）將軍推翻薩迪克政府，領導救國革命指揮委員會。將軍一手拿《古蘭經》，另一手拿 AK-47 衝鋒槍，向群眾演講，誓言要揪出叛徒、賣身求榮者

和人民的敵人，不過他仍奉杜拉畢爲導師。1991 年 2 月，革委會頒令建立聯邦政府，宣布除南方三省外，全國各地區實行伊斯蘭法。政府明令禁止跳舞、唱歌，女性被排斥在公共生活之外；1996 年更規定在公共交通、劇院、電影院、集會等場所，男女必須分開。1994 年波斯灣戰爭結束後，杜拉畢和 50 個亞非地區的伊斯蘭組織，聯合組成「阿拉伯伊斯蘭人民大會」（CPAI），幕後金主則是他的學生賓拉登。

1993 年 10 月，革委會解散，巴希爾改任文人總統。1996 年，舉行十年來的首次大選和國會選舉，巴希爾當選總統。在蘇丹受訓的利比亞人，回國去暗殺格達費未遂（1993），巴勒斯坦的「哈瑪斯」也回加沙，以自殺攻擊炸了以色列公車；蘇丹又支持厄里特利亞與索馬利亞的伊斯蘭極端組織。1993 年，紐約世貿中心地下停車場爆炸案，有六名蘇丹人被判刑。1995 年 6 月，曾在蘇丹受訓的埃及恐怖分子，在亞迪斯亞貝巴機場往市區途中，行刺穆巴拉克總統未遂。蘇丹政府只好引渡三名逃逸的埃及人回埃及。巴希爾受不了國際壓力，解散杜拉畢的人民大會，驅逐賓拉登出境。

政府對南方人以「自由殺戮」教令，揭開了大屠殺的序幕。南方人並不團結。1991 年 8 月，努爾人里克·馬查爾挑戰丁卡人加朗的權威，他傾向南方獨立。兩族火拼，各自徵調娃娃兵。喀土木政府坐山觀虎鬥，又與馬查爾妥協，提供他武器；但努爾人也互相火拼。烏干達支持加朗，巴希爾則支持北部叛軍科尼的「上帝抵抗軍」。美國人關心的是蘇

丹的石油利益和投資，中國人也對蘇丹石油有興趣。2001年，蘇丹每天產油量達 24 萬桶，當年石油收入占總收入的40%。2001 年，美國眾議院通過《蘇丹和平法》，要求喀土木政府就結束戰爭啟動嚴肅談判。「9.11」後，巴希爾政府立刻表態譴責恐怖主義，並保證配合美國對「基地」及其他恐怖主義組織的措施。

在美國的壓力下，2004 年最終出爐的《馬查科斯議定書》，同意南方獲得自治權，從 2005 年 1 月最終和平解決協議簽字起，有六年過渡期，再由南方舉行公投決定其前途（南北統一或自行獨立）。

可是沙漠乾旱化，導致阿拉伯游牧民族從乾旱的達爾富北部南下，侵入黑林穆斯林部落富爾人、馬薩利特人和扎加瓦人地盤，政府卻支持阿拉伯遊牧民族。

2003 年 2 月，自稱「蘇丹解放軍」的組織反制阿拉伯游牧民族，另一支「公正與平等運動」也捲入衝突，政府軍全面撲殺叛軍，驅逐當地居民，讓阿拉伯遊牧民族取而代之，並放縱「金戈威德」燒殺擄掠，至 2004 年 2 月已有100 萬人流離失所。至 2010 年，有 30 萬人喪命，200 萬人淪為難民。2008 年，國際刑事法庭檢察官表示，足以指控巴希爾犯有「種族滅絕屠殺罪、反人類罪及戰爭罪」等十大罪行。巴希爾在 2010 年仍以作票鞏固自己的權位，中國和亞洲的投資客也支撐他。

南方人則利用停火的六年內，第一次享用 100 億美元的石油收入。2011 年 1 月 9 日公投，南蘇丹共和國宣布建國

（Republic of South Sudan），人口約 1,156 萬，也結束了 30 年的內戰，並加入聯合國，成為第 193 個會員國。SPLM 黨魁 Salva Kiir Mayardit 當選總統。然而，2013 年 12 月又爆發效忠 7 月被撤職的前副總統 Riek Machar 的部隊發動的政變，南蘇丹陷入動亂，100 萬人流離失所。

第十二章

蘇聯帝國的瓦解

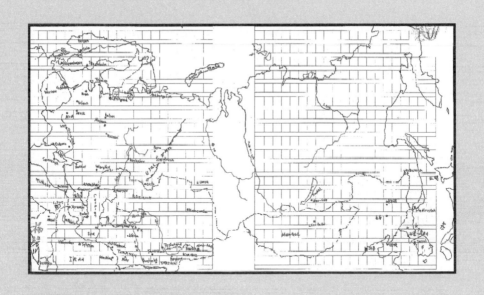

1. 暗潮洶湧的民族問題

　　布里茲涅夫推翻赫魯曉夫統治以來，任人唯親，身邊只用「第聶伯彼得羅夫斯老幫」和「摩爾達維亞幫」的親信，權力集中在黨中央。2,000 萬黨員中，只有十萬的「黨國精英」，占全國人口的 1/1000（1937 年有 3,000-4,000 人的「最高領導」），技術、專業官僚占 72.3%、高幹的 80.7%，貪汙橫行；總書記的兒子尤里是外貿部副部長，倒賣出國護照；女婿邱爾巴諾夫從警衛部上尉爬升到內務部第一副部長（上將軍銜），貪汙 65.68 萬盧布，等於一名工人平均工資的 270 倍，以下不再贅述。一般知識分子每月平均工資才 80-150 盧布；博士、副博士級 150-400 盧布；科學院、各專業學院主任 400-600 盧布。

蘇聯帝國的瓦解

　　異議分子被關到集中營（古拉格群島）並不可怕，KGB 把政治犯、異議分子當作精神病患，關進瘋人院「強制治療」，索忍尼辛在 1974 年被剝奪國籍，1976 年流放美國。

　　列寧的詭計加上史大林的霸道，把蘇聯境內各民族再度圈禁起來。1897 年俄羅斯族占 44.4%，1983 年「老大哥」有 1.4 億人（占全體人口的 51.9%）。1920 年代大量移民的結果，1979 年俄族占拉脫維亞人口的 32.8%，占愛沙尼亞的 27.9%，占烏克蘭的 21.1%，占哈薩克的 40.8%……。蘇共總書記一向由俄羅斯族擔任（只有史大林例外），早在聯邦成立之初，俄族就占了代表總數的 80%。最高權力機關，也只有波德哥爾內（烏克蘭人）和米高揚（亞美尼亞人）例外；人民委員會主席—部長會議主席中，只有史大林例外。1990 年代改爲總統制，戈巴契夫的 16 名總統委員中，只有謝瓦納茲（格魯吉亞人）、列文科（烏克蘭人）、考爾斯（立陶宛人）不是俄族。在各加盟共和國，俄族占該國政府部長的比例（1971）分別爲：哈薩克 36.6%、烏茲別克 38.2%、吉爾吉斯 48%、塔吉克 30.8%、土庫曼 29.2%。1972 年，俄族占拉脫維亞黨中委的 58%，占各市區黨書記的 53%。

　　由 16 個自治共和國、六個邊疆區、49 個州、十個自治專區組成的蘇聯，其中「老大哥」占全蘇國民生產總值的 58.7%，占全蘇國民工業總產值的 60%。1939 年，俄族平均認字率已達 89.7%，中、高教育程度人數占全蘇的 58%。

　　大俄羅斯主義涵蓋了一切，歷史是俄羅斯族所寫和解釋

的：1937 年版的《蘇聯大百科全書》中說：「大國沙文主義者極力散布哈薩克人民自願臣服的神話是明顯的謊言。」接著修改爲：「中亞是自願歸併俄羅斯的兄弟。」一連串慶祝某某民族「自願歸併」或「重新合併」俄羅斯 300 周年、400 周年、200 周年、150 周年的活動，例如慶祝喀山「自願合併」450 周年，都盛大舉行。

異議分子列爾特在《論鞭子的可愛》中指出：「僞造歷史，繼而恢復俄國沙皇制度的名聲，這只有史大林在 1930 年代摧毀了蘇聯的歷史科學之後，才變得有可能。因爲，多年來那些嚴格按照史大林指令的『思想家們』，在頌揚俄羅斯人民的幌子下，實際上所幹的正是在爲俄國沙皇制恢復名譽。」

列寧下令 8-50 歲的所有居民都必須識字。1922 年，政府爲 52 個民族先後創建本民族的文字。然而 1930 年代末，蘇聯官方開始宣傳俄語爲「列寧的語言」、「進步語言」、「革命語言」和「社會主義文化的國際語言」。各族文字逐漸強制改採俄羅斯族的字母（西里爾字母），拉丁字母被取消。儘管表面上實施母語及俄語的雙軌平行教學，但是又強迫各族兒童從幼稚園起必須學俄語口語，一年級起學俄語書面語，至八年級至十年級爲止。這造成了非俄族母語的流失：

	1929	1970
猶太人	71.9%	17.7%
卡列利阿人	95.9%	63%

日耳曼人	94.9%	66.8%
波蘭人	42.9%	32.5%
摩爾多瓦人	94%	77.8%
韃靼人	98.9%	89.2%
……		

　　1970 年，非俄族人口中有 55.7% 掌握了俄語，1979 年則升至 57.8%。辦公、科技書籍一律用俄文，1980 年工業文獻的 99.3% 用俄文出版。

　　各族具有「民族主義傾向」的人物，從史大林時代起，從未停止遭受迫害：1965-67 年，「烏克蘭民族陣線」被捕數百人；1968 年 4 月，在烏茲別克的克里米亞韃靼人要求重返故鄉，300 多人被捕；1972 年 3 月，格魯吉亞黨政領導姆日阿瓦納澤等 200 多人要求擴大民族自決權而被捕；1972 年 5 月，烏克蘭黨中央第一書記（蘇共中央政治局委員）謝列斯特因為寫了《我們的蘇維埃烏克蘭》，被扣上「民族主義」大帽子遭解職，牽連 50 多人被批鬥；1974 年 5 月，當局審判「亞美尼亞統一黨」托夫馬相等 20 多人；12 月，再逮捕「愛沙尼亞民族陣線」的緬尼克等多人；阿塞拜疆共和國納戈樂諾－卡拉巴赫自治州黨委書記阿魯文尼揚涉嫌「庇護民族主義者」被整肅。

　　中央指令經濟，完全不顧各加盟共和國的實況，造成表面上的繁榮假象。1930 年代，烏克蘭因為集體化餓死 300 多萬人，哈薩克餓死 200 多萬人，1933 年只剩下 250 萬人。

1970 年代，拉脫維亞的工業比戰前增長 60 倍，卻必須按照
中央指令，把產品的 90-98% 以低價運到落後共和國。拉脫
維亞的肉類產品增加 60%，但每年上繳中央的數量卻增加
2.4 倍。俄羅斯每年輸出其他共和國的產品，比輸入的多出
300 億盧布，1988 年俄聯邦農業的全部利潤的 66% 必須上
繳中央，支援落後兄弟國。難怪葉利欽在 1990 年 8 月 18 日
大叫：「不能再這樣繼續下去了！ 700 億盧布從俄羅斯流失
了，流到哪裡去了呢？」

烏茲別克是世界第三大棉產區，1976 年占全蘇棉產總
量的 65%，生絲的 42%，但棉織品（襪子、針織內外衣）
的產量只占 2.7%；烏茲別克黨第一書記卡里莫夫抱怨說，
中央規定下每公頃棉花田只有 220 盧布的收入，而經過加
工後的 100 多種棉製品，每公頃可獲得 1.8-2 萬盧布，即十
萬以上的收入。塔吉克人改種葡萄，收入超過棉花的 14-15
倍，但是中央指令「區域分工」下，使棉田增加 60 倍，農
民收入奇慘無比。在烏茲別克，一台哈特（棉花收穫機）值
4,050 盧布，按實際季節工作量計算，要 19 年才能回收。

人口比例逆轉是最醒目的：1926 年，全蘇有大小 194
個民族，1979 年只剩下 101 個民族。斯拉夫族人口成長緩
慢，而中亞和高加索的穆斯林各民族卻迅速增加。1970-79
年，全蘇人口增加 8.4%，俄族增加 6.5%，穆斯林各族增加
23.3%。1959-79 年，穆斯林各族在全蘇人口比例由 11.6%
上升為 16.5%，預計到 2000 年，蘇聯每兩個嬰兒中有一個
生在穆斯林家庭，穆斯林將有一億人口，成為最大的民族

（西方學者估計為 6,500-8,000 萬人）。伊斯蘭教的影響，衝擊各民族追求獨立，更加速蘇維埃帝國的瓦解。

由於聯共在兩年內連續死了布里茲涅夫、安德洛波夫及契爾年科，54 歲的戈巴契夫（Mikhail S. Gorbachev, 1931-）終於脫穎而出，在混亂中接掌聯共總書記（1985.3）。這位來自斯塔夫羅波爾邊區（Stavropol）的基層黨工（莫斯科大學法律系畢業），除了把黨內老人幫換血之外，對內揭櫫改革（Perestroika）的公開性和民主化；對外和美國總統雷根達成協議，準備在 15 年內分三階段廢除核武器，但必須立刻解決的是從阿富汗撤軍。

2. 阿富汗抗蘇游擊戰

閃擊戰　1979 年 12 月 27 日深夜，蘇軍切斷喀布爾的通訊，KGB 部隊向市區挺進，迅速攻占市內各政府部門、電台和機場。阿富汗的精銳部隊早在半個月前就被調去前線「平亂」了，剩下來的立刻被繳械。KGB 部隊只用三個半小時就控制了局面。

阿富汗從 1929 年脫離英國而獨立，1933 年 11 月，穆罕默德·納迪爾夏被暗殺，查希爾繼位，直到 1953 年親政前，都由堂兄達烏德控制政權。美、蘇競相支援阿富汗。1950 年代，塔拉基（Taraki, 1917-79）和卡爾邁勒（B. Karmal, 1929-96，塔吉克人）領導「人民民主黨」（1956.1 成立）。塔拉基主張勞動階級是革命運動的主體，他本人只

阿富汗游擊隊使用的地對空火箭炮

有小學畢業，卻是有名的作家。卡爾邁勒是軍官之子，念過喀布爾大學政法學院，當過政府官員。為了對抗卡爾邁勒，塔拉基拉攏阿明（H. Amin, 1927-79）這個留學美國哥倫比亞大學專攻教育學的馬克思主義者。

　　1976 年 6 月，人民民主黨分裂為塔拉基的「人民派」（Khalq）和卡爾邁勒的「戰旗派」（Parcham）；後者大多出身富家子弟，爭取知識分子和少壯軍官。1970-71 年，阿富汗連年天災、動亂，蘇聯準備支援戰旗派發動政變，這一派在軍中有 800 名親蘇的軍官。1973 年 7 月，達烏德乘查希爾去歐洲養病，發動政變奪權，自封總統。他受伊朗王巴勒維的壓力，下令清除人民民主黨人。1977 年 11 月，一名部長被暗殺，升高了清共的行動。1978 年 2 月，達烏德逮捕已經再握手的塔拉基和卡爾邁勒，軟禁了對軍隊有影響力

的阿明。4 月 27 日，叛軍攻進總統府，殺了達烏德。

　　蘇共中央政治局下令 KGB 分析阿富汗情勢，KGB 報告說「卡爾邁勒比較理智、守紀律、親蘇又能夠溝通」，塔拉基則「頑固、暴躁、膚淺、不夠寬容」。然而，主導意識形態的蘇斯洛夫卻挑了塔拉基為阿富汗的總統兼總理，組成一個「革命軍事委員會」，再由阿明當副總理，發動政變的卡迪爾上校（A. Khadir）為國防部長；卡爾邁勒派去捷克斯洛伐克當大使。

　　阿明大肆整肅戰旗派，塔拉基也一頭栽進蘇聯的懷抱。12 月，簽訂 20 年的友好同盟條約。蘇聯專家、顧問大批湧入喀布爾，更在阿軍總部內設置「阿蘇聯合作戰指揮部」，直接控制十多萬阿軍。蘇聯空軍基地、阿姆河大橋及直通蘇聯的公路網一一出現。1,500 名阿國學生赴蘇聯學習，各種共產主義的宣傳品在阿富汗發行。

　　國防部長卡迪爾 8 月下旬被塔拉基逮捕。1979 年 2 月，伊朗已被霍梅尼控制。2 月 24 日，被囚禁在喀布爾旅館內的美國駐阿富汗大使 A. Dubs，在阿富汗警方攻打旅館時被打死。阿明 3 月迫塔拉基交出總理位置，四個月後，他兼任國防部長。9 月，塔拉基去古巴哈瓦那後路過莫斯科，蘇共總書記布里茲涅夫暗示他必要時除掉阿明。不料，阿明派在塔拉基身邊的副官塔隆少校向阿明打小報告。9 月 14 日，阿明先解除四名塔拉基派要員的兵權，包括內政部長、邊境事務部長、郵電部長和情報部長。

　　接著蘇聯大使普扎諾夫電話通知阿明到總統府開會，並

保證他的人身安全。阿明進入人民宮，立刻遭到伏擊，他逃回國防部，不到一個小時就反攻，蘇聯大使逃之夭夭。16日，阿明上台，電台宣布塔拉基因長期患病，已於昨日逝世。阿明不再聽任蘇聯的擺布，趕走蘇聯大使，要求蘇聯專家 3,000 人回家；他並揚言要和美國改善關係。克里姆林宮的主人再也按捺不住了。

KGB 主席安德洛波夫建議由 KGB 第八局的特種部隊（奧斯納茲）去除掉阿明，蘇共和軍方卻主張大張旗鼓，出兵占領阿富汗，剷除阿明，然後撤軍。蘇聯領導人爭執不休，安德洛波夫提醒大家，出兵可能會被貼上「侵略」的標籤，必須研究政治解決；葛羅米柯完全支持他的看法。12 月 12日，布里茲涅夫決定出兵，安德洛波夫、葛羅米柯和烏斯季諾夫等三人為他背書。

由塔吉克人、烏茲別克人為主的蘇軍，換上阿富汗軍裝，12 月 28 日跨過邊界。KGB 部隊也迅速攻占喀布爾，亂槍打死阿明。1980 年 1 月 5 日，卡爾邁勒在 KGB 人員護送下回國就任總統，人民卻鄙視他為叛徒和走狗，叫他「狗」（Sag）。不論蘇軍如何優勢，終究壓不住阿富汗游擊隊的抗蘇「聖戰」。蘇軍一腳踏進阿富汗崎嶇的山區長達十年，截至 1986 年，已付出 200 億美元的戰費，卻只控制阿富汗20% 的土地。1986 年 5 月，卡爾邁勒被 KGB 訓練的醫生，即國家情報局長納吉布拉（M. Najibullah, 1947-90）取代。

CIA 首先向游擊隊提供衛星相片，通過巴基斯坦情報員交給阿富汗人。游擊隊三三兩兩，神出鬼沒，蘇軍的重型武

器、坦克，在山區無法發揮清剿的作用。美國 1980-87 年援
助游擊隊 18 億美元，CIA 透過巴基斯坦情報單位訓練阿富汗
游擊隊。1985 年，美國雷根政府緊急援助沙烏地阿拉伯 400
枚「毒刺」飛彈。這種飛彈可以立姿肩扛，每枚造價五萬美
元，百發百中，射程 5-6 公里，又有紅外線追蹤飛機的熱氣。

　　1986 年到 1987 年 10 月間，蘇聯損失 300 多架飛機，
平均每天一架，折合 25 億美元，再加上飛行員的培訓 20 億
美元。中國製的 107 毫米火箭筒和埃及火箭筒也發揮作用。
游擊隊又獲得更多的毒刺火箭和英式吹管火箭，1987 年打
落 426 架蘇聯戰機和直升機。

| 游擊隊 |
| 的對立 |

蘇軍入侵前，在白沙瓦的遜尼派又分爲：基本教
義派的「伊斯蘭黨」，由希克馬蒂亞教授（G.
Hekmatyar）領導；塔吉克族爲主的「阿富汗伊斯蘭促進會」，
由拉巴尼（Burhanuddin Rabbani）教授領導；大毛拉哈利斯
領導的「伊斯蘭哈利斯黨」；以及主張恢復 1937 年以前君
主制的溫和派，包括「伊斯蘭全國陣線」（蓋拉尼〔Sayyid
A. Gailani〕領導）、民族解放陣線（穆賈迪迪〔S.
Mujadidi〕領導）、伊斯蘭革命運動（毛拉納比・穆罕默德
領導的蘇菲派）。在蘇軍入侵後，又有國內努里斯坦聖戰者
陣線、庫納爾部族委員會、坎大哈部族陣線、哈扎拉人的伊
斯蘭聯合革命委員會；在伊朗邊境的什葉派，有伊斯蘭行動
黨、伊斯蘭勝利組織和阿富汗伊斯蘭革命黨等等。

　　巴基斯坦新強人 M. Zia-ul-Haq 在 1977 年 7 月推翻布托，

派普什圖人拉赫曼指揮巴基斯坦軍情處支援阿富汗游擊隊，通過埃及、美國送來的武器，訓練 80,000 名穆斯林聖戰士（1984-87）。1980 年代初，又加上了各國來的志願軍加入聖戰。

1980 年 5 月，各抵抗組織在白沙瓦開會，大家都不滿希克馬蒂亞獨占 CIA 和沙烏地阿拉伯送來的援助的 1/3，包括防空飛彈。各派和希克馬蒂亞火拼，分道揚鑣。希克馬蒂亞 1950 年生，年輕時主張暴力革命，念過軍校及喀布爾工程學院，1972 年被控謀殺一名學生而坐牢，逃入巴基斯坦，1979 年率幾千人越界，進入庫爾納省奪取一個要塞。

1980 年 1 月，蘇聯駐美大使多布雷寧向布里茲涅夫匯報美國等西方國家的反應時，總書記卻滿不在乎地說：「再堅持幾天，消滅暴民不會耗費太久的時間，此事將在 3-4 周內結束。」總書記沒料到，戰爭一拖就是九年。在政治局會議前，蘇軍參謀部的奧加耶夫、阿赫羅梅耶夫和瓦連尼科夫等，向國防部長烏斯季諾夫匯報蘇軍可能遭遇的困境時，反遭國防部長訓斥：蘇軍開不開進阿富汗純屬外交範圍，「我們的軍隊什麼時候決定過外交政策？」

1 月下旬，蘇軍開始以「拳頭戰術」集結重兵，沿路追剿游擊隊。游擊隊除了舊槍以外，每 150-200 人組成一個分遣隊，已經擁有輕武器，加上 82 毫米迫擊砲、反坦克無後座力砲、14.5 毫米防空機槍。此外還有 8-10 人一組的恐怖分子，混居平民間。1980 年下半年，蘇軍開始「搜索與殲滅」行動，先派飛機偵察後，再反覆轟炸村落；並加強封鎖阿、

巴邊界。到 1980 年底，蘇軍已有 8.5 萬人入駐阿富汗。

　　CIA 的武器和資源湧入白沙瓦，阿富汗人互相爭奪資源。1981 年 6 月，三個溫和派結為「阿富汗聖戰者伊斯蘭聯盟」；7 月 6 日，六黨休戰，成立臨時政府和新聯盟，不過 8 月又因為蓋拉尼退出而告瓦解。美國支持不屬任何一派的薩亞夫教授，1981 年 12 月成立「阿富汗聖戰者伊斯蘭聯盟」。三個溫和派又聯合成立「伊斯蘭團結陣線」，期待查希爾國王回來領導。1982 年 5 月，各派終於妥協成立「七黨聯盟」，共推薩亞夫為主席，但私底下仍是各自為政。

|潘杰希|　蘇軍坦克、重武器在阿富汗無用武之地，又被打
|爾戰役|　就跑的游擊隊搞得疲於奔命，只能退據主要城市
和交通要衝。1980 年 6 月起，蘇軍採取「保北爭南」戰術，主力攻擊喀布爾以北一帶，力圖剿滅努里斯坦人及潘杰希爾（Panjshir）谷地的馬蘇德（Ahmed Shah Masud，2009 年被暗殺）的游擊隊（屬於拉巴尼派）。蘇軍全力清剿與轟炸，潘杰希爾谷地幾乎寸草不留。

　　1981 年 7 月，蘇軍與卡爾邁勒達成協議，控制了瓦汗走廊。因為當地居民多數是吉爾吉斯人和塔吉克族的帕粒人，蘇軍得以從中亞源源不斷運兵。1982 年中期，已有十萬蘇軍入境，配備最新的 F59、T-62、T-72 坦 克 及

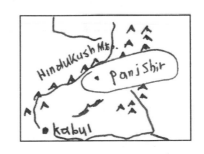

BTP、BMDI 裝甲運兵車，簡直把阿富汗戰場當作蘇聯武器的展覽場。

CIA 則透過巴基斯坦軍情單位，向游擊隊提供衛星情報照片與武器。1982 年中期，蘇軍全面進攻長 150 公里、寬 5-10 公里的興都庫什山脈內的潘杰希爾谷地。5 月，兩萬蘇軍在 3,000 多輛坦克及無數飛機的掩護下進攻，一周內損失 1,000 多人，5-9 月的六次進攻，換來慘痛撤退的代價，「潘杰希爾之獅」馬蘇德名揚天下。

同時，22 歲的阿布杜勒‧哈克（Abdul Haq），乘虛攻擊巴格拉姆空軍基地，摧毀 13 架米格機。7 月，蘇軍在赫拉特南部信丹德—法臘的公路上，被游擊隊打死 60 多人，損失 37 輛卡車及九輛坦克。1980 年 6 月 14 日，游擊隊把兩名喀布爾的人民民主黨負責人，懸屍於蘇聯大使館附近學校的欄杆上。10 月，巴米揚省長和警察局長身首異處。1981 年 4 月 18 日，阿國情報局第二號頭子吉拉姆‧阿塔爾將軍被暗殺；同一天，盧格爾省長被擊斃。5 月 1 日，帕克蒂亞省長被打死；6 日，坎大哈省長被毒死。1982 年 3 月，馬札里沙里夫市警察局長被砍頭。1983 年 6 月，蘇軍奇德欽科將軍在喀布爾遭暗殺。

在拉格巴德的霍蒂，佯裝要投降並獻出他的上司——伊斯蘭黨的尤尼斯‧哈勒斯做見面禮，誘殲了喀布爾派來的分遣隊。蘇軍氣得把喀布爾衛戍司令阿卜杜勒‧沃杜德以通匪罪名槍斃。游擊隊用火箭筒炸了喀布爾的綠洲飯店（1981.11.21）和巴拉希薩爾堡軍火庫（1982.8.30），攻擊

巴格拉姆機場（1982.8）、賈拉拉巴德機場（1982.12.21），破壞馬希帕爾水庫（1982.12.28）……。

　　1982 年秋以後，蘇軍開始對阿富汗進行經濟戰、政治戰和心理戰，擴大進行焦土政策和無人區政策，到處焚燒村莊，投毒井水，瘋狂濫炸，並加強直升機代替坦克支援，利用空降兵突擊和掩護。

| 蘇軍不光榮地撤退 | 那些中亞的塔吉克人、烏茲別克人士兵士氣低落，他們根本不願屠殺阿富汗的穆斯林同胞， |

3.5 萬名 KGB 部隊投入戰場，企圖控制阿富汗部隊，綜合地解決政治、經濟、社會問題，並控制阿富汗國家情報局（KHAD）、扶植納吉布拉，布建線民密報網。卡爾邁勒勉強控制了首都、賈拉拉巴德和 Mazare-Sharif 三個城市，建立 14 萬人的部隊。但 KGB 頭頭 Viktor Chebrikov 對戈巴契夫表示，「卡爾邁勒自認不堪負荷」（1986.3）。1986 年 11 月，卡爾邁勒終於獲准請辭。KGB 推薦的特務（藥劑師出身）納吉布拉，在 1987 年 1 月底成爲「阿富汗共和國」的總統。

　　1980 年起，蘇聯的地對空薩姆七號火箭大量落入游擊隊人手裡，這是由人扛在肩上即可發射的精確武器，每枚市價 18,000 美元，外加發射筒，每具 3,500 美元。CIA 在非洲衣索比亞、坦尚尼亞大量採購，送入巴基斯坦。1980 年，英國的吹管地對空火箭又源源不斷地交給哈克；CIA 把毒刺火箭送到游擊隊手上，命中率達 50%。1986 年 10 月至

1987年10月，一年內，蘇軍損失300多架飛機（25億美元），加上飛行員的損失，共計45億美元。

1986年底，阿富汗北部游擊隊配備了中國製的107毫米火箭筒和埃及的122毫米火箭筒。游擊隊越過阿姆河對岸，突襲蘇聯邊境哨站、埋設地雷。12月，有30名游擊隊乘遊艇隊，破壞塔吉克的兩座水電廠，有18名蘇軍的穆斯林士兵倒戈，加入自己同胞的戰鬥。

聯合國在1980年1月4日至1986年11月，年年譴責蘇聯入侵阿富汗。在蘇軍占領區內，發行28種小冊子（64萬冊），包括《政治讀本》、《列寧選集》、《列寧關於社會主義條件下的勞動》、關於青年的論述等27萬冊及《布里茲涅夫回憶錄》（3萬冊）。1980年，有10%的大學生去蘇聯留學。總之，蘇聯全面控制阿富汗的黨、政、軍、特，乃至基層民眾組織。

九年內，蘇聯在阿富汗損兵1.38萬人，損失1,000多架飛機、2,000多輛裝甲車及坦克，耗盡200億美元的代價。美國則在1980-87年提供抵抗組織18億美元。1987年，阿富汗難民逃入伊朗及巴基斯坦達500萬人，占全國人的1/4。1987年1月，納吉布拉提出停火呼籲，遭到游擊隊的拒絕。1988年2月8日，戈巴契夫宣布蘇軍將從5月15日起，分批在十個月撤離阿富汗。

在聯合國秘書長Javier Pérez de Cuéllar的奔走下，美、蘇、巴、阿四國，4月14日在日內瓦達成協議。《日內瓦協定》規定蘇軍撤離，三國尊重阿富汗的主權獨立、領土完

整和不結盟地位；喀布爾政權必須採取措施，保證所有難民返回阿富汗。1989 年 2 月 15 日，最後一批蘇軍不光榮地撤走了。23 日，七黨聯盟宣布成立聖戰者臨時政府，共推穆賈迪迪爲總統，宣布他們堅持要推翻納吉布拉傀儡政權。

| 內戰爆發 | 拉巴尼政權七黨聯盟協議：第一階段，成立一個 51 人組成的臨時委員會，接管政權，由穆斯林民族解 |

放陣線的穆賈迪迪領導兩個月；第二階段，權力移交給阿富汗穆斯林促進會的拉巴尼，任期四個月；第三階段，成立「伊斯蘭委員會」，包括遜尼派七黨聯盟、穆赫辛尼的什葉派伊斯蘭運動和八黨聯盟的伊斯蘭統一黨，選舉臨時政府，內閣由各派提名，由希克馬蒂亞出任總理，蓋拉尼、大毛拉穆罕默德・沙及馬蘇德等三人爲副總理；第四階段，籌備大選，組成民選政府。1992 年 4 月 28 日，穆賈迪迪宣布建立「阿富汗伊斯蘭國」。

　　穆賈迪迪一開始就力圖阻止希克馬蒂亞分享權力，把部長分給各派，將八名什葉派及五名北方各派拉進 50 人委員會。5 月 5 日，他聲稱人民要求執政兩年而不是兩個月，他是「阿富汗人民唯一能接受的人選」。塔吉克人拉巴尼在各派支持下，於 6 月 28 日接管喀布爾政權；12 月，成爲任期兩年的過渡期總統。由於拉巴尼首先於 4 月 16 日攻入喀布爾，納吉布拉逃入聯合國辦事處避難。希克馬蒂亞的部隊則攻占國防部和內政部。經過一番較量後，拉巴尼控制了市區，不讓希克馬蒂亞的人馬入城。1992 年 7 月 4 日，希克

馬蒂亞軍和深受馬蘇德信賴的前政府軍杜斯塔姆（Abdul R. Doustum）指揮的烏茲別克兵火拼。雙方都動用火箭、大砲，打死 50 多人。8 月，雙方再度火拼，造成萬餘人傷亡，數十萬人逃走。

1993 年 3 月，在巴基斯坦、伊朗、沙烏地阿拉伯各國協調下，八派游擊隊簽訂《伊斯蘭堡和平協定》，規定拉巴尼續任 18 個月，擴大總統權力，由總理任命內閣，各派都參加政府。希克馬蒂亞總理乘機把自己的人拉進內閣，拉巴尼以未經他批准而拒絕接受，兩派再度兵戎相見。

杜斯塔姆倒戈聯合希克馬蒂亞，要求拉巴尼下台。1994 年 1 月 1 日，杜斯塔姆軍突擊拉巴尼軍，雙方打到 7 月，戰火擴大到北方的法里布、昆都斯、巴爾赫三省。1995 年下半年，拉巴尼—馬蘇德政府只能控制喀布爾市和阿富汗東北部，大約只有全國 1/5 的土地而已。另一支在赫拉特的伊爾梅斯汗的部隊，表面上支持拉巴尼，但避免捲入內戰，只求自保。

各國支持各自的游擊隊，企圖混水摸魚。1990 年冷戰結束後，俄羅斯力抗美國勢力介入中亞和阿富汗。俄國首先支持由蘇聯培訓的杜斯塔姆，以及拉巴尼的敵手馬蘇德這位「潘杰希爾雄獅」。1996 年 1 月，俄國派十名技術人員和 30 名印度技術人員到喀布爾附近，協助更新巴格拉姆機場；每天更有四架伊留申 76 運輸機，從塔吉克、俄羅斯及烏克蘭飛向機場，運輸武器、燃料，甚至提供由莫斯科印製的阿富汗貨幣，對在喀布爾被塔利班包圍的馬蘇德，可謂是雪中

送炭。

　　伊朗收容阿富汗的什葉派游擊隊，並在阿富汗戰爭時支持什葉派的哈扎拉人和赫拉特的伊爾梅斯汗。巴基斯坦、美國、沙烏地阿拉伯則支持新興的神學士（Taliban/ 塔利班），美國的如意算盤是看中了中亞和阿富汗的石油，大家幾乎都忘了游擊戰期間有一支由賓拉登率領的阿拉伯人志願軍的存在。

3. 獨立怒潮

　| 民族危機 |
　| 日益激化 |

二戰時被史大林流放並取消自治的 11 個民族：卡爾梅克人、卡拉恰耶夫人、巴爾卡巴人、車臣人、印古什人、克里米亞韃靼人、麥斯赫特土耳其人、日耳曼人、朝鮮人、希臘人、庫德族，直到1967年才獲得平反。卡爾梅克人和車臣人等終於回到故鄉。克里米亞韃靼人1988-90 年間在自己的帳棚四周拉上鐵絲網，高呼「祖國或死亡」。日耳曼人可以出國，1986 年 12 月戈巴契夫撤換哈薩克的黨第一書記庫納耶夫，引發示威學生高呼「俄羅斯人滾出去！」「哈薩克斯坦屬於哈薩克人的！」1989 年 6 月，在烏茲別克費爾甘納州爆發烏茲別克人和麥斯赫特土耳其人的流血衝突，死傷數百人，兩萬麥人淪爲難民。接著哈薩克的新烏津市又爆發哈人和外來的高加索人——亞美尼亞人、阿塞拜疆人及列茲金人的械鬥，哈人不滿外來者的工作條件比他們還好。

　　阿塞拜疆境內有一塊亞美尼亞人占 95% 的納戈爾諾—卡拉巴赫自治州，他們一直要求回歸亞美尼亞，可是這些基督徒卻被四面八方的什葉派 Azeris 包圍，1990 年 1 月 13 日終於引爆了巴庫的阿人攻擊亞美尼亞人。兩國幾乎兵戎相見。19 日，蘇聯出兵巴庫，宣布戒嚴，兩國人民互相攻擊，也都不滿蘇聯中央的處置。

　　6 月，俄羅斯聯邦第一屆人民代表大會通過《俄羅斯主權宣言》，烏茲別克、摩爾多瓦、白俄羅斯和烏克蘭各加盟共和國也紛紛發表主權宣言，亞美尼亞在 8 月 23 日宣布獨立。巴什基爾、車臣—印古什等自治共和國也宣布獨立，卡拉恰耶夫自治州也鬧獨立。摩爾達維亞（比薩拉比亞）境內有 250 萬摩人、51.6 萬烏克蘭人、50.6 萬俄人、13.8 萬加告茲人（Gagauz，黑海附近的土耳其裔東正教徒）、8.1 萬保加利亞人和其他民族共 150 萬人，其中一大半土地是蘇聯強迫羅馬尼亞割讓的比薩拉比亞與北部科維納地區，1940 年併入烏克蘭的摩爾達維亞自治共和國，8 月才升格爲共和國。1989 年 12 月羅馬尼亞事變後，摩爾多瓦人要求回歸羅馬尼亞；1990 年 5 月，人民陣線擁護者在當地議會中占多數，改國名爲「摩爾多瓦（蘇維埃社會主義）共和國」，此後民族矛盾激化。8 月，南部加告茲人和保加利亞人宣布成立加告茲共和國。9 月，東部的俄羅斯人及其他民族宣布成立德涅斯特河沿岸蘇維埃共和國。1991 年 8 月，摩爾多瓦發表獨立宣言，卻不准其他人獨立，引爆 12 月的德涅斯特河東岸暴動。1992 年，俄駐軍捲入衝突，最終使這個地區享有

「特殊地位」，1994 年獨立後，又賦予加告茲人特殊自治地位，問題還存在。

1989 年 3 月，數千名阿布哈茲人要求恢復 1921 年列寧在世時的地位，成立加盟共和國（Abkhaz），脫離格魯吉亞，引爆流血衝突。4 月 8 日，格魯吉亞當局把示威者趕出廣場。十萬格魯吉亞民眾聚集政府大樓前，8-9 日攻擊蘇軍，蘇軍用鐵鍬和催淚彈反擊，至少使 20 人死亡，138 人住院，種下不可挽回的悲劇。

烏茲別克首都塔什干也在 1989 年 4 月 10-11 日發生民族主義者大規模集結，被軍隊驅逐。在西伯利亞講土耳其語的 Yakutia 及中亞塔吉克、哈薩克都爆發民族衝突。

4. 波羅的海三國率先獨立

愛沙尼亞、拉脫維亞及立陶宛三小國，總共加起來才 174,900 平方公里，人口不到 1,800 萬人。愛沙尼亞屬於芬人一支（和匈牙利人一樣）。拉、立兩國人屬印歐語系，在美國更有 50 萬立陶宛人後裔，立陶宛在 14-16 世紀時為歐洲大國之一，統治過莫斯科、烏克蘭及波蘭，人民信天主教，1896 年被俄羅斯占領。德意志傳教士於 9 世紀起深入波羅的海地區傳道；13 世紀以來，德意志人在當地經商與殖民，一度殖民了愛沙尼亞南部及拉脫維亞，建立 Livonia 國家。1219 年，丹麥人征服愛沙尼亞北部；1343-46 年，愛沙尼亞農民起義，迫丹麥人把權力交給德意志人。1558-83 年，

俄國沙皇伊凡四世企圖征服 Livonia，被瑞典和波蘭制止。
Livonia 解體後，大部分地區併入波蘭—立陶宛聯盟（1386
年立陶宛王子 Jogaila 娶了波蘭公主而結盟），1569 年波—
立成爲聯邦。1629 年，波蘭把 Livonia 割讓給瑞典。1710-
15 年的北方戰爭，沙皇彼得一世從瑞典手中奪取了埃斯特

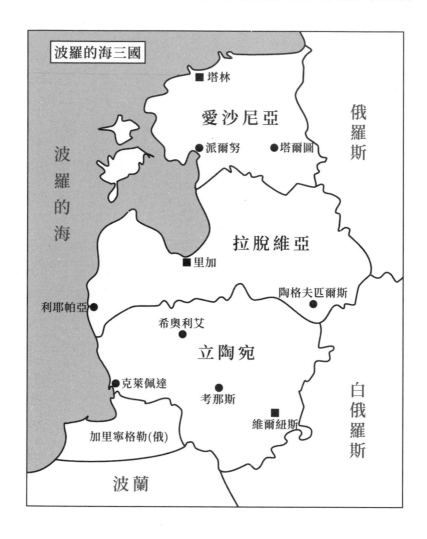

蘭及 Livland（愛沙尼亞南部及拉脫維亞北部）。1772-95 年，普魯士、奧地利與俄羅斯瓜分波蘭王國，立陶宛及 Courland（拉脫維亞西部）併入俄國。1845-48 年，成千上萬的愛沙尼亞和拉脫維亞農民皈依俄國東正教（Orthodoxy）。但這些地方的德意志權貴仍舊占統治地位。

　　1914-18 年第一次世界大戰中，德軍占領俄屬波羅的海地區，戰後三國先後宣布獨立，並與布爾什維克、白俄及德國、波蘭軍戰鬥以捍衛獨立。1920 年，蘇俄承認三國獨立。1930 年代末，立陶宛人選擇兩個魔鬼（德、俄）之一的俄羅斯，但卻被出賣了。1939 年 8 月 23 日的《德蘇互不侵犯條約》有一條密約，規定在發生領土和政治變動時，波蘭的中、西部和立陶宛屬於德國；波蘭東部、拉脫維亞、愛沙尼亞、芬蘭和比薩拉比亞屬於蘇聯的勢力範圍。9 月 28 日，德軍入侵波蘭，又簽訂友好與邊界條約，把立陶宛劃給蘇聯，換取德國占領波蘭東部的盧布令與華沙部分地區。10 月，史大林與毫不知情的波羅的海三國簽訂互助條約，使紅軍得以在三國派駐比三國軍隊更多的軍隊。1940 年 7 月三國選舉，紛紛成立親蘇政權。7 月 21 日，立陶宛國會通過加入蘇聯時，在場的紅軍軍官 GPU（特務）都投贊成票。當有人問他們時，老大哥的回答是向窗外看，「看到蘇聯的戰車和部隊了嗎？」「我們的戰車所到之處，自由就隨著來了！」[1]

1　P. Lorot，*Les Pays Baltes*，日文版（東京：白水社，1993），頁 88。

　　至少 39,000 名立陶宛人、35,000 名拉脫維亞人及
61,000 名愛沙尼亞人在 1940-41 年間被驅逐到蘇聯去。這令
人回憶起 1794 年立陶宛人 T. Kosciuszko（1764-1817）潛回
波蘭的克拉科夫，號召 18-28 歲的波蘭人起義，10 月他墜馬
被俘。沙俄厲行俄化政策，禁止三國人講母語或德語，改信
東正教（-1905）。1945-52 年間，三國游擊隊反抗蘇聯慘敗。
1949-51 年，愛沙尼亞共產黨清洗內部的「資產階級民族主
義者」，但沒殺害他們。拉脫維亞也一樣，俄羅斯人和俄化
的拉脫維亞人得逞，只有立陶宛黨逃過一劫，因為 Antanas
Sniečkus 從 1936 年掌權至 1974 年去世為止，深受老大哥的
關心，接任的 Petras Griškevicius 又擔任此職到 1987 年。這
些土皇帝（包括愛沙尼亞人卡賓）都和當地文化習俗和平共
處。

獨立前
的抗爭　　小說家 Rudolf Sirge（1904-70）的《土地與人民》
　　　　（1956）、Jaan Kross 的詩集《煤粉濃縮器》，
都反映了愛沙尼亞人的反抗心境。立陶宛詩人 Justinas
Marcinkevičius 的詩集《第二個春天》和劇本《Mindaugus》
（1968）、Mykolas Sluckis 的小說《走向天空》（1963）等，
已開始躍動了。拉脫維亞文學作品一再被查禁，直到 1967
年才有 Alberts Bels 的《調查者》享譽文壇。

　　20 世紀 60 年代，三國的民歌傳統開始復興。1959 年 7
月在 Daugavpils 舉辦拉脫維亞民歌節，有 5,000 位歌手與七
萬聽眾共襄盛舉。1965 年及 1969 年，愛沙尼亞各個城市還

舉辦了更大規模的民歌節。1965 年，12 萬愛沙尼亞人一再演唱非官方國歌《我的祖國我的愛》（*My Homeland is My Love*）。三國黨員開始反抗俄羅斯、俄化官僚及開會只能講俄語，「一切有民族色彩的事務全被取消了」、「不同民族、文化和傳統沒有平等的權利」。

1988 年 9 月，至少 25 萬人（占愛沙尼亞人的 1/4 還多）齊聚塔林歌唱節廣場，高唱《我們自己的土地》和被蘇聯禁止的國歌。

三國城市充斥著外來的俄羅斯人。1986-89 年，蘇聯各國的反抗及動亂衝擊著波羅的海三國，三國黨領導人發現如果不疏離共產黨，他們將失去 1990 年的地方選舉。戈巴契夫對這一形勢仍死抱俄羅斯沙文主義不放。1988 年秋天，三國各自湧現人民陣線。6 月 23 日，愛沙尼亞國會升起舊國旗，他們的代表更在 11 月宣布反對蘇聯邦。11 月 6 日，愛沙尼亞共產黨以 288：1、5 票缺席，通過決議愛沙尼亞共和國的主權對這塊土地是最高權力，但還未準備脫離蘇聯。12 月，國會通過愛沙尼亞語為第一語言。立陶宛人民戰線在 1989 年 3-4 月的選舉中，贏得 39 個選區的 36 個區的勝利。7 月成立的波羅的海人民陣線理事會，在 8 月 23 日發動 200 萬人手牽著手形成人鏈，穿過塔林、里加和維爾紐斯，點燃了民族意識的覺醒。5 月 12 日，立陶宛最高會議宣布共和國的主權。12 月 20 日，在維爾紐斯的立陶宛共產黨地方黨代會上，絕大多數代表都贊成他們的組織脫離蘇聯共產黨，只有少數人（1,033 人中的 106 人）仍堅持繼續與老大

哥結盟。

1990 年 3 月 11 日，立陶宛宣布獨立；至 12 月初，三國呼籲西方國家承認他們的獨立。三國分別在 1991 年 2-3 月舉行公民投票，贊成獨立的，在立陶宛占 90.47%、拉脫維亞占 73.68%、愛沙尼亞占 77%。戈巴契夫下令封鎖三國經濟失效。1991 年 1 月 10 日，下令內務部的部隊襲擊三國的目標，打死 14 人，傷及 700 多人；一週後，特務部隊又衝入里加，打死四人。8 月 19 日，蘇聯 8.19 政變，反動派下令蘇軍進入立、拉各城市，三天就失敗。20 日，愛沙尼亞宣布獨立；22 日，拉脫維亞宣布獨立；28 日，德國等西方國家承認波羅的海三國獨立並與其建交。9 月 6 日，蘇聯國務委員會承認這三國獨立。

5. 烏克蘭與中亞獨立

烏克蘭（Ukraina，俄語的 krai/邊境）自古淪為大國的邊境，烏克蘭人和白俄羅斯人都屬於東斯拉夫族一支。862 年，諾曼人路列克奪取諾夫哥羅德，奧列格在 882 年征服了基輔，遷都至此。988 年，弗拉基米爾將拜占庭傳入的東正教立為國教。13 世紀，蒙古軍入侵俄羅斯，1243 年建立金帳汗國，烏克蘭受加利奇伏爾伊尼公國統治。14 世紀時，加利奇（加利西亞）被波蘭合併，伏爾伊尼也被立陶宛合併。1569 年立陶宛與波蘭合併後，烏克蘭劃歸波蘭，白俄羅斯歸屬於立陶宛。

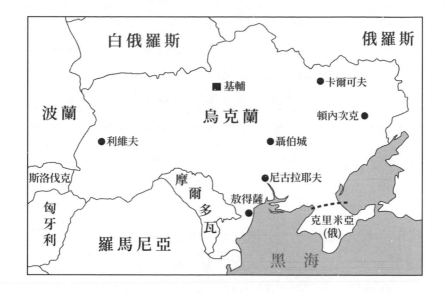

　　1667 年，烏克蘭的第聶伯河右岸歸波蘭，左岸（包括基輔）歸俄羅斯。1783 年，俄國直接統治烏克蘭，改稱爲「小俄羅斯」。1734-56 年，波屬西烏克蘭三次反抗，向俄國求援，俄軍終究占領此地，奧國則占領加利西亞。

　　19 世紀起，烏克蘭人開始民族覺醒。1788 年，科特利亞列夫斯基創刊《埃內伊達》，掀起烏克蘭語文復興運動。農奴出身的詩人 Taras G. Shevchenko（1814-61）是烏克蘭人的驕傲，後來詩人被流放到西伯利亞。1894 年，利沃夫大學開設了烏克蘭歷史的課程。1917 年革命後，烏克蘭人成立自己的議會（拉達），宣布獨立。紅軍攻占基輔後，烏克蘭人和德軍議和，趕走紅軍。1918 年德軍敗走後，300 萬烏克蘭人被紅軍處決；在街頭一聽到講烏克蘭話的人，立刻就地槍斃。1920 年，波蘭軍攻占烏克蘭；1921 年，蘇波《里

加合約》將西烏克蘭併入波蘭。

　　1919 年烏共建立社會主義共和國以來，一直抵制蘇聯的中央集權，但 1922 年只得加入蘇聯。1930 年代，一批作家、歷史家、語言學者紛紛被史大林整肅。1929 年起的農業集體化，更使烏克蘭農民餓死幾百萬人。1941 年 6 月德蘇戰爭爆發後，烏克蘭人成立「烏克蘭民族組織」（OUN），宣布獨立，慘遭德軍鎮壓；抵抗軍（UPA）在德軍敗退後，又與蘇軍作戰到 1950 年代才被制伏。二戰後，加利西亞的東半部併入烏克蘭，當地的天主教被視為非法；史大林將 50 萬加利西亞烏克蘭人流放西伯利亞。

　　烏克蘭是僅次於俄羅斯的聯邦第二大國（人口 5,000 萬），更是最大的穀倉，但俄人刻意壓制烏克蘭的文化與歷史，不許烏克蘭人脫離「大家庭」。1989 年出現了「烏克蘭擁護改造人民運動」，三年前（1986.4.26）車諾比（Chernobly）核電廠爆炸，令烏克蘭人心痛。5 月 1 日勞動節當天，烏克蘭民族派再度示威。詩人 Ivan Drach 在 1989 年代表「作協」主張民族獨立。儘管 1991 年 3 月 17 日在蘇聯舉行是否保留蘇聯的公民投票時，只有 10% 的烏克蘭人贊成。8.19 政變後，烏克蘭宣布獨立，12 月 1 日公投，有 90.85% 的人贊成獨立。

　　烏克蘭 8 月 24 日獨立，哈薩克總統納扎爾巴耶夫（Nursultan Nazarbayev）在第二天於蘇聯最高蘇維埃非常會議上，主張建立聯邦新的聯盟，並聲稱「哈薩克絕不當聯盟中的小兄弟」。哈共也改為社會黨，宣布哈薩克獨立。

　　9月9日，塔吉克宣布獨立。22日，代總統阿斯洛夫下令停止塔共活動，將黨產收歸國有。但11月，塔共的納比耶夫仍以58%選票當選總統。1992年3月，他被抗爭轟下台。9月1日，烏茲別克宣布獨立，加入獨聯體；12月29日大選，原烏共第一書記伊・卡里莫夫以86%選票當選總統。吉爾吉斯也在8月31日宣布獨立；土庫曼在10月27日宣布獨立，但仍由共產黨執政。

6. 外高加索三國獨立

　　外高加索三國在19世紀陸續從土耳其帝國手中被俄羅斯逐步征服。1918年4月，三國成立「南高加索聯邦」，一個月後就告分裂。英、土軍進入亞美尼亞，1920年被紅軍趕走。1921年10月，土耳其與三國簽訂《卡爾斯條約》，承認這三個蘇維埃共和國獨立。1922年，三國組成外高加

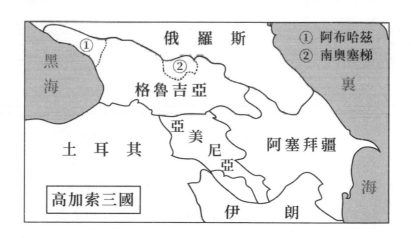

高加索三國

索蘇維埃社會主義聯邦共和國，12 月加入蘇聯。

格魯吉亞（史大林的故鄉）一向反對史大林的自治化，但堅持做為獨立的成員加入聯盟，仍被史大林粗暴地壓制。三國領導人在 1930 年代紛紛遭史大林整肅，直到 1936 年南高加索聯邦解散，三國分別加入蘇聯。格共堅持母語教學，我行我素。1978 年 4 月，反對中央取消格魯吉亞語為共和國正式語言的大示威，迫中央收回成命。

阿塞拜疆境內納戈爾諾—卡拉巴赫地區的亞美尼亞人，要求回歸亞美尼亞，引發了民族衝突已如前述。1990 年 8 月 23 日亞美尼亞獨立，提出了納—卡州的領土要求。阿塞拜疆也在 1991 年 8 月 30 日宣布獨立。1989 年 4 月，阿布哈茲自治共和國要求脫離格魯吉亞獨立；7 月，造成雙方 200 多人的傷亡。1990 年 9 月，南奧塞梯人宣布成立民主共和國，單獨加入蘇聯。1991 年 4 月 9 日，格魯吉亞宣布獨立，阿、南兩地卻反對獨立及脫離蘇聯，加姆薩胡季總統被趕下台，謝瓦納茲重掌大權。幾個月後，阿布哈茲宣布獨立並要求加入俄聯邦；阿、格戰火又起，無奈之下，格魯吉亞不得不加入獨聯體，請俄軍進駐。1994 年 4 月，雙方停火，阿布哈茲人拒絕被格魯吉亞政府領導。2003 年 11 月，選舉舞弊爭議引發大規模抗爭，迫謝瓦納茲總統下台。

1991 年 8 月 19 日政變後，12 月 21 日原蘇聯與 11 個加盟共和國（波羅的海三國和格魯吉亞除外）簽署《阿拉木圖宣言》及《獨立國家聯合體協議》，正式宣布蘇聯停止存在，列寧創建的蘇聯，終究在革命勝利 70 年後宣告走進歷史，

戈巴契夫無意間掏空了蘇聯政權的行政機關和鎮壓武器，何況 70 年來所謂的「社會主義」根本就是空殼子，「只有一個日益委靡不振的國家和焦慮的國民」。[2]

7. 車臣獨立戰爭

三百年
屈　辱

車臣—印古什自治共和國（Checheno-Ingushskaya ASSR）位於俄羅斯境內的北高加索，面積 19,300 平方公里，人口 1,277,000 人（1997），其中車臣人占 57.8%、印古什人占 12.9%、俄羅斯人占 23.5%，其他還有亞美尼亞人、烏克蘭人、猶太人等各族。公元 4-8 世紀間，出現「礫石荒漠王國」；10-13 世紀，阿蘭人聯合北高加索各民族，建立西起黑海、東至裏海的阿蘭王國。13 世紀，蒙古金帳汗國征服了車臣，接著是來自中亞的帖木兒入主。車臣人一向自稱為「納赫齊人」（百姓）。16 世紀初，伊斯蘭教蘇菲教派傳入車臣。1588-89 年，車臣領袖謝赫—穆爾札向俄國稱臣。1772 年，俄軍首次侵入車臣，車臣響應先知曼殊爾號召的聖戰（1785）終告慘敗。1781 年，俄將葉爾莫洛夫把山民從平原趕入山區，砍光森林，使車臣人無法藏身。1830-48 年，俄羅斯征服包括車臣在內的北高加索地區。Shamir 率領車臣人反抗，1859 年向沙俄投降。

　　由於石油工業發達，格羅茲尼成為政經中心。1917 年

2　Tony Judt, *Postwar* (New York: Penguin, 2005), Ch. 20.

3 月，北高加索與達吉斯坦代表大會宣布成立「山民臨時政府」。1922 年 11 月，成立「車臣民族自治州」。1929-35 年間，車臣人反抗蘇聯政府的農業集體化政治，發動 300 多起農民暴動。1934 年 1 月，車臣和印古什合併爲一個自治州，1936 年再改爲自治共和國。1940-42 年，伊斯拉伊洛夫領導車臣人把蘇聯政府派來的官員趕走，終被內務人民委員會的軍隊鎮壓。1944 年 2 月，蘇聯內務人民委員會發布《關於驅逐車臣人、印古什人的命令》，將通敵（德軍）叛國的 38.7 萬車臣人及 9.1 萬印古什人，流放中亞及西伯利亞（代號「扁豆」），由貝利亞（Beria）指揮，動員 12 萬軍隊與內務部人員、150 多輛軍用火車、6,000 多輛汽車。1957 年 1 月，赫魯曉夫才准他們回故鄉，但已面目全非，格羅茲尼成爲俄羅斯人的天下，車臣人沒有信仰的自由，只能學俄語、到工廠做小工。

車臣人在俄聯邦，有石油化工部長蘭薩別克·哈吉耶夫教授、最高蘇維埃主席魯斯蘭·哈斯布拉托教授及 250 名將軍。然而蘇聯解體，俄羅斯以「休克療法」挽救經濟以來，車臣、印古什人生活水準急遽下降。1993 年以來，至少有 300-400 萬人遷出，湧入俄羅斯打工。1980 年代末，俄羅斯黑手黨有許多車臣人。

危機
乍現　　車臣—印古什是自治共和國，但只是前蘇聯各加盟共和國以下的州、區級地方自治單位，無權退出蘇聯。車臣人儘管用俄語交談，但重新開始追尋自己的歷史記

憶，恢復街道、廣場、城市的舊名，清洗了俄羅斯征服者的
名號，搗毀葉爾莫洛夫的紀念碑。

　　1990 年 1 月 26 日，車臣人民大會要求獨立。27 日，車
臣—印古什蘇維埃最高會議迫於民眾壓力，勉強接受獨立宣
言。1991 年 8.19 事件後，車臣—印古什就率先爭取獨立；
9 月 6 日，獨立派主控的全民族會議，宣布廢止蘇維埃最高
會議。葉利欽錯誤地把杜達耶夫（Mussayev Dudayev, 1944-
96）送回車臣，不料這位早在 1990 年拒絕封鎖愛沙尼亞電
視台和議會而申請退役的車臣人空軍少將，1991 年 4 月回
來，成為車臣代表大會主席。8 月 28-29 日，開始攻占部長
會議、廣電中心及機場大樓。不理葉利欽的理性呼籲，10
月 27 日杜達耶夫當選為車臣共和國總統，11 月 1 日宣布車
臣獨立，他的部下迅速奪取 8.6 萬支槍、15 萬枚手榴彈、
260 架飛機及 100 件裝甲技術設備。

　　11 月 8 日，俄聯邦軍兵分三路進攻車臣失利。杜達耶
夫拒絕被莫斯科招撫。三年內，他「竊取」俄國財產達四億
盧布、出售石油每年有 8-9 億美元的收入。雙方終於停戰，
1992 年 7 月俄軍撤出車臣境內。1993 年 4 月 17 日，杜達耶
夫解散車臣議會，實行總統制的個人獨裁統治，改國名為
「車臣伊奇凱里共和國」，紀念民族發源地伊奇凱里山。國
旗的綠、白、紅三色，分別象徵生命、自由和鬥爭，國歌第
一句：「我們出生母狼產崽的那個夜晚」，內容表達了車臣
人的決心：「自由或死亡，我們從中擇一。」國徽是一頭狼，
據說狼在戰敗後就靜靜等待死亡，沒有任何痛苦與恐懼，死

前更把臉朝向敵人。

　　1979-89 年阿富汗抗蘇游擊戰，對前蘇聯伊斯蘭復興運動產生巨大的衝擊，俄羅斯最大的伊斯蘭高校就在格羅茲尼的國立伊斯蘭學院（有 420 人）。車臣獨立戰士接受來自沙烏地阿拉伯、阿富汗塔利班及賓拉登的支援。

　　1993 年 9 月，北高加索軍區透過內務部，策動反杜達耶夫叛軍十輛裝甲車及六架直升機，很快在 11 月 26 日慘敗。29 日，車臣親俄派失敗後第二天，俄羅斯安全會議決定對車臣出兵。

　　│車臣│　1994 年 12 月 1 日，俄國軍機轟炸格羅茲尼。11 日，
　　│戰爭│　38,000 名俄軍進攻車臣，半個月內增兵八萬人。19 日，俄軍攻占車臣總統府，1995 年 3 月 6 日攻下格羅茲尼。1995 年初至 6 月，俄軍陸續攻占車臣各大城市，車臣人開始分小股打游擊戰。6 月 14 日，巴薩耶夫率 100 多人突圍，闖入俄南部斯塔夫羅波邊疆區的布瓊諾夫斯克，劫持 1,000 多人質，迫俄當局妥協。19 日，俄軍開始撤退。這次事件造成 126 名人質死亡、200 多人受傷，經濟損失達 170 億盧布。事後雙方「禮尚往來」，各懷鬼胎。9 月 20 日，俄總統駐車臣代表羅波夫在前往機場途中被暗殺；10 月 6 日，俄司令羅曼諾夫在米努卡特廣場被暗殺；9 日，俄國空軍轟炸車臣的城鎮進行報復。

　　1996 年 1 月 9 日，拉杜耶夫率 400 多人突襲達吉斯坦共和國基茲里爾的軍用機場及醫院，劫持 3,000 多人質，和

俄軍相持一週，將 100 多名人質劫持回車臣，再撤退到五一村，俄軍包圍失敗，杜拉耶夫等人逃之夭夭，但有 153 人被打死，78 名內務部官兵及人民喪生。拉杜耶夫又襲擊達吉斯坦與車臣邊界的警哨，劫持 21 名警察。

4 月 22 日，俄軍總參謀部情報局（GRU）第六局終於用衛星定位通訊找到杜達耶夫的正確位置，他正在接受記者採訪的電話，那個「記者」即 GRU 的特務。兩架 SU-27 戰鬥機在格羅茲尼市郊 30 多公里的格西楚布村附近，用空對地飛彈將他的座車炸得粉碎。

葉利欽喪盡顏面，三名副國防部長下台，五名前線指揮官被撤職，1996 年 6 月 1 日停戰。19 日，車臣人先放下武器。7 月 9 日，葉利欽連任總統，俄軍又開始翻臉，猛攻車臣的十個據點。8 月，車臣人反攻格羅茲尼，俄人倉皇而逃。歷經談判，敲定 8 月 14 日 12 時起停火。30 日，雙方簽訂《俄聯邦與車臣共和國相互關係基礎原則的聯合聲明》及雙方進一步舉行和議的一系列協定（地點在達吉斯坦的哈薩維尤爾特市）。12 月 29 日，俄國宣布撤軍，但是莫斯科的好戰派斥責列別德（A. Lebed）越權，此條約無異「投降」、「叛變」，車臣「合法」總統扎夫加耶夫被玩弄後丟棄，痛恨地向媒體告狀說，列別德一手策畫，企圖勾結反政府武裝建立聯合政府。俄羅斯一共耗盡 8,000 多億盧布，陣亡 2,873 人，超過在阿富汗戰場的每個月 132 人死亡數目。車臣則有十萬人傷亡，1.5 萬人被打死。

1997 年 1 月 27 日，馬斯哈多夫贏得 70% 以上選票，

當選車臣總統，5月率團至莫斯科，與葉利欽簽訂雙方的《和平與相互關係原則條約》，俄出錢142億美元協助車臣重建，還把石油下放給車臣。馬斯哈多夫卻要求俄羅斯為戰爭賠款2,000多億美元，並堅持車臣獨立，反對被俄羅斯併吞。雙方關係建立在「平等國家和國際法準則基礎上」，立刻引起混亂。

馬斯哈多夫心知肚明，所謂「五年內不解決車臣地位問題」，根本就是俄羅斯的緩兵之計，他在一年內立即建立一支兩萬人的部隊，旨在「防止外來侵略」。

1998年車臣選舉新議會，馬斯哈多夫下令成立最高伊斯蘭法典法院。2月3日，他宣布在車臣加強基本教義的意識形態，用古訓來強化社會秩序。瓦哈比派立刻和車臣的傳統派產生矛盾對立，尤其新興商人階級更是畏懼。然而「聖戰」太誘人了，激進派得到韃靼人、巴基斯坦人、阿富汗塔利班政權的支持（塔利班第一個承認車臣政權），賓拉登更全力支持車臣的恐怖主義。

巴薩耶夫當了幾個月的總理，更加推動脫離俄羅斯運動。1998年5月1日，俄總統駐車臣全權代表弗拉索夫，在羅斯托夫通往阿塞拜疆巴庫的公路上被劫持。13日，車臣副檢察長馬戈多夫前往恐怖分子指定的地點去談判，卻在半路遭到炸彈攻擊負重傷，共有三人死亡，多人受傷。

9月29日，俄羅斯駐車臣副代表賽義多夫被綁架，10月3日遇害；2日，恐怖分子綁架在格羅茲尼工作的四名英國人；1999年3月5日，俄聯邦駐車臣全權代表、聯邦內

務部副部長什皮貢少將，在登機前被綁架；3 月 22 日，馬斯哈多夫的座車被炸彈攻擊；7 月 4 日及 18 日，恐怖分子又攻擊俄內衛部的巡邏隊。

面對巴薩耶夫的挑釁，馬斯哈多夫在 1998 年 6 月 23 日宣布戒嚴；7 月 15 日，兩派在古杰爾梅斯火拼。12 月 15 日，車臣又宣布戒嚴一個月。馬斯哈多夫自知敵不過巴薩耶夫，1999 年 7 月 3 日雙方協議，共同建立國家安全委員會以停止內戰。

達吉斯坦危機　1999 年 1 月，達吉斯坦境內發現了瓦哈比派的傳單，要求俄軍撤離這裡。4 月，巴薩耶夫宣稱：「車臣面臨內戰的威脅，我們為了避免內戰，發動對俄羅斯的戰爭。」

8 月 7 日，巴薩耶夫率領 500 多人闖進達吉斯坦，幾天後和當地人組成 1,000 多人的隊伍，襲擊俄軍崗哨，扣押人質，並且控制了幾個小村，設立「伊斯蘭電視台」，鼓吹達吉斯坦獨立，與車臣合組成獨立的伊斯蘭國家。

這個只有五萬平方公里土地的小國，人口卻為車臣的三倍（250 萬人），占據裏海石油的重要地位。葉利欽當天下令三萬部隊包圍那幾個村莊。剛上任的俄羅斯代總理普京（Vladimir V. Putin, 1952-）坐鎮指揮，馬斯哈多夫宣稱這件事與車臣無關，但從 8 月 16 日起宣布車臣戒嚴一個月。

8 月 31 日 19 時 58 分，莫斯科紅場附近的梅尼茲購物中心地下遊樂場爆炸，41 人受傷。9 月 4 日，達吉斯坦伊納

克斯克市發生汽車爆炸，目標是俄軍第 156 旅的五層公寓，炸死 64 人；6 日，莫斯科古里亞諾夫街的九層公寓爆炸，造成 94 死、400 多人受傷。葉利欽宣布 13 日爲民族哀悼日，降半旗。當天凌晨 5 時，位於市東南部卡什爾斯基公寓附近的公寓又有 70 人被炸死。

8 月 9 日，葉利欽提升普京爲總理，準備消滅恐怖分子。普京生於列寧格勒（聖彼得堡），列寧格勒大學法律系畢業後（1975），進入 KGB 第一局，派駐東德多年，1980 年代末他擔任列寧格勒大學副校長助理及市長顧問，1994 年到 1996 年 6 月成爲第一副市長，後調任總統辦公廳事務管理局副局長，1998 年爲聯邦安全局局長。

8 月 13 日，普京立刻向巴薩耶夫進攻，打死 150 多人；8 月 3 日至 9 月 24 日，派直升機轟炸車臣恐怖分子的基地，消滅 2,000 多人；不斷轟炸格羅茲尼及車臣各地彈藥庫、石油加工廠及恐怖主義基地，大批車臣人潛入俄境，8 月 31 日、9 月 4 日、9 月 9 日、9 月 13 日、9 月 16 日連續在莫斯科、布伊納斯克及伏爾加頓斯克各地大炸特炸。莫斯科連續三次爆炸，死傷數百人。

普京採取「固邊」及「旋風」行動，先在斯塔夫羅波爾邊疆區加強巡邏取締；同時全俄警察總動員，9 月 16-18 日，三天內共逮捕 2,200 多人及 9,000 多名嫌犯，找出 300 公斤炸藥。

10 月 1 日，俄軍從達吉斯坦、印古什及斯塔夫羅波爾三個方向同時向車臣挺進，第二天就深入車臣。5 日，馬斯

哈多夫下令進入戰時狀態。7 日，俄軍幾乎沒遇到什麼抵抗，就占領了車臣 1/3 的領土。4 日，車臣人在當夜偷襲捷列克河另一邊的依什舍爾斯卡亞，交戰四個小時，俄軍被打死 200 多人，40 多人被俘。11 日，俄軍越過捷列克河以南，開始掃蕩。

普京拒絕馬斯哈多夫 10 月 10 日的停戰呼籲，堅持先交出襲擊達吉斯坦和在莫斯科等地製造爆炸案的肇事者，然後才能進行全面的談判。他更暗示，莫斯科準備與屆時被認為「對俄羅斯有利的人」談判。

莫斯科也炮製出一個所謂車臣「國務委員會」，扶持塞拉杜耶夫為主席。這群車臣叛徒，要求葉利欽任命國務委員會主席為駐車臣的全權代表，並提供支持，使車臣共和國形勢正常化。普京一面放話，指示俄軍司令卡贊采夫對外宣稱不排除與馬斯哈多夫談判的可能性；但又同時強調堅決徹底消滅車臣恐怖分子的立場。同時，普京又揭露過去三、四年中，俄羅斯每個月對車臣的退休金和工資的撥款，僅在 1997 年初就有兩億盧布，車臣人民一毛錢也沒拿到，那些錢都被匪幫侵吞了。這一招，製造了車臣人的內部矛盾，爭取車臣公務員及低收入者轉而傾向俄羅斯政府。

第二次車臣戰爭 10 月 18 日，俄軍完全占領通往格羅茲尼的所有道路，進逼城下 5-6 公里處。10 月中，車臣人損失超過 2,500 人，俄軍 178 人戰死、400 人受傷。10 月 26 日，十萬俄軍從東、西、北三個方向進攻，並張貼布告

懸賞巴薩耶夫 100 萬美元。12 月 4 日，俄軍幾乎已完全包圍格羅茲尼，兵臨城下兩公里處，圍而不打。

12 月 31 日，葉利欽辭職，把總統職務交給普京帶領。2000 年 1 月 10 日，普京批准《俄羅斯聯邦國家安全構想》，將「維護國家領土完整」與「消除宗教極端勢力、民族分離主義和恐怖主義的影響」共同做為國家利益的內容，指出：「恐怖主義是對俄羅斯聯邦國家安全的最大威脅，國際恐怖主義發動了一場旨在破壞俄羅斯局勢的公開活動」，「在出現用暴力推翻憲法制度、破壞國家領土完整及公民生命受到威脅的情況下，嚴格按照俄羅斯聯邦憲法和聯邦法律在國內使用武力。」

2 月 6 日，俄軍攻占格羅茲尼；6 月 12 日，卡達羅夫成為車臣臨時政府首腦，他曾響應杜達耶夫而領導游擊隊，此人傾俄。2003 年 10 月 5 日，他當選總統，至少逃過十次恐攻。2004 年 5 月 9 日，在那迪摩體育場的反法西斯戰爭勝利 59 周年大會上，他被腳下的遙控地雷炸死，有 20 多人陪葬。莫斯科欽點內務部長阿爾哈諾夫（退伍後當過警察的 KGB 特務）為候選人，不料恐怖分子在 8 月 24 日製造兩起空難，選民紛紛逃走；30 日，他仍以 70% 多數票「當選」。

恐怖主義 普京對車臣恐怖分子絕不手軟。2001 年 6 月 25
繼續蔓延 日，俄總理雅斯特布任斯基宣布擊斃巴拉耶夫。他的家族全盛時期控制了車臣的石油交易，以及一條貫穿全境的主要道路。巴拉耶夫在 1991 年 11 月 8 日劫持一架飛機

飛往土耳其，再回格羅茲尼。1998 年 10 月，他綁架四名英國人，得到 1,000 萬美元的贖金，卻撕票，因為賓拉登出價 3,000 萬美元要這四個人質的人頭。巴拉耶夫被俄軍直升機的飛彈炸死時，才 28 歲。

他的姪子馬夫扎爾・巴拉耶夫接替叔叔的志業，成為「伊斯蘭特別團」（Special Purpose Islamic Regiment）團長，並創建「寡婦敢死隊」。2001 年 8 月，俄軍宣布將他打死於阿爾貢市，但不久他又重現。2002 年 10 月中旬，俄軍又差點逮捕到他，不料兩週後馬夫扎爾又出現在莫斯科。

2002 年 10 月 23 日，莫斯科軸承廠劇院發生綁架大案，800 名人質被劫持。21 時 30 分左右，40 多名頭戴面罩的恐怖分子手持衝鋒槍闖進劇院，幾分鐘內封鎖了所有出口，並在大廳的幾個窗口掛起了爆炸物。正當舞台上第二幕結束時，一名年輕人手持衝鋒槍，在幾個人簇擁下跳上舞台中央，把演員逼到角落，然後宣布他們是車臣人，「現在我們已經在四周布滿了炸彈，我們的人準備與你們同歸於盡，你們最好跟我們合作！」

他就是巴拉耶夫本尊，連面罩也不戴。人質中有一名俄羅斯《國際文傳電訊》的女記者，她立刻打電話回報社，幾分鐘過後，俄羅斯幾家大電視台開始直播這一事件。

包括 75 名外國人在內的 800 多人被綁架的消息傳到克里姆林宮後，普京立即決定取消第二天前往德國柏林與施洛德總理的會談，指派聯邦安全局副局長普羅尼切夫、莫斯科內務總局局長普羅寧負責指揮營救人質小組，在劇場 500 米

處成立指揮中心。命名爲「雷雨」的行動，由「阿爾法」（α）部隊及內務部特警部隊共 6,000 多名軍警組成，在一個小時內趕到，把現場包圍得水洩不通。

23 時左右，恐怖分子釋放 20 名兒童及幾名高加索人，要求俄軍在一週內撤離車臣，普京在電視上揚言絕不妥協。24 日，國際紅十字會代表進入劇場，恐怖分子又釋放一名奄奄一息的英國人及三名兒童。當晚有兩名婦女藉口上廁所而跳窗逃走，向指揮中心報告了實情。25 日清晨，一名獨立電視台記者獲准進入現場，加上許多外國外交人員進入劇場，紅十字會的人當中混進了許多俄羅斯特工。25 日晚上，恐怖分子已釋放 150 人了。

26 日拂曉 3 時 30 分，恐怖分子開始大批屠殺人質。5：30，阿爾法部隊主攻，先向通風管施放大量神經麻醉劑，昏迷了場內的所有人，接著他們炸開劇場牆壁衝進去。7：10，阿爾法特戰部隊押解恐怖分子走出劇場。幾天後，當局公布有 128 名人質死於各種原因，500 多人受傷。巴拉耶夫等 50 多名恐怖分子全部落網或被擊斃；25 歲的巴拉耶夫被打死；無一名軍警傷亡。受難人質及其家屬事後共分得 170 萬美元的撫恤金。

令人側目的是，參加這次事件的，赫然出現「里亞杜斯—薩利欽車臣烈士營」（Riyadus-Salikhin Reconnaissance and Sabotage Battalion of Chechen Martyrs），以及「黑寡婦」——她們大多是車臣戰士的遺孀或姊妹，決心一死來爲親人報仇。36 名巴薩耶夫訓練的黑寡婦參加了此次行動，被打

死了 19 人。

2003 年 5 月 14 日，一名黑寡婦混進伊利斯克汗・尤特鎮的人群（當時正在舉辦宗教慶典），引爆身上的炸彈，炸死自己及一群人，車臣行政長官卡德羅夫逃過此劫。有 20 人被炸死，包括兩名黑寡婦，145 人受傷。

6 月 5 日早晨，北高加索地區軍事要地，也是反恐後勤基地莫茲多克，一名黑衣女人吵著跳上前往機場的巴士，引爆自殺，炸死車上的 20 人。據描述，「黑寡婦」全身黑衣黑裙，除了眼睛以外，什麼也不被人看見。7 月 5 日 14 時 52 分，莫斯科圖什諾機場正在舉辦搖滾音樂會，有四萬名聽眾狂歡，兩名黑寡婦各攜帶 500 公克軍用塑膠炸藥，未能通過安檢。一名婦女先在入口處引爆身上的炸藥，引起混亂，接著，第二人在警察疏散群眾的另一個出口守候，引爆身上的炸藥。警方在一名黑寡婦身上找到她的車臣護照，確認她是 20 歲的蘇力汗・立哈德耶瓦亞。

12 月 5 日，7：42，斯塔夫羅波爾邊疆區的一列火車，從基斯羅沃茨克開往明沃德時發生爆炸，造成 42 人死亡，200 多人受傷，嫌犯共一男三女，三女嫌中兩人跳車逃逸，另一人重傷。同日，印古什安全人員也在卡拉布拉克市發現兩輛裝有炸彈的汽車。上一次的火車爆炸案在 9 月 3 日，造成 6 死 92 傷。12 月 9 日，莫斯科紅場對面的民族飯店外，一名黑寡婦在紅場邊緣自爆，造成五死十傷。

黑寡婦也在車臣製造爆炸案。5 月 12 日，三名女恐怖分子駕車衝到茲納緬科耶鎮內區行政大樓，造成 60 死、200

人受傷。14 日，距古杰爾梅斯不遠的一個村莊，又被炸死 16 人、70 多人受傷。6 月 5 日，一輛載著 27 名軍人及技術人員的北奧塞梯共和國的大轎車，遭到女自殺者攻擊，造成 19 人死亡。

8 月 1 日夜裡，北奧塞梯的一所軍醫院又被汽車炸彈攻擊，炸死 50 人、100 多人受傷。2004 年 4 月 6 日上午 9：45，印古什總統逃過汽車炸彈攻擊。6 月 21 日，車臣游擊隊在當晚同時攻擊了印古什的納茲蘭、卡拉布拉克市及奧爾忠尼啓則夫斯卡亞鎮，及其他幾個市鎮的內務部及其分局、檢察機關、俄邊防軍總部、軍火庫、警察局等 15 個目標，並打死印古什內務部代部長、副部長、納茲蘭市檢察組長等 23 人及一些警察，造成 97 人死亡、105 人受傷，游擊隊動用了迫擊炮、火箭筒，有 20 人陣亡。

4 月 25 日，俄羅斯總統助理亞斯特任布斯基宣布，有足夠證據證明，哈塔卜已在 3 月底的一次行動中死去，事後證明他是被 KGB 的人混入身邊，在哈塔卜的食物裡下毒。國際恐怖分子阿布·瓦立德擔任起「基地」和「穆斯林兄弟會」的駐車臣代表，俄方宣布 2004 年 4 月已將他解決了。

揚達爾比耶夫在 2001 年 9 月後流亡到卡達，2003 年還被聯合國列在恐怖分子名單上。2004 年 2 月 13 日中午 12 時 45 分，揚達爾比耶夫和他 13 歲的兒子及兩名保鑣在卡達的首都多哈遇炸，送醫後身亡，他兒子受重傷。他那天要去清眞寺做禮拜，被座車內預藏的炸藥給炸死了。2 月 19 日，卡達警方逮捕三名俄國特攻，最後也不了了之。

　　3 月 1 日，俄羅斯聯邦安全局宣布：車臣副總統、國防部長、野戰司令魯斯蘭・格拉耶夫於 2 月 28 日被兩名俄邊防巡邏兵擊斃。事後證明那兩個士兵也當場被打死。當天，被俄軍軍情局（GRU）的特種部隊在達吉斯坦追殺 20 多天的格拉耶夫，逃到別茲梯村與格魯吉亞潘基西峽谷交界的查伊克哈峽谷，兩名 22 歲的俄國士兵發覺有異，向前盤查，格拉耶夫掏出手槍，其中一名俄軍當場氣絕，另一人則向他開槍。格拉耶夫中彈，切斷自己的左臂，只爬行 50 多米就氣絕身亡了。5 月 9 日，A. Kadirov 總統被炸死。

　　2004 年 9 月 1 日，開學第一天，北奧塞梯共和國別斯蘭市第一中學在 10 時左右，遭受恐怖分子綁架 1,000 人，趕進體育館裡，30 多名家長和學生乘亂溜進鍋爐房被發現，立刻被打死或打傷，14 個人僥倖逃走。

　　普京趕回莫斯科，改派內務部的「信號旗」特種部隊去救援人質。車臣恐怖分子提出車臣獨立的要求，下午釋放 15 名兒童及一名婦女，但先前已殺 20 名男性人質了。9 月 2 日下午 4 時 10 分，恐怖分子再釋放 26 名人質。早上 6 時，俄軍把恐怖分子的家人，67 歲的哈瓦什・謝米耶夫夫婦和兩個兒子、兒媳、謝米耶夫的姐姐及他的三個孫子，從茲納梅斯克村押到漢卡拉的指揮中心；謝米耶夫正是馬斯哈多夫的岳父。

　　3 日，13 時 5 分，特種部隊攻進學校時，體育館傳出槍聲及爆炸聲。有的人質以為解救行動開始了，紛紛從沒有玻璃的窗口和牆上炸出的大洞逃出去，慘遭車臣人射殺。兩個

小時的槍戰後，30 名車臣恐怖分子被打死或自殺，兩人被俘。幾天後，官方公布這次有 335 名人質遇害（其中有 157 名兒童）、700 多人受傷。

巴薩耶夫宣稱爲此事件負責，馬斯哈多夫則在網路上譴責前者，宣布在戰爭結束後，將他移交法庭，2008 年巴薩耶夫被聯邦安全機關清除。

2005 年 3 月 7 日深夜至 8 日清晨，馬斯哈多夫在格羅茲尼被俄軍炸死於農業區行政中心托爾斯特—尤爾特村的水泥地堡裡，屍體送到莫斯科驗明正身。他的死訊由駐倫敦代表扎卡耶夫證實。3 月 9 日，由車臣伊斯蘭法院院長阿卜杜爾‧哈利姆‧薩杜拉耶夫接替爲「伊奇克里亞共和國」領導人。巴薩耶夫也在網路上聲明擁護薩杜拉耶夫，馬斯哈多夫流亡在巴庫的兒子安多佐也證實，薩杜拉耶夫的繼任的確是在幾年前由各方人士共同協定的。2007 年 3 月 1 日，普京提名 30 歲的前總統艾哈邁得‧卡德羅夫的兒子拉姆贊爲候選人；3 月 2 日，他當選車臣總統。

儘管俄羅斯當局在 2009 年 4 月 6 日宣布結束車臣戰爭，但 2011 年 1 月 24 日在莫斯科 Domodedovo 國際機場仍發生自殺炸彈爆炸事件，炸死 30 多人、傷及 200 人。

8. 南斯拉夫解體

人造
國家
人們常以「1-8」來形容前南斯拉夫（Yugoslavia）的複雜性：一個黨（南共聯盟）和一個領袖；兩種

文字（拉丁字母和西里爾字母）；三種官方語言：塞爾維亞
—克羅地亞語、斯洛文尼亞語及馬其頓語；四種宗教：希臘
正教、天主教、新教和伊斯蘭教；五個主體民族：塞爾維亞
族、克羅地亞族、斯洛文尼亞族、馬其頓族和蒙德尼哥羅族；
六個共和國：塞爾維亞、克羅地亞、斯洛文尼亞、馬其頓、
蒙德尼哥羅（黑山）、波斯尼亞；七個鄰國：羅馬尼亞、保
加利亞、希臘、義大利、阿爾巴尼亞、奧地利和匈牙利；八
個聯邦單位：上述六國和境內的伏伊伏丁那和科索沃兩個自
治省。

	塞蒙國家共同體			斯洛文尼亞	克羅地亞	波斯尼亞‧黑塞哥維那	馬其頓
	總體	塞爾維亞	蒙德尼哥羅				
面積	10.2 萬	8.8 萬	1.4 萬	20 萬	5.7 萬	5.1 萬	2.6 萬
人口	1082 萬			201 萬	449 萬	400 萬	207 萬
民族結構	塞爾維亞人 阿爾巴尼亞人 蒙德尼哥羅人	塞爾維亞人 阿爾巴尼亞人 匈牙利人	蒙德尼哥羅人 穆斯林 塞爾維亞人	斯洛文尼亞人 克羅地亞人 塞爾維亞人	克羅地亞人 塞爾維亞人	穆斯林 塞爾維亞人 克羅地亞人 南斯拉夫人	馬其頓人 阿爾巴尼亞人 土耳其人
主要語言	塞爾維亞語	塞爾維亞語	塞爾維亞語	斯洛文尼亞語	克羅地亞語	克羅地亞語 塞爾維亞語	馬其頓語
主要宗教	塞爾維亞正教 伊斯蘭教	塞爾維亞正教 伊斯蘭教	塞爾維亞正教	天主教	天主教 塞爾維亞正教	伊斯蘭教 塞爾維亞正教 天主教	馬其頓正教 伊斯蘭教

　　這個「人造國家」面積 225,804 平方公里，人口 2,347
萬人，卻有大小 24 個民族，六大民族（加上穆斯林）占
85%，加上阿爾巴尼亞人和匈牙利人共是八大族群。塞族占
36.2%（852.7 萬）、克族占 19.7%（463.7 萬），穆斯林有
235.3 萬（占 10%），阿爾巴尼亞人 217.8 萬（占 9.3%），

斯洛文尼亞人 176 萬（占 7.5%），馬其頓人 137.2 萬（占 5.8%）、黑山人 53.9 萬（占 2.3%）、匈牙利人 37.9 萬（占 1.6%），其他 71 萬人。幾個主體民族各自分住，但又互相交叉，例如塞國境內有阿爾巴尼亞人聚居的科索沃；匈牙利人、羅馬尼亞人住在伏伊伏丁那，還有一部分黑山人；克羅地亞境內，塞族在克寧地區（占 12%），更有占 15% 的穆斯林；穆斯林聚居在波─黑，占 42% 人口，另有 32% 的塞人和 17% 的克族；馬其頓有 21% 的阿爾巴尼亞人和 5% 的土耳其人；黑山有 15% 的穆斯林、4% 的塞族⋯⋯。

克羅地亞人和斯洛文尼亞人信天主教，歷史上受奧匈帝國統治；南部的塞爾維亞、蒙德尼哥羅和馬其頓，被鄂斯曼土耳其帝國統治數百年，信東正教；穆斯林及阿爾巴尼亞

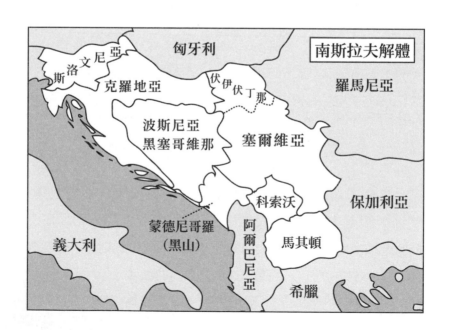

人、科索沃人信伊斯蘭教。1918 年 12 月 1 日，在奧匈帝國的廢墟上，建立了塞爾維亞國王亞歷山大統治的塞、克、斯王國，包括了波—黑、達爾馬提亞與馬其頓在內。1941 年，德軍只花十天就攻占南斯拉夫。克羅地亞立刻「獨立」，由義大利保護。帕維利奇屬行「禁止塞爾維亞人、吉普賽人和狗進入公園」，強迫境內的 20 萬塞族改信天主教，其餘 1/3 趕去塞爾維亞，再殺光其餘的 1/3 塞族，至少殺死了 334,000 人（即每六人中的一人）。相對地，也有 207,000 名克族、860,000 名穆斯林被塞族屠殺。

狄托（Josip Broz Tito, 1892-1980）是克、斯兩族混血的克羅地亞人，1945 年 11 月 29 日建立南斯拉夫聯邦人民共和國（1963 年改為南斯拉夫社會主義聯邦共和國）。根據 1953 年 1 月 3 日的《根本法》規定，六個共和國的各民族可根據民族自決原則，自願參加或退出聯邦。可是不久又刪除此項，而擴大各共和國自治省、區的地方自治權，不准再談什麼「分離獨立」了。

狄托把塞爾維亞的一部分劃入克羅地亞，又把塞國境內的科索沃及伏伊伏丁那兩個自治區提升為聯邦單位的「國中之國」，擁有自己的司法和立法體系，如此一來，科索沃的阿爾巴尼亞人強迫塞族遷出；而在伏伊伏丁那，匈牙利人被占多數的塞族統治。最有錢的斯洛文尼亞人慨嘆，他們的錢都被中央和落後地區搶走了。[3]1989 年，斯洛文尼亞 GNP 人

3　1991 年筆者在盧布爾維那碰到一名斯洛文尼亞工程師當時所講的話。

均 6,129 美元，科索沃只有 741 元，相差八倍。

　　1980 年 5 月 4 日，狄托去世，留下 200 億美元的外債和日益惡化的經濟。1981 年，科索沃的阿爾巴尼亞人高舉要獨立，甚至要和阿爾巴尼亞聯合的旗號示威遊行，很快被其他各族聯手鎮壓。塞爾維亞人不滿克羅地亞人、斯洛文尼亞人控制聯邦，刻意壓制塞族，進而要求更多的權力和民族自決。1986 年，《塞爾維亞在南斯拉夫地位的備忘錄》成了米洛塞維奇（S. Milošević, 1941-2006）這位黑山人刺激塞人民族主義的文件；同時堅持科索沃是塞爾維亞不可分割的一部分，塞族必須捍衛領土主權。

　　米洛塞維奇推波助瀾，坐享「愛國者」的領導地位，很快迫使伏伊伏丁那的匈牙利人「自動請辭」，逮捕阿爾巴尼亞裔領袖 Azem Vlassi，1989 年再奪取黑山的領導權；3 月，塞爾維亞取消了自治省對修憲的否決權和部分自治權。

　　塞爾維亞民族主義相對地刺激了克羅地亞人、斯洛文尼亞人和阿爾巴尼亞人的不安。克族領袖 Stipe Šuvar 想成為第二個狄托，允許境內的塞族獲得更多的權利；但是塞族寧為玉碎、不為瓦全，不忘過去的歷史宿仇。民族主義者和知識分子提供了精神武器，共產黨笨拙的階級鬥爭手段，反而使民族主義者更加振振有詞。1990 年 1 月，南共「十四大」上，克羅地亞和斯洛文尼亞主張改聯邦為邦聯，各國獨立，與塞爾維亞、黑山對立。2 月 2 日，斯洛文尼亞共產黨宣布獨立，馬其頓和克羅地亞立刻響應。4-12 月各國選舉時，民族主義派紛紛獲勝。1991 年，全國已出現 250 多個政黨；

3月9日，50多個反對黨在貝爾格勒放火燒車，攻擊外交部。

　　3月2日凌晨，克羅地亞境內的普利特維萊湖畔打響了第一槍。一個月後，塞、克兩族的部隊開始火拼。占克國12%人口（60萬）的塞族，成立「塞爾維亞克拉伊納共和國」，至5月時，形勢已不可收拾。6月25日，克羅地亞、斯洛文尼亞宣布獨立，10月8日建國。德國率先在1992年1月承認這兩國。克國境內，塞、克兩族火拼不休，南斯拉夫人民軍支持塞族「自由戰士」。雙方打到1992年1月20日第15次停火協議才暫告一段落。克族卻身穿二戰期間法西斯占領軍幫凶的烏斯達莎黑衫，強迫斯拉夫尼亞西部27個村落的數千塞族流入波斯尼亞，大搞「種族淨化」，攻占塞族城市，將弗科瓦夷爲廢墟。

波黑內戰 1992年起，波黑打了四年多內戰。二戰期間，克羅地亞人的烏斯達莎屠殺17萬塞族，15萬克族及穆斯林也死於塞族的刀下，三族世仇無法解開。1992年3月1日，一對塞族青年正在塞拉耶弗市內東正教教堂中舉行婚禮時，突然被一名穆斯林持槍掃射，打死新郎的父親，並燒毀了塞族旗幟。當晚，心理醫生 R. Karadžic 立刻成立「波黑塞爾維亞人民危急總司令部」，下令開戰。3月3日，波黑在混亂中宣布獨立。塞族堅持波黑留在南聯邦內，而主張獨立的克、穆兩族也分爲三個地區組成一個聯邦；或以穆斯林爲主體的國家。由於克、穆兩族的堅持，波黑獨立，塞族則在1992年4月6日單獨建立塞爾維亞波黑共和國，堅持留

在南聯邦內的十萬波黑軍隊立刻鎮壓塞族，留駐波黑的南斯拉夫人民軍反擊克軍（10 多萬）及穆軍（12.5 萬），南軍撤離前把飛機、坦克、重砲交給塞族。

南共同盟向波黑的塞族提供 51 億美元援助，51 個伊斯蘭國家的志願軍進入波黑打聖戰，不到 18 個月內，奪走 15 萬條人命，200 多萬人淪爲難民。更妙的是，有時候克、塞兩族又聯手屠殺穆斯林（簡直和我們台灣人在清朝的漳、泉拚，又聯手拚客家人一樣）。歐洲共同體（EC）在 1991 年 8 月達成共識，不接受任何以武力改變的國內或國際邊界；任何解決辦法都必須保障所有共和國人民和少數民族的權利；歐體絕不接受既成事實的政策。1992 年 3 月，歐體推動波黑三族民主平等、自治和政教分離，一週後就告幻滅。新的南共同盟已改黨名爲「塞爾維亞社會黨」，西方國家把波黑內戰的責任推到他們的頭上。

4 月 10 日，歐體 12 國共同向塞爾維亞施壓力，堅決支持波黑領土完整，並召回駐貝爾格勒的大使，美國也關閉南共同盟紐約及舊金山的領事館；聯合國決議要求波黑立即停火，5 月，接納克、斯、波黑爲會員國。5 月 27 日，歐體開始經濟制裁塞爾維亞及黑山；30 日，聯合國安理會決議全面制裁南斯拉夫（中國及津巴布韋棄權）。1993 年 6 月起聯合國維和部隊的介入，根本無濟於事。各族談判、分割計畫耗盡時間，塞族已占 70% 領土，豈肯屈服？4 月 12 日起，北大西洋公約組織（NATO）戰機在波黑上空強制執行禁飛行動。26 日，安理會開始制裁塞族，連俄羅斯總統葉利欽

都不支持塞人。1994 年 2 月 10 日格林威治時間 24：00 起，北約調集 164 架戰機，俄羅斯出面向美國協調，塞族撤走大砲，免於一場轟炸。情勢仍無改變，4 月 15 日，在北約戰機轟炸下，塞族仍攻下戈拉日代。1995 年 11 月 21 日，波黑、塞、克三國總統在美東俄亥俄州代頓歷經 21 天的談判，通過波黑為主權共和國，由穆─克聯邦及塞人共和國兩部分組成，分別控制 51% 及 49% 的領土；選舉上下兩院議員及由三人組成總統委員會。12 月 14 日，在巴黎愛麗舍宮（總統府）正式簽署了波黑和平協議。

　　馬其頓人也在 1991 年 9 月 8 日公投，95% 贊成獨立，但是境內的阿爾巴尼亞人、塞爾維亞人、希臘人和保加利亞人各說各話。1993 年 5 月，才由聯合國決定接受一個奇怪的國名 —— 前南斯拉夫馬其頓共和國（Former Yugoslav Republic of Macedonia）。

　　科索沃（10,887 平方公里，200 萬人，阿爾巴尼亞人占 90%），民族複雜，包括塞、黑山、波斯

| 科索沃 |
| 獨　立 |

尼亞人、羅馬尼亞人、茨岡人、土耳其人和穆斯林斯拉夫人。科索沃在南斯拉夫塞爾維亞境內，阿族堅稱自己是土生土長的居民，科索沃是大阿爾巴尼亞的一部分，有權獨立或和阿爾巴尼亞合併。

　　公元前 4-5 世紀，伊利里亞人已在科索沃定居；前 168 年起，被羅馬人統治過 500 年，再被東羅馬統治；1170 年，塞爾維亞統治了科索沃；1389 年，土耳其在這裡大敗塞、

德、匈聯軍，直到 1912 年科索沃才被塞、黑山軍征服。二次大戰後，科索沃重回南斯拉夫。二戰期間，約有十萬塞族出走，幾十萬阿人從阿爾巴尼亞遷入科索沃。1991 年，阿人占人口的 90%，而塞族、黑山人則不到 10%（1941 年占 36%）。

1946 年，狄托把科索沃劃為塞爾維亞共和國境內的「科索沃─梅托西區自治區」，1968 年再升格為自治省，1974 年再成為「準聯邦單位」，與其他六國平起平坐；它有一項特權，即塞國修憲得徵得科索沃的同意，反之，科索沃修憲不必塞國點頭。但是科索沃阿族不滿只有 58 萬人的黑山早已成立共和國，而 130 萬人的阿族卻只是自治省。1968 年起，阿人不斷示威。1981 年，阿族更喊出「解放科索沃」、「成立科索沃共和國」。

1986 年，塞族反擊狄托時代的反大塞爾維亞主義，米洛塞維奇上台（1987），對科索沃採取高壓政策。1988 年 11 月和 1989 年 2 月，他把阿族領袖卡·弗拉西科趕下台。1989 年 2 月，引爆礦工罷工和學生示威，米洛塞維奇下令戒嚴。1990 年 7 月 12 日，114 名阿族議員宣布科索沃為獨立國家，大批塞國軍警接管了科索沃。9 月上旬，塞爾維亞修憲，取消科索沃省的自治地位。1991 年 6 月 7 日，阿族議員又祕密通過共和國獨立的《卡查尼克憲法》。11 月，乘南斯拉夫聯邦解體危機時，他們宣布獨立；1992 年 5 月 24 日，成立議會和政府。

1994 年，「科索沃解放軍」成立；1991-98 年間，進行

200多次恐怖攻擊。1998年，阿、塞兩族衝突升高。阿爾巴尼亞承認科索沃獨立，支持「科索沃解放軍」在其境內受訓。2月，科索沃危機後，阿國要求國際干預，譴責塞族進行「極端主義和國家恐怖主義暴行」。

1998年2月，美國特使格爾巴德訪問普里什蒂納，聲稱從人權和區域的角度看，科索沃問題是一個國際問題，而不是南斯拉夫的內政。3月，南斯拉夫拒簽和約。3月24日起，北約對南斯拉夫進行78天的轟炸，摧毀了南斯拉夫的軍用設施、通訊網、石油工業、電視台、電台，造成上千億美元的損失。1999年6月8日，南斯拉夫向北約屈服，同意撤出軍隊；次日，北約停止轟炸。

2000年10月，科索沃舉辦選舉，「科索沃解放軍」有計畫地把塞族從20多萬趕到只剩下三萬多人。科索沃仍舊只維持自治（聯合國安理會第1244號決議）。

米洛塞維奇也被趕下台。2002年4月9日，南聯邦改為「塞爾維亞與蒙德尼哥羅國」，滿足了黑山「獨派」。西方國家要求把米洛塞維奇送交海牙國際法庭，換取重新安排45億美元的外債。2001年6月28日，南國政府把米洛塞維奇引渡給國際法庭。

2002年，聯合國特派團提出「先標準，後地位」政策，先滿足科索沃民主與經濟各方面八項標準，然後再決定它的最終地位。2004年3月，塞族4,000多人逃走。2006年2月至2007年3月，塞、科談判仍無疾而終，俄、塞反對2007年2月聯合國建議科索沃在國際監督下「自我管理」，

有自己的憲法、軍隊、國歌，加入包括聯合國在內的國際組織。2008 年 2 月 17 日，科索沃在美國支持下宣布獨立，這個國家的人口不到 200 萬人，國會採一院制，共 120 席，其中 100 席由直選產生，另外十席保留給塞族，十席給少數民族。

＊　　＊　　＊

各民族獨立自主，是千年來被壓迫民族的心願，但是壓迫民族只以「大ＸＸ主義」來壓制，用流血來殘酷鎮壓。南斯拉夫各族勉強同居，卻無法壓制千年來的宿仇，隨時引爆民族仇殺，甚至引外力來滅敵，結果引狼入室而自己被殖民。這段斑斑血史，台灣人根本一無所知，還以為是蠻族互相屠殺。

西方媒體對巴爾幹的報導一向偏頗。台灣人也就受 CNN 之類電視台的洗腦，什麼也不知道。從巴爾幹的歷史，可以看出民族主義既非理性也不講道理，就是堅持民族生存和尊嚴，如果再加上宗教的因素，更是堅不可摧的力量。

台灣民主人士最怕真正的台灣民族主義，害怕被壓迫大眾拿民族主義來革命，於是把民族主義閹割成只有他們一小撮「進步人士」才可以講的「綿羊民族主義」，即承認外來暴政下的爭取台灣高度「自治」──那是他們的自治，不是我們被壓迫者的「自決」！

當「台獨」變成反對清算歷史、反對了解真相、反對鬥

爭貪汙不義政權的時候，綠色恐怖和紅色恐怖的差別就在，後者是以無產階級專政爲名，前者卻以資產階級獨裁而行。

民族主義被資產階級「專賣專用」，首先是壓制被壓迫大眾的反抗聲音，扣上破壞團結、唱衰台灣的「街頭聖戰士」、「暴徒」、「麻煩製造者」大帽子，再煽動愚夫愚婦盲目追殺。「深綠」已不自覺地成爲資產階級的共犯，還以爲是愛台灣的「民族英雄」，台灣的希特勒已經誕生了，台灣民族主義完蛋，舊台獨運動已告走進歷史的垃圾堆，新的台灣民族主義將在 2020 年以後浴火誕生，而不是重生。那將是一場台灣人內部的階級鬥爭，同時也是對外來政權眞正的民族鬥爭的起步！

第十三章

邁向21世紀

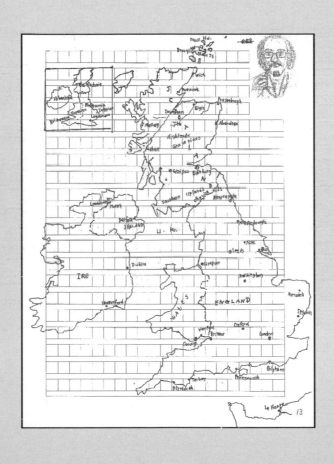

1. 塔米爾猛虎

語言鬥爭 錫蘭在 1505 年被葡萄牙人入侵，1658 年再被荷蘭人統治，1798 年又被英國殖民，直到 1948 年才脫離大英獨立，1972 年改國名為斯里蘭卡（Sri Lanka）。這個位在印度南端的小國，人口 1,700 多萬，其中僧伽羅人（Sinhalese）占 74%、塔米爾人（Tamil）占 18%、穆斯林占 7.4%，其他馬來人、土著占少數。300 多萬印度土著達羅毗荼人後裔的塔米爾人，在全球卻有 9,000 萬人。他們又分為錫蘭塔米爾人，和 19 世紀從印度來這裡種茶、咖啡的印度塔米爾勞工。僧伽羅人則是印度亞利安人的後裔，信佛教；塔米爾人信印度教。阿拉伯人和波斯人後裔的穆斯林，也講塔米爾語。

14 世紀，塔米爾人在北部建立賈夫納王國，僧族則在西部和南部建立科提王國和康提王國，直到 19 世紀被英國統治為止。英國分而治之的政策，是「以僧制塔」，1936 年塔米爾人被排除在內閣之外，但卻在文官和軍、警中占優勢。英國人叫塔族士兵駐紮僧族區，僧族士兵駐在塔族區，充分「以夷制夷」。這種殖民統治的後遺症，在馬來西亞、新加坡、印度、緬甸都一樣。斯里蘭卡的政府機關和上層人士仍舊講英語，壟斷特權。1948 年獨立後，僧族通過《公民法》，剝奪了山區塔米爾人的公民權（1949），1952 年全無一人進入國會。

獨立後，語言的尊嚴成為僧伽羅人和塔米爾人共同奮鬥

的目標。留學英國劍橋大學的班達拉奈克（Solomon W.R.D. Bandaranaike, 1899-1959）充分利用了這一點，他在 1952 年大選中的政見，強調給本土母語應有的地位，保證扶助佛教。事實上，他本人是從荷蘭入侵以來一直擔任「錫蘭第一人」（大頭目）的世家出身，而且篤信天主教，他的「母語」幾乎就是英語，直到 1954 年後他才稍稍看得懂僧伽羅文報紙。

　　1955 年以前，僧、塔兩族人把語言鬥爭的矛頭共同指向英語。1953 年 3 月，雙方的議員都在國會中用自己的母語發言，抗議英語的壟斷地位。不過，一股僧伽羅語至上的呼聲和保護佛教純潔性的呼聲也隨即高漲。1955 年 9 月底，在自由黨（Sri Lanka Freedom Party）大會上，一致通過了班達拉奈克的提議：只要僧伽羅語。

　　1955 年 10 月 11 日，共產黨在可倫坡（Colombo）開會，通過支持兩種語言的平等決議，卻有一群和尚闖進來，撕破共產黨人穿的紅襯衫，對他們拳打腳踢後揚長而去。他們又向市政大廳扔石頭，再砸爛穆斯林和塔米爾人的商店。有兩支僧族教師隊伍分別沿海岸遊行，沿途受到民眾高呼「菩薩保佑只要僧伽羅語」的歡呼。他們

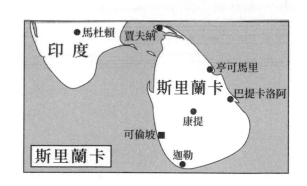

還利用 1956 年全世界慶祝佛誕 2,500 年，準備大幹一場，成立「語言陣線」。

統一國民黨（United National Party）不得不放棄雙語政策，2 月 17 日宣布「只要僧伽羅語」為綱領。1956 年 4 月，自由黨、托洛茨基派的革命平等社會黨、語言陣線等共同組成人民聯合陣線，支持班達拉奈克當選總理。他在大選前說過，一旦當選，24 小時內，就使僧語成為錫蘭的正式語言。6 月 5 日，塔米爾人在「只要僧伽羅語」交付議會表決當天全面罷市。幾天後，事態愈發不可收拾，各地至少有 1,000 名塔族人被殺。7 月，這個法案悄悄通過，塔米爾聯邦黨也給予班達拉奈克一年的期限，到 1957 年 8 月前解決問題，否則他們將採取直接行動。

政客們可以在議會上互相妥協，但人民卻沒有他們的「寬宏大量」和「偉大的耐性」。1956 年 12 月，塔米爾人展開了抹掉公私汽車牌號上僧伽羅語「Sri」的運動，他們把這種牌照扯下來砸毀或搶走。

1957 年 3 月，班達拉奈克在宗教領袖的支持下，提出了三點計畫：（1）建立地區委員會，給予塔米爾人占多數的地區一定程度的自治；（2）修改憲法，保護少數民族的基本權利；（3）在「只要僧伽羅語」法案的範圍內，對「適當使用塔米爾語」做出明確具體的規定。

班達拉奈克的善意成為僧、塔兩族共同攻擊的箭靶。僧伽羅極端分子不滿他對塔米爾人妥協；塔米爾人的聯邦黨則宣布這個計畫是荒謬的，是掩蓋對少數民族惡意攻擊的「煙

幕」。他們宣稱繼續準備 8 月的行動，「迫使班達拉奈克先生把我們 25,000 人丟進監獄」。統一國民黨也乘機興風作浪，賈亞瓦德納（J.R. Jayewardene）痛斥班達拉奈克搞一場大騙局，「對一撮惡毒的塔米爾政客過分的要求，表現出特別的關心，這些政客滿腦子種族偏見，強烈反對僧伽羅人，班達拉奈克先生已完全受他們的影響」。

班達拉奈克提議「適當地使用塔米爾語」，應確保塔米爾人在下列場合使用母語的權利，即：（1）接受完全的教育；（2）參加公共服務考試；（3）與政府通信；（4）地方政府與中央通信；（5）地方與中央政府交涉事務。聯邦黨則反過來要求：（1）給予塔米爾人種植園工人公民權和選舉權；（2）中止僧伽羅人移民塔米爾人區域；（3）塔米爾語和僧伽羅語一樣做為全國通用的語言；（4）在聯邦架構內建立塔米爾人自治邦。

6 月，班達拉奈克對塔米爾人做出了讓步，即在塔米爾人地區，農、漁、工業、教育和衛生方面，有限度地擴大地區委員會的權限，雙方表明在 8 月份達成協議；並且停止僧伽羅人移民。塔米爾聯邦黨終於宣布停止 8 月的行動。

令僧伽羅極端派驚訝的是：塔米爾人地區的地方委員會，將被允許能跨省界合作和聯合，並且擁有在農業和教育方面更大的權限。這種撈過界的可能性，使僧伽羅人極端派的賈亞瓦德納痛斥這是一個「叛逆協定」，是對僧族的背叛，他準備一死來阻止協定的實施。由和尚、學術界、專業界組成的一個聯盟，宣布將到總理官邸前靜坐「罷工」。班達拉

奈克的支持者反制他們，迫他們放棄行動。

統一國民黨不甘示弱，1957 年 10 月 3 日發動群眾到放佛牙的聖地康提寺去朝聖。這支隊伍受到自由黨和碼頭工人的嘲笑，傍晚時，他們的一輛馬車被焚燒。第二天，總理的堂弟率眾和遊行隊伍對峙，雙方大打出手。

1958 年 2 月，塔米爾人向班達拉奈克施加壓力，要求他兌現諾言，制定具體法律細節。3 月底，兩族人互相把對方語文的車牌、招牌塗掉。31 日，可倫坡陷入恐怖狀態，警察把一條街道的塔米爾人和印度人的商店隔開，不讓僧族靠近。但是僧族仍對從大橋進入市區的車輛抹去塔米爾文字，還攻擊一些商店，炸了兩家電影院。塔族反擊，打死兩名警察。

僧伽羅極端派的幾十名和尚，在總理私人住宅草坪靜坐抗議。班達拉奈克驅車前往電台，宣布他廢棄了和契爾文那亞加姆所達成的協議。然後他又回到家裡，答應那群和尚的強硬要求，即取締聯邦黨，將示威的塔米爾勞工遣返印度，刪除政府雇員間通信所用郵票上的塔米爾文字。

第二天，兩族展開流血對抗，互相殘殺，300-400 人遇害，12,000 人無家可歸。班達拉奈克譴責塔米爾人為暴徒，呼籲民族和諧。僧伽羅極端派把不滿的焦點，集中到托派的古納瓦德納（Gunawardwna）這位留學美國威斯康辛大學的人身上。他在 1958 年 11 月建議政府撥款 1,000 萬盧比（後來增至 30 億）資助托派在各地成立合作開發銀行，威脅中小企業和大商人的代表自由黨；加上他個人又像托洛茨基那

樣傲慢，經常公開嘲笑對手，令他們惱羞成怒。左派最終在1959年5月一個個離開內閣。8月29日，土地和土地開發部長德席瓦爾，在開會時喝一口牛奶就全身癱瘓，兩天後中毒去世。

9月25日上午9點30分，班達拉奈克送美國大使走出官邸時，向走廊兩旁的十多名和尚鞠躬行禮，遭一名和尚連開四槍，又被追趕著開第五槍，擊中一名警衛。第二天早上，班達拉奈克不治去世。

暗殺的黑手是克拉尼亞大寺的住持，因為有一本小冊子影射他和一名寡婦（衛生部長維馬拉・維杰瓦德納）有染，儘管世人皆知。凶手是一名傳統醫學的眼科醫生索馬拉馬，他被判處絞刑。

班達拉奈克夫人（Sirimavo R. Dias Bandaranaike, 1916-2000）立刻領導自由黨，1960年成為世界上第一位女總理（-1965），但是缺乏政治智慧，個人強勢作風連她的女兒都不滿。1965年3月24日，統一國民黨與塔米爾人領袖契爾文那亞加姆再度達成協議，允許斯里蘭卡東部、北部地區成立地區委員會，賦予一定程度的自治權利。然而，這一協議根本無法實施。1970年，班達拉奈克夫人再度執政，七年後又失勢，1994年她的女兒錢德里卡・庫馬拉通加夫人（Mrs. Chandrika Kumaratunga）當選總統（-2005），再邀請自己的母親組閣。

1971年大學招生制度改革，實行「標準分」制，讓教育水準較低的僧族錄取，塔米爾人反而要高標準分數。後來

又改爲 30% 按分數錄取，70% 按地區分配，標準分制與地區分配名額制相結合。塔米爾學生入學率由 1948 年的 31% 降低到 1970 年代的 20% 以下。他們在政府機關及公營企業任職比例，也從 50% 降至 10%。塔米爾人淪爲次等國民，憤怒不已。

塔米爾族並未放棄鬥爭，1970 年代「塔米爾聯合解放陣線」（Tamil United Liberation Front, TULF）主張建立「塔米爾伊拉姆」（古代塔米爾人稱斯里蘭卡爲「伊拉姆」）獨立國家。1977 年大選時，他們在塔米爾人區獲得廣泛的支持。他們的領導人強調以非暴力手段實現民族獨立。

｜猛虎出籠｜

不久，極端派主張用武裝鬥爭實現目標，在北方和東北方先後出現幾十個地下組織。1970 年代，左派學生成立「塔米爾學生運動」（Tamil Manavar Peravai）開始，各派自立，再組成「塔米爾統一戰線」（Tamil United Front）。

1972 年，斯里蘭卡政府規定僧伽羅語爲公用語文（1977 年才承認塔米爾語也列入公用語文），更加刺激了塔米爾人的獨立運動。賈夫納（Jaffna）半島的塔米爾急進派強化了恐怖活動。有 42 名恐怖分子涉嫌刺殺塔米爾穩健派領袖車里亞·克馬拉索利埃未遂被捕，後來獲釋。他們分別成立了三個游擊隊，即「塔米爾新老虎」（Tamil New Tigers）、「塔米爾解放組織」（Tamil Eelam Liberation Organization, TELO）和「塔米爾解放猛虎」（Liberation Tigers of Tamil

Eelam, LTTE）。

LTTE 在 1976 年成立，先由安東‧巴拉辛加姆領導，後來再由激進的貝爾比萊‧普拉巴卡蘭（Velupillai Prabhakaran, 1954-2009）為主席。他們向海外 54 個國家的塔米爾人社會滲透，通過「世界塔米爾協會」（WTA）、「世界塔米爾運動」（WTM）和「加拿大塔米爾協會聯合會」（FACT）等世界組織獲得資金。

貝爾比萊‧普拉巴卡蘭 16 歲就於海外扯下大旗，後來潛回家鄉，刺殺賈夫納市的市長，18 歲就令人聞風喪膽。1978 年初，他在可倫坡近距離射殺一名溫和派的塔米爾國會議員；4 月，「猛虎」再打死警官 Batiampilliai，引發兩族流血衝突。1979 年，國會通過《防止恐怖法》，7 月 11 日宣布塔米爾人區進入戒嚴狀態。1983 年，他只有 30 多人和幾十支槍，7 月 23 日卻打死 13 名政府士兵。當 13 具屍體運回可倫坡時，僧族一口咬定是塔米爾人幹的，引爆一場大屠殺，各地有 400 名塔族人遇害，11 萬人逃難。從此斯里蘭卡永無寧日，經濟停滯，人民生命財產嚴重受損。LTTE 和其他各派開始無差別地恐怖行動，雙方到 1979 年為止，至少有 50,000 人犧牲。

斯里蘭卡政府在印度出面協調下，和塔米爾人展開三次談判（1985-86），都告失敗，因為塔米爾人堅持北方與東北省合併，成為他們的「獨立家園」，政府堅決不同意。

塔米爾人飽嘗了戰亂的折磨，有人問：「為什麼我們這麼慘？」有人回答說：「因為我們沒有祖國！」

答案終於找到了，塔米爾青年紛紛加入「猛虎」組織，一下子從 30 多人增加到 3,000 多人的規模。

普拉巴卡蘭自稱從格瓦拉這位美洲游擊戰明星那裡得到啓示，他要建立游擊中心基地。他嚮往的是南斯拉夫的社會民主制度，期待建立社會主義的塔米爾國家。他有一支「黑虎」特攻隊，採用自我引爆的自殺戰術，並有一支潛水夫部隊和情報隊。他不許隊員抽煙、喝酒和近女色。他說：「我可以允許我的隊員結婚，但絕不允許道德敗壞。」違反紀律者，格殺勿論。

「猛虎」還有一支 3,000 人的十多歲少年的「黑虎敢死隊」（自由鳥），各個身懷氰酸鉀，準備隨時自殺。每天早晨 4 點起床受訓，一年只准回家一次。

印度和斯里蘭卡只相隔 30 公里的海峽，兩邊的塔米爾人來往密切，他們公開期待印度的支持。TULF 領袖阿米塔林公開說，唯一能保證我們安全的是印度，我們只信任印度。「猛虎」則要求印度首先承認塔米爾人的自決權，把他們的問題提交聯合國安理會，一旦這些措施都無效，則印度可以考慮出兵。

1983 年 7 月動亂後，印度政府表示「不能袖手旁觀」；8 月，宣布斯里蘭卡政府接受印度政府出面斡旋的建議。然而印度暗中並不阻止塔米爾人支持斯里蘭卡的同胞。1984 年 12 月 1 日，一艘從南印度來的塔米爾武裝分子的船隻，在海上被斯里蘭卡海軍擊沉，其中一名獲救的人承認他是在南印度受訓的。此後斯里蘭卡軍隊不斷截獲一些船隻，使兩

國關係陷入僵局。

英迪拉·甘地（Indira Gandhi, 1917-84）政府由情報部門出資提供軍火，轉運到賈夫納地區，交給了「猛虎」。印度還出資聘請黎巴嫩和以色列的教官，向他們傳授游擊戰的經驗。

甘地夫人終究死於民族和宗教矛盾（1984），他的兒子拉吉夫·甘地（Rajiv Gandhi, 1944-91）繼承母業，繼續支持「猛虎」，直到兩國瀕臨戰爭邊緣，他才改變心意，1987年7月29日到可倫坡，和斯里蘭卡總統賈亞瓦德納（1978-89在位）簽訂了結束斯里蘭卡民族衝突的和平協議。

內容主要為：（1）7月31日起，全斯里蘭卡停火生效；（2）塔米爾武裝分子必須在五天內放下武器；（3）在1988年底前，北方省和東北省建立一個單一的、經過選舉產生的省級委員會（即兩省合併）；（4）印度將確保不讓塔米爾人利用它的領土，來從事損害斯里蘭卡統一、領土完整和安全的活動；（5）在斯里蘭卡邀請的情況下，印度將派維持和平部隊前往監督停火。

協議簽訂的第二天，印度就派數千人「應邀」開進斯里蘭卡。塔米爾人赫然發覺自己被甘地出賣，僧族也不滿印軍入駐，高喊「甘地，滾回去！」口號。塔米爾人則貼出標語：「我們不要在斯里蘭卡出現另外一個孟加拉！」「我們不要印度士兵強姦我們的婦女！」

塔米爾人並沒有交出武器，1987年重新展開恐怖行動。10月初，印度軍對賈夫納地區的塔米爾猛虎大本營展開掃

蕩；1988年2月起，七萬印軍開始鎮壓東北省。塔米爾人逃入山區或城市，沒有放棄獨立建國的理念。印度軍曠日持久地「剿匪」，造成無辜人民的死傷和損失，數十萬人流離失所，使一向主張非暴力的「人民解放陣線」也開始暗殺及綁架政要，包括統一國民黨主席和總書記共285人。

1989年6月1日，斯里蘭卡新總統普雷馬達薩（1989-93在位）公開要求印度維和部隊（TPKF）在7月29日以前撤離。拉吉夫・甘地事實上拒絕，兩國關係陷入惡化。

人民解放陣線發動反政府示威、罷工，雖然他們的領袖杰維拉等人已被捕或被殺，但仍舊繼續活動。

斯里蘭卡政府在最後一天妥協了，要求印度提出撤軍的時間表。印度也從7月29日起大約撤走6,000人。

普雷馬達薩在1989年當選總統後，對塔米爾人釋出善意：同意大赦游擊隊、停止軍警行動、廢除反恐怖法、解散治安組織，並同意在國會中保留塔米爾代表的席位。

1989年6月，政府和「猛虎」達成停火協議。1990年3月，印度維和部隊完全撤退，從1979年7月27日起，印軍已有1,230人喪命。「猛虎」又開始武裝行動。新總統庫馬拉通加夫人（班達拉奈克女兒）表示，如果普拉巴卡蘭參加和談，政府保證對過去人們指責他的恐怖罪行一概既往不究，不把他關進監牢。庫馬拉通加夫人還解除了過去四年對北方的物資禁運，提供400億盧布重建賈夫納半島。

「猛虎」被逼回山區打游擊，1991年3月，黑虎特攻隊炸死斯里蘭卡國防部長維杰拉特內等30多人。5月20日，

四名黑虎敢死隊（包括兩名女性）潛入印度的塔米爾納德邦。那兩位女孩穆魯甘・蘇帕和佳雅利達（化名達努）都曾被印度士兵姦汙，早萌死志，決意報仇雪恨。

她倆裝成拉吉夫・甘地的崇拜者，當晚在一個小鎮的會場上，先由佳雅利達上前獻花。當拉吉夫・甘地彎下腰準備接受花環時，晚上十點多，兩名恐怖分子引爆自己身上的炸藥，把他炸死。

印度警察窮追其他凶手，什瓦拉桑（Shivarasan）等五人逃離現場，三個月後在南印度班加洛爾（Bangalore）被捕時，個個吞氰化物自殺。

1993 年 5 月的五一遊行上，普雷馬達薩等 24 人也被炸死。1994 年 10 月 24 日，「猛虎」又以自殺炸彈炸死了統一國民黨的總統候選人迪森納亞克等 57 人。10 月，政府軍大規模出動掃蕩；12 月，攻占賈夫納市，迫「猛虎」逃到東部去。猛虎開始無差別地引爆動物園、植物園，並且攻擊外國觀光客。

1996 年 1 月，一輛汽車炸彈在可倫坡銀行前面爆炸，炸死 90 人，傷及 1,400 多人。7 月，一名女特攻隊員引爆自殺，炸死了賈夫納的政府軍司令等 21 人。此外，可倫坡近郊的通勤火車，也有 70 人被炸死。

1997 年 5 月起，斯里蘭卡政府軍發動「必勝行動」的攻擊，旨在打通一條從瓦武尼亞（Vavuniya）通向賈夫納半島的公路，到 10 月底，幾乎「光復」北方省大小城鎮。5 月 19 日，猛虎的海虎指揮拉蒂陣亡；10 月 2 日，駐賈夫納

半島司令坎南陣亡。10 月，可倫坡世界貿易中心爆炸並發生槍戰，18 人死亡，96 人受傷（包括日本人及外國人）。兩名恐怖分子被警衛打死，三人自殺，一個人投手榴彈逃逸，炸死一名和尚。

1997 年 7 月及 9 月，猛虎還劫持了北韓和中國的遠洋貨輪，打死船員。

1998 年 1 月 25 日，猛虎在康提的佛牙寺，用自殺卡車炸死 13 人，炸傷 23 人，引發了僧伽羅人的憤怒。2 月，三名女游擊隊員以自殺汽車在可倫坡市內自殺爆炸，炸死四名警備士兵和兩名市民。接著他們的自殺船又炸沉賈夫納海灘的兩艘海軍補給船。3 月，他們在可倫坡市中心的馬拉達那車站附近炸死 32 人，炸傷 250 人。9 月，猛虎又在北方城市炸死市長、軍方及警察指揮共 17 人。猛虎也死傷慘重，至少有 32% 的領袖被政府軍警殺害。

2001 年 7 月 24 日（紀念起義日），猛虎炸毀了首都班達拉奈克國際機場及附近空軍基地的十架飛機及八架軍機。12 月 5 日，統一國民黨在「努力結束民族衝突、恢復國家經濟建設」的口號下，再度贏得政權。

2002 年 9 月，「猛虎」才被政府取消「恐怖組織」稱號。9 月 16-18 日，雙方在泰國首次舉行談判，後來又在日本及挪威一共六次談判，「猛虎」組織一時放棄了獨立建國的主張。2003 年 4 月，雙方又陷入僵局，「猛虎」指責政府在重建他們的地區問題上，故意進度遲緩，官僚主義嚴重，要求成立自己的臨時行政機構。7 月 17 日，維克勒馬辛哈

（Ranil S. Wickremasinghe, 1949- ）總理讓步，但又保留了警察、安全、土地及稅收的權力，雙方勢不兩立。11 月 14 日，在總理訪美期間，庫馬拉通加總統突然免除內政、新聞及安全三個部長，宣布全國進入緊急狀態（兩天後取消），呼籲各界團結一致，成立「民族聯合政府」。總統及人民陣線不滿執政黨對塔米爾人的態度太過軟弱，「猛虎」則靜觀其變，持續低調態勢，號召人民支持國會選舉。

2004 年 3 月初，猛虎卡魯納向普拉巴卡蘭公然挑戰，要求接掌東方省被拒後，另立山頭，迅速被鎮壓。

猛虎從不停止暗殺塔米爾人「叛徒」的政客們：1990 年，槍殺塔米爾聯合解放陣線領導人 Appathurai Amithalingham；1998 年 12 月 26 日，再殺死該組織賈夫納地區的秘書長 Ponnathurai Mathimugarajah；1998 年 5 月 17 日，打死賈夫納市長 Sarojini Yogeswaran，9 月 11 日再打死新市長 P. Sivapalan。1999 年 7 月 29 日，一名自殺炸彈客炸死了塔米爾政客 Neelan Tiruchelvam。此外，叛逆的猛虎馬哈塔亞被處決；1996 年 10 月 26 日，在巴黎槍斃國際基金的財務官，理由是他中飽私囊。2004 年 4 月大選前，猛虎警告代表塔米爾人參選者不得背棄塔米爾人立場，否則格殺勿論，打死三名候選人，迫其他人紛紛退選。1983-2000 年，猛虎發動 168 次自殺攻擊。

從 1993 年第一次恐怖行動開始，斯里蘭卡滿目瘡痍，每年戰費 8.5 億美元，2001 年 GDP 成長不到 3%，賈夫納的 50 萬人生活在沒有水電中。2006 年 8 月，猛虎炸了巴基

斯坦駐斯里蘭卡大使，因爲巴國一直爲斯里蘭卡政府提供武器與情報。2001 年 2 月，猛虎炮擊美國、義大利、德國駐斯里蘭卡大使的直升機。在海上，他們不斷襲擊斯里蘭卡的軍艦、油輪和商船。

在挪威政府調停下，政府與猛虎簽署停火協議，2002 年 2 月 23 日零時生效。2002 年 9 月 4 日，政府正式解除對猛虎的禁令，但仍舊衝突不斷。2006 年衝突加劇，2007 年政府軍控制東部沿海省份，2009 年 5 月擊潰猛虎殘餘勢力，但是三十年內戰結束了嗎？

2. 東帝汶獨立

東帝汶（East Timor）位於東南亞努沙登加拉群島的最東端，西接印尼的西帝汶，隔帝汶海峽與澳洲遙望，面積 14,874 平方公里，人口 120 萬，其中 78% 爲巴布亞族語馬來族或波利尼西亞族的混血，20% 爲印尼人，2% 爲華僑。東帝汶以 Tetun 語及葡萄牙語爲官方語言；91% 的居民信天主教，2.6% 信基督教，1.7% 信伊斯蘭教，0.3% 信印度教，0.1% 信佛教。

16 世紀前，帝汶島先後由爪哇斯里維加亞和馬加帕希特王朝統治，1613 年荷蘭勢力入侵，1618 年在西帝汶建立基地，將葡萄牙勢力趕至東帝汶。1859 年，荷、葡重新瓜分東部及歐庫西，西部併入荷屬東印度（印尼）。1942-45 年，日本占領印尼及帝汶島；1945 年 8 月後，葡萄牙再統

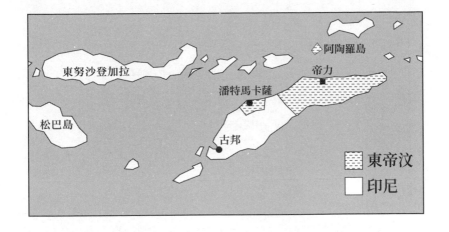

治東帝汶，1951 年改為海外省；1960 年，第 15 屆聯合國大
會《第 1542 號決議》，將東帝汶及附屬地劃歸葡萄牙管理。
1971 年，東帝汶獲得自治地位。

　　1974 年 4 月，葡萄牙軍事政變，新政府在 1975 年
宣布允許所有海外領地公民投票自決，此時，東帝汶各
派形成三個政黨：（1）主張獨立的東帝汶獨立革命陣線
（FRETILIN），主張社會主義；（2）主張與葡萄牙維持關
係的民主聯盟；（3）主張與印尼合併的帝汶人民協會。三
方勢力引爆內戰，1975 年 8 月民盟奪權成立「獨立政府」，
大肆逮捕革陣成員，11 月被革陣擊潰，革陣宣布東帝汶獨
立。印尼蘇哈托政府在美、澳默許下，12 月 7 日出兵兼併
帝汶，革陣退入山區打游擊。1976 年 7 月，蘇哈托以特別
法宣布把東帝汶併為印尼的第 27 個省，不顧安理會的呼籲，
印尼軍屠殺 10-20 萬東帝汶人。1978、1979 及 1982 年，印
尼軍掃蕩革陣，又使十萬人喪生，無數婦女被強暴。原本贊

成合併的人寒心，轉而支持獨立派。

1989 年後，革陣開始在城市展開示威，致力把東帝汶問題國際化，希望引起國際社會的關注。10 月，近百名青年在教皇保祿二世訪問帝力（Dili）時，打出「獨立」標語。1990 年 1 月，美國大使訪問帝力，一些青年在飯店前示威。1991 年 11 月，印軍射殺 200 多名示威青年；1992 年，聯合國大會通過決議，譴責印尼侵犯東帝汶的人權，迫使印尼政府進行調查。

革陣領袖古斯茂（Kay Rala Xanana Gusmão, 1946- ），這位神學院出身、1974 年獲得詩作獎的熱情詩人，赴澳洲奔走獨立運動，1992 年他因刑事案被捕，更加引起東帝汶獨立運動的高揚。聯合國秘書長安排印、葡外長會談（1993、1994），不了了之。1994 年 11 月，亞太經合組織在雅加達開會，有 29 名東帝汶學生占領美國大使館一隅，引起國際社會注視東帝汶問題。印尼外長阿拉塔斯與獨立派領袖霍塔在美國紐約會面，默認革陣代表參加今後的所有談判。

1995 年 1 月，葡、印代表同意支持由聯合國組織召開的「東帝汶所有各族對話會」。6 月，30 名東帝汶代表赴奧地利開會。1996 年 10 月，東帝汶大主教貝洛及獨立運動人士霍塔（José Ramos-Horta）獲得諾貝爾和平獎。1998 年 8 月 5 日，葡萄牙表示願在聯合國主持下，與印尼就東帝汶自治問題會談。澳洲也在 12 月 27 日敦促印尼就東帝汶獨立或自治舉行公投。1999 年 1 月 11 日，澳洲政府再表示，如果東帝汶人拒絕自治，澳洲將支持東帝汶獨立。2 月 27 日，

古斯茂呼籲在聯合國主持下建立一個過渡政府，邁向獨立。

　　統派民兵在 4 月屠殺利基薩鎮數十名平民，古斯茂要求聯合國派駐維和部隊。1998 年 5 月蘇哈托下台後，哈比比提出讓東帝汶獨立，以博取國際聲望與選票，並獲得大國的經濟援助。但他又暗中支援東帝汶統派武器，讓統獨兩派火拼，再向國際社會宣稱仍有許多人不希望獨立，證明印尼政府最終要收拾殘局。1999 年 1 月 27 日，哈比比政府宣布如果東帝汶人拒絕自治方案，將允許它獨立。5 月 5 日，印、葡兩國決定讓東帝汶獨立。

　　統派組織「與印尼共存亡」民兵全面抵制，印尼政府也擔心一旦東帝汶獨立所引起的連鎖反應，將使伊里安查維、亞齊等地跟進，立刻扶植統派，並悄悄增援部隊，再次攻擊平民。4 月 12 日，統、獨兩派簽署和約，仍未太平。聯合國秘書長安南決定派駐 284 名民警，迫哈比比在 4 月 27 日同意。6 月 21 日，首批民警 41 人抵帝力。5 月 14 日起，聯合國也派 600 名文官進駐東帝汶。8 月 30 日公投，44 萬人中有 78.5% 贊成獨立，統派再展開暴力行動。9 月 12 日，哈比比政府同意澳國為首的多國維和部隊進駐東帝汶。10 月 26 日，安理會一致同意成立聯合國東帝汶過渡行政當局；31 日，印尼軍全部撤走。1998 年 8 月出獄的古斯茂呼籲寬恕統派，歡迎他們重返東帝汶，參加建國大業。東帝汶有 22.3 萬印尼人是公務員、教師、醫生，他們在「祖國」支持下，有恃無恐地反對獨立，古斯茂未免太過虛矯地「寬恕」——沒先追究真相。2001 年 5 月 20 日，東帝汶獨立建國，

古斯茂當選首任總統。

這個國家歷經戰亂，只有 30% 的人能喝自來水，通電的農村不到 16%，公投後，更使 75% 的人無家可歸，但他們仍堅定地追求獨立建國。如果台灣的「統派」自以爲有北京爲靠山，那麼暴力流血將是台獨不可避免的選擇，難怪中產階級甚至民進黨刻意呼籲「維持現狀」，阻撓台獨運動，等於默認支那人繼續殖民統治台灣。「聰明的」台灣人，難道個個都那麼貪生怕死，沒有一點骨氣嗎？

3. 克什米爾問題

查謨—克什米爾（Jammu & Kashmir）兩地位於巴基斯坦東北部、印度西北部，與新疆、西藏毗鄰，北隔阿富汗瓦罕走廊與中亞遙望。平均海拔 3,000 公尺以上，位於喜馬拉雅山脈西南側山麓地帶。全區面積 22 萬多平方公里，人口 700 萬（2000），其中穆斯林占 77%，印度教徒占 20%。

1947 年印、巴分治後，尼赫魯對自己的故鄉克什米爾採取強硬態度，當地王公哈里·辛格是印度教徒。當 1947 年 10 月穆斯林武裝越界指向斯利那加，哈里·辛格逃到查謨，決定加入印度。10 月 27 日，印度政府宣布克什米爾併入印度，派空降部隊掃蕩穆斯林；巴基斯坦也立即出兵，引爆第一次印巴戰爭。12 月 31 日，印度將克什米爾問題提交聯合國安理會。1948 年 8 月 31 日，安理會通過《關於克什米爾問題的決議》，內容除停火命令和休戰協定外，其中

第三條規定，克什米爾的未來地位應根據當地居民的意志決定。1949 年 1 月 15 日，又通過「公民投票」的決議

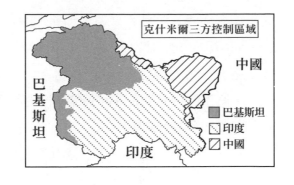

克什米爾三方控制區域

中國

巴基斯坦

印度

■ 巴基斯坦
☒ 印度
▨ 中國

（由聯合國監督下公投）。1949 年初實現停火，並於 7 月劃定停火線，巴基斯坦控制區約占全部面積的 2/5 弱及 1/4 的人口。從此印度在它的占領區內設立邦政府，巴國則在占領區內成立自由克什米爾政府。克什米爾地方議會也在 1953 年議決加入印度。印、巴兩國不再談什麼「公民自決」了。

錫克教
問　題
1971 年，尼赫魯的女兒英迪拉・甘地（Indira Gandhi, 1917-84；1942 年嫁給拜火教徒費羅茲・甘地）繼承父業，領導國大黨執政，1977-80 年初失勢，1980 年 1 月再次掌權，1984 年 10 月 31 日上午 9 點 20 分，英迪拉・甘地在總理府官邸的花園被兩名錫克教（占全人口的 2%，約 1,800 萬人）警衛打死。

　　錫克教徒一再要求獨立，印度政府的回答是用飛機轟炸他們的山寨。1982 年，激進導師桑・霍爾涅爾・辛・本特蘭瓦雷在古爾布省的省都阿姆利則的錫克教總本山建立了金廟。他用苦行加上樸實的土語，向信眾傳播獨立思想，號召

人民拿起武器，用暴力實現卡利斯坦國家。

面積約 10 公頃的金廟，是五代教祖所建，呈長方形，乳白色，正門入口有一個長方形水池，映照著上面金廟的正聖殿，屋頂四周有四個小金圓頂環繞著一個大金圓頂，整個建築有 19 個貼金圓頂。

甘地夫人十分惱怒，本特蘭瓦雷是她一手扶持起來的，居然要求獨立，比其他錫克教徒還要激烈。1982 年 8 月至 1984 年 6 月，兩大教派發生 1,200 次暴力衝突，造成一萬多人死傷。

1983 年 3 月，印度政府出兵 20 萬，在旁遮普邦進行選舉。刺刀下的錫克人憤而反抗，造成 3,000 人死亡，30 萬人無家可歸。1984 年 6 月 2 日，甘地夫人派十萬大軍和坦克包圍了金廟；6 日清晨，打死本特蘭瓦雷等 600 人，迫錫克獨立派走入地下。

儘管甘地夫人在世界輿論壓力下撤軍，但已埋下仇恨種子。錫克人組成「巴巴爾・卡爾撒」、「達爾・卡爾撒」、「卡利斯坦解放軍」（Khalistan Liberation Force）、「本特蘭瓦雷之虎」（Bhindranwale Tiger Force）、「全印度錫克學生聯盟」、「達希美休」等恐怖組織，向甘地夫人挑戰。卡利斯坦流亡政府主席賈格吉特・辛格・喬漢也在倫敦廣播中，號召錫克人對甘地夫人一家採取報復行動；他的人頭被甘地夫人懸賞十萬美元。

甘地夫人為安撫錫克教徒，准許講錫克語的人從西旁遮普分離，3 月 9 日同意讓他們成立旁遮普語邦。

甘地夫人連中 30 槍身亡，她的兒子拉吉夫・甘地（Rajiv Gandhi, 1944-91）在哀傷中接班。1986 年 4 月，錫克教徒再占金廟，成立卡利斯坦共和國流亡政府，很快被拉吉夫・甘地鎮壓。1987 年 1 月 26 日，在印度國慶日當天，錫克人在金廟聚集，焚燒印度國旗，升起了卡利斯坦國旗。1988 年 5 月 17 日，印度軍在包圍一年多後，又殺進金廟，打死 30 多人，迫錫克人投降。

1985 年 6 月，從加拿大蒙特婁起飛，經倫敦到印度的印航班機，在愛爾蘭海上爆炸，炸死 329 名乘客及機務員。同一天，從加拿大到日本的加航班機，也在成田機場被炸，炸死兩名日本機場人員。

| 第 二 次 印巴戰爭 | 1965 年 4 月爆發第二次印巴戰爭，7 月 1 日才正式停火，8 月 24 日印軍越界占領哈吉皮爾山口，終究被安理會嚴令停火，不分勝負。1966 年 1 月 10 日，兩國簽訂《塔什干宣言》，聲明兩國軍隊各自在 2 月 24 日前撤退到 1965 年 8 月 5 日前各自的陣地。不過兩國政壇換人，1972 年 6-7 月，巴國阿里・布托與甘地夫人才簽訂《西姆拉協定》，雙方尊重因 1971 年 12 月 17 日停火線而形成的控制線。但是兩國各自把半數以上兵力部署在停火線地區。雖無大戰，但邊防部隊從未停止小規模交火。特別是 1984 年印度先發制人，強占停火線末端的錫亞琴冰川地區，引發雙方曠日持久的紛爭。

1993 年，阿富汗游擊隊打敗入侵的蘇軍，鼓舞了克什

米爾激進青年企圖通過武裝鬥爭實現獨立的目標。印度國大黨在克什米爾邦議會不再占優勢，90 個反印組織中，主張獨立的「查謨和克什米爾解放陣線」（Jammu and Kashmir Liberation Front, JKLF）1975 年 5 月成立於英國伯明罕；「自由克什米爾」則在巴基斯坦與歐美、中東、遠東設立分支。1988 年 7 月 31 日，JKLF 展開武裝攻擊，1995 年 9 月卻自行分裂；1996 年 3 月，有 37 名領導人被印軍圍剿而亡。親巴基斯坦的三支武裝：希斯布爾聖戰組織（Hizbul Mujahideen）主張克什米爾併入巴基斯坦；Lashkar-e-Taiba 一直進行恐怖攻擊，2001 年 12 月 31 日攻擊印度議會後被巴國政府取締；Harkatul-Mujahideen 曾參加阿富汗戰爭，但戰後拒絕向 CIA 歸還美國火箭，1998 年 8 月美國飛彈轟炸其基地，後來這些人到非洲、中亞、中東各地活動。

1998-2000 年，印度教徒和錫克教徒不斷被殺。2001 年 10 月 1 日，一輛汽車炸彈攻擊印控邦議會，炸死 38 人。1998 年以來，印控區各黨人士有 460 人遇害。1999 年聖誕節前夜，五名恐怖分子劫持印航從尼泊爾飛德里的班機，迫降阿富汗，並強迫印度政府釋放包括 Maulana Masood Azhar 等被指控在孟買及克什米爾煽動人們的三名巴基斯坦人後，才釋放 178 乘客。2001 年 7 月 14 日的恐怖事件，導致印、巴兩國關係惡化，但巴國不肯交出印方所提的黑名單恐怖分子，表示將繼續向克什米爾提供人道上、政治上、外交上的支持；並呼籲國際社會敦促印度停止它的「國家恐怖主義和侵犯人權的行為」。

　　2002年5月14日凌晨06：15，在印控查謨以南十公里盧卡恰鎮的兵營，三名恐怖分子劫持一輛巴士，下令乘客下車後開槍打死司機及六名乘客，迅速闖入印軍眷屬大院，挨家挨戶打死23人（其中有十名十歲以下孩童，最小的才兩個月大）。四個小時後，他們被印度兵打死，總共造成34死、48傷。在百萬大軍對峙下，2002年9-10月克什米爾地方選舉又是槍聲隆隆。9月11日，印控區法律和議會事務部長艾哈邁德在競選演講時被打死；22日，又有20人喪生。總之，共有700人遇害。

　　72歲的印度新總理曼莫漢·辛格是錫克經濟學家，2004年11月起首先從克什米爾撤出1,000名士兵，2005年4月7日兩國通車，然而克什米爾問題仍舊沒完沒了。

4. 東南亞民族問題

莫洛獨立運動　菲律賓南部民答那峨島的穆斯林，從16世紀起就反抗西班牙殖民統治，尤其反對天主教。他們聚居在民答那峨島和由369個島嶼所組成的蘇祿群島，面積共96,438平方公里，約占菲律賓國土的1/3，包括全菲79個省的22個省；盛產鐵、鎳、鋼、銀、金、煤、石灰和鳳梨、玉米、咖啡、椰肉、可可、馬尼拉麻及盛大的漁產、貝類及珊瑚。他們一共有13個民族，較大的有Maguindanao、Maranao、陶蘇（Tausug）、薩馬爾（Samal）、雅坎（Yakan）等族，西班牙殖民者蔑稱他們為Moro（莫洛，即摩爾人）。

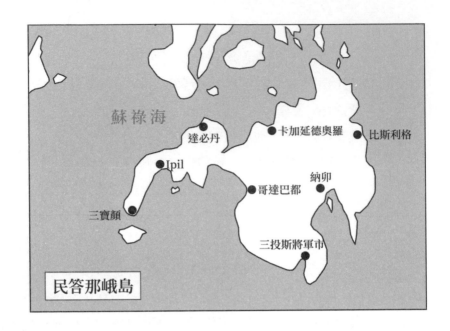

1903 年民答那峨的穆斯林只有 25 萬，1948 年穆斯林達 93
萬，2001 年更高達 390 萬人，占全菲人口的 4%。民答那峨
地區有 75% 的居民是天主教或基督教徒，20% 是莫洛穆斯
林，5% 是原住民。穆斯林上層人士與天主教徒官員分享權
力；但天主教徒移民較多地區的拉瑙、哥達巴都等省，仍由
穆斯林擔任省長。但在基層政府機關中，天主教官員占多
數，不免偏祖自己人。

　　20 世紀 60 年代爆發了族群衝突：穆斯林在北拉瑙省的
「凶猛深海魚」（Barracudas）組織領導下，發動「取回行動」
（Bawi Operation），追討他們認為被天主教徒奪走的土地。
哥達巴都省的天主教徒則組織 Ilaga，以消滅穆斯林為己任，
對抗穆斯林的「黑衫黨」（Black Shirts）。

　　1968年，穆斯林成立「莫洛民族解放陣線」（Moro National Liberation Front, MNLF），最初的成員都在馬來西亞受訓，主張建立獨立的莫洛國（Bang-Samoro）。1978年組織分裂，第二號人物Salamat Hashim不滿領導們的妥協立場，1981年另立「莫洛伊斯蘭解放陣線」（MILF），堅持建國，以暴力手段對抗馬尼拉政府。由於國際上其他伊斯蘭國家的協調，1987年基於《迪里波里協議》，菲南各省舉行公投，建立由民答那峨四省組成的「民答那峨穆斯林自治區」（Autonomous Region of Muslim Mindanao, ARMM）。1996年，政府與MNLF達成和平協議，密蘇阿里擔任自治區主席。反對妥協的MILF（1984）領導人都是宗教學者，約有8,000-40,000成員，主要來自Maguindanao族和Iranun族，相對於MNLF的陶蘇族、薩馬爾族和雅坎族等。

　　1991年又出現「阿布薩亞夫」（Abu Sayyaf Group, ASG），由Abdurajik Abubakar Janjalani（1959-98）領導，這位留學利比亞、敘利亞和沙烏地阿拉伯，又參加過阿富汗抗蘇游擊戰的聖戰士，受賓拉登資助回菲律賓活動。1998年12月他被政府軍打死，此後組織分裂。他弟弟Khaddffy Janjalani（1975-2006）也在2006年9月被政府軍打死。但這個組織仍舊搞綁架、勒索、爆炸手段進行「獨立」大業，並期望建立一個橫跨菲南、印尼、馬來西亞，西至泰國南部穆斯林地區的泛東南亞伊斯蘭國家。

　　政府和MILF的談判時好時壞，1999年又爆發衝突。2000年12月30日，馬尼拉發生爆炸事件，造成22人死亡。

2003 年 2 月 21 日，民答那峨島南部哥達巴都軍用機場附近發生汽車炸彈爆炸；3 月 4 日，Darao 國際機場爆炸，死 17 人；4 月 2 日，Sasa 碼頭爆炸，死去 15 人。在 Koronadal 市又有 15 人被炸死。阿布薩亞夫在 1995 年 4 月 4 日首次攻擊民答那峨島的 Ipil，打死 50 人；2000 年，他們綁架 21 名人質（包括十名外國遊客）；2001 年 5 月 27 日，又在巴拉望綁架三名美國人和 17 名菲人，拿贖金來壯大自己。平時他們是老百姓，拿槍時成為搶匪，還善待人質。

2001 年，密蘇阿里與馬尼拉中央喬不攏，宣布恢復敵對狀態。他兵敗逃入馬來西亞，年底被馬國政府逮捕，引渡給菲國。

2017 年 10 月 16 日，菲國政府軍擊襲阿布薩亞夫的奧馬爾‧馬巫德；他的兄弟阿卜杜拉也在 9 月陣亡，逃脫的女人質提供他們在馬拉雅住處的正確情報，以蘇祿群島為中心的伊斯蘭國（IS）據點與政府軍火拼，造成 4,000 人死亡（包括 487 名武裝分子及 163 名軍警），46 萬人流離失所，但阿布薩亞夫及莫洛伊斯蘭自由鬥士（BIFF）仍在蘇祿、三寶顏及巴西蘭島繼續活動。

亞齊獨立運動　位於印尼蘇門答臘島最北端的亞齊（Aceh）特別行政區，面積才 55,385 平方公里，2000 年有 420 萬人口，亞齊人為主體，98% 的人信伊斯蘭教，曾是個獨立國家，1903 年被荷蘭統治，1945-49 年仍維持獨立。荷蘭人利用當地宗教勢力烏里瑪（Ulama）與世俗勢力

Uleebalang 的權力鬥爭，扶持後者以削弱宗教勢力。二戰時，烏里瑪靠日本占領軍打擊世俗勢力，恢復他們的統治地位，但卻害怕荷蘭人捲土重來會報復他們，轉而支持印尼共和國對抗荷蘭。1949 年 12 月迫使荷蘭把主權移交給印尼政府，次年成立印度尼西亞共和國。1950 年聯邦政體結束，1951年亞齊被併入北蘇門答臘省，廢除貝魯（Daud Beureu'eh）的省長職位。1953 年，貝魯宣布亞齊脫離印尼，加入「伊斯蘭教國」運動（Darul Islam），成爲印尼伊斯蘭國（NIN）的一邦，開始武裝叛亂；1959 年，雙方達成協議，授予亞齊特區地位，在宗教、教育、法律各方面享有自治權。

　　但蘇卡諾總統的中央極權統治又惱怒了亞齊人。亞齊

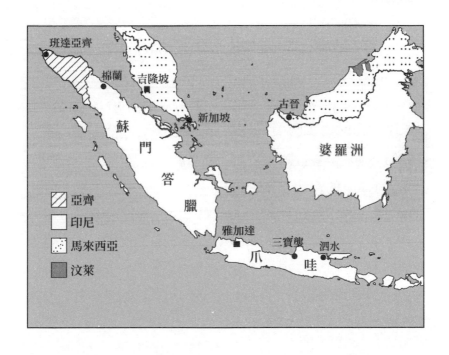

人一向不滿交付中央的自然資源占地區毛收入的 11%，但中央每年回饋他們的地區建設只占其中的 0.5%。哈桑・迪羅（Hasan di Tiro）於 1976 年潛返亞齊，成立「亞齊—蘇門答臘民族解放陣線」（ASNLF），又稱「自由亞齊運動」（Gerakan Aceh Merdeka, GAM）。這位當過伊斯蘭教國運動駐聯合國大使的留美法學博士，聲稱亞齊被荷蘭統治前曾是一個獨立國家，所以亞齊人爭取獨立建國是理所當然的；印尼共和國本身是非法的，爪哇和外島沒有歷史關係，荷蘭殖民政府將外島交給爪哇人統治是不合乎國際法的；印尼獨立後，爪哇人取代荷人，他們是對外島進行掠奪的殖民者，亞齊必須爭取獨立，建立亞齊—蘇門答臘國家，實行聯邦制，各族有權選擇自己的統治方式。

由於蘇哈托的強力軍事鎮壓，1970 年代中到 1980 年代初，直接參與運動的只有 200 人左右，很快轉入地下打游擊和叢林戰，哈桑・迪羅本人也在 1979 年逃亡瑞典。1980 年代末，「自由亞齊運動」再興，獲得伊朗和利比亞的財政支援，培訓了 350 名戰士，加上其他穆斯林國家的支援，印尼政府於 1991 年在亞齊設立軍事管制區，發動代號「紅網」（Red Net）的軍事清剿行動，見到恐怖分子就殺，造成 2,000 人死亡或失蹤。1998 年蘇哈托下台後問題更加嚴重，GAM 攻擊當地駐軍和油氣生產設施，學生及非政府組織則發起和平示威請願活動，要求全民公決來實現獨立。政府採取和談與鎮壓雙管齊下策略，2000 年 2 月到 2003 年 5 月與 GAM 達成兩次停火協議都告破裂。

　　梅加瓦蒂政府試圖以「軍事行動、人道主義行動、加強法治建設及恢復地方行政機構，以實現亞齊的安全和穩定」。但只是用軍事圍剿一年多，「殲滅至少 196 名叛亂分子」，恢復了對亞齊省所有 228 個行政區的管理權。2005年 1-7 月，歷經五輪談判，最終才達成《諒解備忘錄》。GAM 放棄亞齊獨立的要求，承認印尼中央政府；印尼中央政府則同意在亞齊建立地方性政黨，保證 GAM 可通過合法、民主的方式，回歸並參與亞齊的政治、經濟生活。8 月15 日，印尼司法部長哈米德・阿瓦勒丁與自由亞齊運動領袖 Malik Mahmud，在芬蘭赫爾辛基共同簽署和平協議，內容包括亞齊省的行政管理、人權，對亞齊反政府武裝的特赦等等。至此，持續近 30 年的亞齊獨立運動告一段落。2006年 11 月，印尼國會通過《亞齊自治法》，規定亞齊 70% 以上的天然氣和石油收入歸當地政府所有，曾經從事「分裂主義」活動的人可以組建政黨，有權參加選舉。2006 年 12 月，前 GAM 發言人伊爾萬迪・尤素甫當選亞齊省長，未來呢？

泰南穆斯林獨立運動　泰國是佛教國家，但靠近馬來西亞的北大年、也拉、陶公（Narathiwat）三個府，加上 Satun 及 Songkhla，卻是穆斯林居住地。五府面積共 2.08 萬平方公里，人口超過 300 萬人。他們講馬來語並信奉伊斯蘭教，佛教徒稱他們爲 Khages（客人）。這裡曾屬於北大年國家，1789 年國王達杜被泰國處死，1832 年曼谷王朝才征服此地區，劃分爲七個朝貢國；1902 年正式併入泰國版圖；

1909 年《英暹條約》又使馬來民族被分割成泰南與英屬馬來亞西部；1948 年泰南馬來人要求聯合國讓泰南三府歸於馬來亞，慘遭泰國鎮壓。之前的 1947 年 4 月，北大年府伊斯蘭事務委員會主席哈聲・蘇隆（Haji Sulong）向中央政府提出泰南地區建立由馬來穆斯林主導的自治政府等七項要求，遭中央政府悍拒。1948 年 3 月，「大北大年馬來人聯盟」（GAMPAR）成立，並得到馬來西亞「馬來民主主義黨」支持。1949 年鑾・披汶再執政後，採取間接統治泰南政策。1960 年，政府迅速逮捕泰南「分離主義者」。

泰南穆斯林抵制中央政府的遷村、初等教育及宗教學校改革政策，用武力攻擊公立學校、教師、地方官員、管理者及佛教徒移民，至 1980 年代才告暫緩。72% 的馬來人住在鄉下，城市則是泰人和華僑

為主的商人、礦業主和大種植園主。由於平均收入只有泰人的一半，馬來人十分不滿。1986 年，他們的代表在全泰 324 席中只有七席。泰國政府自 1930 年代起全面推行唱泰國國歌、學泰國歷史、日常生活講泰語、改造穆斯林宗教學校 pondok，嚴重挫傷了馬來人的自尊心。1951 年，傳聞哈聲・蘇隆被政府處決，引爆泰南動亂。（台灣人絕不會如此衝動！）1960 年代，穆斯林要求以北大年為中心，建立政權。

1970 年代，湧現近 20 個組織，其中以「北大年民族解放陣線」（The National Liberation Front of Patani, NLFP）、「北大年共和國解放陣線」（LFP）、「北大年聯合解放組織」（PULO）較大，他們攻擊學校、當地政府機關、官員及當地的佛教徒。NLFP 以獨立為目標，向宗教學校滲透，而 PULO 總部設在陶公、北大年、也拉三府交界的布多山上。1968 年，PULO 由東姑・畢羅成立於印度，組立流亡政府及 22 個部長，總部設在麥加，行動部在馬來西亞。1984 年，沙烏地阿拉伯政府逮捕並驅逐 700 多人遣返泰南，畢羅逃走但被迫辭職。

2004 年 1 月 4 日，一伙武裝分子搶劫了陶公府（那拉提瓦府）的軍火庫。4 月 28 日，北大年、也拉及宋卡三府同時發生了襲擊軍營和警察哨的暴動，雙方死去 100 多人，加上後來的 2,000 多人。泰國政府 2005 年 7 月在泰南三府實施戒嚴，此後問題仍未解決。另一個恐怖組織「北大年伊斯蘭游擊運動」，2001-03 年間至少打死 50 名泰國警察。

緬甸的悲情

2017年9月，緬甸政府軍迫害阿拉干的羅興亞人，造成幾十萬人逃至孟加拉，又被孟加拉拒絕的慘況。諾貝爾和平獎得主翁山蘇姬（Aung San Suu Kyi, 1945-）不敢向蠻橫的軍方抗議。

緬甸少數民族從1948年11月克倫族（Karen）武裝警察暴動以來，至1949年整個克倫族都公開反亂，一些自衛隊攻占坦德賓、普龍（彪美）和東吁，直逼仰光。2月1日，克倫族攻占永盛；2月5日，駐卑繆的克倫族第二步兵營譁變。仰光岌岌可危，直到1949年5月才收復永盛。由於軍隊指揮官是克倫人 Smith Dun，政府改派尼溫（Ne Win, 1911-2002）取代他。別忘了，欽族與喀欽族則協助政府軍鎮壓克倫族叛軍。

1949年3月，社會黨部長們紛紛請辭，吳努只好力邀參謀總長尼溫入閣，他出任副總理兼內政部長，1950年9

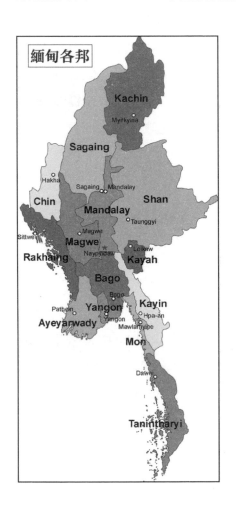

緬甸各邦

月再回到軍中。韓戰停火後，緬甸出口農產品價格暴跌，吳努繼續執政，努力消除貧窮、改善教育，把 900 萬英畝土地重新分配給佃農。然而政客內鬥，導致吳努在 1958 年 9 月把政權交給尼溫，尼溫鎮壓叛亂，廢除撣邦與克耶邦土司在民族院的特權（他們一向不必參選而保留 25 及 28 席）。1960 年，吳努的「廉潔派」再執政，改爲「聯邦黨」，又鬧成三派爭權惡鬥，吳努又愚蠢地以佛教爲國教，引起其他民族的反彈而再修改，卻又激怒了佛教僧侶們。1962 年 3 月 1 日晚上，尼溫突然發動政變，扣押吳努等人；2 日，成立革命委員會，由他掌政，終止憲法的權利，解散人民議會及各邦議會，土邦被當地軍人及文官組成的新邦委員會統治。7 月 4 日，革委會宣布成立單一政黨的「緬甸社會主義綱領黨」。軍人獨裁下，軍隊預算占國家預算的 1/3 以上，所有農、工、貿易、產業統統由政府控制；1964 年以後，緬甸孤立於世界之外。

克倫族在山區及平地共有 600 萬人，一再要求獨立。儘管 1947 年 9 月的聯邦憲法規定，緬甸由本部和四個自治省（撣邦、克耶、克欽、克倫）及一個欽族特別區組成，但因制憲會議上陷入僵局，克倫邦未能成立。1947 年 5 月，克倫族成立「克倫民族保衛委員會」（KNDO）。1949 年 1 月 29 日，「克倫民族聯盟」（KNU）主席蘇巴吳基率軍攻占仰光附近的永盛。他們早在 1947 年 10 月就要求建立邦政府，包括德林達依省（包括東吁）、伊洛瓦底省、永盛省、漢達瓦底縣和良禮賓縣。1949 年 3 月 20 日，KNU 宣布建

立「哥都禮邦」（Kawthoolei，愉快、豐富、和平之國），以東吁為首都的臨時政府；不久遭政府軍攻破，東、西兩部克倫人各自為戰，1950 年 8 月蘇巴吳基陣亡後才暫告停擺。

克倫民族之父 Dr. San C. Po 是基督教徒的留美博士，1915 年為立法會議議員，他曾預言說：「如果克倫人的自治要求被拒絕，新一代的克倫人將成為毀滅性的極端主義者。」不幸而言中。1974 年，新憲法不承認民族自決權，原本自治邦降格為和本部行省平級的地位，打破了克倫人的幻想。1970-80 年代，幾乎有 4-5 萬人的十多個較大「少數民族」公然反抗政府；到 1980 年代中期，設在緬泰邊界馬納普洛的克倫民族聯盟，所領導的克倫民族解放軍已達五個旅、16 個作戰營，共 5,000 多人，僅次於緬共的反政府勢力。

1988 年上台的軍人執政團（SLORC）更加蠻橫：停止十多個少數民族的報紙。宗教部長 Myo Nyunt 將軍在 1995 年一次佛教典禮上揚言：「緬甸唯有在單一種族、單一宗教情況下，方可能維持和平。」為此，政府以 135 個較小的民族劃分，來取代原先的八個主要民族，將他們化整為零。克倫族也被劃分為斯女、波、克耶（克倫尼）、勃外等及一些更小族群。1995 年，政府軍攻陷馬納普洛的 KNU 總部；許多其他民族游擊隊又紛紛同政府達成停火協議，使克倫族更加孤立。

緬甸獨立前，克倫人內部由於地緣和宗教差異而分裂，克倫族青年同盟（KYO）代表平原地區（主要是三角洲和渺縣）的克倫族，他們混居在緬人地區內，1947 年 4 月

在渺縣的克倫族大會上，主張不要內訌和激化民族矛盾。KYO 以佛教徒為主，但仍備受不平等待遇，獨立之初，擔任教育部長的克倫族溫和派領袖蘇山坡丁最終選擇了反抗。20 世紀 50 年代，由曼巴山領導的「西哥都禮」武裝勢力逐漸成為克倫人反抗的主力，傾向於和緬共合作並接受其路線；但「東哥都禮」拒絕服從。

1956 年後，KNU 分裂為蘇漢特達美的反對派，繼而建立了「克倫革命委員會」（KRC），反對走緬共的路線，堅持民族主義與軍事路線。1963 年兩派決裂，KRC 向尼溫政府投降。1966 年，KNU 再分裂，波妙另立「克倫民族解放黨」（KNLP）。1968 年，曼巴山又與其他人分裂，轉而與 KRC 合為「克倫民族聯合陣線」（KNUF），與 KNUP 對立。1974 年，曼巴山與波妙和解，重新打出「克倫民族聯盟」（KNU）旗號，但實權落入波妙手上。隨著緬共的衰落，KNUP 也日益沒落，主席蘇妙貌只得率部投奔 KNUF。1976 年，雙方合併。之後，親共產黨的曼巴山等人逐漸被削弱權力，波妙掌權。此後一直到 1990 年代，KNU 中仍不斷分裂，有些人投降緬甸政府。

克倫人幻想戰後英國人會讓他們獨立，而效忠英國殖民政府，到 1939 年，在英國緬甸軍團中，克倫人官兵人數是緬人的三倍。抗日戰爭中，他們與英軍並肩作戰。一切都是騙局，克倫人在 1946 年 8 月派雪黎盧尼、蘇丹丁與蘇巴烏支率團至倫敦，空手而歸。1950 年 8 月 12 日，蘇巴烏支與蘇桑基一起遭緬甸國防軍殺害。這位生於 1905 年的劍橋大

學律師資格者，回國擔任公務員。他堅持「四大原則」：「沒有投降這回事；我們絕不放下武器；必須讓世人承認克倫邦；我們本身的政治命運必須由我們自己決定」。波妙（1926-）受妻子影響而成爲基督教徒，打過二次大戰，堅決反共。1990 年初，許多學生參議員逃往克倫邦，在馬尼巴羅成立克倫民族同盟總部，但到 1996 年又被政府分化而走下坡。

克倫族和尙塔扎那於 1989 年來到馬尼巴羅，1994 年收容了克倫民族解放軍中不滿的佛教徒士兵，雙方形同水火。12 月，塔扎那成立「民主克倫佛教組織」及「民主克倫佛教軍」，由政府背後支持。1995 年，馬尼巴羅被政府軍攻陷，克倫人大逃亡，緬軍把人拖進叢林裡倒吊在樹上，挖下雙眼再溺死，有人被示眾後挖下雙眼、割下雙唇和兩隻耳朵，再放他死在森林裡；軍隊連嬰兒都一律格殺，小女孩被輪姦棄屍。2000-10 年間，政府軍大肆掃蕩，幾萬人流離失所。

如今不到 25 萬人的東緬甸克耶族，在 1875 年被英國與緬王敏東承認其獨立；但在 1947 年後被併入緬甸，1948 年 8 月 9 日與政府軍對峙。1955 年，他們成立「克耶民族進步黨」，至今仍有 3/4 的克耶人生活在緬軍控制下的拆遷營當奴工。1995 年 3 月 1 日，克耶人與政府簽訂停火協議，但三個月後政府軍仍舊抓挑夫。

撣邦在 1957 年宣布脫離聯邦，尼溫立刻禁止學校教撣語。1963 年談判沒結果，聯邦總統蘇瑞泰的妻子、國會議員蘇禾佳，逃到緬泰邊界出任撣邦作戰會議主席，成立撣邦

軍，宣布獨立。時間流逝，只剩下昭耀世上校領導的（南）撣邦軍，他曾是大毒梟坤沙的部下。許多撣人逃入泰國，留下妻女被緬軍強暴，許多人被抓去當奴工。1991 年 11 月，政府炸毀 1903 年蓋的撣邦王宮，改建一座大飯店，以抹滅撣人的歷史記憶。國防軍在撣邦內部署 150 個步兵營，幾乎占總兵力的 1/3。2011 年 12 月 2 日，昭耀世與政府簽訂停火協議。

孟族反抗十年，1958 年投降後第二天，仕金建立「新孟邦黨」，追求自決。但孟人被迫修路，婦女不斷被性侵。克欽族在 1994 年才停止反抗，2011 年仍有六萬人被政府軍攻擊而逃到中國邊境。士兵向正在做禮拜的教堂會眾開槍。克欽人在 20 世紀初開始受美國浸信會傳教士的影響而改信基督教，約有 100 萬人（分為景頗、傈僳、馬魯、勒期、阿齊與日旺等六個族群），1961 年反對吳努以佛教為國教的政策，1962 年由趙盛成立「克欽獨立組織」。此後三十多年，政府以切斷克欽軍的糧食、資金、兵源與情報等「四絕」手段，至 1993 年有 1/3 克欽人淪為境內難民，1994 年才與政府停火。但一切都只是和平假象，許多婦女、女孩被拐帶去賣淫，毒品氾濫。

中國人一支的果敢族與政府相安無事二十年，但他們拒絕當邊防軍而遭政府軍攻擊，2009 年 8 月至少有三萬人逃入中國，政府軍並迫彭家聲率部逃入中國。2011 年 6 月，各民族再拿起武器反抗；7 月 28 日，翁山蘇姬寫信呼籲各族「立即停火與和平解決衝突」，並自願充當調停人。

　　來自孟加拉的穆斯林羅興亞人（Rohingya），世居若開邦北部，成千上萬人逃入孟加拉，若開邦的 250-300 萬人當中，羅興亞人約 100 萬，其中在北若開邦的 91 萬人口當中占 72 萬，在大城市蒙奪與布吊洞，分別占當地居民的 96%、88%。此外，流亡海外與東南亞、中東與歐洲的羅興亞人，也有 100 萬人。他們沒有公民權，出入得申請至少三個地方當局的批准，花錢通關，結婚也必須申請，批准得費數年，而且花 5,000-50 萬緬甸幣打通行賄，否則最高要坐牢五年。他們不能出任公職、教師，只有 12 所中學。清眞寺一再被拆毀，羅興亞人經常被抓去當邊防軍或當奴工，有錢的可以向政府軍行賄而倖免。[1]

　　2000 年，「若開羅興亞民族組織」與「若開民族聯合黨」結盟。尼溫在 1978 年起發動「龍王作戰」，攻擊羅興亞叛軍，三個月內，有 20 萬人逃入孟加拉。三年後，尼溫剝奪羅興亞人的公民權，沒把他們當作有別於「若開」的另一個族群。此後羅興亞人淪爲「臨時居民」，必須繳納 2,500 緬幣才能取得臨時居民身分。2009 年，數以百計的羅興亞難民逃入泰、馬的消息震撼全球，因爲泰國當局將他們逮捕，押上沒有引擎的小船，沒提供食物與飲水，任其漂流海上而自生自滅。2017 年，羅興亞人又大逃難，翁山蘇姬備受批評。

1　Benedict Rogers，《緬甸：一個徬徨的國度》（*Burma: A Nation at the Crossroad*），譚天譯（新北：八旗文化，2016）。

5. 中華帝國主義下的西藏

華夏至上
與大一統

中華人民共和國（960 萬平方公里），漢族占 90%，其他 55 個「弱小民族」（包括福建的「高山族」，但不包括台灣的原住民）占 10% 以上，生活在 60% 的土地上。「中國」是一個歷史概念，隨歷史的演變，各時代有不同的內涵。夷夏大防是漢人心中的最痛，但別忘了，夏是東夷，殷（商）是北狄，周是西戎，秦也是西戎所建立的禮儀之邦。西周亡於犬戎（公元前 771 年），西晉亡於五胡（316 年），漢人政權南逃江南（316-581），漢化鮮卑人建立了隋（581-618）、唐（618-907）。接著華北又出現遼（契丹，916-1125）、金（女眞，1115-1234）及西北的西夏（1038-1227）並存，漢人的宋朝（960-1279）被大金消滅（1127）而逃到江南，再亡於蒙古人的元朝。蒙古人第一個建立橫跨俄羅斯、中亞、西亞與中原的大帝國。元朝（1271-1368）又被漢人的明朝取代（1368-1644）。最終是來自滿洲的滿清人征服中國（1644-1911），1911 年才又被漢人推翻。

　　大漢沙文主義者根深蒂固地以家天下衍伸爲「大一統」，夷狄必須被中國文化馴化，向中國朝廷朝貢。漢人無論如何都堅持「統一」或「一統」，把自己的統治叫做「正統」。西漢董仲舒指出：「春秋大一統者，天地之綱常，古今之通誼也。」

　　宋儒朱熹強調三綱五常和華夷之辨，「貴中國而賤夷

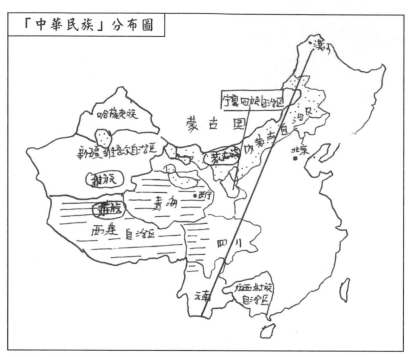

作者親繪手稿圖

狄，莫不有繫於三綱五常」（元人尹起莘語），痛斥秦檜倡
邪謀誤國，挾虜勢（金人）要脅君主，「使人倫不明，人心
不正」。不到 100 萬的滿人，其中 169 萬八旗兵的一大半是
漢人與蒙古人，只花 23 天就征服了中原。康熙帝強調程朱
理學，以「正統」自居，開科取士攏絡漢人士大夫，成為
「自己人」的「正統」統治，而不再是外夷了。漢人士大
夫紛紛當官，「效犬馬之勞」，哪管什麼「春秋大義」、「華
夷之辨」。

　　雍正帝親自去天牢與企圖策反岳飛後代岳鍾琪的湖南狂

生曾靜對談，頒布《大義覺迷錄》（1728），駁斥漢人民族主義：「夫我朝既承仰天命，爲中外臣民之主，則所以蒙撫綏愛育者，何得以華夷而更殊視？」大清以滿洲君主入主中國，漢人有何不滿？難道不知道滿洲猶如中國之有籍貫？「舜爲東夷之人，文王爲西夷之人，曾何損於聖德乎？」逆賊把夷狄比爲禽獸，「未知上天厭棄內地無有德者，方眷命我外夷爲內地主」。我朝入主中土，君臨天下，併蒙古極邊部落俱歸版圖，「是中國之疆土開拓廣遠，乃中國臣民之大幸，何得尚有華夷中外之分哉？」明太祖是元朝臣民，「以綱紀常倫而言，豈能逃篡逆之罪？」我朝是鄰國，明亡於流寇之手，我朝入關平定天下，爲明朝復仇，拯救萬民，「是我朝之有造於中國者大矣至矣！」雍正帝爲漢人士大夫賣身投效找到了正當的藉口——順應天理，否定民族主義。

大漢民族主義　1851 年洪秀全建立太平天國前後，痛斥中國是上帝的天下，非胡虜的天下，中國人被清妖統治「反低首下心，甘爲臣僕」，助長妖人盜竊神州，「我中國悉變妖魔地」。（〈奉天討胡虜檄〉）還有人貼出「三千粉黛，皆爲羯狗所汙，百萬紅顏，竟與騷狐同眠」的標語。太平天國拜西洋上帝，所過之處殺貪官、地主，毀田契、禁孔孟，嚇壞了漢人士大夫。理學大師曾國藩的〈討賊檄文〉，痛斥洪秀全：「舉中國數千年禮儀人倫，詩書典則，一旦掃地蕩盡，此豈獨我大清之變？乃開闢以來，名教之奇數。我孔子、孟子之痛哭於九泉，凡讀書識字者，又焉能袖手坐觀，不思

一爲之所也？」他號召天下士大夫共同討伐「竊外夷之緒，崇天主之教」、消滅中國傳統文化的髮賊，完全不提反滿民族主義。

　　漢人士大夫、官僚替滿清主子鎮壓太平天國革命（1864），才得以與滿人平起平坐半個世紀。1895 年，大清被小日本擊敗，廣東人康有爲（1859-1927）寧可繼續支持滿洲皇帝立憲，不要革命血流成河，搞到四萬萬人自相荼毒，「外國必假借名定亂而入取吾地」。廣東人孫文則奔走興漢倒滿革命，借明太祖「驅逐韃虜，恢復中華」口號，再加上「建立民國，平均地權」，絕大多數漢人士大夫官僚「莫不目予輩爲亂臣賊子大逆不道，咒詛謾罵之聲不絕於耳」，還將革命黨視爲洪水猛獸。漢人士大夫官僚爲了向滿洲主子表態獻忠，比滿人更加嚴酷鎮壓漢人革命。

　　所謂「中華民族」　1911 年同盟會推翻清朝，孫中山深知一旦漢人建立政權，其他民族將紛紛獨立。1912 年以前，他已改口說：「我說的民族就是國族。」因爲已經建立中華民國了，所以要漢、滿、蒙、回、藏五族共和，成爲一個新的「中華民族」。1911 年 11 月 30 日，蒙古活佛哲布尊丹巴在沙俄支持下宣布蒙古獨立（但實際上沙俄只承認它是在中國宗主權下的「自治國」）。中華民國臨時大總統孫文立刻反對蒙古獨立，揚言要組織 50 萬大軍「反擊沙俄的侵略，收復失地」。1922 年 1 月，孫文在〈軍人之精神教育〉演講中，乾脆改口說漢族應發揚民族主義，將滿、蒙、回、藏

予以同化（爲漢族？），方能建設中國爲最大的民族國家。如果今日不發憤圖強，日後將成爲奴隸。總之，孫文的大中華民族主義，實際上是併吞和同化少數民族的暴力漢族沙文主義，如今正被中共運用於壓制少數民族。[2]

1924 年 1 月，經過蘇俄援助和中共加盟的中國國民黨，召開第一次全代會（廣州），孫文宣布他的民族主義政策爲：「一則中國民族自求解放，二則境內各民族一律平等。」「國民黨敢鄭重宣言，承認中國以內各民族之自決權，於反對帝國主義及軍閥革命獲得勝利之後，當組織自由統一的（各民族自由聯合的）中華民國。」

這個宣言自相矛盾：各民族一律平等，可以自決，難道只能加入「中華民國」，其他民族不可以獨立建國嗎？ 1926 年 1 月，國民黨「二大」宣言不再提什麼自治、自決了，只主張「以平等聯合世界上所有被帝國主義壓迫的民族共同奮鬥」，簡直照抄列寧的論點，並把民族革命運動貶爲經常被帝國主義引誘的「狹隘的國家主義」，必須予以排斥。1927 年，蔣介石篡奪黨國前，3 月召開「三大」，直指「蒙古、西藏、新疆在歷史上、地理上、國民經濟上各方面都是中華民族的一部分，備受帝國主義的壓迫⋯⋯中國境內各民族必須

---

2 黃文雄，《中華民國一百騙》（台北：前衛，2014），頁 143。孫文在 1921 年 3 月 6 日的演說中指出：「滿族追隨日本，蒙族、回族追隨蘇聯，藏族追隨英國。滿、蒙、回、藏四族沒有自衛的能力，所以要以漢族爲中心來同化國內各民族，同時以美國民族爲榜樣，改漢族爲『中華民族』，創造一個完全的民族國家，與美國成爲東西兩半球的兩大民族國家。」（《孫中山文集》第五卷，頁 44）

互相親愛，在三民主義之下一致團結，完全排除外來帝國主義爲目的，形成共同唯一的道路」，完全露出大漢沙文主義的猙獰面目。1929 年，南京政府在行政院下設置蒙藏委員會。

1922 年，中共「二大」宣言上，主張「蒙古、西藏、回疆三部實行自治，爲民主自治邦；用自由聯邦制，統一中國本部、蒙古、西藏、回疆，建立中華聯邦共和國」。此後中共又不免提到「統一中國，承認民族自決」、「一切少數民族有完全分立與自由聯合之權」。他們何時問過少數民族的代表呢？既要統一，又哪來分離或獨立的權利可言？儘管1931 年 11 月《中華蘇維埃共和國憲法大綱》重申「民族自決權」──加入或脫離中國蘇維埃聯邦，或建立自己的自治區域。總之，建立「自治區域」而不是承認少數民族可以獨立建國，一切都是列寧騙術的空頭支票。

1937-45 年間，中共強調的是團結少數民族共同抗日，並「協助他們組織自己的自治政府」，但有時候又自相矛盾地宣稱「爲全世界革命工作被迫害而居住在中華蘇維埃地區的無論任何民族，均享有中華蘇維埃政府庇護及協助民族革命成功與建立獨立國家的權利」。（毛澤東，1934 年 1 月）那指的是中國以外的被壓迫民族。

1939 年 12 月，毛發表《中國革命和中國共產黨》，首次提到中華民族：「我們中國現在擁有四億五千萬人口……十分之九以上爲漢人，此外還有蒙人、回人、藏人……等。」「中國是一個由多民族結合而成的擁有廣大人口的國家。」此後，中共的少數民族政策愈來愈像列寧的手法，只准少數

民族自治，不准分離、獨立出中國，開始走回史大林式的大漢沙文主義了。蒙古的情況首先展現了中共的方針：1946年4月3日，中共把東蒙、西蒙的兩個自治政府合併爲「內蒙古自治政府」，明確規定「內蒙古民族運動的方針是區域自治，而不是獨立自治」。

1949年6月，中國即將召開人民政治協商會議前，毛澤東問了留學法國及蘇聯的李維漢（1896-1984），要如何實施聯邦制。李維漢回答，行政自治比較合乎中國的國情。

1949年9月7日，周恩來在政協第一屆全體會議召開前，向代表們做了〈關於人民政協的幾個問題〉報告，一針見血地指出：「任何民族都是有自決權的，這是毫無疑問的事。但是今天帝國主義又想分裂我們的西藏、台灣甚至新疆，在這種情況下，我們希望各民族不要聽帝國主義者的挑撥。爲了這一點，我們國家名稱叫中華人民共和國，而不叫聯邦。」他向與會的許多民族代表解釋並聲明：「希望大家都能同意這個意見，我們雖然還是聯邦，但卻主張民族區域自治，行使民族自治的權力。」與會13個民族的33名代表，和其他漢族代表、候補代表及特邀人士662人，都「一致同意」，把各民族的自決權給強暴了。9月29日的政協共同綱領出爐，當然是「各少數民族聚居的地區，應實行民族的區域自治」。

大會更畫蛇添足地解釋說：「中國各民族人民做出了建立中華人民共和國的抉擇，最後捨棄了民族自決權的提法，這是完全正確的。中國人民民主革命勝利……中國各民族人

民實現了民族平等。在這種情況下，再強調民族自決已經沒有什麼意義了。」

　　1949 年 10 月 1 日，毛澤東宣布建立中華人民共和國。同一天，周恩來在歡宴各民族代表大會上講話指出：「但是不能就此滿足，我們應該進一步地加強和鞏固民族團結，我們應該有步驟地和切實地實現民族的區域自治政策。」最後是將中華人民共和國建設成為「各民族友愛合作的大家庭」。這又是大家長（漢族）一統天下的「大一統」心態。反之，如果仍是夷狄統治中國，不知毛、周又會提出什麼突破傳統天朝窠臼的創意呢？

中共鎮壓西藏獨立　　1949 年 10 月，人民解放軍侵入西藏。1951 年 5 月 24 日，西藏代表在北京簽下《十七點協議》，北京正式把西藏列入中華人民共和國版圖。1955 年到 1956 年冬，康巴人反抗中國人幹部。1958 年 6 月，藏人組成「自由鬥士聯盟」。1959 年 3-6 月，拉薩市民反中國暴動；3 月 17 日，十四世達賴喇嘛流亡印度。1988 年 3 月 5 日，拉薩發生兩次暴動；1989 年又再次動亂，中共宣布西藏戒嚴，一切謊言立刻被拆穿，達賴主張和平共存，北京仍視他為「藏獨」，因為海外有一個被西方資本主義大國容許的「西藏流亡政府」。

西藏自古不屬於中國　　西藏為羌、戎之地，面積 120 萬平方公里，占中國領土的 1/8，全球至少有 600 萬藏族，

其中 200 萬在西藏。唐、宋之際稱它爲吐蕃（Bod），清代才改稱「西藏」（1633），分爲衛（元明兩代的「烏思」前藏）、藏（後藏）與阿里三大地區。此外還有「康」（Khams/境域），即今天四川甘孜藏族自治區及西藏昌都地區的統稱。1728 年，清朝把康區東部康定、理塘、巴塘等地劃入四川省，康定南部中甸、維西德欽等地劃入雲南省。

　　中國人最喜歡吹噓唐文成公主「和蕃」（641）下嫁松贊干，帶給西藏漢文化的偉大貢獻。西藏本土的「本」或「苯教」（Bon）要求信徒口誦咒語（語密），手結契結（心密）和心做觀想（意密）即可成佛。11 世紀，始有印度高僧阿底峽至兩藏傳佛教。1253 年，蒙古鐵騎蹂躪西藏，忽必烈即位後（1260），封八思巴爲灌頂國師。1265 年，八思巴回故鄉建立「拉讓」（私宅）的行政機構。1268 年，元朝在烏斯藏建立 13 個萬戶。1409 年，宗喀巴（Tsong-khapa,

1357-1419）創建黃教（格魯派），重戒律、苦行、禁欲，僧人戴黃帽。他的徒孫根敦朱巴爲第一代達賴喇嘛，死前指定轉世靈童爲第二代達賴喇嘛，第三世索南嘉措被蒙古達延汗迎至青海（1587），贈他爲「聖識一切齊瓦爾達賴喇嘛」，即「遍知一切金剛持大海（蒙古語 Dalai）上師」，喇嘛（Lama）是藏語「上師」。此後蒙古人一再扶植轉世靈童，俺達汗的曾孫是第四世。1751 年，岳鍾琪征服西藏前一年，雍正帝派兩名駐藏大臣及 2,000 川陝兵留駐西藏，此後清廷廢了藏王，改由三俗一僧的代理統治者噶夏（kashag）向駐藏大臣負責。

布里雅特蒙古人的俄國宮廷御醫巴德瑪耶夫，在蒙古庫倫成立公司的辦事處。19 世紀間，至少有 150-200 名布里雅特人和卡爾木克人在西藏各大寺求法，其中德爾智（1853-1938）更成爲十三世達賴喇嘛的侍讀，灌輸達賴親俄的幻想，即 2,000 年前克什米爾北邊有一個人間樂土，本是菩薩及羅漢的居所，後來被穆斯林消滅。按地理而言，「香巴拉」（Shambala）即俄羅斯，尼古拉二世就是「佛法大王」。

1903 年 12 月 12 日，10,000 英印軍越境，1904 年 7 月底至雅魯藏布江，十三世達賴喇嘛經青海逃至庫倫，榮赫鵬（Sir F.E. Younghusband, 1863-1942）壓迫西藏的攝政噶丹赤巴活佛簽下《拉薩條約》，要求開放商埠、賠款 50 萬英鎊後，揚長而去，印度總督寇松爲此被自由黨轟下台。1906 年 4 月 27 日，清、英在北京簽訂《中英續訂藏印條約》，英國同意不占領西藏及干涉其內政；大清同意不准其他各國干涉

西藏政務。1907 年 8 月 31 日，英、俄簽訂《西藏協定》，雙方宣布互不干涉西藏。清廷命令十三世暫留於甘肅平涼的塔爾寺，1908 年入北京跪見慈禧太后，1909 年 12 月才回拉薩。不料川軍在 1910 年農曆正月初三殺進拉薩，2 月 21 日十三世出奔亞東向英國人求援，25 日遭大清廢黜。1911 年辛亥革命成功，駐藏川軍譁變。1912 年 3 月，川軍被英軍保護，取道印度回國。12 月，十三世重返西藏。

　　民國初期，英國宣稱中國對西藏只有宗主權，沒有主權。1911 年 12 月 28 日，蒙古第一次獨立，十三世十分興奮。1913 年 1 月，派德爾智去蒙古簽訂《蒙藏條約》，雙方互相承認各自獨立，兩國合作。1913 年 10 月 13 日至 1914 年 7 月 3 日，英方代表麥克馬洪（Sir Henry McMahon）主導西姆拉中、英、藏三方會議，堅持西藏獨立；西藏的領土包括青海、理塘、巴塘和打箭爐；中國不得派人員等。袁世凱政府予以駁斥，不過麥克馬洪仍私下與西藏代表夏札倫欽劃定不丹及緬甸之間的中印度東段邊界，一下子奪走 9 萬平方公里土地。

　　1914 年第一次世界大戰後，英國人送西藏 5,000 支舊槍，在江孜辦軍校吸收一批藏族青年受訓，企圖推翻十三世達賴喇嘛失敗。十三世又回過頭找中國當靠山，國民政府派藏漢混血的劉曼卿至拉薩。1932 年，川軍及青海穆斯林馬步芳趕走 1930 年 6 月攻占甘孜、瞻化的另一支川軍叛軍。十三世心焦力瘁，1933 年 11 月 30 日圓寂。四年後（1937），十四世轉世靈童丹增嘉措（Tenzin Gyatso, 1935-）於青海湟

中被發現，1938 年才由藏人付一筆贖金給「保護」他的馬步芳放行。1940 年 2 月，吳忠信代表國民政府至拉薩見證活佛坐床。

1947 年 3 月，英國人策動在印度新德里召開「泛亞會議」，西藏代表懸掛雪山獅子「國旗」。10 月，孜本夏格巴率商務考察團準備去英、美各國，國民政府堅持他們只能拿中國護照出國。美國大使司徒雷登卻叫他們去香港找美國領事辦簽證而飛往美國，英國則認爲這個考察團爲純商務事情，不具任何官方意義，不承認西藏護照。英國政府還解釋說：「西藏擁有某種國際地位，但並不意謂『西藏必須擁有完整的主權』。」這個考察團遍歷歐美各國，1949 年 3 月回西藏。1948 年 8 月 5 日，西藏駐南京代表札薩土旦桑扎等人拒絕參加總統選舉，說他們是以「外賓」資格前來觀禮，不能參加投票，並表示西藏已經「獨立」了。1949 年，蔣政權土崩瓦解；7 月 20 日，80 多名國民政府人員被藏人趕出西藏。

1949 年 9 月 7 日，中共《新華日報》發表〈中國人民一定要解放西藏〉社論。10 月 1 日，中華人民共和國建國當天，在青海的十世班禪喇嘛（1938-89）發電報給北京：「鈞座以大智大勇之略，成救國救民之業，義師所至，全國歡騰，班禪世受國恩，備荷伏索。余十餘年來，爲了西藏領土之完整，呼籲奔走，未嘗稍懈。策以未獲結果，良用疾心。刻下羈留青海，待命反藏。茲幸在鈞座領導之下……西藏解放，指日可待。……」

　　再笨的人也看得出，中共自導自演，叫一個 12 歲的小孩子搬演輸誠的大戲。1951 年 5 月，他在北京向毛澤東獻紅緞錦旗，上面用漢、藏文寫著：「中國各民族的大救星。」天真的西藏政府人士，在 1949 年 11 月 2 日寫信給毛澤東，宣布自己是一個「獨立國家」，希望中共當局保證軍隊不越界。1950 年 1 月 31 日，班禪又發電給北京，反對西藏獨立，並「謹代表西藏人民，恭請速發義師，解放西藏，速清反動分子，驅逐在藏帝國主義勢力，鞏固西藏國防，解放西藏人民」。

　　1 月 20 日，北京指定西藏應派代表團來北京，談判西藏的和平解放問題，並限令 9 月 6 日抵達北京。10 月 24 日，「二野」攻占昌都，殲滅藏軍兵力 1/3 的 5,000 人。印度大使 K.M. Panikkar 勸中國政府不要進兵西藏。印度政府又在 10 月 21 日、28 日及 11 月 1 日三次照會中國，否則印度無法支持中國進入聯合國。中國不為所動，反正一定要進兵西藏。拉薩透過十四世達賴的哥哥的岳父朱光綬，要求中國派代表到中立區（例如香港）談判。西藏代表在新德里苦等英國簽證前往香港不成，印度總理尼赫魯一味敷衍藏人代表，勸他們「如果堅持完全獨立，那就很難達成協議了……」。

　　12 月 19 日深夜，十四世達賴帶著國璽及 30 名高官前往亞東，1951 年 1 月 2 日抵達。15 日，他決定派昌都總管阿沛‧阿旺晉美去北京。5 月 23 日，雙方簽訂《中央人民政府和西藏地方政府關於和平解放西藏辦法的協議》十七

條。第一條即：「西藏人民應團結起來，驅逐帝國主義的侵略力量，西藏人民應該回歸祖國大家庭——中華人民共和國。」十四世達賴悲憤地指出：「西藏回歸祖國的說法，實在是無恥的發明，西藏從來未曾隸屬過中國。在倫理上和種族上，兩邊都不相同。」阿旺晉美並未被授權以十四世的名義簽字，那顆蓋章的國璽是偽造的。

1951 年 8 月，十四世達賴喇嘛回到拉薩，遭張經武將軍咆嘯以待。11 月 13 日，西藏政府向聯合國秘書長呼籲把西藏問題託付聯合國裁決，沒人理會。10 月 20 日，張國華及譚冠三政委率 80 軍主力踏進拉薩。

反抗　1949 年 9 月，中國人民政治協商會議決議：「中國各民族人民實現了民族平等，在這種情況下，再強調民族自決已經沒什麼意義了。」1952 年 10 月 2 日，《人民日報》評論更加赤裸裸地說：「在這個時候，任何尋求從中華人民共和國分離而獨立的民族運動是反動的。因為客觀形勢上它將破壞各民族的利益，特別首先是絕大多數人的利益，並為帝國主義利益效勞的。」

1952 年 3 月，藏人自己召開「人民會議」，向中央幹部遞上一分請願書，人民群集軍政機關門口，高呼「人民解放軍，滾出西藏！」

美國中央情報局（CIA）一直注意西藏情勢的發展，CIA 的人老早在噶倫堡這座位於印度西孟加拉邦的小村建立據點。噶倫堡位於尼泊爾、錫金、不丹、印度各國交界處的

三角點上，距離西藏的亞東只有 100 多公里。十四世達賴的
哥哥嘉樂頓珠也到這裡活動，台灣的國民黨特務也進出這塊
間諜的天堂。

　　1957 年，由嘉樂頓珠及康巴族頭領公布扎西（Gompa
Tashi, 1905-64）挑選六名康巴人，到西太平洋的塞班島受訓
四個月；8 月，他們被空投回西藏。1958 年 1 月，被空投到
山南桑日縣的兩個人，潛入達賴的夏宮羅布林卡，會晤了達
賴的管家帕拉‧土登維登。管家表明，達賴反對暴力，並寫
了一封長信給美國人，說即使美國向西藏投下一顆原子彈，
西藏反叛中國也是沒指望的。6 月，公布扎西在山南建立衛
教志願軍（NVDA）。東藏的康巴人在 1955 年到 1956 年冬
因中國人強迫交出武器，開始反抗，解放軍包圍理塘寺 26
天，1956 年 1 月，14 個師（15 萬人）及大批飛機進攻康巴，
漢人殘酷地拷打兒童、婦女，甚至強迫僧尼在解放軍面前公
開性交。

　　1957 年，西藏人成立曲西崗珠統一戰場（指古代安多
與康巴的四河、六山，即四水六崗）。CIA 訓練藏人游擊
隊，地點從塞班島、琉球嘉手納空軍基地到美國科羅拉多州
Leadville 小鎮；1959-60 年，至少空投 85 名戰士及 80 萬磅
武器和補給給抵抗組織。1959 年 2 月 6 日，在驅鬼節跳神
會時，拉薩街頭謠言四起，以為十四世被中國人綁架了。人
群湧向夏宮羅布林卡。中午群眾打死昌都僧官帕巴索‧索郎
降。下午 3 點，他的屍體被綁在馬尾上拖著遊行，而藏人在
馬背後高呼「西藏獨立！」「漢人滾出西藏！」口號。3 月

14 日，婦女上街高呼獨立口號，並向印度及尼泊爾領事館呈遞《獨立聲明書》；16-17 日，藏軍開始攻擊青藏公路管理局拉薩運輸站。

3 月 17 日晚上 10 點，24 歲的達賴與母親、姊姊悄悄地化妝，離開了羅布林卡；31 日，成功逃入印度。解放軍已在 20-22 日鎮壓西藏「叛亂」，殲滅 5,360 名藏軍。28 日，周恩來總理下令解散西藏地方政府，至 1962 年 3 月，解放軍共打死、擊傷及俘虜、招降 93,000 名藏人。

CIA 準備提供 14,000 名藏人武裝與配備，然而 1960 年初，由於準備侵入古巴，以及陷入越戰泥沼，也就無力兼顧西藏，艾森豪總統下令停止一切對西藏的祕密行動。

中國政府在 1959 年 4 月，把西藏重新劃分為 72 個縣、七個專區和一個市，將西藏的一半土地分別併入雲南、四川、甘肅三省，另設一個青海省，不到 200 萬的藏人淪入 300-400 萬漢人移民的人海裡，成為眞正的「少數民族」。1966 年 8 月起，紅衛兵在西藏大肆搗毀大小佛寺、佛像及經典，揪鬥劉少奇派的第一代理書記周仁山。1969 年，一名尼姑率千餘人攻打拉薩附近警察局，事後被槍決。西藏流亡政府估計，1950-83 年間，至少有 173,221 人死於監獄或勞改營，90,000 多人被刑訊致死，156,756 人遭槍決，342,970 人餓死，9,002 人自殺。

海外藏
獨運動 1960 年 9 月，十四世達賴喇嘛在印度喜馬偕爾邦坎格拉縣克勞德日吉鎮的達蘭薩拉召開第一屆西

藏人民代表大會，正式宣告成立西藏噶夏政府（後改爲「大雪域國政府」）；1963 年 10 月，公布《西藏憲法》；1970 年 10 月 7 日，成立「西藏青年大會」。藏青會鼓吹西藏自古就是一個獨立國家，被中華人民共和國占領和掠奪，造成貧窮與落後；中國人毀滅西藏文化與宗教，實行同化政策，厲行種族滅絕政策，踐踏人權。台灣國民黨當局樂得支持藏獨，但又說藏族是中華民族的一部分，簡直和中國唱和。

　　1994 年，達賴授意成立「西藏民主黨」。CIA 暗中支援西藏游擊隊，直到 1972 年尼克森訪問中國前才停止。1982 年 5 月 23 日，在北京慶祝和平解放西藏協議簽字三十周年紀念會上，中共中央統戰部顧問表示對遠托異國、寄人籬下的達賴與藏胞十分關切。他說：「我們的政策是愛國一家，愛國不分先後，對於任何真誠心向祖國的人，祖國的大門始終是敞開的。」中國人對活佛的態度是，只要他放棄西藏獨立，什麼都可以談。1982 年，又限制他如肯回來，必須發表一份簡短的聲明，雙方和談又告破裂。中方卻刻意發表一份歪曲事實的會議記錄，痛斥西藏流亡政府爲「分裂主義」、「反動」。1987 年 6 月 18 日，美國眾議院通過《關於西藏問題的修正案》，活佛於 9 月訪美國，提出《五點和平計劃》。會後，更有 58 名眾議員聯名函請雷根總統動用美國巨大的外交力量，根據這五點計劃來解決西藏問題。中國人照舊痛斥達賴爲「分離主義」、「搞西藏獨立」，並強烈譴責美國國會公然干涉中國的內政問題。

　　9 月 24 日，中國人發動拉薩的 15,000 市民去體育館觀

看八人被判囚禁、兩人被槍斃的集會，殺雞儆猴地槍決兩名藏獨鬥士。三天後，一群青年喇嘛沿大昭寺狂奔，高呼「西藏要獨立！」「中國人滾出西藏！」口號，再衝到自治區人民政府大樓示威，紛紛被捕。10月1日上午9時，又有40多名青年喇嘛從大昭寺衝出來，高呼「西藏是個獨立自由的國家！」不久他們被武警抓走，引發群眾包圍警局，放火焚燒附近的車輛，武警從三樓向下掃射，血濺街頭；人民再向警察局丟石頭，放火燒了警局。6日，60多名哲蚌寺的喇嘛改穿便服混過路障，企圖衝到市中心辦公大樓，要求當局釋放被關的喇嘛，很快被連拖帶打地丟進卡車裡。

　　1988年3月5日上午9點50分，突然有幾十名年輕喇嘛高舉拳頭，搶了大昭寺前賽馬和跳舞節目主持人的麥克風，高呼「西藏要獨立！打倒中國壓迫！達賴喇嘛萬歲！」2,000名鎮暴武警驅散群眾，逮捕數百名喇嘛；並在中午攻占大昭寺，至少打死12人。4月17日，又有15名尼姑在大昭寺前示威，下場可想而知。12月10日上午11點，有數百名喇嘛分三路在拉薩市內示威，亮出雪山獅子旗才幾分鐘，就被武警以AK-47衝鋒槍打死12人，打傷數十人。這一天，台灣發生過高雄美麗島事件。

　　1989年1-3月，公安到處抓示威喇嘛與尼姑。3月5日13時50分，拉薩發生暴動，群眾拆了區委、區人大、區政協等八塊招牌，並將門上的中國國徽扔在地上亂砸洩憤。第二天，民眾又砸爛公安派出所及政府機關、飯店、追打漢人。8日，國務院總理簽發拉薩戒嚴的命令。公安限外國人在48

個小時內離開拉薩，中國當局又一貫地栽贓給達賴喇嘛集團，聲言「達賴喇嘛集團永遠也不能分化中國，妨害國家統一」。達賴則呼籲藏人不要採取武裝鬥爭，因為面對十億中國人，無疑是自殺的行為，中國政府很容易使用暴力來反擊。18 日，人代會外事委員會就歐洲議會通過《關於西藏人權決議》聲明反駁說：「此一決議竟無理指責中國為保障拉薩正常社會秩序和維護祖國統一而採取的正當措施，3 月上旬在拉薩發生的事件，既不是民族、宗教問題，也不是什麼人權問題，而是少數分裂主義分子蓄意製造分裂祖國的暴力行動……」「西藏從公元 13 世紀起就是中國神聖領土不可分割的一部分，藏族人民是中華民族大家庭的一員……關於同達賴喇嘛談判的問題……我們認為，談判必須在維護祖國統一的大前提下進行，西藏獨立不行，半獨立不行，變相獨立也不行。」

這一年 6 月 4 日，鄧小平下令鎮壓北京天安門的中國民主運動，解放軍在天安門廣場屠殺人民的場面，透過電視實況轉播到全世界。而中國政府迄今仍睜眼說瞎話地辯稱：「清理天安門廣場沒有死一個人！

10 月 5 日，諾貝爾獎委員會宣布 1989 年諾貝爾和平獎的得主是十四世達賴喇嘛，推崇他：「在爭取解放西藏的鬥爭中始終反對使用暴力，主張採取和平的解放方法。」諾貝爾獎委員會主席阿爾維克更表示：「表彰達賴喇嘛是對北京政府的一種懲戒。」

中國政府灰頭土臉，憤怒不已，立刻譴責該委員會公開

干涉中國內政，並使西藏獨立分子再度受鼓勵，達賴不只是一名宗教人士，更是一個從事破壞中國各民族團結、分裂祖國活動的政治流亡者。

活佛到美國各地演講，1996 年呼籲中國政府，一年內若不開始認眞對話，「我將改變和解立場」。1991 年，他鼓吹「將繼續進行非暴力鬥爭贏得西藏獨立」，但美國助理國務卿安德遜 1992 年 7 月 28 日在參議院第一次討論西藏問題的聽證會上宣稱：「美國當局從來不認爲西藏是一個獨立國家。」儘管美國政府可以關切西藏的人權問題。1997 年 3 月 27 日，達賴以「宗教人士」身分訪問台灣時，台獨人士在場外高呼「支持西藏與台灣獨立！」達賴在 3 月 24 日的記者會上說，他並不追求西藏獨立，而追求西藏自治。

回顧他在 2 月 13 日接受台灣《自由時報》記者朱立熙和白承裕採訪時，仍強調傾向聯邦制，即「與中華人民共和國攜手之下的眞正自治」；還說：「台灣當然也可以加入，大家一起加入，西藏也可以加入，說不定韓國也可以。」此外，他又不忘強調：有一天中國成爲民主國家之後，西藏就可以自治了。「我的立場是，促成西藏眞正的自治，而外交及國防事務則可由中國來執行。」至於自決，他表示在外面的大約 13-14 萬人，這只是少數，大多數人都還在西藏，因此「他們有權決定西藏的未來，我們沒有權利」。

達賴堅守非暴力立場，「以慈悲心來面對橫逆」，並不認同巴勒斯坦或車臣那樣。

　　但年輕一代並不見得完全認同他的中道非暴力和自治路線，藏青會秘書長札西南杰就憤怒地指出，把外交和國防交給中國，就等於放棄西藏的主權，這一點不應該有任何妥協。札西南杰說：「我們認為我們應該鬥爭到底，直到實現西藏獨立為止。」「達賴說他是慈悲佛，我們可不是……我們不能說，既然達賴不怨恨中國人，我們也不怨恨中國人。不！恰恰相反，我們非常痛恨中國人。」

　　藏青會創始人之一詹東・丹增朗杰說：「蘇聯的變化是和平的，中國的變化將是暴力的。」「我們準備以武力奪回我們的國家。」

　　幾百年來，西藏喇嘛靠元、明、清、南京蔣政權的冊封與賞賜，又宣稱西藏 「獨立」，陷入自相矛盾。達賴喇嘛的和平非暴力態度可以理解，但他一再反「藏獨」，違背了藏人獨立的意願，仍被北京斥為「叛徒」及「分裂分子」。他的人道主義和佛陀的精神，還是被中國戰車碾碎。

　　達賴畢竟是封建制度的產物，完全無視世界潮流的發展與同胞的心意。由於他的非暴力、反藏獨，反而阻礙了西藏人追求獨立的道路。這不但是他個人的悲劇，更是全體西藏人的悲劇。

　　2008 年中國舉辦北京奧運時，藏人同時在境內及海外發起一連串抗議活動，適逢西藏反抗 49 週年，數百喇嘛高呼西藏獨立口號被鎮壓，造成近百人傷亡。

6. 中華帝國主義下的東土耳其斯坦 獨立運動

歷史的
回　顧
當前中國的新疆維吾爾自治區，面積 166.04 萬平方公里（占中國領土 1/6），超過 2,000 萬人口，以天山山脈和俄羅斯及中亞（西土耳其斯坦）的土庫曼、烏茲別克、塔吉克、哈薩克爲界，即世人所稱的東土耳其斯坦（East Turkestan）。最先出現於東、西土耳其斯坦的，是碧眼金髮的伊朗系 Aryans 的塞種（Saka），在公元前 6-5 世紀進入伊犁河流域，後來被來自河西走廊的月氏人趕走，土地則被土耳其系的烏孫人靠匈奴而奪占（公元前 161 年）。中國漢朝於公元前 60 年在輪台設置西域都護府，做爲殖民東土耳其斯坦 36 國的象徵。來自蒙古的鮮卑，在中國東北建立北魏王朝（386-534），征服了河西走廊的漢、番各小政權，勢力深入南疆，另一支也來自蒙古高原的 Tűrk（突厥），552 年乘樓蘭內亂而建立帝國，逐漸囊括了東土耳其斯坦。唐帝國也深入中亞，取代分裂的突厥帝國（630-751），但高麗人高仙芝卻在哈薩克的江布爾（Talaz）被阿拉伯軍擊敗，從此穆斯林逐漸統治了東、西土耳其斯坦。來自西藏的吐蕃，也曾在 790-866 年統治過東土耳其斯坦。

來自蒙古的土耳其族回紇（回鶻，Huihe/Uyghur），744 年與大唐聯合消滅突厥帝國，回紇獨霸大漠，但 8 世紀後他們和吐蕃爭霸百年，兩敗俱傷。

840 年，一支西入北庭（西遷回鶻），10-12 世紀建立

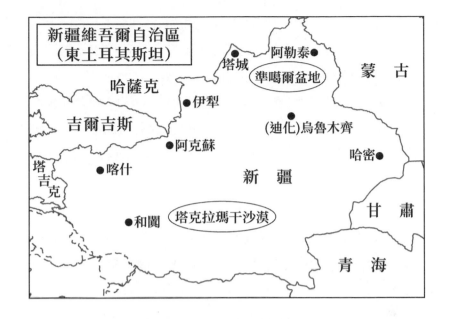

高昌回鶻、于闐和喀喇汗朝三個對峙的國家。喀喇汗國包括
今天的阿姆河、錫爾河之間，錫爾河以北至巴爾喀什湖一
線，在準噶爾盆地以精河、新源一線和高昌回鶻爲界，定都
巴拉沙袞（托克瑪克）和喀什噶爾，10世紀改信伊斯蘭教。
916年，西遼征服了東土耳其斯坦。13世紀以後，西遷回鶻
的兩個王朝相繼滅亡。高昌回鶻信奉佛教和摩尼教，使用回
鶻文字，喀喇汗朝使用阿拉伯字母的哈尼文字。13世紀，
蒙古人征服了土耳其斯坦，畏兀兒人因爲最早投降而在帝國
內活躍，臣屬於察合台汗國，1348年分裂爲東、西兩汗國。
帖木兒這個土耳其人，自稱成吉斯汗的後裔，15-16世紀建
立帖木兒帝國。

　　蒙古人在1514年攻占葉爾羌建國。1680年，國內黑

山派及白山派鬥爭，使蒙古人瓦拉族的準噶爾部噶爾丹
（1644-97）乘虛在 1680 年攻滅葉爾羌，深入青海，雄霸漠
南。這位西藏達賴喇嘛的侍從，1690 年、1695 年及 1697 年
三次被大清康熙帝擊敗，逃入俄國而憤死。清國劃分阿爾泰
山以西地區爲準部。1757 年，清軍又鎮壓伊犁爲主的準噶
爾部貴族阿睦爾撒納，再乘勝征服南疆維吾爾族的大小和卓
波羅尼都和霍集占，統治了東土耳其斯坦，1760 年置統領
伊犁等地將軍於惠遠城，改爲「新疆」，派駐四萬大軍。

滿洲及蒙古八旗軍長駐北疆，成爲今天錫伯人和達斡爾
人的祖先。漢人綠營兵丁則三年轉調，不准攜眷，漢人不准
移民，漢、回分居，直到 1828 年才開放漢人移民。

大和卓之子薩木克流亡浩罕，1820 年及 1824 年，浩罕
支持他的兒子張格爾在帕米爾起事，號召南疆的穆斯林打聖
戰。1826 年，張格爾攻占喀什、葉爾羌、和闐各地，20 多
個英國人充當他的顧問進入喀什。張格爾只忙著蓋豪宅，
1827 年 3 月被清軍趕走，1828 年被擒，械送北京絞殺。
1830 年及 1849 年，張格爾的哥哥玉素甫和七個和卓的後代
倭里罕等人又反攻失敗。1857 年，倭里罕乘喀什和庫車的
礦工農民起義，再占喀什，但他生性多疑，喜歡親手砍下冒
犯者的人頭，又被良回（義民）引導清軍趕走而發瘋。

1851 年，太平天國起義震撼了新疆。1863 年 3 月，伊
犁綏定的回民楊三星、飛刀馬二等起義失敗。1864 年 6 月，
庫車的維族和漢回控制了民工起義，城內的東干人（有中亞
血統又講漢語的回民）馬龍、蘇三哥響應，殺漢人辦事大臣

及維族頭人。惠遠的漢軍也響應起義（1864.10），南疆各地穆斯林自立。張格爾的孫子布魯素克帶浩罕將軍阿古柏（Mohammad Ya'qub Beg, 1820-77）進入喀什及和闐，1867年攻下阿克蘇、庫車。阿古柏趕走布魯素克，自稱「七城汗國」的汗王。他請來土耳其教官，又和俄國簽訂通商條約，1870年11月，在漢人的配合下，攻下吐魯番。他的六萬大軍成為剝削者，他本人擁有100個妻妾及3,000個奴隸。這位烏茲別克人暴君，在英、俄兩大帝國主義之間，左右逢源。

　　1876年8月，鎮壓太平天國的左宗棠派湖南部隊（湘軍），在三個月內把阿古柏趕出北疆，1877年4月再征服南疆。阿古柏兵敗服毒自盡。清廷代表崇厚在黑海行宮和沙皇簽約，規定支付俄國從1871年起「代收代守伊犁兵費」500萬盧布（280萬兩）。1880年1月，清政府斬了崇厚，改派曾紀澤兼駐俄公使繼續談判了半年多，才在1881年2月24日簽訂《中俄伊犁條約》。大清爭回面子，收回伊犁，卻割讓伊犁西部霍爾果斯河以北10,000多平方公里土地及塔城以北部分地區，賠款增至900多萬盧布。1884年11月1日，新疆建省，劉錦棠為首任巡撫，駐迪化（烏魯木齊），伊犁將軍駐伊犁。

20世紀
的新疆　　辛亥革命後，留學日本戶山陸軍學校的楊纘緒策動革命成功，兩個月後，卻被迪化道楊增新篡奪成果。他不准青年出境求學，只能待在家裡念四書五經。1928年7月，他在俄文法政學校第一屆畢業典禮上，被留

學日本早稻田大學的阿克蘇道台樊耀南派人打死。民政廳長
金樹仁乘勢逮捕樊，將他五馬分屍。1931 年 2 月 17 日，維
族殺死強娶少女的沁城小東堡駐軍張國琥，哈薩克族響應起
義，東干人馬仲英應維族之請，率 700 多人從河西走廊入哈
密，混戰半年而退。1933 年初，馬仲英再包圍迪化。4 月
12 日，迪化官員及國民黨特派員一起推翻金樹仁。在關鍵
時刻，盛世才（1897-1970）出賣金樹仁。這位留學日本明
治大學及陸軍大學的新主人，1935 年一方面拿了蘇聯給他
的 500 萬盧布貸款，允許俞秀松等 26 名中共進入新疆；卻
在 1939-42 年整肅中共杜重遠（打爲托洛茨基派）、毛澤東
弟弟毛澤民和自己的親弟弟盛世騏，1933-44 年有十萬人被
捕，五萬死於非命。1942 年，南京政府派李鐵城的第 19 集
團軍進駐哈密，盛世才不服中央，1944 年大肆逮捕國民黨
要員，1944 年 9 月被調回南京當農業部長，1949-70 年在台
灣享清福。

泛土耳其
斯坦主義　2000 年時，新疆近 2,000 萬人，分屬 47 個民族，
維吾爾、哈薩克、烏茲別克、塔吉克、克爾克
孜人占多數，信仰伊斯蘭教，與中亞各土耳其族是同胞。
1933 年 1 月哈密起義，維族和加尼牙孜應邀入鄯善與吐魯
番，打出「興回滅漢」口號，迫駐阿克蘇的金樹仁二兄金樹
智兵敗自殺。2 月，穆罕默德・伊敏攻占和闐、葉爾羌各地，
建立「和闐伊斯蘭國」。11 月 22 日，伊敏和沙比提大毛拉
在喀什回城（疏附）宣布建立「東土耳其斯坦伊斯蘭共和

國」，背後有英國人支持，宣布永遠脫離中國。但是蘇聯不想看到新疆穆斯林獨立將引發中亞土耳其族的連鎖效應，調派八架飛機及紅軍支持盛世才反制。1934年2月，馬仲英退入南疆進攻喀什，和加尼牙孜退至英吉沙。8月，盛世才軍攻占喀什，大毛拉被出賣交給盛世才，慘死獄中。10月，馬仲英占和闐，伊敏逃至印度，和加尼牙孜向盛世才投降，但仍被處死，數萬維族入獄。麥斯武德·沙比爾（伊犁大地主之子）流亡印度及土耳其，繼續組織「土耳其斯坦旅土同鄉會」。念過南京中央大學的艾莎·玉素甫伯克，連絡伊敏及麥斯武德回國，在南京及重慶宣揚泛土耳其主義。

盛世才及國民黨殘酷剝削各族，例如1941年收購五萬匹軍馬，市價每匹省票700元，卻以300萬賣給政府。1943年3月，盛世才又強迫各族捐獻1,000匹馬支援抗戰，引發民憤。1944年8月，鞏哈縣的聯共黨員塔塔爾人法提哈等上山打游擊，號召各族「害怕的時代已經過去，我們要公開起來革命！」10月7日，游擊隊攻占鞏哈縣，處死國民黨的走狗，阿巴索夫越界號召蘇聯中亞境內各族青年100多人響應。11月7日，阿巴索夫潛入伊寧，裡應外合；8日，包圍各據點的國民黨駐軍，迫杜德孚逃入伊寧機場抗拒70多天。

11月12日，解放組織宣布成立東土耳其斯坦共和國臨時政府，升起綠底、中間鑲紅星、彎黃月的國旗。政府主席是烏茲別克人艾里汗·吐烈，副主席是維族的阿奇札柏克·霍加。除了阿巴索夫等少數革命青年之外，伊犁革命政府的

首腦都是上層人士和泛土耳其主義者，並且由俄族的沙德洛夫為總司令，發行俄文的《東土耳其斯坦日報》。臨時政府的政治綱領第一條明白揭櫫，建立政府的目的在於「掃除漢民族」；並且在宣言上宣布：「我們在漢民族支配的桎梏下，渡過黑暗的 60 年的奴隸生活，現在展現光輝未來的東土耳其的革命旗幟已揭起……我們誓言達成目標，漢族必須償還 60 年來的血債。」

1945 年 1 月 5 日，臨時政府通過九項宣言：（1）在東土耳其斯坦領土上，徹底根除中國的專制統治；（2）在境內各民族一律平等的基礎上，建立一個真正解放、獨立的共和國；……（8）銀行、郵政、電話、電報、森林及一切地下寶藏收歸國有；（9）在國家工作人員中消除個人主義、官僚主義、民族主義及貪汙腐化的惡劣作風。

三區的漢人立刻遭受報復性的屠殺，阿巴索夫制止這種行動，反而被極端派視為眼中釘。最終由副主席阿合買提江制止，嚴懲拉甫桑等極端分子。

1945 年 1 月，國民黨軍困守；2 月 1 日，杜德孚等被殺，游擊隊控制了伊犁地區。阿山地區承化、柯克托海等七個縣的哈薩克人，不滿盛世才的壓迫與屠殺（1937-38），1940 年 1 月各地哈族殺盡漢官、役夫，3 月潰敗，卻在布爾根遭蒙古國軍隊阻擊，逃入阿拉里。哈薩克人受盛世才的招撫後，派特務控制，1941 年 6 月打死蘇聯礦業考察團長巴年科夫等人於柯克托海，盛世才食言反撲，10 月哈族逃入福海縣，又被手持《可蘭經》的副行政長官賈尼木汗勸降，

丟進迪化的大牢後紛紛遇害。新疆的「二二八」，比台灣還要早發生。

牧民烏斯滿逃回冬季牧場庫爾特，搶劫郵局和省軍的200多隻駱駝，1940年9月包圍柯克托海。1943年10月，從蘇聯回來的謝肉什部頭人列達里汗，加上蒙古人及蘇聯顧問，在青河成立「阿勒泰哈薩克復興委員會」政府，禁止漢人入境。省軍128師長柳正欣散發傳單，號召哈薩克族協助政府剿滅「烏賊」（烏斯滿）。12月，烏斯滿退入蒙古國，1944年又攻青河、柯克托海、鎮西至昌吉一帶。吳忠信用「以夷制夷」策略，上任省主席後，釋放前主席劉文龍、維族包爾漢、哈族艾林郡王、錫伯族廣祿等人，分別派他們擔任各地縣長，背後由特務監視。

三區革命 1945年4月起，東土共和國臨時政府兵分三路，陸續攻下塔城地區至伊犁、承化（北路）、烏蘇（由蒙古騎兵協助）、南路攻焉耆與阿克蘇，配合蒲犁起義。阿巴索夫兩次包圍阿克蘇，再占拜城及溫宿。1946年1月，游擊隊占葉爾羌，16日攻莎車。

三區革命都是蘇聯支持的，主要領導人，例如阿合買提江、伊斯哈克別克、達列里汗、帕提赫、賽福鼎等，都是受蘇聯訓練的革命家，蘇聯顧問及軍官也參加歷次戰鬥。蘇聯在背後支持，游擊隊戰敗立刻退入蘇境，可獲得修整和補給，待機捲土重來。

1945年8月14日日本宣布無條件投降，新疆還未停火。

9月，東土耳其斯坦共和國到達全盛時期。北疆的三區連成一片，南疆的民族軍又攻占了拜城、溫宿，包圍阿克蘇；從蒲犁方向又逼向英吉沙、喀什；中路民族軍距離迪化140多公里，與國府軍隔著瑪納斯河對峙。

1945年8月14日《中蘇友好同盟條約》簽訂，史大林元帥承認滿洲（東北）、新疆爲中國領土的一部分，尊重中國主權，支持國民黨政府。

9月15日，蘇聯駐華大使彼得洛夫向中國外交部提出一份備忘錄，其中聲稱：「據蘇聯伊寧領事轉報蘇聯政府稱：有回民數人，自稱新疆暴動之人民代表，向該領事聲稱，並暗示希望俄人出面爲中間人，擔任調停彼等與中國當局所發生之衝突；並聲稱：暴動人民原無意脫離中國，其宗旨在使回民在新疆各地占多數，如：伊寧、塔爾巴哈台、阿爾泰、喀什各區，達到自治之目的，該代表並列述過去新省當局對彼等之種種壓迫。蘇聯政府因關切其與新疆接壤地區之安寧與秩序，如中國政府願意，則準備委派駐伊寧領事，試對中國提供可能之協助，以便調停新疆已造成之局勢。」

史大林寧可把東土耳其斯坦當作中、蘇的緩衝區，總比它成爲中亞各加盟共和國效法的不良示範划得來，何況泛土耳其主義對蘇聯境內的穆斯林衝擊甚大，不如讓它以喜劇收場，無疾而終。

10月12日，阿合買提江、賴希木江和阿布勒哈依爾・吐烈三人代表團至迪化。兩天後，南京政府代表張治中率領梁寒操、屈武、鄧文儀等人也飛抵迪化。17日，正式展開

談判。

東土耳其斯坦共和國臨時政府代表不堅持國對國的對等談判，自失立場，淪爲後來中央對「人民代表」的劣勢，一切由蘇聯駐迪化總領事葉謝也夫擺平，向國民黨軍投降。張治中答應縣長民選，副縣長由中央委派，小學授回文，中學以上以漢文爲必修科。南京政府一舉攻占新疆省政，地方自治根本就是謊言和廢話。

1946 年 6 月 6 日，三區不戰而降，阿合買提江等被伊寧領事強行送至阿拉木圖，「東土」亡國；7 月，張治中就任新疆省主席，阿合買提江、包爾漢爲副主席，阿巴索夫爲秘書長，維族賽福鼎爲教育廳長，國民黨大小特務充斥新疆，張治中又利用三區的民族矛盾，拉一個打一個。阿合買提江在 1946 年 6 月把艾里汗・吐烈趕至中亞塔什干，重申三區革命是爲了反對國民黨反動統治，絕無從中國分裂出去的野心。

國民黨操縱選舉。1946 年 9 月，國民黨軍警被塔城的人毆打，撲殺數十人。10 月 10 日，前往阿山監票的涂禹等人被殺。1947 年 2 月 20 日，迪化的維族青年上街示威，高呼「中央軍撤出新疆」的口號。21 日，三區的維族青年 5,000 多人再上街示威，要求罷免迪化、哈密、莎車、和闐的專員。24 日，國民黨發動回、哈族 5,000 人反制遊行，高呼「三區是新疆十四個民族的新疆，不是維吾爾族的新疆！」

25 日，哈、維兩族流血衝突，當晚宋希濂下令戒嚴。

　　1947 年 5 月，張治中被圍困在喀什的行政專署內，維族青年高喊：「打死張治中！」5 月 19 日，南京政府宣布伊寧維族、君士坦丁堡醫科大學的麥斯武德爲新疆省主席，立刻引發各族不滿。麥斯武德久居南京，又是中統特務。各地反對勢力紛紛被宋希濂鎮壓。8 月，聯合政府終告瓦解。阿合買提江、阿巴索夫、賽福鼎等重返三區。張治中痛斥三區「無論在口頭上、文字上乃至心理上，都只有東土耳其斯坦，而無中華民國！」「只許反漢親蘇，不許人親漢又親蘇。」

　　1948 年 2 月 17 日，三區方面回應他，痛斥宋希濂支持烏斯滿，要求麥斯武德下台。11 月，張治中建議蔣介石改派包爾漢爲省主席。

　　包爾漢（Burhan al-Shahidi, 1894-1989）是阿克蘇的維族，生於蘇聯喀山省，當過駐蘇領事，被盛世才關過。他上任前宋希濂已調走，前任警備總司令陶峙岳又回來，他是張治中念保定軍校的同學，他的堂弟陶峙晉留學日本陸軍士校，和中共的喬冠華是深交，一批中共滲入軍中。趙明、王韜等杜重遠、林基路的學生也成立「新疆共產主義者同盟」（1944.11），1947 年 2 月再聯絡阿巴索夫的人民革命黨，合併爲「民主革命黨」。

　　1949 年 8 月，中共派鄧力群去伊寧，見了阿合買提江等人。毛澤東寫信邀請三區頭人至北京。8 月 27 日，他們在伊爾庫茨克上空遇亂流，阿合買提江、阿巴索夫、達列里汗等人墜機，葬身外貝加爾湖邊。1949 年 4 月 23 日，解放

軍占領南京；9 月，綏遠省主席董其武起義，解放軍兵臨玉門關。毛澤東通過主張和談的張治中發電，勸陶峙岳、包爾漢等努力維持新疆的政局穩定，準備走和平起義之路。陶峙岳動搖，賽福鼎、阿里木江、涂治教授等也去北京。屈武，這位于右任的女婿、蔣經國的中山大學同學，也主張不必流血。9 月 19 日，他和曾震五等去蘭州。9 月 25 日，陶峙岳通電起義；10 月 20 日，王震的第一兵團抵迪化。12 月 27 日，新疆人民政府成立。

1952 年 9 月 12 日，全國人代會把新疆改爲「新疆維吾爾族自治區」，賽福鼎·艾則孜爲主席，三名副主席分別是漢人高錦純、維族伊敏諾夫和哈族蒙古爾巴夫。

死灰復燃 如果按照中國官方的說法，新疆簡直是地廣人稀的人間天堂：每十萬人受大學教育的有 5,141 人（2000），人均 GDP 爲 19,131 人民幣，超過低收入國家的水準；平均每 100 戶農民有 93.29 台電視、22.13 台洗衣機、11.29 台電冰箱；擁有全中國最大的衛星地面站。漢人在 1949 年只有 29.1 萬人，1990 年卻已達 569,626 人（占 37.5%），開始乞丐趕廟公了。1955 年，漢族才 30 萬，其中新疆建設兵團就占 2/3，他們坐擁全區 158 個牧場、1,212 萬畝耕地、116 個工礦企業，工農總產值占全區的 26.3%，成了獨立王國。

遊牧民族被迫加入集體農場，反動派、地主、惡霸土地的 730 多萬畝土地被沒收（1950-52），分配給 210 萬貧農。

　　1950 年 11 月起，中共開始整肅「疆獨」人士，處死泛土耳其主義者熱・哈曼諾夫及奴爾派斯。1951 年，鎮壓馬立克哈吉。伊敏又在南疆鼓吹東土耳其斯坦共和國運動。1954 年 11 月，大毛拉巴海率眾起義失敗。他的女弟子海力其汗高呼「為建立伊斯蘭政府而戰！」打死一些公安及代表。阿布都依米提在 1959 年被幾名維族婦女出賣，在地窖中被捕。1957 年，中共發動百家爭鳴，1958 年 4 月抓了一批所謂「右派」。1958 年 6-9 月，喀什又發生「東土耳其斯坦政府」叛亂案。1960 年代，中、蘇共意識形態鬥爭激烈，1962 年中國政府停發 12 萬哈、維族回蘇聯的簽證，使 67,000 人逃回蘇聯；5 月 29 日，伊寧邊民挾持伊犁哈薩克自治州長，攻擊政府大樓，高喊「打倒漢族！」「為 5.29 烈士報仇！」「打倒共產黨！」不久，烏魯木齊和喀什又出現「東土耳其斯坦獨立鬥爭同盟」和「東土青年救國軍」。中國人把一切都栽贓給蘇聯人企圖「分離」新疆的陰謀。

　　1966 年文革開始，紅衛兵到處破壞清眞寺、燒毀《古蘭經》和揪鬥伊瑪目、阿訇。伊敏諾天、扎哈洛夫等乘亂在 1968 年 2 月成立「東土耳其斯坦人民革命黨」，想靠蘇聯實現新疆獨立，6 月失敗。「東土革命黨」在烏魯木齊、伊犁、克拉馬依各地搶劫銀行、倉庫、商店，至 1970 年 3 月，有 5,869 人被捕，其中 32 人處死刑。

　　1980 年 4 月 9 日，阿克蘇群眾 3,000 多人抬屍示威，大叫「漢人滾回關內去！」打死兩人，打傷 549 人。1981 年 3 月 26 日，伽師縣人艾山・司馬義等九人，成立「東土耳其

燎原黨」，主張「組織武裝力量，用伊斯蘭的武裝力量向卡甫爾（異教徒）、帝國主義宣戰」。在 148 名黨員中，中小學生 58 人，回鄉青年 60 人；15-20 歲占 85%。5 月 26 日晚，燎原黨 150 多人進攻伽師縣武裝民兵武器庫，迅速被漢人鎮壓。1981 年 10 月 30 日，喀什地區供銷社棉麻經理部雇工阿布都克里木‧卡德爾等人，在疏通水溝時，與附近的知青土產門市部的漢族青年葉欣等起衝突，葉欣開槍打死阿布都克里木‧卡德爾。維族抬屍遊行，高呼「打死黑大爺！」「伊斯蘭共和國萬歲！」「打倒民族敗類」口號，正值下班放學時間，漢人被毆打，機關、巴士、商店的門窗被砸爛。第二天，又有 2,000 多人企圖攻擊市公安局和市委、銀行。漢人被打傷 631 人，兩人死去。11 月 1 日暴動群眾才散去，有 231 人被捕，並查出背後的「中亞細亞維吾爾斯坦青年星火黨」29 人。

　　1985 年 12 月 12 日，烏魯木齊七所大專學院（新疆大學、新疆工學院、新疆八一農學院、新疆醫學院、新疆石油學院、新疆財經學院、新疆師範大學）的 2,000 多維吾爾族青年遊行，高呼「抗議內地漢族自流人員進入新疆」等口號。12 月 17-19 日，在阿克蘇、博樂，甚至遠在南京、北京、上海的維族學生，都在市區遊行。他們再度高呼「漢族滾出新疆」、「新疆要獨立、要自由、要主權」、「新疆獨立萬歲」等口號，不過還是被漢族鎮壓。

　　1988 年 6 月 15 日，烏魯木齊的維族學生遊行，高呼「反對大漢族主義」、「把漢人趕出去！」口號。各校對這些人

的領袖做出「嚴肅處理」。1989 年 5 月 19 日，烏魯木齊又爆發 3,000 多人攻擊自治區、黨委及人大聯合辦公大樓事件。

流亡的穆罕默德・伊敏在 1940 年代寫了《東土耳其斯坦歷史》，用「泛土耳其主義」，主張把生活在中國北方、西域的所有民族納入土耳其族（突厥族），宣稱他們在 9,000 年前就已創造了自己的文字，中國原本是東土耳其斯坦 3,000 年的敵國。直到 1980 年代，這本書仍在新疆暗中傳閱。吐爾貢・阿勒瑪斯也在 1986-89 年間寫了《維吾爾人》、《匈奴簡史》、《維吾爾古代文學史》等三本書，「以歪曲、杜撰和竄改歷史的手法，散布了諸多破壞祖國統一、損害民族團結的錯誤觀點」。

1990 年 4 月 5 日，克孜勒蘇柯爾克孜自治州阿克陶縣巴仁鄉，發生了則丁・玉素甫為首的「東土耳其斯坦伊斯蘭黨」的武裝暴動。200 多人高呼「萬物非主，唯有真主，穆罕默德是真主使者」口號，在巴仁鄉政府前面示威。下午 7 點，他們攻擊趕來鎮壓的公安、武警；晚上 11 點，則丁・玉素甫下令在牙爾橋攔截武警憲兵邊防大隊兩輛小車，打死六人，切斷電話線。4 月 6 日 4 點 36 分，則丁・玉素甫在進攻鄉政府時陣亡。此案三人被處死，16 人被擊斃，508 人被逮捕。

1992 年 2 月 5 日晚上 9 點 30 分，烏魯木齊市內發生兩輛巴士爆炸，炸死三人，傷 15 人。同時，兩枚在群眾劇院錄像廳和自治區文聯家屬院的炸彈未爆。8 月，依米提・塔里甫等人被捕。這是 1990 年 11 月被破獲的伊斯蘭改革者黨

的漏網之魚所搞的。

　　1990-95 年共有 109 起革命組織成員被捕，並有 26 次爆炸案發生。

　　維族認爲中國在 1997 年收回香港，是趁機進行新疆獨立的天賜良機，爲「97 年大幹」準備，「滿月土星」（ATT）秘密動員，大都是青年學生，在 1996 年 2-5 月製造五起搶劫、殺人事件。1996 年 3 月 10 日，ATT 殺了阿榮汗・阿吉。烏魯木齊、庫車、新城、疏勒各地都發生槍戰及殺害親中國的維族人士事件，出現爆炸及自爆的場面。

　　1998 年有 195 個「分裂政黨及組織」被破獲，1,194 人被捕。1999 年又有 76 個團體被破獲，1,650 人被捕。在喀什的買買提明・黑力力爲首的「兄弟會」，已有人至國外受訓；在和田的「東土耳其伊斯蘭解放黨」（庫來西團伙），受境外的艾山・買合蘇木的「東土耳其斯坦伊斯蘭運動」指導，要以暴力恐怖手段解放東土耳其斯坦。

　　哈薩克人也藉口阿布都黑力力等人被傳訊，1995 年 8 月 14 日發動遊行，抗議伊犁當局。南疆的東土耳其斯坦眞主黨，也在 1997 年 2 月 5 日掀起伊犁暴動。25 日，正值北京追悼鄧小平，下午 6 點 30 分，烏魯木齊的三輛巴士爆炸。此外，「維奸」更是恐怖分子追殺的對象。

　　在中亞的「東土耳其斯坦伊斯蘭運動」，1993 年由和田人買買提托乎提和阿布都・熱合曼成立，同年解散。1997 年，再由艾山・買合蘇木（Hasan Mahsum, 1964-2003）恢復活動，1999 年製造 12 月 4 日的和田地區墨玉縣恐怖殺人

案，在烏魯木齊也製造 2 月 4 日搶劫殺人案。

東土捲
土而來　1992 年 12 月，30 多個組織在土耳其伊斯坦堡召開「東土耳其斯坦民族代表大會」，確立國名、國歌（夏迪雅）、國旗（月牙旗）。1998 年 12 月，來自 11 國的東土獨立分子，在安卡拉舉行第三屆東土民族大會，宣布成立「全世界東土耳其斯坦解放聯盟」，此後尋求賓拉登的協助。塔利班、基地和烏茲別克斯坦伊斯蘭解放運動，源源不斷支援東土。2000 年 1 月，第三屆維吾爾青年代表大會在愛沙尼亞首都塔林召開。在境內，東土分子早在 1996 年 10 月成立「伊斯蘭眞主黨」。2004 年 9 月，澳洲「東土協會」主席阿美特‧艾君柏蒂（總統）及美國「東土民族自由中心」主席安瓦爾‧玉素甫‧杜拉尼（總理），在華盛頓宣布成立「東土耳其斯坦流亡政府」。2007 年 1 月，官方報導指出，「東土耳其斯坦伊斯蘭運動」派人潛入帕米爾高原山區建立訓練營地，中國境內外有 50 多個東土組織，其中 40 多個在境外活動。

　　「世維會」三大頭頭之一爲新疆女首富熱比亞‧卡德爾（Rebiya Kadeer, 1951-），當過第八屆全國政協委員。官方指控她是 2008 年 8 月 4 日、10 日及 17 日三起恐怖事件的幕後主謀。她被中國當局以販毒罪關押五年，2005 年 3 月獲釋。2006 年 11 月，她當選爲世界維吾爾大會的第二屆主席。之前還當選爲「美國維吾爾協會」主席。她的第二任丈夫 Sidik Haji Rozi 當過大學教授，曾經入獄，1996 年赴美國。

1997 年烏魯木齊公車爆炸案，官方說是熱比亞與其丈夫裡應外合。1999 年 8 月，熱比亞以危害國家罪被捕。2004 年，挪威一個機構授予尚在獄中的熱比亞「人權獎」。2005 年，她因病提早獲釋，前往美國。2007 年 6 月，她被布希總統接見。

世維會首任主席艾爾肯·阿力普提肯（Erkin Alptekin, 1939-），是艾沙·阿力普提肯之子，1949 年隨父母流亡克什米爾首府斯利那加，後來參與創立「無代表國家及民族」（UNPO）組織，擔任秘書長。另一位主席多里坤·艾沙（Dolkun Isa, 1967-）流亡土耳其，1996 年為世維會主席，又在慕尼黑成立「東土耳其斯坦信息中心」，透過網路聯絡同志。

當前東土有下列組織：東土耳其斯坦聯合民族革命團（UNRGET）、東土耳其斯坦民族革命戰線（ETNRF）、維吾爾斯坦解放機構（ULO）、東土耳其斯坦人民黨（ETPP）、東土耳其斯坦委員會（ETC）、東土耳其斯坦民族救濟委員會（ETNS）。

他們組成「民族統一革命戰線」（UNRF, United National Revolutionary Front），繼續對中國展開獨立鬥爭。2001 年 2 月，東土伊斯蘭黨的領袖阿爾干·阿布拉被中國當局判處死刑。

2009 年，廣東一個工廠漢維工人毆鬥；7 月 5 日，烏魯木齊的漢維互相火拼。2011 年 8 月，發生連續恐攻事件，至少 18 人喪生。

　　土耳其斯坦伊斯蘭黨領導阿卜杜拉‧曼蘇爾蒙面用母語宣稱：2013 年 10 月 28 日發生在北京天安門的撞車恐攻事件是「聖戰行動」。

　　2014 年 3 月 1 日，八名維吾爾人在雲南昆明火車站持刀砍殺路人，造成 33 死、143 傷。警方在 3 月 3 日宣布破案，當場擊斃四名凶手，逮捕一人。更早在 1 月 15 日，伊力哈木被 30 多名北京和新疆的警察從家裡帶走，2 月被指控涉嫌分裂國家。但他一向不贊成新疆獨立，也不贊成以暴力解決民族衝突。

　　習近平在 2014 年 4 月 27 日前往新疆視察，4 月 30 日下午 7 時 10 分，烏魯木齊火車站南站出口發生持刀砍殺與炸彈攻擊，造成三死 79 傷。爆炸正好發生在一列來自成都並載滿漢人移民工的火車抵達之後。5 月 1 日，官方宣布是兩名維吾爾族犯人自爆所造成的傷亡。7 月莎車、10 月巴楚等地發生暴力事件，造成上百人傷亡。

　　2015 年 9 月，阿克蘇礦場暴動，11 月 12 日被鎮壓，有 28 名「恐怖分子」被打死，一人投降，16 名民眾死去。

7. 歐洲分裂新浪潮

　　歐洲各國內部又醞釀分裂的浪潮，首先是斯洛伐克和捷克分家；其次是西班牙卡達隆尼亞與巴斯克的獨立運動，蘇格蘭脫離英格蘭，還有並不起眼的比利時荷語區加上北義大利鬧獨立。當然不可忘記那個沒有國家的庫德族。

| 斯洛
伐克 | 構成捷克的波希米亞和摩拉維亞有著光輝的傳統，

在哈布斯堡王朝奧匈帝國這一半境內，捷克人享有愈來愈高的自治和顯著的富裕。相對地，被匈牙利統治數百年（1027-1918），16世紀南部又被鄂斯曼土耳其帝國殖民統治。1620年，哈布斯堡王室恢復對捷克的統治，以天主教為國教，大批捷克新教徒流亡斯洛伐克。1678年，哈布斯堡王室的天主教在斯洛伐克重占優勢。儘管1848年歐洲民族之春時，斯洛伐克人要求匈牙利賦予他們建立議會和母語學校及說母語的權利，但仍在1848年4月11日被拒絕，匈牙利語為斯洛伐克的唯一官方語言。奧地利反過來利用斯洛伐克人鎮壓匈牙利獨立運動。斯洛伐克人與捷克人混血的馬薩利克（Thomas G. Masaryk, 1850-1937），硬把兩個民族湊成一個捷克斯洛伐克共和國（1918.11.14）。1919年7月，斯洛伐克蘇維埃共和國被政府和外國武裝干涉軍推翻。1921年5月，斯洛伐克社會民主黨左翼參加創立捷克斯洛伐克共產黨。

1938年9月《慕尼黑條約》簽訂，納粹德國併吞蘇台德區。10月，斯洛伐克宣布自治；11月，被匈牙利占領了南部地區。1939年3月14日，在納粹德國保護下，蒂索宣布成立「斯洛伐克國」，東部地區被匈牙利奪占。9月，二次大戰爆發，斯洛伐克追隨德國參戰。1945年5月，蘇軍解放斯洛伐克，斯洛伐克又回歸捷克斯洛伐克。1948年5月9日通過憲法，宣布捷、斯兩個平等的斯拉夫民族組成統一國家。1960年，捷克斯洛伐克改為社會主義共和國，

1990 年再改爲聯邦制共和國，斯洛伐克社會主義共和國做爲聯邦的兩個成員國之一。1968 年布拉格之春的主角杜布切克，即是斯洛伐克人。

在匈牙利統治下，斯洛伐克人只被視爲北部鄉村講斯拉夫語的農民，城市居民以德意志人、匈牙利人或猶太人爲主。被「統一」以來，斯洛伐克的所有政府要職幾乎全由捷克人包辦。300 萬德意志人親納粹，250 萬斯洛伐克人要求自治乃至獨立。戰爭期間，斯洛伐克人把十萬猶太人幾乎全部送進死亡集中營。戰後，史大林整肅了斯洛伐克民族主義者胡薩克（坐牢六年）。1989 年 11 月劇變後，公眾反暴力組織脫穎而出；12 月，共產黨失去執政地位。1990 年 3 月，兩個民主共和國改爲「捷克共和國」和「斯洛伐克共和國」；4 月，再通過修憲，改爲「捷克斯洛伐克聯邦共和國」。6 月，哈維爾（Václav Havel, 1936-2011）的公民論壇拿下捷克一

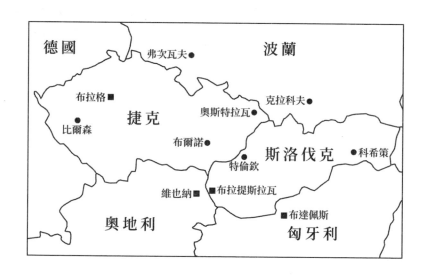

半的選票；在斯洛伐克，「反暴力公眾」成為最大黨，但基督教民主黨、共產黨、匈牙利基督教民主黨和綠黨瓜分了不少選票（境內有 50 萬匈牙利人）。1991 年，「公民論壇」開始解體，共產黨已成為歷史，哈維爾成為超越黨派紛爭之上的共和國總統。以財政部長瓦茨拉夫・克勞斯為首，主張自由市場的人士崛起，1991 年 4 月與老同志分家，自立為「公民民主黨」（CDP），旨在把國家迅速推向資本主義。

但大部分斯洛伐克人依賴在無法獲利的國營工廠、礦場裡謀生，無法吸引外資，反而成為布拉格某些政客、商界的包袱。「反暴力公眾」也告解體，拳擊手出身的梅奇阿爾（Vladimir Mečiar）在 6 月選舉後，於斯洛伐克國會組閣，其令人厭惡的興風作浪，造成聯合內閣分裂，他下台後，由天主教的 Ján Čarnogurský 取而代之，梅奇阿爾另立「民主斯洛伐克運動」。這個麻煩製造者，在 1991 年秋到 1992 年夏，高舉斯洛伐克民族主義大旗，宣稱斯洛伐克受到種種威脅，包括捷克私有化計畫到匈牙利人分離主義，以及即將併入「歐洲」都是生死存亡關頭。1992 年 6 月，他的黨在聯邦選舉大勝，拿下近四成選票而組閣。

哈維爾的發言人 M. Žantovsky 在 1991 年 3 月公開表示，斯洛伐克政局愈來愈受到前共產黨人士和「追憶斯洛伐克國，把那當作斯洛伐克民族黃金時代」之人士所把持。捷克的克勞斯也組閣，雙方喬不攏；梅奇阿爾要求讓斯洛伐克發行貨幣和借款權，暫停私有化計劃；恢復共產主義時代的補貼（1992.6-7）。克勞斯告訴對手，看來我們已無法達成協

議，不如別再徒勞，彼此各奔前程。於是，1992 年 7 月 17 日，斯洛伐克國會投票通過採用新國旗、新憲法、新國名，23 日兩國首腦達成協議，同意分為兩個獨立的主權國家。1993 年 1 月 1 日，斯洛伐克共和國獨立。

蘇格蘭
獨立公投　2014 年 9 月，蘇格蘭獨立公投，以 44.7% 贊成票敗給反對派的 55.3%。公投雖敗猶榮，工黨在 2015 年大選失去蘇格蘭票倉，從 41 席掉到只剩一席。主張獨立的蘇格蘭民族黨（Scottish National Party），卻拿下蘇格蘭地區在西敏寺國會 59 席中的 56 席，成為英國（聯合王國）的第三大黨。

千年
恩賜　1707 年蘇格蘭與英格蘭合併之前，本是一個獨立王國。蘇格蘭人源自公元 1 世紀時由歐洲大陸遷入的皮克特人（Picts），住在羅馬帝國不列顛省以北的 Caledonia，即當前的蘇格蘭地區。5 世紀時，又有來自愛爾蘭的蓋爾人（Gales）在蘇格蘭西北定居，並被稱為蘇格蘭人（Scotti）。9 世紀時，為了對抗北歐維京人海盜，皮克特人與蘇格蘭人結成蘇格蘭王國。這兩支皆屬於歐洲原住民的克爾特人（Celts）。

　　蘇格蘭在地理上分為西北方的高地（highlands）和東南方的低地（lowlands），高地為山脈，低地以平坦的丘陵地為主。高地居民以克爾特血統的蘇格蘭人為主，講蓋爾語。低地地區主要為盎格魯薩克遜人後代的蘇格蘭人，其語言與

文化接近英格蘭文化，蘇格蘭
語與英語同屬於日耳曼語系，
後來逐漸發展爲自己的蘇格蘭
語，主要分布於蘇格蘭低地及
北方島嶼。

9世紀時，Kenneth I
MacAplin 建立蘇格蘭北部的
Alba 王國。肯尼斯三世在 1005
年被馬爾科姆殺死，後者自立

爲馬爾科姆二世（1005-34），1016 年又擊敗英格蘭北部已
經與維京人同化了的諾森伯利亞王國，奪取了斯特拉斯克萊
德，派鄧肯一世父子駐守。1034 年，鄧肯一世繼承外祖父
的王位，引起蘇格蘭各地頭人的反亂，鄧肯一世平亂失敗。
此時，與前朝肯尼斯三世有血緣關係的莫瑞公爵馬克白，
在戰場上擊殺鄧肯一世，搶過了王冠。17 年後，馬克白被
鄧肯一世的兒子、長期在英格蘭宮廷避難的馬爾科姆三世所
殺。他一度承認來自法國諾曼地王朝對英格蘭的統治，稱鄧
肯三世（1058-93），卻不履行封臣的義務，而在一次南侵
時被英軍打死。

許多避難而來的諾森伯利亞人，帶來了南國的語言、文
化和基督教，加快了蘇格蘭的英格蘭化。諾森伯利亞王的妹
妹瑪格莉特，嫁給馬爾科姆三世，1124 年，他們的幼子大
衛一世（1124-53）成爲蘇格蘭王。他支持外甥女馬蒂爾達
（神聖羅馬帝國皇后）爲亨利一世的繼承人。斯蒂芬奪王位

後，大衛一世於 1136 年興兵南下，迫斯蒂芬割讓坎伯蘭。兩年後，他乘英格蘭動亂而南下慘敗。大衛一世致力興建城堡，使愛丁堡、斯特靈、貝里克等周邊市鎮繁榮起來。他還招募許多英格蘭人，引進英格蘭的封建體制；在名義上，蘇格蘭土地全歸國王所有。

1153 年，大衛一世 11 歲的孩子馬爾科姆繼位；幾年後，被迫向英王亨利二世臣服。1165 年，他被胞弟雄獅威廉奪位並喪生。新王威廉一世（1165-1214）不肯向英王稱臣，1173 年參加亨利諸子的叛亂，1174 年戰敗被俘，囚禁於諾曼地的法萊西，直到他承認英王爲其領主始獲釋。1189 年，他拿 10,000 馬克獻給正在籌措十字軍東侵經費的英王理查一世，才換回了蘇格蘭的獨立與一些失地。1209 年，他被約翰的重兵懾服而投降，支付 15 萬英鎊，並以兩個女兒爲人質，才獲釋回國。1214 年，他晚年才得的幼子亞歷山大二世即位，統治 35 年。1215 年，亞歷山大二世站在蘇格蘭諸侯一邊，反對約翰王。1216 年 9 月，蘇格蘭軍橫掃英格蘭東部，英格蘭大小貴族團結在年僅九歲的約翰王長子亨利三世（1216-72）及其監護人威廉・馬歇爾的周圍。1217 年，亞歷山大二世反叛失敗，向亨利三世效忠，1221 年娶了亨利三世的妹妹。1237 年，亞歷山大二世與亨利三世締結《約克條約》，放棄對英格蘭的領土要求，從此英格蘭的邊界大致穩定在現今的位置。

1286 年，亞歷山大三世墜馬身亡，留下三歲的外孫女瑪格莉特（挪威王之女）也在四年後夭折。1290 年，愛德

華一世與蘇格蘭簽訂《伯尼姆條約》，決定將瑪格莉特嫁給愛德華一世之子（即後來的愛德華二世）。瑪格莉特死後，蘇格蘭國內有 13 人提出王位要求。1292 年，自稱為蘇格蘭宗主的英王把蘇格蘭王位判給約翰（John Balliol），加以遙控。1296 年，愛德華一世擊敗蘇格蘭軍於鄧巴，俘虜約翰，廢其王位押至倫敦，宣布兼併蘇格蘭，並搶走蘇格蘭人的「命運之石」。

1297 年，威廉‧華萊士（William Wallace, 1270-1305）以游擊戰騷擾英軍。1298 年，愛德華一世組織包括威爾斯弓弩手在內的 10,500 名步兵，於 7 月 22 日發起福爾柯克戰役，擊敗了蘇格蘭人的大刀和長矛，英軍的箭雨和衝鋒的騎兵使華萊士慘敗，逃亡法國。不久他回國，卻被叛徒出賣，解送倫敦以「叛國罪」五馬分屍，懸首倫敦橋（1305）。1306 年，羅伯特‧布魯斯（Robert Bruce）繼續領導反抗英國，並在斯昆加冕為蘇格蘭王羅伯特一世。1314 年，他在 Bannockburn 擊敗愛德華二世的英軍，為蘇格蘭獨立戰爭的勝利奠定基礎。

1328 年，英、蘇簽訂《Northampton 和約》，英格蘭承認蘇格蘭獨立，愛丁堡成為蘇格蘭的首都。次年，布魯斯死，其子大衛二世繼位（1329-70）。儘管愛德華三世早已把妹妹嫁給五歲的大衛，但權衡利害而拋棄了妹夫，1332 年扶植 Edward Balliol 為蘇格蘭王。1333 年，英軍入侵蘇格蘭，在哈里頓山戰役擊敗蘇格蘭軍，迫大衛二世逃往法國。1337 年，英法百年戰爭爆發（-1453），大衛二世在 1341 年回國。

　　1346 年，蘇格蘭王大衛策應法國，率法軍入侵英格蘭
北部，在 Neville 的十字路口戰敗被俘，英軍攻占蘇格蘭南
部，1357 年大衛才獲釋。1371 年，斯圖加特系的羅伯特二
世（布魯斯的外孫）繼承蘇格蘭王位（1371-90），開創斯
圖亞特（Stuart）王朝（1370-1625），並擊敗敵手 Douglas
家族。

　　英格蘭也經歷玫瑰戰爭（第一階段 1455-61），約克公
爵長子愛德華廢亨利六世，自立為英王愛德華四世，建立約
克王朝。1469 年，蘇格蘭王詹姆士三世娶丹麥公主，獲得
了嫁妝（即挪威的奧克蘭群島和設德蘭群島）。1485 年，
亨利・都鐸推翻約克王朝，建立都鐸（Tudor）王朝（1485-
1603），並娶了愛德華四世的女兒。1503 年，亨利七世的
長女瑪格莉特下嫁蘇格蘭王詹姆士四世，1512 年生詹姆士
五世，1513 年繼位。1542 年詹姆士五世死後，剛出生的女
兒瑪麗（母為法國的吉斯的瑪麗）被立為蘇格蘭女王，1548
年赴法國宮廷。

　　1513 年，英國以保護教皇為藉口介入義大利戰爭，詹
姆士四世和小舅子亨利八世（1509-47）翻臉，卻戰敗於
Solway Moss，包括詹姆士四世及上萬蘇格蘭人陣亡。詹姆
士五世於 1528 年才在貴族的一致呼籲下，由母后將他從軟
禁到 15 歲的愛丁堡走出正式接位。詹姆斯五世死於霍亂
（1542），遺留一個小女嬰即後來的瑪麗女王。愛德華八世
強迫蘇格蘭王室為六個月大的女王與英格蘭王子亨利六世訂
婚，隨即出兵蘇格蘭，瑪麗的法國人母后向娘家求助，由法

軍保護至巴黎，正式與英國王子解除婚約，改嫁法國王子弗朗索瓦二世。

亨利八世奉父王臨終遺命，先娶寡嫂（西班牙公主凱撒琳），生下一女瑪麗後，又經歷五段不愉快的婚姻，才生下兒子愛德華六世及女兒伊莉莎白。1547 年，愛德華六世繼位，1553 年他才 16 歲就死了，由異母大姐瑪麗繼位（1553-58），全面恢復天主教，鎮壓新教徒。1558 年，瑪麗死後再由伊麗莎白一世繼位（Elizabeth I, 1558-1603），英國進入空前的盛世，恢復國教（Anglican Communion）及新教信仰。

天主教會看中了蘇格蘭女王瑪麗，準備殺了伊麗莎白一世後繼承英國王位，1561 年瑪麗女王新寡後一年回國時才 19 歲，生下未來的詹姆斯一世（1561）。1565 年，瑪麗再嫁同父異母兄弟的蘇格蘭新教徒亨利·斯圖加特。1567 年，瑪麗的情夫博斯韋爾勛爵掐死亨利，姦夫被蘇格蘭人囚禁至死，年僅一歲的詹姆斯六世即位，蘇格蘭確立蘇格蘭長老教會為國教，瑪麗逃入英格蘭，被伊麗莎白一世下令囚禁在塔柏里特的監獄長達 19 年。由於西班牙人策動推翻伊麗莎白女王的陰謀，瑪麗又涉嫌此案，中了英國情報頭子 Sir F. Walsingham 的反間計，1587 年 2 月 8 日被送上斷頭台時，仍身穿紅衣以示效忠天主教。

伊麗莎白一世終身未婚，1603 年病篤時，指定她的表侄孫，即蘇格蘭王詹姆士一世為王位繼承人。1603 年，他繼位為詹姆士一世（1603-25）。天主教徒又陰謀要殺詹姆

士一世，竟然租了上議院地下室。1605 年 3 月，被偵破裝滿 36 桶的火藥，一干人犯紛紛絞死。1628 年，英國議會向國王提出《權利請願書》。次年，查理一世解散國會。1642 年終於引爆第一次內戰。1646 年，查理一世逃到蘇格蘭被蘇軍逮捕，1647 年 2 月才由英國議會花錢贖回。1648 年，他又企圖獨裁，挑起第二次內戰，1649 年被押回倫敦處死。1650 年 5 月，蘇格蘭宣布擁護查理一世之子查理二世爲王。7 月，克倫威爾進兵蘇格蘭，9 月在鄧巴擊潰蘇軍。1651 年，克倫威爾又在伍斯特擊潰蘇軍，迫查理二世逃往法國。1652 年，英國國會通過《蘇格蘭處理法案》，沒收蘇格蘭貴族和王黨的土地。1654 年，克倫威爾宣布蘇格蘭、愛爾蘭與英格蘭合併。

1658 年克倫威爾死後，其子查理無能。1660 年 2 月，駐蘇格蘭英軍司令蒙克率軍入倫敦，召開新議會。5 月，宣布在法國的查理二世爲國王，斯圖加特王朝復辟。查理二世迫害清教徒，大搞反革命恐怖，1685 年他死後由其弟詹姆士二世繼位。三年後，英國人請詹姆士二世的女婿，荷蘭執政威廉親王率軍推翻詹姆士二世，史稱「光榮革命」。1689 年，威廉三世爲英王。1690 年，他廢除蘇格蘭長老會的主教制，引發高地人的反對，威廉三世率軍在愛爾蘭擊敗詹姆士二世的軍隊。1701 年，威廉三世無子，議會通過《王位繼承法案》，規定詹姆士二世的女兒安妮爲王位繼承人，安妮若死後無嗣，則由詹姆士一世的外孫女，德意志漢諾威選帝侯之妻索菲亞及其子嗣繼承。

1707 年，安妮女王繼位。同年，蘇格蘭正式與英格蘭合併，蘇格蘭議會被取消，其議員加入英格蘭議會，改國名爲大不列顛王國。1714 年，安妮死後無嗣，再傳位給漢諾威家族的喬治·路易（喬治一世），建立漢諾威王朝至今。

17 世紀末以來，蘇格蘭陷入財政窘困與飢荒。1689 年，蘇格蘭議會的貴族與仕紳開始構思和英格蘭合併，英王威廉三世樂觀其成，避免蘇格蘭淪爲詹姆士黨人的反抗基地，防止斯圖加特王朝復辟。1699 年，兩方開始討論合併計畫。1706 年，安妮女王任命雙方各 61 位的協商委員，共同協商聯合法案。

蘇格蘭人以爲加入大國英格蘭，可享受廣大的海外殖民市場；反抗派認爲將喪失自己的主權，成爲英格蘭的附屬國。大多數蘇格蘭民眾反對合併，但政治精英及資產階級則希望合併。Sir George Mackenzie 主張，合併爲一個聯盟，意味著「力量、榮耀、財富、和平、安全的增加」；Sir John Clerk 則樂見「可以與英格蘭自由貿易，並擁有更多的殖民地」。反對人士 Andrew Fletcher 悲觀地指出，那將淪爲一個被征服的行省，削弱蘇格蘭的自主性，「要賄賂倫敦的 45 名蘇格蘭人，遠比賄賂 300 名蘇格蘭人容易」。1707 年，《聯合法案》（Treaty of Union）以 110 票贊成擊敗反對的 69 票。英格蘭將支付蘇格蘭一筆約 40 萬英鎊的「等價物」，其實是藉以補償蘇格蘭分擔英國國債，英國還提供兩萬英鎊秘密資金收買蘇格蘭人。難怪詩人 Robert Burns 大嘆：「我們被英格蘭的黃金收買，這眞是國家的一

群惡棍。」擁有八百年歷史的蘇格蘭王國走進了歷史，一切由英格蘭主導。

> | 還是要 | 18-19 世紀，蘇格蘭誕生了經濟學家 Adam
> | 獨　立 | Smith、哲學家 David Hume、詩人 R. Burns、哲

學家 Thomas Reid、Dugald Stewart、Adam Ferguson、發明蒸汽機的 James Walt、發明盤尼西尼的 Alexander Fleming、發明電話的 A.G. Bell、發現絕對溫度的 Lord Kelvin、土木工程學家 Thomas Telford、新古典主義建築師 Robert Adam、地理學者 Hugh Miller 及諷刺作家 Thomas Carlyle 等名士。史學家 Niall Ferguson 指出：「如果說我是生長在帝國的陰影之下，難免給人慘淡的印象。實際上，對蘇格蘭人而言，大英帝國如同燦爛的陽光，帶給許多人機會與希望。」[3] 蘇格蘭人大舉移民海外，Sir Charles Dilke 指出：「英國殖民地中，從加拿大到錫蘭，從亞丁到孟買，你遇到一個白手起家而致富的英格蘭人，便會遇到十個蘇格蘭人。」1763-77 年，約有五萬蘇格蘭人移民北美；簽署美國獨立宣言的 56 位代表中，有 19 位來自蘇格蘭及北愛爾蘭。全世界約有 5,000 萬人擁有蘇格蘭血統。

> | 卡達隆尼 | 對卡達隆尼亞（Catalunya）人而言，他們已經
> | 亞的淪亡 | 亡國 298 年了。此地本為法蘭克王國的西班牙

3　引自黃琛瑜，《蘇格蘭獨立公投》（台北：五南，2014），頁 6。

邊境領國，後來被巴塞隆納伯爵統合成為卡達隆尼亞公國。1137 年，貝爾格爾四世娶阿拉貢公主，合為阿拉貢聯合王國，還加上瓦倫西亞王國和巴利阿里群島。13-14 世紀，卡達隆尼亞以輸出毛織物而在地中海貿易繁榮。15 世紀末西班牙王國成立（1479）以來，卡達隆尼亞人不斷反抗中央集權統治，至 18 世紀初，仍舊維持獨自的政體。

除了巴斯克語外，伊比利亞半島有三種主要語言：中部有卡斯蒂利亞語（即西班牙語）、西南部有葡萄牙語（西北部則有加利西亞語）；東北部有卡達隆尼亞語（東南部則有另一個瓦倫西亞語）。

阿拉貢的拉米羅二世把剛滿兩歲的女兒許配給巴塞隆納

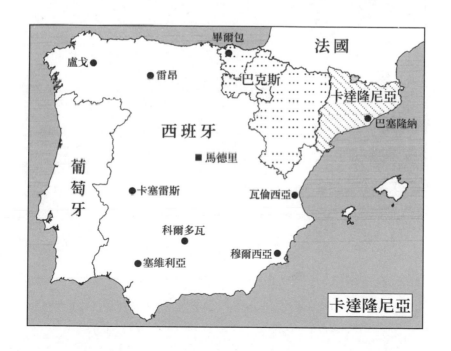

伯爵拉蒙・貝倫格爾爲妻子後，又回到修道院，阿拉貢王位便落入卡達隆尼亞伯爵手裡。1162 年他死後，其子拉蒙五世加冕爲阿拉貢國王阿豐索二世（卡塔羅尼亞一世），最終卡達隆尼亞併入西班牙王國：1469 年，阿拉貢王子費南多（1468 年已成爲西西里國王）與卡斯提爾王位女繼承人伊莎貝拉結婚。1474 年，伊莎貝拉繼承卡斯提爾王位。1479 年，費南多繼承阿拉貢王位，兩國合併。1492 年，西班牙征服格拉納達的穆斯林，收復所有失地。西班牙史學家 Madariaga 聲稱，是卡達隆尼亞合併於阿拉貢，而不是阿拉貢合併於卡達隆尼亞。[4]

14世紀伊比利半島局勢

4　Salvador de Madariaga，《現代西班牙史》（*ESPAÑA: Ensayo de historia contemporánea*, 1978），朱倫譯（北京：中國社科出版社，1998）。

　　卡達隆尼亞人不滿重稅、軍隊橫行，加上外地人統治，1640年起義，高呼「教會萬歲！國王萬歲！打倒壞政府！」菲利浦四世趕緊委派卡達隆尼亞副王卡爾多納公爵，但巴塞隆納人卻暗中勾結法國，企圖建立共和國，並承認法國路易十三的君權。1682年戰爭結束，西班牙王不得不尊重卡達隆尼亞人的各項自由。在西班牙王位繼承戰爭時（1700-13），卡達隆尼亞（正確地說是巴塞隆納）有自己的打算，以求建立一個共和國。1713年3月簽訂的《烏特勒支條約》，根本沒提及卡達隆尼亞人的特權問題，而在條約第13款中，腓力浦五世承諾卡達隆尼亞人享有與卡斯蒂利亞人相同的權利。同時帝國軍隊進駐卡達隆尼亞，當地軍隊反抗，1714年9月被迫投降。國王立刻砍掉了卡達隆尼亞的「百人理事會」、「大議員團」等；1716年，「新計劃」法令取消了在法庭上使用卡達隆尼亞語及其他一切特權，卡達隆尼亞議會併入王國議院，失去了自己原有的地位。至19世紀初，卡達隆尼亞語只存在於農村的文盲當中，城市下層人對母語半生不熟。1822年，西班牙政府廢除了卡達隆尼亞刑法；1825年禁止學校使用卡達隆尼亞語；1829年取消它的貿易法；1834年解散它所有的法院；1837年廢除它的貨幣；1845年撤銷它所有的行政機關。

民族
運動　　但是一個地下學會仍然推廣母語運動：1833年，馬德里的銀行職員阿里巴烏，用母語寫了一曲讚美祖國的頌歌，刊登在《蒸氣》（*El Vapor*）報紙上，Joaquin

Rubio y Ors 儘管未實際參加卡達隆尼亞民族復興運動，但卻比其他人對母語解放運動有更深鉅的影響。1895 年，巴塞隆納市議會恢復了卡達隆尼亞語賽詩會，幾年後，母語報刊如《報刊文摘》、《智慧》等紛紛湧現。皮—馬爾加爾主張在多樣化的西班牙需要某些自治，他創立了西班牙聯邦共和黨，但他的信徒阿爾米拉爾在 1886 年發表《卡達隆尼亞獨立主義》一書，與導師分道揚鑣，認為前者不是從卡達隆尼亞獨立立場來觀照問題，僅僅把它看作是西班牙憲法問題的產物。右派人士維切主教拉托斯—巴赫斯發表了《卡達隆尼亞傳統》；聯邦制右派與共和制左派相輔相成。

Prat de la Riba（Enrique）則力圖要把卡達隆尼亞人提升為西班牙人的一環，讓它成為包括各個卡達隆尼亞語地區——瓦倫西亞、巴利阿里群島和卡達隆尼亞的聯邦，還想把法國的卡達隆尼亞語地區計算在內。此人還想建立一個包括卡達隆尼亞聯邦、卡斯蒂利亞和葡萄牙在內的伊比利亞聯邦。

歷經拿破崙占領（1807-11）、自由派革命（1820）、王室內訌（1833）及 1868 年革命、1873 年 2 月資產階級革命（-1874）失敗，加上美西戰爭（1898）喪失古巴、菲律賓、波多黎各後，西班牙帝國已告走進歷史。1931 年 4 月，王朝被推翻，建立第二共和國。12 月 10 日，薩摩拉（N.A. Zamora）當選總統，社會黨阿薩尼亞（Azaña）為總理。20 世紀初，卡達隆尼亞民族中心（CNC）與「地區主義聯合會」（UR）團結而勝選（1901），與君主集權派纏鬥，1906 年民族派結成「團結組織」（Solidaridad）。5 月 3 日，阿豐

索十三世的婚禮上，有一名出身良好的無政府主義者在當天丟炸彈（他從 Francisco Ferrer 在巴塞隆納的「現代學校」裡學到了理論信念），炸死 12 名士兵和觀禮者。1909 年 7 月 26 日，巴塞隆納的罷工釀成破壞修道院和教堂的暴動，Ferrer 受牽連而判處死刑，引發群情激憤。

相對於西班牙的其他地區，卡達隆尼亞和後來的巴斯克則是工業先進地區，工人無產階級逐漸茁壯，社會主義，尤其是工團無政府主義（Syndical-anarchism），得以在巴塞隆納向外輻射；另一個地區則是阿斯圖里亞斯的礦區。

1918 年 11 月至 1923 年 9 月，西班牙歷經十屆短命政府。1923 年 9 月，李維拉（Miguel P. de Rivera）將軍發動政變，屬行個人軍事獨裁以來，毫無顧忌地解散了聯合體，卡達隆尼亞民歌、服飾、舞蹈、語言都被禁止，反而助長了卡達隆尼亞人的民族意識。1930 年 1 月，知識分子公然造反，學潮、罷工、農民暴動四起，李維拉黯然下台。8 月 17 日，在 San Sebastian，由共產黨、急進黨、社會黨、卡達隆尼亞黨左派各勢力宣布成立革命委員會，但 12 月 12 日一群士兵與市民在 Jaca 起義，立刻被政府軍鎮壓。1931 年 4 月，國王出走，共和派薩摩拉組織臨時政府，自任總統。6 月 28 日，立憲會議選舉，共和派在 466 席中占 145 席而組閣，阿薩尼亞為總理。

自治 ｜ 薩摩拉不准卡達隆尼亞獨立，1932 年 9 月才准他們自治。在反動派看來，共和國已落入共濟會和馬克

思主義派的手裡。政府改革綱領──卡達隆尼亞自治法規和土地改革──在議會中備受抨擊。8 月 10 日，右派聖胡爾霍將軍在塞維利亞武裝暴動，旨在以右翼共和黨政府取代不再代表「國家」的政府，因爲它向卡達隆尼亞「分裂主義者」讓步，但政變慘敗。阿薩尼亞總理在 9 月准許卡達隆尼亞自治，使用自己的母語。巴塞隆納早在 4 月 12 日就在市議會升起卡達隆尼亞旗和西班牙旗了。4 月 14 日，左派馬西亞（F. Macia）被選爲卡達隆尼亞共和國主席，但他希望和西班牙其他兄弟人民合作建立伊比利亞各族人民的聯邦國家（又是個「大統派」！），最終是改爲自治區（Generalitat），至少爭到語言權，並將西班牙語僅僅規定爲自治區與共和國政府之間的交際語，以及把唯一的大學拿到手上。

1933 年初，極左派從巴塞隆納到瓦倫西亞、從穆爾西亞到塞維利亞，掀起了一場革命和暴力風暴，他們宣布實行絕對自由的共產主義，攻擊警察，沒收土地和財產，一再罷工。農民沒得到土地而暴動，無政府主義者包圍警署，殺死三人，最後塞斯德多斯及其女兒與其他六人占據一棟房屋頑抗，遭警察打死。全國勞聯（CNT）則視議會的民主爲一場鬧劇，議會是「妓院」，宣稱「我們的革命不在議會的議席上進行，而在大街上進行」。天主教右派也組成「西班牙自治權利聯盟」（CEDA），接受羅夫萊斯的「不計形式主義」（accidentalism）參政乃至準備暴力奪取的規劃。

馬西亞去世後，政治騙子孔帕尼斯（Campanys）成了繼承人，促使一次公投導致地主的不滿，造成分裂。馬德里政府支持卡達隆尼亞地主，孔帕尼斯被一小撮法西斯式民族主義者推向「革命」。1934 年 10 月，這位善變的政客主張卡達隆尼亞成為聯邦共和國的一個州。全國勞聯站在一邊，民族主義者不給他們武器，孔帕尼斯投降並被捕。早在 1933 年 1 月 8 日巴塞隆納暴動，就刺激了極右派公然成立 CEDA 和長槍黨，由教會及地主支持，並有納粹德國提供資金和技術，11 月成為第一大黨（114 席），加上其他右派，共囊括 211 席，迫阿薩尼亞下台，由 A. Lerroux 組閣，西班牙進入黑暗時代。十月鬥爭後，阿薩尼亞也被捕，卡達隆尼亞停止自治。直到 1936 年 2 月大選，共產黨、社會黨等左翼組成「人民陣線」獲勝，2 月 19 日成立人民陣線政府，恢復卡達隆尼亞自治。右派並不死心，7 月 18 日弗朗哥在摩洛哥掀起叛旗，引爆三年西班牙內戰（-1939.3.28）。

左派人民陣線包括：社會主義工人黨（PSOE）及旗下的「勞動總同盟」（UGT），由 Caballero 領導；伊比利亞無政府主義者聯盟（FAI）；馬克思主義統一勞動黨（POUM），1935 年由曾是托洛茨基派的安德烈‧寧（André Nin）組成，在卡達隆尼亞（尤其在巴塞隆納）有 3,000 人；西班牙共產黨（PCE，1921 年建黨），完全聽命於史大林的第三國際。

内戰 悲劇從卡達隆尼亞開始：1937 年 4 月，財政部長內格林（Negrin）派兵接管無政府主義派民兵控制的法、西邊境關卡，殺 38 名民兵。5 月 3 日，CNT 及 POUM 的工人在巴塞隆納藉口政府竊聽電話而示威，爆發「內戰中的內戰」，他們和西共及 PSOE 火拼，死去近 1,000 人。至 7 日停戰，無政府主義派民兵被解散，編入正規軍。內格林組閣，6 月 14 日聽任西共宣布 POUM 爲非法，將其總部改爲監獄。安德烈‧寧被捕，送到馬德里附近，由蘇聯秘密警察拷訊，再派人將他拉出去後打死，曝屍街頭，謊稱是法西斯分子幹的，還誣賴他勾結德國納粹賣國。1937 年 10 月，政府又遷到巴塞隆納，西共卻奉命大肆追殺托派。1938 年 10 月，有 40 名 POUM 領袖被以叛國罪處死，其他無政府主義者或托派也紛紛被扣上法西斯間諜、走狗的大帽子，抓到就殺。1939 年 1 月 26 日，叛軍攻占巴塞隆納。3 月 8 日，弗朗哥進入馬德里，結束內戰。三年半內戰，至少死 41 萬人，弗朗哥再殺 19 萬名共和派、迫 50 萬人流亡。

只有英國人歐威爾（George Orwell, 1903-50）在《向卡達隆尼亞致敬》（*Homage to Catalonia*, 1938）一書中生動地描述說：每個建築物都被工人控制，屋頂上都插著紅旗或無政府主義的黑旗；每面牆上都隨意地塗畫上鐮刀和鏟子的標記；每間店鋪和咖啡店都被集體化了，就連擦鞋童也被集體化了，他們的工具箱上被漆上紅色和黑色；服務員不再卑躬屈膝，沒人說「Señor」（先生）或「Don」（大人）甚

至「Ustel」（您），每個人都稱別人爲「同志」；大喇叭整天播放著刺耳的革命歌曲，直至深夜；每個人都穿著粗糙的工作服或藍外套，加上不同款式的民兵制服。

弗朗哥獨裁下，全面鎮壓族群矛盾，不僅僅限於政治機構或法律制度；連旗幟、歌曲、徽章等代表民族文化認同的標誌與象徵都禁止；在公開場合禁止其他母語，只准講卡斯蒂利亞語（西班牙語）；全面禁止地方文化活動和廣播電台。

追求獨立 1974 年底，普爾喬領導「卡達隆尼亞民主主義集結黨」（CDC），1975 年再發展爲「集結與團結」（CIU）。後來他被關兩年。

2006 年，卡達隆尼亞擴大自治公投，允許它在經濟上單獨在國外設立貿易辦公室。但歐債危機爆發以來，愈來愈多人湧上街頭示威，要求卡達隆尼亞獨立，問題是 1978 年 12 月第二次公民複決的新憲法第二條重中：「西班牙國牢固不可破的統一，西班牙國是所有西班牙人共有且不可分割的母國。」不到四年，西班牙分爲 17 個自治區，但馬德里仍控制了國防、司法和外交。

1981 年 1 月，卡達隆尼亞、巴斯克、加里西亞、安達魯西亞全部展開分離主義的自治實驗，蘇亞雷斯（1977 年 6 月他的「中間民主聯盟」勝選）無法壓住黨內壓力而下台，Calvo Sotelo 接替前，巴斯克發生總罷工。2 月 23 日，治安警備隊 Antonio Tejero Molin Molina 中校占領國會，瓦倫西

亞軍區司令 Jamme Milans del Bosch 將軍宣布戒嚴，8 月要求卡洛斯國王解散國會、成立軍政府遭拒。大部分軍警轉而支持一個矢志打擊「最危險的西班牙敵人：共產主義、分離主義」的「人民聯盟」（由 Manuel Fraga 領導）。

卡達隆尼亞 1983 年通過「語言正常法律」（Law of Linguistic Normalization），其語言將成爲「最主要的教學語言」；十年後，卡達隆尼亞議會才明令幼稚園裡只可使用卡達隆尼亞語。1993 年，這個地區貢獻西班牙 GNP 的 1/5，吸收超過 1/4 的外資，但卡達隆尼亞人不滿 1995 年西班牙政府的「跨地區補償基金」，把他們賺的錢拿去補貼貧窮地區。

當前卡達隆尼亞（3.2 萬平方公里）有 750 萬人（占全體 4,600 萬人的 16%），2016 年就有 1,800 萬人次的觀光客，占全體外籍遊客的 1/4，人均所得 102 萬台幣，比西班牙全國平均高出 19%。卡達隆尼亞於 2017 年 10 月 1 日舉辦獨立公投，由於統派杯葛及中央政府派出大批軍警干擾，僅有 43% 投票率，但仍有九成贊成獨立。馬德里祭出《憲法》第 155 條，正式收回卡達隆尼亞的自治權，總理拉侯伊解散卡達隆尼亞議會，自治政府主席 Carles Puigdemont 誓言照常辦公，但恐怕被判刑三十年而出奔。

至少有 1,500 家企業出走，歐盟也不承認卡達隆尼亞獨立，乃是意料中之事。10 月 10 日，他們只好宣布「暫緩」獨立。11 月，Puigdemont 出面投案。

比利時語言
分裂現象　西歐小國比利時的語言分裂更是暗潮洶湧。
這裡歷經羅馬帝國（公元前 58 年至公元 4 世
紀）、法蘭克王國（5 世紀至 870 年）、勃艮第公國（1384-
1477）、奧國哈布斯堡王朝（1482-1576）統治。1540 年，
基督新教喀爾文宗傳入尼德蘭，尼德蘭北部逐漸接受新教，
南部仍保持天主教。1556 年起，尼德蘭又受西班牙哈布斯
堡王室統治，新教徒備受天主教壓迫，1566 年開始反抗，
1567 年阿爾發公爵開始實施恐怖統治。1576 年 9 月，布魯
塞爾人起義推翻西班牙統治；10 月，南北各省代表在根特
召開三級會議。11 月起聯合反對西班牙，並各自承認信仰
自由（喀爾文宗在北方的荷蘭與澤蘭兩省）。

比利時南北語言區

　　1577 年，新尼德蘭總督唐・胡安一方面承認各省特權，但又根據《根特和解協定》（1576）宣布全國保持天主教，引起荷蘭與澤蘭退出三級會議。此後西班牙人全面分化尼德蘭的宗教對立。1579 年 1 月 6 日，南方天主教瓦隆人的阿圖瓦・埃諾及弗蘭德等省簽訂《阿拉斯條約》，組成阿拉斯聯盟並接受西班牙統治。23 日，尼德蘭北方各省結成烏特勒支同盟，後來再成立北方七省的聯省共和國（簡稱荷蘭），南北尼德蘭就此分裂。

　　1598 年，由於費利佩二世把南部尼德蘭交給女兒伊莎貝爾，而她已嫁給哈布斯堡家奧地利系的阿爾伯特，因此南部尼德蘭轉歸奧地利統治。1609 年，西班牙與荷蘭簽訂《十二年停戰協定》，實際上承認荷蘭獨立。1648 年《明斯特和約》再承認荷蘭獨立。此後南部尼德蘭又換成西班牙與奧地利輪番統治，部分土地分別割給法國及荷蘭。1790 年 1 月 11 日，奧屬尼德蘭各省組成「比利時合眾國」；年底革命失敗，再被奧國統治。1794 年法軍占領奧屬尼德蘭，拿破崙戰敗後，1815 年維也納會議將比利時與荷蘭合併為尼德蘭王國。

　　受 1830 年法國七月革命的衝擊，8 月 25 日布魯塞爾爆發反荷蘭統治起義，9 月擊退荷軍，比利時成立臨時政府，10 月 4 日宣布比利時獨立。1831 年 7 月 21 日，Leopold of Saxe-Coburg 親王由英、法支持就任比利時國王，至 1839 年荷蘭才承認比利時獨立。1898 年，弗拉芒語定為比利時官方語言，從此語言問題夾雜著族群矛盾糾纏不清。

1846-2010年比利時使用官方語言人口比例表（％）[5]

	荷語人口（％）	法語人口（％）	德語人口（％）	總人口數
1846	57.0	42.1	0.8	4,337,196
1910	54.1	44.9	1.0	7,423,784
1947	55.1	43.9	1.0	8,512,195
1985	60.3	39.1	0.6	9,858,895
2002	59.3	40.0	0.7	10,309,725
2010	59.1	40.3	0.7（65,000 人）	10,839,905

　　北部荷語區通稱為法蘭德斯（Flanders），南部法語區叫瓦隆尼亞（Wallonia 或 Walloon）。法語人士占政治、軍隊及文化優勢，並在荷語區的安特衛普、根特等大城市成為資產階級，直到 20 世紀受法蘭德斯運動的威脅，法語人士才逐漸減少或搬至布魯塞爾。

　　19 世紀，法蘭德斯有 95% 的人講荷語，但在高層備受法語的壓迫。1859 年當時中央政府的 382 名公務員當中，荷語區只有 22 人。法語官員拒絕為使用荷文的人開出生證明。小孩上課時講荷語會受老師的處罰。1830-80 年經濟重心在瓦隆尼亞，當地荷語人淪為廉價勞動階級。如此從語言壓迫變成民族壓迫，導致法蘭德斯人爭取權益的法蘭德斯運動（Flemish Movement）。

5　劉宗華，〈比利時的法蘭德斯分離運動〉，引自《當代歐洲民族運動》（台北：聯經，2017），頁 80。

從語言戰爭 到獨立之路 1990年代，瓦隆尼亞的傳統產業採煤、煉鋼、石板業、冶金、紡織已幾乎消失了。相對地，法蘭德斯地區經濟突飛猛進，1947年超過兩成的弗拉芒裔勞動人口仍務農，50年後，不到3%的人靠土地掙錢。至1970年代，商業、服務業、科技欣欣向榮，而且講荷語的比講法語的人口更多（3：2），人均收入也高過法語區。鄉村法蘭德斯貧窮落後，大部分時期受到城市法語瓦隆人支配，弗拉芒人甚至在二次大戰期間積極與納粹德國占領軍合作，企求分離出比利時。

弗拉芒人的訴求主要是在政府公部門及法院使用他們自己的語言來溝通；有自己的學校（從幼稚園到大學）；有全時段的廣播及電視節目；在高級文官及軍隊中有公平任職的機會，在內部文書來往及公務處理上不必放棄使用自己的語言；劃定好穩定的語言疆域界線；在領域內有自治權，在領域外盡可能提供族群團體本身使用語言的設施服務。但政府只有形式上的改進，並未落實與遵循語言平等法。

1963年7月的語言法規定：教育中使用的語言，在南部應是法語，在北部應是荷語，在東部應是德語；而在既用荷語又用法語的布魯塞爾則應按照學生原用的語言；但此法案只適用於中小學。為了照顧魯汶大學的法語教職員和學生的子女，魯汶市仍可開辦法語中小學。荷語學生反對在他們的 Vlaams-Brabant 省內的魯汶大學有法語教學，於是發動遊行高呼「Walen buiten」（瓦隆人滾出去）。1968年，最終是兩個大學分家，法語人士遷到 Brabant-Wallon 另建新魯

汶（Louvain）大學，圖書館藏書也重新分配。

這個事件直接促成此後 30 年七次修憲，溫和派人士對分離主義派多方讓步，結果比利時國一分爲三大「地區」：法蘭德斯、瓦隆尼亞和「布魯塞爾省都」。在全國性議會外，每個地區都有自己的民選議會。布魯塞爾成爲雙語區，儘管當地有 85% 的人講法語。此外，比利時又劃爲十個省，地方權力愈來愈多（城市規劃、環境、經濟、公共工程、運輸、外貿），使用語言族群更加有實權（教育、語言、文化及某些社會福利方面）。中央政府必須在荷、法語族群間取得平衡（不論誰執政），總理必須通雙語。法院院長由各語族群輪流擔任。

弗拉芒人和瓦隆人都訴諸極端的民族主義，導致基督教民主黨（1868-）、自由黨（1972-）、社會黨（1978-）都分列爲雙胞胎政黨，既聯合又鬥爭，結果大家只爲「自己人」發聲，族群裂痕更深。到 20 世紀底，「比利時」已經名存實亡。

法蘭德斯民族主義政黨「人民團結黨」（Volksunie）成立於 1954 年，1978 年接受聯邦主義並加入聯合政府，急進右派退出，另立「法蘭德斯集團」（Vlaams Blok），2004 年解散，再成立「法蘭德斯利益黨」（Vlaams Belang），以避免被貼上「種族主義偏見者」標籤，但他們很快失去影響力，原支持者改投「新法蘭德斯聯盟」成爲國會第一大黨。

當前民調呈現五種現象：主張單一國家的、團結主義者、聯邦主義者、區域主義者及分離主義者，到底弗拉芒人要獨

立與否，尚待時間來解決。

北義大利
獨立問題 西羅馬帝國亡國（476）以來，義大利四分五裂；
有威尼斯共和國（697-1799）、熱內亞共和國
（1100-1797）、西西里王國（1130-1504）、拿坡里王國
（1282-1504）、兩西西里王國（1504-1860），加上佛羅倫
斯（1115-1860）、米蘭（1395-1895）、薩伏依與撒丁（11
世紀至 1861 年），最終由薩丁王國一統天下，建立義大利
王國（1861-1946）。二戰後再改為共和國。

北義大利威尼托國

6,000 萬人口的義大利，南北經濟嚴重差異，北部工業發達，南部以農業爲主。威尼托地區人均 GDP 超過三萬歐元，南部只有兩萬歐元。北部人不滿稅收補貼南方，1980年代末期，以米蘭爲中心的倫巴底地區，人均生產毛額已達全國平均水準的 132%，位於最南端的 Calabria 只及 56%，南方貧窮率是北部的三倍。

1980 年代，倫巴底聯盟（後改爲「北部聯盟」Lega Nord）組成，Umberto Bossi 認爲解決之道就是拔掉羅馬的財政權，將北部與義大利其他地方分開，最後讓倫巴底與其鄰近地區獨立。1990 年代，北部聯盟在倫巴底、威尼托拿下不少選票，因而擠進保守執政聯盟的一席之地。諷刺的是，它靠的是 Silvio Berlusconi 的「義大利加油」（Forza Italia）與前法西斯分子 G. Fini 的國民聯盟黨的結合。2010年 Lega Veneta 獲得 33.2% 選票，2015 年上升至 40.9%，但在全國性大選上，2006 年國會大選上僅獲得 11.1% 選票和五席眾議員（共 630 席）與三席參議員（共 315 席）；2008年才上升至 16 席及七席。2013 年又下降至參眾兩院各五席，2014 年蘇格蘭獨立公投雖敗，卻刺激了威尼托地區爭取自主。

2006 年 11 月，「威尼斯人運動」（Venetians Movement）成立。2014 年 3 月 16 日，威尼托地區舉行非正式獨立公投。3 月 21 日，在 370 萬選民中有 2,102,969 人贊成獨立，257,266 人反對。6 月 21 日，威尼斯議會舉行獨立公投議案，但在 5 月 26 日被義大利憲法法庭裁定爲違憲。

　　「威尼托國」主張將來獨立的國家應恢復到原先的威尼斯共和國領土，即當前的 Veneto、Friuli、Venezia Giulia 及一部分的 Lombardy（包括 Brescia、Bergamo、Cremona 及 Mantova 等地）與 Trentino。問題至今尚未見明朗化。

8. 魁北克獨立公投問題

　　魁北克（Quebec）省位於加拿大（997 萬多平方公里）東部，面積約 154 萬平方公里。20 世紀 80 年代，2,400 萬人口當中，英裔約 967 萬（40%）；法裔約 644 萬（27%），其中 80% 住在魁北克省。魁北克省人口、資源和 GNP 占全加拿大的 1/4。

　　「魁北克」源於印地安人阿爾袞琴語「狹窄的河流」。1534 年，法國人 Jacques Cartier 以法國國王名義占領魁北克；次年，再至此以 Iroquoian 人語命名爲 Canada；1603 年，尚普蘭在聖勞倫斯河畔建立魁北克。1756-63 年，英法七年戰爭，法國戰敗，魁北克由英國統治（1763-1867）。由於英國移民激增，加深兩族矛盾。1774 年，英國國會通過《魁北克法案》，保留法式莊園制度，承認法、英語並列爲官方語言。1791 年，英國又將魁北克省分爲英裔爲主的「上加拿大」（安大略省）及法裔爲主的「下加拿大省」（魁北克）。人口占多數的法裔大多從事農業，信天主教，占人口少數的英裔則壟斷交通、商業和銀行業，信基督教，社會地位高高在上。1837 年，爆發了以帕皮諾（J. Papineau）爲首的下加

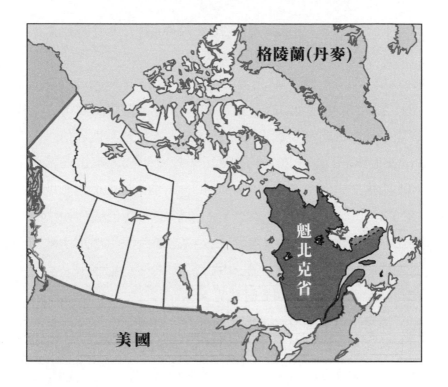

拿大法裔的武裝起義失敗，但迫英殖民政府調整殖民政策。

　　為了防止北美 13 州殖民地獨立運動擴散到英屬加拿大或美國兼併加拿大，1841 年英國再合併上下加拿大為「加拿大省」。1867 年 12 月，英國正式將魁北克省、安大略省、新斯科舍省、新不倫瑞克省共同定為「加拿大自治領」（Dominion of Canada），定都渥太華，由英女王維多利亞委任總督直接統治。1884 年，法、印地安混血的 Louis Riel（1844-85）率領薩士卡契灣山谷的 Mêtis 族起義，失敗後被絞死。

| 魁獨 |

　　1861 年，英裔人口多出法裔 30 萬人，英裔要求依人口比例重新分配議會席次，引發法裔反彈。當局於 1867 年以《不列顛北美法案》（British North America Act）揭櫫兩個建國的族群為英族與法族，但雙語使用之規範僅以加拿大國會和魁北克議會為主，未提及其他省份。在 Prince Edward 島，1887 年廢除法語教會學校，禁止在議會和法院講法語；British Columbia 和 New Brunswick 也跟進；1890 年，Manitoba 停止補助天主教學校，禁止議會和法院講法語；安大略於 1912 年禁止公私立學校使用法語。法裔長期居於社會低下地位，在公職上受不公平待遇，各省均分聯邦經費與稅收更不利於魁北克。

　　法裔一直備感自己是被英裔征服。19 世紀 20-50 年代，魁北克社會採取和英裔「隔絕」、「疏離」和「非分離」立場。1960 年 6 月，Jean Lesage（1912-80）領導的「魁北克自由黨」（Quebec Liberal Party），擊敗執政 23 年的右派「民族聯盟」（Union Nationale），提出「改變」（It's time for change）及「當家作主」（master in our own house）口號，展開一場「寧靜革命」，推動大規模教育改革計畫，使法裔青年掌握適應現代生活的知識與技能；爭取獨立於聯邦政府的省議會。Lesage 屬於「溫和派」，追求魁北克完全自治。1960-70 年，魁獨派有丹尼爾‧詹遜的「民族獨立聯盟」，主張魁北克獨立；較保守與溫和的還有「魁北克獨立社會主義行動聯盟」，較暴力則有「魁北克解放陣線」（Front de libération du Quebec, FLQ）。

1967 年，René Lévesque（1922-87）脫離自由黨，主張建立「主權—聯繫」運動，爭取魁北克在主權上獲得主權，在經濟上與各省保持聯繫，1968 年改為「魁北克人民黨」（Parti Québécois）領導獨立運動。1968 年 4 月，杜魯道（Pierre Trudeau, 1919-2000）當選自由黨黨魁，出任加拿大總理，堅持維持聯邦體制，揚言一旦魁北克非法分離出去，他將使用武力使這個省留在這個已有 100 多年歷史的聯邦裡。他還頒布《官方語言法》，規定英語與法語在聯邦政府中同為官方語言。

經濟上，法裔長期處於劣勢，又視英裔為征服者，而法語僅限於魁北克，而且出生率下降與移民激增更加衝擊法裔文化政策。1967 年，法國總統戴高樂訪問加拿大，高呼「魁北克萬歲」，更加刺激了法裔追求獨立的雄心。1980 年 2 月，自由黨的杜魯道再執政；5 月 20 日，魁北克省獨立公投（600 萬當中 84% 參加公投），結果 59.56% 的反對票擊敗 40.44% 的獨立派。但魁北克人仍在 1981 年 4 月繼續支持人民黨，使其在省議會的 122 席中囊括 80 席，繼續執政到 1985 年；九年後的 1994 年 9 月，人民黨重新執政。

1982 年，杜魯道促使聯邦國會與英國議會通過加拿大憲法法案，從此加國「在法律形式上正式與英國脫離關係」，但魁北克省並未簽署，意圖行使否決權，最高法院對此做出諮詢意見：「憲政法之有效，不待各省一致同意，仍得適用於各省」，魁北克省必須繼續與聯邦談判。1987 年 4 月，

聯邦總理慕隆尼（Martin Brian Mulroney，保守黨）召集省
長會議，在渥太華的 Meech 湖再次協商修憲。魁北克省提
出五大條件：（1）承認魁北克唯一獨特社會；（2）對該省
移民有控制權；（3）限制聯邦對該省開支之干預；（4）
修憲案若涉及聯邦制度變革，該省有否決權；（5）參與最
高法院大法官之任命。修憲協議最終在期限 1990 年 6 月到
達之前，仍未獲得 Newfoundland 及 Manitoba 兩省議會通過
而告流產，魁北克自由黨政府退出聯邦與各省長的修憲會
議，魁省國民議會通過第 150 號法案（Bill 150），宣布將
在 1992 年 10 月舉行獨立公投。

慕隆尼總理指派前總理 Joe Clark 與魁北克人協商，
1992 年 4 月魁省重回談判桌，8 月 28 日在 Charlottetown 達
成修憲協議，並將交付公民複決：（1）承認魁北克的特殊
地位，保有其語言、文化與民法；（2）聯邦最高法院九名
大法官中，至少有三名來自魁北克；（3）魁北克在聯邦眾
議院的席數，至少擁有 25% 席次；（4）參議院改由選舉產
生，每省六名議員；（5）承認原住民的自治權；（6）省與
聯邦權力重新分配，各省承諾撤銷內部貿易障礙。

1992 年 10 月 26 日，全加拿大公投，以 54.2% 對
44.8% 反對此協議，反對票包括部分魁北克人，英裔選民認
爲對法裔讓步太多，魁北克人則認爲得到的還不夠。1994
年 9 月，魁北克人黨巴利左（Jacques Parizeau）出任省總
理，魁獨運動再度昂揚。1995 年 10 月 30 日，舉辦第二次
魁北克獨立公投，投票率達 93.5%。結果獨立票占 49.4%

（2,308,360 票），仍敗於協商票的 50.6%（2,362,468 票）。巴利左承認敗給了金錢與族群，但贊成獨立的比例，也由 1980 年的 40.5% 增加到 49.4% 了。新移民當然多數不支持魁北克獨立。

1998 年 8 月 20 日，聯邦最高法院裁決，宣布魁北克省無權單方面宣布獨立，並在《魁北克分離法案》（Quebec Secession Reference）指出：「根據加拿大法律，魁北克如想分離，有義務與聯邦政府及其他省份進行談判；在有關建立新國家的國際法上，有關條文並不適用於魁北克的情勢；但若魁北克居民多數選擇獨立，其他省份和聯邦政府不能剝奪魁北克政府追求獨立的要求，必須與魁北克談判。」

2000 年 5 月，聯邦議會又通過《公決明確法》，再次確認聯邦內某一部分要脫離加拿大聯邦，必須在與聯邦政府及其他各省協商後修改加拿大憲法，這些協商將涉及到資產與負債的分割、有關省或地區邊境的確定、土著居民的權益、少數族群的權益等等。這使得想脫離聯邦省份的選民更加複雜而艱難。魁北克省議會也在 2000 年 12 月 7 日通過《實施魁北克人民和魁北克國家基本權利和特權法》，2002 年 4 月 29 日通過該法案的修正案，重申魁北克人民是個民族，有自由選擇魁北克政治制度和司法地位的權利；魁北克議會是魁北克人民選舉產生的，是唯一代表魁北克人民的機構；魁北克議會沒有參加 1982 年的加拿大聯邦憲法法案，該法案違背魁北克人民意志；在全民公投時，獲勝的將是獲得有效票一半以上的一方，即獲得有效票 50% 加一票的一方。

最後他們宣布：「任何其他的議會和政府都不能消滅魁北克議會的權力、權威、主權及合法性，也不能限制魁北克人民掌握自己未來的民主意志。」

在 2007 年 3 月 26 日的魁北克大選中，魁北克人黨受重挫，從 45 席降至 36 席，被主張自治的民主行動黨迎頭趕上，而支持統一的省自由黨則繼續組閣。2012-14 年，執政一年又八個月的人民黨又下台，年輕人出走及移民增加改變了人口與選民結構，「魁獨」想以民主方式脫離聯邦之路，應是不可能的。

「魁北克解放陣線」從 1963 年以來不斷發動恐攻行動，許多人流亡古巴及法國，1970 年代始衰。

9. 庫德族 —— 無國之民的悲情

庫德問題產生
的歷史根源

庫德族（Kurds）是西亞最古老的印歐民族一支，20 世紀末約有 2,000-3,000 萬人口，是僅次於阿拉伯人、土耳其人和波斯（伊朗人）的第四大主體民族。他們世居今天伊朗西部、伊拉克北部和東北部、土耳其東南部和敘利亞東北部的狹長地帶，東西長約 1,000 多公里，南北寬約 300-500 公里，面積約 35-40 萬平方公里的「庫德斯坦」（Kürdistan）內，絕大多數信奉伊斯蘭教遜尼派。由於分散各地造成語言的差異，沒有一致的文字，伊拉克和伊朗方面使用阿拉伯字母；土耳其和敘利亞的庫德族使用拉丁字母；在阿塞拜疆、亞美尼亞的用西里爾字母。在兩

伊的庫德族也信什葉派，另有少數人信阿拉維派及拜火教和伊斯蘭教混合的耶濟德教。目前庫德族在土耳其境內有1,300萬（占人口的20%），伊朗有600萬（10%），伊拉克有150萬（23%），黎巴嫩有十萬，阿塞拜疆及亞美尼亞有15萬，俄羅斯有30-100萬，在西歐有150萬（其中德國約50萬）。分布如此廣闊的民族，卻淪為有民無國（people without a country）的悲情，而且千年來一再遭受一個又一個外來政權——希臘人、波斯人、花剌子模人、亞美尼亞人、阿拉伯人、蒙古人和土耳其人的輪番統治。

10世紀後，阿拉伯阿拔斯朝（750-1258）衰微之際，庫德族在伊朗西北部先後建立了夏達特國（950）、哈沙納瓦國（960）及摩殊爾地（伊拉克）的馬爾辦國家（938-1085）。薩拉丁（Salāh al-Din, 1138-93）生於伊拉克中部的

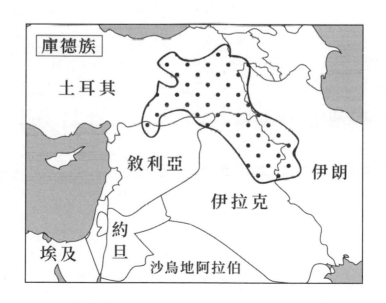

塔庫利特，1171 年推翻什葉派在埃及的法蒂瑪朝，建立了以他的家族爲名的阿尤布王朝（1170-1250），曾經擁有埃及、北非、阿拉伯半島西部、巴勒斯坦和敘利亞中部地區，1187 年收復被歐洲十字軍奪占的耶路撒冷，迫第三次十字軍向他投降。在西亞，庫德斯坦因爲土耳其和波斯的爭霸戰而淪爲廢墟（1514），遭兩強瓜分。庫德族在土耳其帝國內成爲最強悍的先鋒，並在 1894 年充當屠殺亞美尼亞基督徒的劊子手。1847 年，土、伊根據《埃爾祖魯姆和約》，大部分庫德斯坦劃歸土耳其，小部分歸伊朗。

19 世紀，庫德族民族意識覺醒，1892 年創刊《庫德斯坦》雜誌，鼓吹自治。至 1908 年，再鼓吹創造自己的文字代替阿拉伯字母。

第一次世界大戰後，庫德族向英國要求建立自己的國家，在伊拉克的庫德族長夏伊夫·馬赫默德自稱「全庫德之王」，不久被英軍逮捕，流放印度。直到 1922 年，英國人才叫他回來抵擋土耳其庫德族入侵伊拉克，叫他去打吉爾庫克（Kirkuk）油田遭拒，英軍轟炸蘇萊馬尼亞，迫馬赫默德逃走。1931 年他又回來，再被伊拉克軍逮捕，老死於巴格達。1920 年《色弗爾條約》中劃定了一個庫德斯坦領土，但有關各方無一踐約，成爲一只空文。1922 年，土耳其救星凱末爾打敗希臘占領軍後，《洛桑條約》把庫德斯坦分別隸屬土、伊朗、伊拉克、敘利亞和蘇聯，庫德族又一次被大國犧牲。

馬哈巴德共和國的幻滅

凱末爾全面推動土耳其化，堅持只有一個土耳其民族，1924 年關閉國內所有庫德族學校，禁止他們使用庫德語，教科書上刪除一切「庫德」、「庫德斯坦」詞句，把他們改稱「山上的土耳其人」，每十人爲一組遷往國內各地，不服者以「反恐怖法」問罪，不准庫德族組織政黨。1925 年 2 月 21 日，謝赫·賽義德領導庫德族在土耳其東南部起義，攻占一些地方，包圍 Diyarbakir 省會，成立庫德政府，擁立前蘇丹的兒子爲「庫德王」，慘遭五萬土軍血腥鎮壓，1925 年 4 月賽義德等 47 人被絞死，其他人流放安那托利亞。賽義德的兒子阿里·黎薩，在伊朗的大不里士向英國領事要求支持他建立國家失敗，一萬多人逃入英國委任統治的伊拉克。1926-27 年，土耳其境內有 15,000 人被屠殺，50 萬人被流放，其中 20 萬人失蹤。1937 年，阿里·黎薩在嚴冬下兵敗投降被殺。

1945 年，土耳其又處死 120 名庫德族長。諷刺的是，凱末爾的繼承者 Mustafa İsmet İnönü 將軍也是庫德人，當了 12 年的總統（1938-50）。1980 年代主張和解、後來又當總統的 Turgut Özal 也是庫德族，他們都是大土耳其主義的急先鋒。在台灣的國民黨「台灣豬」又何嘗不是如此？

在伊朗，巴勒維王朝也和土耳其政府一樣，1934 年關閉庫德族學校並禁止他們講母語。伊拉克政府也不理庫德族要求使用母語爲公用語、選出自己的國會議員、公平分配歲收的要求，並把巴爾扎尼（A. Barzani）三個兄弟關起來，1945 年伊拉克軍勾結反巴爾扎尼（M. Mustafa Barzani,

1903-79）的庫德人，把他趕到伊朗的馬哈巴德（Mahabad）；10 月，他成立「庫德民主黨」（KDP）。此外，5 月時，卡吉（Qazi Muhammad）教長獲得蘇聯的支持，成立「伊朗庫德民主黨」（KDPI）。巴爾扎尼逃入馬哈巴德，立刻被蘇聯人編入卡吉的手下。1946 年 1 月 22 日，卡吉自立為「庫德人民共和國」總統，三個月後，蘇聯為了石油而和伊朗簽約，捨棄了卡吉。12 月 14 日，伊朗軍消滅這個只有存續 11 個月的「國家」。1947 年 3 月底，卡吉和他的兄弟們紛紛被絞死。巴爾扎尼逃入三國邊境，再入蘇聯，直到 1958 年才回伊拉克。因為當年 7 月卡塞姆的「自由軍官團」政變成功，承認庫德民族黨的合法地位，允許他們自治、參加新政府及開放庫德語報刊及書籍。

馬哈巴德國幻滅後，KDPI 轉入地下活動，一再遭受伊朗秘密警察 SAVAK 的鎮壓，可是巴勒維國王卻支持伊拉克的庫德族，CIA 也提供他們武器去反伊拉克政府。1969 年，伊朗與伊拉克發生阿拉伯河危機事件，後來簽訂《阿爾及爾協議》，伊拉克放棄阿拉伯河為界河的一貫主張為條件，換取伊朗停止對伊拉克境內巴爾扎尼的支持，同意兩國共同撲滅庫德運動，伊朗的庫德族憤而指責巴勒維國王出賣了伊拉克的庫德族兄弟，加入反國王的伊斯蘭革命行列，KDPI 乘機奪取大量武器軍火，奪占庫德族居住的大部分地方政府而形成割據。留學巴黎的 Abdul Rahman Ghassemlou，在 1973 年打出「在伊朗建立民主主義、爭取庫德地區自治」口號。庫德族在 1979 年巴勒維被推翻、霍梅尼（Khomeini, 1902-

89）回國統治後，要求在聯邦下的自治，可是 KDPI 被新政府視為「惡魔政黨」、「外國勢力的走狗」，不予承認。9 月，伊朗政府的戰車、直升機攻占東庫德斯坦各大據點，法官隨時就地處死庫德人，兩年內至少處決 10,000 人，1980 年迫庫德族同意停火，但 20 萬政府軍入駐他們的居住區。

在伊拉克，巴爾扎尼從蘇聯回來，享受政府的高薪優待，支持卡塞姆，但 1961 年他的部隊遭受卡塞姆軍的攻擊，270 個村落夷為平地，KDP 被宣布解散，巴爾扎尼又和族人反目，眾叛親離。1963 年 2 月 8 日，卡塞姆被復興黨打死，新政府不許庫德人自治。KDP 卻堅持摩蘇爾、吉爾庫克油田是他們的（至今仍如此），並強調伊拉克共和國是阿拉伯人和庫德人的聯邦國家，一再被政府壓制，但背後有伊朗和以色列的支持。1968 年 7 月，復興黨接受庫德人入閣，但塔拉巴尼（J. Talabani）不承認巴爾扎尼的代表地位而互相火拼，政府支持塔拉巴尼。到 1969 年為止，庫德人死傷六萬人，75% 的村落毀於戰火，1970 年才由蘇聯撮合，哈桑貝克總統與巴爾扎尼談判，雙方同意由庫德人出任副總統、閣員及高級將領，庫德語列為公用語，准許其母語教育。

吉爾庫克油田占伊拉克產油的 70%，伊拉克人當然不會讓庫德族得逞，可是 CIA 卻力挺庫德族。1974 年 4 月談判破裂，雙方兵戎相見。1975 年 3 月 6 日，在石油輸出國組織（OPEC）的阿爾及爾會議上，伊朗與伊拉克締約而停止支援伊拉克的庫德族，伊拉克政府每天花 250 萬美元軍費攻打佩修穆卡，20 萬庫德族淪為難民；而在伊、土邊境，

更擠滿 60 萬難民。巴爾扎尼率五萬多人逃入伊朗，由 CIA 庇護流亡美國以終（1979）。他的兒子 Massoud Barzani（1946-）在 1976 年回到伊拉克重建 KDP。

然而，1975 年 6 月，塔拉巴尼又在蘇萊馬尼亞等平原另立「庫德愛國者同盟」（PUK），結合了左派、近代派、城市人、反對 KDP 的山地人。1964 年他被趕到伊朗；1966 年獲得伊拉克政府軍支持，與 KDP 火拼。1988 年 3 月，伊軍及 PUK 攻打蘇萊馬尼亞省，動用毒瓦斯；一週後，PUK 又遭政府軍殘殺。1988 年 7 月，兩伊停火，伊拉克軍又進攻庫德人區，數十萬難民逃入伊朗和土耳其。1990 年海灣戰爭期間，庫德族抓住千載難逢良機，在伊拉克北部形成武裝割據，要求哈珊下台，呼籲反對派派代表共商成立臨時政府事宜。他們一改過去山地游擊戰，直接攻城占領地盤，幾乎奪取了整個北部庫德人地區；又與南部什葉派穆斯林互相配合，遙相呼應，形成南北夾擊之勢，並有土耳其的支援。然而 PUK 和 KDP 又因爭奪地盤而反目。1991 年 3 月，哈珊平定南部叛亂後揮師北上，庫德人潰不成軍，300 萬人流亡伊朗及土耳其。哈珊內外交迫，主動與庫德人談判，承諾讓庫德人自治，表示要「民主開放」，實施多黨制，舉行大選，讓庫德人當副總統。

美國出面調停無效，1994 年 12 月 KDP 和 PUK 混戰不休，1998 年 9 月美國人叫巴爾扎尼和塔拉巴尼去華盛頓，企圖叫他們和解，聯手推翻哈珊政權。

| 庫德族在土耳其的鬥爭 | 在土耳其的庫德勞動黨（Partiya Karkeran Kurdistan, PKK, 1974- ）也從土耳其越過伊朗

和敘利亞，1983 年進入伊拉克，在三國邊界建立據點。1959 年 9 月，土耳其政府逮捕一群企圖建立「庫德獨立黨」的人士；1963 年再逮捕歐洲庫德人學生聯合會成員。由於無法正式活動，庫德人知識分子最初都加入土耳其的進步團體，1967 年在東部成立「東部集會」，主張實現兄弟友誼、平等和幸福，「不要憲兵，而要教師」，「不要崗哨，而要學校」。1969 年夏天，安卡拉和伊斯坦堡的庫德族學生分別成立合法的「東部革命文化之家」（Devrimci Doğu Kültür Ocaklari, DDKO），只從事文化社會活動，1970 年 4 月被取締，監獄成為庫德民族主義的搖籃。

庫德族反抗土耳其的同化政策。凱末爾在 1930 年代某次土耳其歷史協會的演講中指出：我們為什麼會失去巴爾幹各族呢？答案是因為巴爾幹各民族創立斯拉夫研究會，廣泛研究語言、文學、歷史各方面的文化領域，這種研究導致各族民族意識的覺醒，導致他們反抗鄂斯曼政府。[6] 誠如庫德族的伊斯麥爾‧貝席克齊博士（Ismail Beşikçi, 1939- ）指出：被壓迫民族長期處於奴隸狀態，被禁止國民固有的語言生活及文化生活，造成從肉體到精神上的病弱、不健康、自卑，整天接受命令、毆打、威脅，一旦達到民族意識的覺醒，唯有奮起反抗被異族同化。

6　Utkan Koratürk，《阿塔圖克的思想與哲學》，頁 149。

　　土耳其政府從 1925 年起就禁止庫德語，禁止庫德族研究自己的語文、歷史和文化，阻礙庫德族民族意識的覺醒。[7]我們台灣人在支那人外來政權 60 年的殖民統治下，更是感同身受。

　　1970 年，伊斯坦堡大學法學院教授Hifzi Veldet Velideoğlu指控庫德人的報紙*Seresiyar*背叛了土耳其國民及現代，背叛祖國，進行分離主義活動。這和統派、泛藍學者至今仍舊指控台灣獨立運動如出一轍。DDKO從1970年代發刊《解放》（*Rigari*）、《自由之路》（*Özgürlük Yolu*）、《聲音》（*Deng*）、《新潮流》（*Yeni Akiş*，社會主義雜誌）等以來，廣泛地展開「殖民地課題」研究，主張一個共同的語言及字母。這當然引起土耳其當局的緊張，不斷撲滅庫德族民族意識的火苗。

　　庫德族在土耳其占該國人口的 18%，主要分布於東部和東南部的 16 個省份。土耳其政府對他們的自治要求一向採取「不承認、不談判、堅持鎮壓」及強迫同化的強硬政策。1970 年，土耳其人左派支持庫德族自治，右派則攻擊庫德族。庫德族 vs 土耳其人，遜尼派 vs 世俗主義派，從農村流入城市的移民、城市勞工 vs 商人階級，形成左右對峙的兩極化社會。

　　1971 年，土耳其社會動盪，軍人接管政權至 1980 年 9 月爲止。格里姆總理在 1972 年公開揚言：「我們不承認土

7　《庫爾德斯坦：多國間的殖民地》（1990），第二章。

耳其國內有其他民族存在，我們認為土耳其只有一個民族，即土耳其化的民族。」許多學者還斷言，土、庫人都是中亞土耳其族的後裔。在公開場合講庫德語，有時會被逮捕，反抗同化政策者被視為「民族分裂主義者」。當局又不忘吸收少數庫德上層人士參加政府，並加快對東部庫德地區的經濟發展，以緩和民族矛盾。1978 年 12 月初，庫德人的卡夫拉曼什發生動亂，最慘的是住在貧民區的阿列比派庫德人。政府宣布馬臘什省、安卡拉省及首都戒嚴。後來 19 個省戒嚴，許多庫德人遇害，1980-82 年有 10,000 名庫德人被捕，2/3 土軍（60 萬）進駐庫德區。土耳其軍人也大肆鎮壓左派及進步人士，1983 年祭出《出版法》，規定由軍人組成的國家安全委員會有權對那些危害安全、破壞團結或危害公共道德的記者處以監禁和罰款。

　　奧賈蘭（Osman Öcalan）領導的 PKK（馬克思主義派），志在建立「獨立的庫德斯坦國家」。1980 年 9 月土耳其政變後，該黨被嚴厲打擊，迫他流亡敘利亞，1983 年他設法與伊拉克的巴爾扎尼結盟，在三國交界建立武裝根據地，1984 年起 PKK 開始打游擊，伏擊土軍，土軍動用直升機和空降部隊，但在險峻的山區根本無用武之地，只好吸收反 PKK 的庫德族青年成立村落警備，以夷制夷；PKK 將這些「人民之敵」及其家人、婦孺殺之而後快。1988 年 2 月，土國法庭宣判 20 名 PKK 死刑，13 人終身無期徒刑。1991 年，奧賈蘭宣布他們不是要脫離土耳其，要求赦免政治犯，但游擊戰照打不誤。文人總統奧薩爾 1991 年 2 月宣布庫德人可

以在日常生活中講母語，但廣播、出版、教育上不准用庫德語；1992 年他又準備特赦 PKK，一切都被強硬派反對而作罷。

1992 年，土軍越界轟炸 PKK 根據地。1993 年 3 月 17 日，奧賈蘭向土耳其政府提出片面停火。不料，新總統德米雷 5 月又強硬鎮壓 PKK，PKK 憤而在 5 月 24 日攻擊非武裝士兵搭乘的巴士，打死 33 名士兵及兩名平民，土耳其立刻出兵報復，兩週內打死 300 人。6 月 24 日，PKK 同時攻擊在德、法、瑞士、丹麥、瑞典五國 20 個城市的土耳其政府建築物及公司。他們在慕尼黑劫持土耳其領事館內 20 名人質，要求在電視上廣播呼籲土國政府停止攻擊 PKK 的據點，獲得德國總理 H. Kohl 的答應。6 月 27 日，地中海的土耳其南部觀光地 Antalya 有 23 名德國遊客被炸傷。同一地點，在 7 月 5 日及 26 日又有英、澳遊客各一人、法國遊客四人被 PKK 綁架。11 月 4 日，PKK 在西歐五國 30 個以上城市發動恐攻，攻擊土耳其人的設施（包括商店、航空公司及領事館）。土耳其軍全面掃蕩 PKK，使 200 萬人無家可歸。1995 年以後，女性加入游擊隊，出現人肉炸彈恐攻。1998 年 10 月，敘利亞不再庇護 PKK。1999 年 2 月，奧賈蘭在非洲肯亞被土國情報局的特工逮捕，判處死刑，引起抗議，政府才在 1999 年 8 月將他減刑，迫他在獄中發表〈和平宣言〉，再和其他人談判。

部分庫德人支持「土耳其工人黨」（TIP, 1962-）這個馬克思主義合法政黨，但 TIP 又把御用工業聯合會裡的左派

拉出來，另立「革命工會聯合」（DISK）。1970年，庫德族貝希捷・波藍女士成爲TIP的黨魁，1971年軍政府上台後又被取締，主要幹部被判刑6-15年徒刑。1992年，「社會民主人民黨」（HEP）開除的19名庫德族議員另立「新共和人民黨」，反對PKK的恐怖行動，但在1993年被政府判定爲分離主義、違反憲法及政黨法，下令解散。左派的「人民勞動黨」（HEP, 1990-）也被取締，48人遇害。1993年成立的「民主黨」（DEP）又和HEP殘餘分子結合，主張用政治解決問題，承認PKK，並批評政府對自己的國民使用暴力，而被當局視爲PKK的爪牙，砲擊他們的黨部，並抓了六名被控爲「分離主義者」的議員，6月下令該黨解散。流亡歐洲的人，在1994年於荷蘭海牙成立「歐洲庫德人流亡議會」（KEP），選出65名代表，其中PKK的人占多數。1994年底，八名國會議員（其中七人爲DEP）被控支持PKK遭逮捕，判刑3-15年。庫德族女議員麗莎・薩納在法庭上辯稱「我們是在民主主義的範圍內，爲人權、爲同胞而奮鬥」，但仍被判刑15年。1995年12月，主張伊斯蘭主義的「福利黨」（WP）執政，1996年和其他小黨組成艾爾巴幹內閣，許多庫德人加入該黨。1997年3月，WP又被當局視爲分離主義，6月將艾爾巴幹轟下台。1998年1月，憲法法庭下令解散WP這個土耳其人和庫德人的聯合陣線。

土耳其政府嚴厲取締庫德語刊物，對販售及發行者，甚至送報的小弟小妹殺無赦。1993年有六名記者被殺。《新國家》在伊斯坦堡及安卡拉分社1994年底被炸。1980-90

年代，有 300 名記者遇害，大半是庫德族。

我是庫德人 根據 1928 年土耳其共和國憲法，所有土耳其軍民必須在「土耳其共和國的創設者、永遠的指導者、無比的英雄阿塔圖克（凱末爾）所規定的民族主義概念及他的改革原則方向之下……民族的意志是絕對優先，主權無條件屬於土耳其民族。土耳其民族的利益、土耳其人的存在是在國家及領土不可分的基礎下，不得有任何違反土耳其人的歷史的、道德的價值觀、阿塔圖克的民族主義及原則，不得擁護任何思想及意見，絕不得通過追求世俗主義的原則，以神聖的宗教感情介入國家事務或政策；……」

1982 年憲法第 66 條宣布：「和土耳其國家關聯的每一個公民都是土耳其人。」

講到「土耳其公民」時，土耳其一詞用的是種族名（Türk），而非國名（Türkiye）。憲法第 42 條規定：「除土耳其語以外，任何一種語言在教育機構裡都不能做為母語進行研究和教學。」

凱末爾的大土耳其主義，完全抹煞庫德族這個「宗教上的兄弟民族」的存在。庫德族只能有一種選擇，被土耳其族融合，加入土耳其人的大家庭。這就是土耳其式的「民族主義」（Ulusculuk）。土耳其政府全面禁止庫德人的民族意識，國家暴力裝置從警察、看守所、法院、軍隊、憲兵、特務，到教育、文化、宗教、家庭、新聞媒體、電視、廣播、出版，全面封殺庫德人的母語及傳統文化。

　　富裕的庫德人資產階級和中產階級只能否定自己的認同感，成為土耳其人的「代理人」，融入土耳其支配的階級內。[8]

　　憲法上針對「思想表現及傳達的自由」（第 26 條第 3-4 項）中規定：「關於思想表現及傳達的自由，不得使用法律所禁止的言語。」一旦違反，由所屬單位下令沒收，24 小時內向管轄之法院提出報告，法院在三天內判決。這項「法律」（1938.10.19）宣示：「這項法律，是以守護國家的領土及民族的不可分割的統一性（全體性）、主權、共和國、民族的安全、社會體制為目的。」法律所禁止的就是違反這些目的之項目，「土耳其政府所公認的第一公用語以外，用任何語言來表達思想、廣播、出版皆被禁止。」（第二項）

　　「土耳其國民的母語即土耳其語，（a）禁止推廣使用土耳其語以外的母語的任何活動；（b）集會或遊行，即使不在此法律所禁止範圍內，亦禁止使用土耳其語以外語言的海報、口號、標語、招牌及其他類似物，唱片、錄影帶及其他表現手法、表現物的宣傳，亦不得超越當地最高責任者的許可範圍。」

　　這才是凱末爾大土耳其沙文主義的真諦，我們被支那人國民黨外來政權殖民統治至今的台灣人，還沾沾自喜地講道地的「國語」，引用中國經典，文章、小說寫得比支那人還棒。

8　伊斯麥爾‧貝席克齊，《庫爾德斯坦》（拓植書房，1994），頁 196。

　　庫德人貝席克齊博士從 1960 年代全面研究庫德族問題，幾度出入監獄共 12 年。他悲痛地發現，逮捕、拷問他的都是自己的同胞。監獄的看守也大多是庫德人，他們齊聲大吼：「混蛋，住在這個國家裡的所有人都是土耳其人！」密告他的大學同事，也是庫德人。共產黨的迪亞巴爾克市長梅迪·薩納以母語參選當選，五天後當局叫他自動辭職，三年後（1980.9）又被軍政府指控為反對國家統一的分離主義者而坐牢。他在法庭上堅持講母語，立刻遭到痛毆。1987-91 年期間，他寧可忍受毆打，絕不講一句土耳其語。1981 年，公共事務部長塞拉費丁·埃爾納只因為在回答各記者採訪時講了「我是庫德人，庫德人存在於土耳其」，就遭軍法判刑兩年三個月。

　　1983 年起，軍政府嚴禁庫德語，強迫庫德民謠改用土耳其語唱。即使認同土耳其人為同胞的庫德人，也只能當基層公務員、基層員警和一般士兵。諷刺的是，當保加利亞政府強迫境內的土耳其人歸化時，土耳其政府卻大聲疾呼救濟「我們的同胞」（Soydass Iarmiz）。1989 年 8 月，土國不得不關閉邊界，以免 30 萬「同胞」逃進來。

　　1993 年 8 月 28 日，土、伊朗、敘三國外長在大馬士革開會，一致反對庫德族地方政府脫離伊拉克，否則三國境內的庫德族會響應「獨立」。土耳其人要在安那托利亞建設大水壩，向敘利亞人保證有好處，迫敘利亞政府趕走 PKK 及奧賈蘭。總之，庫德族在大國及美國利益下，一再被犧牲。

　　然而，2000 年 9 月，庫德愛國聯盟在伊拉克北部打

擊 PKK。2001 年 2 月 18 日，伊拉克庫德民主黨的基督徒弗蘭西斯・哈里里被伊斯蘭極端組織暗殺。2002 年 2 月，PKK 改爲「庫德斯坦自由民主大會」（KADEK），正式宣布結束戰爭，以和平手段實施目標。2002 年 10 月，奧賈蘭改判無期徒刑。11 月 3 日，土耳其正義與發展黨（AKP, 2001.8-）贏得 2/3 議席（363 席）執政。庫德民主人民黨獲得 6% 的選票，但卻在 2003 年 3 月被取締。2003 年 4 月 9 日哈珊被美國大軍推翻後，伊拉克臨時管理委員會由塔拉巴尼、馬蘇德・巴爾扎尼及其他三名獨立庫德人加入 25 人的委員會，塔拉巴尼和馬蘇德爲九名領導成員，每個月輪流擔任主席。

　　2003 年 12 月 13 日哈珊被捕，庫德語電視台 ROJ-TV 開播。2004 年 2 月，伊拉克庫德人非官方全民公投，幾乎一致同意庫德地區「獨立」。4 月 25 日，流亡歐洲的庫德人在德國宣布成立「西庫德斯坦流亡政府」。6 月 10 日，PKK 宣布終止停火，戰事再起。2004 年 9 月 1 日成立的伊拉克臨時國民議會 100 席，遜尼派 40 席，什葉派和庫德族各 25 席。2005 年 4 月 6 日，庫德愛國聯盟主席塔拉巴尼當選爲伊拉克總統。6 月，巴爾扎尼爲庫德地區政府主席。10 月，全民公投通過永久憲法，實施聯邦制，規定庫德地區自治。10 月，憲法批准，其中第 140 條規定將舉行公投以決定吉爾庫克的歸屬問題。

　　2006 年 12 月，美國前國務卿、共和黨人詹姆斯・貝克和民主黨前議員麥・漢彌爾頓領導的伊拉克研究小組

（ISG），公布伊拉克政策報告，呼籲庫德人妥協，與政府合作，引起反彈。由於 PKK 一再攻擊土耳其軍，土軍越界進入伊拉克境內打擊 PKK，甚至轟炸伊拉克北部 PKK 營地（2007.10-12）。2017 年，土耳其南部市政當局決定在自來水帳單、結婚證書、建築物和道路標誌、急救、社會和文化通知中採用庫德語，前一年 9 月，政府准許每天 24 小時播出庫德語電視節目。2010 年 4 月又准許用庫德語進行選舉活動。

　　5 月 31 日，奧賈蘭宣布與政府對話的努力已告失敗，「現在庫德勞動黨可以自由行事」。7 月 21 日，PKK 領導穆拉特・卡拉伊呼籲政府通過對話解決問題，否則將建立庫德斯坦國。2011 年 2 月 28 日，三名從伊拉克越境的 PKK 士兵被土軍打死，引發大規模騷亂。4 月 19 日，土耳其當局悍然取消 12 名庫德族獨立參選人的資格，引起各地大抗議。8 月 17 日，土軍轟炸伊拉克北部 132 個 PKK 營地。10 月 19 日，PKK 在哈卡里省同時發動八起攻擊；第二天，土軍投入 22 個營兵力在土、伊邊界大掃蕩。2013 年 3 月 19 日，土耳其的庫德族在許多城市上街提前慶祝他們的新年，導致警民衝突。21 日，奧賈蘭與土耳其政府秘密談判達成和平協議，宣布 PKK 將撤出土耳其；5 月 8 日，第一批 PKK 戰士開始撤往伊拉克北部。[9]

9　引自唐志超，《中東庫爾德民族問題透視》（北京：社會科學文獻出版社，2013），附錄庫爾德族歷史大事記。

庫德族戰士

　　2014 年 6 月，伊斯蘭國（ISIS）攻下伊拉克第二大城摩蘇爾以來，庫德族成為反抗 ISIS 的力量，並受到國際的支持，呈現半獨立狀態。2017 年 9 月 25 日，他們舉辦公投，超過九成贊成獨立，在吉爾庫克省建立國家，土、伊朗、敘利亞各國紛紛聲明此次公投無效；伊拉克軍立刻進攻，美國當然也不承認它的獨立。

　　至於在敘利亞的庫德族，也主張所有在敘利亞出生的庫德族都應享有充分的公民權，有權使用自己的母語或阿拉伯語受教育，學習自己的歷史和語言，但在前途議題上，各派各說各的。由於溫和派的塔默在 2011 年 10 月被暗殺，激進派抬頭，更多人呼籲用武力推翻阿塞德總統，民主聯盟黨首先在西庫德斯坦（Rojava）發動武裝鬥爭，與 PKK 聯絡而走私武器。2014 年 7 月，阿塞德從庫德族市鎮撤軍，集中

防守大馬士革，但仍駐軍卡米甚利。民主聯盟乘勢派兵進入四個靠近土、敘邊境的城市及阿勒坡的庫德族區，升起黨旗及庫德族大旗。2014 年 1 月 21 日，敘利亞北部三省的庫德族宣布自治（而不是「鬧獨立」），但卻壓制言論，向居民抽重稅，其他小黨質疑民盟和 PKK 意圖分裂敘利亞，其背後有土耳其當靠山。無論是穆斯林兄弟會或其他阿拉伯人反對派，都不承認庫德地區的自治，認定那只會造成敘利亞的分裂。美國在推翻伊拉克哈珊時，自稱是庫德族人權的堅定捍衛者，但面對敘利亞問題時又徹底變卦，視庫德族爲主要敵人，歐巴馬政府出面反對敘利亞的庫德人自治權。

反觀我們台灣人被國民黨嚇大了，難怪支那人恥笑台灣人沒 lān-pha，被殺被辱還要低聲下氣，還勞煩大學者、大政客去解釋什麼族群融合、兩岸「命運共同體」，如果他們活在庫德斯坦，老早就落跑了！

10. 結語

「雖然英雄代代輩出，不過攏半途來犧牲」，如果這是宿命的悲劇，那又何必急於獨立呢？這就是我們台灣冷血「自私（知識）分子」的普遍心態，那麼亞、非、拉「番仔」爲什麼前仆後繼大搞特搞獨立革命呢？

讓那些街頭聖戰士、無產階級去搞，我們只要接收成果，反正我們是當總統、部長、民代的天命，那些台獨聖戰士只是歷史過程的砲灰。所以至今我們台灣仍被外來政權統

治，政黨輪替只不過是國民（進）兩黨共同壓制台獨運動的政治演戲。

　　18 年前我發表《世界民族解放運動史》時，正逢第一次政黨輪替，18 年後再重寫增補到 21 世紀的民族解放運動，獻給未來的新世代去思考這個問題。獨立無他，自己做自己的主人而已！

參考書目

Anthony D. Smith，《民族主義：理論、意識形態、歷史》
（*Nationalism: Theory, Ideology, History*），葉江譯，上
海：上海人民，2006。

Arthur Goldschmidt，《中東史》（*A Concise History of the
Middle East*, 2006），哈全安譯，北京：中國出版集團，
2010。

Benedict Anderson，《想像的共同體》（*Imagined
Communities*, 1991），吳叡人譯，台北：時報，1999。

Brian Lapping，《帝國斜陽》（*End of Empire*, 1985），錢
乘旦等譯，香港：三聯，1994。

Eric J. Hobsbawm，《民族與民族主義》（*Nations and
Nationalism since 1780*, 1993），李金梅譯，上海：上海
人民，2002。

Frantz Fanon，《大地上的受苦者》（*The Wretched of the
Earth*, 1978），楊碧川譯，台北：心靈工坊，2009。

Hugh Seton-Watson，《民族與國家》（*Nations and States*,
1977），吳洪英、黃群譯，北京：中央民族大學出版社，
2009。

Martin Meredith，《非洲國》（*The State of Africa*, 2005），
亞明譯，北京：世界知識出版社，2011。

Philip Spencer、Howard Wollman，《民族主義：一個批判性
的觀點》（*Nationalism: A Critical Introduction*, 2002），

何景榮、楊濟鶴譯，新北：韋伯文化，2012。

Robert Conquest 編，《最後的帝國：民族問題與蘇聯的前途》
（*The Last Empire*, 1986），劉靖兆譯，上海：華東師
大出版社，1993。

列寧（V. Lenin），《論民族自決》（1914），載於《列寧
全集》，北京：人民出版社，1988。

史大林（J. Stalin），《馬克思主義和民族問題》（1913），
載於《史大林選集》，北京：人民出版社，1979。

王聯主編，《世界民族主義論》，北京：北京大學出版社，
2017。

梁守德等，《民族解放運動史》，北京：北京大學出版社，
1985。

楊恕，《世界分裂主義論》，北京：時事出版社，2008。

洪泉湖等，《當代歐洲民族運動》，台北：聯經，2017。

趙長慶，《蘇聯民族問題研究》，北京：社會科學文獻出版
社，2007。

岡倉古志郎，《民族解放運動》，東京：勁草書房，1967。

松岡完，《ベトナム戰爭》，中公文庫，2006。

Judt, Tony. *Postwar.* New York: Penguin, 2005.

國家圖書館出版品預行編目資料

獨立革命的世界史：一百個民族解放運動故事 / 楊碧川編著. -- 初版. -- 臺北市：前衛, 2020.08
816面；15×21公分
ISBN 978-957-801-902-7（平裝）

1.世界史 2.現代史

712.7   109000348

獨立革命的世界史：一百個民族解放運動故事

編　　著　　楊碧川
責任編輯　　周俊男
出版策畫　　林君亭
美術編輯　　宸遠彩藝

出 版 者　　前衛出版社
　　　　　　地址：104056台北市中山區農安街153號4樓之3
　　　　　　電話：02-25865708｜傳真：02-25863758
　　　　　　郵撥帳號：05625551
　　　　　　購書‧業務信箱：a4791@ms15.hinet.net
　　　　　　投稿‧代理信箱：avanguardbook@gmail.com
　　　　　　官方網站：http://www.avanguard.com.tw
出版總監　　林文欽
法律顧問　　南國春秋法律事務所
總 經 銷　　紅螞蟻圖書有限公司
　　　　　　地址：11494台北市內湖區舊宗路二段121巷19號
　　　　　　電話：02-27953656｜傳真：02-27954100

出版日期　　2020年8月初版一刷

定　　價　　新台幣800元

＊請上「前衛出版社」臉書專頁按讚，獲得更多書籍、活動資訊
　http://www.facebook.com/AVANGUARDTaiwan